Willy Brandt: Die SPIEGEL-Gespräche

Willy Brandt:
Die SPIEGEL-Gespräche
1959–1992

Herausgegeben von
Erich Böhme und Klaus Wirtgen

Vorwort von
Rudolf Augstein

Deutsche Verlags-Anstalt · Stuttgart

Bildnachweis

J. H. Darchinger (Bonn): Fotos S. 186–189, 249, 263, 292,
331, 391, 433, 454, 517
Joachim C. Jung (Marbella): Foto S. 81
Heinz Köster (Berlin): Foto S. 55

Die Deutsche Bibliothek – CIP-Einheitsaufnahme

Willy Brandt: Die SPIEGEL-Gespräche: 1959–1992 /
hrsg. von Erich Böhme und Klaus Wirtgen.
Vorw. von Rudolf Augstein. –
Stuttgart: Deutsche Verlags-Anstalt, 1993
ISBN 3-421-06641-8
NE: Brandt, Willy; Böhme, Erich [Hrsg.]

© 1993 Deutsche Verlags-Anstalt GmbH, Stuttgart
Alle Rechte vorbehalten
Typographische Gestaltung: Christine Wegener
Satz: Steffen Hahn, Kornwestheim
Druck und Bindearbeit: Mohndruck
Graphische Betriebe GmbH, Gütersloh
Printed in Germany

Inhalt

Der Unbequeme

Vorwort von Rudolf Augstein

Ende August 1948, während der Berlin-Blockade, traf ich einen gut-aussehenden Mann, der eine mir unbekannte Uniform trug. Es hieß, er sei Norwegen-Deutscher und Presseattaché der norwegischen Militär-mission in Berlin gewesen. Wir machten uns miteinander bekannt und wechselten ein paar belanglose Worte. Er sprach Deutsch nicht anders als 40 Jahre später, langsam und in einem mir aus dem Norden unseres Landes vertrauten Tonfall.

Kaum ein Jahr danach, die Bundesrepublik war noch nicht gegründet, begegnete ich demselben Mann anläßlich eines Besuchs beim Parlamentarischen Rat in Bonn wieder. Diesmal trug er Zivil und war inzwischen Berliner Vertreter des SPD-Parteivorstands. Marion Bieber, Stellvertreterin von Michael Thomas in der Medienkontroll-kommission der britischen Besatzungsmacht, deutete auf diesen Zivi-listen und sagte: »Der wird einmal Bundeskanzler.« Es war Willy Brandt.

Marion Biebers kühne Prophezeiung entbehrte damals jeder Grundlage. Denn selbst wenn das erste Kabinett Adenauer sich statt auf eine bürgerliche auf eine Große Koalition aus CDU und SPD gestützt hätte, mit Willy Brandt wäre wenig anzufangen gewesen. Noch hatte Kurt Schumacher in der SPD das Sagen, und er hätte bestimmt nicht diesen noch recht unbekannten Mann ins Kabinett beordert, dem der absurde Ruf vorausging, im Spanischen Bürgerkrieg Nonnen geschändet und in der norwegischen Emigration auf Deut-sche geschossen zu haben.

»Eines wird man doch noch fragen dürfen«, eiferte sich der Heimwehrpolitiker Franz Josef Strauß in unverhohlener Infamie mit Blick auf den Emigranten Brandt: »Was haben Sie in den zwölf Jahren draußen gemacht, wie man uns gefragt hat, was habt ihr in den zwölf Jahren drinnen gemacht.« Ich schätze, Strauß wäre nicht auf die Idee gekommen, in Warschau niederzuknien.

Als wir uns 1957 wiedersahen, war Willy Brandt bereits Regierender Bürgermeister von Berlin und international bekannt, weil er im Jahr zuvor als Präsident des Berliner Abgeordnetenhauses eine Menschenmenge aufgehalten hatte, die aus Protest gegen die Niederschlagung des Volksaufstands in Ungarn zum Brandenburger Tor geströmt war und den Ostsektor der Stadt hatte stürmen wollen. Am 13. August 1961, am Tag des Mauerbaus, polierte er dieses Image wieder auf. In brenzligen Situationen bewies er das Charisma des geborenen Politikers.

Manchmal war er aber auch mit einer nachgerade lähmenden Blindheit geschlagen. Wie oft habe ich ihm nach einer Bundestagswahl vorhalten müssen, daß ein Stimmenzuwachs von drei bis vier Prozent für die Sozialdemokraten ein großartiger Erfolg sei. Er sah immer nur die von der Rechten geschürte Kampagne gegen den Emigranten.

Willy Brandt hatte Mühe, sich mit der Linie Herbert Wehners anzufreunden, der die SPD seit 1959 opportunistisch dirigierte, um sie regierungsfähig zu machen. Ungern wurde er 1966 Außenminister in der Großen Koalition unter dem von einer braunen Vergangenheit belasteten Kurt Georg Kiesinger. Wehner, mit dem er trotz skandinavischer Gemeinsamkeiten nur schwer zurechtkam, mußte ihn ins Amt tragen. 1969 hat er den Spieß dann umgedreht und Wehner in die Schranken verwiesen, als der die Große Koalition fortsetzen wollte.

»Was heißt hier klein«, trumpfte er als neuer Kanzler im Fernsehen auf, als ein Reporter von ihm wissen wollte, ob die Koalition mit der arg geschrumpften FDP nicht doch zu klein wäre. Das war nun seine Stunde, als er sich über durchaus begründete Einwände hinwegsetzte. »Daß ein Mann mit Willys Vergangenheit Kanzler werden kann«, strahlte seine Frau Rut mit Tränen in den Augen.

Mehr als zehn Jahre kann ein Spitzenpolitiker das Geschehen nicht mehr verantwortlich überblicken. Die Frist wird immer kürzer. Das war auch bei Willy Brandt nicht anders. Er hat den Radikalenerlaß mit zu verantworten. Der Fall Guillaume war dann 1974 nur der Auslöser für seinen Rücktritt.

In meinem langen Journalistenleben bin ich in Deutschland zwei großen Staatsmännern begegnet. Mit Konrad Adenauer waren die Beziehungen zu Beginn und zum Schluß recht gut, mit Willy Brandt trotz 59 SPIEGEL-Gesprächen und -Interviews und 32 Titelgeschichten eigentlich immer schwankend. Er bemerkte wohl, daß der SPIEGEL seine Ostpolitik ganz wesentlich vorbereitet hatte. Er wußte, daß wir seine lasche Haltung gegen Wehners Moskauer Tiraden nicht billigten. Aber er sah auch, daß der SPIEGEL ihm schon vor der Guillaume-Affäre nicht mehr folgen konnte, ihm sogar geschadet hatte. »Wie konnten wir das nur durchstehen«, seufzte er 1974 nach der Versöhnungsnacht in seinem norwegischen Feriendomizil beim Frühstück.

Willy Brandt war natürlich anders, als die Menschen ihn sahen, ihn sehen wollten, während Konrad Adenauer genau so war, wie seine Anhänger ihn sahen oder sehen wollten. Mir beispielsweise fiel es schwer, mit Adenauer zu reden, der mit einem nur Schlitten fuhr. Da waren die Wahlen, die USA und Frankreich. Mehr stand nicht auf dem Tisch.

Bei Willy Brandt hingegen hatte man zu kauen. Er konnte einem und man konnte ihm mit Sprüchen nicht kommen. Als er ohne Mantel bei schneidender Kälte völlig allein die Anlegestelle verließ, von der aus Carlo Schmid soeben zur letzten Ruhe geleitet worden war, ermahnte ich ihn: »Wir haben schon genug herausragende Sozialdemokraten verloren.« Seine lakonische Antwort: »Atterdag«, nächstes Mal also. Dann würde er sich vermutlich, oder auch nicht, wärmer anziehen.

Er war einer der ganz Großen im Land, gehörte in die Reihe der Wallenstein, Fridericus, Freiherr vom Stein, Bismarck, Bebel, Schumacher, Adenauer, Wehner. Entdecker und Baumeister, Erfinder und Dichter, Künstler insgesamt, zählen da ja nicht mit.

Seit Friedrich III., dem 99-Tage-Kaiser (1831 bis 1888), seit Konrad Adenauers langsamem, aber doch irgendwie »natürlichem« Tod im Jahre 1967, hat kein Deutscher seine Landsleute mit seinem Sterben so tief bewegt. Was immer über Willy Brandt geschrieben wird, ich kann nur sagen: ». . . und mir war er mehr«.

Zum SPIEGEL-Gespräch in Nr. 6/1959 (4. Februar)
mit den Redakteuren Conrad Ahlers und Georg Wolff

Berlin zu Beginn des Jahres 1959. Seit gut einem Jahr sitzt Willy Brandt als Regierender Bürgermeister auf dem Stuhl seines verstorbenen Mentors Ernst Reuter und dessen Nachfolgers Otto Suhr im Schöneberger Rathaus. Eigenwillige und undoktrinäre Auffassungen machen ihn populär, vor allem seine These, in der Viersektorenstadt sei die Außen- wichtiger als die Innenpolitik. Die Berlin-Krise gibt dem inzwischen auch zum Berliner SPD-Vorsitzenden avancierten Emigranten recht. Sie verschafft dem engagierten Außenpolitiker über die deutschen Grenzen hinaus das Profil, das sich fortan weltweit zu seinem Markenzeichen schärft.
Die Berlin-Krise begann mit der Drohung des sowjetischen Partei- und Regierungschefs Nikita Chruschtschow am 10. November 1958 im Moskauer Sportpalast, den Viermächtestatus für Berlin aufzukündigen. Am 27. November forderte die Sowjetunion ultimativ, West-Berlin innerhalb von sechs Monaten zur Freien Stadt zu proklamieren. Nach Ablauf dieser Frist werde die Sowjetunion ihrem deutschen Verbündeten einseitig alle Rechte für den Transitverkehr nach Berlin übertragen, einschließlich der Kontrollbefugnis für alliierte Militärtransporte. Damit reagierte Moskau auf das ständige Drängen des SED-Parteichefs Walter Ulbricht, endlich etwas gegen den Massenexodus von DDR-Bürgern via Berlin in den Westen zu unternehmen. Am 10. Januar 1959 legte Chruschtschow nach: Der Entwurf eines Friedensvertrages für Deutschland sah die Neutralisierung der beiden Teile Deutschlands vor. Das Ultimatum verstrich. West-Berlin litt fünf Jahre lang unter Druck und Schikanen Moskaus.

Abstimmung mit den Füßen

Der Regierende Bürgermeister über die Berlin-Krise

SPIEGEL: Herr Bürgermeister, Sie haben kürzlich – in Ihrer Regierungserklärung vor dem Abgeordnetenhaus – gesagt, der Höhepunkt der Berlin-Krise stünde noch bevor. Auf der anderen Seite könnte man aus dem diplomatischen Gedankenaustausch zwischen Washington und Moskau und aus einigen Äußerungen Mikojans den Schluß ziehen, daß die Krise erst einmal vertagt worden ist. Welche Gründe haben Sie für die Vermutung, daß die Krise noch nicht überwunden ist?

BRANDT: Der Bürgermeister dieser Stadt ist zunächst einmal gut beraten, wenn er seinen Mitbürgern sagt: Uns stehen noch große Schwierigkeiten und Belastungen bevor. Er muß die Dinge anders bewerten als der Diplomat, der Weltpolitik macht. Und wenn es auch den Anschein hat, daß das Ultimatum jedenfalls zeitweilig beiseite geräumt worden ist ...

SPIEGEL: Sie haben ja seinerzeit genau wie der Bundeskanzler gefordert: Zuerst muß das Ultimatum weg!

BRANDT: Da war eine Nuance. Der Bundeskanzler hatte gesagt: Die *Note* muß weg.

SPIEGEL: Aber gemeint hat er wohl das Datum.

BRANDT: Jedenfalls habe ich gesagt, das *Ultimatum* muß weg, denn auf der Basis dieses Ultimatums kann man nicht verhandeln. Diese Einstellung hat sich im Grunde auch bewährt.

SPIEGEL: Aufgeschoben ist nicht aufgehoben.

BRANDT: Das ist zwar eine sehr wichtige Sache, aber im Kern hat sich nichts geändert. Alles, was die Russen bisher zur Berlin-Frage gesagt haben, basiert noch auf den Vorschlägen der Note vom 27. November, also auf der These, daß ganz Berlin zur sogenannten DDR gehört. Nun kommt noch ein anderer Gesichtspunkt hinzu: Diejenigen, die es jetzt für großartig halten, daß Berlin irgendwo drinliegt in einem Paket – Deutschland-Frage, europäische Sicherheit,

Abrüstung, allgemeine Beziehungen zwischen Ost und West –, müssen ja auch damit rechnen, daß die Welt in den nächsten Monaten noch nicht ganz so schön sein wird, wie sie es möchte. Jedenfalls muß derjenige, der für diese Stadt in einem unmittelbaren und engeren Sinne eine besondere Verantwortung zu tragen hat, sich darauf einstellen, daß das Paket unter Umständen noch einmal aufgewickelt wird und daß dann dieses kleine Ding Berlin, das heute in dem Paket mit drin steckt, wieder isoliert auf dem Tisch liegt.

SPIEGEL: Welche Möglichkeiten sehen Sie, isoliert über Berlin zu verhandeln?

BRANDT: Es gäbe die Möglichkeit, daß der Westen auch Vorschläge unterbreitet, die sich zum Beispiel auf eine Verbesserung der Vereinbarungen über Berlin beziehen.

SPIEGEL: Welche könnten das sein?

BRANDT: Insbesondere eine Verbesserung der Abmachungen über die Verkehrsfragen. Man kann gar nicht oft genug daran erinnern, daß die Außenminister der vier Mächte in Paris im Frühsommer 1949 – nach Abschluß der Blockade – gesagt haben: Die Verkehrsbeziehungen sollen nicht nur wiederhergestellt, sondern verbessert werden.

SPIEGEL: Denken Sie auch an die Möglichkeit eines Korridors, eines exterritorialen Zufahrtsweges?

BRANDT: Dazu könnte und müßte auch eine korridorartige Regelung der Landverbindung zwischen West-Berlin und dem Westen gehören. Wenn es wahr ist, daß die östliche Seite für die Zeit der Spaltung Deutschlands von ihr für unzweckmäßig gehaltene Kontakte zwischen der Bundesrepublik und der »DDR« unterbinden will, müßte ihr ja daran gelegen sein, die Verbindungswege so stark wie möglich abzusichern – nach beiden Seiten. Es kommt hinzu, daß die Westmächte in den Jahren bis zur Blockade auf der Autobahn Berlin-Helmstedt Jeep-Kontrollen gehabt haben, sie hatten sogar zwei kleine Gebäude . . .

SPIEGEL: . . . und die haben sie dann aufgegeben.

BRANDT: . . . die Engländer eins an der Elbe, die Amerikaner eines zwischen der Elbe und Berlin. – Ja, sie haben sie aufgegeben, weil sie diese Mitwirkung an der Kontrolle des Landweges nach der Blockade nicht mehr für nötig gehalten haben. Aber die Westmächte können sagen: Wir haben nie darauf verzichtet und kommen auf dieses de facto erworbene Recht zurück. Genauso könnte man zu innerberliner Fragen das eine oder das andere aufwerfen.

SPIEGEL: Könnte man den Osten darüber beruhigen, daß Berlin kein Störungsfaktor mehr sein wird, daß man alles dafür tun wird, um die Propaganda- und Agententätigkeit einzuschränken und zu unterbinden? Sie haben doch die Berliner Bürger aufgefordert, sie sollten sich an Organisationen wie der Kampfgruppe gegen Unmenschlichkeit nicht länger beteiligen.

BRANDT: Ich habe keine Spezifizierungen vorgenommen.

SPIEGEL: Aber man mußte Sie eigentlich dahingehend verstehen.

BRANDT: Ich glaube, daß auch sehr weitreichende Zusagen auf diesem Gebiet die andere Seite nicht befriedigen werden. Denn ich fürchte, daß vor allem für die Ulbricht-Leute die Begriffe »Agentengruppen« oder »Spionage und die Diversantentätigkeit« nur ein Arbeitstitel für ganz etwas anderes sind. Sie meinen im Grunde die Existenz eines nicht ihrer Kontrolle unterliegenden Berlins, sie meinen eben auch die Tatsache, daß es hier Universitäten, Zeitungen und Kulturveranstaltungen gibt, zu denen die Bewohner des Ostsektors Zutritt haben, also Dinge, die nichts mit Untergrundarbeit, aber doch mit der ausstrahlenden Funktion dieser Stadt zu tun haben.

SPIEGEL: Sie meinen also, daß die Sowjets und die Kommunisten keinen Anlaß hätten, sich über westliche Agententätigkeit aufzuregen.

BRANDT: Man muß dem dauernden Vorbringen der östlichen Seite in bezug auf Organisationen, die tasächlich oder vermeintlich mit subversiver Tätigkeit befaßt sind, die sehr umfassende, von amtlichen Stellen, mit amtlichen Mitteln betriebene Arbeit entgegenhalten, mit der von Ost-Berlin aus nicht nur die verfassungsmäßige Ordnung in Westberlin, sondern auch in der Bundesrepublik und in anderen europäischen Staaten untergraben werden soll.

SPIEGEL: Mit dieser Gegenrechnung ...

BRANDT: Dadurch würde man die Dinge in ein richtiges Verhältnis bringen. Allerdings wäre es, meine ich, reichlich naiv zu glauben, daß in einer mit so viel Spannung geladenen Welt, zu der ja auch das Rüsten und das Spionieren gehört, ausgerechnet Berlin davon chemisch gereinigt werden könnte.

SPIEGEL: Die sowjetischen Noten lassen aber doch erkennen, daß den Russen dieser ganze Komplex unangenehm ist.

BRANDT: Es ist der SED-Führung offenbar gelungen, bei den Sowjets den für meine Begriffe absurden Eindruck zu vermitteln, als ob bestimmte Aktivitäten auf dem Gebiet der Propaganda und der

Zersetzung, von West-Berlin aus betrieben, unmittelbare Interessen der Sowjetunion berühren. Da haben bestimmte Flugblätter in russischer Sprache oder andere Schriften, die sich auf die Sowjetunion bezogen, eine Rolle gespielt. Ich habe erlebt, wie sehr dabei gefühlsmäßige Dinge mit im Spiel sind. Wir dürfen nie übersehen: In der russischen Politik spielt auch das Prestige eine Rolle. Als ich im Januar 1958 meinen Gegenbesuch bei dem russischen Kommandanten in Karlshorst machte . . .

SPIEGEL: Das war nach Ihrer . . .

BRANDT: . . . nach meiner Wahl zum Bürgermeister, da kam das Gespräch an einen Punkt, wo ein Offizier dem General einen Haufen Druckschriften brachte und der General sie in ziemlich demonstrativer Form auf den Tisch knallte.

SPIEGEL: Was waren das für Schriften und Flugblätter?

BRANDT: Ich kann mich da im einzelnen nicht mehr erinnern.

SPIEGEL: Kamen die vom Ostbüro der SPD?

BRANDT: Nein. Der General war also ziemlich aufgebracht und sagte: »Herr Brandt, die mächtige Sowjetunion läßt sich auf die Dauer nicht gefallen, daß wir hier auf diese Weise behandelt werden.« Ich habe damals nur geantwortet: »Herr General, ich bin nicht bereit, mich in einen einseitigen Anklagezustand versetzen zu lassen. Wenn wir einmal die Rechnung aufmachen, dann bin ich mir noch nicht einmal sicher – das heißt, ich bin mir sicher –, auf welcher Seite des Zettels mehr stehen wird.« Ich erwähne das nur als ein Beispiel dafür, daß bei den Politikern und Militärs der Sowjets diese Fragen sicherlich eine Rolle spielen.

SPIEGEL: Wurde damals auch über die Flüchtlingsfrage gesprochen?

BRANDT: Nein. Bis Anfang des vergangenen Jahres hatte sich die sowjetische Führung mit dem Berlin-Problem nicht sonderlich beschäftigt. Aber im Sommer war eine russische Parteidelegation in der Zone, und ich glaube, es ist entweder dieser Delegation oder den direkten Berichten der Ulbricht-Leute gelungen, in der russischen Spitze Interesse für diesen Gesichtspunkt zu finden. Bis dahin hatten sich die Russen für die Flüchtlingsfrage nicht schrecklich interessiert.

SPIEGEL: Dann kam Axel Springer mit seiner Kampagne in der »Welt« und im »Bild« . . .

BRANDT: Den Russen ist also die Flüchtlingsfrage nahegebracht worden – nicht durch Axel Springer, glaube ich, sondern durch die Leute drüben –, ihnen ist nahegebracht worden, daß es im Grunde ein schwer zu ertragender Zustand sei, wenn täglich Hunderte mit den Füßen abstimmen dürfen. Die Berlin-Geschichte wurde nun immer weiter aufgebaut und erreichte einen ersten Höhepunkt mit Ulbrichts Rede Mitte Oktober.

SPIEGEL: Sie sagten vorhin: die Ulbricht-Gruppe. Ist es Ihr Eindruck, daß Ulbricht und seine Leute gegenüber den Russen die Flüchtlinge, die Organisationen, überhaupt die Existenz des freiheitlichen Berlins als Entschuldigung für Fehlschläge auf dem Gebiet der wirtschaftlichen Entwicklung oder der politischen Stabilität geltend gemacht haben und daß die Berlin-Krise aus dieser Problematik entstanden ist?

BRANDT: Wir haben geraume Zeit – bis zum Sommer, ja bis zum Frühherbst vergangenen Jahres – eher einen retardierenden Einfluß der Russen auf die SED-Führung beobachten können. Ich sage jetzt immer wieder bewußt Ulbricht-Gruppe, weil nicht alle führenden Kräfte in der SED die Stoßrichtung auf Berlin für richtig hielten. Die Ulbricht-Leute haben zum Beispiel mehrere Male in den vergangenen eineinhalb Jahren den Plan gehabt, den Schnitt durch Berlin noch tiefer ...

SPIEGEL: ... also eine Staatsgrenze zu errichten.

BRANDT: ... ja. Wir haben Grund, anzunehmen, daß die Russen diese Pläne nicht zur Wirklichkeit werden ließen. Der Ost-Berliner Bürgermeister Ebert hat es im vorigen März einmal ganz offen zugegeben, als er dem Sinn nach sagte: Wir wollten das Grenzgängerproblem in Ordnung bringen, aber unsere sowjetischen Freunde wollten nicht. Dies ist natürlich ein ganz begrenztes Problem ...

SPIEGEL: ... aber doch symptomatisch.

BRANDT: Im Spätsommer und Frühherbst 1958 erlebten wir wiederum einen massiven Druck auf die 8000 bis 9000 Einpendler, wie das in der schrecklichen Bürokratensprache heißt – also die, die nicht im Ostsektor, sondern in Randgemeinden der Zone leben und in Westberlin, häufig seit Jahrzehnten, als Facharbeiter tätig sind. Man sagte ihnen: Wenn ihr euren Arbeitsplatz nicht aufgebt, dann müßt ihr aus der Wohnung raus – und andere Drohungen. Ich erinnere mich an zwei Fälle aus zwei Gemeinden. Die Einpendler wurden zusammengeholt und sollten unterschreiben, daß sie nicht mehr nach Westberlin gehen würden. Mehr als die Hälfte unterschrieb; den anderen wurden die Personalausweise abgenommen. Einer davon ging zum russischen Kommandanten und beschwerte sich, mit dem Ergebnis, daß diese zweite Hälfte noch am gleichen Tag ihre Personalausweise zurückbekam und weiterarbeiten konnte. Bis zum Frühherbst letzten Jahres war also der zurückhaltende Einfluß der Sowjets noch wirksam. Wir haben in dieser Haltung der Russen immer eine relative Sicherheit unserer Arbeit gesehen.

SPIEGEL: Diese Haltung zeigte doch, daß die Sowjets bis zu diesem Zeitpunkt den Viermächte-Status Berlins anerkannten.

BRANDT: Bei »Viermächte-Status« weiß ich nie, was das eigentlich bedeuten soll. Sagen wir besser: Viermächte-Vereinbarung. Bis zum Frühherbst haben sich die Russen also daran gehalten. Mitte Oktober, als Ulbricht seine Reden hielt, muß er aber bereits grünes Licht bekommen haben. Die Frage ist nun: Was ist inzwischen passiert?

SPIEGEL: Warum haben die Sowjets nach Ihrer Meinung die Viermächte-Vereinbarungen über Berlin eigentlich so lange respektiert? Scheuten sie eine Wiederholung der Luftbrücken-Niederlage von 1949 ...

BRANDT: Ich glaube, die Sowjets haben während dieser Jahre zwei Überlegungen in Rechnung gestellt: Einmal befürchteten sie, daß sie die beiden politischen Hauptlager in Westdeutschland zusammenschweißen würden, wenn sie etwas Dramatisches in bezug auf Berlin täten. Zweitens meinten die Sowjets wohl, daß, wenn eine Staatsgrenze durch Berlin gezogen würde, alle Deutschen zu der Auffassung kommen müßten, die bisherige Doppelgleisigkeit der russischen Deutschland-Politik sei aufgegeben worden, daß also in dem Hin und Her zwischen Stabilisierung der »DDR« und den Versuchen zur Lösung der deutschen Frage nun endgültig die Entscheidung zugunsten der Teilung gefallen sei.

SPIEGEL: Und jetzt wäre die Entscheidung gefallen, zugunsten Ulbrichts?

BRANDT: Ich will hier nicht die Theorie entwickeln, dies alles sei von Ulbricht gemacht. Er und seine Leute haben mitangeheizt. Aber die russische Führung muß es auch aus anderen Gründen für opportun gehalten haben, die Berliner Frage hochzuspielen. Als das im November begann – übrigens ziemlich schludrig vorbereitet, denn das Manuskript, das Chruschtschow am 10. November im Moskauer Sportpalast vorgetragen hat, wurde bis zum 27. November noch einmal überarbeitet –, wollten die Russen Berlin als Hebel benutzen, um Verhandlungen, sei es über die deutsche Frage, sei es über weiterreichende Probleme, in Gang zu bringen, sich aber zugleich die Möglichkeit schaffen, falls notwendig, auch auf das lokale Objekt zurückfallen zu können.

SPIEGEL: Sie sehen also nicht nur Motive, die innerhalb des sowjetischen Machtbereichs liegen, sondern auch Aspekte der Weltpolitik und der europäischen Politik als auslösendes Moment für die Berlin-Krise.

BRANDT: Ja.

SPIEGEL: Halten Sie es für möglich, daß auch die Frage der atomaren Bewaffnung der Bundeswehr eine Rolle gespielt hat?

BRANDT: Chruschtschow hat es bestritten, aber er braucht in solchen Dingen nicht immer die Wahrheit zu sagen.

SPIEGEL: Er hat es eigentlich nicht bestritten, sondern nur auf die entsprechende Frage eines englischen Journalisten geantwortet, daß auch ein Verzicht auf die atomare Bewaffnung den nun einmal vorgelegten Berlin-Plan nicht aus der Welt schaffen könnte. Er konnte sich ja schließlich nicht die Blöße geben und offen sagen: Wegen der atomaren Bewaffnung der Bundeswehr haben wir dies gemacht.

BRANDT: Ich weiß nicht, inwieweit diese Frage mit hineingespielt hat. Ich weiß nur, daß mich hier in Berlin die Drohung mit den russischen Atomwaffen – und die ist im Dezember ja sehr brutal ausgesprochen worden – wesentlich mehr beschäftigt als die möglicherweise später kommende Atombewaffnung der Bundesrepublik. Aber ich würde es wirklich für eine gute Sache halten, wenn man, gestützt auf die Genfer Gespräche oder andere Verhandlungen, dahin kommen könnte, daß sich die atomare Bewaffnung nicht mehr ausweitet und wenn uns die atomare Bewaffnung erspart bliebe.

SPIEGEL: Es ist auch die Rede davon gewesen, daß die Sitzungen des Bundestags in Berlin den Entschluß der Sowjets beeinflußt haben könnten, weil sie die Wirkung dieser Sitzungen in der Zone gespürt haben. Selbst prominente CDU-Abgeordnete, die nicht, wie der Bundeskanzler, prinzipiell gegen eine Verlegung des Bundestags von Bonn nach Berlin eingestellt sind, vertreten diese Auffassung.

BRANDT: Ich habe die russischen Noten und Erklärungen sehr genau gelesen. Es gibt nirgends einen Hinweis auf diesen Komplex, nirgends. Da ist alles Mögliche sonst zusammengetragen. Ich kann dazu nur scherzhaft sagen: Nachdem Herr Chruschtschow alles vorgebracht hat, was er in bezug auf den Status Berlins vorzubringen hatte, da sind dann in Bonn noch ein paar Leute aufgestanden und haben mich bei Herrn Chruschtschow denunziert und haben gesagt: Da gibt's außerdem noch in Berlin einen Bürgermeister, der will das Stimmrecht für die Berliner haben. Herr Chruschtschow, das haben Sie noch gar nicht beachtet.

SPIEGEL: Sie haben in den letzten Jahren die Auffassung vertreten, daß der Status West-Berlins als Bundesland immer mehr verstärkt werden sollte. Daraus können sich doch wohl Komplikationen mit dem Viermächte-Status ergeben. Ist es auch heute noch Ihre Meinung, daß die Westberliner Abgeordneten im Bundestag das Stimmrecht bekommen sollten?

BRANDT: Ihre Zeitschrift hat kürzlich unter Bezugnahme auf mein Buch »Von Bonn nach Berlin« die Frage aufgeworfen, ob ich mich nicht einer bedenklichen gedanklichen Unklarheit schuldig mache, wenn ich mich zur gleichen Zeit einerseits auf die Viermächte-Vereinbarungen berufe und andererseits West-Berlin als Bundesland betrachten will. Ich glaube nicht, daß das stimmt.

SPIEGEL: Wie wollen Sie dieses Nebeneinander . . .

BRANDT: Wir haben es rechtlich in Berlin auf der einen Ebene mit einem Viermächte-Status und auf der anderen Ebene – für die Westsektoren – mit einem Dreimächte-Status zu tun. Im Ostsektor Berlins hat sich ein Einmacht-Status entwickelt. Im innerdeutschen Bereich gilt nun, was im Grundgesetz steht und was die Westmächte nicht aufgehoben, sondern nur in bezug auf Teile der Verwirklichung suspendiert haben, nämlich, daß West-Berlin zum Bund gehört. Daraus folgte das Hineinwachsen West-Berlins in das Rechts-, Währungs- und Wirtschaftssystem der Bundesrepublik mit Ausnahme der militärischen Komplexe und der Statusverträge der Bundesrepublik mit anderen Mächten in bezug auf die Sicherheit. Ost-Berlin ist in noch stärkerem Maße in die »DDR« eingegliedert, rechtlich und faktisch schon durch seine Funktion als Hauptstadt er sogenannten DDR.

SPIEGEL: Obwohl auch dort gewisse Differenzierungen immer noch gelten.

BRANDT: Es gibt kleine Unterschiede. Zum Beispiel stimmen die Berliner Volkskammer-Abgeordneten nicht mit. Aber was ist das für ein Argument; denn in der Volkskammer gibt es sowieso nur einstimmige Beschlüsse. Ich bin allen Ernstes der Meinung, daß die Politik der Eingliederung West-Berlins, die insbesondere Ernst Reuter in den ersten Jahren nach Gründung der Bundesrepublik mit Unterstützung aller demokratischen Parteien in Berlin geführt hat, richtig war und daß, wenn sie sich gegen die Hemmungen in Bonn und Paris durchgesetzt hätte, die Stellung Berlins stärker wäre, als sie es heute ist.

SPIEGEL: Wieso?

BRANDT: Wenn man in den Jahren, in denen die deutsche Politik weltpolitisch entwicklungsfähiger war, als sie es heute ist – also in der Zeit von 1949 bis 1952 –, unter Wahrung der Oberverantwortung der Westalliierten für Berlin den Berliner Status als Bundesland intensiviert hätte, hätte Berlin heute nicht nur westalliierte Garantien, sondern jeder Vorstoß würde in ganz anderem Maße, als es jetzt der Fall ist, ein Vorstoß gegen die Gesamtheit des nichtkommunistischen Deutschland sein; aber das heißt heute über den Schnee von gestern diskutieren . . .

SPIEGEL: . . . und ist doch nur eine sehr feine Unterscheidung. Denn auch heute sagt man doch in Westdeutschland: Ein Angriff auf Berlin ist ein Angriff auf uns.

BRANDT: Es scheint so. Aber da kommen nun ganz kluge Leute und sagen, wie schrecklich es gewesen wäre, wenn die Berliner bei den Bundestagswahlen mitgewählt hätten und wenn die Berliner Abgeordneten im Bundestag ein Stimmrecht hätten.

SPIEGEL: Solche Äußerungen sind doch vor allem von den Alliierten gekommen.

BRANDT: Damit werden sie nicht richtiger. Ich will nur folgendes sagen: Die Russen interessieren sich in bezug auf Berlin nur für Tatsachen. Und sie haben als Tatsache hingenommen, daß hier dieselben Gesetze gelten wie in Westdeutschland. Die Frage, in welcher Weise die Gesetze zustande kommen, ist vom russischen Standpunkt aus im Grunde völlig egal. Ob die Berliner im Bundestag mitstimmen oder nicht, es würde sowieso kein Bundesgesetz automatisch in Berlin gelten, sondern die oberste Gewalt der Westmächte würde unangetastet bleiben, und sie könnten genau wie jetzt bei jedem Gesetz im Einzelfall entscheiden, ob sie es zulassen oder nicht.

SPIEGEL: Das dürfte aber rechtlich ziemlich schwierig . . .

BRANDT: Die Russen haben sich nicht so penibel angestellt. Sie haben ja auch Ost-Berlin in die Remilitarisierung miteinbezogen, und es gibt ja sogar einen sowjetzonalen Kommandanten für den Ostsektor. Aber bitte, die Westmächte wollen sich strikt an die Vereinbarung halten und haben auch bis zuletzt unseren Zöllnern die Pistolen verweigert. Es gibt keinen Viermächte-Status derart, daß er uns, die Berliner Verwaltung, in ein direktes Verhältnis zur sowjetischen Besatzungsmacht stellte. Sondern es gibt unsere Verpflichtungen gegenüber den drei Mächten und deren Verpflichtungen gegenüber der vierten. Und daraus ergeben sich wiederum Rückwirkungen auf uns. Ich kann natürlich nicht beweisen, daß es nur diese eine Art gibt, das Problem zu betrachten.

SPIEGEL: Was würden Sie davon halten, wenn der Viermächte-Status durch einen Uno-Status ersetzt würde, falls es keine andere Möglichkeit geben sollte, aus der Berlin-Krise herauszukommen und einen Krieg zu vermeiden?

BRANDT: Das Thema der UN ist auf folgende Art auf uns zugekommen: einmal durch den Vorschlag, den der amerikanische General Spaatz gemacht hat, nämlich einfach den Sitz der Vereinten Nationen mitsamt dem Wolkenkratzer von New York hierher zu verlegen. Es besteht für mich gar keine Veranlassung, dagegen zu polemisieren. Ich halte den Vorschlag nur nicht für sehr wirklichkeitsnah ...

SPIEGEL: ... Herr Hammarskjöld würde Stadtpräsident von Berlin werden und Sie Oberstadtdirektor.

BRANDT: Kaum. Die Situation wäre eher zu vergleichen mit dem Status von Washington, wo es keine Stadtverordnetenversammlung mehr gibt. Man würde einfach zu Herrn Hammarskjöld gehen, den ich ja ganz gut kenne, und sagen: Hören Sie mal, das kostet soundso viel. In Washington beschließt ein Ausschuß des Kongresses, was die Stadt für ihre kommunalen Aufgaben braucht.

SPIEGEL: Das wären doch schöne Aussichten.

BRANDT: Scherz beiseite – wir sind als Berliner und als Deutsche, die wir nicht der Uno angehören, nicht in der Lage, so etwas anzuregen. Bisher hat auch keine Regierung diesen Gedanken ernsthaft erwogen. In den russischen Noten ist dann, wenn auch nur sehr am Rande, erwähnt, daß *zusätzlich* zu den vier Mächten und den beiden Regierungen auf deutschem Boden auch die Vereinten Nationen einen neuen Status für West-Berlin garantieren sollen. Dagegen ist als zusätzlicher Schutz für Berlin gewiß nichts einzuwenden; im Gegenteil.

SPIEGEL: Aber das halten Sie für undurchführbar.

BRANDT: Ich könnte mir vorstellen, daß zusätzlich zu den Westmächten und nicht an ihrer Stelle die Vereinten Nationen bei der Lösung der Berliner Frage mitwirken könnten. Vielleicht könnten die Westmächte in bezug auf Berlin einen bestimmten Auftrag der Uno wahrnehmen, wobei die Verpflichtungen aus den Jahren 1944, 1945 und 1949 natürlich weiterwirken müßten.

SPIEGEL: Von russischer Seite soll ventiliert worden sein, ob man den Gedanken einer Freien Stadt nicht auf ganz Berlin ausdehnen könnte. Würde das Ihre Bedenken gegenüber einem freien Status verändern?

BRANDT: Gesprächsweise ist so etwas über zwei neutrale Hauptstädte und über zwei russische Botschaften in Westeuropa lanciert worden. Aber ich glaube nicht recht daran; denn eine derartige Lösung für Groß-Berlin würde doch im Gegensatz zu all den Teilen der Noten stehen, in denen von Berlin als Hauptstadt der »DDR« die Rede ist. Meine Einwände gelten jedenfalls für ganz Berlin wie für Westberlin. Ich sehe für die Sicherung der persönlichen und politischen Freiheit nach Abschätzen aller Möglichkeiten auch des Uno-Plans zur Zeit keine andere Möglichkeit, als daß die drei Mächte, die die Verantwortung für West-Berlin übernommen haben, tätig bleiben.

SPIEGEL: Sie verlangen also die weitere Anwesenheit der amerikanischen, britischen und französischen Truppen.

BRANDT: Ja. Zweitens: Für ganz Berlin würde gelten, was für West-Berlin gilt, daß nämlich ein ungesichertes »Danzig an der Spree« ökonomisch nicht befriedigend existieren könnte, wenn es nicht währungsmäßig und wirtschaftspolitisch an einen größeren Raum angeschlossen wäre. Deshalb ist die Zugehörigkeit zum Währungsgebiet der D-Mark West von zentraler Bedeutung für uns.

SPIEGEL: Die Möglichkeit, eine eigene Berliner Währung ...

BRANDT: Währungssystem und Rechtssystem sind die beiden Eckpfeiler unserer Existenz. Wenn man so ein Mittelding machen würde, mit eigener Währung, die kein rechtes Vertrauen in der Welt genießen und die unsere großen Firmen von ihren Verbindungen abschneiden wüde, dann würde man Berlin auf niedriger Flamme garkochen, bis es von einem anderen Gebiet aufgesogen würde.

SPIEGEL: Mit anderen Worten: Es gibt also Ihrer Ansicht nach keine isolierte Berlin-Lösung, mit der man den sowjet-russischen Vorschlägen konkret begegnen könnte?

BRANDT: Nein. Ich bin der Meinung, daß wir, sofern es nicht gelingt, die Berlin-Frage im Zusammenhang mit Verhandlungen über die Deutschland-Frage zu lösen, uns sehr hart gegen eine einseitige Veränderung der Verhältnisse wehren müßten.

SPIEGEL: Sie würden also an die Westmächte die Forderung stellen, daß im Ernstfall die Verbindung zwischen Westberlin und der Bundesrepublik mit allen Mitteln, unter Umständen auch mit Gewalt, offengehalten werden muß.

BRANDT: Ja, nur glaube ich, daß wir schon wieder in einer neuen Phase sind. Ich war im November und Dezember wirklich sehr besorgt, daß die sowjetische Seite die westliche Position falsch einschätzte. Man hat mir berichtet, daß manche Russen im Gespräch gesagt hätten, sie könnten sich nicht vorstellen, daß die Westmächte einschließlich der Amerikaner wegen Berlin ein hohes Risiko einzugehen bereit wären.

SPIEGEL: Es sind schon manche Kriege entstanden, weil die eine Seite die Reaktion der anderen völlig falsch eingeschätzt hat.

BRANDT: Eben. Darum habe ich den Vertretern der Westmächte immer wieder gesagt: Laßt die Russen, auch auf diplomatischem Wege, wissen, wie ernst Ihr es meint.

SPIEGEL: Das ist ja wohl auch geschehen.

BRANDT: Mir ging es darum, möglichst zu verhindern, daß es wegen irgendwelcher Unklarheiten zu einem riesigen Verkehrsunfall der Weltpolitik kommt. Es ist eindeutig gesagt worden, daß das Recht der Westmächte auf Anwesenheit in West-Berlin von dem Recht auf freien Zugang nicht zu trennen ist. Aber selbst wenn es zu einer zeitweiligen Unterbrechung des Verkehrs kommen sollte, so ist Berlin in einer anderen Lage als 1948. Wir können für längere Zeit, als viele glauben, durchhalten. Berlin würde also nicht unter unmittelbarem Druck stehen und die Weltpolitik auch nicht, sondern man hätte etliche Monate Zeit, eine Lösung zu suchen. Die Luftversorgung, die dann einsetzen würde – ob nun voll oder durch Gegenmaßnahmen der anderen Seite behindert –, würde bedeuten, daß Berlin für einen Zeitraum $x + y$ leben könnte; x sind die ziemlich großen vorhandenen Lager, und y ist das, was zusätzlich durch die Luft hereinkäme.

SPIEGEL: Befürchten Sie denn, daß auch der zivile Verkehr zwischen dem Westen und West-Berlin behindert werden wird? Bislang beziehen sich die Drohungen des Ostens doch auf die Versorgung der Garnisonen. Aber es ist natürlich nicht klar, welche Folgerungen die Sowjets ziehen, wenn es nicht zu einer Einigung kommt.

BRANDT: Es ist notwendig, auch an die ungünstigsten Perspektiven zu denken. Ursprünglich wurde ja der gesamte Verkehr von den Sowjets auf der einen und den Alliierten auf der anderen Seite kontrolliert. Dann wurde die Kontrolle übertragen, so daß die Sowjets nur noch für die Alliierten zuständig waren und unsereins bei der Volkspolizei durchging. Immerhin ist es doch so, daß dies alles noch unter der Oberverantwortung des russischen Offiziers geschieht.

SPIEGEL: Wir haben also hinsichtlich des zivilen Verkehrs die Handlungsgehilfen-Theorie des amerikanischen Außenministers schon akzeptiert.

BRANDT: Bei den Alliierten stellt es sich anders dar, weil die Westmächte die Qualität ihrer Anwesenheit in Berlin verändern würden, wenn sie sich in bezug auf das Recht des Zugangs der alleinigen Kontrolle einer Gruppe von Deutschen unterwerfen würden. Das sähe anders aus, wenn die Sowjets nicht grundsätzlich aussteigen würden, sondern ihre Rechte lediglich durch Beamte oder Soldaten der »DDR« wahrnehmen ließen. Aber das ist offenbar nicht die sowjetische Konzeption.

SPIEGEL: Man könnte sich denken, daß die Sowjets vor allem darauf aus sind, die »DDR« ins Spiel zu bringen. Jede neue Vereinbarung über Berlin würde in ganzer Schärfe das Problem der Anerkennung aufwerfen, weil das »DDR«-Territorium nun einmal zwischen Westberlin und der Bundesrepublik liegt. Könnte nicht vielleicht eine Verbesserung der technischen Kontakte zwischen uns und der »DDR« dazu beitragen, die Berlin-Krise zu entschärfen?

BRANDT: Ich bin in dieser Hinsicht nicht sehr optimistisch, obgleich ich seit Jahren gesagt habe, man sollte, gestützt auf die Erfahrungen des Interzonenhandels, versuchen, auch auf anderen Gebieten praktische Verzahnungen zwischen West- und Mitteldeutschland zu erreichen. Aber unsere Erfahrungen in Berlin selbst sind entmutigend gewesen. Ich habe einige Anregungen gemacht, um besonders unsinnige Auswüchse der Spaltung der Stadt zu überwinden. Was wir dazu von Herrn Ebert gehört haben, war kümmerlich.

SPIEGEL: Ihr Brief, den Sie im vergangenen Juni an den Ostberliner Bürgermeister geschrieben haben, war doch ziemlich polemisch.

BRANDT: Gut. Aber das ändert nichts daran, daß die Mehrzahl der darin aufgeworfenen Fragen die Bevölkerung sehr interessiert. Zum Beispiel, ob man reisen oder telephonieren kann. Ich bin der Meinung, daß diejenigen sich eines gedanklichen Kurzschlusses schuldig machen, die glauben, die Lösung der politischen Fragen würde dadurch erleichtert, daß sich die Pankower und die Bonner einmal an einen Tisch setzen und sehen, wie weit sie kommen. Das hieße doch, Bonn und Pankow mit etwas zu befassen, wofür sie gar nicht zuständig sind.

SPIEGEL: Immerhin haben wir es hier offenbar mit einer sowjetischen Bedingung für jeden Fortschritt in Richtung auf die Lösung der deutschen Frage zu tun. Und wir sehen nicht, wie man diese Bedingung umgehen kann.

BRANDT: Wir sollten jetzt wirklich einmal, auch wenn wir ungeduldig sind, festhalten, daß die Noten der Westmächte vom 31. Dezember und gerade auch die Note der Bundesregierung vom 5. Januar einiges enthalten, was, wenn man so will, auch in dieser Frage weiterführt.

SPIEGEL: Meinen Sie vielleicht auch die Bereitschaft, Sachverständige aus beiden Teilen Deutschlands bei Verhandlungen zuzuziehen?

BRANDT: Ich meine nicht nur das Zusammenfügen der verschiedenen Aspekte – Berlin, Deutschland, europäische Sicherheit, Abrüstung –, sondern insbesondere den Satz, daß die Bundesregierung keine negative Begrenzung der Verhandlungsthemen wünscht.

SPIEGEL: Diese Formulierung, die ja unser Außenminister erfunden hat, war wohl primär ein Versuch, der russischen Absicht zu begegnen, die Verhandlungsthemen zu begrenzen, indem man die Wiedervereinigung ausklammert.

BRANDT: Ich würde diesen Einwand den Russen überlassen und es jetzt nach beiden Seiten hin gelten lassen. Sie sagten schon, die Bundesregierung habe sich bereit erklärt, Sachverständige heranzuziehen. Das war bereits 1955 in Genf Gegenstand der Erörterung, und damals war die Bundesregierung nicht dazu bereit. Hier ist also eine gewisse Auflockerung des Standpunktes erreicht.

SPIEGEL: Der Bundeskanzler würde sagen: Aufweichung.

BRANDT: Ob dabei etwas herauskommt, weiß ich nicht. Immerhin wäre es denkbar, daß für die nicht eigentlich politischen Fragen die vier Mächte sagen: Jetzt wollen wir doch einmal die Verwaltungen in beiden Teilen Deutschlands bitten, zu verschiedenen Fragen Bericht zu erstatten. Ich nehme wieder das Beispiel von 1949: Verkehr. Sollen uns doch einmal die Leute vom Verkehrswesen, von der Reichsbahn, von der Post berichten: Ist seitdem etwas besser geworden? Wenn nein, warum nicht? Und was kann man vorschlagen? Dann könnte man sehen, ob praktisch etwas zu machen wäre. Diese ganze Art, sich dem Problem zu nähern, setzt aber voraus, daß wir uns abgewöhnen zu glauben, die deutsche Frage könne schnell gelöst werden. Wir müssen bereit sein, lange, sehr lange zu sprechen und sehr viel Geduld dabei aufzubringen.

SPIEGEL: Technische Kontakte könnten einmal den Zustand der deutschen Spaltung erleichtern und unter Umständen zu politischen Kontakten zwischen den Verwaltungen Westdeutschlands und der Zone führen, die von den Russen verlangt werden.

BRANDT: Wir müßten einmal feststellen, ob dies wirklich die Haupthürde ist.

SPIEGEL: In der SPD-Bundestagsfraktion gibt es eine Gruppe von Politikern, ernst zu nehmenden Politikern, die meint, der einzige Ausweg aus der festgefahrenen deutschen Situation sei es, über diese Hürde zu springen.

BRANDT: Ich halte vieles davon für reichlich unausgegoren. In dieser Runde der Auseinandersetzung um Berlin muß man wissen, daß man nicht zu gleicher Zeit die Westmächte auf Berlin festlegen und in dieser anderen Frage querfeldein marschieren kann. Wir würden auf der einen Seite etwas kaputtmachen, um auf der anderen Seite etwas zu erreichen. Aber in dem vorhin angedeuteten Rahmen liegen vielleicht gewisse Möglichkeiten.

SPIEGEL: Könnte man nicht auch dem Gedanken der Konföderation nähertreten, wenn dadurch, wie es wenigstens formal im sowjetischen Friedensvertragsentwurf heißt, die politische und persönliche Freiheit in der Zone verbessert würde? Zum Beispiel stellt der Artikel 16 des russischen Friedensvertragsentwurfs wenigstens formal die freie Betätigung politischer Parteien in der »DDR« in Aussicht.

BRANDT: Vielleicht ist es zweckmäßig, einmal zu erkunden, ob die Vorstellungen, die Moskau mit dem Wort Konföderation verbindet, einen Übergang zur Wiedervereinigung ermöglichen oder ob sie auf eine Konsolidierung der Spaltung, abgemildert durch gewisse Verzahnungen zwischen beiden Staaten, hinauslaufen. Wir müssen uns nur davor hüten zu glauben, Bonn und Pankow könnten etwas lösen, was auf dieser Ebene gar nicht zu lösen ist. Die deutsche Politik sollte gewiß nichts tun, was die Dinge verhärtet. Darüber hinaus halte ich es aber trotz vieler Bedenken gegenüber Leitsätzen der Bonner Politik in der Tat für unerläßlich, nicht aus der westlichen Gemeinschaft auszuscheren, sondern wir müssen um Veränderungen der Politik im Westen ringen. Wir können aus gutem Gewissen nur solche Lösungen anstreben, die die Gesamtposition des Westens nicht schwächen.

SPIEGEL: Herr Bürgermeister, wir danken Ihnen für dieses Gespräch.

Zum SPIEGEL-Gespräch in Nr. 48/1960 (23. November)
mit Chefredakteur Hans Detlev Becker

Am 25. November des Jahres 1960 wird Willy Brandt vom SPD-
Parteitag in Hannover zum Kanzlerkandidaten für die Bundestags-
wahl 1961 gekürt. Exakt 17 Tage zuvor war der Demokrat John F.
Kennedy zum amerikanischen Präsidenten gewählt worden. Der
Mann, der knapp drei Jahre später den Einwohnern der Viersektoren-
stadt den berühmten Satz »Ich bin ein Berliner« zurief, sollte für den
Berliner »Regierenden« zum Vorbild werden.
Nach zwei Wahlniederlagen ihres farblosen Spitzenkandidaten Erich
Ollenhauer – seiner Biographie widmete sich Jahrzehnte später
Brandts dritte Frau, Brigitte Seebacher-Brandt – entschied sich die
Partei für den in der Berlin-Krise gehärteten Emigranten, gegen den
Homme de lettres Carlo Schmid. Vergeblich hatten viele Genossen
Willy Brandt gewarnt, sich so früh dem Titelverteidiger Konrad
Adenauer zu stellen. Er möge lieber abwarten, bis im Jahre 1965 die
Zeit des dann 89jährigen »Alten aus Rhöndorf« ohnehin gekommen
sei.
Der Herausforderer warb im Wahlkampf für die Gemeinsamkeit der
Parteien in nationalen Fragen. So wurde er zum Protagonisten einer
neuen Zeit für die SPD. Er baute auf der innenpolitischen Wende
durch das »Godesberger Programm« aus dem Jahre 1959 auf.
Außenpolitisch zog er die Konsequenzen aus Herbert Wehners Bun-
destagsrede vom 30. Juni 1960: Bekenntnis zu den europäischen
Verträgen, zum Westkurs der Union und zum Nato-Vertrag. Der
Kandidat unterlag Adenauer; sein Politikansatz, auch mit Union und
FDP nach Feldern »nationaler Verantwortung« zu suchen, sollte bis zu
seinem Tode ein Merkmal seiner Politik bleiben.

»Wie wollen Sie gewinnen, Herr Brandt?«

Der Kanzlerkandidat über die Aussichten seiner Partei

SPIEGEL: Herr Bürgermeister, aus Ihren politischen Äußerungen seit Ihrer Proklamierung zum Kanzlerkandidaten der SPD für die Regierungsbildung 1961 war herauszuhören, daß Sie eine Koalition mit der CDU als Basis für die Teilnahme der SPD an der Staatsmacht nicht rundweg ablehnen. Das muß mindestens insofern Verwunderung hervorrufen, als ja in der Verteidigungspolitik das Minimum einer gemeinsamen Grundlage fehlt, solange die CDU auf eine Atombewaffnung der Bundeswehr lossteuert, während die SPD eine Atombewaffnung grundsätzlich ablehnt.

BRANDT: Was ich bisher erklärt habe, bedeutet, daß die SPD, selbst wenn sie stark genug werden sollte, was ich hoffe, bestrebt sein wird, die Verantwortung auf mehr Schultern zu legen.

SPIEGEL: Sie halten für möglich, daß die SPD stark genug wird für eine Alleinregierung?

BRANDT: Ich will sagen: Der Grundsatz breiter Verantwortung ist ja eine gute Tradition der Stadtstaaten, in denen die SPD während dieser Nachkriegsjahre überwiegend die Verantwortung getragen hat. In Hamburg zum Beispiel hat Herr Brauer mit seinen Freunden vor den letzten Bürgerschaftswahlen erklärt: Wie das auch ausgeht, wir werden uns bemühen, andere an der Verantwortung zu beteiligen. Kaisen hat das in Bremen ebenso gemacht. In Berlin kamen ja die besonderen politischen Bedingungen dieser Stadt hinzu. Da haben wir auch gesagt, wir möchten auf möglichst breiter Basis weiter zusammenarbeiten. Ich habe nie gemeint, daß die Berliner Koalition, die – es sind ja nur noch zwei Parteien im Abgeordnetenhaus – eine Zusammenarbeit von SPD und CDU ist, ein Exportartikel wäre. Ich habe auch nie gesagt, daß die österreichische Koalition, die sogenannte schwarz-rote Koalition, von uns einfach nachzuahmen sei, obgleich ich mir Situationen vorstellen kann, in denen es auch in Deutschland notwendig werden würde, beide großen Parteien vor einen Karren zu spannen.

SPIEGEL: Herr Bürgermeister, den Vergleich mit den Stadtstaaten in Ehren, aber es ist natürlich leichter, sich über eine Durchführungsverordnung zur Verordnung über die Vorfluterbeschau zu einigen als über Atomraketenbasen in der Pfalz.

BRANDT: Ich glaube immer noch, daß die Österreicher ihren Staatsvertrag 1955 nicht bekommen hätten, wenn nicht die beiden Parteien dort gemeinsam aufgetreten wären, und das war schließlich eine erstrangige Angelegenheit. Wenn wir einmal davon ausgehen, daß es im nächsten Bundestag drei Parteien geben wird – und das ist ziemlich wahrscheinlich ...

SPIEGEL: ... vielleicht vier, wenn der BHE noch dazukommt.

BRANDT: ... vielleicht vier. Aber ich gehe zunächst einmal von drei aus, weil ja der BHE nur hineinkommen würde, wenn entweder das Wahlgesetz noch geändert wird, oder wenn das Huckepack-System angewendet wird, oder wenn der BHE von sich allein aus über fünf Prozent kommt. Wenn ich jetzt einmal von den drei Parteien ausgehe, dann gibt es ja nicht nur zwei Möglichkeiten der Regierungsbildung – theoretisch jedenfalls –, sondern vier. Es gibt die Möglichkeit eines Sich-Entscheidens der FDP, falls sie gebraucht wird, zur CDU-Seite hin oder zur SPD-Seite hin. Es gibt die Möglichkeit eines Zusammengehens von SPD und CDU, und es gibt die Möglichkeit einer Drei-Parteien-Regierung ...

SPIEGEL: ... und einer Ein-Parteien-Regierung.

BRANDT: Das setzt voraus, daß eine allein die Mehrheit hat. Davon ging ich eben nicht aus.

SPIEGEL: Dann sind es nämlich fünf.

BRANDT: Dann wären's sogar sechs, wenn man unterstellt, daß von den dreien zwei die Mehrheit allein haben könnten. Ich werde jetzt nicht und auch nicht im Wahlkampf irgendeine Festlegung treffen, sie auch gar nicht treffen können, was die Koalitionsmöglichkeiten angeht, sondern ich werde bei dem Standpunkt bleiben, daß man darüber sprechen muß, wenn die Wähler entschieden haben. Ich glaube, es kann auch im Grunde gar nicht anders sein, weil auch von den Gewichten, mit denen die drei aus der Wahl hervorgehen, sehr viel abhängt, was von dem, was ich eben sagte, mehr als Theorie sein könnte.

SPIEGEL: Sie schließen aber von den mathematischen Möglichkeiten keine aus, ausdrücklich keine aus.

BRANDT: Ich schließe grundsätzlich keine aus.

SPIEGEL: Schließen Sie auch nicht aus, daß Sie möglicherweise, wie in der »Welt« zu lesen stand, als Vizekanzler unter dem jetzigen Bundeskanzler Adenauer in die Regierung gehen würden? Man hat dort eine Regierung mit Bundeskanzler Adenauer und Vizekanzler Brandt als »realpolitischen Gehalt« der von sozialdemokratischer Seite erhobenen Forderung nach einer »Regierung der nationalen Konzentration« bezeichnet.

BRANDT: Ich glaube, daß eine solche Möglichkeit eine rein gedankliche Konstruktion ist und nicht eine Widerspiegelung in der praktischen Politik nach den Wahlen finden würde.

SPIEGEL: Immerhin hat eine so große Zeitung wie die »Welt« diese Möglichkeit als ernsthaft hingestellt. Es könnte also sein, daß sich im Bewußtsein der Wähler diese Möglichkeit doch immerhin festsetzt. Und es ist nicht unbedingt gesagt, daß solch ein Gedanke Ihnen und Ihrer Partei nützen würde, so daß man es vielleicht doch zu irgendeinem Zeitpunkt für notwendig oder mindestens für angebracht halten wird, dazu Stellung zu nehmen und zu sagen: Nein, diese Möglichkeit halten wir für sehr gering.

BRANDT: Ich würde es etwas anders ausdrücken. Ich meine, ich muß mir zu so vielen Dingen den Kopf zerbrechen, daß ich es nicht auch noch über Möglichkeiten tun möchte, die nach meiner Ansicht nicht verwirklicht werden können. Die Sozialdemokratische Partei geht in den Wahlkampf, um eine neue Bundesregierung zu bilden, um frische Luft ohne Experimente in die Bundespolitik hineinzubringen. Ich glaube, wenn Sie den gegenwärtigen Bundeskanzler fragen würden, dann würde er eine solche Konstruktion, wie sie von der erwähnten Zeitung vorgetragen wurde, selbst nicht für eine halten, der sehr viel weiter nachzugehen sich lohnt.

SPIEGEL: Auch der Herr Bundeskanzler ist ein sehr anpassungsfähiger Herr.

BRANDT: Ja, wenn er es für richtig hält.

SPIEGEL: Man sollte ihn da nicht unterschätzen.

BRANDT: Wer unterschätzt ihn denn?

SPIEGEL: Und in der Not frißt, wenn Sie uns die Platitüde vergeben wollen, der Teufel – womit wir jetzt nicht den Herrn Bundeskanzler meinen – Fliegen.

BRANDT: Mit den Fliegen haben Sie wohl auch niemanden gemeint?

SPIEGEL: Wenn wir von der »Welt« nun einmal absehen: Der »Telegraf« hier in Berlin, der ja nicht inkompetent ist, Sie zu verstehen und zu interpretieren, der hat ja ganz klar gesagt: Berliner Koalition nach Bonn.

BRANDT: Hier gehen, glaube ich, in der öffentlichen Debatte bisher zwei Dinge durcheinander. Das eine sind die Möglichkeiten einer Regierungsbildung, über die wir schon kurz gesprochen haben. Wenn man da vom heutigen Stand ausgehen sollte, dann würde sich das vermutlich doch mehr darauf konzentrieren, wessen Partner die Freien Demokraten sein werden, wobei ich noch einmal unterstreiche, daß ich keine andere Möglichkeit grundsätzlich ausschließe. Das andere Thema aber ist das eines neuen Verhältnisses zwischen den Parteien. Das muß nicht notwendigerweise seinen Niederschlag in Form einer Regierungsbildung finden. Aber wir müssen, wenn wir mit den ganz schwierigen außenpolitischen Dingen fertig werden wollen, die auf uns zukommen, und mit einigen großen Gemeinschaftsaufgaben im Innern, aus dem Freund-Feind-Denken in der deutschen Politik herauskommen und müssen mit oder ohne einige der Beteiligten, die jetzt agieren, einen Zustand erreichen, wo wir uns zwar als sachliche Gegner gegenüberstehen können, aber doch auch wissen, daß wir Partner sind, die einer gemeinsamen Verantwortung unterliegen.

SPIEGEL: Sie haben das schon zweimal artikuliert. Sie haben nach Wehners Rede in der letzten außenpolitischen Debatte von einer Wende gesprochen, wenn Sie richtig zitiert worden sind, und Sie haben das Stichwort von der »Regierung des ganzen deutschen Volkes«, wenn Sie da richtig zitiert worden sind ...

BRANDT: ... »für«, nicht »des« Volkes, sondern für das Volk. Das war eine einfache Klarstellung gegenüber der Idee, die doch draußen verbreitet ist und die von bestimmter Seite gefördert wird, als handle es sich gewissermaßen darum, eine Parteiregierung zu bilden, und als gebe es Parteigremien, die dann die deutsche Politik bestimmen würden. Da habe ich also einfach die mir notwendig erscheinende Klarstellung gegeben, daß es sich zwar um eine von einer Partei oder von Parteien und ihren Fraktionen getragene Regierung handeln würde, aber um eine Regierung für das deutsche Volk unter dem Grundgesetz.

SPIEGEL: So allgemein gefaßt ist ja in der Demokratie wohl jede Regierung eine Regierung fürs ganze Volk?

BRANDT: Sollte sie sein, ja.

SPIEGEL: Ja, nun, da ist ein bißchen Deklamation auch dabei, genau wie bei Ihrem neuen Verhältnis der Parteien, entschuldigen Sie.

Demokratische Politik ist immer auch Interessenpolitik. Wir möchten noch einmal konkret fragen: Sie gehen also nicht so weit wie Herr Mommer, der Fraktionsgeschäftsführer Ihrer Bundestagsfraktion, der die Möglichkeit einer Koalition unter Kanzler Adenauer rundweg ausschließt; er hat nicht ausdrücklich ausgeschlossen eine Koalition mit Adenauer, in der der Herr Bundeskanzler Vizekanzler wäre, aber er hat das andere ausgeschlossen. So weit gehen Sie nicht?

BRANDT: Ich würde sagen, daß, wenn nicht aus anderen, so aus strukturellen Gründen, die beim gegenwärtigen Bundeskanzler zu suchen sind, diese Möglichkeit sich ausschließt, so daß es nicht sehr lohnt, sich darüber noch Gedanken zu machen. Ich glaube, das erledigt sich von selbst.

SPIEGEL: Wenn Sie mit der CDU koalieren würden, was Sie nicht ausschließen, dann müßten Sie deren Verteidigungspolitik wohl oder übel übernehmen. Sie hätten kaum die Möglichkeit, Abstriche zu machen, und auch die CDU hätte kaum die Möglichkeit, selbst wenn sie es wollte, Abstriche zu machen; sie könnte von der Position, die sie eingenommen hat, nicht herunter.

BRANDT: Es ist wahr, daß so oder so – mit Koalition oder ohne Koalition – jede deutsche Regierung, die im Herbst 1961 gebildet wird, außenpolitisch und verteidigungspolitisch wird auf dem aufbauen müssen, was an Verpflichtungen gegenüber den Partnern eingegangen worden ist. So wahr es ist, daß in dem nordatlantischen Verteidigungsbündnis, dem wir angehören, nicht gegen einen der Partner beschlossen werden kann, wenn es hart auf hart kommt, so wahr ist andererseits, daß sich nicht ein Partner einseitig aus Verpflichtungen herauslösen kann, die im Namen des Staates, um den es sich handelt, eingegangen worden sind. Das gilt also auch für eine neue Kombination. Das würde auch gelten für eine Regierung, die sich der Parteistruktur nach stark unterschiede von der jetzigen.

SPIEGEL: Dann würde also die SPD nach einem Wahlsieg, oder wenn sie sich nach der Wahl an einer Bundesregierung beteiligt, gezwungen sein, die Verteidigungsplanung zu akzeptieren, die im Jahre 1958 beschlossen worden ist. Das bedeutet dann unter anderem die Ausrüstung der Bundeswehr mit atomaren Waffen.

BRANDT: Jede deutsche Regierung, die gebildet wird, muß, das sagte ich schon, auf dem aufbauen, was bisher war. Sie kann nicht erklären: Jetzt beginnt die Weltgeschichte von neuem, und jetzt tun wir so, als ob wir gegenüber unseren Partnern im westlichen Sicherheitssystem ungebunden wären. Bitte, das wäre auch eine mögliche

Politik, aber nicht eine, die ich in den Kreis meiner Betrachtungen mit einbeziehe. Andererseits aber entwickeln sich die Dinge so rasch, daß ja doch keiner von uns genau weiß, was zusätzlich zu den Planungen, die auf das Jahr 1958 zurückgehen, uns im Herbst 1961 als Entscheidungsgrundlage vorliegen wird.

SPIEGEL: Na, also, daß nun gerade die Nato bis dahin auf die Linie Erlers eingeschwenkt wäre: kleine, hochtechnisierte Berufsarmee ohne Atomwaffen ...

BRANDT: Nehmen wir einmal nur alles das, was mit den angekündigten neuen amerikanischen Vorschlägen zusammenhängt, nach denen die Nato eine mehr oder weniger selbständige Atomwaffenmacht werden soll. Wir kennen die Vorschläge bisher nicht, wir kennen Andeutungen dazu. Vielleicht gibt es bis dahin etwas, was vorliegt, vielleicht gibt es sogar etwas, was schon entschieden ist, dann ist das wiederum ein Teil der Grundlage, von der aus man zu arbeiten haben wird. Wenn man davon spricht, daß Planungen des Jahres 1958 bedeuten, daß die Bundeswehr mit atomaren Waffen ausgerüstet wird, dann stoßen wir auf eine terminologische Unklarheit, die die Erörterung dieses Themas sehr erschwert.

SPIEGEL: Welche Unklarheiten sehen Sie da?

BRANDT: Wenn man in der angelsächsischen Diskussion von nuklearen Waffen spricht, dann meint man damit die Sprengköpfe. Wenn man in der deutschen Debatte darüber spricht, meint man durchweg sowohl die Gestelle wie die Sprengköpfe. Unsere Bundeswehr hat bis zu einem gewissen Grade heute Double-purpose-, Mehrzweckwaffen, unsere Bundeswehr hat keine Sprengköpfe. Mir ist nicht bekannt, daß die Amerikaner die Absicht haben, diese Sprengköpfe der Bundeswehr zu übergeben. Und wenn der gegenwärtige Bundeskanzler die SPD angreift, wie er es kürzlich getan hat, sie verhindere, daß die Bundeswehr moderne Waffen bekomme, dann wendet er sich an die falsche Adresse, denn die SPD hat diese Waffen nicht, die haben andere.

SPIEGEL: Erlauben Sie, daß wir diese Argumentation doch als sophistisch bezeichnen. Wir alle verstehen wohl, was der Herr Bundeskanzler da meint.

BRANDT: Aufgrund der neuen amerikanischen Erwägungen mag eine neue Notwendigkeit des Sich-Auseinandersetzens kommen, nicht darüber, ob die Bundesrepublik Deutschland ein Atomwaffenstaat wird, was ich weiterhin für besonders verhängnisvoll halten würde, sondern ob im Rahmen einer neuen Konstruktion deutsche

Streitkräfte an irgendeiner Form eines integrierten Verteidigungssystems beteiligt sind und auch über Waffen dieser Art verfügen. Es ist eine böse Sache, wenn man, wie es hier und da den Anschein hat, von Regierungsseite versucht, es so darzustellen, als ob im nächsten Jahr abzustimmen sein würde über den Unterschied zwischen Nike Ajax und Nike Hercules, als ob also den Bürgern, die zur Wahl aufgerufen sind, dieser Unterschied klar genug wäre, und zweitens, als ob das überhaupt einer Wahlentscheidung unterworfen sein könnte.

SPIEGEL: Herr Bürgermeister, Sie haben eben wieder – das haben Sie öfter getan – vom »Atomwaffenstaat« gesprochen, wobei uns und anderen Kommentatoren nicht ganz klar ist: Was ist der Unterschied zwischen einem Atomwaffenstaat und einem Staat mit atomaren Sprengköpfen? Herr Erler, Ihr Parteifreund, hat ja auch gesagt, diese feinen Unterscheidungen, die Unterscheidung zwischen taktischen und strategischen Atomwaffen und so weiter, seien ungut und seien zu vermeiden; er sagt, der erste Atomschuß – ganz gleich, ob taktisch oder strategisch – bedeute den großen Atomkrieg, darum sei nicht zu diskutieren. Und im Godesberger Programm Ihrer Partei heißt es ja auch ganz deutlich: »Die Bundesrepublik Deutschland darf atomare und andere Massenvernichtungsmittel weder herstellen noch verwenden.«

BRANDT: Ja.

SPIEGEL: Natürlich fragt sich der Wähler – Sie sagen zwar, er wählt nicht zwischen Nike Hercules und Ajax –, aber natürlich fragt er sich doch: Was wollen Sie? Wollen Sie atomare Sprengköpfe oder wollen Sie keine? Und zwar fragt er sich's unter ganz verschiedenen Fragestellungen. Die einen fragen: Wollen Sie oder wollen Sie nicht den »Atomtod«, um mal den etwas vereinfachten sozialdemokratischen Propagandabegriff anzuwenden. Wollen Sie den Atomtod um jeden Preis ausschließen, und zwar durch Atomverzicht, wie ein Teil der englischen Labour Party. Die andere Fragestellung: Wollen Sie die Verteidigung der Bundesrepublik auf veraltete Waffen beschränken? Auf diese Grundfragen muß eine Antwort gegeben werden, die Sie bisher nicht gegeben haben, auch jetzt in Ihrer Erklärung, verzeihen Sie, nicht geben, und das wirft man Ihnen ja ein bißchen vor. Wenn man die Kommentare sieht zu Ihren drei hervorstechendsten öffentlichen Auftritten seit Ihrer Bestellung zum Kanzlerkandidaten im August – das war die Pressekonferenz in Godesberg bei dem Jugendparteitag, das war Ihr Interview mit dem Sender Freies Berlin und das war das »Times«-Interview: In allen drei Fällen sagen die Kommentatoren, Sie seien ausgewichen und hätten auf einfache Fragen keine einfachen Antworten gegeben.

BRANDT: Die Frage ist nicht so einfach, wie sie manche machen möchten. Erstens stehe ich auf dem Boden des von Ihnen zitierten Godesberger Programms, daß wir Massenvernichtungsmittel, atomare und andere, ablehnen müssen. Ich glaube, daß daraus für die deutsche Politik folgert, daß wir – ganz egal, wie wir Einzelheiten unserer Verteidigung im Rahmen unseres Bündnisses lösen –, daß wir ganz andere Anstrengungen machen müssen, um uns aktiv in das Rüstungskontrollgespräch einzuschalten. Ich war erschüttert vor einigen Monaten, als mir erzählt wurde, ein Mitglied der Bundesregierung habe nach einer Reise in Amerika auf eine entsprechende Frage erklärt, er sei für Aufrüstung und nicht für Abrüstung zuständig.

SPIEGEL: Herrn Strauß scheiden Sie also als Verteidigungsminister einer CDU-SPD-Koalition aus?

BRANDT: Im Pentagon sitzen ganze Abteilungen, die sich mit Rüstungskontrollfragen befassen. Das heißt, dort werden Sicherheit und Abrüstung, lies: Rüstungskontrolle als nächstmöglicher Schritt, als zwei Seiten ein und derselben Sache gesehen. Bei uns neigt man noch dazu, das zwischen zwei Ministerien zu verteilen, für das eine ist das Verteidigungsministerium zuständig . . .

SPIEGEL: . . . und für das andere das Auswärtige Amt.

BRANDT: Das ist völlig unsinnig, denn man kann die Rüstungskontroll-Dinge, die auf uns wie auf andere Staaten zukommen, überhaupt nicht ohne die Militärs machen. Man muß es als zwei Seiten ein und derselben Sache sehen. Jetzt nur eine Hinzufügung, nicht um damit eine praktische Politik anzudeuten, sondern um doch auf die Schwierigkeit des Problems hinzuweisen. Sie sagen unter Berufung auf das Programm meiner Partei – an dem ich selbst mitgearbeitet habe, dem ich zugestimmt habe, auf dessen Boden ich stehe –: Keine Massenvernichtungsmittel und gegen den Atomtod.

SPIEGEL: Noch schärfer, Herr Bürgermeister. Im Programm steht, daß die Verwendung von Atomwaffen der Bundesrepublik nicht gestattet werden soll.

BRANDT: Von Massenvernichtungsmitteln. Ich will auf die umstrittene Unterschiedlichkeit zwischen taktischen und strategischen Atomwaffen nicht eingehen.

SPIEGEL: Ihr Parteifreund Erler sagt, man darf nicht unterscheiden.

BRANDT: Richtig, Erler sagt, man darf nicht unterscheiden. Es gibt Leute, die machen eine Unterscheidung. Ich will das jetzt gar nicht weiter untersuchen. Ich will nur sagen: Wenn das Vorhandensein einer hochmodernen Flak dazu dienen könnte, zu verhindern, daß Hamburg und das Ruhrgebiet durch Flugzeuge erreicht werden, die dorthin den Atomtod bringen würden, wenn sie es könnten, dann wirft das immerhin eine Frage auf, die allen Nachdenkens wert ist, und zwar eine Frage, die auch noch durchaus auf dem Boden der prinzipiellen Stellungnahme, von der wir hier ausgehen, erörtert werden könnte.

SPIEGEL: Sie wollen über moderne Flak, sprich Atomflak, nachdenken. Aber Sie sagen: Die Bundesrepublik darf kein Atomwaffenstaat werden. Was meinen Sie damit, Herr Bürgermeister?

BRANDT: Die Bundesrepublik Deutschland darf kein Atomwaffenstaat werden. Darin stecken mehrere Dinge. Erstens darf auf diesem Gebiet – ich glaube, überhaupt auf dem Rüstungsgebiet, aber auf diesem im besonderen – nirgends der Eindruck entstehen, wir drängten uns vor, wie seien jieperig auf dieses oder jenes, oder gar, wir wollten bestimmte Formen der Bewaffnung, um damit unser politisches Gewicht zu erhöhen, nicht nur gegenüber unseren Widersachern in der Weltpolitik, sondern auch gegenüber unseren Verbündeten. Solche Ideen hat es ja gegeben. Es gibt sie bei dem einen und anderen unserer Nachbarn auch jetzt. Das muß klar abgelehnt werden. Das kann nur ins Auge gehen. Da darf man nicht nur an den Osten denken, sondern da muß man auch an den Westen denken. Die Erfahrungen des letzten Jahres haben ja gezeigt, daß unsere Position – psychologisch, politisch – auch im Westen keineswegs so stark ist, wie mancher glaubte, und daß manches, was man schon als Vertrauen erobert zu haben glaubte, in Wirklichkeit erst neu wieder erobert werden muß.

SPIEGEL: Wenn Sie sagen, wir dürfen uns nicht drängen, dann ist das doch aber nur eine politisch-psychologische Erwägung, keine verteidigungstechnische.

BRANDT: Genau das.

SPIEGEL: Dann machen Sie der jetzigen Bundesregierung offenbar den Vorwurf, sich in dieser Hinsicht nicht immer geschickt und klug verhalten zu haben?

BRANDT: So ist es.

SPIEGEL: Aber letzten Endes ist es doch kein taktisch-psychologisches Problem, sondern eine sachliche Grundsatzfrage, ob sich ein Teil des gespaltenen Deutschlands aus Sicherheitsgründen atomar bewaffnen soll oder nicht.

BRANDT: Nun, ich glaube, daß es ein großer Unterschied ist, qualitätsmäßig und außenpolitisch, ob die Bundesrepublik Deutschland, ähnlich wie es Frankreich vorhat, als Staat und im Rahmen seiner nationalen Verteidigung sich um diese Art der Bewaffnung bemüht oder ob eine Konstruktion gefunden wird, bei der deutsche Streitkräfte unter Nato-Oberbefehl mitwirken, aber nicht als Mittel deutscher Politik mißverstanden werden könnten.

SPIEGEL: Die Bundesregierung hat aber gerade hier immer sehr klar Stellung bezogen und hat immer einer internationaleren und europäischeren Lösung den Vorrang gegeben. Gerade diesen Vorwurf kann man ihr nicht machen. Vielleicht könnte man einem einzelnen Minister den Vorwurf machen, aber die Bundesregierung als ganzes hat letztlich immer klar Stellung bezogen und hat europäische und atlantische Lösungen vorgezogen.

BRANDT: Stimmt.

SPIEGEL: Da würden Sie sich also nicht abheben von der bisherigen Bundesregierung.

BRANDT: Ich würde das noch etwas stärker unterstreichen.

SPIEGEL: Nicht Atomwaffenstaat sein, so meinen Sie, heißt nicht aus Gründen des politischen Prestiges, des politischen Gewichts, nach atomarer Gleichstellung und solchen Dingen drängen, sondern es ausschließlich unter verteidigungstechnischen Gesichtspunkten beurteilen?

BRANDT: Ja, da kommt nun die weitere Frage in diesen Gedankengang hinein. Man muß prüfen: Was ist im Rahmen des Verteidigungsbündnisses, aus dem wir heute und für die kommenden Jahre allein deutsche Politik entwickeln können, möglich, was ist unerläßlich, was kann von uns noch beeinflußt werden? Das heißt mit anderen Worten: Meine volle Sympathie ist bei denen und wird bei denen sein, die versuchen, zu einer Arbeitsteilung innerhalb des nordatlantischen Verteidigungsbündnisses zu kommen, das uns nicht mehr aufbürdet, auch der Qualität der Bewaffnung nach, als wir sinnvollerweise tragen sollten.

SPIEGEL: Nun, Herr Bürgermeister, in Ihrem Interview mit dem Sender Freies Berlin haben Sie gesagt: »Wir können uns nicht auf den Standpunkt stellen, es sei moralisch minderwertig, mit nuklearen Waffen umzugehen, und unsere Verbündeten sollten sich gewissermaßen die Hände allein schmutzig machen.« Was bedeutet da »Arbeitsteilung«?

BRANDT: Arbeitsteilung im Rahmen und in Abstimmung mit der Verteidigungsgemeinschaft. Ein aktuelles Beispiel: Es ist in bisherigen Erörterungen mit Recht verschiedentlich darauf hingewiesen worden, daß es ja Staaten in der Nato gibt, die aufgrund ihrer Sonderlage auch über Sonderregelungen verfügen. Die skandinavischen Staaten spielen dabei eine Rolle. Etwa in Norwegen das Nicht-zur-Verfügung-Stellen von Basen im Friedensfall, wohl aber das Bereithalten der Möglichkeiten für den Kriegsfall. Sie werden bemerkt haben, daß der norwegische Außenminister Halvard Lange vor kurzem im Storting darauf hingewiesen hat, daß aufgrund der Entwicklung in der Welt die Möglichkeit nicht ausgeschlossen werden könnte, daß Norwegen seine Regelungen auf diesem Gebiet einer Überprüfung unterziehen würde. Der Ministerpräsident hat dann freilich wenig später hinzugefügt, das sei nicht die Ankündigung einer unmittelbar bevorstehenden Änderung, aber es zeigt, daß die Dinge doch auch hier im Fluß sind.

SPIEGEL: Dürfen wir das sinngemäß übertragen und sagen: Der Kanzlerkandidat Brandt will nicht rundweg ausschließen, daß zum Zeitpunkt der Wahl eine Situation da sein könnte, die es angeraten erscheinen ließe, den bisherigen ziemlich schroffen Standpunkt seiner Partei zu revidieren?

BRANDT: Der Kanzlerkandidat wird von drei Dingen ausgehen, einmal von der grundsätzlichen Festlegung in seinem Programm; zweitens von der Notwendigkeit loyaler Zusammenarbeit mit den Bündnispartnern; und drittens von dem ernsten Bemühen, aufgrund dieser loyalen Zusammenarbeit zu Regelungen zu kommen, die keinem deutschen Soldaten das Gefühl geben, zumal in einer integrierten Verteidigung, verheizt werden zu sollen, wie es so populär genannt wird. Ob das im einzelnen in den nächsten Monaten konkretisiert werden kann, wird sich zeigen. Das wird gegebenenfalls nicht früher geschehen als bei der Bekanntgabe des sozialdemokratischen Regierungsprogramms im Frühjahr. Bis dahin dürften sich auch einige Klärungen auf den Gebieten ergeben haben, über die wir schon sprachen.

SPIEGEL: Ja, Herr Brandt, da sehen wir aber nun schon wieder den CDU-Pressedienst: »SPD-Politik bleibt weiter unklar.« Halten Sie für möglich, daß über die Art der Arbeitsteilung innerhalb der Nato nähere und präzisere Vorschläge gemacht werden können?

BRANDT: Das Regierungsprogramm wird Klärungen über die jetzigen Äußerungen hinaus bringen. Man darf allerdings nicht, das gilt für die Verteidigungspolitik wie für die Außenpolitik, einer gegenwärtigen Opposition mehr zumuten, als sie übernehmen kann. Es gilt auf dem Gebiet der Außenpolitik wie auf dem Gebiet der Verteidigungspolitik, daß man über das ganze Werkzeug erst dann verfügt, wenn man selbst über den Regierungsapparat verfügt, wenn man verfügt über die ganze Breite der Informationsmöglichkeiten und des eigenen Gesprächs mit den Partnern.

SPIEGEL: Das ist ein sehr weiser angelsächsischer Standpunkt. Nur ist es eben so, daß in Deutschland die Wähler doch zu einem großen Teil der SPD den Vorwurf gemacht haben, sie huldige einer gewissen, wenn auch noch so lobenswerten Weltfremdheit. Die Partei muß mit diesem Vorwurf rechnen. Von Ihrer Betrauung erwartet man, daß Sie auf die konkreten Fragen, die für Deutschland ja nicht erst am Tag der Wahl stehen, sondern die schon jetzt stehen und die sich ja auch nicht so wesentlich ändern werden, klarere beziehungsweise den Leuten einleuchtendere Auskünfte geben, als es bisher von seiten der SPD geschehen ist. Mit dieser psychologischen Grundsituation müssen Sie rechnen. Wir glauben, daß Sie vor der Wahl zumindest die Richtung angeben müssen, in die Sie marschieren wollen. Es wird nicht genügen, zu sagen: Wir streben eine Arbeitsteilung an. Wie soll die Arbeitsteilung aussehen? Soll die Bundesrepublik mehr konventionelle Streitkräfte haben als die Verbündeten, dafür aber keine Atomwaffen? Und wer soll das bezahlen?

BRANDT: Ich glaube, daß tatsächlich jetzt nicht der Zeitpunkt ist, es zu erläutern. Das, worauf es jetzt für die Partei, für die ich spreche, und für mich selbst ankommt, ist, den Menschen in unserem Lande klarzumachen: Diese Partei steht zum Unterschied von dem, was man ihr unterstellt hat, fest in der westlichen Gemeinschaft; diese Partei steht loyal zu den Bündnispartnern der Bundesrepublik; diese Partei steht auch zu den verteidigungsmäßigen Verpflichtungen, die die Bundesrepublik trotz starker Kritik und starker Bedenken ...

SPIEGEL: ... Sie selbst haben 1955 gegen den Beitritt zur Nato gestimmt ...

BRANDT: ... die nicht zuletzt von dieser Partei geltend gemacht sind, eingegangen ist; aber so ist die Entwicklung gegangen, von dieser Basis aus müssen wir Politik machen, und diese Partei wird – und eine von ihr getragene Regierung wird – verteidigungsmäßig das machen, was uns ein höchstes Maß an Sicherheit gewährt und was uns unseren Platz in der westlichen Gemeinschaft erhält. Das den Leuten klarzumachen ist heute viel wichtiger als das Eingehen auf die weiter sich daraus ergebenden Fragen. Nebenbei gesagt wird auch die Gegenseite in diesem Wahlkampf wissen, daß sie nicht ganz so kann, wie einige bei ihr vielleicht möchten, sie wird sich schwer davor hüten, etwa mit der Parole »Möglichst viel Atomwaffen« in den Wahlkampf zu gehen.

SPIEGEL: Herr Bürgermeister, wir haben in Hamburg vor gut zwei Jahren weit über 100 000 Menschen auf dem Rathausmarkt gehabt. Sie haben demonstriert unter der Parole »Kampf dem Atomtod«, unter der Parole einer Bewegung, die von Ihrer Partei ausgelöst und im wesentlichen auch von Ihrer Partei getragen worden ist. Man hat da sehr weite Bevölkerungskreise mobilisiert, nicht etwa nur kleine Gruppen, die eine Affinität zu Ihrer Partei haben. Dieter Borsche hat ja auch in der ersten Reihe gesessen in München. Nun, Sie gebrauchen für das Beispiel der wirksamen Flak den Terminus technicus, der von der Bundesregierung gefunden worden ist, nämlich: »moderne Abwehrwaffen«. Man sagt nicht mehr »Atom«, man spart das Atom da aus. Das liegt auf der soeben von Ihnen gezeigten Linie; man wird nicht sagen: »Leute, herbei, hier die großen Atomwahlen.« Aber diese feine Unterscheidung zwischen moderner Luftabwehr und Bikiniatoll-Bombe, die machen ja diese Menschen auf dem Rathausmarkt nicht, sondern für diese Menschen scheiden sich die Geister an der Frage: Atomsprengkopf oder kein Atomsprengkopf. So gesehen, müssen Sie ja dann eine gewaltige Überzeugungsarbeit nicht nur nach außen, sondern auch in die Partei hinein leisten, wenn Sie sich in der Verteidigungspolitik auf die Linie stellen, die Sie eben erläutert haben. Denn sie bedeutet nun einmal nukleare Sprengköpfe, und daran scheiden sich in viel stärkerem Maße die Geister heute in Deutschland, als Sie das noch wahrhaben wollen. Kein Mensch hat ja gedacht, daß in Hamburg 100 000 Leute da hinlaufen. Sehen Sie da nicht eine gewisse Schwierigkeit, sich verständlich zu machen?

BRANDT: Ich glaube, man muß, wenn man auf die damaligen Demonstrationen zurückgeht, doch folgendes auseinanderhalten. Einmal handelt es sich um die Stellungnahme von sehr respektablen Mitbürgern, die aus religiösen und anderen Überzeugungsgründen gegen jede Form von Atombewaffnung – im Grunde gleich, in welchem Staat auch immer – sind. Das ist ein sehr respektabler Standpunkt. Ich glaube persönlich nicht, daß es, jetzt nicht auf ein einzelnes Land bezogen, der Standpunkt einer politischen Partei im Grunde ist. Für die Sozialdemokratische Partei hat es sich damals und später nie darum gehandelt, einer einseitigen Schwächung des Westens das Wort zu reden. Aber es hat auch einen solchen Standpunkt gegeben, und ich sage noch einmal, ich respektiere ihn auch, obgleich ich ihn mir nicht zu eigen machen kann.

SPIEGEL: Auch Sie haben auf Kundgebungen gegen den Atomtod gesprochen.

BRANDT: Es war nie die Haltung der Sozialdemokratischen Partei, auf eine einseitige Schwächung des Westens hinzuarbeiten. Ich habe das hier in Berlin auch gesagt, zu jener Zeit, als unter dem Thema »Kampf dem Atomtod« auch hier Äußerungen öffentlich gemacht wurden.

SPIEGEL: Die Bevölkerung konnte und kann diese feinen Unterschiede nicht sehen. Für die Bevölkerung bedeutete – das können Sie uns sicher abnehmen – die Forderung »Kampf dem Atomtod« eine einseitige Verzichterklärung der Bundesrepublik auf Atomwaffen, gleichgültig, was die Gegenseite machen wird.

BRANDT: Das wäre auch sehr schön gewesen, wenn das hätte erreicht werden können, und ich hätte nichts dagegen, ganz im Gegenteil, wenn sich das auch in der weiteren Entwicklung erreichen ließe.

SPIEGEL: Wieso, bitte? Eine Verzichtserklärung könnte man ja in jeder Lage abgeben.

BRANDT: Die Welt ist nicht stehengeblieben. Das gilt für dieses Thema wie für andere.

SPIEGEL: Sie unterschätzen möglicherweise die Hartnäckigkeit, mit der die Regierung die Gespaltenheit der SPD gerade in der Frage der Atombewaffnung zum Zentralthema des Wahlkampfes machen wird. Und, Herr Bürgermeister, wenn bis dahin sich irgendwelche harten Züge des Kremls ereignet haben, dann ist es durchaus möglich, daß die Frage wirklich mehr in den Mittelpunkt rutscht, als wir das jetzt im Moment hoffen. Wir sehen also für Sie eine schwierige Situation voraus, wo Sie mehr Farbe bekennen müssen, als Sie das bisher für richtig und angebracht halten.

BRANDT: Ich möchte Ihnen sagen: Was in den Mittelpunkt des Wahlkampfes gerückt wird, bestimmt nicht nur eine Seite. Darin wird sich der kommende Wahlkampf grundlegend von manchen früheren Wahlkämpfen unterscheiden, daß ich nicht daran denke, mir das Thema der Auseinandersetzung vorschreiben zu lassen. Das soll nicht bedeuten, daß ich wichtigen Themen dann, wenn sie dran sind, ausweichen werde. Aber schließlich gibt es auch eine Innenpolitik.

SPIEGEL: Sehen Sie einmal: Volkswagen-Volksaktie oder Deutsche Volksaktie; Kindergeld: ja oder nein; Krankenscheingebühr oder Selbstbeteiligung – all diese Fragen, so wichtig sie sind und so trefflich sich darüber streiten läßt, im Gewicht der politischen Betrachtung – heute auch beim Wähler – sind das zweitrangige Fragen. Sie wollen sich, das ist natürlich klar und gut verständlich, heute hinsichtlich der erstrangigen Frage nicht auf die Lage im nächsten August festlegen. Aber ein Wahlkampf unter innenpolitischen Vorzeichen ist, so glauben wir, heutzutage nicht denkbar – in dem Wohlstandsstaat hier.

BRANDT: Wenn Sie von den »kleinen« Dingen sprechen – Aktien, Kindergeld, Krankenkassen und anderen –, dann liegt ja da im Grunde drin: Erstens nehmen die Leute das alles nicht so schrecklich wichtig – im Wohlfahrtsstaat ...

SPIEGEL: ... Wohlstandsstaat ...

BRANDT: Zweitens handelt es sich ja dabei gar nicht um so große Unterschiede zwischen den Parteien, sondern sie unterscheiden sich nur so ein bißchen. Da möchte ich nun sagen, daß es in einem Staat, in dem es wirtschaftlich einigermaßen gutgeht, in dem auch die demokratischen Spielregeln beachtet werden, daß es da das völlig Normale ist, daß die Parteien, daß die großen Parteien auf weiten Gebieten in etwa dasselbe sagen. Selbst wenn sie auf den meisten Gebieten das täten, würde sich dann erst das eigentliche Kernproblem jeder Politik in einem demokratischen Staat ergeben, nämlich die Frage der Priorität, die Frage der Rangordnung der zu lösenden Probleme. In idyllischen Nachbarstaaten – ich denke an die letzten Wahlen in Schweden –, da hat man sich wochenlang zwischen der Regierungspartei und der Opposition um irgendeine Einzelfrage, wenn auch eine wichtige Einzelfrage, der Sozialpolitik gestritten; fast nichts anderes als das hat dort diesen Wahlkampf beherrscht.

SPIEGEL: Ja, bloß, trotz des Wohlstandes ist es ja bei uns nun doch nicht idyllisch. Die Russen wollen in Berlin weiterkommen. Strategisch ist die Bundesrepublik Kerngebiet, keine idyllische Randzone. Und in der Frage einer atomfreien Zone kann man Gaitskell-Politik oder aber Strauß-Politik machen. Da wird man den Wahlkampf nicht unter eine sozialpolitische Detailfrage stellen können.

BRANDT: Auch die Innenpolitik braucht ihr Recht. Bei uns geht es, wenn Sie sich die Dinge genau angucken, sowohl im Wirtschaftlichen wie im Sozialen wie vor allen Dingen im Kulturellen um ganz wichtige Prioritätsunterschiede. Wir sind jetzt so daran gewöhnt,

daß das Wirtschaftliche schon irgendwie weitergeht und daß Sozial-
politisches auch immer irgendwie hingebracht wird, daß beinahe der
Sinn dafür verlorengeht, daß vor diesem Volk einige ganz große
Gemeinschaftsaufgaben stehen, im Inneren und nach außen; nach
außen zum Beispiel in der Frage der Entwicklungsländer, im Inneren
zum Beispiel auf dem Gebiet der Volksgesundheit, und daß das alles in
die Vorstellung eingeordnet werden muß, daß wir hier im Grunde
einen Modellstaat zu entwickeln haben, der die friedliche Auseinandersetzung gut bestehen kann. Wir unterscheiden uns von unseren
innenpolitischen Widersachern nicht dadurch, daß wir weniger entschieden sind in der Auseinandersetzung mit dem Kommunismus,
sondern wir unterscheiden uns dadurch, daß wir weniger furchtsam
sind in dieser Auseinandersetzung.

SPIEGEL: Sie sagen: Die Auseinandersetzung mit dem Osten.
Daß das östliche Gesellschaftsmodell und seine Annehmbarkeit und
Richtigkeit kein politischer Streitpunkt zwischen der SPD und anderen Parteien in der Bundesrepublik ist, das ist ja klar. Es läuft also doch
nur auf Detailfragen hinaus, die im Fühlen des Wählers gegenüber
ganz essentiellen Fragen zweitrangig bleiben. Sehen Sie, da zieht in
einem kleinen holsteinischen Ort an der Zonengrenze in ehemalige
Göringsche Luftwaffenkasernen ein Raketen-Fla-Bataillon ein. In der
Ortszeitung wird die Front der Soldaten abgebildet; der Bürgervorste-
hen, ein CDU-Mann, schreitet mit dem Major die Front ab, adressiert
die Soldaten und sagt: »Kameraden, wir in Holstein sind immer
militär-freundlich gesonnen gewesen. Möge sich ein gutes Verhältnis
zwischen Bevölkerung und Raketen-Fla entwickeln.« Das bekommen
die Leute nun montags in der Zeitung, und sie fragen sich: Geschieht
dies, diese alte deutsche Militärprotzerei, mit Zustimmung von Willy
Brandt? Vor zwölf Jahren hätte doch einfach kein Mensch für möglich
gehalten, daß ein deutscher Bürgermeister die einziehende Raketen-
Fla so willkommen heißt? Im Kreis Lauenburg geschieht das. Das ist
doch etwas anderes als die unauffällige technische Berufstruppe nach
Erlers Modell.

BRANDT: Ich will den Eindruck vermitteln, und hoffentlich
gelingt es mir, ihn zu vermitteln, daß, wie immer man zu der einen
oder anderen Alternative oder Nuance der Verteidigungspolitik stehen mag, die noch ausgehandelt werden muß, daß der Kanzlerkandidat der SPD und seine politischen Freunde ein gutes Verhältnis zur
Bundeswehr haben wollen. Unsere Bundeswehr, die Offiziere und
Soldaten der Bundeswehr sollen wissen, daß ihre Dinge bei uns gut

aufgehoben sind. Wir können nicht diesen Gegensatz neu gebrauchen, den es früher in unserem Land gegeben hat, den es in anderen Ländern gibt, den Gegensatz zwischen dem Flügel der Linken, wenn man so will, und den Trägern der bewaffneten Macht.

SPIEGEL: Im Wahlkampf wollen Sie die Leute mit der Entwicklungshilfe und Erziehungsprogrammen erwärmen?

BRANDT: Ich widerspreche der Vorstellung, daß man mit den großen innenpolitischen Dingen – lassen wir die Entwicklungshilfe einmal einen Augenblick beiseite – nichts machen könnte. Wenn ich so herumkomme und spreche mit jungen Menschen darüber, was eigentlich der Grundsatz der gleichen Chance zu bedeuten hat, was eigentlich alles noch geschehen muß, um die Begabungen, die es in unserem Volke gibt, zu wecken und ihnen die Chance zu geben, sich zu entfalten, wieviel mehr für die berufliche Ausbildung und Fortbildung, für bessere und raschere Aufstiegschancen getan werden muß ...

SPIEGEL: Nun, man braucht in Deutschland kein Privilegierter mehr zu sein, um beispielsweise Kanzlerkandidat zu werden. Glauben Sie, es gebe eine breite Stimmung, daß es bei uns mit der Chancengleichheit schlecht bestellt sei?

BRANDT: Sehr viele Menschen in unserem Volk können nicht das tun, wozu sie fähig wären. Und es gibt andere Aufgaben. Ich erwähnte vorhin das Stichwort Volksgesundheit. Ich könnte Straßenbau danebensetzen. Beides Beispiele ...

SPIEGEL: ... die Geld kosten ...

BRANDT: ... die sehr viel Geld kosten. Wenn ich bei der Volksgesundheit nur das eine Gebiet herausgreife, Reinhaltung des Wassers und der Luft, was für die Volksgesundheit eine Riesenrolle spielen wird ...

SPIEGEL: Dann wird Reinhold Maier böse, das ist nämlich sein Steckenpferd.

BRANDT: Na ja, gut. Da werden auch noch andere darauf kommen. Ich weiß nur, daß beide Gebiete, Straßenbau und diese Aspekte der Volksgesundheit, mit den jetzt bei uns verwendeten Methoden, mit dieser Töpfchenwirtschaft, mit den überkommenen gesetzgeberischen, organisatorischen und finanziellen Methoden diese großen Aufgaben, die Milliarden kosten werden, nicht gelöst werden können.

SPIEGEL: Aber das sind doch keine konkreten Punkte, Herr Bürgermeister. Wenn Sie sagen, der Straßenbau kann in der bisherigen

Form nicht gelöst werden, damit greifen Sie praktisch das Grundgesetz und den föderativen Aufbau der Bundesrepublik an, und das muß Ihnen ja fernliegen, so weit zu gehen. Also, wie wollen Sie glaubhafte Lösungsvorschläge in diesen Sachen bringen? Es ist zwar wahr, daß die Leute sich im einzelnen immer ärgern, aber im großen und ganzen glauben sie doch, diese Dinge seien ganz gut geregelt. Das ist so das Grundgefühl.

BRANDT: Auf dem Gebiet des Straßenbaues sagen uns diejenigen, die daran arbeiten und etwas davon verstehen, daß die Zahl der Kraftfahrzeuge sich in den nächsten zweieinhalb bis drei Jahren verdoppeln wird.

SPIEGEL: Klar. Da braucht man gar nichts Besonderes davon zu verstehen.

BRANDT: Jetzt vergleichen Sie damit – ich gebe zu, es geschieht eine Menge, und Seebohm ist da durchaus hinterher – das Tempo des Ausbaus unserer Straßen, dann gehört nicht viel Phantasie dazu, sich vorzustellen, wie es in diesen zweieinhalb bis drei Jahren aussehen wird.

SPIEGEL: Aber Sie können als Kanzler ja auch nicht schneller bauen. Die Leute wissen das. Die Leute glauben Ihnen nicht, daß die Autobahnen und die übrigen Straßen, die wahrscheinlich wichtiger sind, doppelt so schnell ausgebaut werden, wenn Sie Kanzler sind. Autobahn-Kanzler wollen Sie ja auch wohl nicht werden?

BRANDT: (lacht)

SPIEGEL: Und die Erziehungsfrage – im großen sehr schön, daß man sagt, unsere Kinder sollen etwas werden, weg mit dem Bildungsmonopol, in praxi konkretisiert es sich auf die Frage: Ist das Honnefer Modell gut oder schlecht? Ist das Schulmodell des Deutschen Ausschusses für das Erziehungs- und Bildungswesen ausreichend durchlässig oder nicht? Da geht es doch schon in die Schulmeister-Expertise hinein, und damit können Sie sich ja im Wahlkampf nicht auseinandersetzen.

BRANDT: Sie werden schon als Ergebnis des Hannoverschen Parteitags der Sozialdemokratischen Partei eine Reihe von Konkretisierungen bekommen, was die Gesamtlinie, die Grundlinie angeht, und Sie werden das andere dann bekommen, wenn es soweit ist. Wir brauchen neue Impulse und unverbrauchte Kräfte. Und dazu sind auch neue Gesichter nötig ...

SPIEGEL: Das ist ja Ihre große Chance.

BRANDT: ... und daß sie auch die Chance erkennen, die einmalige Chance, bei einer Bundestagswahl die Nachfolgefrage im Bundeskanzleramt gleich mit zu beantworten, was man normalerweise nicht kann. Diesmal würde es sich ja darum handeln, zumal die gegenwärtige Regierungspartei jedenfalls bisher in der Frage nicht zu Stuhl gekommen ist, ich weiß auch nicht, ob sie's schaffen wird, damit zu Rande zu kommen ...

SPIEGEL: Unter dem Motto: Der Dicke muß weg?

BRANDT: ... da erhält der Wähler selbst eine Möglichkeit, dieses Problem, das ja einmal gelöst werden muß, mit zu entscheiden.

SPIEGEL: Da dürfen Sie sich nur nicht so viel wie eben hier und wie neulich Herbert Wehner in dem Fernsehinterview auf die Beschlußkörperschaften und die zuständigen Gremien des Parteitags und so weiter berufen, denn das ist es, was der Wähler an der innerparteilichen Art der SPD, sich zu äußern und sich zu Stuhl zu bringen, überdrüssig ist, weil es allzusehr an die glorreichen Zeiten anknüpft, wo das eben so war: »Genossen, die zuständigen Gremien müssen beschließen, und wir müssen die Beschlüsse zur Ausführung bringen.«

BRANDT: Ich glaube, das sollte ich dann doch noch ein bißchen erläutern. Denn wenn ich sage Hannover, dann meine ich damit bei allem schuldigen Respekt vor meinen Parteifreunden, die sich dort für weit über 600 000 Mitglieder versammeln, um Beschlüsse zu fassen, dann meine ich eben auch, was ich als Kandidat sagen werde.

SPIEGEL: Was Sie erreichen können.

BRANDT: Nein, auch was ich sagen werde. Denn dort wird ja erst der Kanzlerkandidat bestätigt, und er wird sich dann vor seinen Freunden und vor der Öffentlichkeit darüber äußern, was er will. Insofern ist es ein wichtiges Datum in meinen eigenen Überlegungen, in meinen eigenen Planungen. Ich muß vor meinen Parteifreunden so viel Respekt haben, daß sie nicht alles, was ich zu sagen habe, schon vorher in der Zeitung lesen, sondern daß sie es erfahren, zumindest gleichzeitig, wenn es eine breitere Öffentlichkeit auch erfährt. Auf einer solchen Tagung wird ein Kanzlerkandidat bestätigt, und es wird eine Mannschaft nominiert, die den Kanzlerkandidaten unterstützen soll, beraten soll, mit ihm zusammenwirken soll. Die werden also, gestützt auf dieses Mandat, nun das Regierungsprogramm, von dem ich sprach, in voller Verantwortung erarbeiten und dann der Öffentlichkeit übergeben.

SPIEGEL: Sie sagen, der Kanzlerkandidat wird bestätigt. Wir wollen einmal sagen: Der Kanzlerkandidat, getauft ist er im August, in Hannover auf dem Parteitag wird er konfirmiert. Da man bei dieser Konfirmation, wie bei jeder Konfirmation, den Glauben letzten Endes nicht prüfen kann, wird eben der Katechismus abgehört. Gerade diesen Parteitag finden wir für Ihre Rolle als allein herausgestellten Mann gar nicht so glücklich. In Hannover müssen Sie nun noch einmal wieder sozusagen nach innen arbeiten, und draußen drumherum fragt die Presse: Was will er nun in der Außenpolitik und mit den Atomsprengköpfen? Und was gilt: Godesberger Programm oder Brandts Rundfunk-Interview? Für Ihre Wirkung auf die Öffentlichkeit können Sie sich vom Parteitag gar nichts versprechen.

BRANDT: Vielen Dank, daß Sie sich meinen Kopf zerbrechen. Nach Hannover sprechen wir uns wieder.

SPIEGEL: Herr Bürgermeister, wir danken Ihnen für dieses Gespräch.

Zum SPIEGEL-Gespräch in Nr. 12/1961 (15. März)
mit den Redakteuren
Peter Merseburger und Martin Virchow

Vier Jahre lang, von 1957 bis 1961, hatte die Union das Land allein regiert, CDU und CSU fühlten sich als Staatspartei. Der Gedanke, die Macht an die Sozialdemokraten verlieren zu können, ließen Adenauer und seine Helfer im Wahlkampf tief ins Arsenal schmutziger Waffen greifen. Brandts Emigrationszeit mußte zur Verleumdung des Herausforderers herhalten. Er sei Rotbrigadist in Spanien gewesen und habe im Zweiten Weltkrieg in norwegischer Uniform gegen deutsche Soldaten gekämpft. Brandt beim Wähler als »Verräter des Vaterlandes« zu denunzieren – das war das erklärte Ziel der Wahlkämpfer von CDU und CSU. In Vilshofen fragte Franz Josef Strauß den SPD-Mann: »Was haben Sie zwölf Jahre lang draußen gemacht? Wir wissen, was wir drinnen gemacht haben.«
Der Stil des Jahres 1961 wurde in späteren Wahlkämpfen Methode. So schossen sich im Jahre 1980 rechte Unionspolitiker und ihre publizistischen Hilfstruppen zur Unterstützung des Kanzlerkandidaten Franz Josef Strauß mit teilweise gefälschten Dokumenten auf Willy Brandt ein. Der Sozialdemokrat, für dessen guten Rat sich zwölf Jahre später CDU-Kanzler Helmut Kohl bei einem Festakt zum Tode Willy Brandts im Berliner Reichstag bewegt bedankte, wurde sogar als Antisemit und »Erfinder der Vertreibung« diffamiert.
Bei seiner ersten Kandidatur im Jahre 1961 keilte Brandt noch kräftig zurück, später ließ er die Verleumder meist ins Leere tappen. Auf einer Großkundgebung am 12. August 1961 in Nürnberg zahlte Brandt die Schmähungen dem rheinischen Separatisten Adenauer zurück. Der SPD-Kandidat hielt dem Kanzler vor, es sei einfacher, links des Rheins zu stehen, als »in Berlin den Buckel« hinzuhalten. Einen Tag später, am 13. August 1961, begann Ost-Berlin mit dem Bau der Mauer.

Religion: Sehr gut

Der Regierende Bürgermeister zur Schlammschlacht
der Union

SPIEGEL: Herr Bürgermeister, Ihnen ist sicherlich bekannt, daß im Rednerdienst der CDU ein Sonderheft mit Anweisungen für den Wahlkampf erschienen ist. In diesem Sonderheft werden Bücher von Ihnen zitiert. Der Hauptvorwurf, der gegen Sie erhoben wird: Sie sollen sich im spanischen Bürgerkrieg nicht nur als Presseberichterstatter für skandinavische Blätter auf der republikanischen Seite aufgehalten haben, Sie sollen auch Vertrauensmann gewisser politischer Gruppen Skandinaviens und deutscher Emigrationsgruppen zu trotzkistischen spanischen Arbeitern gewesen sein. In diesem Zusammenhang werden Sie beschuldigt, sehr eng mit der POUM zusammengearbeitet zu haben – einer Organisation, die seinerzeit die Revolution in Spanien forcieren wollte. Kurz: Sie hätten sich radikaler und revolutionärer gebärdet als die kommunistische Partei Spaniens.

BRANDT: Zunächst, wenn ich an den Rednerdienst der CDU-Zentrale anknüpfen darf, der hat ja ziemlich willkürlich und, wie ich meine, tendenziös zusammengestellte Zitate gebracht, hier und da sogar mit Einfügungen, die nicht an der betreffenden Stelle selbst zu finden sind; er hat Sätze herausgerissen einmal aus dem Buch, das Leo Lania aufgezeichnet hat und das über meinen Lebensweg erschienen ist; was dabei – na, nennen wir es einmal sehr vorsichtig – an Ungenauigkeiten passiert ist, darf ich Ihnen an zwei Beispielen einmal klarmachen. Ich glaube, schon auf der ersten Seite wird davon gesprochen, daß ich, wie ich es selbst manchmal genannt habe, gewissermaßen in die Arbeiterbewegung hineingeboren sei, und als ein Beispiel dafür, daß meine Mutter nicht nur der Arbeiterjugendbewegung, sondern auch den Naturfreunden angehörte. Daraus machen diese Kenner jüngster deutscher Geschichte eine Gottlosenbewegung. Es handelt sich schlicht um das, was mit vollem Wortlaut »Touristenverein Die Naturfreunde« heißt, eine in der Weimarer Zeit stärker als heute, in Österreich stärker als in Deutschland entwickelte Wander- und Sportorganisation.

SPIEGEL: Wir haben den Verdacht, die CDU spekuliert mit dem Begriff Naturfreunde auf abessinische Badestrände an der Nordsee.

BRANDT: Ja. Ich wollte es nur einmal als Hintergrund andeuten. Ich komme gleich auf die spanische Sache. Auf das Lania-Buch bezogen, wird gegen mich auch die Bezeichnung Agent in einem bestimmten Sinne verwendet. Man sagt: Der ist also als Agent seiner politischen Gruppe in Deutschland nach Norwegen gegangen.

SPIEGEL: Das war die SAP?

BRANDT: Ja. Dafür den Ausdruck Agent zu verwenden, ist doch eine Sache, über die man, milde gesagt, sehr verschiedener Meinung sein kann. Gut. In diesem selben Rednermaterial wird jetzt zitiert aus – ich weiß nicht, wie man es dort nennt, ich glaube, man nennt es eine Broschüre – einer Broschüre von mir über Spanien . . .

SPIEGEL: Der genaue Titel heißt: »Ein Jahr Krieg und Revolution in Spanien«, erschienen in Paris 1937.

BRANDT: Das ist ein Vortrag, den ich im Sommer 1937 auf einer Zusammenkunft meiner politischen Freunde gehalten habe . . .

SPIEGEL: Was waren das für politische Freunde in Paris?

BRANDT: Von der SAP . . . eine Niederschrift eines solchen Vortrages, die hektographiert herausgegeben ist; es ist also zunächst einmal der Form nach nicht eine von mir herausgegebene Broschüre, sondern ein Sitzungsbericht, wenn man so will, über diesen Vortrag, den ich dort gehalten habe. Nun fragten Sie, ob ich dort nur als Pressemann oder auch in anderer Eigenschaft tätig gewesen bin. Wie sagten Sie das?

SPIEGEL: Als Vertrauensmann.

BRANDT: Ich habe in meinem Lebensbericht davon gesprochen, daß ich während dieser Monate – vier Monate waren es wohl oder fünf – in Spanien auch solche Kontaktaufgaben wahrgenommen habe, das heißt meinen Freunden der SAP und den mit ihr verbundenen oder verwandten Emigrationsgruppen über das zu berichten, was dort unten vor sich ging; umgekehrt dort Gesichtspunkte zur Geltung bringen, aus der deutschen Emigration. Die andere Aufgabe war die zu jenen skandinavischen, insbesondere norwegischen Hilfsorganisationen, in denen ich dann selbst später hauptberuflich tätig war, die für Spanien, ein paar Jahre später für Finnland während des Winterkrieges humanitäre Hilfe geleistet haben.

SPIEGEL: Damals waren sie 23. Sie waren also hauptsächlich als Journalist engagiert. Haben Sie die führenden Leute der POUM – vielleicht nebenamtlich – auch beraten?

BRANDT: Beraten ist zuviel gesagt. Ich habe natürlich eine Reihe von Gesprächen geführt. Im übrigen habe ich – und das war meine Haupttätigkeit – meine Berichte für das Korrespondenzbüro der norwegischen Arbeiterpartei geliefert.

SPIEGEL: Das ist die sozialdemokratische Partei Norwegens?

BRANDT: Ja, das ist genau die sozialdemokratische Partei Norwegens mit einem allerdings etwas anderen Hintergrund als die sozialdemokratischen Parteien in den meisten anderen Ländern. Die norwegische Arbeiterpartei zeichnete sich dadurch aus, daß sie linker stand in alten Zeiten als die meisten sozialdemokratischen Parteien; sie hatte einen verhältnismäßig starken syndikalistischen Einschlag, eine Strömung der Arbeiterbewegung, die in Deutschland kaum eine Rolle gespielt hat ...

SPIEGEL: Aber in Spanien um so mehr.

SPIEGEL: In Südeuropa, Spanien, Italien vor der Mussolini-Zeit ziemlich stark, teilweise in Frankreich, vor allem aber in Spanien, da war das *die* große Gewerkschaftsbewegung. Syndikalismus heißt ja im Grunde nichts anderes als Gewerkschaftsbewegung, Syndikate sind die gewerkschaftlichen Zusammenschlüsse.

SPIEGEL: Vom Syndikalismus her standen Sie natürlich in Spanien der POUM-Gruppe am nächsten ...

BRANDT: Mit der norwegischen Arbeiterpartei standen linkssozialistische Gruppen in Verbindung, wie es sie in verschiedenen Ländern gab. Eine solche linkssozialistische Gruppe war die POUM – Partido Obrero de Unificación Marxista oder so ähnlich, die Partei der marxistischen Arbeitereinheit. Sie als eine trotzkistische Partei zu kennzeichnen, würde nicht ganz zutreffend sein. Zwar wurde sie von den Kommunisten so bezeichnet, tatsächlich aber war sie ein Zusammenschluß verschiedener Gruppen, darunter einer Gruppe von Trotzki-Anhängern.

SPIEGEL: Wie stand die POUM zu den spanischen Kommunisten.

BRANDT: In der POUM hatten sich gefunden unabhängige kommunistische, man könnte sagen: rechtskommunistische und trotzkistische mit linkssozialistischen Gruppen. Sie hatten einen relativ starken Einfluß in Katalonien, im übrigen Spanien waren sie schwach. Meine schwierige Situation, soweit es sich um politischen Kontakt handelte, war, daß ich einerseits – wie auch übrigens der vorhin zitierte Vortrag ausweist – energisch opponierte gegen die Methoden der russischen Intervention, das heißt des Ausnutzes der Intervention für partei- und großmachtpolitische Zwecke ...

SPIEGEL: Die Russen gaben Hilfe nur gegen politische Bedingungen?

BRANDT: Ja. In Barcelona spielte es sich schon im Dezember 1936 so ab, daß Waffen im Hafen lagen und gesagt wurde, die kommen nicht an Land, bevor nicht die POUM aus der katalanischen Landesregierung raus ist. Das war die sehr nüchterne Bedingung. POUM meinte nämlich, ähnlich wie Syndikalisten und ein Großteil der Sozialisten, daß der Bürgerkrieg für eine gesellschaftliche Umwälzung benutzt werden müßte. Die Kommunisten meinten aber, es sei erforderlich, im Krieg auf soziale Veränderungen zu verzichten und die »bürgerliche« Demokratie zunächst beizubehalten.

SPIEGEL: Das kommunistische Schlagwort hieß: Erst den Krieg gewinnen, und dann die Revolution durchführen.

BRANDT: Daran war auch meiner Meinung nach durchaus etwas Richtiges. Ich stand, was die Debatte im republikanischen Lager angeht, etwas zwischen den Fronten, was mir dann Prügel von verschiedenen Seiten einbrachte.

SPIEGEL: Die CDU sagt heute, Sie hätten damals die Volksfront propagiert. Die Volksfront gilt ja in bürgerlichen Kreisen heute als Vorstufe zur kommunistischen Unterwanderung Westeuropas.

BRANDT: Meine Herren, wie sah es damals denn aus in der Welt? Hitler hatte in Deutschland die Macht übernommen. In Österreich war Dollfuß-Faschismus. Was sonst noch rundherum war, brauche ich nicht zu kennzeichnen, Italien . . .

SPIEGEL: . . . Portugal . . .

BRANDT: . . . und so weiter . . . In Frankreich standen die Dinge hart auf hart. Ich kann mich erinnern, im Februar 1934, als ich das erste Mal nach Paris kam, daß dort eine bürgerkriegsähnliche Situation zwischen Rechtskräften und Kommunisten herrschte.

SPIEGEL: Bekennen Sie sich heute noch zur Volksfront von damals?

BRANDT: Von damals – ja. In Frankreich hat 1936 das Zusammengehen der Linksparteien mit parlamentarischer Unterstützung der Kommunisten dazu geführt, daß die Linken und die Liberalen in ganz Europa neue Hoffnung schöpften und glaubten: Hier ist ein Ansatzpunkt geschaffen worden, um der Ausbreitung des Faschismus in Europa zu begegnen. Auch ein Mann wie Ernst Reuter war damals in seinem türkischen Exil von dieser Hoffnung erfüllt.

SPIEGEL: Sie haben sich damals radikal gegen die katholische Kirche in Spanien geäußert. Die CDU wirft Ihnen vor, Sie hätten die

Der Regierende Bürgermeister im SPIEGEL-Gespräch vom März 1961;
links Peter Merseburger.

Säuberung der Klöster und den Abbau des sogenannten klerikal-
faschistischen Regimes ausdrücklich begrüßt. Stehen Sie heute noch
zu diesen Äußerungen?

BRANDT: Man würde manches anders sagen, 30 Jahre später
oder 25 Jahre später, und trotzdem, wenn man die Dinge aus der
Situation heraus betrachtet, werden viele katholische Historiker zugeben – sie geben es in Wirklichkeit zu –, daß sich starke Kräfte der
spanischen Kirche so sehr mit dem Regime verbunden hatten, mit den
rechten Kräften, mit den Großgrundbesitzern, mit der militärischen
Führung, daß sich deswegen der Haß der Bevölkerung gegen diese
Kirche richtete, weil sie ein Teil der herrschenden Macht war – einer
das Volk unterdrückenden Macht. Das hat dazu geführt, daß auch
viele Menschen, die nicht antireligiös waren, gegen diese Kirchen-
macht opponierten. In Spanien war es doch nicht so, wie es sich
aufgrund der Goebbels-Propaganda manchem damals darstellte und

heute noch manchem darzustellen scheint, als ob die Kommunisten dort einen Aufstand gemacht hätten. In der Regierung der Spanischen Republik, die nach den Wahlen des Jahres 1936 gebildet wurde, saßen ja nicht einmal die Sozialisten, da saßen Liberale und Republikaner und auch Katholiken. Erst nach dem Franco-Putsch vom Sommer 1936 wurde dann die Regierung umgebildet. Dann traten die Sozialisten mit ein, und erstmals kamen auch zwei Mitglieder der KP in die Zentralregierung.

SPIEGEL: Sie sehen heute keinen Grund, von Ihrer damaligen Sympathie für die republikanischen Kombattanten abzurükken?

BRANDT: Ich bin heute noch der Meinung, daß es für Europa gut gewesen wäre, wenn die Republikaner den Krieg gewonnen hätten. Ich sage heute noch: Es ist eine einfache Unterstellung, zu behaupten, das hätte bedeutet, daß Spanien kommunistisch geworden wäre. Hätten die Republikaner mehr Hilfe bekommen vom Westen, dann hätte nicht der russische Einfluß die Rolle gespielt, dann wären liberale und sozialdemokratische Kräfte in Spanien ans Ruder gekommen, und dann wäre dieses Vorgefecht zum Zweiten Weltkrieg – der sogenannte Bürgerkrieg, der ja nicht nur ein Bürgerkrieg, sondern auch ein Interventionskrieg in Spanien war, ein Vorgefecht zum Weltkrieg –, dann wäre dieses Gefecht zuungunsten von Mussolini und Hitler oder in umgekehrter Reihenfolge ausgegangen.

SPIEGEL: Man muß Ihnen lassen, daß Sie sich da in bester Gesellschaft befinden.

BRANDT: Jedenfalls nicht in allzu schlechter Gesellschaft, zum Beispiel in der Gesellschaft von Lord Attlee und den englischen Liberalen und namhaften Schriftstellern wie Ernest Hemingway und André Malraux.

SPIEGEL: Sie haben sich damals aber auch nachdrücklich für einen, wie Sie sagten, proletarischen Führungsanspruch in der republikanisch-spanischen Revolution eingesetzt. Sie haben begrüßt, daß die Koalition von links bis zur rechten Mitte ging, aber Sie haben gesagt, den führenden Einfluß muß die proletarische Bewegung haben. Das klingt nach Klassenkampf. Die SAP war ja der Versuch, eine proletarische Einheitspartei für den Kampf gegen Hitler zu schaffen. Von daher kann man nun wieder eine Brücke schlagen – die CDU tut es –, um Ihnen gewisse Tendenzen für die sowjetzonale Einheitspartei in die Schuhe zu schieben. Wir glauben, daß das einer der schwerwiegendsten Vorwürfe ist, die die CDU gegen Sie erhebt, die

Sie damit in Kontrast zu dem Antikommunisten Schumacher zu setzen versucht.

BRANDT: Es sind zwei Dinge, die Sie jetzt aufwerfen: Das eine ist der Klassenkampf, und das andere ist die Einheit, formal die Einheit der Arbeiterklasse oder wie immer man es nennen will. Die Klassenkampf-Problematik hat sich gewandelt. Ich will jetzt nicht Namen hineinbringen. Aber wie sehr sich die Dinge gewandelt haben seit den Jahren, in denen noch die Wirtschaftskrise herrschte in Europa, meine Herren: Als ich Paul-Henri Spaak das erste Mal begegnet bin, Anfang 1935, da war er Führer des äußersten linken Flügels der belgischen Arbeiterpartei, wenige Monate später war er Postminister in der Regierung Van Zeeland und wurde dann Ministerpräsident seines Landes.

SPIEGEL: Und wandelte sich später zum Nato-Sekretär.

BRANDT: Was die Einheitsvorstellung angeht, so war es doch in Deutschland, jedenfalls in der deutschen Arbeiterbewegung, eine weitverbreitete Meinung, daß einer der entscheidenden Gründe für den Sieg Hitlers gewesen sei, daß die Sozialdemokraten und die Kommunisten nicht zusammengegangen sind in der Bekämpfung des Nationalsozialismus. Ich schäme mich nicht, selbst dieser Meinung gewesen zu sein. Heute weiß ich, sie war vereinfacht.

SPIEGEL: Dürfen wir daran erinnern, daß Sie in Ihrer spanischen Phase sogar Ebert und Noske aus dieser Sicht heraus abgekanzelt haben.

BRANDT: Ja. Die Kritik bezieht sich, was Ebert und Noske angeht, auf die allerersten Jahre nach 1918, aus der Sicht eines linken jungen Sozialisten, der damals meinte, daß nicht genügend geschehen ist, um den neuen Staat, der nach 1918 gegründet wurde, gegen seine Feinde zu sichern. Dieser Auffassung darf man auch heute, bei allem Respekt vor der staatsmännischen Leistung Eberts, sein.

SPIEGEL: Um bei der SAP zu bleiben und der Brücke, die sich zu Kurt Schumacher schlagen läßt: Wir glauben, daß Ihre Äußerungen über die, wie Sie 1946 sagten, zu negative Haltung Schumachers zur Einheitsfrage aus Ihrer SAP-Vergangenheit zu erklären sind . . .

BRANDT: Vielleicht. Ich habe nicht gesagt, er habe eine zu negative Haltung gezeigt, sondern ich habe gesagt, seine Haltung zur Einheitsfrage wirkte etwas negativ. Das war mein Eindruck damals. Schumacher hat zweifellos klarer als die allermeisten die Gefahren gesehen, die in einer kommunistischen Einheitspartei lagen.

SPIEGEL: Auch klarer als Sie selbst?

BRANDT: Sicher.

SPIEGEL: Sie haben damals Schumacher auch vorgeworfen, seine politische Orientierung sei zu einseitig.

BRANDT: Habe ich?

SPIEGEL: Ja. So jedenfalls hat es die CDU ausgegraben. Die CDU zitiert folgenden Passus über Schumacher: »Seine Auslandsorientierung schien etwas einseitig zu sein. Seine Haltung zur Einheitsfrage wirkte wenig positiv.«

BRANDT: Ich müßte das jetzt überhaupt erst einmal wieder in dem Buch nachsehen. Das ist doch im Grunde eine sehr schwierige Art, sich mit Äußerungen aus einer Zeit vor 15 Jahren auseinanderzusetzen. Was soll eigentlich durch diese Frage bewiesen werden? Daß ich ein Gegner Schumachers sei? Will man die Menschen vergessen machen, daß Schumacher mich mit der Leitung des Berliner Büros des Parteivorstandes beauftragt hat, auch nachdem ich ihm geschrieben hatte, ich würde nie im voraus ja sagen zu jeder einzelnen Formulierung, auch wenn sie vom ersten Mann der Partei geprägt wird? Ich will Ihnen mal was sagen: Der CDU ist es einfach unbequem, daß ich durch meine Haltung und Tätigkeit als Regierender Bürgermeister meine Festigkeit gegenüber dem Kommunismus bewiesen habe. Das ist der Versuch, daran noch etwas herumzuknabbern – eine Spekulation auf die Dummheit.

SPIEGEL: Aus der Tatsache, daß Sie während des Krieges norwegische Uniform getragen haben, wird geschlossen, daß Sie an Kampfhandlungen gegen Deutsche teilgenommen haben.

BRANDT: Die, die daran rumdoktern wollen, die sollen mir sonstwo begegnen. Ich habe das, was dazu zu sagen ist, vor Gericht dokumentiert. Mit Zeugen, Männern, die im diplomatischen Dienst ihres Landes eine Rolle spielen und keine Schwätzer sind, und ein deutsches Gericht hat mir das abgenommen. Jetzt soll man endlich, wenn man keine Beweise gegen mich hat, doch damit Ruhe geben. Ich habe keine Lust, mich darüber länger auseinanderzusetzen.

SPIEGEL: In diesem Zusammenhang wird gegen Sie vorgebracht, Sie hätten als norwegischer Patriot den Olafs-Orden bekommen.

BRANDT: Ich will Ihnen einmal eins sagen. Ein bekanntes Mitglied der norwegischen Regierung hat mir im vorigen Jahr geschrieben: Der König möchte dir den Olafs-Orden geben, aber wir möchten dir keine Schwierigkeiten bereiten, hast du Bedenken, ihn anzunehmen? Ich habe erklärt, ich habe selbstverständlich keine Bedenken, ihn anzunehmen, sondern würde mich über diese Ehre freuen. Der Botschafter hat ihn übergeben und hat ihn begründet mit meiner Verbundenheit mit dem Land und mit dem, was ich hier in Berlin getan habe und was ich für das Verhältnis zwischen Deutschland und Norwegen getan habe. Übrigens ein Tip: Sehen Sie sich die Liste des hohen Ordens an, Sie werden Kaiser Haile Selassie, den Prinzen Bernhard und vor mir den Botschafter Spaniens in Oslo darin finden.

SPIEGEL: Kann man Sie als einen in den Schoß der protestantischen Kirche zurückgekehrten Dissidenten bezeichnen?

BRANDT: Nein. Das kann man so nicht sagen. Es trifft zu, daß ich in meiner Jugend da erhebliche Vorbehalte gehabt habe.

SPIEGEL: Sie schreiben in Ihrem Buch »Mein Weg nach Berlin«, Sie hätten sich in Lübeck als Freidenker gefühlt.

BRANDT: Ja, als frei denkender Mensch, und ich war vom Großvater her alles andere als kirchlich eingestellt und habe also in den ersten Jahren am Religionsunterricht nicht teilgenommen, habe am Religionsunterricht dann teilgenommen, als ich selbst darüber entscheiden konnte ...

SPIEGEL: Wann war das?

BRANDT: Ich glaube, man konnte es in Lübeck vom 15. oder 16. Lebensjahr an. Ich bin also im Jahre 32, im Frühjahr, in meiner linkesten Zeit vom Johanneum abgegangen mit »sehr gut« in Religion, wenn auch nicht in allen anderen Fächern.

SPIEGEL: Mathematik schwach?

BRANDT: Nein, Mathematik ging noch. Deutsch, Geschichte und Religion waren das Beste. Ich möchte es genug sein lassen zu diesem Thema mit dem Hinweis darauf, daß ich kirchlich getraut bin und daß meine Kinder getauft sind und Religionsunterricht besuchen, und das andere ...

SPIEGEL: Wenn Sie kirchlich getraut sind, sind Sie selbst doch auch getauft und konfirmiert worden?

BRANDT: Ja, ich bin getauft worden.

SPIEGEL: Getauft muß man zur Eheschließung sein.

SPIEGEL: Ja.

SPIEGEL: Wann sind Sie getauft worden?

BRANDT: Getauft worden bin ich, wie es Kinder meistens werden, also in den ersten Monaten meines Lebens.

SPIEGEL: Waren Sie noch in der Kirche, als Sie Deutschland verließen?

BRANDT: Ich bin nie aus der Kirche ausgetreten.

SPIEGEL: Sie erklären also damit, daß Sie nie Dissident gewesen sind? Zwar haben Sie als Jüngling ein freidenkerisches Stadium durchgemacht, sind aber nie aus der Kirche ausgetreten.

BRANDT: Ich meine, wenn man in Deutschland aus der Kirche austritt, muß man das beim Amtsgericht erklären und zahlt dann keine Steuern mehr.

SPIEGEL: Genau.

BRANDT: Eine solche Erklärung habe ich nie abgegeben.

SPIEGEL: Können wir daraus entnehmen, daß Sie immer Kirchensteuer bezahlt haben?

BRANDT: Nein, ich habe doch damals in Deutschland keine Steuern bezahlen können. Erstaunlich, daß man mir das noch nicht angekreidet hat.

SPIEGEL: Und in Norwegen?

BRANDT: In Norwegen bin ich in der Kirche gewesen. Das ist ja eine Staatskirche. Was immer man vorher gewesen wäre, bei der Einbürgerung wird man auch Mitglied der Staatskirche.

SPIEGEL: Es sei denn, man erklärt, man will es nicht sein.

BRANDT: Es sei denn, man erklärt, man will es nicht sein.

SPIEGEL: Und diese Erklärung haben Sie nicht abgegeben?

BRANDT: Nein.

SPIEGEL: Der nächste Vorwurf, den die CDU gegen Sie erhebt, ist die Tatsache, daß Sie erst 1948 Ihre norwegische Staatsangehörigkeit aufgegeben haben und wieder Deutscher geworden sind. Sie haben dazu in Ihrer Biographie geschrieben: »Zur Jahreswende 1947/48 hatte ich den Schritt unternommen, den ich seit Ende des Krieges immer wieder erwogen und dann doch hinausgeschoben hatte, die Rückkehr in das politische Leben meiner zerstörten Heimat. Ich verzichtete auf meine norwegische Staatsbürgerschaft und auf die Vorteile, die mir aus meinem Status als alliierter Diplomat erwuchsen.« Warum haben Sie Ihren Entschluß immer wieder hinausgeschoben?

BRANDT: Ich weiß nicht, wie man das am besten deutlich machen soll. Zunächst war ich halt ein norwegischer Journalist. Dort hatte ich den Auftrag übernommen, im Herbst 1945 herunterzufahren und 1946 wieder. Ich habe aber schon im Frühjahr 46 mit Schumacher und seinen Freunden in Hannover gesprochen über Möglichkeiten der Mitarbeit hier. Das Gespräch wurde fortgeführt im August 1946. Damals wurden auch bestimmte Aufgaben auf dem Pressegebiet in Aussicht genommen. Es ist halt so, daß im Leben eines Menschen auch Zufälle eine Rolle spielen. Ein solcher Zufall spielte hier eine Rolle, eine bestimmte Aufgabe, die ich in Hamburg hätte übernehmen sollen ...

SPIEGEL: Das war das Angebot, Chefredakteur der Nachrichtenagentur in der britischen Zone zu werden?

BRANDT: Ja, aber das zog sich in die Länge. In der Zwischenzeit fragte mich Halvard Lange, der norwegische Außenminister, ob ich nicht, jedenfalls zeitweilig, eine Aufgabe als Presseattaché im norwegischen auswärtigen Dienst erfüllen wollte. Ich habe mir das eine Woche überlegt und habe dann dazu ja gesagt. Nachdem ich ja gesagt hatte, kam der Bescheid, ich könne Chefredakteur in Hamburg werden. Da aber war es schon zu spät.

SPIEGEL: Damals hatten Sie also noch nicht die Absicht, wieder in der deutschen Politik aktiv zu werden?

BRANDT: Das kommt darauf an, was man deutsche Politik nennt. Ein Mitwirken am deutschen öffentlichen Leben wäre ja das Übernehmen einer Chefredaktion in Hamburg auch gewesen, wenn auch nicht Politik im parlamentarischen Sinn, das gab es ja damals überhaupt noch nicht. Dann ging ich also hier zu der norwegischen Vertretung als Pressemitarbeiter nach Berlin.

SPIEGEL: Sie waren als norwegischer Major tätig.

BRANDT: Dem Status nach war es eine Vertretung beim Kontrollrat. Die einzelnen Mitarbeiter aller dieser Missionen bekamen deshalb einen militärischen Rang verliehen. Und auf dem Ärmel jener Uniform, die ich einige Male trug, stand: Civilian Officer. Der Rang war der eines Majors. Ich war Angestellter, so müßte man nach unseren Verhältnissen wohl richtiger sagen, beim norwegischen Außenministerium und mit einem entsprechenden Diplomatenpaß ausgestattet.

SPIEGEL: Was sagen Sie zu dem Vorwurf, Sie hätten in den schlimmsten Nachkriegsjahren nicht den Mut aufgebracht, die Leiden der deutschen Bevölkerung zu teilen.

BRANDT: Das ist doch dummes Gerede. Ob ich überhaupt gleich hätte reisen können mit dem Ziel, wieder deutscher Staatsangehöriger zu werden, ist ja auch eine Frage. Ernst Reuter hat immerhin bis Ende 1946 auf seine Einreiseerlaubnis warten müssen. Ich komme jetzt gar nicht darum herum, demnächst auch einmal etwas darüber zu veröffentlichen, woran ich in den ersten paar Jahren beteiligt gewesen bin von Skandinavien aus – auf dem Gebiet der Hilfsarbeit für Deutschland.

SPIEGEL: Welche Aktionen wurden damals in Norwegen für Deutschland gestartet, an denen Sie beteiligt waren?

BRANDT: Das haben viele vergessen. Immerhin ist einiges geschehen. Dieselbe norwegische Volkshilfe, die in Spanien gewirkt hatte und deren Sekretär ich war, oder einer der drei Sekretäre, die dann im finnischen Winterkrieg 1939/40 wirkte, die hat bereits ab 1946 wieder, obgleich Norwegen besetzt gewesen war, gesammelt und geschickt; Tran für Kinder in Westdeutschland und in Berlin und Kleider für Flüchtlinge. So ist es ja nun auch nicht; als ob man nicht in der Zeit in angemessener Form sich auch bemüht hätte, ein bißchen an der Behebung von Notständen hier mitzuwirken. Die Verdächtigungen, die hier und da auftauchen, man hätte sich das ausgesucht, bis alles wieder schön in Ordnung war, die sind ja grotesk.

SPIEGEL: Dazu zählt auch die Frage Ihrer norwegischen Staatsbürgerschaft.

BRANDT: Das läßt sich heute auch so leicht sagen: Der sollte einmal rasch sich seine Staatsangehörigkeit wieder besorgen. Wie die Betreffenden sich das wohl vorstellen? Es gab ja gar kein Reich. Es gab auch noch keinen Bund. Wenn ich übrigens gewartet hätte, bis es den Bund gab, brauchte ich gar keinen Antrag zu stellen, denn laut Grundgesetz wurde ich automatisch wieder deutscher Staatsangehöriger, wenn ich nicht ausdrücklich das Gegenteil bekundete.

SPIEGEL: Das ist die Einbürgerung, die Ihnen 1948 in Schleswig-Holstein erteilt wurde. Wir würden gern noch etwas über die Ausbürgerung hören. Sie haben in Bonn angedeutet, daß ein prominenter Bundesbürger an Ihrer Ausbürgerung beteiligt gewesen sei – zumindest durch Gegenzeichnung.

BRANDT: Was habe ich gesagt? Die Verlautbarung über meine und anderer Ausbürgerung, es war eine Liste, ist verzeichnet im Reichsgesetzblatt vom soundsovielten, ich glaube vom 5. 9. 38 unterzeichnet: i. V. Stuckardt. Jetzt habe ich hinzugefügt: Der Name ist mir schon sonstwo begegnet.

SPIEGEL: Herr Stuckardt und Herr Globke gaben gemeinsam einen Kommentar zu den Nürnberger Rassegesetzen heraus. Hat Globke ihre Ausbürgerung gegengezeichnet?

BRANDT: Das weiß ich nicht, ich habe das ja nie zu Gesicht bekommen.

SPIEGEL: Dann ist das also bloß Vermutung?

BRANDT: Nun, ich bin ja jetzt lange genug im bürokratischen Apparat, um zu wissen, wie ein Schriftstück solcher Art zustande kommt. Es wäre auch gar keine Anklage. Denn mir ist persönlich kein Leid besonderer Art dadurch zugefügt worden, anderen vielleicht. Aber ich habe nur auf den bemerkenswerten Zusammenhang hinweisen wollen zwischen Ausgebürgerten und Ausbürgern 1938 bis 1961. Das hat nichts mit einem persönlichen Krieg gegen den Mann zu tun, an den Sie denken.

SPIEGEL: Herr Globke war damals Referent für Staatsangehörigkeitsfragen im Reichsinnenministerium. Insofern wäre er der zuständige Mann zum Gegenzeichnen gewesen. Wir nehmen an, daß Ihnen das bei Ihrer Erklärung bekannt war.

BRANDT: Ich habe nur gesagt: Der andere Name ist mir schon sonstwo begegnet.

SPIEGEL: Herr Bürgermeister, wir danken Ihnen für dieses Gespräch.

Zum SPIEGEL-Gespräch in Nr. 1–2/1962 (10. Januar)
mit den Redakteuren
Hans Dieter Jaene und Peter Merseburger

»Das war der Punkt, an dem der Kommunismus auf deutschem Boden sich selbst seine Grenzen gesetzt hat.« So urteilte Willy Brandt knapp fünf Monate nach dem Mauerbau über die Zukunft der eingeschlossenen Bürger und des politischen Systems der DDR. Es dauerte fast 28 Jahre, bis sich die Prophezeiung erfüllte und Willy Brandt die Öffnung der Mauer am 9. November 1989 mit der hoffnungsvollen Ankündigung feiern konnte: »Jetzt wächst zusammen, was zusammengehört.« Wenige Tage nach dem Mauerbau hatte die DDR den freien Zugang in den Ostteil der Stadt von Aufenthaltsgenehmigungen abhängig gemacht. West-Berlin protestierte zunächst gegen Passierscheine. Wochen später reagierte Brandt flexibler. Pragmatisch erklärte er die Sicherung der Transitwege nach Berlin und die Wiederbelebung des innerstädtischen Verkehrs zum Ziel der Senatspolitik. Mit Hilfe seiner Vertrauten Heinrich Albertz und Egon Bahr tastete er sich langsam an das Konzept heran, das später zum Dreh- und Angelpunkt seiner Deutschland-Politik wurde: direkte Verhandlungen mit der DDR-Regierung, allerdings ohne das Ulbricht-Regime anzuerkennen. Alliierte und Bundesregierung verfolgten damals noch andere Ziele. Die Sowjets wollten zwar West-Berlin in die DDR eingliedern, waren aber bereit, eine »entmilitarisierte freie Stadt West-Berlin« zu garantieren, die über ihre Verbindung nach außen mit der DDR zu verhandeln hätte. Anders die Westalliierten. Sie beharrten auf ihren durch den Sieg erworbenen Rechten, waren aber zu Verhandlungen mit den Sowjets bereit. Im Gegensatz zu seinen westlichen Verbündeten beharrte Bonn darauf, West-Berlin sei de jure ein Land der Bundesrepublik, in dem »in und für Berlin« das Grundgesetz gilt, soweit nicht Ansprüche der drei Westmächte entgegenstehen.

»Ich bin bereit, mit Ost-Berlin zu verhandeln«

Der Regierende Bürgermeister zu Mauerbau und
Berlin-Krise

SPIEGEL: Herr Bürgermeister, Sie haben als Parole für 1962 ausgegeben: »Die Mauer muß weg!« Wie soll das geschehen?

BRANDT: Von mir aus bedeutet die Forderung »Die Mauer muß weg!« zweierlei: einmal das Aussprechen dessen, was die Menschen in dieser Stadt bewegt. Denn hier wirkt die Mauer ja nicht nur ein auf die hinter der Mauer, wie man im Ausland vielfach meint, sondern die negativen Wirkungen der Mauer sind ja auch in diesem Teil der Stadt zu spüren. Aber außerdem bedeutet »Die Mauer muß weg«, daß die Westmächte die Mauer, diesen tiefen Einschnitt und diese Einengung ihrer Rechte in bezug auf Berlin als Ganzes, zum Punkt internationaler Verhandlungen machen müssen.

SPIEGEL: Verhandeln heißt, jeder Verhandlungspartner fordert etwas und bietet als Preis dafür etwas anderes an. Wenn der Westen fordert, der Osten solle die Mauer wegräumen, müßte er dafür einen Preis bieten. Welchen?

BRANDT: Natürlich ist es richtig, daß man bei Verhandlungen immer von einem gewissen Geben und Nehmen auszugehen hat. Nun hat der Osten bereits, wie ich meine, gegen bestehende Vereinbarungen etwas genommen; und wogegen ich mich wehre, womit ich mich nicht abfinden möchte, ist, daß man nun sagt: Fangen wir an mit der Wirklichkeit des 14. August! Ich meine, man muß anfangen zumindest mit der Wirklichkeit des 12. August; das heißt, einer Situation, in der zwar Ost-Berlin wie die Zone unter sowjetischer Kontrolle und unter kommunistischer Führung war, wo aber Berlin faktisch doch eine offene Stadt war.

SPIEGEL: Das hieße, daß die Mauer vor den Verhandlungen abgetragen werden muß?

BRANDT: Ich würde das sehr gern sehen, aber ich halte das nicht für sehr realistisch. Es sind zwei ganz verschiedene Dinge, ob man sagt, die Mauer muß weg, bevor wir reden; oder ob man sagt, über die Mauer muß jedenfalls geredet werden. Man muß versuchen, einen freien Personenverkehr wieder zu erreichen. Das würde also heißen: eine Lösung ohne Mauer. Wenn das auf kurze Sicht nicht möglich ist, dann muß man zumindest einen begrenzten kontrollierten Personenverkehr wiederherzustellen versuchen.

SPIEGEL: Das wären dann ein paar Löcher in der Mauer.

BRANDT: Das würde bedeuten, die Mauer bis zu einem gewissen Grade transparent zu machen.

SPIEGEL: Sie haben sich um diese Transparenz schon bemüht, ehe noch Ost-West-Verhandlungen begonnen haben. Sie wollen den Verkehr zwischen Ost- und West-Berlin wieder in Gang bringen – zusammen mit den Behörden der Sowjetzone.

BRANDT: Zusammen mit jedem, der daran mithelfen könnte. So unwahrscheinlich das im Augenblick sich für manche anhören mag: Ich bin überzeugt davon, die Behörden in Ost-Berlin, nicht nur die in West-Berlin, wissen, wie schwierig diese Lage ist, daß die Mauer durch Hunderttausende von Familien geht. Die Behörden in Ost-Berlin erhalten auch die Briefe von den alten Leuten, die verzweifelt sind, weil sie ihre Kinder nicht sehen können, und von den jungen Leuten, die Sorge haben um ihre Eltern. Natürlich kann ein nichtdemokratisches Regime einem solchen Druck gegenüber sich viel großzügiger – abweisend großzügiger – verhalten. Trotzdem will ich die Möglichkeit nicht ausschließen, daß es der Gesamtatmosphäre wegen in der Bevölkerung, in der Stadt, auch für die Behörden auf der anderen Seite ein Interesse daran geben könnte, einen gewissen Personenverkehr wieder möglich zu machen.

SPIEGEL: Aus welchen Ostberliner Äußerungen haben Sie dieses Interesse bisher herausgelesen?

BRANDT: Ich muß sagen, die Ostberliner Äußerungen sind nicht sehr ermutigend. Andererseits zeigen gerade Stellungnahmen der Ostberliner Presse in den letzten Tagen, daß man dort versucht, der Bevölkerung deutlich zu machen, man selbst in Ost-Berlin sei ja bereit, hier einen bestimmten Personenverkehr zuzulassen – nur der böse Senat in West-Berlin habe das verhindert.

SPIEGEL: Sie selbst sind jedenfalls bereit, mit diesen Behörden zu verhandeln?

BRANDT: Dazu haben wir ja unsere Bereitschaft erklärt.

SPIEGEL: . . . zu verhandeln über das Rote Kreuz.

BRANDT: Wir hatten das Rote Kreuz gebeten, und es hat sich dieser Aufgabe unterzogen, die Behörden auf der anderen Seite davon zu verständigen, daß der Berliner Senat bereit ist, einen seiner Beamten, der auch namhaft gemacht wurde, mit zuständigen Beamten der anderen Seite über die Regelung solcher praktischen Fragen sprechen zu lassen. Genau das ist übermittelt worden. Wir haben nicht die Absicht gehabt, das Rote Kreuz für Verhandlungen selbst in Anspruch zu nehmen.

SPIEGEL: Sie würden sich nicht daran stoßen, wenn diese zuständigen Ostberliner Stellen Regierungsstellen der DDR und nicht etwa des Ostberliner Magistrats wären?

BRANDT: Unsere Kontaktstelle ist die Ostberliner Verwaltung. Wenn sich aus den dortigen Gegebenheiten entwickelt hat, daß hier und da die Zonenregierung direkt hineinwirkt in die Ostberliner Verwaltung, dann ist das ein Zustand, den wir für falsch halten mögen, aber der nicht in jedem Fall nun uns daran hindern kann, eine entsprechende Stelle für technische Kontakte zu haben. Ich denke vergleichsweise an die Handelsangelegenheiten. Da haben wir auch keine Entsprechungsnummer auf der Ostberliner Ebene, sondern da ist das zusammengefaßt in einer Instanz, die für das Gesamtgebiet zuständig ist.

SPIEGEL: ... und die Ministerium heißt.

BRANDT: Ich denke, ja.

SPIEGEL: Sie haben der Ostseite »koordinierte Kontrollstellen« an der Sektorengrenze »in engster räumlicher Nähe« vorgeschlagen. Dann würden Leute durch die Mauer kommen können, die dazu die Genehmigung der Behörden der Sowjetzone haben, aber keine Flüchtlinge.

BRANDT: So ist es.

SPIEGEL: Sind darüber irgendwelche Verhandlungen schon geführt worden?

BRANDT: Nein. Meines Wissens hat die östliche Seite uns ihre negative Stellungnahme übermittelt, bevor sie das detaillierte Papier, das wir zu diesem Thema vorbereitet hatten, gelesen hat.

SPIEGEL: Sie befürchten nicht, daß durch derartige Gespräche zwischen einem Beauftragten des Senats von Berlin und der Regierung der DDR irgendwelche westlichen Rechtspositionen berührt werden?

BRANDT: Wir müssen bei unseren Schritten natürlich darauf achten, daß wir bei allem Wunsch, humanitäre Interessen zu berücksichtigen, nicht Status-Entscheidungen über Berlin vorwegnehmen helfen. Aber ich glaube, bei auch nur halbwegs gutem Willen der

Beteiligten wären Formen denkbar, in denen der Beauftragte oder die Beauftragten des Senats von Berlin mit zuständigen Ostberliner Stellen praktische und technische Fragen besprechen und regeln könnten.

SPIEGEL: Und an dem guten Willen der DDR-Regierung zweifeln Sie nicht?

BRANDT: Es wäre ja denkbar, daß die sowjetischen Stellen ein Wort mit einlegen würden. Ganz ohne Einfluß sind sie ja da wohl noch nicht. Ebenso wie es denkbar wäre, daß, wenn die vier Mächte zusammen sind, sie eine bestimmte Empfehlung aussprechen könnten an die Behörden in den beiden Teilen Deutschlands, bestimmte Fragen des Personenverkehrs und andere Dinge ein bißchen vernünftiger anzupacken, als das heute geschieht. Das wäre denkbar sowohl für die beiden Teile Berlins wie für die beiden Teile Deutschlands.

SPIEGEL: Sie sagten: »... wenn die vier Mächte zusammen sind ...« Glauben Sie fest daran, daß es zu Vierer-Verhandlungen über Berlin kommt?

BRANDT: Na ja, man kann sagen, die sind im Gange. Wo genau die Grenzen liegen zwischen Sondierungen, Explorationen und offiziellen Verhandlungen, das ist heutzutage sehr schwer zu bestimmen.

SPIEGEL: Verhandlungen nur über die Berlin-Frage.

BRANDT: Ich habe nicht darüber zu bestimmen, worüber die Mächte verhandeln wollen oder sollen, und ich weiß nicht, ob denjenigen, die darüber bestimmen, die Auffassung und der Rat des Berliner Bürgermeisters besonders wichtig sind. Aber ich bin weiterhin der Meinung, daß es höchst bedenklich ist, das Thema übergebührlich einzuengen.

SPIEGEL: Sie würden sich aber ein Vier-Mächte-Arrangement vorstellen können, das sich nur mit Berlin befaßt?

BRANDT: Ich habe den Zusammenhang zwischen der Berliner Frage und den weiteren Fragen – Deutschland, europäische Sicherheit – oft genug betont. Aber ich muß zur Kenntnis nehmen, daß es kaum irgend jemand heute in der Welt gibt, der geneigt ist, auf der Grundlage einer solchen Zusammenfügung der Dinge zu verhandeln.

SPIEGEL: Auch nicht in Bonn.

BRANDT: Ich glaube, gerade in Bonn hat man große Sorgen gegenüber einem solchen Zusammenfügen von Verhandlungselementen.

SPIEGEL: Sie teilen diese Sorgen nicht?

BRANDT: Ich muß sagen, es gibt Sorgen, die ich, wenn ich für die Bundesregierung zu sprechen hätte, wahrscheinlich auch teilen würde; aber sie würden mich nicht dazu veranlassen, nun so zurückhaltend in der Erörterung der deutschen Frage zu sein.

SPIEGEL: Sie waren doch in Amerika, Sie haben auch dort gesprochen. Haben Sie das Gefühl, daß Sie mit Ihren Vorstellungen bei den Amerikanern unter Umständen Verständnis gefunden hätten?

BRANDT: Ja. Die Amerikaner haben im Sommer und im Frühherbst den Versuch gemacht – vielleicht nicht immer genügend durchdacht, nicht immer klar genug und manches auch ein bißchen zu früh auf den Markt getragen –, aber sie haben den Versuch gemacht, verschiedene Fragen, die mit dem Deutschland-Problem zusammenhängen und mit dem Problem der europäischen Sicherheit, in der westlichen Welt vorzubereiten für eine etwaige Aussprache mit dem Hauptpartner der östlichen Welt.

SPIEGEL: Woran, meinen Sie, ist dieser Versuch gescheitert?

BRANDT: Ich weiß nicht, ob man die Schuld, wenn man es Schuld nennen will, nur an einer Stelle suchen kann. Aber ich glaube, Washington ist zu einem bestimmten Zeitpunkt zu dem Ergebnis gekommen: Immer, wenn die Engländer ja sagen, sagen die Deutschen nein, und umgekehrt, um hier nur zwei wesentliche Partner zu nennen. Und sie haben dann etwas resignierend festgestellt, daß es, so wie die Dinge jetzt liegen, leider kaum eine Möglichkeit gibt, eine gemeinsame westliche Verhandlungsbasis für umfassende Gespräche mit dem Osten zu schaffen. Das ist eine bittere Einsicht, zu der die amerikanischen Verbündeten gekommen sind.

SPIEGEL: Wollen Sie damit sagen, daß am Bonner Veto Erörterungen über Gesamtdeutschland und die europäische Sicherheit gescheitert sind und das Bonner Veto jetzt die isolierte Berlin-Diskussion heraufbeschworen hat?

BRANDT: Ich weiß nicht, ob man es einfach ein Veto nennen kann. Aber bestimmte, besonders große Bedenken der Bundesregierung haben mit dazu geführt, daß bestimmte Themen jedenfalls gegenwärtig nicht weiter erörtert worden sind.

SPIEGEL: Wir stehen also heute vor der Notwendigkeit, nur isoliert über Berlin zu verhandeln . . .

BRANDT: Das wollen wir erst einmal abwarten. Eine eigentliche Lösung der Berlin-Frage ist doch losgelöst von den deutschen Dingen nicht möglich. Aber man könnte praktische Punkte anpacken, um zu einem Modus-vivendi-Abkommen zu gelangen. Ich würde hier nicht auf Perfektion ausgehen.

SPIEGEL: Sie kennen die Meldungen, daß es jetzt erst einmal um ein Bündel von drei Verträgen geht: der eine zwischen den vier ehemaligen Besatzungsmächten, der andere zwischen der Sowjet-Union und der DDR, der dritte zwischen dem Land Berlin und der Bundesrepublik.

BRANDT: Ich habe mit einer Reihe von Herren gesprochen, die das wissen sollten; auch mit dem einen oder anderen, der mit dem sowjetischen Ministerpräsidenten gesprochen hat. Aber ich bin daraus noch nicht ganz schlau geworden. Das eine, was mir klar ist, ist der Gedanke, Fragen des Zugangs dadurch abzusichern, daß sie in dem häufig angekündigten Separatfrieden zwischen Moskau und Ost-Berlin verankert werden. Was das Abkommen zwischen den vier im einzelnen enthalten soll, das ist mir bisher weniger klar. Ich denke, daß es dabei vor allem auf zwei Dinge ankommen müßte: erstens auf die Sicherung der Zufahrtswege und das möglichst detaillierte Festhalten dessen, was nun wirklich gelten soll, und zweitens, einige Dinge – und wenn es zunächst nur sehr wenig ist –, die Berlin als Ganzes betreffen. Aber was man sich verspricht von einer vertraglichen Regelung zwischen der Bundesrepublik und West-Berlin ...

SPIEGEL: Das wäre der dritte Vertrag.

BRANDT: ... das ist doch noch reichlich nebulos.

SPIEGEL: Sie würden also sagen, daß im Verhältnis zwischen der Bundesrepublik und West-Berlin alles so in der Schwebe bleiben soll, wie es ist, ohne daß es schriftlicher Fixierung bedarf. Wir sprachen eingangs aber auch davon, daß es bei Verhandlungen um Nehmen und Geben geht. Die Frage bleibt daher, wenn man die Verhandlungen auf Berlin beschränkt, wo denn nun das zu sehen ist, was für den Westen verhandelbar sein könnte.

BRANDT: Das ist wieder die Frage nach dem Preis. Ich bin ganz gewiß kein Nationalist. Aber ich fürchte, es kommt bei uns nicht nur in Berlin, sondern auch sonstwo in Deutschland doch immer mehr – rascher vielleicht, als es mancher heute noch sieht – die Gegenfrage: Wo soll denn das einmal aufhören? Was haben wir bisher erlebt? Wir haben erlebt, daß die Ostdeutschen aus ihrer Heimat herausmußten. Das war schon ein harter Preis. Dann haben wir erlebt, daß die Mitteldeutschen ein Regime aufgezwungen bekommen haben, das sie eindeutig nicht wollen. Dann sind mit dem 13. August die Ostberliner eingemauert worden. Jetzt käme also nun die Frage heran, ob man nicht in Westberlin noch ein bißchen Preis bezahlen kann. Ich fürchte, es wird sehr rasch im deutschen Volk die Gegenfrage kommen: Wo soll das enden? Außerdem muß ich energisch der Auffassung widersprechen, daß die Bindungen zwischen Westdeutschland und West-Berlin nicht legal seien. Abgesehen von der einwandfreien deutsch-rechtlichen Lage ist es doch so, daß diese Bindungen mit Zustimmung, in einigen Fällen sogar auf Anweisung der alliierten Schutzmächte erfolgt sind, und die Alliierten sind hier Träger der obersten Gewalt. Das hat auch seinen Niederschlag im Deutschland-Vertrag und seinen Anhängen gefunden. Ich bin nicht für ein Abkommen, das diese rechtlichen Grundlagen zerstört. Daran ist auch wohl ernsthaft nicht gedacht.

SPIEGEL: Herr Bürgermeister, wir sprechen von isolierten Berlin-Verhandlungen, und da trifft das Schema vom Geben und Nehmen doch zu.

BRANDT: Ich glaube, man kann an das Thema von Verhandlungen anders herangehen. Also anstatt zu fragen, wo kann die eine oder wo kann die andere Seite nachgeben, würde ich es vorziehen zu fragen: Wo könnte es gemeinsame Interessen geben?

SPIEGEL: Ja, wo gibt es die?

BRANDT: Wir sprachen schon über gemeinsame Interessen beim Personenverkehr durch die Mauer. Auch für die Fragen der Zufahrtswege nach Berlin gilt ja doch nicht nur, daß West-Berlin daran interessiert ist, die Autos fahren zu lassen, Eisenbahnverkehr zu haben und Binnenschiffahrtsverkehr zu haben. Ich glaube, es ist auch ein sowjetisches Interesse, daß möglichst keine Zwischenfälle ernsterer Art sich aus diesen Zufahrtsfragen ergeben, vor allem, daß Ulbricht sie nicht hineinziehen kann. Die östliche Seite muß wissen, daß sie West-Berlin nicht bekommen kann. Die Amerikaner lassen sich von hier nicht verdrängen; das ist Herrn Chruschtschow mit letzter Klarheit gesagt worden über Herrn Gromyko und auf andere Weise. Wenn das von der östlichen Seite einkalkuliert ist, dann muß es auch dort ein gewisses Interesse geben, die Zufahrtsfragen zu regeln. Das hätte nun einen Vorteil: Sobald man über solche Dinge anfangen würde zu sprechen, spricht man da ja noch ungefähr dieselbe Sprache. Da geht es ja nicht um Ideologie, sondern da geht es um ganz handfeste Dinge, nämlich darum, wie bestimmte technische Fragen erledigt werden, was bestimmte Dinge kosten und so weiter.

SPIEGEL: Sie meinen, das sei das große gemeinsame Interesse, von dem ausgehend man verhandeln könnte?

BRANDT: Ja. Man darf unterstellen, daß es auch Herrn Chruschtschow ganz lieb sein könnte, zu Absprachen zu gelangen, zu Präzisierungen dessen, was gilt, damit er nicht in seiner Handlungsfreiheit eingeengt wird durch die Entwicklungen, die sich sonst vollziehen könnten.

SPIEGEL: Man käme also in der Frage »Berlin und seine Zufahrtswege« lediglich zu einer vertraglichen Fixierung dessen, was ist? Also des Status quo?

BRANDT: Im wesentlichen denke ich: ja.

SPIEGEL: Des Status quo mit Mauer!

BRANDT: Auch wenn es bei der Mauer bleibt, auch wenn sie bis auf weiteres nur bedingt durchlöchert werden kann, müssen hier weiter über zwei Millionen Menschen leben, durchweg tüchtige Menschen; dieses West-Berlin hat ein höheres Sozialprodukt als Griechenland – ein Fünftel der Mitgliederstaaten der Vereinten Nationen stehen der Einwohnerzahl und dem Sozialprodukt nach hinter Berlin, was nun aber nicht bedeutet, daß Berlin auch noch ein Uno-Staat werden will. Das will es gerade nicht.

SPIEGEL: Sie lehnen eine Freistadt-Lösung ab?

BRANDT: Entschieden, ja. Wir wollen kein eigenes völkerrechtliches Staatsgebilde werden.

SPIEGEL: Wollen Sie sich bei diesem Nein auf eine Volksabstimmung stützen?

BRANDT: Wir haben das Wort unserer Freunde, daß sie keine Entscheidung gegen den Willen der betroffenen Bevölkerung fällen werden.

SPIEGEL: Bedeutet das ein Berliner Veto-Recht?

BRANDT: Das kann auch eine Unterstützung für unsere Freunde sein, sich auf den Willen der Berliner Bevölkerung berufen zu können. Es wird genau zu überlegen sein, ob eine Volksabstimmung, die ja nicht in kurzem Zeitabstand wiederholt werden kann, vor, während oder nach den Verhandlungen stattfinden wird. Wir haben diese drei Möglichkeiten offengelassen.

SPIEGEL: Herr Bürgermeister, Tatsache ist aber, daß Berlin von der Vergreisung bedroht ist, Berlin ist heute die am stärksten überalterte deutsche Stadt. Berlin hat einen Bevölkerungsrückgang, der höher ist als der irgendeiner anderen Stadt. Man errechnet, daß in 15 Jahren ungefähr 400 000 Berliner hier weniger wohnen werden, wenn nicht neue Menschen aus Westdeutschland zuziehen. Wie kann man auf einer Insel – und sei sie durch alle möglichen Verträge in ihrer juristischen Existenz gesichert – das Leben so attraktiv gestalten, daß die Stadt nicht von selber stirbt? Sonst verteidigen zum Schluß 11 000 alliierte Soldaten die letzten 50 000 Rentner.

BRANDT: ... und den Senat von Berlin!

SPIEGEL: ... und natürlich den Senat von Berlin.

BRANDT: Zunächst ein Wort der Erklärung für den Zustand, den Sie ziemlich drastisch, aber in der Tendenz nicht unzutreffend geschildert haben. Normalerweise hat eine Millionenstadt nie höheren, sie hat immer geringeren Geburtenzuwachs gehabt. Das ist ein internationales Phänomen. Diese Stadt hat in normalen Zeiten Menschen aus allen Teilen Deutschlands angezogen. Jetzt hat sich doch seit dem Krieg ergeben – wenn wir von den Kriegsverlusten einmal ganz absehen und von den Evakuierungen, von all denen, die damals nicht zurückkommen durften, weil es diese schwierigen Zuzugsgesetze gab –, jetzt sind also kaum Menschen gekommen, sondern es sind viele Berliner in den Jahren weggegangen, ohne daß man ihnen einen besonderen Vorwurf machen könnte, denn wir lebten hier in den Trümmern, hatten eine Massenarbeitslosigkeit, und gerade viele junge Leute sahen woanders eine Chance.

SPIEGEL: Aber es kamen die Flüchtlinge bis zum 13. August.

BRANDT: Durch die Flüchtlingsentwicklung ist jahrelang eine ohnehin schon ungünstige Bevölkerungsstruktur zusätzlich ungünstig beeinflußt worden. Denn solange wir Arbeitslose hatten, sind so gut wie alle arbeitsfähigen Flüchtlinge weiter nach Westdeutschland gegangen, und die Sozialfälle sind hiergeblieben. Sie wissen: Das bedeutet natürlich gar nichts gegen unsere alten Mitbürger.

SPIEGEL: Seit es die Mauer gibt, sind derartige Einflüsse auf die Bevölkerungsstruktur ja nun unmöglich.

BRANDT: Jetzt stellen wir fest, daß schon in den letzten Wochen die Zahl der jungen Menschen, die bereit sind, aus Westdeutschland nach Berlin zu kommen, gar nicht gering ist. Ich habe gerade mit der Leitung des Landesarbeitsamts und mit unserer eigenen Arbeitsverwaltung das im einzelnen durchgesprochen. Die Ziffern sind ermutigend.

SPIEGEL: Was kann man tun, um das Leben in Berlin so attraktiv zu machen, daß viele Menschen nach Berlin ziehen, obwohl sich mit dem Begriff Berlin beim normalen Bundesbürger ein gewisses Risiko verbindet?

BRANDT: Sie meinen materielle Anreize? Sie alle werden sich erst dann voll auswirken, wenn eine gewisse politische Stabilisierung erreicht wird. Ein paar Dinge sind mit der Bundesregierung abgesprochen worden. Wir haben erstens einige Ausgleichsregelungen für solche Arbeitskräfte, die herüberkommen. Die Umzugskosten werden da erstattet; dann kann man billiger nach Hause reisen, und was sonst noch dazu gehört. Dann führen wir hier ein eine besondere Förderung bei der Gründung von Familien. Das hat man, glaube ich, früher einmal anders genannt.

SPIEGEL: Ehestandsdarlehen!

BRANDT: Es ist mir auch ganz gleich, wie man es genannt hat. Ich finde nur, der Betrag ist ein bißchen gering.

SPIEGEL: Wie hoch ist er?

BRANDT: 3000 Mark. Ich hätte 5000 lieber gesehen. Aber die Rückzahlungsbedingungen sind sehr liberal, und der Betrag ermäßigt sich, wenn Kinder in die Familie kommen. Ich würde es auch für gut halten, wenn in Berlin Kindergeld schon vom ersten Kind an gewährt werden würde, um durch eine Bündelung verschiedener Maßnahmen hier nun ganz besonders die Familienbildung zu fördern und auch den Familien mit Kindern zu helfen.

SPIEGEL: Die Bundeskasse soll also einen Berliner Wohlfahrtsstaat mitfinanzieren, der so attraktiv ist, daß es sich lohnt, mit der Mauer . . .

BRANDT: Natürlich kostet das etwas. Aber wir müssen uns ja überlegen, wofür wir sonst Geld ausgeben in dieser Welt: Wir geben sehr viel Geld aus für die Verteidigungsaufgaben im engen Sinne des Wortes. Das ist sicher wichtig. Aber das hier ist auch wichtig. Wir sollten die Folgerung aus dem allgemein als gültig anerkannten Satz ziehen: Die Sicherheit Berlins ist von der Sicherheit der Bundesrepublik nicht zu trennen. Wir geben viel Geld aus und werden in Zukunft mehr ausgeben für die Entwicklungsländer. Das ist wichtig. Aber das hier ist auch wichtig. Die Verhandlungen mit Bonn über ein langfristiges Berlin-Programm stehen erst noch bevor.

SPIEGEL: Ihre Prognose für Berlin – ist sie eher optimistisch oder pessimistisch?

BRANDT: Ich bin überzeugt davon, daß West-Berlin mit dem größeren Teil des freien Deutschland fest verbunden bleibt. Ich hoffe, daß wir Fortschritte erzielen werden, was den Verkehr innerhalb der Stadt angeht. Ich halte es nicht für ausgeschlossen, daß wir im Laufe des Jahres noch manche Zuspitzung erleben werden. Aber ich bin fest davon überzeugt, daß die alliierten Rechte und Pflichten gegenüber Berlin gewahrt bleiben und daß wir ohne Ausweitungen, die den Weltfrieden gefährden könnten, über die Runden kommen. Ich bin davon überzeugt, daß wir Fortschritte machen werden auf den eben erörterten Gebieten, nämlich Ausbau Berlins als Wirtschaftszentrum, als Kulturzentrum, selbst wenn die Mauer bleibt.

SPIEGEL: Bietet die Mauer den Westberlinern nicht geradezu Schutz, wenn man sich auf diese Art Berlin-Lösung einrichtet?

BRANDT: Schutz vor wem?

SPIEGEL: Die Mauer ist doch ein deutliches Zeichen dafür, daß sich Ulbricht und Genossen selbst eine Grenze gesetzt haben.

BRANDT: Ja, das ist bei so einer Mauer das Problem, ob man sich selbst einmauert, ob man andere ausmauert. Im Ausland gibt es immer wieder diese vereinfachte Vorstellung: Sie waren ja vorher schon unter kommunistischer Herrschaft, insofern hat sich nicht viel verändert, außer daß sie nicht mehr flüchten können. Was ja schon weitreichend genug ist in seinen Konsequenzen! Dabei ist es doch so, daß der menschliche Schmerz, das menschliche Leid, das von dort ausgeht, sich auf beide Seiten erstreckt. Aber ich glaube, Sie haben recht. Es ist im wesentlichen eine Einmauerung des Zonenregimes. Vielleicht wird man später einmal sagen: Das war der Punkt, an dem der Kommunismus auf deutschem Boden sich selbst seine Grenzen gesetzt hat. Aber auch das ist nur ein schwacher Trost.

SPIEGEL: Herr Bürgermeister, wir danken Ihnen für dieses Gespräch.

Zum SPIEGEL-Gespräch in Nr. 5/1963 (30. Januar)
mit den Redakteuren
Conrad Ahlers und Peter Merseburger

In Bonn war Ende des Jahres 1962 die Koalition aus CDU, CSU und FDP an der SPIEGEL-Affäre zerbrochen. Knapp vier Wochen später machte Adenauer mit den gleichen Parteien, aber mit neuen Leuten weiter. In Berlin regierte Willy Brandt an der Spitze einer Großen Koalition. Dieses Bündnis diente seit der Blockade als symbolische Abwehrfront der demokratischen Parteien gegen den kommunistischen Machtanspruch. Selbst überzeugende Mehrheitsverhältnisse vermochten diese Tradition nicht zu erschüttern. Willy Brandt setzte diese Politik auch nach den Wahlen von 1958 fort, obwohl die SPD wiederum die absolute Mehrheit gewonnen hatte.
Als Kanzlerkandidat der SPD im Bundestagswahlkampf 1961 hatte Brandt die Bereitschaft erkennen lassen, auch im Bund mit den Christdemokraten zu koalieren. In Berlin wollte er gemeinsam mit CDU-Bürgermeister Franz Amrehn auch nach den Wahlen zum Abgeordnetenhaus am 17. Februar 1963 weiterregieren. Doch dann erschien Chruschtschow beim Berliner SED-Parteitag im Januar 1963.
Zum zweiten Mal versuchte der sowjetische Parteichef sich mit Brandt zu treffen. Im März 1959 hatte Brandt auf Intervention der Amerikaner absagen müssen. Jetzt spielte die westliche Schutzmacht mit, doch der Koalitionspartner CDU legte sich quer. Es dürfe keine eigene Berlin-Außenpolitik geben. Auf Druck Amrehns mußte Brandt seine Zusage wieder zurückziehen, die Koalition drohte zu platzen. Brandt spielte die Erpressung im Wahlkampf aus. Die Berliner honorierten seinen Einsatz mit 61,9 Prozent der Stimmen für die SPD. Das waren fast zehn Prozent mehr als bei der vorangegangenen Wahl.

Die Hand auf Chruschtschows Türklinke

Der Regierende Bürgermeister zur
Absage an den sowjetischen Ministerpräsidenten

SPIEGEL: Herr Regierender Bürgermeister, Ihr geplantes und dann in letzter Minute abgesagtes Zusammentreffen mit dem sowjetischen Ministerpräsidenten Chruschtschow hat viel Aufsehen erregt. Was wollten Sie bei Chruschtschow?

BRANDT: Als ich hörte, Chruschtschow würde nach Berlin kommen, da habe ich einem Pressevertreter gegenüber gesagt, es wäre ganz natürlich, wenn er sich die Mauer von *beiden* Seiten ansehen würde...

SPIEGEL: Das war am 5. Januar.

BRANDT: Ja, am 5. Januar... Ich sagte das, weil ich wirklich der Meinung war – und auch heute noch bin –, daß Chruschtschow über bestimmte Aspekte der Berlin-Frage nicht genug Bescheid weiß, von seinen eigenen Leuten falsch informiert wird...

SPIEGEL: Ist das nur eine Vermutung, oder haben Sie Anhaltspunkte für diese These?

BRANDT: Ich habe aus bestimmten Dokumenten der letzten Zeit, zum Beispiel aus dem Brief Chruschtschows an den Bundeskanzler vom 24. Dezember, diesen Eindruck gewonnen. Ich bin weiter der Meinung: Wir haben nichts zu verbergen in West-Berlin. Ich hatte aber nicht die Vorstellung, dies sei eine Einladung an Chruschtschow, ich habe es als einen öffentlich gegebenen Hinweis...

SPIEGEL: ... Als eine Anregung?

BRANDT: ... Nein, als einen Hinweis betrachtet. Und daraufhin gab es Presseerörterungen, in denen auf den März 1959 hingewiesen wurde, als ich eine Einladung Chruschtschows nicht angenommen hatte.

SPIEGEL: Ihr Parteichef Ollenhauer ist damals, am 9. März 1959, nach Ost-Berlin gegangen...

BRANDT: ... Ja, an einem Montag, und ich hätte am Dienstag früh gehen sollen.

SPIEGEL: Warum haben Sie damals nein gesagt?

BRANDT: Damals habe ich abgelehnt, weil die Einladung nach Form, Inhalt und Zeitpunkt nicht akzeptabel erschien.

SPIEGEL: War es nicht so, daß die Amerikaner Sie unter Druck gesetzt hatten?

BRANDT: Druck würde ich es nicht nennen. Aber es gab ein eindeutiges Votum der amerikanischen Herren in Berlin, die Einladung damals, bevor das auf sechs Monate befristete Berlin-Ultimatum abgelaufen war, besser nicht anzunehmen.

SPIEGEL: Sie hätten sich unter Umständen über dieses amerikanische Votum hinweggesetzt ...

BRANDT: Ja.

SPIEGEL: ... wenn Form und Inhalt dieser Einladung anders gewesen wären?

BRANDT: Dann wäre vielleicht auch das amerikanische Votum anders gewesen. Entscheidend war der Zeitpunkt. Die Einladung erreichte mich einen halben Tag vor dem Termin, und von einem Mittag zum nächsten Morgen konnte man nicht die nötigen Konsultationen durchführen, die hier wegen der verschiedenen Verzahnungen und Verpflichtungen notwendig sind. Das alles ist in den Tagen nach dem 5. Januar in der Presse aufgegriffen worden ...

SPIEGEL: Und damit war das andere Thema auf dem Markt, die Frage nämlich, ob Chruschtschow Sie ein zweites Mal einladen würde und ob Sie diesmal wieder nein sagen würden.

BRANDT: Stimmt!

SPIEGEL: War eine solche Einladung nicht gerade von Ihnen beabsichtigt? Ihre Aufforderung an Chruschtschow, nach West-Berlin zu kommen, wurde von vielen als ein Versuchsballon gewertet, um eine Gegeneinladung zu erhalten. Denn daß Chruschtschow nach West-Berlin kommen würde, war doch äußerst unwahrscheinlich.

BRANDT: Ich wiederhole: Ich habe Sinn für Größenordnungen und kann deshalb den sowjetischen Ministerpräsidenten kaum einladen. Ich habe nur einen Hinweis gegeben. Und dann wurde ich von einer Berliner Morgenzeitung gefragt – das Interview erschien am 14. Januar ...

SPIEGEL: ... in der »BZ« ...

BRANDT: Von der »BZ« wurden mir dann einige Fragen gestellt. Erstens, was ich mit meinem Hinweis gemeint hatte, und zweitens, ob ich hingehen würde, wenn ich von drüben eine Aufforderung bekäme.

SPIEGEL: War das nun ein zweiter Hinweis von Ihnen, oder wollte die »BZ« die Frage nur hochspielen?

BRANDT: Die »BZ« hat sich für diese Sache interessiert, aber mir war es ganz lieb, daß ich dort meine Sicht der Dinge öffentlich darlegen konnte.

SPIEGEL: Das haben Sie an diesem Tage dann auch noch im Fernsehen getan, und dort sind Sie noch deutlicher geworden.

BRANDT: An demselben Tag wurde ich in der »Panorama«-Sendung des Fernsehens gefragt: Würden Sie heute eine Einladung von Chruschtschow annehmen? Da habe ich gesagt, ich würde einem solchen Gespräch nicht ausweichen.

SPIEGEL: Ihm aber auch nicht nachlaufen...

BRANDT: ...Ihm auch nicht nachlaufen. Ich hielt ein Zustandekommen eines solchen Gesprächs für unwahrscheinlich. Zum anderen aber sagte ich: Wenn sich die Chance ergeben würde, dann würde ich versuchen, meine Auffassung von der Lage Berlins und über die Sorgen meiner Mitbürger dem Regierungschef einer der vier Mächte darzulegen, die für das Gebiet von Berlin eine Verantwortung besonderer Art tragen.

SPIEGEL: Also haben Sie das Gespräch damals doch gewünscht.

BRANDT: Gewünscht ist zuviel gesagt, aber ich war innerlich auf diese Situation vorbereitet.

SPIEGEL: Was haben Sie sich konkret von einem solchen Schritt versprochen? Glauben Sie wirklich oder haben Sie Anlaß zu glauben, daß eine solche persönliche Darlegung der Berliner Situation und der durch die Mauer bedingten Not der Westberliner Bevölkerung irgendeine Wirkung auf Chruschtschow hätte ausüben können?

BRANDT: Chruschtschow ist kein einflußloser Mann, weder unter den vier Mächten noch in seinem Lager. Nach Orwell sind zwar alle Tiere gleich, aber einige Tiere sind gleicher als die anderen. Ich dachte vor allen Dingen an zwei Äußerungen von Chruschtschow. Einmal hat er in dem Brief an den Bundeskanzler im Dezember sinngemäß gesagt: Die Zonenregierung hat eine Serie vernünftiger Vorschläge gemacht über menschliche Erleichterungen, wenn wir es einmal so nennen wollen. Alle diese Vorschläge sind vom Westberliner Senat, wie er es nannte, abgelehnt worden...

SPIEGEL: Chruschtschow behauptete, Adenauer stecke dahinter...

BRANDT: Ja, das hätte man klären können, und dann hätte mir daran gelegen, ihm einmal zu sagen, was seit dem September 1961 durch Vermittlung des Roten Kreuzes und im Rahmen der Interzonenhandelsgespräche von unserer Seite alles versucht worden ist, die Mauer durchlässiger zu machen, und wie traurig es wäre, wenn das Wort für lange Zeit das letzte bliebe, das nun Ulbricht am Dienstag, dem 15. Januar, vor dem SED-Parteitag gesprochen hat.

SPIEGEL: Das war das Wort vom unsittlichen Geschäft...

BRANDT: Ja, vom unsittlichen Geschäft...

SPIEGEL: ...über die Ausstellung von Passierscheinen im Zusammenhang mit den Kreditverhandlungen.

BRANDT: Die Äußerung Chruschtschows konnte ich bei den vorbereitenden Überlegungen nicht kennen, aber das Problem war mir doch klar.

SPIEGEL: Sie meinen Chruschtschows Bemerkung, daß die Mauer zu gewissen Unbequemlichkeiten geführt habe?

BRANDT: Gerade diese Äußerung meinte ich, erforderte eine Antwort aus Berlin. In vollem Wissen darum, daß im Augenblick die Positionen in der deutschen Frage leider völlig festgefahren sind, konnte es nicht schaden, dem mächtigen Mann von der anderen Seite ganz nüchtern zu sagen, daß es sich doch um etwas ganz anderes als um Unbequemlichkeit handelt, wenn Menschen erschossen werden, weil sie von Deutschland nach Deutschland gehen wollen, und wenn dieser eine Mann, Harry Seidel, zu lebenslänglichem Zuchthaus verurteilt wird, nur weil er, wenn auch auf etwas ungewöhnliche Weise...

SPIEGEL: ...durch einen Tunnel...

BRANDT: ...seine Mutter zu sich nach West-Berlin herüberholen wollte. Natürlich habe ich nicht angenommen, daß das den sowjetischen Ministerpräsidenten veranlassen würde, zu sagen: Da haben Sie völlig recht, Herr Brandt, und das müssen wir alles ändern.

SPIEGEL: Nun läßt Chruschtschows Bemerkung nicht gerade darauf schließen, daß er solchen menschlichen Erwägungen in dieser Situation sehr zugänglich sei. Hätte dem Gespräch damit nicht von vornherein ein illusionärer Charakter angehaftet? Oder meinen Sie ernstlich, Sie hätten etwas erreichen können?

BRANDT: Ich habe keine Illusionen gehabt, aber ich gehe davon aus, daß Chruschtschow den Zonenmachthabern gelegentlich Ratschläge gibt. Und im übrigen finde ich, wir sollten vor solchen Gesprächen keine Angst haben.

Das Gespräch vom Januar 1963 mit Conrad Ahlers (links) und Peter Merseburger.

SPIEGEL: Hätten Sie sich wirklich mit diesem engen, lokalen Rahmen begnügt? Immerhin wären Sie der erste deutsche Politiker in amtlicher Position gewesen, der seit dem Moskau-Besuch Adenauers 1955 dem zweiten Mann der Welt, wie Sie ihn selbst genannt haben, gegenübergestanden hätte.

BRANDT: Natürlich war nicht von vornherein auszuschließen, daß im Gespräch auch größere Themen – modus vivendi in Berlin, deutsch-sowjetisches Verhältnis, deutsche Frage – angeschnitten würden. Aber da war ich mehr darauf eingestellt, zu hören, und nicht so zu tun, als könnte ich für die Bundesrepublik sprechen. Mein Ziel war auf Berlin begrenzt: Ich wollte versuchen, die menschlichen Härten zu mildern.

SPIEGEL: Dann ist es aber doch wohl so, daß hinter Ihrem Hinweis, wie Sie es vorhin genannt haben, die zielbewußte Absicht steckte, eine solche Begegnung aus den eben von Ihnen geschilderten Gründen zu arrangieren.

BRANDT: Das habe ich schon beantwortet.

SPIEGEL: Nach allem, was Sie gesagt haben, ist jedenfalls kaum zu verstehen, warum Sie schließlich nicht hingegangen sind.

BRANDT: Das ist eine völlig berechtigte Frage. Nachdem sich am Abend des 15. Januar – das war ein Dienstag – ergab, daß die andere Seite meinte, bei mir gäbe es keine unüberwindbaren Hemmungen gegen ein solches Gespräch...

SPIEGEL: ...und Grund hatte, es zu meinen...

BRANDT: ...und Grund hatte, es zu meinen, zeichnete sich ab, daß es zu einer solchen Unterhaltung ein paar Tage später kommen könnte. Dann ist der anderen Seite ganz offen gesagt worden, daß ich hierüber mit den Schutzmächten und mit der Bundesregierung sprechen würde. Das habe ich dann gemacht am Mittwoch und am Donnerstagvormittag. Ich glaubte, die Konsultationen mit Bonn und den drei Alliierten könnten am Mittwoch beendet werden, aber das war leider nicht möglich...

SPIEGEL: Die erste Antwort aus Bonn traf spät am Mittwochabend ein.

BRANDT: Es kam aus Bonn, wie Sie richtig sagen, relativ spät am Abend eine Stellungnahme.

SPIEGEL: Vom Kanzler?

BRANDT: Vom Kanzler unterzeichnet. Ja. Sie war unbefriedigend. Sie enthielt erstens die Auffassung, die der Minister Barzel mir schon am Nachmittag jenes Tages mündlich vorgetragen hatte.

SPIEGEL: Barzel war gegen das Treffen mit Chruschtschow?

BRANDT: Ja, er vertrat die Auffassung, ein solches Gespräch könne zur Stützung der sowjetischen These von einer vom Bund getrennten, Freien und entmilitarisierten Stadt West-Berlin führen.

SPIEGEL: Das Argument wurde in der Stellungnahme aus Bonn aufgegriffen.

BRANDT: Aber dort wurde dann hinzugefügt: Wenn die Alliierten keine Bedenken geltend machen, dann sind wir bereit, unsere Bedenken zurückzustellen...

SPIEGEL: Bonn sagte also weder ja noch nein?

BRANDT: ...wenn aber diese Bedenken sachlich berechtigt gewesen wären, dann durfte sie keine Bundesregierung zurückstellen. Insofern war die Stellungnahme in doppelter Hinsicht unbefriedigend.

SPIEGEL: Sie haben dann vom Kanzler eine klare Entscheidung gefordert?

BRANDT: Ich habe am Donnerstagmittag den Bundeskanzler angerufen und mit ihm gesprochen. Es wäre ungewöhnlich, ein solches Gespräch im einzelnen auf den Markt zu tragen. Aber der Kanzler sagte: Wenn ich in Ihrer Lage wäre, würde ich hingehen.

SPIEGEL: Bezog sich dieses »Wenn ich in Ihrer Lage wäre« nicht auch darauf, daß Sie schon so weit vorgeprellt waren, daß ein Retirieren schwierig gewesen wäre?

BRANDT: Das will ich als Deutungsmöglichkeit nicht ausschließen. Aber darüber haben wir nicht ausdrücklich gesprochen.

SPIEGEL: Hat der Kanzler in dem Gespräch nicht die Bedenken, die in der ersten Bonner Antwort angeführt wurden, wiederholt?

BRANDT: Nein, sondern ich habe dann gesagt: Herr Bundeskanzler, wenn nun die andere Seite unrichtigerweise versuchen würde, hieraus Argumente zur Stützung ihrer These abzuleiten, dann müssen wir dem von Bonn und Berlin aus gemeinsam entgegentreten. Da hat der Bundeskanzler gesagt: Ja. Also das war dann klar.

SPIEGEL: Bonn verschanzte sich hinter den Alliierten. Was haben nun die Alliierten gesagt?

BRANDT: Die Alliierten hatten gesagt: Herr Brandt, Sie kennen die Problematik so gut wie wir, aber wenn Sie meinen, daß es ratsam und nützlich wäre, machen Sie's. Sie werden sich da eine ganze Menge anhören müssen, aber wir raten nicht ab.

SPIEGEL: Es war kein eindeutiges Ja, eher ein Verzicht auf ein Nein.

BRANDT: Es war ein bißchen mehr, als wenn es geheißen hätte: Wir überlassen es Ihnen.

SPIEGEL: Es ist wohl ziemlich kompliziert, in Berlin Politik zu machen. Sie sind von drei Alliierten abhängig, die oft nicht einer Meinung sind, und von Bonn, das Berlin außenpolitisch vertritt, aber sich wiederum mit den Alliierten abstimmen muß.

BRANDT: In der Tat: Der Regierende Bürgermeister von Berlin ist kein Souverän.

SPIEGEL: Und ihre Parteifreunde in Bonn? Einige Zeitungen haben behauptet, auch Herbert Wehner habe Ihnen abgeraten.

BRANDT: Das trifft nicht zu. Ich habe mich immer von meinen Kollegen in der Führung meiner Partei gedeckt gefühlt. Es hat ein paar Hinweise gegeben, wie man eine solche Geschichte am besten gestalten könnte.

SPIEGEL: Bezogen sich diese Hinweise nicht darauf, wie man die Reise nach Ost-Berlin am besten absichern könnte, um Mißdeutungen zu vermeiden?

BRANDT: So ist es. Meine Freunde waren zum Beispiel ganz froh, als ich ihnen sagte, wir haben das Auswärtige Amt gebeten, einen Dolmetscher zur Verfügung zu stellen . . .

SPIEGEL: Sie hätten dann einen unverdächtigen Zeugen gehabt . . .

BRANDT: Er hätte das Protokoll für Bonn und für uns gleichzeitig gemacht.

SPIEGEL: Und die Berliner CDU?

BRANDT: Bürgermeister Amrehn hatte von Anfang an eine sehr ablehnende Haltung zum Gesamtvorgang eingenommen, aber nie die Koalitionsfrage gestellt.

SPIEGEL: Er behauptet, daß gerade in dieser Phase, wo die Ost-West-Verhandlungen über Berlin sich totgelaufen haben, das Gespräch sinnlos und gefährlich gewesen wäre.

BRANDT: Ja, das war sein Argument, aber in Abwägung dieser verschiedenen Voten habe ich die sowjetische Seite, die sich korrekt verhalten hat, wissen lassen, daß ich an dem Donnerstagabend zu einem Gespräch bereit sei. Es wurde einfach informell die gegenseitige Bereitschaft zu einer Begegnung festgestellt.

SPIEGEL: Prestigefragen wie die, wer wen hatte sprechen wollen, blieben damit ausgeklammert.

BRANDT: Ja.

SPIEGEL: Und dann kam der Krach im Senat.

BRANDT: Ja. In der Senatssitzung waren meine Kollegen von der CDU überrascht, daß ich schon meine Bereitschaft zu einem solchen Gespräch erklärt hatte. Ich war meinerseits überrascht, daß ihre andere Auffassung zu dieser Frage sie veranlassen würde, für den Fall, daß ich rüberginge, ihre Ämter zur Verfügung zu stellen und die Zusammenarbeit im Senat von Berlin zu beenden.

SPIEGEL: Sie hatten damit nicht gerechnet, obwohl Bürgermeister Amrehn mehrfach gesagt hatte, daß er . . .

BRANDT: . . . daß er anderer Meinung sei. Aber ich maß ja auch dem Gespräch mit dem Bundeskanzler einige Bedeutung bei.

SPIEGEL: Sie nahmen also an, daß Herr Amrehn seinen Widerstand einstellen würde, nachdem der Bundeskanzler quasi ja gesagt hatte?

BRANDT: Auch das spielte eine Rolle mit, ja.

SPIEGEL: Sie haben abgesagt und damit den zweiten Mann der Welt, wie Sie selbst sagten, möglicherweise brüskiert. War die Berliner Koalititon diesen Preis wert?

BRANDT: Die Entscheidung ist nur aus dem Ablauf des Tages heraus zu erklären. Diese Senatssitzung dauerte von halb vier bis zehn Minuten nach sechs. Viertel nach sieben hätte ich vom Rathaus losfahren sollen. Das heißt, ich hätte nicht einmal mehr Gelegenheit gehabt, den Berlinern über den Rundfunk zu erklären, warum ich glaubte, doch zu Chruschtschow gehen zu müssen. Ja, ich hätte nicht einmal mehr die Möglichkeit gehabt, die Dinge formal in Ordnung zu bringen, das heißt, dem Präsidenten des Abgeordnetenhauses die Rücktrittsgesuche der Kollegen in ordnungsgemäßer Form zu übermitteln.

SPIEGEL: Sie haben erklärt, Sie wollten dem mächtigen Mann aus dem Kreml nicht mit einer eben zerbrochenen Landesregierung ...

BRANDT: ... gegenübertreten. Ja, das erschien mir problematisch. Ich mußte damit rechnen, daß sich der Vorgang jetzt so abspielt: Ich gehe zu Chruschtschow. Am nächsten Morgen steht in der Zeitung, ich habe ihn getroffen, es ist aber nichts dabei herausgekommen.

SPIEGEL: Was hätte auch herauskommen können.

BRANDT: Jedenfalls nichts Unmittelbares. Das einzig unmittelbar Sichtbare wäre gewesen: Die Zusammenarbeit im Berliner Senat ist aufgeflogen. Das war die Situation, wie sie sich mir an dem Abend darstellte.

SPIEGEL: Aber am Tage danach haben dann Sie mit dem Bruch der Koalition gedroht.

BRANDT: Ich habe deutlich gemacht, daß mir so etwas nicht noch einmal passieren würde.

SPIEGEL: Dann haben Sie sich also nicht von der Haupterwägung leiten lassen, in Berlin auf jeden Fall und für alle Zeiten die Große Koalition beizubehalten? Nach dem, was Sie eben gesagt haben, gewinnt man den Eindruck, daß im Vordergrund die unmittelbare Zwangslage stand, in der Sie sich befanden. Ist das richtig?

BRANDT: Ja. Das stand wirklich an dem Tag im Vordergrund und wirkt auch weiter in den Überlegungen. Die Berliner Nachkriegstradition läßt man nicht gern in einer halben Stunde platzen.

SPIEGEL: Die Tradition der Großen Koalition.

BRANDT: Ja. Ich habe sie nicht gegründet ...

SPIEGEL: Aber es hätte wohl einen schlechten Eindruck gemacht, wenn ausgerechnet Sie als Vorkämpfer der Großen Koalition in Bonn bei der ersten wichtigen Entscheidung in Berlin diese Koalition zerbrochen hätten?

BRANDT: Das stimmt, aber das darf nicht zum Dogma werden. Wir sind in Berlin im ganzen gut damit gefahren. Ich will das auch für die Zukunft nicht ausschließen, ich will aber ebenso offen sagen, daß es für mich keinen Vertrag auf Dauerkoalition in Berlin gibt, daß es auch Formen geben kann für ein Zusammenwirken in entscheidenden Fragen, ohne daß man gemeinsam im Senat sitzt ...

SPIEGEL: ... wie man es jetzt in Bonn versucht ...

BRANDT: Aber da muß man nun wirklich – wir schreiben jetzt schon bald Ende Januar, und am 17. Februar wird in Berlin gewählt –, da muß man wirklich erst einmal sehen, was die Wähler sagen, und dann wird man hier in neue Überlegungen eintreten.

SPIEGEL: Sie sagten eben, das sollte Ihnen nicht noch einmal passieren. Unterstellen wir einmal, daß nach den Wahlen die Große Koalition doch weitergeführt wird. Wie wollen Sie eine Wiederholung einer solchen Zwangslage vermeiden?

BRANDT: Erstens hat, nachdem die Dinge abgeklungen sind, der Senat einmütig festgestellt, unter anderem, was Ende vergangener Woche umstritten und bestritten war, daß der Regierende Bürgermeister im Rahmen der Richtlinien der Politik des Senats berechtigt war, ein solches Gespräch in Erwägung zu ziehen und es vorzubereiten.

SPIEGEL: Das besagt lediglich, daß Sie im Zweifelsfalle wieder alles bis zur Abfahrt regeln könnten, aber wenn Sie die Hand auf Chruschtschows Türklinke legen wollen, könnte Bürgermeister Amrehn Sie wieder zurückpfeifen.

BRANDT: Ich glaube nicht, daß es sich so abspielen würde.

SPIEGEL: Müßten Sie nicht die Berliner Verfassung ändern, um freie Hand zu bekommen? Laut Berliner Verfassung ist der Regierungschef nur primus inter pares und bestimmt die Richtlinien der Politik nur im Einvernehmen mit dem Senat.

BRANDT: Ja, das ist eine schwierige Formel – sie hat uns in der Praxis bisher allerdings wenig Schwierigkeiten bereitet.

SPIEGEL: Aber das Beispiel des Chruschtschow-Besuchs zeigt doch gerade: Wenn Sie nach dem Bonner Muster Regierender in Berlin wären, könnten Sie, ohne Ihre Senatoren zu fragen, ein solches Gespräch nicht nur vorbereiten, sondern auch führen.

BRANDT: Sollte es nach den Wahlen zu einem Senatsmodell ähnlicher Art wie jetzt kommen, werden beide Seiten, wenn auch aus unterschiedlichen Interessen, bei der Bildung des neuen Senats Wert darauf legen, daß man aus der Erfahrung der vergangenen Woche in Berlin Lehren zieht.

SPIEGEL: Es gibt in Ihrer Partei Stimmen, die eine Verfassungsänderung fordern, durch die Sie mehr politischen Spielraum erhalten würden.

BRANDT: Verfassungsänderungen macht man nicht leicht. Daß es solche Überlegungen gibt, kann ich nicht bestreiten, aber das hat zur Zeit keine – praktische – Bedeutung.

SPIEGEL: Ihre eigene Fraktion hat Sie aufgefordert, die Bemühungen um das Zustandekommen eines Gesprächs fortzusetzen.

BRANDT: Ja. Die Mehrheitsfraktion hat dem Regierenden Bürgermeister einen Auftrag gegeben, und ich bin einem solchen politischen Beschluß verpflichtet.

SPIEGEL: Heißt das nicht, daß Sie sich nun um eine Einladung nach Moskau bemühen müssen?

BRANDT: Ich glaube nicht, daß das angemessen wäre.

SPIEGEL: Halten Sie eine dritte Einladung zu einem Gespräch in Ost-Berlin überhaupt noch für möglich? Herr Chruschtschow sagt zwar, er sei nicht beleidigt . . .

BRANDT: Ich habe ihm an dem Abend übermitteln lassen, daß ich mit großem Bedauern aus einer noch andauernden Senatssitzung diese Bereitschaft zurückziehen müßte, und ich habe Grund anzunehmen, daß es richtig verstanden worden ist.

SPIEGEL: Sie haben wirklich Grund, das anzunehmen?

BRANDT: Ja.

SPIEGEL: Falls sich eine dritte Gelegenheit zu einer Begegnung mit Chruschtschow doch bietet, wie wollen Sie sich dann dagegen sichern, daß Sie nicht auch beim dritten Anlauf stehenbleiben?

BRANDT: Ich habe gesagt: Einen Senat, zu dessen Politik es gehört, eine Einladung Chruschtschows unter solchen Bedingungen abzulehnen, wird es nicht mehr geben, oder ich werde ihm nicht angehören.

SPIEGEL: Und wie würden Sie die Bedenken von Minister Barzel entkräften – Bedenken, die auch bei dem Kanzler mitgeschwungen haben mögen –, daß ein solches Gespräch als ein Schritt auf dem Wege zur Trennung Berlins vom Bund interpretiert werden könnte?

BRANDT: Diesen Bedenken hatte ich in einem Vermerk Rechnung getragen, den die andere Seite entgegengenommen hatte. Darin habe ich auf die deutsche Rechtsauffassung verwiesen, daß Berlin außenpolitisch vom Bund vertreten wird.

SPIEGEL: Die andere Seite hatte dagegen nicht protestiert?

BRANDT: Sie hatte den Vermerk entgegengenommen. Lassen Sie mich zu diesen Bedenken noch sagen: Ich glaube nicht, daß diejenigen recht haben, die meinen, Politik besteht darin, zwischen schwarz und weiß zu wählen. Man muß sich auch häufig zwischen den verschiedenen Schattierungen des Grau hindurchfinden.

SPIEGEL: Wäre nach Ihrer Meinung die ungünstigste Ausdeutung des Gesprächs die gewesen, die Professor Michael Freund gebraucht hat: daß es nämlich nicht geschadet hätte, weil es nichts nützen konnte?

BRANDT: Das ist ein Wortspiel, aber es gibt keinen Sinn. Man sollte besser sagen, es hätte nützen können, weil es nicht schaden konnte.

SPIEGEL: Herr Regierender Bürgermeister, wir danken Ihnen für dieses Gespräch.

Zum SPIEGEL-Gespräch in Nr. 11/1964 (11. März)
mit den Redakteuren
Hans Dieter Jaene und Hans Schmelz

Nach dem Tode Erich Ollenhauers wählten die Sozialdemokraten am 16. Februar 1964 den fünfzigjährigen Willy Brandt auf einem außerordentlichen Parteitag in Bad Godesberg mit 320 von 334 Stimmen zu ihrem Vorsitzenden. Sein engagierter Förderer war ausgerechnet derjenige Genosse, der Jahre später seinen Sturz als Kanzler betrieb: Herbert Wehner. Sympathie war nicht im Spiel, wohl aber die Einsicht, daß bei den Wählern keiner besser ankam als dieser »deutsche Kennedy«. Hinter dem weltmännischen Brandt malochte sich der Bürgerschreck und Ex-Kommunist Wehner zum starken Mann der Parteiorganisation hoch.

Brandt hatte 1963 seine tiefen Depressionen nach der Wahlniederlage im Jahre 1961 überwunden. Der Besuch John F. Kennedys im Juni 1963 mit dem Abstecher nach Berlin als Höhepunkt katapultierte den »Regierenden« auf den Gipfel der Popularität und die Probleme der geteilten Stadt wieder ins Rampenlicht der Weltpolitik. »Der Name Kennedy stand für Weltfrieden, Verständigung mit der Sowjetunion, Hilfe für die Dritte Welt, Rüstungsbegrenzung, Abbau des Kalten Krieges, Unterstützung der Vereinten Nationen, innere Reformen und Menschenrechte sowohl draußen als auch im eigenen Land.« So schrieb Peter Koch in seiner Brandt-Biographie. Es sind die Stichworte, die nach Kennedys Ermordung am 22. November 1963 auch an Willy Brandts politischem Lebensweg haften. Egon Bahrs Formel »Wandel durch Annäherung« vom Juli 1963 erfuhr am 17. Dezember 1963 ihre erste Konkretisierung: Der Berliner Senat schloß mit den DDR-Behörden ein Passierscheinabkommen, das den zwei Millionen West-Berlinern nach achtundzwanzig Monaten der Trennung wieder den Weg in den Ostteil der Stadt öffnete. Bis zum Jahre 1966 wurden immer wieder neue Abkommen vereinbart.

Passierscheine von der Reichsbahn?

Der Regierende Bürgermeister und SPD-Vorsitzende zu den Passierscheinabkommen

SPIEGEL: Herr Bürgermeister, Sie haben vor aller Öffentlichkeit erklärt, daß Ihnen und dem Senat von Berlin an den Beziehungen zum Ulbricht-Regime manches nicht paßt. Sie wünschen eine Konzeption, wie Sie es nennen. Schwebt Ihnen dabei ein neuer, diesmal überparteilicher Deutschlandplan vor?

BRANDT: Zunächst, eine Konzeption ist ja nichts Unanständiges. Ich habe von einer vernünftigen gemeinsamen Linie gesprochen.

SPIEGEL: Kommt der Akzent dabei auf »vernünftig« oder auf »gemeinsam«?

BRANDT: Ich würde beides gleichermaßen betonen, allerdings hinzufügen, daß eine vernünftige Linie, auf die man sich nicht verständigt, zwar für die weitere Klärung der Begriffe ihren Wert haben kann, uns aber bei der Lösung der Probleme, die der anderen Seite gegenüber gelöst werden müssen, nicht voranbringt.

SPIEGEL: Gab es bisher schon eine Konzeption oder gab es keine?

BRANDT: Das kommt darauf an, was man unter einer Konzeption versteht. Es gab eine Grundhaltung, wie sie in der Regierungserklärung von Ludwig Erhard im Oktober 1963 ihren Ausdruck gefunden hatte: Solange uns größere oder, wenn man so will, eigentliche Lösungen vorenthalten sind, müssen wir versuchen, im kleinen voranzukommen, um das Leben der Menschen drüben zu erleichtern. Insofern waren die Weichen gestellt. Aber es war nur eine Rahmenvorstellung. Darüber, wie nun ein solcher Rahmen ausgefüllt werden soll, darüber hat man immer nur von Fall zu Fall gesprochen.

SPIEGEL: Denken Sie bei einem neuen gemeinsamen, größeren Rahmen an eine Art von Behörde oder Oberbehörde?

BRANDT: Nicht notwendigerweise. In der öffentlichen Diskussion ist mein Hinweis darauf, daß sich die Vertreter von Bundesregierung, Senat und Parteien zusammensetzen sollten, so verstanden worden, als ob damit ein neues Gremium geschaffen werden soll. Das ist ein Mißverständnis. Es kann sich schon gar nicht um ein Gremium handeln, das in die Zuständigkeiten der Bundesregierung eingreifen würde, sondern es würde sich darum handeln müssen, daß die Entscheidungen der Regierung, die ihr keiner abnehmen kann, besser vorbereitet werden. Die andere Seite der Sache: Man wird sich zwischen zwei Modellvorstellungen zu entscheiden haben. Die eine Möglichkeit wäre, daß man das, was jetzt die Treuhandstelle für den Interzonenhandel ist, als Kern oder als Ansatzpunkt für etwas mehr sieht . . .

SPIEGEL: . . . auch für den Berlinverkehr . . .

BRANDT: . . . daß man also Fragen des Verkehrs und des Handels dort zusammenordnet. Man kann aber auch ebensogut ganz anders an die Dinge herangehen und sagen: Vielleicht ist es ein Vorteil, daß über verschiedene praktische Fragen auf verschiedenen Ebenen oder – besser gesagt – auf verschiedenen Kanälen operiert wird. Aber dann ist es notwendig, daß statt der Behörde, wie Sie es eben nannten, eine andere Form der Koordinierung da ist.

SPIEGEL: Sie denken also nicht an eine zentrale Instanz als Gegenstelle für Verhandlungen schlechthin mit den Ulbricht-Leuten?

BRANDT: Ich sage, das muß nicht so sein. Man muß prüfen, was zweckmäßiger ist.

SPIEGEL: Was würden Sie für zweckmäßiger halten?

BRANDT: Ich neige dazu, die Treuhandstelle mit mehr Inhalt zu füllen, würde dabei aber nicht zu weit gehen. Wir haben es ja mit mehreren Themen zu tun. Wir haben den Handel, wir haben Fragen von Post und Eisenbahn – Post würde auf Berlin bezogen dann auch dieses Unterthema Telephon noch umfassen –, wir haben das Thema der menschlichen Erleichterungen heute in Berlin, morgen oder übermorgen, wie ich hoffe, auch an der Zonengrenze.

SPIEGEL: Herr Bürgermeister, Sie kennen die Deutschland-Vorschläge der Bundesregierung, über die im Botschafter-Lenkungsausschuß in Washington beraten wird. Da ist eine gesamtdeutsche technische Kommission vorgesehen. Könnte das, was Sie jetzt wünschen, damit zwischen Bonn und Berlin technische Detailfragen koordiniert werden, die westliche Hälfte solch einer gesamtdeutschen Kommission werden?

BRANDT: Ich will diese Möglichkeit nicht ausschließen. Jedenfalls betrachte ich das, worüber ich mir Gedanken mache, nicht als etwas, das zu dem im Widerspruch steht, was die Bundesregierung im Botschafter-Lenkungsausschuß angeregt hat.

SPIEGEL: Wo ziehen Sie die Grenzlinie zwischen technischen Kontakten mit der DDR und politischen Beziehungen, die mehr oder minder völkerrechtlichen Charakter haben?

BRANDT: Der Senat von Berlin kann ein Abkommen völkerrechtlichen Charakters gar nicht treffen, selbst wenn er wollte, denn Träger der obersten Gewalt in Berlin und allein zuständig für Verträge dieser Art sind die drei alliierten Mächte. Die Zone hat sich zum Unterschied von dem Eindruck, der vielfach hervorgerufen worden ist, nicht eigentlich bemüht, ihre These von der Dreistaatlichkeit Deutschlands zu verfechten. Im Gegenteil, sie hat zur Kenntnis genommen, daß unser Senatsrat Korber ihrem Vertreter, dem Herrn Wendt, immer wieder gesagt hat: Wir werden weitere Schritte nur im Einvernehmen mit der Bundesregierung machen. Ja, es kam sogar zu dem Punkt, wo der Vertreter der Zone unserem Beamten vorgeworfen hat, er sei hier gar nicht richtig ein Westberliner Vertreter, sondern er vertrete Auffassungen, Anweisungen, Forderungen Bonns.

SPIEGEL: Vorgeworfen oder dagegen protestiert? Hat es regelrechte Proteste der Gegenseite gegeben?

BRANDT: Nur Vorwürfe, aber die Herren haben zugleich gesagt: Wir reden weiter.

SPIEGEL: Trotzdem gibt es in Bonn heute die Meinung, daß bestimmte technische Details bei der Passierschein-Regelung für Weihnachten und Neujahr dazu beigetragen haben, die DDR aufzuwerten, wie es heißt, und obendrein noch der östlichen Dreistaatentheorie Vorschub zu leisten – zum Beispiel durch die Tätigkeit Ostberliner Postangestellter auf Westberliner Territorium. Wie würden Sie die Tätigkeit der Ostberliner Postler definieren? Waren das Briefträger oder waren das Konsularbeamte?

BRANDT: Erst einmal ist die Frage aufgetaucht: Waren das überhaupt Postler oder waren das nicht Leute, die nur in Postuniform gesteckt worden waren?

SPIEGEL: Bundesminister Lemmer hat da sehr präzise Angaben gemacht, es habe sich um SSD-Beamte gehandelt.

BRANDT: Es sind einige wenige solche Leute dabeigewesen. Wir haben das die anderen auch wissen lassen. Auf die erstaunte Frage der Herrn von drüben, wieso wir zu solchen Vermutungen kämen, haben wir sagen lassen, bei uns sei es nicht üblich, daß Postangestellte mit militärischen Titeln angeredet würden, wie wir das zumindest in ein paar Fällen festgestellt haben. Aber Ihre Frage war ja: Was war der Charakter dessen, was die Leute hier gemacht haben? Sie haben eine verwaltungsmäßige Aufgabe in unserem Teil der Stadt, auf unserem Territorium, wahrgenommen. Das hielt ich für durchaus verantwortbar, und davon habe ich auch nachträglich nichts zurückzunehmen. Und dazu hat man nun gesagt, die Postangestellten hätten »hoheitsrechtliche Aufgaben« gehabt. Wenn man von Hoheitsaufgaben in diesem Zusammenhang sprechen will, dann bestanden sie darin, daß Passierscheine ausgestellt wurden, daß darüber entschieden wurde, wer kriegt einen und wer kriegt keinen.

SPIEGEL: Durften die Postler selbständig Entscheidungen treffen?

BRANDT: Nein.

SPIEGEL: War am 17. Dezember im Protokoll vereinbart worden, daß sie nur Botendienste zu leisten hätten?

BRANDT: Die Postler haben lediglich Hinweise gegeben, wer nicht unter das Abkommen fiel, und das half natürlich den Menschen. Also wenn einer geschrieben hat, ich will den und den sehen, das ist mein Freund, dann haben sie gesagt, das tut uns furchtbar leid, aber Sie fallen nicht unter die Kategorie derer, für die eine Vereinbarung getroffen worden ist.

SPIEGEL: Aber die entscheidenden Akte, nämlich Genehmigung oder Nichtgenehmigung des Passierscheins, sind in Ost-Berlin vollzogen worden?

BRANDT: Das ist alles drüben gemacht worden. Hier sind Antragsformulare ausgegeben, wieder eingesammelt, nach Ost-Berlin gebracht, die fertigen Passierscheine nach West-Berlin herübergeschafft und hier an diejenigen ausgegeben worden, die sie haben wollten.

SPIEGEL: Hat die Bundesregierung vor Abschluß der ersten Vereinbarung am 17. Dezember gegen die Tätigkeit der Ostberliner Postangestellten hier Einwände erhoben?

BRANDT: In der Frage der temporären Anwesenheit und der eben beschriebenen Tätigkeit dieser Postangestellten hat es bei der Dezember-Regelung keine Einwände gegeben, sondern Bundesregierung und Senat waren der Meinung, daß dies vertretbar sei.

SPIEGEL: Welche Motive hat nach Ihrer Meinung die Bundesregierung dafür, daß sie plötzlich von dem abgerückt ist, dem sie im Dezember zugestimmt hatte?

BRANDT: Das kann man so nicht sagen. Wir haben uns Anfang Januar mit der Bundesregierung verständigt, daß wir uns, gestützt auf die Dezember-Übereinkunft, um weitere Erleichterungen bemühen und dabei auch versuchen wollten, technische Verbesserungen zu erreichen. Diese Marschroute ist in der zweiten Januarhälfte noch einmal bestätigt worden.

SPIEGEL: Aber dann sagte der Bundeskanzler, die Anwesenheit von Postbeamten aus Ost-Berlin in West-Berlin würde nun nicht für eine Stunde mehr geduldet werden können.

BRANDT: Da war von uns vorher die Anregung gekommen: Wollen wir nicht, da eine Dauerregelung jetzt nicht zu erreichen ist, noch einmal für eine begrenzte Zeit eine Lösung versuchen ...

SPIEGEL: ... die begrenzte Zeit war Ostern und Pfingsten?

BRANDT: Ostern und Pfingsten. Nun sind aber andere Geschichten – das ist das zweite – in diesen Vorgang hineingekommen. Ich glaube ja, daß die Meinungsverschiedenheiten, die es gegeben hat zwischen Berlin und Bonn, geringer gewesen sind als die abweichenden Auffassungen eines Teils der Regierungsparteien in Bonn. Das heißt, die Spitze der Bundesregierung hat sich aus den Reihen der CDU/CSU einem Druck ausgesetzt gesehen, und diese Unstimmigkeiten, diese Schwierigkeiten zwischen den Regierungsparteien und innerhalb der größten Regierungspartei und innerhalb der Bundesregierung haben dann im Februar zu Stellungnahmen geführt, die nicht mehr leicht mit dem zusammenzureimen waren, was wir im Dezember und im Januar gemeinsam gesagt hatten.

SPIEGEL: Sie haben aus Ihren Gesprächen mit dem Bundeskanzler einen anderen Eindruck von seiner Meinung mitgenommen, als man ihn bekommen mußte, nachdem er zum Beispiel vor der Fraktion seiner Partei gesprochen hatte?

BRANDT: Ich möchte nicht den Eindruck erwecken, als ob in den Gesprächen, die ich mit dem Bundeskanzler gehabt habe, wir immer von A bis Z einer Meinung gewesen sind. Trotzdem bleibt richtig, daß andere und zuweilen stärkere Einflüsse außerhalb dieses Rahmens sich geltend machten.

SPIEGEL: Deutsche oder nicht-deutsche Einflüsse?

BRANDT: Deutsche.

SPIEGEL: Hat die Bundesregierung über die westlichen Verbündeten oder über ihren eigenen Botschafter in Moskau versucht, die Zustimmung auch der vierten Besatzungsmacht einzuholen, nachdem die drei anderen bereits ihr Einverständnis gezeigt hatten?

BRANDT: Davon ist mir nichts bekannt. Ich glaube, die Frage müßte eigentlich lauten – aber die könnte ich auch nicht beantworten –: Hat unser Botschafter in Moskau in den vergangenen zwei, zweieinhalb Jahren die Anweisung gehabt, darauf Einfluß zu nehmen, daß die Sowjetunion an innerdeutschen Erleichterungen mitwirkt oder auf sie hinwirkt.

SPIEGEL: Wir dachten bei unserer Frage an eine juristische Konstruktion: Die Reichsbahnbeamten in West-Berlin – Westberliner Bürger, die bestimmte Treuepflichten zur DDR haben – sind hier im Viermächteauftrag, aufgrund einer Viermächtevereinbarung tätig.

BRANDT: Das ist schon eine sehr gewagte Konstruktion. Aber es ist richtig, daß 1945 die Westmächte konzediert haben, daß die Reichsbahn im Gesamtgebiet von Berlin technisch bei der Reichsbahn Ost verbleibt.

SPIEGEL: Würde man juristische Bedenken gegen eine sogenannte hoheitsrechtliche Tätigkeit Ostberliner Postangestellter in West-Berlin dadurch ausräumen können, daß man den Westberliner Reichsbahnbeamten aufträgt, Passierscheine auszugeben, und diesen Auftrag in jener alten Viermächtevereinbarung für die Reichsbahn unterbringt?

BRANDT: Wie gesagt, die Viermächtevereinbarung ist eine ziemlich gewagte Konstruktion. Aber die konkrete Frage will ich jetzt nicht beantworten; sie gehört in den Bereich dessen, was sich aus weiteren Gesprächen ergeben mag.

SPIEGEL: In Bonn hegt man Bedenken, der eine oder andere der Verbündeten könnte sich peu à peu aus der Verantwortung für Gesamtdeutschland zurückziehen, je intensiver die Ost- und Westdeutschen untereinander technische Vereinbarungen treffen. Vielleicht ist das auch die Erklärung dafür, daß der deutsche Botschafter in Moskau gar nicht so sehr auf technische Erleichterungen drängt?

BRANDT: Ich halte diese Argumentation für falsch, jedenfalls für sehr bedenklich. Ich weiß auch, daß wir verdammt aufpassen müssen. Aber zu glauben, wir könnten warten, bis uns die Westmächte die Wiedervereinigung und auf dem Wege dahin die Russen die menschlichen Erleichterungen bringen, das ist falsch. Was da an Befürchtungen sein könnte – hier und da würden welche sagen: Na ja, die Deutschen regeln ja schon untereinander Fragen ...

SPIEGEL: ... genau das sagt das Außenamt in Bonn. Man beruft sich auf die Argumente neutraler Staaten, die ihre Kontakte zur DDR mit den Berliner Passierscheinen motivieren.

BRANDT: Sie denken an Ceylon?

SPIEGEL: Es soll noch andere Staaten geben, deren Vertreter sich so ausgedrückt haben.

BRANDT: Sehen Sie, was Ceylon angeht, da wagt ja doch wohl keiner im Auswärtigen Amt, der ressortmäßig zuständig ist, diesen schlechten Witz der Öffentlichkeit zu verkaufen. Das können doch nur Herren vertreten, die nicht Bescheid wissen.

SPIEGEL: Nach unseren Informationen hat Staatssekretär Carstens vom Außenamt Berichte aus Ceylon angeführt.

BRANDT: Das weiß ich nicht. Aber die Ceylon-Geschichte hängt mit ganz anderen Dingen zusammen als mit den Berliner Passierscheinen. Da geht es um harte ökonomische Facts.

SPIEGEL: Und die Berliner Passierscheine gibt es für den Personenverkehr.

BRANDT: Allerdings, und da müßten unsere tüchtigen deutschen Diplomaten doch wohl sagen können: Das geht euch einen feuchten Kehricht an, denn das sind nicht eure Menschen, sondern unsere Menschen. Das Problem, vor dem wir stehen, ist nicht, daß Ceylonesen oder Leute aus Ghana die andere Hälfte ihrer Familie in Ost-Berlin wiedersehen wollen, sondern unsere Menschen, die an Ort und Stelle getrennt sind, wollen zusammenkommen. Das heißt, es ist ein Vorgang, der sich mit guten Gründen überhaupt nicht durch irgend jemanden draußen in Anspruch nehmen läßt, weil er ein Gebiet betrifft, das nicht meßbar ist an deren Interessen, nicht vergleichbar damit.

SPIEGEL: Herr Bürgermeister, was hat Sie bestimmt, die monatelang geübte Vertraulichkeit zu durchbrechen und Ihre Aversion gegen die Bonner Deutschlandpolitik unters Volk zu bringen, sozusagen unters Wahlvolk?

BRANDT: Habe ich denn das getan? Ich habe mich doch sehr maßvoll geäußert. Ich habe gesagt, jetzt müßte man zusammenkommen, um sich auf eine Linie zu verständigen. Das hat 14 Tage vorher, allerdings durch die Presse weniger beachtet, das CDU-Präsidium unter Vorsitz von Konrad Adenauer gesagt, das hat auch die »Freie Demokratische Korrespondenz« gesagt.

SPIEGEL: Sie haben ausdrücklich Meinungsunterschiede festgestellt, nachdem in den Wochen vorher in gequälten Kommuniqué-Texten von vollkommener Übereinstimmung die Rede gewesen war.

BRANDT: Es gibt natürlich heute in Deutschland Leute, die sagen, wir müssen so tun, als ob wir in allen Fragen einer Meinung sind, auch da, wo wir tatsächlich nicht einer Meinung sind. Gewiß, es gibt manchmal solche Situationen, wo man sich so verhalten muß.

SPIEGEL: Sie selber haben das doch mehrmals mitgemacht.

BRANDT: Ja, solange Verhandlungen im Gange waren, konnte ich mir doch nicht den Vorwurf zuziehen, die Verhandlungssituation zu erschweren oder zu schwächen.

SPIEGEL: Hat sich an dieser Lage inzwischen etwas geändert?

BRANDT: Nein, aber wenn einer kommt und sagt, jetzt wollen wir uns darum bemühen, daß wir aus einer in bezug auf einige Punkte äußerlichen Einigkeit eine inhaltliche werden lassen, eine, die weiterhilft, die auch besser hält, dann kann man doch nicht sagen, der Betreffende will Parteigeschäfte machen, er will einen Wahlkampf um Deutschlandfragen beginnen. Derjenige, der hier enge Parteipolitik betreiben wollte, der würde nicht schon im März 1964 darauf drängen, daß man zu einer gemeinsamen Konzeption kommt. Derjenige dagegen, der diese Fragen für den Parteienstreit haben wollte, müßte eher geneigt sein, ungeklärte Dinge auf Eis zu legen.

SPIEGEL: Man hätte sich vorstellen können, daß Sie Ihre Vorschläge nicht über Rundfunk und Fernsehen, sondern in vertraulichen Briefen darlegen.

SPIEGEL: Ich habe ja schon darauf hingewiesen: Als das CDU-Präsidium 14 Tage vorher und die »Freie Demokratische Korrespondenz« sich für gemeinsame Besprechungen einsetzten, da geschah das auch öffentlich. Nein, daß das zu einer so kontroversen Sache wurde, das hat nichts mit meiner Aufforderung zu tun, sondern das hat mit der Haltung einiger Kräfte zu tun, die etwas anderes wollen, glaube ich, als Erhard und ich wollen.

SPIEGEL: Aber die scharfe Bonner Reaktion auf Ihre Fernseherklärung ist doch wohl eine Stellungnahme der Bundesregierung und nicht der CDU.

BRANDT: Ich bin mir immer noch nicht ganz im klaren darüber, woher eigentlich der Text kommt. Es ist jedenfalls eine ungewöhnliche Sprache im Verkehr zwischen der Bundesregierung und dem Regierenden Bügermeister von Berlin.

SPIEGEL: Sie zitieren eben das CDU-Präsidium und die FDP-Korrespondenz als zwei Parteistellen, die sich vor Ihnen schon öffentlich geäußert hatten. Haben Sie als Regierender Bürgermeister von Berlin gesprochen oder als SPD-Vorsitzender?

BRANDT: Es gibt Situationen, in denen man nicht so tun kann, als hänge man den einen Anzug weg und ziehe den anderen an.

SPIEGEL: Kann man überhaupt sein politisches Urteil und seine politische Meinung differenzieren, je nachdem, ob man als Bürgermeister oder als Parteivorsitzender der SPD denkt und spricht?

BRANDT: Nein, man muß in beiden Verantwortlichkeiten wissen, daß man die andere mitträgt.

SPIEGEL: Welche Bedeutung hat denn der Halbsatz in Ihrer Erklärung, daß der Berliner Senat nicht »verlängerter Arm« der SPD sei?

BRANDT: Mir hat daran gelegen, noch einmal deutlich zu machen, daß meine Partei und ich nicht daran denken, den Berliner Senat, dieses Stück Regierungsverantwortung, hier eng parteipolitisch zu hantieren. Dazu gehört aber auch die andere Hälfte jenes Satzes in meiner Erklärung, daß andere Leute auch nicht die Bundesregierung zu etwas machen dürfen, wozu sie nicht da ist. Damit meine ich die Opposition in Berlin, die Berliner CDU.

SPIEGEL: In welcher Ihrer Eigenschaften haben Sie Ihre Briefe an die Parteivorsitzenden Adenauer, Mende und Strauß in der gleichen Sache geschrieben?

BRANDT: Als Vorsitzender der SPD.

SPIEGEL: Hatten Sie diese drei Briefe mit Ihren Parteifreunden im Präsidium oder im Parteivorstand vorher abgestimmt?

BRANDT: Ja.

SPIEGEL: Sie haben vorhin den Zeitpunkt Ihrer Erklärung als Indiz angeführt, daß Sie den Komplex gesamtdeutscher Beziehungen aus dem Wahlkampf heraushalten möchten. Warum wollen Sie dieses interessanteste, wichtigste Thema der deutschen Politik aus der öffentlichen Diskussion verbannen?

BRANDT: Ich will es nicht aus der öffentlichen Diskussion verbannen. Es bleibt sicherlich immer noch genug, worüber man auch dann reden muß . . .

SPIEGEL: . . . der blaue Himmel über dem Ruhrgebiet?

BRANDT: Bitte, viele, die darüber vor vier Jahren gehöhnt haben . . .

SPIEGEL: . . . Hohn ist uns fremd.

BRANDT: Ich habe Sie nicht gemeint, aber viele, die in den Ministerien und an anderer Stelle glaubten, hier hätte man zur Volksbelustigung beitragen wollen, sind ja inzwischen ganz anderer Meinung. Die Aufträge von Herrn Meyers in Düsseldorf wegen der Strukturpläne im Ruhrgebiet, die im Ansatz steckengebliebenen Bemühungen des Bundesgesundheitsministeriums und viele, viele andere Dinge beweisen das.

SPIEGEL: Das macht die außenpolitische Diskussion aber noch nicht überflüssig.

BRANDT: Auch in diesem Bereich wird immer noch etwas übrigbleiben für die Diskussion. Ich bin nur der Meinung, wir kommen unseren Verbündeten gegenüber und wir kommen dem gemeinsamen Widersacher im Osten gegenüber besser durch, wenn wir die maßgebenden Kräfte im freien Teil Deutschlands immer wieder, auch wenn es zwischendurch einmal Krach gibt, auf einen Nenner zusammenführen.

SPIEGEL: Wo stehen die Alliierten im Meinungsstreit zwischen der Bundesregierung und dem Senat von Berlin.

BRANDT: Sie haben sich sehr zurückgehalten. Aber ich glaube, es wäre ganz falsch, wenn irgend jemand meint, die Alliierten für eine Position in Anspruch nehmen zu können, die gegen weitere Bemühungen um Erleichterungen in Deutschland aufgerichtet würde.

SPIEGEL: Ihre Formel, Herr Bürgermeister, von der »vernünftigen gemeinsamen Linie« – bedeutet dieser Satz, daß die Gemeinsamkeit unbedingten Vorrang behalten soll, auch wenn Sie dafür abermals Ihre bessere Überzeugung opfern müßten? Oder kommt es nur dann zur gemeinsamen Linie, wenn Senat und Bundesregierung tatsächlich Punkt für Punkt übereinstimmen?

BRANDT: Das ist ein oberstes Gesetz für uns: Wo immer ein Punkt kommt, an dem wir etwas für richtig halten, von dem die Bundesregierung aber sagt, das geht nicht, dann geht es eben nicht. Dann geht es nicht, weil der Schaden, der durch das Auseinanderfallen zwischen Berlin und Bonn entstehen würde, größer wäre als der mögliche Vorteil einer lokalen Regelung.

SPIEGEL: Worauf gründet sich nun Ihre Hoffnung, daß Sie sich plötzlich mit denen verständigen könnten, von deren Meinung Sie sich, in Ihrer Fernseherklärung, so deutlich abgesetzt haben?

BRANDT: Ich habe erstens von dem Einvernehmen gesprochen, das es zwischen Bundesregierung, Senat und Alliierten gegeben hat. Ich habe dann gesagt, daß nun für einen umfassenderen Bereich eine gemeinsame Linie erarbeitet werden müßte, daß wir wegen des gemeinsamen Widersachers im Osten uns über bestimmte Notwendigkeiten klar sein müssen. Ich habe allerdings auch von der selbstgerechten und unterkühlten Beurteilung des großen Vorgangs zu Weihnachten und Neujahr gesprochen. Diesen Schuh mag sich anziehen, wem er paßt.

SPIEGEL: Der wesentliche Unterschied zwischen Ihnen und einigen Herren aus der CDU/CSU ist doch wohl mit der Alternative zu umschreiben: Entweder die Wunde der deutschen Spaltung und die Berliner Wunde offenhalten und kräftig bluten lassen, bis der Osten schließlich die Nerven verliert und sich zur Wiedervereinigung bereit erklärt –, oder aber, solange man in Richtung auf die Wiedervereinigung nicht vorankommt, zunächst Schritt für Schritt eine Politik der kleinen Lösungen versuchen. Könnte durch diese Politik, nämlich durch eine Art Normalisierung im technischen Bereich, das Anomale der Gesamtlage verdeckt werden? Könnte damit der deutsche Status quo international mehr und mehr als erträglich empfunden werden?

BRANDT: Das ist ein wichtiger Punkt. Bundestagspräsident Gerstenmaier hat kürzlich dazu ein kluges Wort gesagt: Es gibt unter Umständen eine Pflicht, sich um humanitäre Lösungen, Erleichterungen, kleine Veränderungen, Verbesserungen zu bemühen, auch wenn man genau weiß, daß man damit auf dem Weg zur eigentlichen Lösung der deutschen Frage, zur Wiedervereinigung, nicht weiterkommt.

SPIEGEL: Wie sieht es aber aus, wenn hinter der Politik des Ostens, beispielsweise in der Passierscheinfrage, im Grunde genommen die Absicht steckt, diesen Effekt der Normalisierung zu erzielen, den Effekt nämlich, die deutsche Lage erträglich erscheinen zu lassen?

BRANDT: Humanitäre Teillösungen dürfen den großen Zielen der deutschen Politik, vor allem der Wiedervereinigung, nicht entgegenstehen. Sonst müßte man darauf verzichten. Natürlich wird der Osten dabei seine eigenen Überlegungen haben. Und wenn es so ist, daß die Russen den Ulbricht-Leuten in der Passierscheinsache gesagt haben: Gebt euch 'nen Ruck, kommt da in Berlin etwas entgegen, dann natürlich nicht deswegen, weil die Russen uns damit einen Gefallen tun wollten, sondern weil Chruschtschow es für nützlich hält – ich habe es kosmetische Korrekturen genannt –, zu kleinen Veränderungen zu kommen, die es ihm leichter machen, den Amerikanern zu sagen: Haltet mal den Mund, so schlimm ist das in Berlin gar nicht, da wird schon manches in Ordnung gebracht.

SPIEGEL: Und dieser Nutzen für die Sowjets ist nach Ihrer Meinung so gering, daß man ihn getrost in Kauf nehmen sollte?

BRANDT: Was heißt Nutzen? Wir haben jetzt ein großes Stück praktischer Erfahrungen: Weihnachten und Neujahr. Wer will denn im Ernst sagen, daß durch diesen Vorgang die Mauer verniedlicht worden wäre in der Welt? Vielen in aller Welt ist sie dadurch überhaupt erst richtig klargeworden. Die haben überhaupt erst begriffen, wie schrecklich die Mauer ist.

SPIEGEL: Haben die Sowjets inzwischen diese Wirkung auch begriffen?

BRANDT: Das weiß ich nicht. Ich will nur sagen, ich halte es für völlig falsch zu denken: Wenn die Russen irgendwo aus ihrer Interessenlage heraus eine Rechnung aufmachen, dann muß das für uns immer bedeuten, daß diese russische Rechnung aufgehen muß. Wir müssen unsere eigene Rechnung aufmachen und müssen sehen, wie wir aus einer Geschichte, die die Sowjets aus ihrer Interessenlage heraus versuchen, möglichst einen Nutzen für unsere Menschen herausholen.

SPIEGEL: Das setzt aber doch wohl voraus, daß die sowjetische Rechnung eine Fehlrechnung war?

BRANDT: Es gibt russische Fehlrechnungen. Wenn es solche nicht gäbe, dann könnten wir hier nicht im Schöneberger Rathaus sitzen und miteinander sprechen.

SPIEGEL: Herr Bürgermeister, wir danken Ihnen für dieses Gespräch.

Zum SPIEGEL-Gespräch in Nr. 50/1966 (5. Dezember)
mit den Redakteuren Ernst Goyke,
Hans-Roderich Schneider und Hans Gerhard Stephani

Eine drohende Rezession und die Krise an der Ruhr markierten das
Szenario zum Ende des Jahres 1966. Die FDP lehnte Steuererhöhungen ab und zog ihre Minister aus der Koalition zurück. Erstmals in der
Geschichte der Republik wies der Bundesrat den defizitären Bonner
Haushalt zurück. Bundeskanzler Ludwig Erhard war am Ende. Nur
ein Jahr nach seinem glanzvollen Wahlsieg (CDU/CSU 47,6, SPD
39,3 Prozent) forderten SPD und FDP am 8. November den Vater des
Wirtschaftswunders mit ihrer Stimmenmehrheit im Bundestag auf,
die Vertrauensfrage zu stellen. Erhard mußte dieses im Grundgesetz
nicht vorgesehene, aber politisch reinigende indirekte Mißtrauensvotum hinnehmen. Die SPD strebte Neuwahlen an, die Liberalen scheuten sie, aus Furcht, vom Wähler für Erhards unwürdiges Ende verantwortlich gemacht zu werden. Brandt meinte eine Zeitlang, die
Sozialdemokraten könnten gemeinsam mit der FDP bei nur zwei
Stimmen über der absoluten Mehrheit im Bundestag einen neuen
Kanzler wählen. Herbert Wehner aber zurrte, unterstützt von Helmut
Schmidt, das schwarz-rote Bündnis unter Kurt Georg Kiesinger am
24. November fest. Die Sozialdemokraten konnten endlich ihre Regierungsfähigkeit nachweisen. Die negativen Folgen zeigten sich
rasch: eine innenpolitische Radikalisierung wie nie zuvor in der
Geschichte der Republik. Intellektuelle und Jugendliche fühlten sich
von der SPD verraten. Rechtsradikale erhielten Zulauf, auf der Linken
ließ die Abspaltung einer außerparlamentarischen Opposition nicht
lange auf sich warten. Andererseits bildeten die Großkoalitionäre,
voran das Ökonomiegespann Karl Schiller (SPD) und Franz Josef
Strauß (CSU), genannt »Plisch und Plum«, ein erfolgreiches Team,
das bis in die Gegenwart zuweilen verklärend in Erinnerung gerufen
wird.

Auf dem falschen Bein Hurra?

Der Vizekanzler und SPD-Vorsitzende über die Beteiligung
der SPD an der Großen Koalition

SPIEGEL: Statt Kurt Georg Kiesinger könnten Sie, Herr
Brandt, zum Bundeskanzler gewählt worden sein, wenn die SPD eine
Koalition mit der FDP probiert und gegen Ludwig Erhard das konstruktive Mißtrauensvotum beantragt hätte. Warum haben Sie das
nicht gewagt?

BRANDT: Dies war nicht eine Frage der persönlichen Courage,
sondern auch eine Frage, ob ich eines Tages meinen Freunden hätte
eingestehen müssen, daß ich auf dem falschen Bein Hurra gerufen
habe. Ob die schweren Aufgaben, die vor uns stehen, tatsächlich mit
einer so hauchdünnen Mehrheit zu meistern gewesen wären, ist doch
sehr zweifelhaft.

SPIEGEL: Es war aber doch beabsichtigt, wäre Ihre Wahl zum
Kanzler zustande gekommen, das Stimmrecht der Berliner Abgeordneten im Bundestag auf die Mitwirkung an Gesetzen auszudehnen
und so eine halbwegs arbeitsfähige Mehrheit für eine SPD-FDP-
Regierung zustande zu bringen?

BRANDT: Leider hat Bundestagspräsident Gerstenmaier diese
Angelegenheit nicht weiter vorangebracht. Aber selbst wenn das Berliner Stimmrecht ausgeweitet worden wäre, hätten SPD und FDP in
allen Ausschüssen des Bundestages immer nur eine Stimme mehr als
die CDU/CSU gehabt.

SPIEGEL: Eine Stimme Mehrheit hat immerhin schon einmal
für die Wahl des ersten Bundeskanzlers Adenauer 1949 genügt. Haben
Sie befürchtet, daß beim konstruktiven Mißtrauensvotum nicht alle
FDP-Leute hinter Ihnen stehen würden?

BRANDT: Das hätte man nur durch den Versuch nachweisen
können. Ich brauchte mindestes 249 Stimmen, FDP und SPD haben
ohne Berliner zusammen 251. Wäre für das konstruktive Mißtrauensvotum der Tag angesetzt worden, an dem nun Kiesinger Kanzler
geworden ist, so wäre zum Beispiel mein Freund Erler leider nicht

dabeigewesen, weil er wegen Krankheit noch nicht wieder dasein kann. Es wäre Wenzel Jaksch nicht dagewesen, weil er verstorben und ein Nachfolger noch nicht nachgerückt ist. Und dann hätte womöglich alles an einem einzigen anderen Krankheitsfall gehangen.

SPIEGEL: Das Ergebnis ist, daß die SPD ihre Chance, in Deutschland politisch zu führen, nicht zu realisieren vermochte, sondern nun in einer großen Koalition mit der CDU/CSU mehr oder minder mitgeführt wird.

BRANDT: Nein, nein. Das ist ein Mende-Wort – und bei allem Respekt vor Erich Mende, dem ich menschlich in diesen Wochen sehr viel nähergekommen bin –, dieses Wort ist falsch: Die SPD ist nicht die FDP. Da schließt Mende von seinen Erfahrungen auf andere. Man kann einen Partner wie die SPD nicht einfach mitnehmen wollen. Das wird sich bald zeigen; die Große Koalition ist eine auf Zeit angelegte Kooperation, um einige große Aufgaben anzupacken.

SPIEGEL: Aber schon bei den Koalitionsverhandlungen zwischen CDU/CSU und SPD ist der Eindruck entstanden, daß sich eben auch die Sozialdemokraten in wichtigen Fragen überfahren lassen.

BRANDT: In welchen zum Beispiel?

SPIEGEL: Es gab keine öffentliche Bestandsaufnahme der deutschen Politik, keinen Offenbarungseid der CDU, wie die SPD als Voraussetzung ihres Regierungseintritts gefordert hat.

BRANDT: Das waren jetzt so turbulente Zeiten, wir sind kaum zum Schlafen gekommen. Seit einer Woche immer nur ein paar Stunden in der Nacht. Diese öffentliche Bestandsaufnahme, von der Sie sprechen, wird nachgeholt.

SPIEGEL: Es gab auch nicht die immer verlangte Entschuldigung von Franz-Josef Strauß vor dem Deutschen Bundestag für sein Verhalten während der SPIEGEL-Krise.

BRANDT: Wir haben bei unseren Gesprächen den Eindruck gewonnen, daß Strauß die Vorgänge des Jahres 1962 heute anders sieht, als er sie damals gesehen hat. Und ich finde, man sollte doch einmal darüber nachdenken, warum zum Beispiel Bismarck vor 100 Jahren, nach seinem Sieg über die Österreicher bei Königgrätz, nicht nach Wien marschiert ist.

SPIEGEL: Die SPD hat also mit Strauß einen Nikolsburger Frieden geschlossen?

BRANDT: Die SPD hat nicht den Vorsitzenden der bayrischen CSU gewählt, jede Partei wird in einem Regierungsbündnis durch die Leute vertreten, die sie selbst bestimmt.

SPIEGEL: Noch in einer dritten Frage ist vom Umfall der SPD die Rede: Mit der FDP zusammen waren Sie gegen Steuererhöhungen für 1967, mit der CDU/CSU zusammen treten Sie jetzt für sofortige Steuererhöhungen ein.

BRANDT: Naja, naja...

SPIEGEL: Ist die Bonner Finanzkatastrophe größer als Sie erwartet haben?

BRANDT: Erstens sind die Zahlen, die uns die Regierung bei den Verhandlungen vorgelegt hat, ein bißchen schlimmer als wir dachten. Vor allem aber kann man nicht sagen – ganz ohne Kritik an den Kollegen von der FDP –, daß die FDP-Vorschläge auf einen völligen Verzicht auf Steuererhöhungen hinausgelaufen wären. Denn wenn ich Steuervorzüge wegstreiche, wirkt es sich auf die Betroffenen so aus, als ob es eine Steuererhöhung gegeben hätte. Hier hat man sich jetzt zwischen CDU und SPD auf einer mittleren Linie gefunden.

SPIEGEL: Bei der Verteilung der Ressorts im neuen Kabinett haben Sie jedenfalls keine mittlere Linie gefunden. Ursprünglich hatte die SPD doch paritätische Besetzung verlangt?

BRANDT: Gut, gut. Daran hätte man es natürlich scheitern lassen können. Ich hätte gerne ein Kabinett gesehen, das einige Ministerien weniger gehabt hätte. Aber ich kann nichts für die Sorgen des Partners.

SPIEGEL: Die alten CDU-Erbhöfe waren nicht so leicht aufzulösen?

BRANDT: Sehen Sie, diese Partei war nun 17 Jahre an der Macht, manchmal allein, manchmal mit kleineren Partnern. Sie hat ihre regionalen und konfessionellen Gegebenheiten. Das ist sicher sehr schwer gewesen für die, die das unter einen Hut bringen sollten.

SPIEGEL: Also scheiterte die Kabinettsverkleinerung an der CDU?

BRANDT: Die CDU konnte, was die Zahl der Ministerien angeht, nicht weiter runtergehen, ist mir erklärt worden.

SPIEGEL: Sie aber konnten am Ende nicht auf 50 zu 50 heraufkommen, wie Sie anfangs gefordert hatten.

BRANDT: Na gut, ein Bundeskanzler und dann neun plus neun Minister wäre gleichgewichtiger gewesen. Aber nun sage ich bei allem Respekt vor Herrn Dollinger: Neun plus Post bei der CDU gegen neun SPD-Minister ist kein so großer Unterschied zu pari.

SPIEGEL: Wie steht es mit der Qualität der Ministerien? Die bewaffnete Macht, Bundeswehr und Bundesgrenzschutz, die Nachrichtendienste bleiben in den Händen der CDU.

BRANDT: Die Nachrichtendienste bleiben beim Bundeskanzleramt...

SPIEGEL: ... das von einem CDU-Bundeskanzler geführt wird.

BRANDT: Das ist nicht entscheidend. Entscheidend ist in Deutschland, wo Geld verdient wird und ob wir in den nächsten Jahren die Voraussetzungen dafür schaffen können, daß mehr Geld verdient wird, daß also Stabilität und Wachstum der Wirtschaft richtig gekoppelt werden. Und für dieses Ressort zeichnet unser Freund Schiller verantwortlich. Und dann gibt es zwei Ressorts – Auswärtiges, gesamtdeutsche Fragen –, die sind besonders schwierig geworden. Dafür haben sich Sozialdemokraten zur Verfügung gestellt. Denn wir machen gern den Versuch, hier wieder Boden unter die Füße zu bekommen.

SPIEGEL: Nach allem, was bisher über die Koalitionsverhandlungen zu hören war, sind die Gegensätze zwischen Christ- und Sozialdemokraten in der Deutschland- und Außenpolitik doch nur durch sehr vage Kompromiß-Formeln dünn überkleistert worden.

BRANDT: Woher wollen Sie denn das wissen?

SPIEGEL: Politiker der CDU/CSU behaupten jedenfalls, die SPD sei auf die alte christdemokratische Linie eingeschwenkt.

BRANDT: Das können aber keine Teilnehmer der Koalitionsverhandlungen gewesen sein. Ich habe auch nach diesen Besprechungen von den SPD-Programmpunkten zur Deutschland- und Außenpolitik nichts abzustreichen.

SPIEGEL: Ist das nicht ein böses Omen, liegt nicht hier schon der Keim für künftige Koalitionskrisen, wenn die Vereinbarungen so unterschiedlich interpretiert werden? In der Fraktion Ihres Partners scheint keine Klarheit darüber zu bestehen, was wirklich beschlossen worden ist.

BRANDT: Ich bin nicht dafür verantwortlich, in welchem Maße die Gremien und Fraktionen auf der anderen Seite einbezogen worden sind, ich zweifle nicht daran, daß wir uns im Kabinett zusammenfinden.

SPIEGEL: Können Sie uns, Herr Minister...

BRANDT: Komische neue Anrede.

SPIEGEL: ... hier konkret sagen, ob es künftig eine neue Bonner Außen- und Deutschlandpolitik geben wird oder nur die Fortsetzung dessen, was Adenauer einmal begann?

BRANDT: Da muß ich wirklich um Verständnis bitten, wenn ich Ihnen sage, ohne mich drücken zu wollen: Ich kann doch nicht wenige Stunden, nachdem ich in Bonn das Ressort des Auswärtigen übernommen habe, eine Programmerklärung abgeben. Ich kann es deswegen nicht, weil ich mich darum kümmern muß, mitkümmern muß, was in der Regierungserklärung darüber stehen wird.

SPIEGEL: Auf diese Regierungserklärung sind wir sehr gespannt. Wir befürchten, daß man sich in jeder Großen Koalition immer auf einen Kompromiß zwischen sehr weit auseinanderklaffenden Interessen-Differenzen einigen muß.

BRANDT: Das Wesen der Demokratie ist der Kompromiß. Wenn er zusammen mit der SPD ausgehandelt werden muß, ergibt es einen besseren Kompromiß als den, der allein aus den Gegensätzen innerhalb der CDU/CSU herauskommt.

SPIEGEL: Anders gesagt: Was schon in einer großen Partei wie der CDU allein schwierig genug ist, wird nun noch viel komplizierter und unhandlicher. Jedenfalls glauben wir nicht, daß eine Große Koalitionsregierung unbedingt die stärkste aller denkbaren Regierungen sein muß. Im Gegenteil, sie kann sich als besonders immobil erweisen.

BRANDT: In einem Kabinett sitzen nicht diejenigen einander gegenüber, die von Partei zu Partei mit gebundenen Marschrouten kommen, sondern da sitzen Männer und eine Frau zusammen, die nach dem Grundgesetz den Auftrag haben, sich um vernünftige Lösungen zu bemühen und dafür Mehrheiten zu finden. So 'rum ist es, nicht anders 'rum.

SPIEGEL: Nur werden diese Mehrheiten noch mehr als früher schon im Schoße des Kabinetts ausgehandelt, und das Parlament gerät in eine noch schwächere Position.

BRANDT: Wir haben nicht im Traum dran gedacht, daß dies eine Regierung des Vertauschens oder des Verschleierns sein soll, sondern eine Regierung der offenen Darlegung. Wir werden einen Bundestag haben, der nicht weniger lebendig ist als bisher, und zwar nicht nur wegen der Freien Demokraten, die dort jetzt die Rolle der Opposition übernommen haben, sondern auch wegen der kritischen Beiträge aus den anderen beiden Fraktionen. Das kann ich jedenfalls für die Sozialdemokraten sagen.

SPIEGEL: Was wird denn die SPD-Fraktion tun, damit das Parlament bei einer so großen Koalitionsmehrheit nicht zur reinen Vollzugsmaschine der Regierung wird und seine Debatten in tödlicher Langeweile untergehen?

BRANDT: Sie können sich darauf verlassen, daß die sozialdemokratische Fraktion es als eine besonders ernste Pflicht ansehen wird, die Regierung zu kontrollieren, auch wenn da Freunde drin sitzen, ihre Tätigkeit unter die Lupe zu nehmen, die wichtigen Fragen transparent zu machen, sie darzustellen durch Rede und Gegenrede im Plenum des Bundestages.

SPIEGEL: Ist die SPD bereit, Änderungen der Geschäftsordnung des Bundestages zu befürworten, die der kleinen FDP-Opposition das Recht geben würden, ihre Kontrollfunktion voll auszuüben und zum Beispiel auch schon mit 50 Abgeordneten (statt bisher einem Viertel der Abgeordnetenzahl) einen Untersuchungsausschuß zu beantragen?

BRANDT: Da bin ich überfragt. Das müssen meine Kollegen im Bundestag beantworten. Aber ich würde meinen, es ist eben ein Rückfall in altes Denken, wenn man glaubt, nur die Opposition im Bundestag habe die Pflicht zur Kontrolle. Das ist eine Pflicht des Parlaments in seiner Gesamtheit, und ich hoffe, daß die sozialdemokratische Fraktion das genau so sieht.

SPIEGEL: Es gibt nicht nur parlamentarische Bedenken gegen eine Große Koalition. Glauben Sie nicht, daß dieses Bündnis der großen Parteien wie zu Weimarer Zeiten den radikalen Kräften im Lande Zulauf verschafft? Wird nicht als erste die NPD von der Großen Koalition in Bonn profitieren?

BRANDT: Ich sage Ihnen ganz ehrlich, dies war für mich eine der ernstesten Fragen, als ich das Thema Große Koalition in den Vorständen und in der Bundestagsfraktion meiner Partei beraten habe. Ich neigte auch immer zu der Meinung, daß eine große Partei in der Opposition die größere Gewähr bieten könnte, extremistische Entwicklungen aufzufangen. Ich bin zu dem Ergebnis gekommen: Vor allem anderen kommt es jetzt darauf an, daß in Deutschland wieder regiert wird und daß möglichst vernünftig regiert wird.

SPIEGEL: Andere meinen, der Einzug der NPD in den Bundestag könne einfach durch Einrichtung eines Mehrheits-Wahlrechtes verhindert werden. Will die SPD wirklich schon für die Bundestagswahl 1969 ein solches Wahlrecht anstreben, das die FDP aus dem Bundestag vertreiben, den Einzug der NPD aber nicht unbedingt verhindern würde? Oder soll diese Elementarfrage der deutschen Demokratie erst noch den Wählern zur Entscheidung vorgelegt werden?

BRANDT: Es ist vorgesehen, daß wir in der Regierung über ein Mehrheitswahlrecht für die erste Bundestagswahl nach 1969 sprechen. Und ich habe vor meiner Fraktion und vor den Körperschaften meiner Partei klargemacht, daß kein solches Vorhaben, das den Zwang zur Koalitionsbildung beseitigen soll, die Fraktionen binden kann. Was die SPD angeht, wird außerdem sogar noch ein Parteitag darüber zu beschließen haben.

SPIEGEL: Wir wissen, daß die SPD immer Musterbeispiele für innerparteiliche Demokratie geliefert hat. Deshalb fragen wir zu den Vorgängen der letzten Wochen: Erlaubt es diese Tradition der SPD, daß Spitzengremien und Fraktion erst dann ihren Willen bei der Koalitionsbildung kundtun konnten, nachdem sich die mit der Parteiführung identische Verhandlungskommission beim künftigen Partner bereits festgelegt hatte?

BRANDT: So kann man das nicht sagen. Tatsächlich war die Verhandlungskommission insgesamt der Meinung, daß man diesen Weg, der jetzt beschritten worden ist, ernsthaft in Erwägung ziehen sollte. Dies war genau die Formulierung, die ich den Vorständen und später der Fraktion vorgetragen habe: ernsthaft in Erwägung ziehen. Dann ist diskutiert worden, stundenlang. Und am Ende haben wir abgestimmt. Wie Sie wissen, setzte sich die Empfehlung der Verhandlungskommission durch.

SPIEGEL: Aber in der Partei, selbst draußen im Lande bis hinauf in Bezirks- und Landesvorstände, brach ein Proteststurm los.

BRANDT: Ich habe wirklich nicht nur mit großem Interesse, sondern mit großem Respekt entgegengenommen, was an Kritik gekommen ist und was an Sorge gekommen ist. Vieles davon ging noch von falschen Voraussetzungen aus. Da werden einfach die Berichte, die nun nach und nach gegeben werden, einiges zurechtrücken. Auch die Kritik aus den geistigen Schichten hat mich nicht dazu geführt, nun etwa verärgert zu reagieren ...

SPIEGEL: Der Brief von Günter Grass?

BRANDT: Nicht nur dies ... sondern hat mich dazu veranlaßt zu sagen: Nun müssen wir besonders gut aufpassen, denn wir wissen doch selber, daß ein so ungewohnter Vorgang für uns im Nachkriegs-Deutschland nicht problemfrei ist. Aber in den letzten Tagen sind nun auch schon zustimmende Telegramme und Briefe bei mir angekommen.

SPIEGEL: Stimmt Ihr Sohn Ihnen jetzt auch schon zu?

BRANDT: Nein, er sicher nicht. Sie meinen meinen Ältesten. Nein, warum soll er auch? Er hat ganz recht, eine eigene Meinung zu haben. Er hat mir geschrieben, daß er das alles für falsch hält, was ich hier getan habe. Und ich habe ihm zurückgeschrieben, daß ich meine, er sehe die Dinge falsch, und ich hoffe, daß er fürs Wochenende herkommt und wir mal in Ruhe über alles sprechen können.

SPIEGEL: Sie haben doch sicherlich Verständnis für Ihren Sohn, weil Sie selbst in jungen Jahren aus Protest gegen die – in Ihren Augen kompromißlerische – Haltung der damaligen SPD-Führung die Partei verlassen und sich einer Splittergruppe angeschlossen haben?

BRANDT: Ja, ja. Nur wenn ich das meinem Jungen sagte, dann würde ich ihn damit kränken. Man darf diesen kritischen jungen Leuten gegenüber nicht den Eindruck erwecken, so von oben herab: Das wächst sich weg. Manchmal tut es das. Aber es könnte auch sein, daß es eine fundierte Überzeugung bleibt.

SPIEGEL: Wenn es dies bei vielen bleiben sollte, müßte die SPD mit der Möglichkeit neuer Abspaltungen rechnen, einer Art USPD früheren Stils?

BRANDT: Ich weiß, daß es Leute gibt, die das sehr wünschen würden. Aber wer die demokratische Linke in Deutschland schwächen will, der soll das tun.

SPIEGEL: Ihre Gegner in der SPD werfen Ihnen umgekehrt vor, daß die SPD-Führung mit ihrer Politik die CDU stärke. Sie sagen, dieser Partei, die vor dem Zerfall stand, werde von der SPD im Bonner Regierungsbündnis nun eine lebensrettende Blutspende zugeführt.

BRANDT: Wahrscheinlich wäre der Union eine Zeit in der Opposition zu ihrer Regenerierung gut bekommen. Das will ich nicht bestreiten. Aber das ist eine Möglichkeit, die sich nun einmal nicht anbot. Auf keinen Fall kann ich daran interessiert sein, daß die CDU zerfällt.

SPIEGEL: Sie wollen Ihren stärksten parteipolitischen Gegner retten?

BRANDT: Ich bin nicht an einem Vielparteien-System interessiert. Und obgleich ich gewiß nicht in Dankesschuld gegenüber der CDU stehe, so ist dies doch die Partei, in der Männer des Widerstandes wie Jakob Kaiser, Theodor Steltzer und Eugen Gerstenmaier gewirkt haben oder wirken; und in der über jeden Tadel erhabene Demokraten wie Heinrich von Brentano, Paul Lücke, Ernst Benda zu finden sind.

SPIEGEL: Sie wollen also im Verein mit dieser CDU den Staat retten, selbst wenn Sie selber dabei Wähler verlieren?

BRANDT: Für die SPD geht es jetzt darum, daß sie zeigt, was sie selbst kann.

SPIEGEL: Herr Vizekanzler, wir danken Ihnen für dieses Gespräch.

Zum SPIEGEL-Gespräch in Nr. 26/1967 (19. Juni)
mit den Redakteuren
Hans-Roderich Schneider und Hermann Schreiber

In seinen 1989 erschienenen »Erinnerungen« schrieb Willy Brandt über die Große Koalition: »Jene Große Koalition war besser als ihr Ruf; meine ursprünglichen Vorbehalte hatte ich im Augenblick ihrer Bildung abgelegt. Sie ist mit einer – damals überschätzten – Rezession fertig geworden, hat innenpolitisch mehr recht als schlecht funktioniert und außenpolitisch Realismus und Einfallsreichtum den Weg bereitet.«
Brandt war nicht sonderlich begeistert in das Abenteuer gegangen. Die Wahlniederlage von 1965 hatte tiefe Wunden geschlagen. Eines Morgens im folgenden Herbst hatte er die Fähigkeit zu atmen verloren; dieses Roemheldsche Syndrom hatte ihn »den Abschied von dieser Welt« erfahren lassen. Widerwärtig war ihm der Gedanke, er, aber auch seine Parteifreunde, könnten noch einmal wegen seiner antifaschistischen Vergangenheit durch den Dreck gezogen werden. Als Brandt dann 1966 – wiederum hatte ihn seine Partei zum Vorsitzenden gewählt – doch mitmachte, wollte er lediglich als Forschungsminister einsteigen. Wehner aber beförderte ihn ins Auswärtige Amt. Ein neuer Lebensabschnitt begann.
Sozialdemokratische Akzente in der Regierungsarbeit zu setzen, war schwieriger, als den Unmut kritischer Linker über die Anpassung der SPD an die Konservativen zu erregen. Dennoch veränderte er im Verein mit dem Gesamtdeutschen Minister Herbert Wehner in Kiesingers Regierungserklärung einen wichtigen Akzent bisheriger Politik: Nicht die Wiedervereinigung, sondern die Entspannung wurde als oberstes Ziel westdeutscher Außenpolitik betont. Allen Rückschlägen zum Trotz datiert aus dieser Zeit der Anfang der späteren Ost- und Entspannungspolitik.

»Man hat nicht Kraft für alles«

Der Vizekanzler über die Schwierigkeiten der
Großen Koalition

SPIEGEL: Herr Brandt, der Genosse Trend, der Ihrer Partei
noch im vergangenen Jahr Stimmengewinne gebracht hat, ist aus der
SPD ausgetreten. Er ist jetzt Mitglied der CDU. Haben Sie sich die
Große Koalition so vorgestellt?

BRANDT: Wenn man von einem Trend spricht, dann muß man
ganz nüchtern sehen, daß meine Partei schon vor Bildung der Großen
Koalition, bei den Landtagswahlen in Hessen und in Bayern vorigen
Herbst, nicht mehr die gleiche Zuwachsrate zu verzeichnen hatte wie
früher, vor allem bei unserem Wahlsieg in Nordrhein-Westfalen im
Sommer 1966. Das ist also eine übervereinfachte Darstellung, daß
man es hier mit einem Phänomen zu tun habe, das mit der Großen
Koalition zusammenhängt. Eine Große Koalition bildet man – jedenfalls aus meiner Sicht – nicht deshalb, weil man sich davon einen
unmittelbaren parteitaktischen Vorteil verspricht, sondern weil eine
Partei ihre staatspolitischen Vorstellungen durchsetzen will.

SPIEGEL: Trotzdem ist im Parteivolk beträchtliche Unzufrie-
denheit spürbar. Sechs Bezirksverbände fordern einen außerordentli-
chen Parteitag. Das hat es in den 17 Jahren, in denen die SPD Bonner
Opposition war, nicht gegeben. Das geschieht ausgerechnet ein halbes
Jahr, nachdem Ihre Partei in die Bundesregierung eingetreten ist.
Warum will die SPD-Führung eigentlich keinen Sonderparteitag?

BRANDT: Ich habe mich im Frühjahr selbst gefragt, ob nicht
der Vorstand einen außerordentlichen Parteitag einberufen sollte.
Aber man muß sich auch fragen: Was soll der Inhalt sein, wenn man
nicht bloß in Betriebsamkeit machen will? Es braucht eine bestimmte
Zeit, neue Erfahrungen zu verarbeiten. Außerdem sind es nur ganz
vereinzelte Stimmen, die nach einem Parteitag mit dem Thema Große
Koalition rufen. Den anderen geht es ja um Notstand und Wahlrecht.

SPIEGEL: Dem Vorsitzenden Ihres größten Bezirksverbandes
Westliches Westfalen, Werner Figgen, geht es aber um die Große

Koalition. Er stellt zum Beispiel die Frage, warum der Parteivorstand nicht sofort repliziert habe, als Franz Josef Strauß auf dem CDU-Parteitag in Braunschweig sagte, die SPD sei nur deshalb regierungsfähig geworden, weil sie sich der Politik der CDU endgültig angepaßt habe.

BRANDT: Dazu ist zunächst festzustellen, daß diejenigen, die sich mit uns journalistisch befassen, einer solchen Äußerung von Strauß mehr Raum gewähren als dem, was darauf geantwortet wurde.

SPIEGEL: Was wurde geantwortet?

BRANDT: Daß Herr Strauß viel zu intelligent ist, als daß er geglaubt haben könnte, was er dort gesagt hat, und daß der bajuwarische Parteiführer mit dem Bundesfinanzminister durchgegangen ist. Denn der Bundesfinanzminister Strauß war ja dabei, als im November vorigen Jahres klargelegt wurde, daß es mit dem Staatshaushalt und den Staatsgeschäften nicht so weitergehen konnte wie unter Ludwig Erhard. Wenn das so gewesen wäre, wie Strauß es in Braunschweig gesagt hat, dann wäre keine neue Regierung gebildet worden.

SPIEGEL: Was immer erwidert worden ist, Herr Brandt, es hat offensichtlich nicht hingereicht, die Profilneurose zu heilen, an der jetzt auch Ihre Partei erkrankt zu sein scheint. Soll sich die SPD in der Großen Koalition denn nun profilieren oder nicht? Offenbar herrscht darüber auch in der Parteispitze keine Einigkeit.

BRANDT: Das Programm der neuen Bundesregierung ist im Dezember durch die Vorstellung der SPD wesentlich mitgeprägt worden. Die Schwerpunkte dessen, womit die SPD hineingegangen ist, sind Wirtschaftspolitik, Außenpolitik, gesamtdeutsche Politik. Gerade auf diesen Gebieten sind die Sozialdemokraten an den Entscheidungen der Bundesregierung maßgeblich beteiligt. Und wenn sie im Rahmen dieser Regierung Erfolg haben werden, dann werden sie ihren Anteil auch deutlich zu machen verstehen. Das ist die eigentliche Auseinandersetzung. Und nicht das Herumgetue am vermeintlichen Profil der SPD.

SPIEGEL: Aber wie wollen Sie Ihren Anteil am Programm der Regierung Kiesinger denn deutlich machen? Denken Sie nur einmal an die Regierungserklärung. Der Kanzler erwähnt sie nie ohne das besitzanzeigende Fürwort. Er sagt immer: meine Regierungserklärung.

BRANDT: Sicherlich, wenn man es mit einer so neuen Schlachtordnung zu tun hat, dann dauert es einige Zeit, bis man sich an sie gewöhnt hat. Trotzdem: Erst muß man etwas geleistet haben, bevor man sinnvoll darüber streiten kann, wer daran den entscheidenden Anteil gehabt hat. Die Menschen draußen im Lande interessieren sich heute in erster Linie dafür, ob die Angst um den Arbeitsplatz aufhört und ob wir außenpolitisch wieder etwas Boden unter die Füße bekommen. Das interessiert sie im Augenblick mehr als der Streit um Parteianteile. Wenn die Regierung erst mal mehr vorzuweisen haben wird, dann werden die Leute auch Interesse dafür zeigen, welche Partei was dazu beigetragen hat.

SPIEGEL: Nehmen wir doch das Beispiel Ihres eigenen Ressorts, Herr Außenminister. Sie haben es mit einem außenpolitisch sehr interessierten und auch versierten Kanzler zu tun, der bei de Gaulle oder bei Johnson und sogar auf dem EWG-Gipfel in Rom am Schluß immer als der handelnde und entscheidende Mann in Erscheinung getreten ist.

BRANDT: Also, von Schluß kann ja nun weiß Gott noch nicht die Rede sein. Wir sind mitten drin, wir sind im Grunde erst am Anfang. Was das Erscheinungsbild des Bundeskanzlers angeht, so glaube ich, bin ich nicht der richtige Gesprächspartner, das zu kommentieren. An sich ist es ja gut, wenn der Vorsitzende einer Regierung sich so darstellt, daß die Bevölkerung versteht, was gemeint ist. Im übrigen – ich will hier nicht unken, aber dem Bundeskanzler und CDU-Vorsitzenden steht ja noch allerhand bevor, was mit der Eigenart seiner durch Interessengegensätze geprägten Partei zusammenhängt. Ich beneide ihn nicht darum.

SPIEGEL: Anfangs hatte man den Eindruck, daß Sie sich bewußt neben diesem Kanzler und mit ihm zusammen in Szene gesetzt haben. Jetzt hören wir, daß Sie diesmal den Kanzler nicht einmal mehr nach Amerika begleiten wollen.

BRANDT: Es ist nicht eine Frage des Wollens oder des Nichtwollens. Der Kanzler und ich haben eine generelle Vereinbarung getroffen, daß wir nur dann zusammen reisen, wenn es unbedingt erforderlich ist, und wir waren zu dem Ergebnis gekommen, daß es nicht erforderlich sei, diese Reise zusammen zu machen.

SPIEGEL: Sie kennen doch sicher das Bonner Bonmot, das Unglück dieser Regierung sei, daß wir einen Außenminister haben, der auch gern Kanzler wäre, und einen Kanzler, der auch gern Außenminister wäre.

BRANDT: (schweigt amüsiert).

SPIEGEL: Was wir meinen, ist dies: Wer das Grundgesetz richtig gelesen hat, weiß doch, daß eine große Partei – das war für die SPD die Frage im November 1966 – selber den Kanzler stellen muß,

wenn sie ihre Politik durchsetzen und dem Volk auf dem Fernseh-
schirm verkaufen will.

BRANDT: Die Frage, wie die SPD Ende vorigen Jahres hätte
operieren sollen, die wird noch lange diskutiert werden. Die Partei hat
so entschieden, weil sie zu dem Ergebnis gekommen ist, daß es anders
keine tragfähige Mehrheit gegeben hätte. Sie kann nun mal nicht bei
Koalitionsverhandlungen nachträglich eine Bundestagswahl gewinnen wollen. Die SPD sitzt nur – nur in Anführungsstrichen – mit
40 Prozent der Mandate in diesem Bundestag. Und diejenigen, die es
mit ihrer Kritik mehr oder weniger gut meinen mit der SPD, sind
unzufrieden mit dem neuen Erscheinungsbild, nicht wahr? Hatten sie
sich nicht nur an das Vertraute gewöhnt, nämlich an die SPD in
Opposition?

SPIEGEL: Aber nein, Herr Brandt, diese Leute wollten die SPD
in der Regierung sehen und die CDU in der Opposition.

BRANDT: Ja? Bloß das schaffen sie weder mit dem SPIEGEL
noch sonst mit Zeitungen, das schaffen nur die Wähler in einer
Bundestagswahl – oder sie schaffen es nicht.

SPIEGEL: Aber hieß die Frage unter diesen Umständen nicht:
Sollte die SPD überhaupt in die Regierung? Oder mußte nicht die CDU
allein die Suppe auslöffeln, die sie dem Lande eingebrockt hatte?

BRANDT: Das hätte ich mal sehen mögen, wie die Leute dann
über uns hergefallen wären! Solche Suppen, zu deren Ingredienzen die
Angst um den Arbeitsplatz, zerrüttete Staatsfinanzen und die Gefahr
außenpolitischer Isolierung gehören, werden nicht von wenigen aus-
gelöffelt, sondern sie werden dem Volk in seiner Gesamtheit vorge-
setzt. Das ist halt so, egal ob einem das auf kurze Sicht mehr Stimmen
bringt oder nicht: Die SPD ist dazu da – so versteht sie sich –, Schaden
abwenden zu helfen von den Menschen.

SPIEGEL: Also das Staatswohl war das Hauptmotiv? Ihr Parteifreund Wehner hat damals gemeint, die SPD wäre zerbrochen, hätte
sie noch länger in der Opposition bleiben müssen.

BRANDT: Das habe ich nicht gehört.

SPIEGEL: Sie würden es jedenfalls nicht so gesagt haben?

BRANDT: Also, ob das nun als Vorteil oder als Nachteil gewertet wird: Die SPD hält eine Menge aus.

SPIEGEL: Erheischt das Staatswohl nicht vielmehr die Wachablösung, damit man sich in diesem Land endlich daran gewöhnt, daß
nicht immer nur die CDU die Regierung führt?

BRANDT: Das ist sicher richtig. In gewisser Hinsicht hatten wir im Dezember eine Wachablösung. Aber es hilft nichts, wenn die Wahlen 1965 nicht eindeutig ausgegangen sind.

SPIEGEL: Muß man daraus entnehmen, daß die SPD sich nun damit abfindet, der ewige Zweite zu sein?

BRANDT: Nein. Die Frage ist doch, wie die SPD möglichst viel anfangen kann mit dem politischen Gewicht, mit dem die Wähler sie 1965 ausgestattet haben – bis diese Wähler sich 1969 neu entscheiden können.

SPIEGEL: Wie sollen die Wähler dann wohl imstande sein, sich zu entscheiden, wenn selbst in der SPD-Spitze der eine – Helmut Schmidt – Wahlkämpfe für eine Auseinandersetzung mit der CDU hält, während der andere – Herbert Wehner – darin nur eine lästige Gefährdung des schwarz-roten Koalitionsfriedens erblickt?

BRANDT: Wenn Sie anspielen auf leichte Nuancen in der Ausdrucksweise – das sind mehr Temperamentsfragen als Fragen der politischen Grundhaltung. Wir sind halt nicht alle gleich.

SPIEGEL: Wir spielen an auf eine Äußerung, die Wehner wörtlich so getan hat:»Die SPD muß über den Schatten ihrer Unzufriedenheit mit der Rolle des oft ungerecht behandelten Zweiten springen.« Das kann doch eigentlich nur heißen: Die SPD muß sich also mit dieser Rolle abfinden.

BRANDT: Das kann man auch genau andersherum sehen. Aber über die Interpretation, die mein Freund Wehner dem Vorgang gibt, über die muß man am besten mit ihm selbst reden. Ich spreche auf meine Weise ja schon die ganze Zeit in dieser Unterhaltung davon: daß man eben nicht durch irgendwelche Tricks aus 40 Prozent der Mandate 51 Prozent machen kann.

SPIEGEL: Aber mit dem Trick der Großen Koalition kann man auch keine 51 Prozent daraus machen. Die Aussichten der SPD für 1969 sind doch wirklich nicht ermutigend. Es gibt zwei Möglichkeiten: Entweder die Große Koalition ist ein Erfolg, dann profitiert mit Sicherheit die CDU davon, weil sie den populären Kanzler Kiesinger hat. Oder die Große Koalition ist ein Mißerfolg, dann werden in Deutschland traditionell die Sozialdemokraten dafür verantwortlich gemacht.

BRANDT: Erst einmal: Die Große Koalition ist kein Trick. Und zum anderen sage ich bei Gesprächen und Diskussionen meinen Freunden draußen: Ich habe den größten Respekt vor kritischen Einwänden. Nur vor einem habe ich keinen Respekt: Das ist die Angst vor der eigenen Courage.

SPIEGEL: Nur leider lehrt die deutsche Geschichte, daß solche Courage der SPD nie honoriert worden ist: 1914 – die Sozialdemokraten stimmen für die Kriegskredite und werden doch als »vaterlandslose Gesellen« behandelt. 1918 – die Sozialdemokraten retten die Reichseinheit und bleiben doch die »Novemberverbrecher«. 1932 – die Sozialdemokraten verhindern den Bürgerkrieg und werden doch von Hitler ins KZ gesteckt. Wenn man dies sieht, so fragt man sich, was wird 1969 der Lohn für die staatserhaltende Regierungsbeteiligung von 1966 sein?

BRANDT: Es ist sicher so, daß ein Teil meiner Freunde sich mit einer gewissen Bitterkeit fragt: Wird es honoriert, wenn man in schwierigen Situationen staatspolitisches Denken höher stellt als Parteitaktik? Trotzdem sage ich: Für die SPD gibt es überhaupt keinen Grund zum Selbstmitleid. Sie ist eine Partei mit mehr Mitgliedern und Mandatsträgern als andere. Und unser politischer Einfluß ist nicht schwächer, sondern stärker geworden. Das wäre übrigens auch tödlich für die Große Koalition: Hochmut der CDU und Kleinmut der SPD.

SPIEGEL: Muß das nicht auch gelten für den Fall, daß die CDU/CSU 1969 die absolute Mehrheit zurückgewinnen sollte? Müßte die SPD, wenn es das Staatswohl immer noch erheischen sollte, nicht auch dann in der Regierung bleiben?

BRANDT: Ich halte es für viel zu früh, jetzt das Jahr 1969 zu diskutieren.

SPIEGEL: Eines ist aber heute schon sicher. Es wird 1969 ein neuer Bundespräsident gewählt werden. Gibt es Absprachen zwischen den jetzigen Koalitionspartnern, das Amt des Bundespräsidenten der SPD zu überlassen?

BRANDT: Nein. Ich möchte das nicht als eine Frage des Koalitionsverhältnisses ausgehandelt wissen. Aber ich hielte es für staatspolitisch richtig, wenn nach einem Freidemokraten und einem Christdemokraten ein Sozialdemokrat der nächste Bundespräsident würde.

SPIEGEL: Wer käme als SPD-Kandidat in Frage?

BRANDT: Darüber möchte ich jetzt noch nichts sagen.

SPIEGEL: Es gibt führende Leute in Ihrer Partei, die meinen, Sie selber sollten das höchste Amt im Staate erstreben. Wären Sie dazu bereit?

BRANDT: Nein.

SPIEGEL: Aber Sie sind immer noch der Meinung, Herr Minister, daß Ihre Partei im November 1966 richtig gehandelt hat, als sie sich entschloß, der CDU das Leben zu retten? Wir wissen, daß Sie damals im entscheidenden Augenblick gesagt haben: »Dann macht eben die Große Koalition – aber ohne mich.«

BRANDT: Wissen Sie das so genau?

SPIEGEL: Ja. Von Ihnen selbst.

BRANDT: Das ist dann allenfalls eine ganz persönliche Frage gewesen. Und das muß ja erlaubt sein, daß jemand, der eine Aufgabe hatte, die ja auch nicht gering war, sich fragt: Wie verhält sich eine neue Verantwortung in der Bundesregierung zur bisherigen Tätigkeit und zum Parteivorsitz der SPD? Aber nach einer Aussprache mit meinen Freunden habe ich mich entschieden, für die Mitarbeit in der neuen Regierung zur Verfügung zu stehen.

SPIEGEL: Wenn jetzt noch mal November 1966 wäre, würden Sie dann wieder sagen: Macht es ohne mich?

BRANDT: Nein. Im übrigen habe ich mir längst abgewöhnt, solche Fragen mir selbst zu stellen und auf sie zu antworten. Wenn ich mal dazu komme, meine Memoiren zu schreiben, dann werde ich vielleicht auf solche Fragen antworten.

SPIEGEL: Dürfen wir den Vorabdruck übernehmen?

BRANDT: Ich habe mir angewöhnt, Dinge hinter mir zu lassen. Man hat nicht für alles Kraft. Ich konzentriere meine Kraft auf das, was unmittelbar ansteht und was vor einem liegt, und nicht auch noch darauf, alle früheren Entscheidungen – richtige und falsche, kluge und weniger kluge – immer noch mal nachzuvollziehen.

SPIEGEL: Herr Vizekanzler, wir danken Ihnen für dieses Gespräch.

Zum SPIEGEL-Gespräch in Nr. 37/1968 (9. September)
mit Redakteur Hans-Roderich Schneider

Dem deutschen Außenminister Willy Brandt bot das Jahr 1968 die Chance, seine Entspannungsideen in die Tat umzusetzen. Die westliche Weltmacht USA stand mit über einer halben Million GIs in Vietnam und wollte mit Moskau in erträglichen Beziehungen leben. Der Nato-Ministerrat machte sich die Formel des belgischen Außenministers Harmel in dessen Bericht »Zukunft der Allianz« zu eigen und erklärte die Entspannungspolitik zum gleichberechtigten Ziel der Nato neben der Verteidigungspolitik. Im Juni 1968 sandte die Nato ihr berühmtes »Signal von Reykjavik« gen Osten: Der Westen sei bereit, über gegenseitige Verminderung der Streitkräfte zu verhandeln. Die Nuklearstaaten USA, England und Sowjetunion vereinbarten den im Unionslager der Bonner Koalition mit Argwohn verfolgten Atomwaffensperrvertrag. In Brandts Kalkül war er dagegen »eine Brücke auf dem Weg zu Rüstungskontrolle und Rüstungsbegrenzung«. Der Außenminister knüpfte erste erfolgversprechende Kontakte nach Moskau. Die Bonner Regierung hatte Abschied genommen von der Hallstein-Doktrin.
Der Rückschlag kam am 21. August 1968. Truppen der UdSSR, Polens, Ungarns, Bulgariens und der DDR besetzten die ČSSR. Das Experiment des »Prager Frühlings«, einen eigenen Weg zum Sozialismus unter demokratischen Voraussetzungen zu finden, wurde von den Panzern des Warschauer Paktes überrollt. In Bonn sahen sich die Gegner der Entspannungspolitik in ihren Vorbehalten gegenüber dem Kreml bestätigt. Zwei Wochen nach der sowjetischen Strafaktion gegen Prag sprach Brandt im Genfer Völkerbundspalast auf der Konferenz der Nichtkernwaffenstaaten. Seine Botschaft an Moskau: »Wir billigen niemandem ein Interventionsrecht zu.«

»Wir werden uns nicht selbst entmannen«

Der Außenminister zur Lage nach dem gewaltsamen Ende
des »Prager Frühlings«

SPIEGEL: Herr Vizekanzler, der sowjetische Einmarsch in die
Tschechoslowakei hat Ihre Hoffnung auf Entspannung in Europa fürs
erste zunichte gemacht. Beginnt nun wieder Kalter Krieg, oder wie
kann es weitergehen?

BRANDT: Bevor man weiß, wie es weitergeht, muß man wissen, wo man steht. Man darf sich nichts vormachen. Man darf nicht so
tun, als sei nichts passiert. Man darf wohl auch nicht einfach sagen:
weitermachen wie bisher. Man muß wissen, wie die Landschaft ist, in
der man sich bewegt.

SPIEGEL: In dieser verwandelten Landschaft spricht Radio
Moskau von einer »Kriegserklärung« des deutschen Bundeskanzlers
gegen die Sowjetunion.

BRANDT: Trotzdem möchte ich mal wissen, wie wir heute
dastünden, wenn wir nicht in den letzten anderthalb Jahren ein für uns
wesentlich verbessertes Klima in der westlichen und blockfreien –
auch in der kommunistischen – Welt geschaffen hätten. Wenn die
sowjetische Führung und Ost-Berlin jetzt dabei sind, von neuem
bösartige Propaganda gegen uns zu entfalten, dann werden sie gerade
wegen der neuen Politik, die wir in der Regierung der Großen Koalition getrieben haben, weniger Glauben finden als früher.

SPIEGEL: Der Entspannung nach Osten nutzt das wenig.

BRANDT: Wir müssen unterscheiden zwischen Ziel und
Methode. Das Ziel, unser Verhältnis zu Osteuropa zu normalisieren,
ist nicht dadurch falsch geworden, daß die Sowjetunion und andere in
der Tschechoslowakei einmarschiert sind. Überprüfen müssen wir
freilich die Wege, auf denen wir dieses Ziel erreichen können.

SPIEGEL: Was die Wege anbelangt: Bonn hat doch Dubček
zumindest politischen Flankenschutz gewährt bei seiner Auseinandersetzung mit Moskau.

BRANDT: Flankenschutz würde ich es nicht nennen, obwohl ich sehr wohl weiß, woran dabei im übertragenen Sinne des Wortes gedacht ist. Ich würde eher sagen, wir haben die Buhmann-Rolle reduziert, die man uns zugedacht hatte. Wir haben uns dargestellt als verhältnismäßig vernünftige Leute, die ihre eigenen Interessen wahrnehmen, aber auch die Interessen anderer verstehen und die eine gesamteuropäische Vorstellung haben. Damit haben wir es vielleicht denen drüben leichter gemacht, die ihren eigenen Weg gehen wollen und die davon abgehalten werden sollten durch die anderen im Ostblock, die immer noch damit agitieren, eigene Wege seien nicht möglich wegen der deutschen Revanchisten pipapo.

SPIEGEL: Also war die Rolle der deutschen Ostpolitik im Falle Tschechoslowakei vorwiegend passiv?

BRANDT: Nicht *nur* passiv, sondern aktiv in dem Sinne, in dem man eine eigene Politik erklärt und einlädt dazu – dies haben wir in der Tat getan –, das Verhältnis zu uns zu normalisieren, sich auf sachliche Zusammenarbeit einzustellen, die ökonomische und kulturelle Zusammenarbeit zu verstärken und sich bereitzuhalten zu einem Meinungsaustausch mit uns über die europäische Sicherheit und Friedensordnung.

SPIEGEL: Und passiv?

BRANDT: Passiv verhalten haben wir uns wirklich durch unsere Politik des Sich-Nichteinmischens, eine Politik, die – je verhängnisvoller die Lage für Dubčeks Leute wurde – bis hart an die Grenze des Zumutbaren gegangen ist; zumutbar aus politisch-moralischer Sicht. So haben wir uns verhalten, um nichts zu erschweren. Aber auch wenn man sich so zurückhält, kann man ja damit nicht verhindern, daß von der Darstellung der eigenen Politik aktive Wirkungen ausgehen können in den Vorstellungen anderer.

SPIEGEL: Je größer solche Bonner Wirkung in Osteuropa, das lehrt das Drama der letzten Monate, desto größer die repressiven Tendenzen, die aus Moskau kommen.

BRANDT: Nun wollen wir uns bloß nicht wieder einmal überschätzen. Mit unserem Verhalten hat die Intervention Moskaus gegen die ČSSR letzten Endes wirklich nichts zu tun ...

SPIEGEL: Obwohl die Russen gerade das jetzt behaupten?

BRANDT: ... obwohl sie das sagen. Der entscheidende Punkt für die sowjetische Führung war allein das Ausmaß von Dubčeks Reformkommunismus. Dieser Reformkommunismus aber ist von der Bundesrepublik nicht beeinflußt worden.

SPIEGEL: Immerhin ist der Ruf des Reformkommunisten Dubček nach einem »demokratischen Sozialismus« immer häufiger als Übergang zur »Sozialdemokratie« interpretiert worden.

BRANDT: Nun sagen Sie Sozialdemokratie, die ja nicht die Bundesrepublik Deutschland ist . . .

SPIEGEL: Die SPD ist Regierungspartei in Bonn.

BRANDT: . . . gut, die eine der beiden großen Parteien in der Bundesrepublik Deutschland.

SPIEGEL: Der Außenminister der Bundesrepublik, der die Ostpolitik maßgeblich beeinflußt, ist Vorsitzender dieser Partei.

BRANDT: Das läßt sich nicht bestreiten. Aber die Formulierung über Sozialdemokratie und demokratischen Sozialismus, die Sie bringen, ist eine richtig wiedergegebene Formulierung, wie wir sie vor allem aus Ost-Berlin kennen. Ideologisch gesehen ist das Kauderwelsch, denn es ist ein großer Unterschied zwischen Sozialdemokratie, die sich auf dem Boden der westeuropäischen Gegebenheiten entwickelt hat, und dem Prager Versuch, den Sozialismus östlicher Prägung zu demokratisieren.

SPIEGEL: Vielleicht haben die Sowjets paradoxerweise gerade deshalb in Prag eingegriffen, weil Dubčeks KP-Regime ihnen zu populär wurde. Jedenfalls haben sie ihn der Westanfälligkeit verdächtigt und befürchtet, daß er außerhalb der Ostblock-Solidarität Absprachen mit Bonn trifft, die Moskau allein zu dirigieren wünscht.

BRANDT: Gut, da gibt es jetzt eine einfache Antwort darauf. Das ist die, die die NPD gegeben hat – die der SPIEGEL nicht geben wird, die ich nicht geben kann, aber die eine Verankerung hat in der deutschen Geschichte durch imponierendere Gestalten als die, die für die NPD sprechen: die Vorstellung, daß in diesem Teil Europas es letzten Endes allein auf die Russen und die Deutschen ankomme. Dies hat ja noch in der Nachkriegszeit eine beträchtliche Rolle gespielt. Ich kann mich noch an sehr ehrenvolle Kollegen aus der damaligen Ost-CDU erinnern, die sehr beeindruckt waren . . .

SPIEGEL: . . . Sie meinen Jakob Kaiser, Ernst Lemmer?

BRANDT: Nein, ich würde das nicht auf einzelne Namen beziehen, aber die doch sehr beeindruckt waren von ihren Unterhaltungen mit Hochkommissar Semjonow, mit Oberst Tulpanow und von Sätzen wie diesen: Wenn die Deutschen und die Russen sich verständigen, was spielen dann die Polacken für eine Rolle?

SPIEGEL: In welcher Reihenfolge will Bonn nun Ostpolitik betreiben, erst mit Moskau, dann mit den anderen, oder umgekehrt?

Und wenn gleichzeitig, ob nicht dann in besserer Synchronisierung der Einzelschritte?

BRANDT: Ich stimme Ihnen zu, daß man einen Sinn für Größenordnungen auch in diesem Zusammenhang haben muß, auch wenn man sich nicht die alten Hegemonie-Ideen zu eigen macht. Wir haben seit Antritt der neuen Regierung Ende 1966 nicht nur immer wieder gesagt, sondern auch gemeint und versucht, es Moskau wissen zu lassen, daß unsere Politik eben nicht eine Politik der Intrigen sei, nicht eine Politik des Ausspielens des einen gegen den anderen im Ostblock.

SPIEGEL: Eine selbständige deutsche Ostpolitik hat aber nach wie vor nur sehr wenig Spielraum, solange die Sowjets in ihrem Imperium allzuviel Bewegung nicht zulassen.

BRANDT: Der Spielraum ist sehr eingeengt, da haben Sie völlig recht. Aber wir haben uns ja wohl bisher schon nicht übernommen ...

SPIEGEL: Noch weniger, als manche dachten.

BRANDT: Ich denke, wir werden das künftig noch weniger tun. Wir werden noch mehr Wert darauf legen, uns mit unseren westlichen Partnern abzusprechen, ohne daß dies eine Alternative wäre. Es gibt ja im Moment hier und da so eine Neigung zu glauben, die Stärkung des westlichen Bündnisses sei ein Ersatz für Ostpolitik. Das ist Unsinn. Es ist sicher notwendig, nach den tschechoslowakischen Ereignissen den Zusammenhalt des Westens noch ernster zu nehmen. Aber es ist kein Ersatz, sondern höchstens eine Voraussetzung für das andere.

SPIEGEL: Das heißt für Bonn eben doch, zurückzustecken und den Alliierten gegenüber auch nur den Anschein ostpolitischer Alleingänge künftig wieder zu vermeiden. Eine ähnliche Lage wie umgekehrt für Dubček.

BRANDT: Wir werden noch deutlicher sagen – nicht um das zu honorieren, was die Tschechen über sich ergehen lassen müssen, sondern weil die Welt so ist, wie sie ist –, daß wir wissen, die Sowjetunion ist und bleibt die große Macht, ohne die die europäischen Dinge letzten Endes nicht in Ordnung gebracht werden können. Wir werden uns nicht selbst das Denken verbieten. Wir werden uns nicht selbst entmannen. Wir werden uns nicht dazu bringen lassen, das Gegenteil von dem zu sagen, was wir für richtig halten, sondern wir werden geduldig sagen, daß unser Interesse das der sachlichen Zusammenarbeit ist mit allen, die selber daran interessiert sind.

SPIEGEL: Sie werden sich freilich auch noch mehr als bisher dem Verlangen der Siegermacht Sowjetunion gegenübersehen: Anerkennung der bei Ende des Zweiten Weltkrieges geschaffenen Realitäten in Europa. Der Bundeskanzler hat gesagt, das zu unterschreiben, käme einer Kapitulation gleich. Müssen wir kapitulieren, um zu entspannen, oder müssen wir auf Entspannung verzichten, um nicht zu kapitulieren?

BRANDT: Ich habe nicht ganz klar vor mir, auf welchen konkreten Einzelpunkt sich die Kapitulationsbemerkung des Bundeskanzlers bezog.

SPIEGEL: Wir können sie zitieren. Der Kanzler hat gesagt: Entspannung bedeute für sie – die Sowjets – »die Annahme ihrer Bedingungen, wenn man so will, Unterwerfung, Kapitulation«.

BRANDT: Na, gut. Jeder hat seine eigene Form, politische Gedanken vorzutragen. Den gleichen Gedanken kann man auch anders formulieren. Niemand wird ernsthaft bestreiten können, daß uns Moskau in unzumutbarer Weise begegnet ist. Die jetzige sowjetische Führung jedenfalls müßte wissen, daß wir – die jetzige Regierung der Bundesrepublik Deutschland, der Bundeskanzler und ich – stets in vollem Einvernehmen bei den Sondierungsgesprächen des letzten Jahres zu jedem einzelnen Punkt, den die Sowjetunion vorgebracht hat, räsonable Positionen bezogen haben, unsere Positionen jedenfalls nicht überzogen haben und eine vernünftige Gesprächsbasis zu bereiten im Begriff waren . . .

SPIEGEL: . . . was die sowjetische Führung aber offensichtlich ignoriert, zumindest seit ihr die Krise im eigenen Lager wichtiger ist als diplomatisches Geschäft am Rhein.

BRANDT: Da mögen auch gewisse Leute mit oder ohne Bart im anderen Teil Deutschlands ihre Rolle gespielt haben. Die können auch bald ihr Konto einmal überziehen. Ich bin jedenfalls sicher, daß in Moskau nicht überall nur negativ angekommen ist, was wir an sachlicher Darstellung unserer Politik versucht haben.

SPIEGEL: Die praktische Frage ist doch: Wenn Bonn weiter Ostpolitik treiben will mit den Russen, geht das dann anders als zu deren Bedingungen – eben der Anerkennung der Nachkriegsgrenzen und der deutschen Teilung?

BRANDT: Wer sind die Russen?

SPIEGEL: Die derzeitige Sowjetführung.

BRANDT: Ich erinnere mich daran, daß Chruschtschow, der ein populärer Mann war zu Hause und draußen, sich im Herbst 1962 auf die Kuba-Affäre eingelassen hat und daß er damals – wie ich finde, zu Recht – auch von den Chinesen des Abenteurertums bezichtigt wurde.

SPIEGEL: Die Chinesen haben auf den Einmarsch in die ČSSR genauso reagiert.

BRANDT: Das ist mir durchaus verständlich. Damals, im Herbst 1962, haben die Chinesen Chruschtschow des Abenteurertums bezichtigt. Zwei Jahre später war seine Ablösung fällig. Sicher kam sie nicht als einfache Nachwirkung von Kuba. Ich will nur sagen, daß auch das Prager Abenteuer zu nachwirkenden Diskussionen in der sowjetischen Führung führen wird. Zum Beispiel: War es notwendig, daß Moskau ein neues Schisma in der kommunistischen Welt schafft? War es notwendig für Moskau, die Koexistenzpolitik gegenüber Amerika derart zu belasten? Jeder, der im Westen Politik macht, muß wissen, daß es weitere und neue Diskussionen im Ostblock geben wird und daß es auch Veränderungen der Führung in Moskau geben kann.

SPIEGEL: Es ist doch wohl kein Moskauer Führungsteam denkbar, das die These aufgeben würde: Ihr Deutschen habt gefälligst den Status quo zu akzeptieren. Zarapkins letzte Note besagt in ihrer Essenz auch wieder nichts anderes.

BRANDT: Dieses Streiten um den Status quo ist unfruchtbar. In Gesprächen, die man gelegentlich auch einmal unbelastet mit Russen hat führen können, geben sie einem am Ende zu, daß sich in Europa etwas ändern muß. Wir brauchen ein – wie sie sagen – europäisches Sicherheitssystem, wie wir vorziehen zu sagen: eine europäische Friedensordnung, deren eines Hauptelement ein Sicherheitssystem sein muß. So weit liegt das prinzipiell nicht auseinander.

SPIEGEL: Zu erreichen wäre das auch nach Ihrer Meinung nur, wenn man zunächst – vielleicht für lange Zeit – den Status quo hinnimmt?

BRANDT: Wir haben keine unzumutbaren Ausgangspunkte geschaffen für ein Gespräch mit der Sowjetunion, und wir tun es auch heute nicht. Wir haben gesagt, daß wir keine Grenzen antasten, sondern daß wir ausgehen von dem, was ist . . .

SPIEGEL: Auch in Deutschland.

BRANDT: . . . auch in Deutschland; aber nicht darauf verzichten können, das, was ist, im Interesse und im Einvernehmen der Beteiligten zu verbessern, zu vermenschlichen und damit nach vorn zu bewegen.

SPIEGEL: Nach vorn bewegen – das wird aus deutschem Munde in russischen Ohren schon wieder sehr gefährlich klingen. Die Russen werden sagen: Die Deutschen bewegen sich so gern nach vorn, wie 1941.

BRANDT: Ich habe einmal einem sowjetischen Gesprächspartner, der auch meinte, es wäre alles in Ordnung, wenn man die Realitäten bestätigt, gesagt: Die Menschen streiten seit jeher darüber, wie man den Begriff Realitäten zu definieren habe. Und ich habe ihm damals erzählt, daß ich gerade dabei sei, den zweiten Band der Lebenserinnerungen von Ilja Ehrenburg zu lesen, in dem er beschreibt, wie ihn der alte Albert Einstein nach dem Zweiten Weltkrieg beim Philosophieren in Princeton plötzlich fragte: »Ehrenburg, sind Sie sicher, daß zwei mal zwei gleich vier ist? Ich nicht . . .« Dies hat bei meinem sowjetischen Gesprächspartner zu einem Aufschrei des Entsetzens geführt. Aber Einstein hatte recht. Man wird dem Leben durch das Einmaleins allein nicht gerecht.

SPIEGEL: Vielleicht würde Einstein das Einmaleins der Entspannungspolitik heute auch nicht für so sicher halten. Sie führt eben nicht automatisch zur Entspannung, womöglich – siehe Prag – sogar zum Gegenteil.

BRANDT: Abbau der Spannungen – wie ich vorziehe, es zu nennen – heißt, ohne Illusionen und trotz allem, was in der Welt ist, ehrlich den Versuch zu machen, den großen Krieg zu verhindern, Elemente der Friedenssicherung zu schaffen, vielleicht noch mehr Aufmerksamkeit den Interessen der Hauptbeteiligten zuzuwenden, jedenfalls: niemandem das Gefühl zu vermitteln, ihm solle sein Fell über die Ohren gezogen werden.

SPIEGEL: Also zunächst weiter das Bonner Projekt gegenseitigen Gewaltverzichts?

BRANDT: Gewaltverzicht war die Formel, mit der wir – zumal dies auch die sowjetische Seite für richtig hielt – bereit waren, über die Fragen zu sprechen, die zwischen der Sowjetunion und der Bundesrepublik Deutschland anstehen.

SPIEGEL: Kann man mit der Sowjetunion noch über Gewaltverzicht sprechen, nachdem sie mitten in Europa zu offener Gewaltanwendung zurückgekehrt ist?

BRANDT: Das ist ein Punkt, bei dem man in Gefahr gerät, bei den eigenen Landsleuten sich zu disqualifizieren, weil man als jemand erschiene, der nicht die harte Wirklichkeit dieser Welt kennt. Trotzdem: Was würde aus der Menschheit, wenn es nicht immer wieder solche Versuche gäbe? Was wäre aus uns in Deutschland geworden, wenn man nur gesagt hätte: Mit den Deutschen kann man nicht reden, weil sie nicht nur völkerrechtlich gültige Verträge zerrissen haben, sondern soviel Unglück über die Welt gebracht haben. Wir sind die letzten, die hier mit einem allzu erregten Zeigefinger in der Luft herumfuchteln dürfen.

SPIEGEL: Und müssen wir uns gerade deshalb auch noch in diesem Augenblick von Moskau die Feindstaatenklausel der Uno-Charta vorhalten lassen, nach der bei uns als Besiegten des letzten Weltkrieges von jeder Siegermacht jederzeit interveniert werden kann wie in Prag?

BRANDT: Das will ich nicht bagatellisieren. Andererseits glaube ich, daß ein Teil der deutschen Diskussion zu diesem Thema im Begriff ist, auf Abwege zu geraten. Die Sowjetunion sagt etwas Falsches oder irrt wirklich, wenn sie die Artikel 53 und 107 der Uno-Charta als Artikel darzustellen versucht, aus denen sich militärische Interventionsrechte ableiten lassen. Es gibt solche Rechte nicht.

SPIEGEL: Sagen das die drei westlichen Siegermächte auch?

BRANDT: Die Uno-Charta steht nicht über dem allgemeinen Völkerrecht. Der Nato-Vertrag, dem die drei Westmächte angehören, steht über der Uno-Charta als Lex specialis, als ein nach der Uno-Charta vorgesehener regionaler Sicherheits- und Verteidigungsvertrag...

SPIEGEL: Solange er in Funktion ist.

BRANDT: ... das allerdings. Aber so lange gilt er ohne jeden Zweifel auch für den Fall, daß eine Macht unter fälschlicher Berufung auf die erwähnten Artikel Interventionsrechte geltend machen wollte.

SPIEGEL: Expressis verbis haben das die Westmächte offenbar nicht bestätigt. Auf Ihrer Pressekonferenz im Juli haben Sie in Bonn gesagt, Sie wüßten, daß die Westmächte die beiden Uno-Artikel für überholt halten. Jetzt wird bekannt, daß wir mit den Westmächten darüber erst noch verhandeln.

BRANDT: Ich bin nicht der Außenminister einer der Westmächte, sondern Außenminister der Bundesrepublik. Ich habe das, was Sie zitieren, gesagt aus guten Gründen und habe festzustellen, die Westmächte haben nicht widersprochen, als der Außenminister der Bundesrepublik erklärt hat, sie, die Westmächte, hielten diese Artikel für obsolet. Aber Sie haben recht, selbst haben sie dies so deutlich noch nicht erklärt.

SPIEGEL: Wird diese Unklarheit Bonn zusätzlich zögern lassen, den Atomsperrvertrag zu unterschreiben, der ausdrücklich auf die Uno-Charta und damit auf deren Feindstaatenklauseln Bezug nimmt? Unterschreiben wir in jedem Fall und wann?

BRANDT: Wir waren immer davon ausgegangen, daß wir die Ergebnisse der Genfer Konferenz der Nichtnuklearen abwarten wollten, bevor wir zu einer Gesamtwürdigung des Vertrages kämen. Inzwischen haben andere Staaten, wie Italien und die Schweiz, auch gesagt, man muß sich wegen der schweren Erschütterung im Falle Prag, was den Wert von Unterschriften und was die Glaubwürdigkeit von Verträgen angeht, nun mehr Zeit nehmen mit dieser Würdigung.

SPIEGEL: Die Glaubwürdigkeit wird sich nicht ändern, auch wenn man zuwartet.

BRANDT: Ich sage Ihnen für meine Person, und ich habe das auch hier in Genf in vielen Gesprächen gesagt: Ich hätte, bevor es zur tschechoslowakischen Krise kam, gemeint, man solle sich nicht zuviel Zeit nehmen. Ich denke nach der tschechoslowakischen Krise nicht im Traum daran, mir die Beine auszureißen, sondern vertraue auf einen, wenn auch längere Zeit dauernden Prozeß der Klärung der Meinungen bei uns zu Hause.

SPIEGEL: Sie haben auf dieser Genfer Konferenz eine viel beachtete, sehr sorgfältig formulierte, in Genf weithin applaudierte Rede gehalten. Sie ist gehalten in der Diplomatensprache. Jeder, der weiß, wovon die Rede ist, weiß, was Sie meinen. Aber Sie sprechen keine der Hauptfragen wörtlich an: weder Intervention der Russen noch Gewalt gegen die Tschechoslowakei, noch Feindstaatenklausel, noch die neue sowjetische Propagandakampagne gegen Bonn. Das hat zu Kommentaren geführt, Ihre Rede klinge fast wie eine Rede Dubčeks nach seiner Rückkehr aus Moskau. Spürt der deutsche Außenminister eigentlich auch schon die Faust der Sowjets im Nacken?

BRANDT: Es kommt nicht darauf an, möglichst starke Worte zu gebrauchen. Und es kommt nicht darauf an herauszufordern. Es kommt nicht darauf an, Gemütsbewegungen zu befriedigen. Es kommt darauf an, eigene Interessen zu wahren und das, was man will, einzubetten in Interessen, die möglichst viele andere auch haben. Ich denke nicht, daß das etwas zu tun hat mit dem Gefühl, die Faust im Nacken zu spüren. Es geht einfach um das Gefühl dafür, daß man nicht wild in der Landschaft herummarschieren kann, sondern versucht, wie auch nach schrecklichen Eindrücken wieder neue Positionen aufzubauen sind, die nicht zu weiteren destruktiven Wirkungen führen.

SPIEGEL: Herr Vizekanzler, wir danken Ihnen für dieses Gespräch.

Zum SPIEGEL-Gespräch in Nr. 1–2/1969 (6. Januar)
mit den Redakteuren
Ernst Goyke, Hermann L. Gremliza und Peter Koch

Bilanz ziehen nach zwei Jahren Großer Koalition – das hieß für Willy Brandt einzugestehen, daß seine Partei bis dahin von dem schwarz-roten Bündnis weniger profitiert hatte als die Konservativen. Der reformistische Anpassungskurs der SPD und ihres Vorsitzenden hatte die Basis der Partei tief aufgewühlt. Der Streit um die von den Sozialdemokraten gegen den Widerstand der Jugend und vor allem gegen den Protest der IG Metall mitbeschlossenen Notstandsgesetze verwandelte die Republik in ein Tollhaus – Flugblätter, Kampfschriften, Demonstrationen. Im März 1968 veranstalteten die Sozialdemokraten in Nürnberg ihren Parteitag. Fünfzehn Monate *nach* Eintritt in die Große Koalition wollte sich die Parteiführung ihr Bündnis mit den Konservativen absegnen lassen. Den Eintritt in die Große Koalition *vorher* von einem Parteitag beschließen zu lassen, war Brandt zu riskant erschienen.

Bei den Landtagswahlen in Baden-Württemberg im April 1968 verlor die SPD zwanzig Prozent ihrer Wähler und landete nun bei 29 Prozent. Die NPD errang auf Anhieb 12 Mandate. Brandt bot damals sogar seinen Rückzug aus der Regierung an. Helmut Schmidt riet ihm, ein Jahr später für das Amt des Bundespräsidenten zu kandidieren. Doch Brandt blieb.

Die Erfolge seines Wirtschaftsministers Karl Schiller in der Wirtschaftspolitik tilgten die Rezessionsängste der Deutschen nach Ludwig Erhards Sturz. Im April 1968 überstieg die Zahl der offenen Stellen erstmals wieder die der Arbeitslosen. Brandt ging in die Offensive, auch gegen Kanzler Kiesinger. Alle Pläne, das Mehrheitswahlrecht einzuführen und damit auch der FDP die Existenzberechtigung zu nehmen, blieben Makulatur. Ein Bündnis mit den Liberalen nach den Wahlen 1969 wurde zur neuen Perspektive.

»Die CDU bekommt kalte Füße«

Der SPD-Vorsitzende über die Probleme seiner Partei
mit der Großen Koalition

SPIEGEL: Herr Minister, im kommenden Herbst gibt es Zeugnisse für Sie und Ihre Partei. Sind Sie mit Ihren Erfolgen in der Großen Koalition zufrieden?

BRANDT: Wenn man einfach zu einem Arbeitsabschnitt, der hinter einem liegt, nun sagt, man sei zufrieden, dann kann das wie Selbstzufriedenheit wirken. Es gibt Gebiete, auf denen wir gerne mehr erreicht hätten.

SPIEGEL: Welche?

BRANDT: Alles Wesentliche, was in der Regierungserklärung vom Dezember 1966 vorgesehen war, ist durchgeführt oder auf den Weg gebracht. Meine Bemerkung bezieht sich zum Beispiel auf folgendes: Außenpolitisch hätte ich mir die Möglichkeit zu mehr Konsequenz gewünscht, das heißt eine geringere Beeinflussung durch taktische Erwägungen, die sich aus Meinungsverschiedenheiten innerhalb der Koalitionsparteien ergeben haben. In der Innenpolitik wäre es gut gewesen, wenn Schillers Initiativen ungeschmälert zum Tragen gekommen wären, auch in der Wettbewerbs- und Strukturpolitik. Ich denke hier aber auch an die Lohnfortzahlung für Arbeiter im Krankheitsfalle, wobei eine positive Lösung übrigens noch möglich ist.

SPIEGEL: Herr Minister, für Ihr eigenes Gebiet, die Außenpolitik, haben Sie angekündigt, daß es in diesem Jahr zu neuer Kontaktaufnahme mit Moskau kommen wird. Glauben Sie, daß Sie damit noch vor den Wahlen Erfolg haben können?

BRANDT: Das deutsch-sowjetische Verhältnis ist so verkorkst über die Jahrzehnte hinweg, daß man überhaupt nicht wagen darf, eine grundlegende Änderung im Laufe von wenigen Monaten oder auch von ein paar Jahren zu erreichen. Und ich halte es auch nicht für wahrscheinlich, daß in diesem Jahr 1969 sich grundlegende Veränderungen abzeichnen. Ich sehe nicht die Voraussetzungen dafür auf der sowjetischen Seite. Aber Ihre Frage zielte darauf, ob überhaupt deutlich zu machen sei, daß die SPD und ihr Außenminister mit ihrer Ostpolitik Erfolg gehabt hatten.

SPIEGEL: Und ob die Wähler Ihnen dies honorieren werden.

BRANDT: Dafür läßt sich viel sagen: Die Gefahr der Isolierung der Bundesrepublik Deutschland ist in diesen letzten zwei Jahren wesentlich vermindert worden. Wir sind, wenn wir das westliche Bündnis nehmen, auf derselben Wellenlänge mit unseren Partnern.

SPIEGEL: Wenn wir die Ostpolitik nehmen, stimmt aber nicht einmal die Wellenlänge mit Ihren Regierungspartnern.

BRANDT: Ich habe dieser Tage gelesen, daß ein Kabinettskollege, der Bundesverteidigungsminister, sich geärgert hat oder nicht zufrieden ist mit dem, was er das ständige Gerede von der Friedenspolitik nennt. Wenn das so seine Meinung ist, dann allerdings gibt es hier wirklich eine ernste Meinungsverschiedenheit. Friedenspolitik heißt aus meiner Sicht – und aus der Sicht des gültigen Regierungsprogramms –, nicht einfach nur sagen, man will niemanden angreifen. Das ist nicht der Sinn der Sache.

SPIEGEL: Sondern?

BRANDT: Sondern es heißt, eigene, wenn auch bescheidene Beiträge dazu leisten, daß man einer Friedensordnung näherkommt.

SPIEGEL: Aber die sowjetische Invasion in Prag spielte Ihren Kritikern in die Hände.

BRANDT: Daß es eine Skepsis gibt gegenüber den zähen, illusionslosen Bemühungen um eine Entkrampfung des Verhältnisses zum kommunistischen Osten, zur Sowjetunion insbesondere, das finde ich nicht verwunderlich. Das stört mich auch nicht. Das ist ganz natürlich. Das ist auch berechtigt nach allen Dingen, die hinter uns liegen, ganz abgesehen davon, daß die Weltgeschichte ja zeigt, daß derjenige, der eine pessimistische Prognose stellt, immer viel mehr Chancen hat, recht zu bekommen, als derjenige, der eine optimistische Prognose stellt. So ist die Welt nun mal.

SPIEGEL: Rechnen Sie nicht mit ähnlichen Nachwirkungen wie nach dem Ungarn-Aufstand 1956? Damals gewann Adenauer die nächsten Bundestagswahlen mit absoluter Mehrheit.

BRANDT: Vordergründig besteht ein großer Unterschied darin, ob man ernste außenpolitische Vorgänge aus der Opposition oder aus der Regierung heraus erklärt. Noch wesentlicher scheint mir, daß unsere Bevölkerung ganz offensichtlich einen sich differenzierenden Kommunismus für weniger bedrohlich hält. Deshalb hat sich gezeigt, daß das Vertrauen zu meiner Partei nach dem 21. August nicht abgenommen, sondern zugenommen hat.

SPIEGEL: Dürfen wir auch mal eine pessimistische Prognose stellen: Die Wähler werden, wie schon so oft, die Schwarzmalerei der CDU/CSU honorieren.

BRANDT: Ich würde das anders sehen. Wir sehen in Wirklichkeit eine widersprüchliche Entwicklung in der Anhängerschaft der beiden großen Parteien. In der ersten Zeit nach der Bildung der Großen Koalition gab es bei der SPD und ihrer Anhängerschaft erhebliche Bedenken und Widerstände. Bei der CDU gab es hingegen ganz überwiegend Zustimmung. Das hat sich heute fast umgedreht: Die Anhängerschaft der SPD hat den Sinn der Mitarbeit in der Bundesregierung inzwischen erkannt. In der CDU nimmt die Zahl derer zu, die kalte Füße haben.

SPIEGEL: Ihr Vize Herbert Wehner findet aber, die CDU habe neues Selbstvertrauen gewonnen und wolle deshalb die Große Koalition nicht mehr.

BRANDT: Objektiv ist es gewiß so, daß die Große Koalition der CDU die Chance gab, sich von ihrer Krise zu erholen. Trotzdem wird in der Union um diesen Vorgang gestritten. Und mancher, der dabei scharfe Töne anschlägt, erinnert an den Jungen, der pfeift, wenn er durch den dunklen Wald geht.

SPIEGEL: Der Kern des Unbehagens bei der CDU ist doch, wie der Berliner Parteitag zeigte, daß Kanzler Kiesinger nicht wirklich führt.

BRANDT: Ich bin Vorsitzender der SPD, also nicht in erster Linie dazu da, den Bundeskanzler gegenüber den Kritikern aus seiner eigenen Partei in Schutz zu nehmen. Aber selbst der allerbeste Mann für diesen Posten kann nichts daran ändern, daß die CDU nicht die Mehrheit der Mandate im Bundestag hat und die SPD ein anderer Koalitionsfaktor ist, als es die FDP war. Ich halte nicht viel davon, mich an Diskussionen über den Regierungsstil zu beteiligen. Tatsache ist aber, daß wegen der Meinungsverschiedenheiten innerhalb der Unionsparteien manche Entscheidungen viel mehr Zeit brauchen, als sie brauchen dürften.

SPIEGEL: Zum Beispiel die Entscheidung, ob die Verjährung bei Mord und Völkermord aufgehoben werden soll.

BRANDT: Es kann doch wohl keiner glauben, daß eine kleine Koalition von CDU/CSU und FDP, wenn die nicht geplatzt wäre, mit dieser Frage schneller zu Rande gekommen wäre.

SPIEGEL: Aber da liegt doch der Hund begraben. Diese Große Koalition ist aufgetreten mit dem Anspruch, daß gerade sie aufgrund ihrer breiten Mehrheit die vielen unerledigten Fragen besser, zügiger, plausibler lösen könne als jede andere Koalition.

BRANDT: Dieses Argument ist bei der Bildung der Regierung in bezug auf die Verjährungsfristen auch nicht im Traum gefallen, sondern hier steht doch folgendes fest: Der Vorgang hat sich durch die letzte Aufhebung der Verjährungsfristen nicht erledigt. Deshalb gibt es eine Vorlage im Kabinett, die ist gezeichnet durch den Bundesjustizminister und durch den Bundesaußenminister.

SPIEGEL: Und da liegt sie seit vier Monaten.

BRANDT: Und die Haltung der überwiegenden Mehrheit der Sozialdemokraten ist bekannt. In der FDP gibt es eine so gut wie geschlossene Gegnerschaft. In der Union ist das noch umstritten. Aber Sie können sicher sein, daß das Thema in den nächsten Wochen behandelt werden wird.

SPIEGEL: Wird die Bundesregierung in den nächsten Wochen auch über den Verbotsantrag gegen die NPD entscheiden? Denn bei der Behandlung dieses Problems hat sich ja bisher auch gezeigt, daß sich die Große Koalition in wichtigen Fragen nicht einigen kann.

BRANDT: Was heißt wichtige Fragen? Wichtige Fragen sind für die Regierung eines Staates, ob die Wirtschaft floriert, ob die zerrütteten Finanzen wieder in Ordnung gebracht werden. Wichtige Fragen sind, wie der Staat sich darstellt gegenüber der Umwelt.

SPIEGEL: Sie selbst haben über die NPD gesagt, sie bilde für den Bestand der Bundesrepublik eine Gefahr – eben weil diese Partei diesem Staat in seiner Umwelt großen Schaden zufüge. Dann gehört doch wohl die Frage, was weiterhin geschehen soll, zu den allerwichtigsten Problemen.

BRANDT: Ich habe mich bewußt geäußert zu solchen Strömungen und Gruppierungen, die aufgefaßt werden können und müssen, als wollten sie den Nazismus wieder kultivieren. Ich habe gesagt, dies sei Verrat an Volk und Land. Nur, dies ist eine Frage, die ich jetzt nicht weiter erörtere, bis nicht der Innenminister seine neue Vorlage im Kabinett gemacht hat.

SPIEGEL: Auf eine Kampfabstimmung im Kabinett wollen Sie es also nicht ankommen lassen?

BRANDT: Dies ist eine Rechtsfrage, über die nicht aus dem Stand abgestimmt wird. Außerdem: Kampfabstimmungen werden in einer so zusammengesetzten Regierung kaum stattfinden.

SPIEGEL: Sind sie systemwidrig?

BRANDT: Ja, denn sobald eine Frage eines vitalen Interesses für die eine oder die andere Seite kommt, stellt sich die Frage des Bestandes der Koalition.

SPIEGEL: Der Ausklammerungsmechanismus setzt also immer dann ein, wenn in vitalen Fragen Differenzen auftreten.

BRANDT: Aufschub, würde ich sagen.

SPIEGEL: Bis wann?

BRANDT: Das richtet sich nach dem Gegenstand. Ich sage nur wieder: Es ist ja nicht so, wie manche meinen mögen, nun geht es mit der Wirtschaft wieder gut, vorher ging es ein bißchen weniger gut. Es sind neue Grundsätze eingeführt worden in die Wirtschaftspolitik. Wir sind im Unterschied zu manchen Nachbarländern ohne irgendeine nennenswerte Erschütterung durch eine Rezession hindurchgekommen.

SPIEGEL: Also: Hauptsache, die Kohlen stimmen.

BRANDT: Wenn es überhaupt keine andere Leistung gäbe, dann würde diese zählen. Immerhin, die Gefahr Ende 66, von der Rezession in die Krise abzugleiten, ist einem genügend großen Teil der Bevölkerung weiterhin bewußt. Es ging ja damals gerade unter den Arbeitnehmern ein Zittern um die Arbeitsplätze. Und ich möchte nicht erlebt haben, was aus diesem Staat geworden wäre, wenn er sich über eine Rezession hinaus mit einer wirklichen ökonomischen Krise auseinanderzusetzen gehabt hätte.

SPIEGEL: Diese Leistung der Großen Koalition macht also nach Ihrer Meinung alle anderen Mängel wett?

BRANDT: Was heißt Mängel? Ich komme noch mal darauf zurück: Eine CDU/FDP-Regierung hat angesichts der Rezession versagt. Sie hätte auch in den anderen Fragen keine raschen Entscheidungen zustande gebracht.

SPIEGEL: Bleiben wir beim Beispiel NDP. Da könnte die Regierung ohne Rücksicht auf parlamentarische Strömungen alleine entscheiden. Sie tut es nicht. Im Gegenteil, die Sache schwebt seit Monaten. Jedermann wartet auf die Entscheidung. Die Entscheidung kommt nicht, es kommt ein Aufschub. So stellt sich der Stil dieser Regierung dar. Und die SPD kann sich davon nicht ausnehmen.

BRANDT: Ich habe gar nichts dagegen, wenn man die Regierung drängt oder sie an ihre Absichten erinnert. Wir wollen uns doch aber jetzt bitte nicht verrückt machen lassen durch die Diskussion, ob Verbot oder Nicht-Verbot der NPD. Entscheidend bleibt hier natürlich die politische Auseinandersetzung. Entscheidend bleibt, daß wir, nicht nur wegen der Auslandswirkung, den Trennungsstrich gegenüber der NS-Vergangenheit nicht deutlich genug ziehen können.

SPIEGEL: Man hat den Kanzler einen wandelnden Vermittlungsausschuß genannt. Teilen Sie die Meinung, daß alle Kabinettsentscheidungen einstimmig gefaßt werden sollten, wie es ja offensichtlich Kiesingers Bestreben ist?

BRANDT: So weit würde ich nicht gehen. Aber wissen Sie, ich habe in einem viel engeren Rahmen, nämlich dem des Berliner Senats, doch viele Jahre gewirkt, zunächst mit der CDU, dann mit der FDP. Und obwohl das fast zehn Jahre waren, könnte ich an den Fingern einer Hand abzählen, wann unter meinem Vorsitz kontrovers abgestimmt worden ist. Es ist an sich nichts Schlechtes, bemüht zu sein, eine möglichst breite Basis zu bekommen für das, was gewollt wird.

SPIEGEL: Die breiteste Basis bietet die Große Koalition. Wollen Sie dieses Bündnis nach den Wahlen fortsetzen?

— BRANDT: Das hat mit der Frage, ob Große Koalition oder nicht, überhaupt nichts zu tun. Ich habe das Berliner Beispiel einer Zusammenarbeit einmal mit der CDU, ein andermal mit der FDP ja absichtlich gewählt. Die Frage, was für eine Regierung die Bundesrepublik Deutschland nach den nächsten Bundestagswahlen haben wird, die hängt davon ab, wie die Wahl ausgeht.

SPIEGEL: Wird die SPD im Wahlkampf ihren Führungsanspruch dadurch proklamieren, daß sie Sie als Kanzlerkandidaten herausstellt?

BRANDT: Die SPD leidet nicht an Minderwertigkeitskomplexen, sie wird es auch nicht daran fehlen lassen, ihren Führungsanspruch sachlich und personell deutlich zu machen. Wahlpolitisch hat sich die Situation ja wesentlich verändert gegenüber früher. Eben durch die Regierungsmitarbeit hat sie sich sehr verändert. Das Nennen eines Kanzlerkandidaten 1961 und 1965 war das Mittel einer Oppositionspartei, sich auf diesem Gebiet deutlich zu machen. Jetzt höre ich neuerdings zum erstenmal, daß Herr Heck gesagt hat, die CDU werde Herrn Kiesinger als Kanzlerkandidaten benennen. Das kann doch wohl nur die Bedeutung haben, innerparteilich klarzustellen, daß er von niemand anderem weggedrängt werden soll. Diese Bedeutung muß das wohl haben.

SPIEGEL: Schließlich wurde der CDU-Kandidat auch immer Kanzler.

BRANDT: Aber er blieb es 1965 nicht und 1961 auch nicht. Beide Male ist derjenige, der Kanzler bleiben sollte, es nur kürzere Zeit geblieben. Es hat in beiden Fällen nicht gestimmt und abgelenkt von den Fragen, um die es wirklich ging. Nun gut, das ist das Problem der anderen großen Partei.

SPIEGEL: Man hat in diesem beginnenden Wahlkampf den Eindruck, als gehe die CDU mit Kiesinger als Kanzlerkandidaten und die SPD mit Brandt als Vizekanzlerkandidaten in den Wahlkampf.

BRANDT: Ich rede nicht über Wahlkampf, sondern jetzt schreiben wir Januar 1969 und nicht Sommer 1969. Inzwischen ist noch viel Arbeit zu leisten. Im April 1969 wird meine Partei auf ihrem Godesberger Parteitag zur Sache und zur personellen Darstellung deutlich machen, wie sie sich dem Wählervolk präsentiert. Dabei ist klar, daß der Außenminister, der Wirtschaftsminister und die anderen, die in der Regierung und im Bundestag für die SPD gewirkt haben, sowohl für Leistungen wie für neue Pläne einstehen.

SPIEGEL: Aber Sie müssen doch heute schon wissen, was Sie den Wählern sagen wollen. Entweder: Wir wollen die Stärksten werden; oder: Macht den zweiten Mann stärker. Kommt es also dahin, daß die SPD die führende Partei wird oder eine noch führendere als bisher?

BRANDT: Man wird diesmal sich sehr darum bemühen müssen, überzeugend darzustellen, was man in der Regierung und im Parlament erreicht hat oder auch was man versucht hat, um gestützt darauf zu sagen: Wir möchten das gerne honoriert bekommen, wenn ihr Wähler so gut sein wollt, dies zu tun. Und: Wir möchten eure Unterstützung dazu bekommen, daß wir durch neue Mehrheitsverhältnisse das nächste Mal das, was wir jetzt nur versuchen, aber nicht erreichen konnten, dann nicht mehr nur zu versuchen brauchen, sondern durchsetzen können. Das ist eine klare Linie.

SPIEGEL: Gehört zu dieser Art von Sympathie-Werbung auch der von Ihrer Fraktion gerade jetzt vorgelegte Entwurf eines Gesetzes über Vorbeugungshaft? Will sich die SPD als Partei der Ruhe und Ordnung empfehlen?

BRANDT: Sicher. Für Ruhe und Ordnung würde die SPD auch mit zu sorgen haben, wenn sie nicht in der Regierung wäre. Die Vorlage zur sogenannten Vorbeugungshaft ist ein Versuch, ein noch weithin mißverstandener Versuch, einen Teil dieses Themas, das weite Kreise der Bevölkerung interessiert, im Parlament genauer durchberaten zu lassen.

SPIEGEL: Die Vorbeugungshaft erscheint manchen als ein Versuch, die politischen Begleiterscheinungen der Großen Koalition, die sich beispielsweise in der Außerparlamentarischen Opposition äußern, juristisch zu liquidieren, so ähnlich wie man es auch mit der NPD versucht.

BRANDT: Das wäre, glaube ich, eine völlige Fehleinschätzung der Motive derer, die diese Gesetzesvorlage auf den Weg gebracht haben. Es ist ja nicht zu verkennen, daß wir es, neben sehr ernsten politischen Meinungsverschiedenheiten mit Minderheiten, gelegentlich mit dem Einbruch von Tendenzen der Intoleranz, des Hasses, ja sogar der bloßen Gewalttätigkeit zu tun haben. Damit kann sich keine demokratische Partei einverstanden erklären.

SPIEGEL: Es berührt trotzdem seltsam, daß die SPD auf einem Wege wie dem der Vorbeugungshaft voranmarschiert. Ist es nicht so, daß sich das Image der SPD und auch ihr Selbstverständnis verändert haben durch die Teilnahme an der Großen Koalition?

BRANDT: Nein, hier kann ich keine Qualitätsveränderungen feststellen. Ich muß eben nur darauf hinweisen, die SPD ist nach ihrem Programm eine freiheitliche Partei, aber eine, die die Rechte nicht nur von Minderheiten, sondern auch von Mehrheiten zu wahren hat.

SPIEGEL: Seit Sie selbst zu dieser Mehrheit gehören...

BRANDT: Nein, dies ist nicht eine Mehrheit im parlamentarischen Sinne, sondern hier geht es um die Interessen arbeitender Menschen einer ganzen Stadt oder eines ganzen Industriezweiges, die nicht wollen, daß sie um die Früchte ihrer Arbeit und ihres Wiederaufbaus gebracht werden. An solche Mehrheiten denke ich.

SPIEGEL: Ganz richtig: Diese Mehrheit wählt die parlamentarische Mehrheit. Erwarten Sie nun im Wahljahr 1969, daß diese Mehrheit Sie zur wirklich führenden politischen Kraft in der Bundesrepublik macht, oder wollen Sie noch führender werden, als Sie es jetzt schon sind?

BRANDT: Ich hoffe, daß es der SPD gelingt, sich noch deutlicher als bisher als Partei des soliden Fortschritts und der notwendigen demokratischen Reformen zu qualifizieren. Wenn das gelingt, würde ich sagen: Führender geht's nicht.

SPIEGEL: Herr Minister, wir danken Ihnen für dieses Gespräch.

Zu den SPIEGEL-Gesprächen in Nr. 11/1969 (10. März)
und in Nr. 38/1969 (15. September)
mit den Redakteuren
Peter Koch und Hans Gerhard Stephani (11/1969),
Rudolf Augstein, Günter Gaus und Alexander von Hoffmann
(38/1969)

Trotz aller Entspannungsbemühungen der Regierung Kiesinger/Brandt blieb der Spielraum der Großen Koalition in der Deutschlandpolitik sehr eng. Die Grundpositionen beider deutscher Staaten standen einander diametral gegenüber: Die Bundesrepublik hielt am Selbstbestimmungsrecht fest; die DDR pochte auf völkerrechtliche Anerkennung. Entspannung war nur in einem Korridor möglich, der diese Probleme nicht berührte. Prompt scheiterte auch Kiesingers Vorschlag an die DDR, Beauftragte beider Seiten sollten ohne politische Vorbedingungen Gespräche über praktische Fragen des Zusammenlebens führen. Unterstützt von Moskau schottete sich Ost-Berlin daraufhin noch konsequenter ab. Im April 1968 verbot die DDR Mitgliedern und leitenden Beamten der Bundesregierung die Benutzung der Landwege nach Berlin. Wenige Wochen später folgte die allgemeine Paß- und Visumpflicht im Reise- und Transitverkehr zwischen der Bundesrepublik und West-Berlin. Die neue Ostpolitik schien in der Sackgasse einer neuen Berlin-Krise zu scheitern. Die Regierung hatte sich mit ihrem Alleinvertretungsanspruch festgefahren. Bewegung kam aus dem Lager der oppositionellen FDP. Deren neuer Vorsitzender Walter Scheel legte, publizistisch unterstützt von Rudolf Augstein, dem Herausgeber des SPIEGEL, und Henri Nannen, dem Chefredakteur des »Stern«, im Frühjahr 1969 den Entwurf eines Staatsvertrages vor, der die Anerkennung der DDR und im Gegenzug menschliche Erleichterungen und den freien Zugang nach Berlin vorsah.
Am 5. März 1969 wurde der Sozialdemokrat Gustav Heinemann mit den Stimmen der FDP zum Bundespräsidenten gewählt. Daß die Bundesversammlung in Berlin stattfand, erregte den Zorn Walter Ulbrichts. Die Präferenz der Liberalen für den SPD-Kandidaten signalisierte ein »Stück Machtwechsel«, der dann mit der Bundestagswahl am 28. September 1969 folgte.

»Berlin kann nicht von der Symbolik leben«

Der Außenminister zu den DDR-Schikanen nach
der Wahl Heinemanns zum Bundespräsidenten in Berlin

SPIEGEL: Herr Minister, die Bundesversammlung hat trotz
der östlichen Drohungen stattgefunden. Hat Bonn die Kraftprobe
gewonnen?

BRANDT: Ich hätte ganz große Bedenken dagegen, wenn man
das so sehen will. Es ist gut, daß wir ohne eine ernste Krise über diese
Tage hinweggekommen sind. Aber nichts wäre gefährlicher, als sich
jetzt sorglos oder gar angeberisch gegenüber der UdSSR zu verhalten.
Ich habe in den vergangenen paar Wochen schon manchmal die
größte Sorge gehabt, als es Kommentare gab, in denen drin stand, die
Russen könnten ja gar nicht. Die könnten wohl.

SPIEGEL: Die DDR aber wollte doch. Konnte sie nicht?

BRANDT: In den letzten Wochen unmittelbar vor der Bundesversammlung sollte uns klargeworden sein, daß Moskau und Ost-
Berlin zwei interdependente, aber doch voneinander zu trennende
Faktoren sind. Ich warne nachdrücklich vor der vereinfachten Darstellung: Wir werden das schon mit den Russen machen. Wir dürfen
unsere Rolle gegenüber der Sowjetunion nicht überschätzen. Es gab
sicher mal eine Zeit nach dem Krieg, in der es berechtigt war zu sagen,
man arrangiert sich also am besten mit dem Hausbesitzer statt mit dem
Portier. Das Bild entspricht schon lange nicht mehr den Realitäten.

SPIEGEL: Der Portier ist Miteigentümer geworden?

BRANDT: Er ist ein eigener, eigenwilliger Faktor. Das ist eine
der Erfahrungen des diplomatischen Spiels um die Bundesversammlung: Die Sowjetunion hat größere Möglichkeiten, die DDR von etwas
abzuhalten, als sie zu etwas zu veranlassen, was diese nicht will.

SPIEGEL: Die Sowjetunion konnte also die DDR von größeren
Schikanen abhalten, war auf der anderen Seite aber nicht in der Lage,
Ulbricht zu einer großzügigen Passierscheinregelung zu veranlassen,
an der die Sowjetunion ein Interesse hatte?

BRANDT: Keiner weiß, wie weit man auf sowjetischer Seite in die Einzelheiten einsteigen wollte. Ich glaube, daß ein allgemeiner Rat gegeben wurde: Versucht mal, ob ihr dort nicht etwas entgegenkommen könnt. Aber in Ost-Berlin gibt es eine für uns nicht immer ganz verständliche Heidenangst davor, daß irgend etwas auf ihre Kosten geschehen könnte. Es gibt dort ein besonderes Prestigebedürfnis...

SPIEGEL: ... auf das in Bonn doch bewußt keine Rücksicht genommen wurde. So hat Regierungssprecher Diehl offen erklärt, Ulbricht wolle sich mit seinem Passierschein-Angebot in einen »deutsch-sowjetischen Dialog« einschalten; die Entwicklung sei aber schon über diesen Brief hinweggegangen.

BRANDT: Es gibt auch den hier angedeuteten Zusammenhang. Aber wir müssen, ohne uns etwas zu vergeben, zur Kenntnis nehmen, daß Ost-Berlin ein eigener Faktor ist.

SPIEGEL: Davon scheint aber die CDU noch weit entfernt.

BRANDT: Hier geht es nicht um die CDU. Es geht darum, daß einige glauben, man könnte so eine Art verspätete Bismarck-Politik machen. Damals haben sich Berlin und Petersburg über Polen hinweg leicht verständigt. Daraus ist eine tiefe Belastung geworden für die weitere Entwicklung. Und bei einigen scheint sich das jetzt so darzustellen, als könnten sich heute oder morgen oder übermorgen Bonn und Moskau über Ost-Berlin verständigen. Das ist nicht so. Dies ist nicht mehr die Welt von früher.

SPIEGEL: Welche Konsequenzen ziehen Sie nun daraus? Wie wollen Sie die Verständigung mit Ost-Berlin in Gang bringen?

BRANDT: Ein schwacher Punkt in dieser Auseinandersetzung bleibt für Ost-Berlin, daß SED und DDR-Ministerrat im Jahre 1967 nicht auf unsere Anregung eingegangen sind, zunächst einmal durch die Staatssekretäre der Regierungskanzleien prüfen zu lassen, was man machen könnte, um die Lage zu erleichtern. Das ist ein schwacher Punkt auch deswegen, weil schließlich im August 1968 die Volkskammer den Ministerrat ermächtigt hat, einen solchen Staatssekretär zu bestellen. Inzwischen ist es jetzt aber Anfang 1969, und der Kontakt ist immer noch nicht installiert. Dies bleibt also ein Verfahren, auf das man zurückgreifen kann.

SPIEGEL: Sie haben hier in Berlin erklärt, die Bundesregierung sei zum Verzicht auf gewisse Demonstrationen der Bundespräsenz bereit, wenn sich längerfristige Arrangements mit dem Osten treffen ließen. Auf was wollen Sie künftig verzichten?

BRANDT: Ich möchte das jetzt nicht konkretisieren, jedenfalls nicht öffentlich. Es geht ja nicht um einen Verzicht, sondern um einen Ausgleich. Meine Fragestellung bleibt: Wenn für die Berliner Bevölkerung tatsächliche Erleichterungen und Sicherungen, gerade auch im Sinne des täglichen wirtschaftlichen Lebens, erreicht werden können, dann würden bestimmte demonstrative Gesten des Bundes nicht mehr so wichtig sein. Berlin kann auf die Dauer nicht von der Symbolik leben.

SPIEGEL: Ein möglicher Ausgleich für die Wahl des Bundespräsidenten in Berlin könnte also sein, daß der Bundespräsident künftig in Berlin nicht mehr amtiert?

BRANDT: Man wird vielleicht beim Begriff »amtieren« zu fragen haben, ob das nicht auch prestigebelastet ist, ob da nicht auch falschverstandene Symbolik drinsteckt. Aber die Tatsache, daß der Bundespräsident sich in West-Berlin von Zeit zu Zeit aufhält, an bestimmten Veranstaltungen teilnimmt, die über die Stadt hinauswirken, das sollte von den anderen nicht als Belastung des gegenseitigen Verhältnisses aufgefaßt werden. Allein daraus, daß West-Berlin wirtschaftlich und währungsmäßig mit Westdeutschland zusammenhängt, daß es rechtlich durch Übernahme der meisten Bundesgesetze mit der Bundesrepublik verbunden ist, allein daraus ergibt sich natürlich, daß der Bundespräsident für diesen Gesamtbereich bestimmte Aufgaben in Berlin wahrzunehmen hat.

SPIEGEL: Sollte der Bundestag künftig noch in Berlin tagen? Plenarsitzungen finden eh' keine mehr statt, sollte man dann nicht auch auf Ausschuß-Sitzungen verzichten, die nur wegen des Prestiges einberufen werden?

BRANDT: Da würde ich zwei Dinge voneinander trennen: Das eine sind gelegentliche Fraktionssitzungen von Parteien, die auch in Berlin vertreten sind. Die sowjetische Seite hat daran in meinem eigenen Fall nie Anstoß genommen: Während meiner Berliner Zeit habe ich mehrfach mit hohen sowjetischen Vertretern als Vorsitzender der SPD gesprochen. Das andere sind die Ausschüsse. Da geschieht manches vielleicht zu schematisch. Ich halte es für sehr gut, daß die Fachausschüsse von Zeit zu Zeit sich über die Lage in diesem besonderen Gebiet, für das sie Gesetze mitmachen, selbst orientieren. Aber völlig abgesehen von den sowjetischen Beanstandungen, habe ich mich schon lange gefragt, ob es gut ist, wenn alle Ausschüsse auf einmal zusammen nach Berlin gehen. Ich halte das nicht einmal für rationell.

SPIEGEL: Also künftig keine demonstrativen, unrationellen Ausschußwochen mehr in Berlin?

BRANDT: Die Berliner Stellen und die Ausschüsse selbst würden viel mehr auf ihre Kosten kommen, im Sachlichen meine ich jetzt, wenn nicht alles auf einem Haufen wäre. Früher hatten wir bereits mal das System, daß die Ausschüsse über das ganze Jahr gestreut nach Berlin gingen. Das sind Fragen, die man sicher noch mal prüfen kann, aber nicht unter Druck.

SPIEGEL: Warum mußten dann ausgerechnet Sie, sozusagen der Erfinder der neuen Bonner Entspannungspolitik, sich für eine solche Demonstration wie die Bundesversammlung in Berlin einsetzen, die doch erwartungsgemäß neue Spannungen schaffen mußte?

BRANDT: Ich verstehe diese Frage. Sie hat ja auch in der letzten Nummer des SPIEGEL eine Rolle gespielt. Ich bin in der schwierigen Situation, daß ich aus guten Gründen nicht die ganze Geschichte zu einem Zeitpunkt darlegen kann. Sie ist viel differenzierter, als sie sich von außen betrachtet darstellt. Richtig ist, daß ich im Spätherbst vergangenen Jahres gesagt habe, ich sähe keinen Grund, von der bisherigen Übung einfach abzugehen. Dabei spielte nicht nur die Tatsache eine Rolle, daß ich hier zehn Jahre Berliner Bürgermeister war. Ich habe selbst bei zwei Bundesversammlungen während meiner Bürgermeister-Amtszeit erlebt, daß alliierte Einwände vorgetragen wurden, die sich dann hinterher nicht als absolut stichhaltig herausstellten. Dieses Mal habe ich sagen müssen, ich kann mit solchen alliierten Einwänden nicht dienen; das ist eine Frage, die wir in eigener Verantwortung entscheiden müssen.

SPIEGEL: In den letzten Wochen waren Sie aber doch selber schwankend geworden.

BRANDT: Drei Faktoren sind hinzugekommen seit der Jahreswende, die mir eine vorurteilslose Überprüfung geraten erscheinen ließen. Erster Faktor: Die Geschichte war im Dezember so schrecklich zerredet worden und mußte durch die Art, in der sie behandelt wurde, eine sich steigernde östliche Aktivität geradezu herausfordern. Zweitens kam der vorher nicht zu erwartende Nixon-Besuch hinzu, der für die Sicherheit Berlins und das Gefühl, nicht alleingelassen zu werden, viel mehr bedeutete als jede Art von Bundesveranstaltung. Und drittens schließlich glaubten wir seit Dezember/Januar auf sowjetischer Seite eine Bereitschaft zur Verbesserung des deutsch-sowjetischen Verhältnisses zu bemerken. Und da durfte man nicht von vornherein einfach ausschließen, auch die sowjetischen Beanstandungen zur

Frage der Bundesversammlung miteinzubeziehen und zu sehen, ob man hier näher aneinander herankommen konnte.

SPIEGEL: Das hat sich als nicht möglich erwiesen.

BRANDT: Wir sind ja bescheiden geworden. Ich halte es schon für einen beträchtlichen Teilerfolg, daß wir diese Wahl über die Runden bringen konnten, ohne daß dadurch eine ernste Zuspitzung eingetreten ist und ohne daß wir befürchten müssen, jetzt sei dieses schwierige Bemühen um einen deutsch-sowjetischen Dialog um Jahre zurückgeworfen.

SPIEGEL: Wie erklären Sie, daß der Osten zur Zeit der Bundesversammlung darauf verzichtet hat, seine Schikane-Möglichkeiten durchzuspielen?

BRANDT: Entscheidend für das Verhalten bis heute war wohl, daß die Russen und die Amerikaner miteinander sprechen wollen: über die strategischen Waffen, über Sicherheitsfragen, über Nahost und Vietnam. Jedenfalls scheint es auf sowjetischer Seite übergeordnetes Interesse an diesem Kontakt zu geben.

SPIEGEL: Hängt damit auch zusammen, daß die Sowjetunion in den letzten Monaten versucht hat, sich Bonn gegenüber differenzierter zu verhalten?

BRANDT: Das ist schwer zu sagen. Aber einen gewissen Zusammenhang dürfte es auch da geben. Jedenfalls hatten wir den Eindruck gewonnen, daß die Sowjetunion uns sagen wollte, sie sei bereit, über prinzipielle und praktische Fragen zu sprechen.

SPIEGEL: So kam es zu den Kontakten des Sowjet-Botschafters Zarapkin mit Ihnen und mit dem Bundeskanzler. Stimmt es, wie in Bonn verbreitet wurde, daß der Kreml dabei seine Bereitschaft erklärte, mit den Westdeutschen über alle Aspekte der Berlin-Situation zu sprechen?

BRANDT: Das glaube ich nicht. So ist nie gesprochen worden, wenn ich mit dem sowjetischen Botschafter zu tun hatte. Als der Bundeskanzler mit ihm sprach, war ich nicht im Lande. Aber ich bin ziemlich gut darüber informiert. Ich kann mich nicht daran erinnern, daß dies die Haltung des sowjetischen Botschafters gewesen wäre. Das wäre auch nicht logisch. Andererseits hat es aber auch keine sture Ablehnung gegeben, über bestimmte Aspekte der Berlin-Frage zu sprechen. Das war ja auch darum schon nicht gut abzulehnen, weil die Sowjetunion nun selbst mit einem Berlin-Problem kam, nämlich mit der Bundesversammlung.

SPIEGEL: Welches Angebot brachte denn Herr Zarapkin für eine Absage der Bundesversammlung mit: Passierscheine für West-Berliner nur zu Ostern oder mehr?

BRANDT: Erst mal zum Passierschein-Thema. Die Diskussion darüber hat in Westdeutschland darunter gelitten, daß man sich festbiß an dem Begriff Passierscheine und aus Unkenntnis dabei blieb. Denn das Thema ist ja eigentlich, ob bestimmte Erleichterungen im Personenverkehr eingeführt werden können. Die Passierscheine sind ein Instrument, das haben wir seinerzeit erfunden, weil es nichts Besseres gab. Viel besser wäre, wenn die DDR aus eigener Zuständigkeit, entweder überhaupt oder zunächst für bestimmte Zeiträume, die West-Berliner den Westdeutschen gleichstellen würde. Das ist eigentlich das umfassende Thema.

SPIEGEL: Wie kam aber dann die Beschränkung auf Ostern zustande?

BRANDT: Hier hatte wohl der sowjetische Botschafter den Eindruck gewonnen, von dem, was ihm in Bonn zugetragen worden war, als würde die Gewährung von Passierscheinen zu Ostern bei der Bundesregierung die Bereitschaft auslösen, die Bundesversammlung nicht in Berlin stattfinden zu lassen. Da scheint es auch Mißverständnisse gegeben zu haben.

SPIEGEL: Auf welche Aspekte der Berlin-Frage wurde dieser Dialog noch ausgedehnt?

BRANDT: Eine gewisse Ausweitung des Themas war ja deshalb logisch, weil es für mich naheliegt, an frühere wiederholte sowjetische Erklärungen anzuknüpfen, man habe nichts dagegen, daß Berlin ökonomisch, währungsmäßig und auf andere Weise mit der Bundesrepublik eng verbunden sei. Da ist also zu fragen, ob man das nicht noch ein bißchen genauer hören könnte. Und wenn man es etwas genauer hört, ob sich daraus nicht doch etwas ergeben kann, was zu Stabilität führt.

SPIEGEL: Haben Sie aber nicht gerade dieses Ziel gefährdet? Muß nicht mit einer nachträglichen Reaktion des Ostens auf die Bundesversammlung gerechnet werden, die zu einer weiteren Verschlechterung des Status von West-Berlin führt? Beispielsweise durch die bereits angedrohte Beeinträchtigung der Industrie-Exporte?

BRANDT: Das ist an sich ein alter Hut, ohne daß ich die Geschichte damit bagatellisieren will. Das haben wir alles schon einmal gehabt. Diese Beschuldigung, hier in West-Berlin würden Rüstungsgüter hergestellt, ist insofern unsinnig, weil dieser Warenverkehr immer kontrolliert worden ist. Das erste Beispiel, das ich am Mittwoch dazu gehört habe, fordert geradezu zum Lachen heraus. Da sind 25 Kilo Koppelleder angehalten worden, die für die Polizei in Lübeck bestimmt waren. Das ist ja nicht seriös.

SPIEGEL: Aber liegt nicht gerade die Gefahr darin, daß Ost-Berlin künftig nahezu alle Waren zu Rüstungsgütern deklarieren kann?

BRANDT: Dies bringt die drei Westmächte natürlich sehr stark mit ins Geschäft. Das ist gar nicht so schlecht, wenn die Sowjetunion und die Westmächte darüber sprechen, ob man nicht bestimmte Dinge anders handhaben kann als bisher, ob nicht die Interessen so aufeinander abgestimmt werden können, daß es Status-quo-Verbesserungen gibt. Das ist genau das, was Nixon in Berlin vor den Siemens-Arbeitern angedeutet hat. Da hat er ganz bewußt nicht nur die Garantien und Zusicherungen für West-Berlin erneuert, sondern auch der Sowjetunion Verhandlungen über eine Verbesserung des Status quo angeboten.

SPIEGEL: Werden Sie selber nun ein neues Gespräch mit der Sowjetunion darüber suchen?

BRANDT: Selbstverständlich geht das Gespräch weiter. Aber wir müssen uns erst noch daran gewöhnen, daß ein gewisser regelmäßiger Kontakt mit den Vertretern der Sowjetunion als etwas ähnlich Normales zu betrachten ist wie Kontakte mit dem amerikanischen, dem französischen oder dem englischen Botschafter. Wir dürfen nicht meinen, jedesmal wenn der sowjetische Botschafter mit dem Außenminister oder mit dem Bundeskanzler spricht, dann beginne ein neues Kapitel der Weltgeschichte.

SPIEGEL: Herr Minister, wir danken Ihnen für dieses Gespräch.

»Die SPD wird sich nicht billig machen«

Der Vizekanzler über die Chancen seiner Partei

SPIEGEL: Herr Minister, erwarten Sie Stimmenzuwachs für die SPD?

BRANDT: Ja, es sieht ganz gut aus. Auf meinen Wahlreisen frage ich die Kandidaten immer zuerst, wie es mit der Stammkundschaft steht, und es scheint, daß die Stammwähler überall wieder dabei sind. Aber darüber hinaus höre ich dann auch: Daß wir was dazu kriegen, ist sicher.

SPIEGEL: Glauben Sie nicht, daß linke Stammwähler aus Ärger über die Große Koalition oder die Notstandsgesetze Ihnen weglaufen?

BRANDT: Das glaube ich nicht mehr. Der Ärger ist im wesentlichen durch die wirtschaftliche Entwicklung überspielt worden. Ich denke, daß das so gut wie ausgeglichen ist. Dann kommt in den katholischen Gebieten etwas dazu, bei den Beamten und bei den Frauen. Man kann natürlich nicht nur nach Wahlversammlungen urteilen, aber wir lügen uns nicht in die Tasche, wenn wir feststellen: Es sind viel mehr junge Leute da als vor vier Jahren, und es sind auch mehr Frauen da.

SPIEGEL: Wie erklären Sie sich das?

BRANDT: Das ist nicht weiter verwunderlich. Mehr Frauen sind berufstätig, und mehr Frauen sind an Bildungsfragen ganz anders interessiert. Bildung ist ja zu einem brennenden Problem geworden, und Frauen sind nun mal mit der Erziehung der Kinder mehr beschäftigt als Männer. Vor allem im Arbeitermilieu ist das Gefühl dafür gewachsen, daß man in einer mobilen Gesellschaft lebt und eine bessere Ausbildung braucht.

SPIEGEL: Sie haben doch früher auch Protestwähler gehabt, die einfach deshalb SPD wählten, weil es die Opposition war. Bei der baden-württembergischen Landtagswahl im letzten Jahr hat die SPD solche Wähler an die NPD abgeben müssen. Was meinen Sie, wie viele am 28. September von der SPD zur NPD gehen?

BRANDT: Es wird sich herausstellen, daß die NPD bereits wieder rückläufig ist. Sie wird in Baden-Württemberg nicht die Zahlen halten, die sie bei den Landtagswahlen hatte. Sie wird in Franken weniger bekommen, als sie bei den bayrischen Landtagswahlen im November 1966 hatte.

SPIEGEL: Kommt die NPD in den Bundestag?

BRANDT: Das Schicksal der NPD entscheidet sich, wie überhaupt der gesamte Wahlausgang, an Rhein und Ruhr. Wenn die NPD im Ruhrgebiet unter drei Prozent bleibt, dann kommt sie nicht in den Bundestag. Für die SPD ist die Frage, wo ihr eigenes Ergebnis in Nordrhein-Westfalen zwischen den 43 Prozent der letzten Bundestagswahl und den 49 Prozent der Landtagswahl von 1966 liegen wird. Das wird das Gesamtergebnis beeinflussen.

SPIEGEL: Die SPD befand sich noch vor ein oder anderthalb Jahren in einer sehr viel weniger guten Verfassung als jetzt in diesem Wahlkampf. Was hat den Stimmungsumschwung in der Partei bewirkt?

BRANDT: Was ist die Partei? Die Partei ist einmal die Schicht der Aktiven, dann ist es die Gesamtmitgliedschaft, und häufig meint man ja, wenn man Partei sagt, auch die Anhängerschaft dazu. Die negative Reaktion auf die Große Koalition war verständlicherweise unter den Aktiven stärker als unter den Mitgliedern und unter den Mitgliedern stärker als unter den Anhängern und Wählern. Noch vor der Sommerpause habe ich vor dem Parteirat der SPD gesagt: Jetzt müssen wir uns ein bißchen anstrengen, denn die Zuversicht, was das Wahlergebnis angeht, ist stärker bei den Anhängern als bei den Mitgliedern und stärker bei den Mitgliedern als bei den Funktionären.

SPIEGEL: Hat sich das seitdem geändert?

BRANDT: Ja, heute ist die Zuversicht ziemlich einheitlich. Eine Ursache ist ganz sicher, daß selbst die Kritiker, zum Beispiel die Kollegen im Bundestag, die schwere Bedenken gegen die Große Koalition hatten, heute zugeben, es sei eigentlich ganz gut gegangen. Und die Leute draußen schreiben das, was in diesen letzten zweieinhalb Jahren an Neuem passiert ist, dem SPD-Einfluß in der Regierung zu.

SPIEGEL: Was ist das Neue, das Sie sich zugute halten?

BRANDT: Erstens, ganz dick unterstrichen und mit schönem Ausrufungszeichen, Schillers Wirtschaftspolitik. Das steht ganz oben an. Dann haben die Leute auch begriffen, daß es nicht nur Reformansätze gibt, sondern einige Reformen, die gegen viel Widerstand bereits

eingeleitet sind. Der Leber-Plan zum Beispiel. Das ist jetzt erst klargeworden, wie sehr Leber draußen verstanden wird als einer, der sich
gegen den Widerstand der Interessenten auf eine große Reformaufgabe eingestellt hat und schon ein Stück vorangekommen ist damit.

SPIEGEL: Was sonst noch?

BRANDT: Ein ganz anderes Gebiet: die Justiz. Ich brauche nur
irgendwo, ohne daß ich die Themen nenne, zu sagen: »Es gab zwei
sozialdemokratische Justizminister; der erste war Gustav Heinemann,
der ist übrigens inzwischen Bundespräsident geworden, meine Damen
und Herren, und ich finde es gut, daß er es geworden ist . . .« Dann
kommt großer Beifall. Und dann erwähne ich Ehmke, den zweiten
sozialdemokratischen Justizminister. Die Menschen verstehen: Da ist
ein Fenster aufgemacht worden. Bei allen Reformen, bei Arbeitneh-
merfragen, bei der Lohnfortzahlung, überall da, wo nicht nur Mate-
rielles im Spiel ist, gehen die Leute mit.

SPIEGEL: Was für Schlüsse ziehen Sie aus dieser Art Ihrer
Partei, wenn Sie an die möglichen Koalitionen nach der Wahl denken
– immer vorausgesetzt, daß es keine absolute Mehrheit gibt?

BRANDT: Keine Partei wird die absolute Mehrheit bekommen,
das steht für mich fest.

SPIEGEL: Auch dann nicht, wenn NPD, ADF und andere
kleine Parteien zwar nicht in den Bundestag kommen, aber zusammen
etwa sieben Prozent der Stimmen auf sich ziehen, und dadurch eine
der großen Parteien schon mit rund 47 Prozent die Mehrheit der
Bundestagssitze erreichen kann?

BRANDT: Auch dann nicht, nach meiner Einschätzung. Keine
Partei wird die absolute Mehrheit bekommen. Und auch wenn die
NPD ganz knapp drin sein sollte, halte ich es für möglich, daß sowohl
SPD mit FDP, CDU mit FDP und SPD mit CDU koalieren können. Ich
lasse das Argument nicht gelten, das ich hier und da gehört habe, wenn
die NPD im Bundestag sei, dann sei notwendigerweise von den Zahlen
her eine bestimmte Kombination auf keinen Fall möglich.

SPIEGEL: Sie rechnen also ganz fest damit, daß eine Koalition
der SPD mit der FDP vom Wahlergebnis her in jedem Falle möglich
sein wird?

BRANDT: Ja, aber natürlich auch eine Koalition von CDU und
FDP. Und die CDU wird – entgegen der Vermutung mancher – alles
tun, um die Koalition mit der FDP zustande zu bringen.

SPIEGEL: Worauf stützen Sie diese Annahme?

BRANDT: Ein bißchen hört man ja schon, das andere rechnet man sich aus. Wenn meine Prognose richtig ist, daß die SPD gut aus den Wahlen herauskommt, dann wird diese Haltung bei der CDU noch verstärkt werden. Dann wird man den Oberen dort sagen, da seht ihr ja, das hilft den Brüdern nur, wenn sie in der Regierung sind, und wenn wir das noch vier Jahre weitermachen, wer weiß, was daraus wird. Außerdem ist es halt leichter, den Kuchen der Kabinettsitze mit dem kleinen Partner zu teilen. Natürlich gibt es in der Union auch manche, denen die Liberalen noch mehr zuwider sind als die Sozis.

SPIEGEL: Wird sich denn Ihre Parteispitze mit der gleichen Entschiedenheit für die Koalition mit der FDP einsetzen, wie Sie es von der CDU erwarten?

BRANDT: Erstens haben wir in der Führungsspitze vereinbart, daß vor dem 28. nicht über Koalitionen gesprochen werden wird, sondern daß wir uns anstrengen wollen, die SPD so stark wie möglich zu machen. Zum anderen muß man abwarten, wie die Zahlen aussehen.

SPIEGEL: Welche Mehrheit wäre ausreichend? Sind zehn genug?

BRANDT: Ich sage keine Zahl. Das ist ja heute auch anders als 1966. Damals mußte man damit rechnen, daß die FDP-Fraktion relativ rasch aufgebrochen worden wäre, zum Beispiel durch den Einfluß großer wirtschaftlicher Verbände. Das ist heute unwahrscheinlicher geworden. Die Verbände wissen heute, es läßt sich auch mit einer anderen Konstellation in Deutschland arbeiten als der, an die sie sich gewöhnt hatten.

SPIEGEL: Was wären bei einer solchen Koalition Ihre Essentials, die unbedingt durchgesetzt werden müßten? Wie ist es zum Beispiel mit der Mitbestimmung?

BRANDT: In der Mitbestimmungsfrage geht es ja zunächst darum, das Betriebsverfassungsgesetz und das Personalvertretungsgesetz zu reformieren in Richtung auf eine stärkere Stellung für die Betriebsräte und für die Personalräte. Das hätte ja eigentlich noch in diesem Bundestag passieren müssen.

SPIEGEL: Was Sie jetzt gesagt haben, ist aber schon eine Abschwächung der bisher vorgetragenen sozialdemokratischen Forderungen. Die Gewerkschaften ...

BRANDT: Ich war noch nicht zu Ende. Ich habe von dem ersten Schritt gesprochen, dem einfachsten auf diesem Gebiet. Für die qualifizierte Mitbestimmung gibt es klare Beschlüsse unserer Parteitage. Es gibt den sozialdemokratischen Gesetzentwurf für die etwa 400 größten Kapitalgesellschaften. Die Formeln der Mitbestimmung in der Montanindustrie sind dabei übrigens nicht schematisch übernommen worden. Unser Entwurf sieht die demokratische Wahl aller Arbeitnehmervertreter in den Aufsichtsrat vor. Helmut Schmidt hat, als er diese Vorlage für die SPD-Fraktion einbrachte, sinngemäß gesagt, daß wir uns nicht auf Punkt und Komma festgelegt hätten. Das heißt, es muß nicht ganz genauso gemacht werden, wie es die SPD im jetzigen Bundestag vorgeschlagen hat. Auch die Gewerkschaften werden mit dieser Einstellung einverstanden sein, denn sie waren auch nicht ganz zufrieden mit dem, was die SPD vorgelegt hatte.

SPIEGEL: Wir interpretieren diese Ihre Erläuterung als den Versuch, der FPD zu erkennen zu geben, man könne mit der SPD über die Mitbestimmung reden. Widersprechen Sie dieser Auslegung?

BRANDT: Ich gebe in diesem Fall nicht nur einer Seite einen Fingerzeig, wenn es einer ist, sondern ich unterstreiche, was wir vorher gesagt haben. Es wäre gut, es hätte schon mehr Diskussionen zu diesem Thema gegeben und es wären schon noch mehr Modelle auf dem Tisch. Das Verlangen nach mehr Mitbestimmung entspricht unserer gesellschaftlichen Entwicklung. Nicht nur die CDU, auch die FDP wird ihr Rechnung tragen müssen.

SPIEGEL: Dies ist also ein Punkt, an dem die Koalition mit der FDP nicht scheitern würde. Was ist der nächste Punkt, an dem sie scheitern könnte? Wie sieht es aus mit der Steuerreform, die die SPD betreiben will? Denken Sie an das, was Strauß in einem SPIEGEL-Gespräch konfiskatorische Steuern genannt hat?

BRANDT: Ich denke schon, daß zu mehr Steuergerechtigkeit ein stärkeres Heranziehen der ererbten Millionen-Vermögen gehört. Das braucht und soll nicht konfiskatorischen Charakter haben. Aber daß man auf dem Gebiet etwas tut, halte ich für vernünftig. Was die SPD vor allem will, ist eine Entlastung breiter Schichten zunächst und konkret durch Verdoppelung des Arbeitnehmer-Freibetrags. Der Steuerausfall, das ist von uns durchgerechnet worden, wäre in einem Finanzprogramm für die kommenden vier Jahre zu verkraften.

SPIEGEL: Beabsichtigen Sie, die Bodenspekulation einzudämmen, etwa durch höhere Besteuerung von Grundstücksverkäufen?

BRANDT: Ungerechtfertigte Spekulationsgewinne sollten steuerlich erfaßt werden. Zur Bekämpfung der Bodenspekulation braucht man ein modernes Bodenrecht. Mein Kollege Lauritzen hatte das Städtebau-Förderungsgesetz noch durch das Kabinett gebracht, aber es ist im Bundestag dann gestoppt worden. Dieses Gesetz, so sagen mir auch die Praktiker in den Gemeinden, wäre ein Instrument, mit dem die Bodenspekulation weit zuückgedrängt werden könnte.

SPIEGEL: Hält die SPD an Karl Schiller als Wirtschaftsminister fest, mit wem immer sie koaliert?

BRANDT: Das ist doch klar, aufgrund dessen, was Schiller geleistet hat. Wir werden ihn nicht der CDU/CSU opfern. Unsere Leute bestimmen wir. Außerdem: Wir werden die Wähler nicht hintergehen. Einen Mann wie Schiller kann man doch nicht spazierengehen lassen.

SPIEGEL: Wenn nun die SPD in einer Koalition mit der FDP das Kanzleramt, das Wirtschaftsministerium übernimmt – könnten Sie sich einen Außenminister Scheel vorstellen?

BRANDT: Solche Fragen zu erörtern, scheint mir ein bißchen früh. Ich habe zu Hause in meinem Schreibtisch, einer alten Seemannskommode, eine Schublade mit Zetteln zur Sache und zu den Personen, von mir und anderen. Am 28. September, wenn ich gewählt haben werde, fange ich an, das richtig zu ordnen, damit es ab 18 Uhr abends verfügbar ist. Aber mal völlig abgehoben davon: Herr Scheel ist nicht nur der angesehene Vorsitzende der gegenwärtigen Oppositionspartei, er hat seinerzeit als Entwicklungsminister eine gute Figur gemacht und gezeigt, daß er deutsche Interessen auch dem Ausland gegenüber gut vertreten kann.

SPIEGEL: Wenn am Wahlabend feststehen sollte, daß es zu einer SPD/FDP-Koalition nicht reicht, stellt sich für Sie die Frage, ob Sie die Große Koalition fortsetzen wollen. Und dann kommt die CDU, und sei es auch nur, um Sie in Verlegenheit zu bringen, mit der Forderung, das Wahlrecht zu ändern. Wären Sie dafür, das Ende einer solchen Koalition vorweg durch eine fest vereinbarte Wahlrechtsänderung zu fixieren, etwa für 1973?

BRANDT: Erstens soll die Union nicht so tun, als ob nur sie in einem solchen Fall Forderungen zu stellen hätte. Zum anderen ist die Einstellung der CDU/CSU zum Mehrheitswahlrecht bei weitem nicht so einheitlich, wie es nach außen immer betont wird. Dort haben verschiedene Leute und Gruppen ganz unterschiedliche Modelle im Auge, für die sie dann pauschal die Formel »mehrheitsbildendes Wahlrecht« verwenden.

SPIEGEL: Wollen Sie damit sagen, daß Sie das Mehrheitswahlrecht nicht für ein wirkliches politisches Problem des kommenden Herbstes halten?

BRANDT: Herr Schröder von der CDU hat gesagt, er hält nichts davon, Herr Rollmann aus Hamburg hat auch gesagt, er hält nichts davon, die hessische CDU hält nichts davon. Und wenn die CDU im Ruhrgebiet vor einem echten relativen Mehrheitswahlrecht steht – gewählt ist in jedem Wahlkreis der, der die meisten Stimmen hat –, dann wackeln die auch mit den Ohren. Herr Kiesinger hat zu dieser Frage eine opportunistische Haltung eingenommen.

SPIEGEL: Sie suchen Partner für Ihr Desinteresse am Mehrheitswahlrecht?

BRANDT: Nein, ich sage nur, daß es eine schwierige Frage ist, natürlich auch für die SPD. Das ist eine kontroverse Frage, und es gibt keinen SPD-Vorstand, der ein Engagement auf diesem Gebiet eingehen kann, ohne einen Parteitag einzuberufen.

SPIEGEL: Liegt Ihnen vielleicht auch daran, eine wertvolle Partei wie die FDP zu erhalten?

BRANDT: Nein, ich gehe nicht davon aus, wie schön die Welt sein könnte. Ich muß davon ausgehen: Was ist zu erreichen? Bei der SPD würde es vermutlich eine Mehrheit geben für das Wahlrecht mit Dreier-Wahlkreisen.

SPIEGEL: Das aber verfassungsrechtlich sehr umstritten ist.

BRANDT: Eben. Viele Juristen sagen einem, es sei gar nicht sicher, ob Karlsruhe ein solches Wahlrecht bestehen lassen würde.

SPIEGEL: Gäbe es denn außer der Einführung eines neuen Wahlrechts überhaupt Gemeinsames für eine neue Große Koalition? CDU-Generalsekretär Heck meint, die begrenzten Gemeinsamkeiten zwischen CDU/CSU und SPD seien mit dieser einen Koalition erschöpft, die persönlichen Gemeinsamkeiten sind es wohl auch weitgehend. Kann man sich vorstellen, daß eine neue Große Koalition ein sinnvolles gemeinsames Programm haben könnte?

BRANDT: Ein Programm könnte ich mir schon vorstellen, es ist nur die Frage, ob man sich darauf mit den anderen einigt. Es wäre schon eine Sache, einige der großen inneren Reformen auf breiter Basis durchzubringen – Bildung, Verkehr, Städtebau, Raumordnung, Strukturpolitik.

SPIEGEL: Sie können doch nicht leugnen, daß die SPD in den letzten Monaten als der kleinere Partner der Großen Koalition mit bestimmten Vorhaben schlicht gescheitert ist. Wir nennen nur die Aufwertung oder Kambodscha.

BRANDT: Konkret haben Sie recht. Aber Sie müssen bitte zur Kenntnis nehmen, daß die SPD nicht elf von 20 sondern nur neun von

20 Kabinettssitzen hatte. Sie können davon ausgehen: Die SPD wird sich nicht billig machen. Sie würde gerade nach den Erfahrungen der letzten Monate sehr genau wissen wollen und sehr genau aufgeschrieben haben wollen, was gemacht werden kann.

SPIEGEL: Würde die SPD es weniger billig machen mit der CDU als die FDP?

BRANDT: Die SPD wird nicht in der Lage sein, da mit der FDP zu konkurrieren.

SPIEGEL: Zum Kern der Kontroverse zwischen Ihrer Partei und der CDU/CSU könnte die Gesellschaftspolitik werden, das, was Sie unter Demokratisierung der Gesellschaft verstehen.

BRANDT: Heck hat sich ja im Wahlkampf auf diesem Gebiet besonders betätigt...

SPIEGEL: ... und das Schlagwort gebraucht »Demokratisierung ist Sozialisierung«.

BRANDT: Ja, er hält Demokratisierung der Gesellschaft sogar für gefährlich.

SPIEGEL: Was verstehen Sie darunter?

BRANDT: Den permanenten Auftrag des Grundgesetzes, die großen gesellschaftlichen Bereiche mit freiheitlichem, demokratischem Geist zu durchdringen. Das Grundgesetz hat doch 1949 nicht die damalige Situation beschreiben wollen mit dem Satz: die Bundesrepublik ist ein demokratischer und sozialer Bundesstaat. Damals rauchten beinahe noch die Trümmerhaufen. Das muß doch eine Aufgabe für die Zukunft gewesen sein, die die Verfassungsgeber haben stellen wollen, den demokratischen und sozialen Bundesstaat zu schaffen. Heck ist übrigens ins Schwimmen geraten; denn er sagt neuerdings, die Demokratisierer wollten auch Kirche und Familie demokratisieren, und das sei im Grunde nur eine andere Form der Räteherrschaft. Dies ist nun schlichter Quatsch.

SPIEGEL: Ist es nicht vielleicht so, daß gerade dieser Konflikt zwischen CDU/CSU und SPD ganz banal die alten Polaritäten von rechts und links wiederherstellt? Daß dadurch die SPD wieder mehr eine linke Partei werden könnte, als sie es in den letzten Jahren war und sein wollte?

BRANDT: Links ist ja bei uns zulande vorbelastet im Denken der Menschen. Aber an der Sache ist wohl etwas daran.

SPIEGEL: Ist die SPD noch eine sozialistische Partei?

BRANDT: Diese Definition ist auch schrecklich schwierig geworden, wenn man die verschiedenen Strömungen in der Welt nimmt, die sich alle als sozialistisch bezeichnen. Ich ziehe es vor, die SPD als eine sozialdemokratische Partei zu sehen.

SPIEGEL: Immerhin, die CSU unterschiebt der SPD, daß sie geistiger Vater der Apo sei. Physische Väter der Apo, das darf man sagen, gibt es in der SPD.

BRANDT: Wissen Sie, dagegen will ich nun wirklich nicht opponieren. Aber ich behalte mir vor, wenn es sein muß, auch mal einige andere Väter beim Namen nennen zu lassen. Da könnte man fast im Kabinett anfangen.

SPIEGEL: Kiesingers Sohn Peter ist ganz bestimmt nicht Apo.

BRANDT: Ich kenne Väter und Mütter auch im Bundestag, Generale in der Bundeswehr, Geistliche, Diplomaten, Männer der Wirtschaft, die man alle fragen könnte, ob sie glauben, daß ihre Söhne oder Neffen oder Enkel Tiere im Sinne von Strauß seien. Wenn man die geistigen Quellen dessen sucht, was sich unter den jungen Leuten tut, dann kommt man ja viel weiter zurück als bis zur SPD. Da kommt man in die bürgerliche Revolution hinein, auf dem Wege dorthin in den einmal groß konzipierten Anarchismus. Und dann kommt man noch weiter zurück und landet mit einem Teil bei der Bergpredigt.

SPIEGEL: Was ist Ihre Meinung zu dem Tiervergleich, den Franz Josef Strauß für die Angehörigen der Apo gefunden hat und den er nun immer weiter variiert und verbreitet?

BRANDT: Das war eine völlig unmögliche Formulierung. Und das Schlimme ist, daß Strauß nicht gesagt hat, was man in diesem Lande ja eh viel zu selten sagt: Tut mir leid, das war ein Ausrutscher. Sondern daß er dabei bleibt und nun auch noch ein zweifelhaftes Lob von Thadden dazu bekommen hat, der ja auch sagt, er könnte sich denken, daß NPD und CSU im nächsten Bundestag etwas zusammen machen. Das ist doch schlimm. Wenn man an die bösen Jahre von 1933 bis 1945 zurückdenkt, da hat es doch irgendwo einen Punkt gegeben, an dem Leute beschlossen haben: Bestimmte Menschen sind nicht Menschen, sondern Wanzen, die man knacken darf. Auf diesem Hintergrund ist es so schrecklich, daß jemand sich zu solchen Äußerungen hinreißen läßt.

SPIEGEL: Oder sie gar absichtlich aufrechterhält. Ihr Parteifreund Helmut Schmidt hat den geschäftsführenden Herausgeber des »Bayernkurier«, Marcel Hepp, wegen dessen Bemerkungen zu Schmidts Moskau-Reise ein Schwein genannt.

BRANDT: Wollen Sie das im Ernst mit dem Tier-Zitat von Strauß vergleichen?

SPIEGEL: Die »Frankfurter Allgemeine« zum Beispiel hat es getan und beides etwa gleich bewertet.

BRANDT: Da kann ich nicht folgen. Der eine belegt einen einzelnen mit einem – leider – durchaus gebräuchlichen Schimpfwort, der andere diffamiert eine ganze Gruppe als Tiere, für die die Anwendung der menschlichen Gesetze nicht möglich sei.

SPIEGEL: Herr Brandt, wie könnte denn die SPD, wenn sie in Bonn die politische Führung hat, diese Gesellschaft demokratisieren?

BRANDT: Demokratisierung ist ja nicht nur ein Problem des Mitbestimmens im formalen Sinne, sondern ganz stark ein Problem des Offenlegens staatlicher Entscheidungsvorgänge.

SPIEGEL: Auch wirtschaftlicher Entscheidungsvorgänge.

BRANDT: Ich denke zunächst mal an den Staat, das andere müßte dazu parallel laufen. Das Instrumentarium, das wir heute haben, um meinungsberechtigte Bürger und Gruppen teilnehmen zu lassen, ist veraltet. Es gibt zwar die Beiräte der Ministerien, viele an der Zahl, aber sie interessieren und engagieren draußen im Land nur ganz wenige Leute. Ich weiß von meinem jetzigen Ressort, wieviel guter Wille und Sachverstand draußen brachliegt, der von einer Regierung, die das will, in Anspruch genommen werden könnte.

SPIEGEL: Wie soll das praktisch aussehen?

BRANDT: Nehmen wir Reformen: Große Reformvorhaben dürfen nicht nur mit einem kleinen Sachverständigen-Beirat eines Ministeriums beraten und dann dekretiert werden, sondern die interessierten Gruppen und Schichten der Gesellschaft müssen an der Vorbereitung teilhaben.

SPIEGEL: Sie wollen sozusagen ein plebiszitäres Element in die Politik einführen?

BRANDT: Ja, ich scheue mich nicht vor dem Ausdruck plebiszitär.

SPIEGEL: Die Art, wie westdeutsche Wahlkämpfe geführt werden, macht einen nicht neugierig auf Plebiszitäres. Da wird an die angeblich doch mündigen Wähler mit den plattesten Parolen appelliert. Die SPD, sagen ihre Gegner, sei Moskaus Partei, Willy Brandt sei ein Verzichtpolitiker ...

BRANDT: ... Das sind Albernheiten. Ich bin ein Politiker, der auf Gewalt verzichtet. Und ich meine, die Bundesrepublik muß auf das Denken an den Krieg als ein Mittel unserer Politik verzichten, auch darauf, nur um die Ecke herum an Atomwaffen heran zu wollen. Die Wähler einschließlich der Vertriebenen und Flüchtlinge kriegen langsam ein besseres Gespür dafür, welche Leute genau wissen, daß sie nicht halten können, was sie versprechen. Insofern habe ich vor dieser Art von Kampagne gar keine Angst.

SPIEGEL: Sie verzichten ja, so heißt es, nicht nur auf angestammten Besitz, sondern sie verzichten angeblich, indem Sie auf eine Unterzeichnung des Atomwaffensperrvertrags drängen, auch auf künftige Möglichkeiten, nämlich auf einen europäischen Bundesstaat, der mit Atomwaffen ausgerüstet ist.

BRANDT: Da reden die Leute, ohne die Akten zu kennen. Bei Strauß ist das verständlich, der war immer gerade nicht da im Kabinett, wenn das Thema dran war, und er hat vermutlich hinterher auch nicht die Akten richtig gelesen. Man braucht nur die Protokolle des amerikanischen Senats und des britischen Unterhauses zu kennen. In beiden Ländern ist in Verbindung mit der Unterschrift unter den Vertrag oder mit dem Start dieses Vertrages gesagt worden: Wenn es einmal einen europäischen Bundesstaat oder eine Organisation europäischer Staaten geben sollte, die sich dadurch auszeichnet, daß Außenpolitik und Verteidigungspolitik gemeinsam betrieben werden, dann entsteht nicht das Problem der Vermehrung von Atomwaffen, sondern das Problem der Sukzession auf den oder die Staaten, die Atomwaffenstaaten sind und in eine solche Organisation hineingingen. Das haben die Amerikaner auch den Russen gesagt.

SPIEGEL: Was war deren Reaktion?

BRANDT: Die sind wahrscheinlich nicht begeistert davon, aber nehmen es auch wohl nicht übermäßig ernst. Denn wie andere insoweit vernünftige Leute wissen sie, daß dieses nicht ein Problem der nächsten 14 Tage ist, um es mal vorsichtig zu sagen.

SPIEGEL: Strauß sieht das vereinigte Europa samt Atomwaffen offenbar schon sehr nahe.

BRANDT: Das ist Ausdruck eines illusionären Denkens, eines an den Tatsachen zuwenig orientierten Denkens. Anders kann ich mir das nicht erklären.

SPIEGEL: Sind das gefährliche Illusionen?

BRANDT: Nicht so sehr. Er will da europäischer Minister werden, ich weiß nicht, was für einer.

SPIEGEL: Finanzminister.

BRANDT: Das wäre dann so ähnlich wie 1951. Da hat er mal in Bonn gesagt, er wolle nicht erst Bundeskanzler, er wolle gleich Reichskanzler werden. Das hat er sich inzwischen auch anders überlegt. Meine Freunde und ich sind immer für die Förderung des europäischen Zusammenschlusses gewesen. Wir werden das bleiben. Was jedoch die illusionären Vorstellungen zum Beispiel des Herrn Strauß angeht, selbst von dem Plan einer europäischen Atomstreitmacht ganz abgesehen, so fürchte ich, daß sie mehr ein Problem für die nächste Generation sein werden.

SPIEGEL: Würden Sie nach dem Besuch Pompidous in Bonn sagen, daß Europa in ein freieres Fahrwasser kommen wird?

BRANDT: Ich würde auch heute noch sagen, daß Europa in ein freieres Fahrwasser kommen muß und kann. Nach dem Besuch des französischen Staatspräsidenten ist dies noch immer eine Forderung und keine Gewißheit. Ich glaube, daß die EWG noch kritische Wochen vor sich hat. Die französischen Vorstellungen zur Agrarpolitik sind sehr bestimmt. Die Zurückweisung einer neuen politischen Lösung und vor allem der Straußschen Forderung nach einer europäischen Atommacht war recht deutlich.

SPIEGEL: Dieses Ergebnis kann doch nicht den Erwartungen des Bundeskanzlers entsprochen haben?

BRANDT: Das glaube ich auch nicht.

SPIEGEL: Halten Sie die Anerkennung der DDR auch für eine nur langfristig zu lösende Frage, oder würden Sie ihr schon in der nächsten Bundesregierung unter sozialdemokratischem Einfluß Chancen einräumen?

BRANDT: Da muß ich zitieren, was Herbert Wehner im Frühjahr gesagt hat: Dieses Hin- und Herrutschen zwischen den beiden Kamelhöckern, Anerkennung und Nichtanerkennung, bringt uns nicht weiter.

SPIEGEL: Bisher haben wir nur auf einem Dromedar-Höcker gesessen – Nichtanerkennung –, und das hat uns allerdings nicht weitergebracht.

BRANDT: Es gibt Möglichkeiten diesseits der Anerkennung als Ausland, diesseits der Hinnahme dessen, daß die beiden Teile nicht mehr Teile einer Nation sein sollen. Wäre die DDR 1967 auf das eingegangen, was ihr unter sozialdemokratischem Einfluß nahegebracht worden war, dann würden heute regelmäßige Begegnungen zwischen hohen Beamten oder Regierungsmitgliedern aus Ost-Berlin und Bonn stattfinden, es würde Abmachungen und Verträge gegeben haben, es würde einige ordentliche Kommissionen geben, die sich mit gemeinsam interessierenden Fragen befassen.

SPIEGEL: Die DDR ist nicht darauf eingegangen, und es sieht auch jetzt nicht so aus, als würde sie auf etwas anderes als die volle Anerkennung eingehen.

BRANDT: Wenn die Ost-West-Großwetterlage sich nicht verschlechtert, dann wird das früher oder später auch dazu führen, daß die in Ost-Berlin an ihrer sturen, negativen, feindseligen Haltung nicht länger festhalten können. Das ist meine Einschätzung.

SPIEGEL: Was Sie Sturheit nennen, könnte einfach totales Desinteresse an solchen technischen Kontakten sein. Umgekehrt könnte gerade die Bonner Sturheit der Nichtanerkennung im Interesse der DDR und des gesamten Ostblocks liegen, weil sie fortgesetzten Anlaß für den Vorwurf des kriegslüsternen westdeutschen Revanchismus liefert.

BRANDT: Ich bin nicht dieser Meinung. Wir haben ja nicht nur technische Kontakte, wir haben auch Gespräche über politische Themen angeboten. Was die übrigen Staaten des Warschauer Pakts angeht: Da gibt es einen interessanten Aspekt in dem Budapester Appell der Warschauer-Pakt-Staaten vom 17. März. In diesem Appell steht plötzlich nicht mehr Anerkennung der DDR, sondern Anerkennung der Existenz der DDR. Und da steht nicht Anerkennung der Oder-Neiße-Linie, sondern Anerkennung der Unverletzlichkeit der Grenzen. So etwas kommt ja nicht von ungefähr, darüber muß es lange Diskussionen gegeben haben.

SPIEGEL: Einen riesigen Unterschied macht es nicht.

BRANDT: Jedenfalls für die in Ost-Berlin so viel, daß sie nur sehr lauwarm zugestimmt haben.

SPIEGEL: Halten Sie deshalb, eben weil Sie einen gewissen Meinungswandel im Ostblock zu spüren glauben, die in Budapest vorgeschlagene europäische Sicherheitskonferenz für sinnvoll? Auch dafür wird Ihnen ja von Kiesinger und der CDU/CSU Traumtänzerei vorgeworfen.

BRANDT: Das mit der Traumtänzerei verstehe ich nicht. Herr Kiesinger scheint übersehen zu haben, was in diesem Augenblick deutsche Regierungspolitik ist. Meine Beamten sind jedenfalls im Nato-Rat daran beteiligt, eine konstruktive Position zu erarbeiten. Ich erwarte von einer Konferenz gar nicht viel. Aber ich nehme keine negative Haltung gegen sie ein und bin froh, daß der Westen denjenigen gefolgt ist, die mit mir gesagt haben: Weniger auf das Etikett gucken als auf das, was in der Flasche ist. Mich interessiert weniger, ob 1971 in Helsinki eine Konferenz stattfindet, sondern mich interessiert die Diskussion über das Thema der europäischen Sicherheit und Zusammenarbeit.

SPIEGEL: Welche Vorschläge wird der Bundeskanzler oder der Außenminister oder der Oppositionsführer Brandt in dieser Diskussion vortragen? Sie haben den Gewaltverzicht genannt. Ist auch Disengagement dabei?

BRANDT: Ich sage nach wie vor: gleichwertiger, gleichgewichtiger Abbau der Truppen in Zentraleuropa. Da brauchen wir nicht auf der grünen Wiese anzufangen, es sind gründliche Vorarbeiten da, an denen wir beteiligt waren. Dann gibt es weiter, was häufig unterschätzt wird, den ganzen Katalog der nicht eigentlich politischen Fragen, über die man anders reden sollte als bisher. Auch das Budapester Dokument enthält einen Abschnitt, der sich mit wirtschaftlicher, technischer und sonstiger Zusammenarbeit befaßt. Eine Bundesregierung, die handlungsfähig ist, sollte die bereits vorhandenen Ansätze zu den verschiedenen Themen zusammenfassen zu einem deutschen Konzept für einen europäischen Sicherheitspakt, oder wie immer man dieses Instrument dann nennt.

SPIEGEL: Könnte ein solcher Sicherheitspakt sogar die Auflösung der beiden jetzigen Militärsysteme ermöglichen?

BRANDT: Ja, im Endstadium, aber daß so etwas – sagen wir in den nächsten zehn Jahren – eintritt, ist ganz unwahrscheinlich.

SPIEGEL: So unwahrscheinlich wie der europäische Bundesstaat von Strauß?

BRANDT: Heute gehen fast alle in Ost und West, die an diesen Dingen gearbeitet haben, davon aus – auch wenn es in der Propaganda manchmal anders heißt –, daß ein europäischer Sicherheitspakt die beiden Blocksysteme für eine ziemliche Zeitdauer bestehen läßt und lediglich neutralisiert – zur Sicherheit.

SPIEGEL: Wir diskutieren hier ein Konzept für eine künftige Bundesregierung, deren Kanzler möglicherweise wieder Kiesinger, deren Vizekanzler und Außenminister wieder Brandt heißen wird. Lassen sich nach Ihrer Kabinettserfahrung aus den letzten Monaten neue Konzepte unter Kiesingers Führung überhaupt noch verwirklichen? Führt der Kanzler Kiesinger?

BRANDT: Jeder intelligente und informierte deutsche Bürger kann das, was da anzumerken wäre, aus öffentlich bekannten Tatsachen und Reden selbst ablesen. Dies möchte ich allerdings in allem Freimut hinzufügen: Je länger die Große Koalition dauerte, um so weniger erfolgreich war der Kanzler in seinem Bemühen, seine Parteifreunde bei der beschlossenen Regierungspolitik zu halten. Die CDU/CSU wollte, trotz besserer Einsicht vieler ihrer Leute, ihre schon toten heiligen Kühe nicht beerdigen. Und der Kanzler sah sich nicht in der Lage, die Beerdigung der heiligen Kühe, von denen er wußte, daß sie tot sind, zu erzwingen.

SPIEGEL: Was meinen Sie da im einzelnen?

BRANDT: Warum soll ich das auswalzen?

SPIEGEL: Die CDU/CSU spricht ungehemmt. Karl Schiller wird als der letzte Trottel abgehalftert. Sie selbst sind die besondere Zielscheibe der CDU/CSU geworden. Kiesinger verkündet landauf, landab, Ihnen könne man die Außenpolitik nicht mehr anvertrauen.

BRANDT: Aber da ist draußen im Lande vieles anders geworden, die CDU weiß es nur noch nicht. Diese völlig überdrehten Geschichten kommen nicht mehr an. Ein bißchen weniger wäre mehr gewesen. In großen Anzeigen dem deutschen Volk erklären zu wollen, daß Schiller ein schwatzender Nichtskönner sei – das ist Welten entfernt von dem Bild, das sich das deutsche Volk von dem Mann gemacht hat.

SPIEGEL: Wer ist das deutsche Volk?

BRANDT: Gut, da muß man differenzieren. Aber von einem großen Teil der Wähler, an die man sich wendet, wird der Stil der CDU/CSU als nicht richtig empfunden.

SPIEGEL: Sie wollen also keine Kommentare zur Person geben?

BRANDT: Nein. Wir werden uns doch nicht jetzt, ausgerechnet in den letzten Tagen, verrückt machen lassen und auf das Wahlkampfkonzept der CDU eingehen. Wir haben unser eigenes, und das halten wir durch. Wir reden von dem, was gemacht worden ist und was wir uns für die nächsten vier Jahre vorgenommen haben. Wir reden nicht nur von einer Person – dies ist nämlich keine amerikanische Präsidentenwahl –, sondern von einer Reihe von Leuten, die gezeigt haben, daß sie ihre Sache verstehen, daß sie die stärkere Seite des Kabinetts gestellt haben. Das ist auch draußen so verstanden worden.

SPIEGEL: Die Parole der CDU »Auf den Kanzler kommt es an« ist etwas, das sicher vielen Leuten einleuchtet. Wie soll ein Kanzler beschaffen sein?

BRANDT: Zunächst, finde ich, kommt es auf den Wähler an. Und auf die Politik. Der CDU wird ihre Parole noch leid tun: Das Schicksal von 60 Millionen darf doch nicht auf zwei Augen ruhen. Zur Beschaffenheit eines Kanzlers: Solche Figuren kann man nicht aus der Retorte machen.

SPIEGEL: Können Sie es an lebenden Figuren schildern?

BRANDT: Stellen Sie sich vor, die Konstellation 1949 hätte ergeben, daß Konrad Adenauer nicht zum Kanzler gewählt worden wäre, sondern aus Gemeinheit – was einige seiner Parteifreunde vorhatten – zum Bundespräsidenten, und daß Theodor Heuss nicht zum Präsidenten, sondern zum Kanzler gewählt worden wäre. Mit demselben Grundgesetz wäre eine andere Verfassungswirklichkeit entstanden.

SPIEGEL: Gesetzt, Sie hätten recht – was lehrt uns das?

BRANDT: Der Kanzler wird je nach der politischen Konstellation und nach seinem Naturell die Verfassungswirklichkeit bestimmen. Nicht, indem er die Verfassung bricht, aber indem er sie anwendet. Das läßt sich nicht einfach allemal vorhersagen, unabhängig von den Personen und den Konstellationen.

SPIEGEL: Sie sprechen über den Kanzler, den Kanzler als Verfassungs-Institution, noch immer so verhalten, daß man sich fragen muß: Sind Sie nicht vielleicht viel lieber Außenminister, als daß Sie Kanzler wären?

BRANDT: Die Verfassung schließt nicht aus, daß man beides ist.

SPIEGEL: Könnten Sie beides sein?

BRANDT: Das war nur eine Anmerkung. Adenauer hat das eine Weile gemacht, aber heutzutage wäre es zuviel für einen allein. Hier liegt natürlich ein Problem: Jeder außenpolitisch interessierte Kanzler gerät in die Versuchung, dem Außenminister ins Handwerk zu pfuschen. Ganz gut geht es wohl nur, wenn der Regierungschef sich ganz auf die Innenpolitik konzentriert, wie etwa in Holland. Da wird über Außenpolitik gar nicht gesprochen im Kabinett, wenn Luns nicht da ist. Wenn er dann aber mal kommt – so sagen Spaßvögel –, steht in den Überschriften der Zeitungen:»Luns stattet den Niederlanden einen Besuch ab.« Und dann wird auch im Kabinett über Außenpolitik gesprochen.

SPIEGEL: Kiesingers Hobby ist aber leider gerade die Außenpolitik.

BRANDT: Als Kiesinger Kanzler geworden war, hat er mal gesagt, er wäre eigentlich lieber Außenminister geworden. Das ist auch eine schöne Aufgabe, und ich hätte es gern weitergemacht. Aber das ist so nicht mehr drin, meine Herren. Denn ich kann mir nach dem heutigen Stand der Dinge keine Koalition denken – insofern sind wir dann doch noch mal bei allem Anfang –, bei der für einen Außenminister Brandt Platz ist.

SPIEGEL: In einer Großen Koalition, wenn sie fortgesetzt würde, wäre für einen Außenminister Brandt kein Platz?

BRANDT: Auch eine Große Koalition macht es unwahrscheinlich, daß es einen Außenminister Brandt gibt. Es sei denn, er bekommt eine ganz klare Bestätigung, daß er nach dem Grundgesetz für sein Ressort so verantwortlich ist wie andere Minister für das ihre und daß nicht aus der Richtlinienkompetenz eine Bürokraten-Zuständigkeit des Bundeskanzleramts für den Außenminister wird.

SPIEGEL: Herr Minister, heißt das, daß Sie bei Koalitionsverhandlungen mit der CDU/CSU eine größere Ressort-Souveränität des Außenministers Brandt gegenüber dem Kanzler zur Bedingung machen werden?

BRANDT: Ich hatte Ihnen schon gesagt, daß ich keine etwaigen Koalitionsgespräche vorwegnehme. Im übrigen: Ja.

SPIEGEL: Und wenn Sie diesen Punkt in den Koalitionsverhandlungen nicht durchsetzen, dann ist es zwar möglich, daß die Große Koalition fortgesetzt wird, aber nicht mit einem Außenminister Brandt?

BRANDT: So ist es.

SPIEGEL: Sie nehmen aber auch kein anderes Ressort an?

BRANDT: Das kann ich mir schwer vorstellen. Aber ich kann nicht sagen, ich ginge überhaupt nicht ins Kabinett.

SPIEGEL: Als was sonst, wenn nicht als Außenminister?

BRANDT: Es ist immerhin möglich, daß jemand ganz bewußt ohne Ressort in die Regierung geht, nur als Stellvertreter des Bundeskanzlers, und nur die Aufgabe hat . . .

SPIEGEL: . . . Schwierigkeiten zu machen . . .

BRANDT: . . . seine Seite am Kabinettstisch zusammenzuhalten.

SPIEGEL: Wie soll das faktisch aussehen, ein Bundeskanzler-Stellvertreter ohne Ressort?

BRANDT: Nach der Verfassung gibt es den Bundesminister ohne Ministerium. Wenn das so abgemacht ist, kriegt er den Brief, den nach dem Grundgesetz ein Bundesminister bekommt, daß er Stellvertreter des Kanzlers ist.

SPIEGEL: Wer würde dann von der SPD als Außenminister gestellt? Helmut Schmidt?

BRANDT: Wer wollte seine Fähigkeiten bestreiten? Sie wissen doch, wir haben die richtigen Männer. Bei uns hängt das nicht nur von zwei Augen ab.

SPIEGEL: Herr Minister, wir danken Ihnen für dieses Gespräch.

Zum SPIEGEL-Gespräch in Nr. 44/1969 (27. Oktober)
mit den Redakteuren
Rudolf Augstein, Erich Böhme und Günter Gaus

Da mochte Willy Brandt im Wahlkampf 1969 noch so viele Nebelker-
zen werfen, er könne sich auch die Fortsetzung der Großen Koalition
vorstellen. Sein Vorrat an Geduld und Anpassungsbereitschaft
gegenüber Kurt Georg Kiesinger war erschöpft. Sein langjähriger
Weggefährte Erhard Eppler schrieb für den SPIEGEL: »Als ich im
letzten Jahr der Großen Koalition im Palais Schaumburg ihm und
Kiesinger gegenübersaß, wußte ich, daß es eine Große Koalition
nicht mehr geben würde. Brandts Gesicht, wenn Kiesinger – mehr
und lieber als er – redete, erübrigte es, ihn danach zu fragen.«
Am 25. September 1969, drei Tage vor der Bundestagswahl, ließen
Brandt und Scheel im Fernsehen keinen Zweifel aufkommen, daß sie
in der nächsten Legislaturperiode gemeinsam regieren wollten.
Brandt stellte fest, SPD und FDP seien näher beieinander als jede der
beiden Parteien im Verhältnis zu CDU und CSU.
Nach den ersten Hochrechnungen freilich schienen Kiesinger und
Strauß sogar eine knappe absolute Mehrheit der Mandate erreicht zu
haben; die FDP drohte an der Fünf-Prozent-Hürde zu scheitern. US-
Präsident Richard Nixon gratulierte, zu früh. Die Union blieb zwar mit
46,1 Prozent der Stimmen stärkste Fraktion, aber die SPD steigerte
sich auf 42,7 Prozent, die FDP kam doch noch auf 5,8 Prozent. Da die
NPD den Einzug in den Bundestag nicht schaffte, hatten SPD und FDP
am Ende zwölf Mandate mehr als CDU und CSU, nur fünf mehr, als
zur Kanzlerwahl nötig waren. Am 21. Oktober wurde Brandt mit 251
gegen 235 Stimmen – bei 5 Enthaltungen und 4 ungültigen Stimmen – gewählt. Brandt wagte das Abenteuer: »Wie immer, ich war
Regierungschef – im dritten Anlauf.« Fast vierzig Jahre waren vergangen, seit im März 1930 der letzte SPD-Reichskanzler, Hermann
Müller, zurückgetreten war.

»Eine totale Opposition wird scheitern«

Der Bundeskanzler über die sozialliberale Koalition

SPIEGEL: Herr Bundeskanzler, Sie sind mit nur drei Stimmen Mehrheit zum neuen Regierungschef gewählt worden. Kann Ihre Regierung angesichts der zahlenmäßigen Stärke der Opposition und der Schwäche der Koalition stabil sein?

BRANDT: Für den Bundeskanzler Brandt wurden 251 Stimmen abgegeben, gegen ihn 235. Da das Grundgesetz für den ersten Wahlgang die absolute Mehrheit von mindestens 249 Stimmen vorschreibt, war es natürlich ein knappes Ergebnis. Aber Konrad Adenauer ist 1949 nur mit einer Stimme Mehrheit gewählt worden, mit seiner eigenen. Meine eigene Stimme war diesmal auch dabei. Aber immerhin waren es 200 Prozent mehr Stimmen als bei Adenauer.

SPIEGEL: Irritiert es Sie, daß Sie drei Stimmen weniger bekommen haben, als SPD und FDP Mandate besitzen?

BRANDT: Es ist doch bemerkenswert, daß die Freien Demokraten sich ebenso wie bei der Bundespräsidentenwahl am 5. März in Berlin allen Einflüsterungen und Einwirkungen zum Trotz als eine recht einheitliche Gruppe dargestellt haben, sonst hätte die Wahl nicht zustande kommen können. Ich halte nicht viel von dem Philosophieren darüber, welche drei Stimmen der jetzigen Koalition gefehlt haben, denn die CDU hat ja auch nicht ganz einheitlich abgestimmt. Aber auch wenn es drei FDP-Stimmen gewesen wären, würde es immer noch zeigen, daß ich in dieser Gruppe, gemessen an dem Hintergrund, mit dem man es zu tun hat, auf eine sehr starke Geschlossenheit rechnen kann. Das ist wichtig. Die eigentliche Hürde ist genommen, hinterher bei den Gesetzen reicht die einfache Mehrheit. Und dann kommt hinzu, was manche sich noch nicht klargemacht haben: Wenn die CDU/CSU...

SPIEGEL: Die zahlenmäßig stärkste Opposition, die der Bundestag je gehabt hat...

BRANDT: ... eine totale Opposition machen wollte, wird sie
scheitern. Ich rechne damit, daß sie das versucht, aber das würde nur
einige Monate gehen.

SPIEGEL: Was verstehen Sie unter totaler Opposition?

BRANDT: Unter totaler Opposition verstehe ich eine Opposition auf Gebieten oder zu Gegenständen, zu Vorschlägen, zu Gesetzentwürfen, die man eigentlich unterstützen möchte, sich aber gegen
sie stellt, weil man die Regierung in ihrer Tätigkeit behindern oder
ihren Sturz vorbereiten will. Die CDU/CSU würde daran scheitern. Es
würde sich nach sehr kurzer Zeit zeigen, daß, wenn die Regierung
beispielsweise ein halbwegs vernünftiges Sozialgesetz vorlegt, nicht
alle CDU-Abgeordneten dagegen stimmen. Da mag abgesprochen
werden, was will, einige könnten sich sonst zu Hause nicht mehr
sehen lassen.

SPIEGEL: Sie müssen aber auch damit rechnen, daß die starke
Opposition Sie mit Gesetzentwürfen und Anfragen in Verlegenheit
bringt, die Sie in Ihrem Regierungsprogramm um des Koalitionspartners willen ausklammern müssen.

BRANDT: Das wäre wunderbar. Wenn etwa die Mitbestimmung hochkommt, werde ich sagen: Verehrte Kollegen von der Union,
viel Glück. Einigen Sie sich erst einmal auf einen Mitbestimmungsge-
setzentwurf in der CDU/CSU, und bringen Sie ihn dann ein. Dann
wird die Regierung mit Freuden darüber diskutieren.

SPIEGEL: Es muß ja nicht nur um die Mitbestimmung gehen.

BRANDT: Natürlich nicht.

SPIEGEL: Die Opposition könnte Steuergesetze vorlegen, die,
ähnlich wie die Mitbestimmung und sogar mehr noch als die Mitbestimmung, die Koalition in Schwierigkeiten bringen.

BRANDT: Ich kann natürlich meiner Regierungserklärung
nicht vorgreifen, aber so viel kann ich Ihnen schon sagen: Zum
1. Januar müssen nach den Koalitionsvereinbarungen zwei Steuergesetze geändert werden. Einmal verdoppeln wir den Steuerfreibetrag
für die Arbeitnehmer, und zum anderen bauen wir zugunsten des
Mittelstandes die Ergänzungsabgabe zur Einkommen- und Körper-
schaftsteuer in zwei Stufen ab. Im übrigen haben die Koalitionspartner
schon vor der Wahl des Bundeskanzlers gesagt, daß sie die Empfehlungen der Steuerreformkommission abwarten und dem Bundestag
dann ganz rasch einen Gesetzentwurf vorlegen werden.

SPIEGEL: Wann wird das sein?

BRANDT: Wie ich den Bundesfinanzminister Alex Möller kenne, wird er dafür sorgen, daß das Ergebnis der Steuerreformkommission schon im Spätsommer 1970 auf dem Tisch liegt. Dies würde es möglich machen, daß wir dem Bundestag noch Ende 1970 konkrete Vorstellungen über eine Steuerreform unterbreiten können.

SPIEGEL: Halten Sie es für ausgeschlossen, daß die CDU mit mittelstandsfreundlichen Einkommensteuer-Erleichterungen die FDP lockt oder daß der linke Flügel der Union mit Vorschlägen zur Verschärfung der Vermögen- und Erbschaftsteuer die SPD in Verlegenheit bringt?

BRANDT: Das wäre interessant, wenn Flügel so etwas vorschlügen. Das würde jedesmal eine Auseinandersetzung geben, ob die Mittelstandsgruppe oder ob die Arbeitnehmervertreter die Deckung der gesamten CDU/CSU-Fraktion haben. Ich glaube nicht, daß das so einfach ist.

SPIEGEL: Aber Sie können nicht ausschließen, daß die CDU/CSU den Eigenwilligkeiten ihrer verschiedenen Gruppen und Flügel in der Opposition mehr Raum gibt, als sie es in der Regierung ertragen konnte.

BRANDT: Ja, gut, gut. Wo dies erkennbar wird und wo die Demagogie erkennbar wird, die dahintersteckt, bin ich fest davon überzeugt, daß gerade dann die beiden Regierungsparteien fest zusammenhalten werden.

SPIEGEL: Mit welcher Art von Opposition rechnen Sie überhaupt? Welche Haltung wird die CDU/CSU gegenüber Ihrer Regierung in den ersten beiden Jahren einnehmen?

BRANDT: Es wird sich zunächst bei dem einen oder andern etwas böse anhören, und es wird dann bei den meisten doch rasch in Richtung auf kooperative beziehungsweise sachliche Opposition gehen.

SPIEGEL: Sie rechnen nicht mit Obstruktion?

BRANDT: Es wird Ansätze dazu geben. Aber das wird sich nicht durchsetzen. Und wenn ja, würde es sich nur durchsetzen um den Preis des Bruchs innerhalb der Union. Die Union würde eine sich über längere Zeit erstreckende Obstruktionspolitik nicht einheitlich durchhalten. Dies täte mir fast leid, denn ich glaube, die Bundesrepublik Deutschland braucht die Christlich Demokratische Union als eine große Partei.

SPIEGEL: Wer wird der eigentliche Gegenspieler zu Bundeskanzler Brandt sein?

BRANDT: Ich muß mich hier nach dem richten, was die Kollegen von der anderen Fakultät beschlossen haben. Der Vorsitzende der Fraktion der CDU/CSU ist Herr Barzel.

SPIEGEL: Welche Oppositionsrolle spielen nach Ihrer Meinung Kiesinger und Strauß?

BRANDT: Die Position von Herrn Barzel darf man nicht unterschätzen. Er ist sehr behutsam an die Planung seiner neuen Rollen herangegangen, mit einem erstaunlichen Vertrauensvotum der Doppelfraktion für vier Jahre ausgestattet. Das ist keine Geringschätzung Kurt Georg Kiesingers. Ganz abgesehen von dem Streit, den es zu dem einen oder anderen Punkt im Parlament geben wird, kann ich mir durchaus Situationen vorstellen, in denen ich den Amtsvorgänger ganz bewußt um seinen Rat frage.

SPIEGEL: In Aufwertungsdingen sicher immer.

BRANDT: Nur wenn sich das als zweckmäßig erweist. Aber ich kann mir nicht gut vorstellen, daß in diesem Bundestag zwischen Herrn Kiesinger und mir ein permanenter Grundsatzstreit ausbricht. Da ist die Sache mit dem CSU-Vorsitzenden schon anders. Aber das wird dann nicht eine Auseinandersetzung mit der Union sein, sondern nur mit einer Spielart, mit einer Gruppe, einer allerdings wichtigen, ernst zu nehmenden Gruppe. Aber als Gesprächspartner der Union sehe ich in diesem Augenblick – und muß sehen – vor allem den gewählten Vorsitzenden der CDU/CSU-Fraktion.

SPIEGEL: Halten Sie die Einheitlichkeit der Union für zerbrechlicher als die Einheitlichkeit der jetzigen Koalition?

BRANDT: Diese Koalition wird über vier Jahre hinweg halten. Es gibt genug, worüber man einig geworden ist. Ich sage ganz offen: Es war für mich eine neue Erfahrung, daß es zwischen diesen Parteien, deren Unterschiedlichkeit man im übrigen nicht wegdiskutieren soll, einen großen Spielraum gibt für ein innenpolitisches Programm. Daß wir in der Außenpolitik nicht so weit auseinander waren, das haben alle schon mitgekriegt. Außerdem bedeuten vier Jahre gemeinsamer Regierung nie, daß man die Welt umstülpt, was sowieso nicht meiner Neigung entspricht seit meinen frühen linkssozialistischen Tagen.

SPIEGEL: Welche Kompromisse, Herr Bundeskanzler, die Sie schließen mußten mit dem Koalitionspartner, sind für Sie am schmerzlichsten gewesen?

BRANDT: Ich bin doch nicht in die Koalitionsverhandlungen mit der Vorstellung hineingegangen, die SPD müsse jeden Punkt ihres Programms durchsetzen. Sondern ich bin in die Verhandlungen

gegangen mit der nüchternen Erkenntnis, die SPD ist stärker geworden, die FDP schwächer, aber zusammen haben sie die Mehrheit. Und
dies hält nur, wenn man in vollem Respekt voreinander prüft, wo die
Auffassungen so nahe beieinander sind, daß man daraus Politik
machen kann.

SPIEGEL: Wieweit ist die Koalition dadurch gefährdet, daß in
der SPD und in Gruppen, die ihr nahestehen wie etwa die Gewerkschaften, Unzufriedenheit und Unmut über die Kompromisse aufkommen und Ihnen als Verrat am sozialdemokratischen Programm angekreidet werden?

BRANDT: Es geht ja nicht nur um die Einsicht des Parteivorsitzenden Brandt in die Notwendigkeit von Kompromissen. Die Einsichten werden geteilt, nicht zuletzt von Herbert Wehner, der als erster
Mann der Sozialdemokraten im Bundestag mit seinem FDP-Kollegen
Mischnick die Koalitions-Fraktionen zusammenhalten wird. Im Kabinett sitzt neben dem früheren Vorsitzenden der Bauarbeitergewerk-
schaft Georg Leber der langjährige Vorsitzende der Bergarbeiter,
Walter Arendt. Er sitzt an einer wichtigen Gelenkstelle der Regierungspolitik und weiß, was er seinen Kollegen in den Zentralen der
deutschen Gewerkschaften nüchtern sagen kann über das, was jetzt
möglich ist und was nicht möglich ist.

SPIEGEL: Was erwarten Sie von den Gewerkschaften?

BRANDT: Die deutschen Gewerkschaften und ihre Anhänger
haben ein primäres Interesse daran, daß wir wieder eine Wirtschaftspolitik machen, die sich am Grundgesetz der deutschen Wirtschaft,
dem Stabilitäts- und Wachstumsgesetz, orientiert, das leider seit dem
Mai dieses Jahres nicht mehr angewendet worden ist. Das ist das
eigentliche Versagen in der Schlußphase der Großen Koalition. Es hat
zu unnötigen Belastungen für Verbraucher, Arbeitnehmer und Unternehmer geführt. Es hat den Arbeitsfrieden zeitweilig gestört. Und es
hat den Preisauftrieb in Gang gebracht.

SPIEGEL: Sie müssen die Gewerkschaften in einer bestimmten Konjunkturlage unter Umständen dazu bringen, auf exzessive
Lohnforderungen zu verzichten. Kann die Bundesregierung sich darauf verlassen, daß Leber und Arendt die durch sogenannte wilde
Streiks verunsicherten Gewerkschaften davon abhalten können,
unvernünftige Lohnforderungen zu stellen?

BRANDT: Die beiden werden nicht überfordert werden. Wenn
wieder entschieden wird, dann kann auch die »konzertierte Aktion«
als ein Instrument des Ausgleichs, als ein Koordinierungsgremium

aktiv werden. Allerdings gebe ich Ihnen zu, daß wir in Deutschland aus der Phase heraus sind, in der alles ganz genau so ruhig und fast idyllisch bleibt, wie es in den vergangenen 20 Jahren gewesen ist.

SPIEGEL: Unsere Titelgeschichte über Versäumnisse in der Vermögenspolitik hat einen ungewöhnlichen Widerhall gefunden. Zu diesem Thema werden künftig die Forderungen präziser vorgetragen werden als bisher. Wird die Bundesregierung hier die Initiative ergreifen?

BRANDT: Ja! Das ist in der Tat ein wichtiger Punkt. Ich glaube, daß neben den Initiativen der Bundesregierung auf dem Gebiet der Bildungs- und Wissenschaftspolitik, die ich an die erste Stelle setze, und neben der Steuerreform, über die wir schon gesprochen haben, dies ein weiterer Hauptpunkt des inneren Reformprogramms sein muß. Bei den Koalitionsberatungen zur Vorbereitung meiner Regierungserklärung haben wir drei Projekte herausgearbeitet: die Verdoppelung des steuerfreien Satzes im 312-Mark-Gesetz, eine Verbesserung des Bausparens und die tarifvertragliche Förderung der Vermögensbildung. Das ist eine Absage an die Idee des Zwangssparens. Es ist außerdem konjunkturpolitisch interessant, wenn man bestimmte Lohnerhöhungen nicht einfach auf den Markt bringt, sondern Teile davon vermögenswirksam anlegen läßt. Ich weiß nicht, wie weit wir in den kommenden vier Jahren kommen, aber ich bin ganz sicher, daß wir Fortschritte machen werden.

SPIEGEL: Aber trotzdem bleibt das Problem, daß Sie den Machtwechsel mit Kompromissen beginnen müssen, die einen großen Teil der SPD-Wähler – ob Gewerkschafter oder nicht – und einen großen Teil der jungen Leute in diesem Land unbefriedigt lassen. Wie will die SPD damit fertig werden?

BRANDT: Wenn die Regierungserklärung vorliegt und man über sie debattiert haben wird, wird man sehen, daß viel weniger Abstriche am sozialdemokratischen Regierungsprogramm gemacht werden mußten und daß es viel mehr Gemeinsamkeiten mit den Freien Demokraten gibt, als die Opposition sich erhoffte und die kritische Öffentlichkeit erwartete. Außerdem haben viele Menschen draußen im Lande, gerade auch Anhänger der SPD, gelernt zu unterscheiden zwischen dem, was man auf weite Sicht anstrebt, und dem, was auf kürzere Sicht möglich ist.

SPIEGEL: Sprechen wir von den Abstrichen am SPD-Programm: zunächst von der Frage der paritätischen Mitbestimmung in der Großindustrie.

BRANDT: Gut. Mir gefällt an der Mitbestimmungsdiskussion nicht, daß man sie einengt allein zu einer Diskussion der Frage, wie man in der Großwirtschaft die Aufsichtsräte zusammensetzt. Das eigentliche Mitbestimmungs-Thema heißt, unseren demokratischen Staat lebendiger machen, den Gegensatz zwischen Untertan und Obrigkeit überwinden, die Entscheidungsvorgänge transparent machen. Und was den wirtschaftlichen Bereich angeht, bitte sehr, die SPD hat ihr Modell im Dezember 1968 vorgelegt. Und wenn ich mich recht erinnere, hat mein Koalitionspartner Walter Scheel im SPIEGEL kurz vor der Bundestagswahl ein interessantes Modell zur Diskussion gestellt. Wenn das der Vorsitzende der FDP tut, hat das sein Gewicht, so wie es ein Gewicht hat, wenn Karl Schiller als der prominente SPD-Mann, der er ist, sagt: Fortschrittliche Unternehmer, nun kommt mal mit euren Vorstellungen raus!

SPIEGEL: Man wird auf die Vorschläge, die da etwa kommen, gespannt sein dürfen. So oder so: Sie mußten in dieser Frage zurückstecken. Werden Sie in einer anderen vieldiskutierten Frage – in der Wissenschaftsförderung – radikale Schritte wagen? Werden Sie für das Bundeswissenschaftsministerium neue Kompetenzen fordern?

BRANDT: Der Bund sollte sich jetzt nicht übernehmen. Er sollte erst mal sehen, daß er die Kompetenzen, die er hat, richtig wahrnimmt und daß er das, was er schon macht, an einer Stelle zusammenfaßt. Sehen Sie, es wird manche Föderalisten in unserem Land geben, die es schon für schrecklich halten, daß es jetzt einen »Bundesminister für Bildung und Wissenschaft« gibt.

SPIEGEL: Das ist zunächst nur ein neuer Titel für das alte Ministerium.

BRANDT: Nein, ein Titel, der mehr sagen soll. Hier werden mit Schwerpunkt die Aufgaben des Forschungsministeriums wahrgenommen. Und dies halte ich in der Tat für die große Aufgabe, daß wir dem japanischen Beispiel nacheifern und uns technologisch nicht abhängen lassen. Dem ordnen wir die beiden neuen Kompetenzen des Bundes für Bildungsplanung und die Hochschulrahmengesetze zu. Und wir tun außerdem dorthin, was an kulturellen Zuständigkeiten im Innenministerium bisher ressortierte.

SPIEGEL: Hat denn die FDP der Überweisung dieser Kompetenzen aus dem Innenministerium ans neue Wissenschaftsministerium ohne Gegenwehr zugestimmt?

BRANDT: Ja, ich muß sagen, der Kollege Genscher hat sich noch unbeeinflußt durch die von mir sonst hochgeschätzte Ministerialbürokratie überhaupt nicht als ein Ressort-Imperialist betätigt. Das Normale ist doch, daß Minister durch ihre hohen Mitarbeiter darüber belehrt werden, daß alles, was im Hause ist, da bleiben muß, und daß von woanders noch was dazukommen muß.

SPIEGEL: Die Belehrung kommt noch.

BRANDT: Herr Genscher hat zwei ganze Abteilungen neu zugeordnet. Ich muß sagen, dies ist eine exemplarische Haltung für eine stille Kabinettsreform.

SPIEGEL: Wird das Interesse, das der Bundeskanzler am Wissenschaftsressort nimmt, sich im Haushalt ausweisen?

BRANDT: Wir waren uns schon bisher einig, daß vier Gebiete überproportional am Etat beteiligt sein sollen: an erster Stelle die Forschung, dann der Verkehrsausbau, dann die Entwicklungshilfe und schließlich die regionale Strukturpolitik.

SPIEGEL: Kann es dem Bund gelingen, mit Hilfe einer Rahmenkompetenz in Hochschulfragen und mit Hilfe einer allgemeinen Bildungsplanung allmählich Einfluß auf die gesamte Bildungspolitik, also auch auf die Schulpolitik, die noch allein bei den Ländern liegt, zu gewinnen?

BRANDT: Ich würde begrüßen, wenn es uns gelänge, auf diese Weise mit dem sozialdemokratischen Programm für eine Gesamtschule bundeseinheitlich voranzukommen.

SPIEGEL: Da Sie ein so großes Gewicht auf die Wissenschaftspolitik legen, wieso hat die Sozialdemokratische Partei dann ein solches Schlüsselministerium nicht mit einem Sozialdemokraten besetzt? Warum haben Sie den parteilosen Professor Leussink genommen?

BRANDT: Es hat sich als zweckmäßig erwiesen, dieses Ministerium parteipolitisch anders zu behandeln als die anderen. Wir haben eine Dreigliederung vorgezogen: Der beamtete Staatssekretär wird aus einer Gruppe von hervorragenden Persönlichkeiten ausgewählt, die die Freien Demokraten vorgeschlagen haben, den Parlamentarischen Staatssekretär stellen wir. Der Minister selber ist parteiungebunden. Dies betrachte ich nicht als einen Nachteil. Eine Regierung, die parlamentarisch eine so schwache Mehrheit hat, tut gut daran, an einem so wichtigen Punkt den nicht parteigebundenen Menschen im akademischen Leben und den sonst an Wissenschaft und Forschung Interessierten deutlich zu machen, daß sie mit dabei sind.

SPIEGEL: Aber Sie mußten Herrn Leussink doch gegen heftigen Widerstand aus den eigenen Reihen durchsetzen.

BRANDT: Unter denen, die sich besonders engagiert hatten, waren die Kollegen von der Gewerkschaft Erziehung und Wissenschaft. Und nun stellt sich heraus, daß der neue Bundeswissenschaftsminister für die Schulmeister einen Plan vorbereitet hat, der mir sehr modern vorkommt. Die Gewerkschaft Erziehung und Wissenschaft wird erstaunt sein, daß ihren wesentlichen Vorstellungen durchaus Rechnung getragen werden wird. Ich meine damit die einheitliche Hochschulausbildung. Ich meine auch die gleichen Bedingungen, was die Gehälter angeht.

SPIEGEL: Von der Volksschule bis zum Gymnasium?

BRANDT: Ich meine, im Prinzip ja. Selbstverständlich wird es eine Fächerung geben müssen, die dem Ausmaß der zusätzlichen Ausbildung und Erfahrung Rechnung trägt.

SPIEGEL: Herr Bundeskanzler, die Bodenspekulation erregt die Leute. Kann die Regierung sich Zeit lassen, das rückständige Bodenrecht zu reformieren und den klassisch liberalen Eigentumsbegriff aus dem vorigen Jahrhundert den Erfordernissen von heute anzupassen?

BRANDT: Meine Regierung wird schon sehr bald ein neues Städtebauförderungsgesetz einbringen. Der alte Entwurf des Wohnungsbauministers Lauritzen war am Einspruch der CDU/CSU gescheitert...

HAUSMEISTER WEBER *(öffnet die Tür):* Wir führen drei zu zwei gegen die Schotten.

BRANDT: War's Uwe?

WEBER: Nein, Herr Bundeskanzler, Libuda.

BRANDT: Wir müssen dazu kommen, daß jemand, der Grund und Boden hat, zwar in angemessener Weise an der wirtschaftlichen Fortentwicklung beteiligt ist, aber keine Spekulationsgewinne machen darf. Ich bin sicher, daß wir ein solches Städtebauförderungsgesetz, das auch Handhaben gibt gegen die Bodenspekulation, rasch auf den Weg bringen.

SPIEGEL: Wird die Bundesregierung den Leberplan in der Verkehrspolitik noch einmal vorlegen?

BRANDT: Die Bundesregierung wird weiterentwickeln, was in der Verkehrspolitik angefangen worden ist. Auch in diesem Punkt habe ich mich gewundert, wie leicht es war, die Auffassungen von Sozialdemokraten und Freidemokraten zusammenzubringen auf den Boden einer liberalen und zugleich modernen Verkehrspolitik.

SPIEGEL: Es bleibt noch einiges übrig in der Liste von sozial-demokratischen Verzichten. Wie steht es mit der Volksrente, der Erbschaftsteuer, der Vermögensteuer und höheren Steuersätzen für Großverdiener?

BRANDT: Das letzte ist eine Frage der Steuerreform, wobei die Koalitionspartner davon ausgehen, daß die Steuerbelastungsquote insgesamt nicht steigen wird. Bei der Erbschaftsteuer wollen wir keine konfiskatorischen Ziele verfolgen.

SPIEGEL: Dann hätten Sie aber doch auch mit der CSU koalieren können.

BRANDT: Nein. Die CSU hat uns in gemeiner Weise unterstellt, daß wir den kleinen Leuten das Haus wegnehmen wollten. Ich habe während des Wahlkampfes rührende Briefe bekommen. Einen aus Bayern sehe ich noch vor mir. Handgeschrieben von jemandem, der sagt, ich wähle euch, aber bitte nehmt mir mein Haus nicht weg, es kostet 50 000 Mark. Es ist eine Schweinerei, dem Mann eingeredet zu haben, jemand könne daran denken, ihm sein Haus wegzunehmen. Unsere Erwägungen richten sich allenfalls darauf, bei Viel-Millionen-Erbschaften die Steuer etwas anzuheben.

SPIEGEL: Und solche Überlegungen hat es bei den Koalitions-verhandlungen gegeben?

BRANDT: Sie sind nicht verheimlicht worden.

SPIEGEL: Und die Regierung wird einen Gesetzentwurf dazu vorlegen?

BRANDT: Den kann es erst geben, wenn die Steuerreformkom-mission ihren Bericht fertig hat.

SPIEGEL: Haben die Sozialdemokraten in der Regierung schon eine genauere Größenvorstellung darüber, welche Erbschaften künftig höher besteuert werden sollen? Zwei Millionen pro Erben?

BRANDT: Viel-Millionen habe ich gesagt.

SPIEGEL: Was ist mit der Volksrente?

BRANDT: Was heißt Volksrente? Wir sind auf dem Wege zu einer umfassenderen Alterssicherung.

SPIEGEL: Mit Zustimmung der FDP?

BRANDT: Ja, es gehört zur gemeinsamen Überzeugung der beiden Parteien, daß die gesetzliche Alterssicherung auf die Selbstän-digen, die es wollen und nötig haben, und auf die Hausfrauen schritt-weise ausgedehnt wird.

SPIEGEL: Wenn Sie morgen eine Einladung nach Moskau erhalten, Herr Bundeskanzler, fahren Sie dann?

BRANDT: Warum sollte ich sie erhalten? Der Stand der Beziehungen ist nicht so. Zwar war die Reaktion auf die Neuwahl des Bundeskanzlers gar nicht mal so unfreundlich, aber für mich geht es jetzt nicht ums Reisen. Es geht darum, daß wir einen Vorschlag beantworten, den noch die alte Regierung erhalten hat. Die neue Regierung wird antworten müssen, ob sie relativ bald bereit ist, in Moskau über ein Gewaltverzichtsabkommen zwischen den beiden Staaten zu verhandeln. Dazu werde ich mich am Dienstag in der Regierungs-Erklärung äußern. Im übrigen ist der Bundeskanzler, mit dem Sie sprechen, nicht darauf aus, viel in der Welt herumzukutschieren, jedenfalls nicht in dem ersten Jahr seiner Tätigkeit.

SPIEGEL: Wann unterzeichnen Sie den Atomsperrvertrag?

BRANDT: Auch hierzu wird im Bundestag Stellung zu nehmen sein. Aber ich meine, daß wir nicht mehr viel Zeit brauchen.

SPIEGEL: Werden Sie die Oder-Neiße-Grenze anerkennen?

BRANDT: Die Bundesregierung wird bereit sein müssen, über Fragen zu verhandeln, die Gomulka im Mai und Jedrychowski im Oktober 1969 aufgeworfen haben. Wir haben in anderer Himmelsrichtung auch Grenzregelungen vorgenommen, ohne eine friedensvertragliche Regelung – im Sinne des Deutschland-Vertrages – zu präjudizieren.

SPIEGEL: Was will die Bundesregierung beitragen, um eine europäische Sicherheitskonferenz zustande zu bringen?

BRANDT: Ich hoffe, daß wir – über unsere aktive Mitarbeit im Nato-Rat hinaus – die geistige Kraft haben, ein deutsches Konzept für einen europäischen Sicherheitspakt zu entwickeln.

SPIEGEL: Können Sie dieses Konzept skizzieren?

BRANDT: Später.

SPIEGEL: Mit welchen Vorstellungen gehen Sie zum EWG-Gipfel nach Den Haag? Wann und zu welchen Bedingungen soll England in die EWG aufgenommen werden?

BRANDT: Es wäre nicht gut, wenn ich den Gipfel mit voreiligen Erklärungen vorbelastete. Die Grundhaltung der Regierung ist klar. Wir wünschen die Erweiterung der EWG. Wir wünschen auch, daß deutlich gemacht wird, daß in der ersten Hälfte des Jahres 1970 konkret gesprochen werden sollte, nicht nur unter den Sechsen, sondern mit den Beitrittswilligen.

SPIEGEL: Sie rechnen immer noch mit einem starken englischen Interesse am Beitritt zur EWG?

BRANDT: Ja, man liest jetzt so viel darüber, daß die öffentliche Meinung in England umgeschlagen oder ins Wanken gekommen sei. Das wundert mich gar nicht, wenn einem europäischen Staat, der nicht mehr Insel zwischen Le Havre und New York sein will, sondern zu Europa drängt, dauernd die Tür vor der Nase zugeschlagen wird.

SPIEGEL: Gelegentlich der 20-Jahr-Feiern in der DDR hat es Gespräche in Ost-Berlin mit Journalisten gegeben, aus denen hier geschlossen wurde, die DDR sei an einem Generalvertrag interessiert, wie die FDP ihn vorgeschlagen hat. Dabei soll sogar das Problem der völkerrechtlichen Anerkennung ausgeklammert bleiben können. Welche Vorstellungen hat die Bundesregierung über eine Normalisierung der Beziehungen zur DDR?

BRANDT: Die Bundesregierung wird sehr bewußt anknüpfen an das, was 1967 durch Bundeskanzler Kiesinger vorgeschlagen worden war. Sie wird dies konkretisieren, deutlicher machen und es frei machen von der Verschüttung, die seitdem eingetreten ist. Ich könnte mir vorstellen, daß wir, statt einen Generalvertrag vorzulegen, zu einer Reihe von Einzelfragen Abmachungen treffen. Ich bitte in diesem Zusammenhang zur Kenntnis zu nehmen, daß wir in der Regierung, deren Kanzler ich bin, statt eines »Ministeriums für gesamtdeutsche Fragen« ein »Ministerium für innerdeutsche Beziehungen« haben.

SPIEGEL: Mit welchem neuen Stil in der Kabinettsführung haben Ihre Minister zu rechnen?

BRANDT: Ich habe schon am ersten Tag meiner Regierung gemerkt, wie wohltuend es ist, daß im Sitzungssaal des Palais Schaumburg nicht nur neue Stühle stehen, sondern daß weniger Personen um den Tisch herumsitzen. Zweitens: Ich kenne das Grundgesetz und denke überhaupt nicht daran, etwas abzustreichen von der Verantwortung, die der Bundeskanzler in bestimmten Situationen nach dem Grundgesetz hat. Aber es wird beispielsweise nur einen Außenminister in meiner Regierung geben.

SPIEGEL: Der heißt Brandt?

BRANDT: Nein – der heißt Scheel. Und der Bundeskanzler wird ihm helfen.

SPIEGEL: In einem SPIEGEL-Gespräch kurz vor der Wahl haben Sie gesagt, das Außenamt brauche mehr Selbständigkeit, als Herr Kiesinger Ihnen zugestanden hat. Bedeutet das, daß Sie nun Ihre Richtlinien-Kompetenz gegenüber Außenminister Scheel einschränken?

BRANDT: Die Richtlinien-Kompetenz darf ich vom Prinzip her nicht einschränken wollen. In der Zeit, in der wir leben, soll aber ein

Bundeskanzler nicht glauben, er sei ein Allerweltskünstler. Ich halte sehr viel von Teamwork und Kollegialitätsprinzip. Es bleiben dann immer noch Fragen übrig, die einer entscheiden muß – das wird auch der Außenminister respektieren.

SPIEGEL: Die Richtlinien-Kompetenz bleibt also unangetastet?

BRANDT: Ja. Aber ich muß einen kleinen Koalitionspartner mit größerem Respekt behandeln als einen fast gleichstarken. Ich muß ihn besonders respektvoll behandeln, weil er sein eigenes Gewicht und seinen Wert hat und mit seinen Problemen fertig werden muß. Denn das ist für diesen Staat notwendig.

SPIEGEL: Kiesingers Kreßbronner Kreis von CDU/CSU und SPD ist tot. Gibt es einen Nachfolger für die neue Koalition, und wie heißt er?

BRANDT: Diese Koalition braucht keinen Kreis. Wenn es sich ergeben sollte, daß Dinge zwischen Regierung und Parlament zu koordinieren sind, dann werden sich die beiden Parteivorsitzenden Scheel und Brandt mit den beiden Fraktionsvorsitzenden Wehner und Mischnick von Fall zu Fall zusammensetzen, ohne daraus eine Institution zu machen.

SPIEGEL: Herr Bundeskanzler, wir danken Ihnen für dieses Gespräch.

Zum SPIEGEL-Gespräch in Nr. 17/1970 (20. April)
mit den Redakteuren
Erich Böhme, Johannes K. Engel und Günter Gaus

Willy Brandts Regierungserklärung vom 28. Oktober 1969 rüttelte das Land auf, wollte Zeichen einer Zeitenwende setzen. Der Kanzler wagte zu behaupten, erst jetzt, 24 Jahre nach Ende des Zweiten Weltkriegs, habe Hitler den Krieg endgültig verloren. Und er, der Emigrant, betrachte sich als Kanzler nicht des besiegten, sondern des befreiten Deutschlands. Adenauer hatte versprochen: keine Experimente. Brandt verlangte: keine Angst vor Experimenten. »Mehr Demokratie wagen« und »Wer morgen sicher leben will, muß heute für Reformen kämpfen« wurden zu Slogans, die nicht nur gut ankamen, sondern auch ein Stück Fortschrittsphilosophie enthielten. »Man mag das Modernitätspathos der späten sechziger Jahre belächeln; es war besser als die Fortschrittsangst ein Jahrzehnt danach«, verteidigte Brandt in seinen »Erinnerungen« die großen Worte von einst.
Neue Akzente fanden auch ihren dramaturgischen Niederschlag. Seine Aussagen zur DDR fanden sich im innenpolitischen Teil der Regierungserklärung. Hatten alle früheren Regierungen der DDR die staatliche Qualifikation vorenthalten, so formulierte Brandt: »Eine völkerrechtliche Anerkennung der DDR durch die Bundesregierung kann nicht in Betracht kommen. Auch wenn zwei Staaten in Deutschland existieren, sind sie doch füreinander nicht Ausland; ihre Beziehungen zueinander können nur von besonderer Art sein.« Die Anerkennung der beiden deutschen Staaten durch Dritte und ihre – diese folgte vier Jahre später – gleichzeitige Aufnahme in die Uno war nicht gleichzusetzen mit der vollen völkerrechtlichen Anerkennung der beiden deutschen Staaten untereinander. Im Frühjahr 1970 trafen sich Brandt und DDR-Ministerpräsident Stoph in Erfurt und Kassel – ohne konkrete Ergebnisse.

»Die Anerkennungsfrage ist ja so schillernd«

Der Bundeskanzler zur
Deutschlandpolitik der sozialliberalen Koalition

SPIEGEL: Herr Bundeskanzler, Ost-Berlin hat in den letzten Wochen führende sozialdemokratische Politiker scharf und polemisch angegriffen, obwohl Sie in Erfurt die Beendigung solcher diffamierenden Angriffe als förderlich für den Fortgang der Gespräche bezeichnet haben. Rechnen Sie damit, daß Ihr zweites Gespräch mit dem DDR-Ministerpräsidenten Stoph in Kassel zustande kommt?

BRANDT: Ja, ich rechne damit.

SPIEGEL: Wie erklären Sie sich die Angriffe gegen Herbert Wehner und gegen Sie?

BRANDT: Vor allem ja auch gegen Helmut Schmidt. Die Ost-Berliner Führung oder der Teil, der in erster Linie diese Kampagne betreibt, hält es offensichtlich für notwendig, die eigene Partei und auch Kreise über die Partei hinaus zu impfen gegen – wie man dort sagen würde – die Nachgiebigkeit gegenüber »Sozialdemokratismus«, gegenüber anderen unerwünschten Einwirkungen, die von den Begegnungen zwischen den beiden Teilen ausgehen können. Außerdem fühlen sich die Ost-Berliner immer noch nicht sicher, ob sie von allen ihren Paktpartnern genügend gestützt werden.

SPIEGEL: Woraus schließen Sie das?

BRANDT: Es ist ja ganz interessant, daß sie in einer Zeit, in der die sowjetische Sprache uns gegenüber gemäßigter geworden ist, in der auch andere Partner des Warschauer Paktes sachlicher argumentieren, in der selbst die polnische Polemik, die wir natürlich aufmerksam verfolgen, argumentativ und nicht einfach agitatorisch ist, es für notwendig erachten, in den Pakt hinein sehr hart zu agitieren. Aber sie agitieren daneben, wenn sie sagen: Ein großer Teil derer, die in der Bundesrepublik regieren, sind Sozialdemokraten, und wir Kommunisten müssen uns doch daran erinnern, daß die besonders gefährlich sind. Damit befolgen sie allerdings nicht den Ratschlag von Suslow, der bei den 50-Jahr-Feiern der Oktober-Revolution zugab, daß man in den 30er Jahren einen Fehler gemacht hätte, die Sozialdemokraten zum Hauptfeind zu erklären.

SPIEGEL: Jedenfalls: Die Ost-Berliner Angriffe werden von Ihnen als grundsätzliche Angriffe gegen den sogenannten »Sozialdemokratismus« und auch als taktisches Manöver in das eigene Lager hinein verstanden – aber durchaus als Vorbereitung für die Begegnung in Kassel.

BRANDT: Ja, aber ich kann nicht ausschließen, daß es auch Leute gibt, die eine Position aufbauen möchten, von der aus sie dann schließlich eine Absage begründen könnten. Aber ich gehe nach dem jetzigen Stand davon aus, daß es zum Kasseler Treffen kommen wird.

SPIEGEL: Sie haben in Erfurt, Herr Bundeskanzler, nach allem, was davon zu sehen und darüber zu hören war, die Ovationen, die man Ihnen gebracht hat, zu dämpfen versucht. Welche Möglichkeiten haben Sie überhaupt, auf das Selbstbewußtsein der SED soweit Rücksicht zu nehmen, daß die Begegnung von Kassel möglich bleibt?

BRANDT: Man hat sich sehr orientiert an dieser stark gefühlsbetonten Manifestation vor dem Erfurter Hof. Da habe ich ganz gewiß nichts getan, um das anzuheizen. Für mich selbst bleibt aber mindestens so stark, wenn nicht stärker in Erinnerung, das, was sich am Nachmittag des gleichen Tages bei der Fahrt durch die Straßen von Erfurt und Weimar gezeigt hat. Da war nichts Überschwengliches dabei. Es war ein freundliches Zuwinken im doppelten Sinne, als ob die Leute ohne übertriebene Hoffnung sagen wollten: Es ist schon ganz gut, daß ihr es mal versucht. Da brauchte man gar nichts zu dämpfen. Im übrigen kann ich nur unsere Position so sachlich wie möglich vertreten. Das ist ja eh schon schwer genug.

SPIEGEL: Welche Schritte wird die Bundesregierung unternehmen, um der SED formelle Vorwände gegen ein Zustandekommen der Begegnung in Kassel zu nehmen?

BRANDT: Nehmen wir erst einmal das Gesetz, das man drüben »Handschellengesetz« nennt und das hier erfunden worden war, um ihnen damals – 1966 – bei dem nicht zustande gekommenen Redneraustausch die Einreise zu ermöglichen. Ich habe Herrn Stoph in Erfurt gesagt, daß dieses Gesetz von unseren Juristen schon heute für obsolet gehalten wird und daß die Voraussetzungen dafür geschaffen werden, daß es nicht hindernd im Wege steht. Die allgemeine Kampagne gegen Gesetze, von denen man drüben sagt, sie seien diskriminierend, kann jedoch nicht zu allgemeinen Vorwegregelungen führen, sondern hier geht es um einen der zu erörternden Komplexe. Es gibt ja auch DDR-Gesetze, durch die Leute bei uns betroffen werden.

SPIEGEL: Wären wir denn bereit, Gesetz gegen Gesetz aufzurechnen?

BRANDT: Nein. Das ist nicht eine Frage des Aufrechnens, sondern im Grunde geht es darum, Konsequenzen aus der Einsicht zu ziehen, daß keiner über das Gebiet des anderen und keiner über die Menschen im Gebiet des anderen verfügen kann. Aber darüber, wen wir in unserer Rechtsordnung als Deutschen betrachten, darüber befinden wir ganz allein. Das ist nicht eine Frage, die irgend jemand andern etwas angeht.

SPIEGEL: Nach den Ovationen in Erfurt soll es dort Verhaftungen gegeben haben, man hat von 119 gehört oder von 143. Auf welche Weise haben Sie versucht, dagegen zu intervenieren?

BRANDT: Ich habe auch von Ziffern gehört, und zwar auch von sehr viel kleineren Ziffern.

SPIEGEL: Immerhin Verhaftungen ...

BRANDT: ... Verhören, beziehungsweise Feststellen der Personalien, was ein Unterschied ist. Mir ist jedenfalls nicht bekannt, daß Leute festgehalten worden sind mit dem Ziel, ein Strafverfahren gegen sie zu führen. Aber da mögen meine Informationen nicht umfassend genug sein. Die Form, in der ich mich dazu geäußert habe, die möchte ich aus guten Gründen nicht bekanntgeben.

SPIEGEL: Die Ovationen drüben haben der anderen Seite zu schaffen gemacht. Man kann nicht ausschließen, daß es auch in Kassel Demonstrationen gibt, die den Lauf der Verhandlungen stören. So könnte die DKP nach Kassel ziehen, Vertriebenenverbände und NPD könnten dort aufmarschieren. Wollen Sie das verhindern?

BRANDT: Ich rechne damit, daß sich Gruppen von der einen und anderen Seite bemerkbar machen. Das ist auch erlaubt nach unserer Rechtsordnung. Andererseits vertraue ich darauf, daß es in Kassel eine überwiegend große Zahl ruhiger, sachlich eingestellter Bürger gibt – nicht nur in den Kasseler Betrieben, aber gerade auch dort –, die an dem Tag dafür sorgen werden, daß es im großen und ganzen ruhig läuft und daß nicht extreme Gruppen das Bild über Gebühr prägen.

SPIEGEL: Wollen Sie das Reichsbanner für einen Tag wiederbeleben?

BRANDT: Nein – breiter als dies.

SPIEGEL: Fürchten Sie nicht Filmaufnahmen, in denen die Polizei mit Schutzhelmen und Schlagstöcken auf irgendwelche Demonstranten vor dem Tagungslokal eindrischt?

BRANDT: Es wäre gut, wenn man das vermeiden könnte.

Der Bundeskanzler im April 1970.

SPIEGEL: Die prügelnde Polizei soll in Zivil gekleidet sein?

BRANDT: Nein. Ich glaube, genügend Sachlichkeit und genügend breite Rücken machen die Neutralisierung ohne Gewaltanwendung möglich.

SPIEGEL: Herr Bundeskanzler, gesetzt den Fall, Kassel kommt zustande. Wollen Sie bei Ihrer zweiten Begegnung mit Stoph in eine Sachdiskussion eintreten? Und wenn ja: über welche Themen?

BRANDT: Wir sind dabei, die direkten und indirekten Ergebnisse von Erfurt auszuwerten, und wir sind bereit, zu allen Hauptpunkten sowohl in eine generelle als auch in eine spezielle Diskussion einzutreten. Ich werde darauf vorbereitet sein, in einer weiteren oder mehreren Runden von Delegationsgesprächen Meinungen auszutauschen, es aber auch im kleineren Kreis zu tun oder tun zu lassen.

SPIEGEL: Eines kann man wohl doch schon jetzt konstatieren: Begegnungen, in denen beide Seiten vorbereitete Erklärungen austauschen, müssen limitiert sein. So was kann man doch wohl allenfalls zweimal machen. Stimmen wir darin überein?

BRANDT: Nein. Darin stimmen wir nicht überein, obgleich ich es für wünschenswert halte, daß man von dieser bloßen Gegenüberstellung ...

SPIEGEL: ... 135. Gespräch zwischen Amerikanern und Chinesen in Warschau ...

BRANDT: Ja, die machen so was über längere Zeit, auch wenn es zunächst zu nichts führt. Ich könnte ja noch andere Beispiele nennen ...

SPIEGEL: Panmunjon.

BRANDT: ... aber es ist wünschenswert, das will ich unterstreichen, von der bloßen Gegenüberstellung von vorbereiteten Texten wegzukommen zum Gespräch, das sicher auch sehr hart wird.

SPIEGEL: Rechnen Sie damit, daß es schon in Kassel dahin kommt?

BRANDT: Das würde ich nicht ausschließen. Sicher nicht schon für alle Fragen, um die es geht, aber vielleicht ist es schon bei einigen möglich.

SPIEGEL: Werden Sie eher in Kauf nehmen, daß man sich über längere Zeit hinweg mit vorbereiteten Texten unterhält, als die Verhandlungen für beendet zu erklären?

BRANDT: Sagen wir mal, wenn Kassel gar keine Ansatzpunkte zeigen sollte, in der Sache selbst weiterzukommen, dann wäre es nicht sehr sinnvoll, daß man sich einen Monat später schon wieder trifft.

Aber da die Sache selbst richtig ist und nicht falsch, dürfte man sich auch durch einen wenig befriedigenden Ausgang von Kassel nicht entmutigen lassen.

SPIEGEL: Sie müssen doch damit rechnen, daß Stoph in Kassel erneut auf den vorliegenden Vertragsentwurf der DDR verweist, mit dem nach Auffassung der SED die volle völkerrechtliche Anerkennung der DDR vollzogen werden soll. Was wird in Kassel Ihre Antwort darauf sein?

BRANDT: Sinngemäß das, was ich schon, wenn auch sicher noch nicht ausführlich genug, in Erfurt erwidert habe. Ich kann nichts anfangen mit einer Diskussion, die sich überwiegend um das Etikett dreht, das auf der Flasche steht. Sondern mich interessiert, was in der Flasche drin ist. Die Form eines Vertrages zwischen den beiden Deutschland kann ich nicht abstrahieren von dem Inhalt der zu regelnden Fragen.

SPIEGEL: Der Inhalt dieser Frage ist, wenn man die DDR recht versteht, die volle völkerrechtliche Anerkennung. Die Bundesregierung dagegen bietet, wenn wir darüber recht informiert sind, bestenfalls die gleichzeitige Mitgliedschaft der beiden deutschen Staaten in der Uno und anderen internationalen Organisationen an.

BRANDT: Das kann man so nicht sagen. Vielmehr hat die Bundesregierung in ihrer Regierungserklärung vom 28. Oktober vori-

gen Jahres – es ist nicht überall gleich gesehen worden, worauf es hinausliefe – gesagt, sie sei nicht der Meinung, daß die DDR, was eben dann praktisch auch heißt, der Teil des deutschen Volkes, der dort lebt, auf die Dauer ferngehalten werden soll von den Vorteilen des internationalen Austausches. Und daraus ergibt sich logisch, daß man auch spricht über die Art, in der in der Zukunft die beiden deutschen Staaten in bestimmten internationalen Organisationen mitarbeiten könnten. Aber dies wiederum setzt voraus, daß der Zustand der Nichtbeziehungen zwischen den deutschen Staaten abgelöst wird durch Beziehungen, und zwar nicht nur durch Beziehungen, die darin bestehen, daß der eine sagt, er erkenne den anderen an, sondern Beziehungen, die bedeuten, daß wir nicht weiter als sogar fremde Staaten voneinander entfernt sind. Es muß also ein gewisser Grad von Normalität erreicht werden.

SPIEGEL: Die Bundesregierung hat also gegen eine Mitgliedschaft zweier deutscher Staaten, zum Beispiel in der Uno, nichts einzuwenden, sofern die beiden deutschen Staaten sich vorher über verbesserte Beziehungen, aber unter Ausschluß der völkerrechtlichen Anerkennung, verständigt haben?

BRANDT: Auch das erfordert eine Modifizierung. Denn die Uno ist nicht ein erster, sondern ein x-ter Schritt. Es wird also sicher zunächst einmal Organisationen anderer Art geben, in denen beide

deutsche Staaten mitarbeiten. Außerdem muß man wissen, nicht die
Bundesrepublik Deutschland befindet darüber, wer in die Uno soll –
wir sind selbst noch nicht drin –, sondern hierüber befinden die,
die zur Uno gehören. Ein besonderes Gewicht hat dabei das Votum
jener vier Mächte, die auch in Deutschland betreffenden Fragen wei-
terwirkende Verantwortlichkeiten wahrnehmen. Auf die Bundesrepublik bezogen, berührt dies das Verhältnis zu dreien dieser vier
Mächte.

SPIEGEL: Wollen Sie mit dieser Politik die Anerkennungsforderung der DDR unterlaufen?

BRANDT: Die Anerkennungsfrage ist ja so schillernd, wissen
Sie. Ich stelle fest: Bei uns in der Bundesrepublik denken manche
Leute, Anerkennung habe was damit zu tun, daß man Moralatteste
ausstellt und sich äußert über die Art, in der eine Regierung zustande
gekommen ist, in der ein Staat sich konstituiert hat oder konstituiert
worden ist, ob eine Regierung vom Willen des Volkes getragen wird und
was weiß ich. In der DDR glauben wiederum manche Bürger, es gehe
bei der Anerkennung darum, daß ihre Existenz und ihre reale Leistung
in der Wirtschaft und auf anderen Gebieten anerkannt werden sollte. In
Wirklichkeit geht es doch darum, daß rechtswirksame Verträge abgeschlossen werden sollen; Verträge also, die denselben rechtlichen
Gehalt haben sollen wie solche, die einer der beiden deutschen Staaten
mit anderen abschließt, die sich aber auszeichnen sollen dadurch, daß
dem besonderen, spezifischen Charakter des Verhältnisses zwischen
den beiden gleichwohl Rechnung getragen wird.

SPIEGEL: Herr Bundeskanzler, haben Sie Anlaß anzunehmen,
daß dieser Unterschied, den Sie jetzt gemacht haben zwischen einer
völkerrechtlichen Anerkennung, wie sie beispielsweise zwischen der
Bundesrepublik und einem dritten Staat ausgesprochen wird, und
dem Abschluß völkerrechtlich wirksamer Verträge, wie sie zwischen
den beiden deutschen Staaten ausgehandelt und verabredet werden
könnten, von der Sowjetunion gesehen und akzeptiert wird, daß aber
die DDR diese Einsicht der Sowjetunion nicht teilt?

BRANDT: Ich möchte durch meine Antwort nicht den Eindruck erwecken, als wolle ich Partner des Warschauer Paktes gegeneinander ausspielen.

SPIEGEL: Halten Sie es für möglich, daß, wenn Sie anders auf
diese Frage geantwortet hätten, Sie dann Partner des Warschauer
Paktes gegeneinander ausgespielt hätten?

BRANDT: Der Eindruck hätte erweckt werden können.

SPIEGEL: Können Sie denn damit rechnen, daß Sie die DDR zu der Einsicht, wie sie vielleicht andere Warschauer-Pakt-Staaten haben, im Laufe der Kasseler Verhandlungen und anderer folgender Gespräche bringen können?

BRANDT: Dies Ganze ist nicht ein Vorgang von wenigen Monaten. Nachdem wir uns 20 Jahre auseinanderentwickelt haben, kann man nicht erwarten, daß das in 20 Wochen überwunden ist und durch etwas Neues abgelöst wird. Das kann auch ein paar Jahre dauern. Wenn ich ein paar Jahre sage, dann denke ich an den Gesamtzusammenhang und gehe davon aus, daß es nicht zu einer Regelung mit einem wichtigen Partner des Warschauer Paktes kommen wird, ohne daß mit anderen wichtigen Partnern zugleich auch eine Regelung gefunden wird. Die DDR ist ein wichtiger Partner.

SPIEGEL: Ist es nicht ebenso möglich, daß die Verhandlungen mit Moskau oder mit Warschau weitergehen, auch wenn die Verhandlungen mit Ost-Berlin vorübergehend, und sei es auch für längere Zeit, zum Stillstand kommen?

BRANDT: Ich kann nicht ausschließen, daß es auf der einen Linie ein bißchen rascher vorangeht als auf einer anderen. Da haben wir schon eine Erfahrung. Es sah für viele so aus im Dezember/Januar, daß die Gespräche zunächst mit Warschau leichter gehen würden als mit anderen Partnern. Die tatsächliche Entwicklung hat gezeigt, daß es sich da eher ein bißchen festzuhaken droht.

SPIEGEL: An der Oder-Neiße-Frage?

BRANDT: Ja, an der Art, wie man das Grenzproblem angeht.

SPIEGEL: Gilt für die Oder-Neiße-Frage das, was auch für Ihre Unterscheidung zwischen einer normalen völkerrechtlichen Anerkennung und der Herstellung verbesserter Beziehungen zwischen den beiden deutschen Staaten gilt? Verlassen Sie sich darauf, daß die vier ehemaligen Besatzungsmächte selber ein Interesse an der Aufrechterhaltung ihrer Mitsprache über das Geschick Deutschlands, einschließlich Berlins, haben und daß die Bundesregierung auf diese Weise vier Verbündete gegen polnische und Ost-Berliner Anerkennungsforderungen hat?

BRANDT: Es gibt einen Berührungspunkt, es gibt aber auch einen starken Unterschied. Alles, was ich gesagt habe über die Notwendigkeit, spezifische Verhältnisse zu regeln zwischen den Deutschen in der Bundesrepublik und in der DDR, das ist nicht gegeben, wenn es sich um ein Abkommen, um einen Vertrag mit der Volksrepublik Polen handelt. Hinzu kommt: Die DDR hat eine Grenze mit uns, die Bundesrepublik Deutschland mit Polen aber nicht. Dies und anderes machen die Unterschiede klar. Die Berührung liegt darin, daß jeder Vertrag mit Polen, wie überhaupt jeder Vertrag, den wir abschließen, ausgehen müssen wird von der Achtung bestehender Verträge, die jeweils einer der beiden Staaten mit anderen abgeschlossen hat.

SPIEGEL: Mithin auch des Vertrages, den die DDR mit Polen geschlossen hat.

BRANDT: So ist es.

SPIEGEL: Herr Bundeskanzler, man kann verstehen, daß die vier ehemaligen Besatzungsmächte einen Unterschied machen zwischen Anerkennung und Anerkennung, weil ihnen die mildere Form der Anerkennung das Siegerrecht über Deutschland erhält. Wieweit fällt die Bundesregierung mit ihrem Eingehen auf diese besondere Form der Anerkennung auf Positionen zurück, von denen man annehmen konnte, sie hätte sie bereits hinter sich gelassen?

BRANDT: Die Bundesregierung lebt nicht für sich allein. Sie muß internationalen Gegebenheiten Rechnung tragen und steht am Beispiel Oder-Neiße vor dem Faktum, daß aus dem, was wir lange, relativ lange, eine Demarkationslinie genannt haben, zweifellos die Westgrenze Polens geworden ist. Sie steht außerdem vor der Tatsache, daß die drei Westmächte und die Sowjetunion ihre aus dem Potsdamer Abkommen und aus anderen Quellen hergeleiteten Rechte als nicht erloschen betrachten. Und dies wird auch von polnischer Seite offensichtlich so gesehen. Andererseits sollte die Bundesregierung nicht eine, in Ost-Berlin würde man sagen: »Alleinvertretungsanmaßung« neuer Art proklamieren, indem sie sich Aussagen zumutet, die gar nicht auf die Bundesrepublik Deutschland bezogen sind.

SPIEGEL: Davor haben die Polen keine Angst.

BRANDT: Die Polen gehen davon aus, daß im Potsdamer Abkommen von einem Deutschland gesprochen wurde, aus dem sich zwei entwickelt hätten. Und jetzt müßten beide sich zum Tatbestand ihrer Westgrenze äußern. Dies habe der eine Teil getan, und der andere soll es auch tun. Der kann es dann aber nur als Bundesrepublik Deutschland.

SPIEGEL: Was spricht dagegen?

BRANDT: Er wird es als Bundesrepublik Deutschland tun.

SPIEGEL: Er wird als Bundesrepublik Deutschland die Oder-Neiße-Grenze anerkennen?

BRANDT: Er wird als Bundesrepublik Deutschland die territoriale Integrität der Volksrepublik Polen zur Kenntnis nehmen und achten.

SPIEGEL: Dies genau, diese Formulierung, Herr Bundeskanzler, erweckt den Eindruck eines Schrittes zurück.

BRANDT: Das kann ich nicht einsehen.

SPIEGEL: Deckt denn diese Formulierung, die Sie eben gebraucht haben, die Ansprüche, die die Polen an uns stellen?

BRANDT: Ich rede jetzt nicht über Vertragstexte ...

SPIEGEL: Über Vertragsinhalt?

BRANDT: ... sondern ich habe mich bezogen auf eine Formulierung, die bewußt in meiner eigenen Regierungserklärung enthalten ist, nämlich von der territorialen Integrität, und zwar im Zusammenhang mit den von uns angestrebten gegenseitigen Erklärungen über Gewaltverzicht. Das läßt sich auch noch anders, und wenn man will, noch hübscher sagen. Aber wenn ich sage, die Bundesregierung lebt nicht für sich allein – habe ich nur zwei Faktoren genannt. Das dritte ist: Die Bundesregierung traut sich zwar zu, dort, wo es notwendig ist, vernünftige Dinge auch mit knappen Mehrheiten durchzusetzen. Aber sie handelt nicht notwendigerweise nach dem Rezept: möglichst viel Widerstand. Sondern sie handelt nach dem Rezept: für vernünftige Lösungen die mögliche Stützung im eigenen Volk zu finden.

SPIEGEL: Das heißt: In der Frage der Oder-Neiße-Grenze wird die Politik der Bundesregierung durch die Rücksichtnahme auf die knappe Mehrheit der Regierungskoalition im Bundestag mitbestimmt.

BRANDT: Dies gilt ganz allgemein für unsere auswärtige Politik.

SPIEGEL: Kann es sein, daß durch die Suche nach solcher Unterstützung Ergebnisse verhindert werden?

BRANDT: Das glaube ich nicht, ich hoffe es jedenfalls nicht.

SPIEGEL: Wir fassen zusammen, Herr Bundeskanzler. Bei der Anerkennungsforderung der DDR macht die Bundesregierung einen Unterschied zwischen der Anerkennung der beiden deutschen Staaten durch Dritte und gegenüber Dritten und der Anerkennung untereinander. Dabei befinden wir uns, so hören wir, sogar in Übereinstimmung mit den vier ehemaligen Besatzungsmächten, die ihre Siegerrechte nicht aufgeben wollen. Schon hier muß man fragen, ob dieser Unterschied nicht so klein ist, daß das Daranfesthalten müßig ist. Noch mehr gilt das für die Oder-Neiße-Grenze, wo man nicht sehen kann, daß in Washington, Paris oder London – von Warschau und Moskau nicht zu sprechen – irgendeiner etwas dabei fände, wenn wir die Oder-Neiße-Grenze voll anerkennen. Warum tun wir es nicht?

BRANDT: Also, ich höre immer Anerkennung. Das verstehe ich nicht ganz. Sehen Sie mal, daß die DDR zu einem Staat wurde, ist verhältnismäßig unabhängig davon, wie wir den Vorgang charakterisieren. Daß die Oder-Neiße-Linie zur Westgrenze Polens geworden ist, das ist auch relativ unabhängig von der Formulierung, die zu diesem Tatbestand in einem Vertrag zwischen Polen und uns gefunden werden wird.

SPIEGEL: Aber den potentiellen Vertragspartnern in Ost-Berlin und Warschau ist das offensichtlich nicht so gleichgültig. Denen ist offensichtlich an einer anderen Formulierung gelegen.

BRANDT: Wir dürfen jetzt nicht unlogisch werden in unserer eigenen Politik. Es gibt hier und da Neigungen, uns nun plötzlich etwas anerkennen zu lassen, wozu wir Erklärungen abzugeben nicht legitimiert sind. Ich denke an das, was einmal aus Deutschland werden mag. Zur Logik unserer Politik gehört, daß wir verbindlich nur für die Bundesrepublik Deutschland sprechen können.

SPIEGEL: Wie kann für die Bundesrepublik Deutschland die Formulierung über die Oder-Neiße-Grenze lauten, zu der diese Ihre Regierung am Ende bereit sein wird?

BRANDT: Dieses zu sondieren, überlasse ich lieber Herrn Staatssekretär Duckwitz, der das in Warschau mit seinem Gesprächspartner behandeln wird.

SPIEGEL: Herr Bundeskanzler, wir konstatieren, daß Ihre letzten fünf Antworten entweder ein Ausweichen sind oder das Eingeständnis, daß die Bundesregierung nach sechs Monaten Ostpolitik hinter Positionen zurückgegangen ist, die sie vor sechs Monaten auf der Basis der Anerkennung des Status quo in Europa gedanklich schon bezogen hatte.

BRANDT: Wenn meine letzten fünf Antworten etwas gezeigt haben, dann dies, daß ich zu den beiden Sätzen stehe, die in der Regierungserklärung zu Polen drinstanden, nämlich zum Gewaltverzicht und der Anerkennung der territorialen Integrität, und zweitens dazu, daß wir mit den Polen sprechen wollten auf der Grundlage der Rede, die Wladyslaw Gomulka am 17. Mai 1969 gehalten hat. Und außerdem können die letzten fünf Antworten auch noch gezeigt haben, daß ich einen Fehler gemacht habe, mich auf die Beantwortung überhaupt einzulassen und nicht erneut zu sagen, wir sollten ebenso erwachsen sein wie die Westmächte, wenn die mit der Sowjetunion über Berlin sprechen, ohne ihre eigene und unsere öffentliche Meinung eben an diesem Meinungsaustausch der Mächte teilhaben zu lassen.

SPIEGEL: Haben Ihr Aufenthalt in Amerika und Ihr Gespräch mit Präsident Nixon die Einsicht verstärkt, daß über eine volle Anerkennung von Oder-Neiße und DDR gar nicht verhandelt werden könne, weil hier ehemalige Sieger ihre Siegerrechte tangiert sehen?

BRANDT: An Amerika würde ein Abkommen zwischen der Bundesrepublik und Polen über die zwischen uns offenen Fragen gewiß nicht scheitern. Auf die DDR bezogen, kann ich Ihnen offen sagen: Das ist zwischen Nixon und mir nicht im einzelnen erörtert worden. Jedenfalls wird man sagen müssen, daß es ganz gewiß kein Abkommen zwischen uns und der DDR geben wird, das absieht von den weiterwirkenden Rechten und Pflichten der vier.

SPIEGEL: Selbst wenn Sie jetzt voll anerkennen wollten: Dieses würden die drei Westmächte und möglicherweise sogar die Sowjetunion gar nicht wünschen, vielleicht nicht einmal zulassen?

BRANDT: Ich will mich nicht hinter anderen verstecken. Ich sage nur, die betrachten ihre Lage so, daß sie mehr als einen Finger im Teig mit drin haben.

SPIEGEL: Herr Bundeskanzler, welchen Stand haben nach Ihrer Auffassung die Verhandlungen von Staatssekretär Bahr in Moskau jetzt erreicht?

BRANDT: Sie haben den Stand erreicht, daß man, wie ich vermute, Anfang Mai eine nächste Gesprächsrunde haben wird, eine vermutlich relativ kurze, um einige der noch besonders erörterungswürdigen Fragen zu behandeln.

SPIEGEL: Der etwa mögliche Vertrag zwischen der Sowjetunion und der Bundesrepublik läuft bisher unter dem Kennwort »Gewaltverzichtsabkommen«. Welchen Inhalt soll dieser Vertrag haben?

BRANDT: Es wird nicht ein rein abstrakter Gewaltverzicht sein, denn dann brauchte er nur den Hinweis auf Artikel 2 der Charta der Vereinten Nationen zu enthalten. Ich nehme an, diesen Hinweis würde er auf die eine oder andere Weise jedenfalls enthalten müssen. Aber es wird ein nicht nur abstrakter Gewaltverzicht sein können, sondern er wird sich auf konkrete Tatbestände beziehen, zum Beispiel auf die konkreten Grenzen in Europa.

SPIEGEL: Auch auf die Sicherung des Status von West-Berlin?

BRANDT: Selbstverständlich denken wir nicht daran, diese Realität auszuklammern. Dabei gilt es allerdings zu bedenken, daß ja die Westmächte Partner der Sowjetunion in bezug auf Berlin sind als Träger der obersten Gewalt. Aber wir können nicht darauf verzichten, daß Kenntnis genommen wird von den gewachsenen Beziehungen

zwischen West-Berlin und der Bundesrepublik Deutschland und eine
zusätzliche tatsächliche Absicherung der Zufahrtswege erreicht wird.

SPIEGEL: Wird die Bundesregierung ihre Verhandlungen darauf richten, in dem Gewaltverzichtsabkommen mit der Sowjetunion
einen Passus zu haben oder neben diesem Abkommen einen Brief zu
haben, in dem festgestellt wird, daß durch ein solches Status-quo-
Abkommen das Selbstbestimmungsrecht des deutschen Volkes nicht
auf Dauer und alle Ewigkeit erledigt ist?

BRANDT: Ich will jetzt nicht von irgendwelchen vertraglichen
Instrumenten sprechen, sondern nur sagen, daß bei den Vertragspartnern kein Zweifel darüber aufkommen darf, daß wir nicht gesonnen
sind, auf friedliche Ziele der Selbstbestimmung und der nationalen
Zusammengehörigkeit zu verzichten.

SPIEGEL: Können Sie nach Ihren Gesprächen in Washington
ausschließen, daß die amerikanische Regierung im nächsten Jahr oder
spätestens bis 1972 ihre Truppenpräsenz in Europa und vor allem in
der Bundesrepublik verringert?

BRANDT: Dies ist nicht die Absicht des Präsidenten. Ich rede
jetzt nicht von etwaigen marginalen Veränderungen, von denen wir ja
im Laufe der Jahre schon einige erlebt haben. Und wenn die amerikanische Regierung sich mit anderen und uns in der Nato demnächst
darauf verständigt, daß wir eine neue Initiative ergreifen wollen für
gegenseitige ausgeglichene Truppenreduzierungen, dann wird die
Position des amerikanischen Präsidenten noch plausibler. Denn man
stellt sich nicht für die nächsten kommenden Jahre auf solche Verhandlungen ein, wenn man darauf aus ist, einseitig abzubauen. Aber es
ist kein Geheimnis, daß die Regierung der Vereinigten Staaten einem
erheblichen innenpolitischen Druck ausgesetzt ist.

SPIEGEL: Es ist Ihnen ja offensichtlich gelungen, die Frage der
amerikanischen Präsenz zu einem multilateralen Nato-Thema zu
machen. Aber realistisch eingeschätzt: Wie groß ist die Aussicht, daß
die Nato sich über eine etwa notwendig werdende neue Strategie
verständigen kann, wenn es doch zu einer Verminderung der amerikanischen Präsenz kommt?

BRANDT: Das Thema muß darauf zurückgeführt werden, daß
es für die Allianz und übrigens auch für die Vereinigten Staaten selbst
notwendig ist, in Deutschland zu bleiben. Keiner in der Bundesrepublik soll glauben, daß die Amerikaner nur deshalb bleiben, weil wir
besonders überzeugend auf sie einredeten. Die Staaten entscheiden
letzten Endes aufgrund einer Interpretation ihrer Interessen.

SPIEGEL: Senator Mansfield sagte uns, es würde doch völlig genügen, eine Division hier stehen zu haben als Stolperdraht.

BRANDT: Ich glaube nicht an diese Stolperdraht-Theorie. Es ist gar keine Frage, daß die Garantie der Vereinigten Staaten für Westeuropa gegeben bleibt, auch dann, wenn es zu einem Abkommen zwischen der Sowjetunion und den Vereinigten Staaten kommen sollte über die strategischen Rüstungen.

SPIEGEL: Herr Bundeskanzler, Sie haben mehrfach die These aufgestellt: Die Bundesrepublik kann nicht für weniger Soldaten mehr Geld ausgeben. Wie wollen Sie das aufrechterhalten können, wenn am Ende doch nur erhöhte Zahlungen der Bundesrepublik die etwaige Truppenreduzierung der Amerikaner in vernünftigen Grenzen halten soll?

BRANDT: Erstens war das eine sehr saloppe Formulierung und eigentlich mehr für eine vertraute Runde als für die Öffentlichkeit bestimmt. Aber laß gehen. Ich gehe davon aus, daß die Amerikaner dableiben wollen. Zweitens ist es ja nicht so, daß unser Offset-Abkommen, unser Devisenausgleichsabkommen, bedeutet, daß wir für ein amerikanisches Expeditionskorps zahlen. In Wirklichkeit leisten wir einen Devisenausgleich.

SPIEGEL: Sprechen wir vom politischen Preis. Wie realistisch ist die Erwartung auf einen gleichzeitigen Truppenabzug in Ost und West und damit der Einbau dieses Faktors in eine europäische Friedensordnung, wenn – gemessen am Prager Beispiel – zu den Aufgaben der Sowjet-Truppen nicht nur gehört, ein Gegengewicht zu den Nato-Truppen zu sein, sondern auch in den osteuropäischen Staaten den jeweiligen politischen Status quo aufrechtzuerhalten?

BRANDT: So bedrückend es aus unserer Sicht auch sein mag, so reicht doch eine sehr viel geringere sowjetische Präsenz, als sie zur Zeit besteht, aus, um zu verhindern, daß diese Staaten sich aus dem Warschauer Pakt lösen.

SPIEGEL: Herr Bundeskanzler, als nächsten für Ihre Ost- und Deutschlandpolitik wichtigen Partner treffen Sie Ende Mai wieder Willi Stoph in Kassel. Sie haben ihn einst einen starren Mann genannt und ihn später als festen Mann charakterisiert. Haben Sie den Eindruck, daß Stoph zu den Verständigungsbereiten und Verständigungswilligen in Ost-Berlin gehört?

BRANDT: Ich werde mich hüten, hier etwas auseinanderzudividieren zu wollen.

SPIEGEL: Herr Bundeskanzler, wir danken Ihnen für dieses Gespräch.

Zum SPIEGEL-Gespräch in Nr. 34/1970 (17. August)
mit den Redakteuren
Erich Böhme und Hermann Schreiber

Die sozialliberale Koalition legte ein enormes Anfangstempo vor. Drei Tage nach Amtsantritt wertete die Bundesregierung die Mark auf und erfüllte damit prompt ein Wahlversprechen ihres Wirtschaftsministers Karl Schiller. Im November unterzeichnete Bonn gegen lautstarke Proteste der Opposition (Strauß: »Versailles von kosmischem Ausmaß«) den liegengebliebenen Atomwaffensperrvertrag und bot Moskau und Warschau Gewaltverzichtsverhandlungen an.
Bereits im Januar 1970 nahm Egon Bahr in Moskau die Verhandlungen mit Außenminister Gromyko auf. Damit begann, so Peter Koch in seiner Brandt-Biographie, »die politische Frontbegradigung im Osten, an der sich die Bundesrepublik zwanzig Jahre lang vorbeigedrückt hatte«. Der Sturm der Entrüstung im konservativen Lager bewies, daß unter dem Arbeitstitel »Gewaltverzicht« das bislang festgefügte Raster deutscher Außenpolitik aufgelöst wurde. Es galt, Ansprüche aufzugeben, durch die der Bestand der Bundesrepublik und die Sicherung West-Berlins nicht tangiert wurden.
Außenminister Walter Scheel verhandelte vom 27. Juli an zwölf Tage mit Gromyko über die von Bahr vorbereiteten Komplexe. Am 7. August wurde das Vertragswerk paraphiert. Am 12. August unterzeichnete Kanzler Brandt gemeinsam mit Außenminister Scheel im Kreml das Abkommen. In den Kernsätzen sprechen sich die Partner für die Erhaltung des Friedens und für Entspannung aus. Sie garantieren die Unverletzlichkeit der bestehenden Grenzen in Europa und verzichten auf Gebietsansprüche. Die Oder-Neiße-Grenze wird als polnische Westgrenze anerkannt. Noch im selben Jahr, am 7. Dezember, unterzeichnet Brandt in Warschau den Vertrag über die Normalisierung der Beziehungen zu Polen. Sein Kniefall vor dem Mahnmal im Warschauer Ghetto erregt weltweites Aufsehen.

»Kossygin weiß, was möglich ist«

Der Bundeskanzler über seine erste Moskau-Reise

SPIEGEL: Herr Bundeskanzler, in Ihrer Tischrede beim Staatsbankett im Kreml bezeichneten Sie den deutsch-sowjetischen Vertrag als »einen neuen Anfang, der unseren beiden Staaten gestattet, den Blick nach vorn zu richten in eine bessere Zukunft«. Wie sehen Sie jetzt diese deutsch-sowjetische Zukunft?

BRANDT: Zunächst einmal dürfen wir jetzt nicht den Fehler machen, in eine Art von Euphorie zu verfallen. Seit dem Überfall Hitlers auf die Sowjetunion im Jahre 1941 sind auf beiden Seiten viele Dinge geschehen, die nur in einem langen Zeitraum überwunden werden können. Entscheidend ist, daß wir endlich über das Gerede hinauskommen und entschlossen einen neuen Anfang setzen. Ich hoffe sehr, daß die weitere Entwicklung zuerst einmal zu einer Normalisierung der politischen, wirtschaftlichen und sonstigen Beziehungen zwischen der Bundesrepublik Deutschland und der Sowjetunion führt. Daß ein Klima des Vertrauens geschaffen wird. Und daß die Einsicht an Boden gewinnt, daß die beiden Staaten von einer engeren Zusammenarbeit nur profitieren können.

SPIEGEL: Welche Konsequenzen würden sich aus einer solchen engeren Kooperation zwischen der Sowjetunion und der Bundesrepublik für Europa ergeben?

BRANDT: Im Rahmen dieser Zusammenarbeit wird es möglich sein, auf die gesamteuropäische Entwicklung einzuwirken und die Fragen, die uns aufgrund der deutschen Teilung bedrücken, zu beeinflussen. Jetzt kommt es erst einmal darauf an, den Vertrag, den wir in Moskau unterzeichnet haben, mit Leben zu erfüllen. Ministerpräsident Kossygin hat in seiner Tischrede gesagt, dieser Vertrag sei vom Leben diktiert. Ich stimme ihm zu. Das Leben diktiert uns die Aufgabe, diesen Vertrag als ein Instrument zur Verbesserung der Beziehungen zu benutzen. Er darf und er soll kein Stück Papier bleiben.

SPIEGEL: Ist der neue Frühling in den deutsch-russischen Beziehungen nicht etwas zu plötzlich und zu heftig ausgebrochen? Das sowjetische Protokoll behandelte den deutschen Gast beinahe wie einen alten Freund, die Russen sprachen nicht mehr von den Wunden der Vergangenheit, Parteichef Breschnew unterbrach eigens seinen Urlaub. Muß das nicht im Westen wieder den Verdacht eines neuen Rapallo wecken?

BRANDT: Meinem Besuch in Moskau sind lange, gründliche und zähe Verhandlungen vorausgegangen. Von Plötzlichkeit kann niemand sprechen, der sich in der deutschen Nachkriegsgeschichte auskennt. Ich halte es nicht für überraschend, daß auch die protokollarische Seite der Bedeutung des deutsch-sowjetischen Vertrags entsprechend behandelt wurde. Und ich habe es begrüßt, daß ich die Gelegenheit hatte, in einem vierstündigen Gespräch mit dem Generalsekretär des Zentralkomitees der Kommunistischen Partei der Sowjetunion, Herrn Breschnew – also dem ersten Mann der dortigen Führung –, die Meinungen über viele Aspekte der aktuellen Politik auszutauschen. Ein ähnliches Gespräch haben bisher nur wenige Politiker des Westens führen können. Es war für mich sehr lehrreich, und ich hoffe, daß es mir gelungen ist, das Verständnis von Herrn Breschnew für einige unserer Auffassungen zu wecken.

SPIEGEL: Waren Sie eigentlich überrascht, als Herr Breschnew plötzlich bei der Unterzeichnung der Verträge erschien?

BRANDT: Ich wußte, daß – wie es in dortiger Terminologie heißt – ich an diesem Tage Mitgliedern der Führung begegnen würde.

SPIEGEL: Wie haben sich der Vorsitzende der SPD und der Generalsekretär der KPdSU verstanden?

BRANDT: Ich habe auch mit Herrn Breschnew als Bundeskanzler gesprochen, aber natürlich bleibe ich Vorsitzender der SPD, auch wenn ich Besprechungen im Ausland führe. Man kann diese Funktionen nicht künstlich spalten. Jedenfalls kann kein Zweifel darüber bestehen, daß Herr Breschnew der erste Mann in der politischen Führung der Sowjetunion ist. Es war eine erste Begegnung. Doch schon ihre Dauer zeigt vielleicht, daß es viele Themen gab, an denen ein gemeinsames Interesse bestand. Diese Themen beschränkten sich nicht nur auf die Fragen der Beziehungen zwischen unseren beiden Staaten.

SPIEGEL: Um so mehr interessiert doch die Frage nach den Rapallo-Ängsten im Westen.

BRANDT: Was die Reaktion im Westen angeht, so gibt es natürlich einige, insbesondere einige Journalisten, die – was immer sie darunter verstehen – an einem Rapallo-Komplex leiden. Derartige Befürchtungen sind völlig gegenstandslos. Wir wissen, daß unsere Politik gegenüber der Sowjetunion nur erfolgreich sein kann, wenn wir unsere Verankerung im Westen, zu dem wir aufgrund unserer Interessen und unserer Überzeugung gehören, nicht lockern. Im übrigen haben sowohl Herr Breschnew als auch Herr Kossygin sehr deutlich erklärt, daß sie eine Lockerung unserer Beziehungen zum Westen gar nicht erwarten.

SPIEGEL: Kritiker Ihrer Ostpolitik befürchten dennoch, daß die Verständigung mit der UdSSR der Erosion des Nato-Bündnisses Vorschub leisten und speziell den Amerikanern einen neuen Vorwand bieten wird, ihr militärisches Engagement in Mitteleuropa zu reduzieren. Sehen Sie die Gefahr, daß der Vertrag im Effekt zu einer Entfremdung zwischen den USA und uns führen wird?

BRANDT: Ich sehe keine Gefahr dieser Art. Die Vereinigten Staaten selber verhandeln mit der Sowjetunion über ein ganz entscheidendes Thema unserer Zeit, nämlich über die Begrenzung der strategischen Rüstungen. An einem Erfolg dieser Verhandlungen sind alle Staaten interessiert. Denn er könnte zu einer Begrenzung der Rüstungslasten und damit zu einer Erhöhung der Sicherheit führen.

SPIEGEL: Dennoch könnte der Moskauer Vertrag den amerikanischen Truppenabzug beschleunigen.

BRANDT: Die Frage einer Verringerung der amerikanischen Truppen in Europa wird in den USA seit langem diskutiert – ganz unabhängig von dem, was man unsere Ostpolitik nennt. Wir werden mit den Amerikanern verhandeln und uns zusammen mit den anderen europäischen Nato-Ländern um eine vernünftige Lastenverteilung im Bündnis bemühen. Hier geht es um ein gemeinsames Interesse des Bündnisses, aber auch um ein eigenes Interesse der Amerikaner.

SPIEGEL: Es heißt, der Vorschlag der Bundesregierung, eine westliche Gipfelkonferenz einzuberufen, sei bei unseren Verbündeten auf Reserve gestoßen. Könnte das nicht ein Ausdruck dieser Ihrer Meinung nach unbegründeten Rapallo-Befürchtungen und -Ängste sein?

BRANDT: Das, glaube ich, ist eine ganz falsche Einschätzung. Sollte es tatsächlich solche Befürchtungen geben, so wären gerade die drei Westmächte, die ja Verantwortung für Deutschland als Ganzes und Berlin tragen, sicherlich daran interessiert, daß wir uns so bald wie möglich sehen. Aber der Vorgang der Übermittlung unserer Anregung ist nicht gut gelaufen. Es hat Veröffentlichungen über diese Anregung gegeben, bevor die westlichen Verbündeten die entsprechenden Briefe gehabt haben. Das hat keiner gern. Außerdem wurden Überlegungen publik, die gar nicht in den Briefen stehen. So zum Beispiel, bei welcher Gelegenheit oder am Rande welcher Veranstaltung man sich treffen sollte.

SPIEGEL: Indiskretionen haben Sie ja in Bonn genug.

BRANDT: Jemand in Washington hat gesagt, man hätte uns das übelgenommen, wenn man nicht ohnehin wüßte, daß in Bonn alles, richtig oder falsch, öffentlich abgehandelt wird. Aber die Sache selbst war schon zwischen Präsident Nixon und mir im April als eine Möglichkeit besprochen worden.

SPIEGEL: Hat dieser Vertrag nicht auf der anderen Seite Hoffnungen erweckt, die Bonn nur schwer erfüllen kann? Die Russen erwarten von uns ein wirtschaftliches, technisches und finanzielles Engagement, das unsere nationalen Möglichkeiten übersteigt. Wie wollen Sie diese Hoffnungen dennoch honorieren?

BRANDT: In meinen Gesprächen mit Ministerpräsident Kossygin habe ich einen anderen Eindruck gewonnen. Er und seine Mitarbeiter sind nüchterne Leute, die wissen, was möglich und was nicht möglich ist. Es wäre deshalb einfach falsch, wenn man behaupten wollte, daß der Vertrag unerfüllbare Hoffnungen geweckt habe.

SPIEGEL: Wenn wir die Hoffnungen der Sowjetunion auf eine bessere wirtschaftliche und technische Zusammenarbeit auch nur in bescheidenem Maße erfüllen wollen, werden wir wohl kaum an gewissen Kreditzusagen vorbeikommen. Denn die deutsche Wirtschaft wird nichts aus Liebe zur Sowjetunion tun.

BRANDT: Ministerpräsident Kossygin versteht sehr viel von den Realitäten des wirtschaftlichen Austauschs. Er sagte, man sei sich darüber im klaren, daß die Bundesrepublik Deutschland keine Wohlfahrtseinrichtung sei und daß Staaten, wenn sie wirtschaftlich kooperieren, dies nicht wohltätiger Zwecke wegen tun, sondern um ihre Interessen zu erfüllen. Natürlich gibt es Begrenzungen.

SPIEGEL: Beispielsweise ein solches Riesenprojekt wie die mit Daimler-Benz besprochene Lastwagenfabrik kann vermutlich nicht mit deutschen Mitteln allein verwirklicht werden. Gibt es einen Ansatzpunkt, andere EWG-Länder dabei hinzuzuziehen und dadurch auch für die von der Sowjetunion gewünschte Öffnung der EWG für östliche Handelspartner eine Hintertür zu finden?

BRANDT: Wir würden, wenn wir so etwas machten, die Welt nicht neu entdecken. Wenn es zu dem großen Projekt der Lastwagen-fabrik kommt, dann würde ich eine europäische Kooperation lebhaft begrüßen, besonders – darüber habe ich mit Präsident Pompidou schon gesprochen, als er in Bonn war – wenn hier eine deutsch-französische Kooperation stattfinden könnte. Wir werden uns in solchen Zusammenhängen ganz bewußt als Europäer zu bewähren haben. Wir wollen nicht andere ausstechen, sondern, wo immer es geht, mit unseren Partnern zusammen etwas tun.

SPIEGEL: Haben Sie den Russen irgendwelche finanziellen Zusagen gegeben oder in Aussicht gestellt?

BRANDT: Nein.

SPIEGEL: Ist bei Ihren Moskauer Begegnungen die Erwartung bestätigt worden, daß unter dem Schirm eines deutsch-sowjetischen Vertrags die Aussöhnung mit den anderen osteuropäischen Staaten, beispielsweise mit Polen und der ČSSR, besser vorankommen wird als bisher?

BRANDT: Ja, das kann man so sagen. Alles deutet darauf hin, daß dieser Vertrag unsere Beziehungen zu den osteuropäischen Län-dern insgesamt fördern wird. Dies gilt nach meiner Einschätzung auch für die DDR. Was Polen angeht, so sind unsere Verhandlungen so weit gediehen und insoweit unabhängig von der Unterzeichnung des Ver-trags mit Moskau. Polen ist stolz auf seine Unabhängigkeit, und ich bin froh darüber, daß die polnische Regierung aus eigenem Entschluß seit geraumer Zeit dazu bereit ist, in den Beziehungen zur Bundesrepublik neue Wege zu gehen.

SPIEGEL: Die Berichte über Ihre Verhandlungserfolge in Moskau können in Ost-Berlin keine Begeisterung geweckt haben. Muß sich Ulbricht jetzt nicht in die Ecke gedrängt fühlen, anstatt zu neuen innerdeutschen Kontakten animiert?

BRANDT: Das glaube ich nicht. Man sollte davon ausgehen, daß die Regierung der DDR ebenfalls ein Interesse daran hat, den Kontakt mit uns fortzusetzen. Es ist ganz klar, daß unser Vertrag mit der Sowjetunion an den engen Beziehungen zwischen Moskau und Ost-Berlin nichts geändert hat und auch nichts ändern kann. Ich bin ebenso sicher, daß er dazu beitragen wird, die Regierung in Ost-Berlin davon zu überzeugen, daß die Bemühungen um eine Entspannung in Europa und damit auch in Deutschland wirklich für beide Seiten geboten sind.

SPIEGEL: Nach Ihrer Meinung kann also auch Ulbricht einen Vorteil in dem Vertrag sehen?

BRANDT: Ich habe in Moskau gesagt, daß man bei einem solchen Vertragswerk nicht unterstellen darf, die eine oder die andere Seite habe einen Vorteil. Sondern daß man von dem ausgehen muß, was beiden Seiten zu einem Vorteil verhilft. Dieser Maßstab gilt auch für unseren Versuch, mit der DDR zu vertraglichen Regelungen zu kommen. Dazu bedarf es der Beratung von Experten, die einen Auftrag ihrer Regierungen haben.

SPIEGEL: Haben Sie Hinweise oder Indizien dafür, daß das Gespräch mit Ost-Berlin wieder in Gang kommt?

BRANDT: Wir haben keine Initiative vor, sondern wir weisen noch einmal in aller Sachlichkeit darauf hin, daß wir unsere 20 Punkte von Kassel als Diskussionsgrundlage unterbreitet haben. Und nun kommt es darauf an, wieviel Zeit man in Ost-Berlin braucht, um auf dieser Grundlage einen neuen Gesprächstermin vorzuschlagen, und zwar für eine Zusammenkunft, wie das zwischen Regierungen üblich ist.

SPIEGEL: Wenn der Kern des Vertrags in dem Versprechen besteht, sich nicht in die jeweils andere Einflußsphäre störend einzumischen – haben Sie dann bei Ihren Gesprächspartnern Ansatzpunkte dafür erkannt, daß die Sowjets bereit sind, Sicherheit und Lebensfähigkeit West-Berlins zu garantieren?

BRANDT: Es würde die laufenden Viermächte-Verhandlungen über Berlin nur stören, wenn ich mich öffentlich zu dem äußern würde, was ich hierzu in Moskau besprochen habe. Die Haltung der Bundesregierung ist bekannt, und ich habe meine Gesprächspartner nicht im Zweifel darüber gelassen. Ich habe erklärt, daß die Bundesregierung ein vitales Interesse an einer befriedigenden Lösung des Berlin-Problems hat, und ich habe, auf mich selbst bezogen, hinzugefügt, daß ich den Teil meines politischen Lebens, in dem ich als Regierender Bürgermeister gewirkt habe, nicht streichen könnte. Ich habe weiter betont, daß West-Berlin in vielfacher Hinsicht mit der Bundesrepublik verbunden ist und daß dies nach dem freien Willen der West-Berliner Bevölkerung auch so bleiben soll. Ich zweifle nicht daran, daß meine Gesprächspartner mich verstanden haben.

SPIEGEL: Sind die Chancen einer Ratifizierung des Vertrags durch Ihre Reise nach Moskau verstärkt worden?

BRANDT: Ich glaube, ja.

SPIEGEL: Weil die Opposition es schwerer hat, nein zu sagen?

BRANDT: Sie wissen, daß Herr Barzel mir unmittelbar vor Antritt meiner Moskau-Reise einen Brief gebracht hat. Diesen Brief habe ich gerade beantwortet und darin Elemente der Ost-Politik dieser Regierung noch einmal entwickelt. Und da diese Regierung um eine möglichst breite Zustimmung zu ihren Verträgen und sonstigen Abkommen besorgt ist, geht sie auch auf die Anregung ein, vertrauliche Gespräche über diese Komplexe der Außenpolitik mit der Opposition zu führen. Darüber werden Herr Barzel und ich uns im September miteinander in Verbindung setzen.

SPIEGEL: Herr Bundeskanzler, wir danken Ihnen für dieses Gespräch.

Zum SPIEGEL-Gespräch in Nr. 22/1971 (24. Mai)
mit den Redakteuren Erich Böhme und Günter Gaus

Die sozialliberale Koalition hatte noch nicht einmal die Halbzeit der Legislatur erreicht, und schon ging es drunter und drüber. Finanzminister Alex Möller, ein politisch erfahrener und unternehmerisch erfolgreicher Multimillionär mit SPD-Parteibuch, trat zurück. »Ohne Not«, wie ihm Brandt später in den »Erinnerungen« bescheinigt. Der »Genosse Generaldirektor« mochte sich nicht länger mit Kabinettskollegen streiten, die – ohne Rücksicht auf die dringend gebotene Inflationsbekämpfung – ständig neue Forderungen anmeldeten. Diesen falsch verstandenen Reformeifer sollte dann Karl Schiller als Doppelminister für Wirtschaft und Finanzen bremsen. Doch auch er gab ein Jahr später auf. In der SPD machte die Linke mobil. Ohne Rücksicht auf die Ansprüche des bürgerlichen, der Marktwirtschaft verpflichteten Koalitionspartners FDP suchten aufmüpfige Jusos und linke Reformer durch immer neue sozialistisch-dirigistische Vorschläge dem Staat unternehmerische Entscheidungen über Preise und Produkte zu übertragen. Große Teile der Partei, die in der Opposition im Jahre 1959 durch ihr »Godesberger Programm« von der Plan- zur Marktwirtschaft gefunden hatte, strebten, kaum stellte die SPD den Kanzler, zurück zu den alten Quellen. Die Aktualisierung marxistischer Theorie und die Demokratisierung der Partei erschienen vielen Genossen als wichtige Voraussetzung zur Veränderung der Gesellschaft. Die Mitgliedschaft der Partei veränderte sich grundlegend: weniger Arbeiter, mehr Akademiker, mehr Beamte. Lag der Anteil der unter 40 Jahre alten Neueingetretenen im Jahre 1960 noch bei 55 Prozent, so machte diese Gruppe im Jahre 1972 über 75 Prozent aus. Brandt warnte »vor selbstzerstörerischen und eigenbrötlerischen Tendenzen« und setzte eine Diskussion über ein »Langzeitprogramm« in Gang.

»Meine Landsleute krempeln die Ärmel hoch«

Der Bundeskanzler verteidigt seine Sparpolitik

SPIEGEL: Herr Bundeskanzler, warum haben Sie den Rücktritt von Finanzminister Möller angenommen?

BRANDT: Wenn ein erfahrener Mann wie Alex Möller nach reiflicher Überlegung dem Bundeskanzler schreibt, daß er ihn darum bitte, seine sofortige Entlassung beim Bundespräsidenten zu veranlassen, dann bedeutet dies, daß er sich die Sache genau überlegt hat. Dann ist es eigentlich nur noch eine Frage, wie man den Respekt verbindet mit dem Dank, den man einem solchen Mann für seine Mitarbeit auszusprechen hat. Im gleichen Augenblick muß man dann darüber nachdenken, wie es weitergehen soll.

SPIEGEL: Der Zeitpunkt war politisch denkbar ungünstig.

BRANDT: Das ist mehr eine Frage der Öffentlichkeitswirkung. Im Regierungsgeschäft selbst hat es nicht die Andeutung einer Krise gegeben. Daß die Öffentlichkeit es zum Teil anders gesehen hat, muß ich zur Kenntnis nehmen.

SPIEGEL: Was hat Sie dazu bewogen, Wirtschaftsminister Schiller zum Superminister zu ernennen?

BRANDT: Es zeigte sich schon in den ersten Tagen, daß sich Schillers gemeinsame Verantwortung für Wirtschaft und Finanzen, sein »vereinigtes Königreich«, als vorteilhaft erweist. Bei unserem Stabilitätsprogramm haben wir es mit Maßnahmen zu tun, die beide bisherigen Häuser betreffen. Und es ist für die Regierungsarbeit in dieser Phase von Vorteil, ein Votum auf den Tisch zu bekommen, in dem die fiskalischen und gesamtwirtschaftlichen Elemente gleichermaßen enthalten sind.

SPIEGEL: Bisher erschienen Sie vielfach als ein Regierungschef, der sein Kabinett und die Koalition durch Diskussion und durch Überzeugung, durch starke Loyalitätsbindungen führt. Resultiert Ihr schneller Entschluß, Alex Möller zu entlassen und seinen Nachfolger zu ernennen, aus Ihrer Einsicht, daß die Zeit vorüber ist, in der die Regierungsgeschäfte am langen Zügel geführt werden können?

BRANDT: Ich werde nicht darauf verzichten, zu diskutieren und, wie Sie es nennen, zu überzeugen – dort, wo man dies kann. Ein Kollegium wie das Bundeskabinett funktioniert sicher nicht gut, wenn es zu häufig vor die Notwendigkeit von Abstimmungen gestellt wird. Es funktioniert auch nicht gut, wenn es zu häufig mit Richtlinienentscheidungen konfrontiert wird. Sicher aber werden wir in einigen Fällen mehr als bisher – das ergibt sich aus dem Stabilitätsprogramm in besonderem Maße – rascher entscheiden müssen. Und rascher entscheiden bedeutet dann, sich zuweilen nicht soviel Zeit für Diskussionen nehmen zu können, wie wir sie uns zunächst genommen hatten.

SPIEGEL: Wird Ihr Kabinett in der zweiten Halbzeit dieser Regierung einen Kanzler haben, der weniger diskutieren läßt und rascher entscheidet?

BRANDT: Ich könnte es mir jetzt ganz leicht machen. Zwar schätze ich die SPIEGEL-Leser so ein, daß ihr Bedarf an Autoritätsbekundungen eher etwas unterentwickelt ist, aber im ganzen gesehen würde es sich vermutlich gut anhören, wenn ich sagte, nun wird geführt und wird entschieden, was auch immer die Leute sich so darunter vorstellen. Diesen Eindruck möchte ich nicht aufkommen lassen, sondern sagen, es wird nicht der Schau wegen geführt, sondern es wird das getan, was von der Sache her erforderlich ist. Und wenn die Sache es gebietet, dann wird rasch entschieden. Überdies ist die Halbzeit noch nicht da. Es fehlen noch einige wichtige Monate, in denen noch eine Menge zu arbeiten ist. Bis Oktober wird noch viel passieren.

SPIEGEL: Erzwingen die Sachfragen jetzt raschere Entscheidungen als vorher?

BRANDT: Ja, es ist ganz sicher so, daß unser Stabilitätsprogramm in den nächsten Monaten solche Situationen immer wieder hervorbringen wird. Im Juni wird die Regierung die Eckdaten für die Steuerreform festlegen. Und von Mitte August bis Oktober müssen wir alles Wesentliche fixieren, was in dieser Legislaturperiode von der Regierung aus innenpolitisch zu geschehen hat. Um die Monatswende August/September fallen die Entscheidungen zum Haushalt 1972 und über die mittelfristige Finanzplanung, also für 1973 und die folgenden Jahre. Unmittelbar danach, Ende Oktober, entscheidet die Regierung über ihre Steuerreformvorlage.

SPIEGEL: Gerade in den kommenden Monaten muß Ihre Regierung alle Kraft für die Herstellung stabiler Wirtschaftsverhältnisse aufwenden. Was bleibt der Regierung Brandt dann noch an Reformvorschlägen übrig?

BRANDT: Zunächst muß ich auf ein Mißverständnis eingehen, das in der öffentlichen Diskussion eine große Rolle gespielt hat. Viele haben geglaubt, Regierung der inneren Reformen sein zu wollen bedeute, in vier Jahren auf allen möglichen Gebieten alles Mögliche von Grund auf zu ändern. Das haben wir nie gesagt. Regierung der inneren Reformen zu sein heißt eben – auch wenn es eine ganze Weile dauert und manches dabei auch noch durcheinandergeht und draußen schwer verstanden wird –, auf allen Gebieten, auf denen bisher nicht vorgesorgt wurde, endlich mit der Planung und dem Rechnen anzufangen. Die Vorhaben erstrecken sich zum Teil über ein Jahrzehnt.

SPIEGEL: Muß man nicht zuerst für die Finanzierung der Reformen sorgen?

BRANDT: Wir müssen und werden mehr Verständnis dafür wecken, daß die finanzielle Bedienung solcher Reformvorhaben natürlich immer von der wirtschaftlichen Entwicklung abhängig ist. Man soll sich natürlich nicht völlig zum Sklaven der Wirtschaftsentwicklung machen. Aber die Erkenntnis, daß der konjunkturelle Ablauf darüber entscheidet, wie man ein Reformprogramm bedient, mal etwas rascher, mal etwas langsamer, die wird sich noch durchsetzen.

SPIEGEL: Muß sich nicht gerade in der Regierung selbst die Erkenntnis durchsetzen, daß sie ihre Reformvorhaben nicht frühzeitig genug mit den wirtschaftlichen und finanziellen Möglichkeiten abgestimmt hat?

BRANDT: Ob nun mehr bei der Regierung, bei der Opposition oder auch bei Wissenschaftlern, sei dahingestellt. Ich will ja niemandem zu nahe treten, aber mein Glaube an die Vorausberechenbarkeit volkswirtschaftlicher Abläufe – wenn es ihn jemals als fundierten Glauben gegeben hat –, der ist in diesen letzten eineinhalb Jahren wesentlich erschüttert worden.

SPIEGEL: Bezieht das auch den Glauben an Karl Schiller ein?

BRANDT: Ich dachte an die Institute, die die Dinge häufig anders gesehen haben, als sie dann tatsächlich gekommen sind. Jetzt sagt man, wir befänden uns in einem Zwischenhoch – das ist ja wohl eine Bezeichnung der Fachleute, wenn sie nicht genau wissen, wie sie die konjunkturelle Zukunft einschätzen sollen. Ich könnte auch an die Opposition im Bundestag erinnern, die Ende vorigen Jahres ihre Einwände gegen die Steigerungen im Haushalt 1971 zurückstellte, weil sie mit einer Rezession rechnete.

SPIEGEL: Hat die Bundesregierung, aus welchen Gründen auch immer, in der ersten Halbzeit der Legislaturperiode den Mund zu voll genommen?

BRANDT: Nein, das würde ich nicht gelten lassen. Sie müssen verstehen, daß, wenn man antritt als eine Regierung, die nicht nur Routine machen will, dann diejenigen, die für wichtige Gebiete die Verantwortung tragen, nicht allzu bescheiden auftreten. Und schlecht ist die Bilanz des Jahres 1970 keineswegs gewesen, zumal auf dem Gebiet der sozialen Sicherheit und bei den Bildungsfragen. Zum erstenmal hat eine Bundesregierung begonnen, zusammen mit den Ländern – mühsam genug – an einem nationalen Bildungsplan und einem Gesamtbildungsbudget zu arbeiten. Auch 1971 wird eine Reihe von Reformvorhaben verwirklicht werden. Noch bevor der Bundestag zur Sommerpause auseinandergeht, wird das Städtebauförderungsgesetz verabschiedet sein, und die Kartellrechtsnovelle ist gerade von der Regierung verabschiedet worden. Ich könnte eine Reihe weiterer Beispiele nennen, die zeigen, daß wir im Sommer oder Frühherbst 1973 eine Bilanz vorlegen können, die sich sehen lassen kann. Natürlich wird sich für den einzelnen und für den Staat sicher auch hier und da, gemessen an ursprünglichen Erwartungen, ein Abstrich zeigen, hier und da auch eine Enttäuschung – so ist das Leben.

SPIEGEL: Enttäuschungen auch für Sie?

BRANDT: Es gab Daten, die vermuten ließen, daß wir konjunkturell in ein ruhigeres Fahrwasser kämen und daß wir nicht so stark konfrontiert sein würden mit der Tatsache, daß wir Milliarden an Staatseinnahmen für die Konjunkturdämpfung stillegen mußten, statt sie für öffentliche Investitionen ausgeben zu können. Aber die Konjunkturbremse, die wir selbst und die Bundesbank zu betätigen versuchten, funktionierte nicht so, wie wir es gewünscht hatten. Ich will die inneren Faktoren – was Schiller »das Hausgemachte« nennt – nicht herunterspielen, aber die Bremsen sind durch die von außen auf uns einwirkenden inflationären Faktoren übertroffen worden. Seit Januar 1970 haben Regierung und Bundesbank durch ihre Maßnahmen 24 Milliarden Mark innere Liquidität stillgelegt. In derselben Zeit sind 42 Milliarden Mark Liquidität von außen bei uns nicht nur eingeströmt, sondern wirksam geworden. Mit dieser neuen Situation mußten und werden wir fertig werden.

SPIEGEL: Die Regierung kommt mit ihrem neuen Vertrag für die Stabilität ziemlich spät.

BRANDT: Wenn das so wäre, dann würde ich sagen, lieber spät als gar nicht. Aber es stimmt auch nicht. Diese Bundesregierung hat seit der Aufwertung der D-Mark viel für die Stabilität getan. Warum die Bremsen nur teilweise gegriffen haben, habe ich schon gesagt. Aber ganz wirkungslos waren sie auch nicht, denn im Ausland sind die Preise ja wesentlich stärker gestiegen, vor allem 1970. Man muß sich daran erinnern, daß das Gesetz über Stabilität und Wachstum uns die Pflicht aufgibt, den Versuch zu machen, mehrere Ziele zur gleichen Zeit anzusteuern. Nach Überzeugung der meisten Fachleute wird man in einer Wachstumswirtschaft mit Vollbeschäftigung mit einem gewissen Maß an Preissteigerungen rechnen müssen. Die Theorien mancher Ökonomen, wonach der Produktivitätsfortschritt in bestimmten Bereichen automatisch zu solchen Preissenkungen führen wird, daß die notwendigen Preissteigerungen in anderen Bereichen kompensiert werden, geht nicht auf. Kein vernünftiger Mensch in Deutschland glaubt, wir könnten den Preisanstieg auf null Prozent herunterdrücken.

SPIEGEL: Ihr jetziger Superminister Schiller hat einmal die Rechnung aufgemacht, man könne die Preissteigerungen von drei auf zwei auf eins auf null senken.

BRANDT: Nun hängt doch nicht dem Schiller alles an. Ich könnte andere bedeutende Namen aus der Nationalökonomie nennen, nicht mehr Lebende und Lebende, die diese Auffassung entwickelt haben. Aber die Wirklichkeit ist manchmal anders.

SPIEGEL: Ist für die sozialdemokratisch geführte Bundesregierung die Vollbeschäftigung in den letzten anderthalb Jahren eine heilige Kuh gewesen, die man nicht schlachten konnte?

BRANDT: Mir selbst ist angekreidet worden, ich hätte eine Vollbeschäftigungsgarantie wiederholt ausgesprochen. Manche Kritiker fügen sogar hinzu, ich hätte dies auf Kosten der Stabilität getan. Wie sollte ich oder wie sollte die Regierung in der Wirtschaftsordnung, in der wir leben, eine Garantie aussprechen können?

SPIEGEL: In Ihrer persönlichen Präferenzliste hat aber doch die Vollbeschäftigung bisher immer an erster Stelle gestanden, noch vor der Stabilität.

BRANDT: Da ist zuweilen etwas anders verstanden worden, als ich wirklich gesagt habe. Ein Spiel mit der Rezession wie 1966, ein Spiel mit der Sicherheit der Arbeitsplätze als Instrument der Wirtschaftspolitik kommt für mich jedenfalls überhaupt nicht in Frage. Diesen Eindruck möchte ich auf keinen Fall verwischt sehen. Das bedeutet nicht, daß in einer mobilen Wirtschaft jeder seinen Arbeitsplatz für immer haben kann. Es wird da noch viel Umschichtungen in unserer Volkswirtschaft geben.

SPIEGEL: Haben Sie die Wirkung des Reizwortes Stabilität in der öffentlichen Meinung unterschätzt?

BRANDT: Das kann ich nicht völlig ausschließen. Aber wer will das nachträglich so genau kontrollieren können, was sich dazu schon im eigenen Kopf abgespielt hat. Wichtiger, glaube ich, ist, daß die tatsächliche Entwicklung uns gezwungen hat, diesen Zielpunkt, einen der vier im Stabilitätsgesetz, an die erste Stelle zu setzen. Wenn die Preissteigerungsrate weiter nach oben ginge, dann würde nicht nur ein großer Teil der eigenen Bevölkerung uns dies nicht abnehmen, sondern dann würden wir auch wegen des Gewichts der Volkswirtschaft dieser Bundesrepublik im übrigen Europa einen Schleuder-Effekt auslösen.

SPIEGEL: Die Industrie klagt über die Kostenexplosion, die mit dem Frühjahr 1970 begonnen hat. Hätte die Bundesregierung oder hätte die sozialdemokratische Partei mehr tun können, um diese Kostenexplosion auf der Lohnseite zu verhindern?

BRANDT: Ich will niemandem etwas anhängen, das hilft ja auch nachträglich nichts. Es war aber doch so, daß es nach der vorangegangenen starken Zunahme der Gewinne einen Nachholbedarf auf der Arbeitnehmerseite gab. Ob nicht hie und da, gemessen an der Gesamtentwicklung, dann doch des Guten zuviel geschehen ist, will ich mal jetzt nicht weiter untersuchen. Nur, was geschehen ist, ist im Grunde im recht trauten Zusammenwirken der autonomen Tarifpartner geschehen, dem gegenüber der Einfluß einer Bundesregierung begrenzt ist. Außerdem läßt sich nicht übersehen, daß die Tariflöhne unter, nicht über den Effektivlöhnen liegen.

SPIEGEL: Eine weitere Klage der Industrie: Sie habe seit dem Regierungsantritt von Willy Brandt und Walter Scheel nicht mehr gewußt, womit sie zu rechnen hat. Die Diskussion über die Steuerreform, das Steuerfluchtgesetz, die Kartellgesetznovelle, dies alles, so sagt die Industrie nicht ohne einen politischen Hintersinn, habe eine Unsicherheit der Wirtschaft mit sich gebracht, was zu der heutigen Instabilität entscheidend beigetragen habe.

BRANDT: Ich hab' einen großen Respekt vor der Leistung von Wirtschaftsführern und Industriemanagern in unserem Lande. Denn wenn die nicht tüchtig wären, dann stünden wir ja nicht da, wo wir stehen. Sie haben daran einen maßgeblichen Anteil. Aber bei allem Respekt vor der unternehmerischen Leistung glaube ich, ehrlich gesagt – da trete ich niemand zu nahe –, nicht daran, daß unternehmerische und politische Begabung durchweg zusammenfallen. Das glaube ich nicht. Das ist ja auch kein Vorwurf. Ich glaube auch nicht, daß Unternehmer gut beraten sind, wenn sie sich zu sehr auf einseitig orientierte Informationsdienste verlassen. Für einen Bruchteil der dafür aufgewendeten Abonnements kann man sich aus Wochen- und Tageszeitungen häufig besser informieren. Im übrigen sind die deutschen Unternehmer natürlich durchaus in der Lage, Diskussionen über bestimmte Veränderungen »auszuhalten«, die in einer demokratischen Gesellschaft selbstverständlich sind.

SPIEGEL: Herr Bundeskanzler, wäre es 1970 nicht richtiger gewesen, etwas länger um eine Steuererhöhung mit den widerstrebenden Flügeln der SPD und der FDP zu ringen, anstatt sich mit dem Konjunkturzuschlag zu begnügen?

BRANDT: Ich gebe zu, daß nach den Erfahrungen, die man jetzt hat, mindestens soviel für eine Steuererhöhung wie für den Konjunkturzuschlag hätte sprechen können. Nur müssen Sie sich die damalige Situation bitte mit mir zusammen noch einmal klarmachen: Niemand konnte dafür plädieren, dieses Geld 1970 auch wieder auszugeben. Und da war es doch eben relativ schwer, unseren Bürgern klarzumachen, daß man Steuern erhöhen muß, ohne daß der Staat das Geld auch verbraucht.

SPIEGEL: Es war offensichtlich noch schwerer, das den Ressortministern klarzumachen.

BRANDT: Nein. Es ging vor allem auch um das Verständnis der Bevölkerung. Ich bin übrigens hocherfreut darüber, wie das mit dem Konjunkturzuschlag funktioniert hat. Erst all das Mißtrauen, das ich ja nur zu gut verstehe gegenüber dem, was alles schon Staat gewesen ist auf deutschem Boden: Wollen die uns nicht beschummeln? Sagen die jetzt nicht nur, der Zuschlag wird zurückgezahlt, und dann stecken sie ihn doch in die Staatskasse? Nach einigen Monaten drehte sich die Diskussion in den Betrieben nur noch darum, wann der Zuschlag zurückgezahlt wird. Heute zweifelt im Grunde keiner mehr daran, daß es am 30. Juni aufhört und später zurückgezahlt wird. Es muß ja zurückgezahlt werden, damit man auch insoweit wieder handlungsfähig wird.

SPIEGEL: Handlungsfähig für eine Steuererhöhung?

BRANDT: Das ist mir zu spitz gefragt. Was ich meine, ist: Man muß ja erstens wissen, daß der Zuschlag nach dem Gesetz spätestens bis zum Frühjahr 1973 zurückgezahlt sein muß. Das zweite ist dann, daß im Herbst dieses Jahres darüber zu entscheiden sein wird, was wir an großer Steuerreform mit Wirkung vom 1. Januar 1974 an vorschlagen, was aber dem Staat nicht in erster Linie zu mehr Geld verhelfen soll. Ich hätte übrigens nichts dagegen, wenn unterm Strich ein bißchen mehr dabei herauskäme. Aber das ist nicht das Motiv der Steuerreform, denn sie soll mehr Einheitlichkeit und soziale Ausgeglichenheit bringen. Im Herbst müssen wir uns aber auch darüber klarwerden, ob wir für die Jahre 1972/73 – nun, wie sagt man jetzt, fachmännisch umschrieben – Einnahmeverbesserungen für die öffentliche Hand brauchen.

SPIEGEL: Dann muß sich der Bürger also doch beschummelt fühlen, wenn Sie nach Ablauf des Konjunkturzuschlags im Herbst beschließen, man brauche wohl wieder ein paar Einnahmeverbesserungen?

BRANDT: Nein. Der Konjunkturzuschlag wird ja schon aufgehört haben, wenn wir über die kommenden Jahre beschließen. Und ich habe ja auch nicht gesagt, daß sich für die Jahre 1972/73 eine zusätzliche Belastung bei den Einkommen- und Körperschaftsteuern ergeben würde. Aber es wird mit zu den Überlegungen gehören, nicht nur den Haushalt in Grenzen zu halten – darum wird Schiller sich sehr kümmern –, sondern auch zu sehen, was in diesen verantwortungsvoll abgesteckten Grenzen notwendig ist, um Bund, Ländern und Gemeinden zu den Mitteln zu verhelfen, die sie im Interesse der Bürger benötigen.

SPIEGEL: Unterstellt, ein Ressortminister würde sich mit der Etatzumessung, die ihm Schiller zubilligt, nicht einverstanden erklären: Würden Sie eher diesen Ressortminister aus dem Kabinett entlassen, als Schiller zurückpfeifen?

BRANDT: Ich bin ganz sicher, daß sich dieser Fall nicht ergibt. Schiller wird mit jedem einzelnen Kollegen gesprochen haben, bevor er seinen Entwurf einbringt.

SPIEGEL: Woher kommt Ihre Überzeugung, daß Schiller das eher möglich sein wird als Alex Möller? Möller erinnerte bei seinem Rücktritt an die Kabinettsitzung vom 25. Februar, in der er die Ressorts vergebens um Mäßigung gebeten hatte. Sie selbst haben dann anschließend in einem Brief an die Ressorts dringend vor weiteren Forderungen gewarnt. Tatsächlich aber haben die Ressorts ihre Forderungen für 1972 nur noch weiter heraufgeschraubt.

BRANDT: Ich würde es nicht als fair empfinden, wenn ich hier in der Vergangenheit herumkramte. Die Vorerörterung im Februar war natürlich interessant. Der Haushalt 1972 wird aber im September vom

Kabinett verabschiedet und im Oktober im Bundestag begründet werden. Alles, was bis dorthin geschieht, ist sehr wichtig, ist vielleicht auch für manchen enttäuschend, aber entscheidend ist allein, was unter dem Strich steht.

SPIEGEL: Und der Stabilitätshaushalt hat absoluten Vorrang vor der personellen Zusammensetzung des Kabinetts?

BRANDT: Das Kabinett hat sich in seiner Gesamtheit darüber verständigt, was für dieses Jahr noch zu geschehen hat – die Steuermehreinnahmen und zusätzlich eine Milliarde trockenzulegen –, und das Kabinett ist sich einig über den Rhythmus und das Verfahren, nach dem wir den Haushalt 1972 und die damit verbundene mittelfristige Finanzplanung behandeln werden. Das ist in extremem Maße eine kollegiale Entscheidung.

SPIEGEL: Wir sehen Ihre Schwierigkeit und die Ihres Finanzministers darin, daß zwar das Kollegium der Minister zusammen für einen Stabilitätshaushalt plädiert, daß sich aber die einzelnen Ressortminister diesem Zwang nicht unterwerfen wollen.

BRANDT: Wollen wir wetten, daß das geht? Wollen wir uns im September darüber noch mal unterhalten, und Sie nehmen mich beim Wort?

SPIEGEL: Die Wette gilt. Hat die Ernennung Karl Schillers zum Minister für Wirtschaft und Finanzen die Kräfteverhältnisse im Kabinett verändert?

BRANDT: Wieso?

SPIEGEL: Weil damit in einer Person die für die Innenpolitik derzeit wichtigsten Kompetenzen unterhalb der Kanzlerrichtlinien zusammengefaßt sind. Es liegt auf der Hand, daß ein Minister, in diesem Fall Karl Schiller, gegenüber den anderen wichtigen Ressortministern anders auftreten kann, als es zwei Minister – Schiller und Möller – konnten. Dieses führt doch zu einer Verschiebung der Gewichte im Kabinett.

BRANDT: Also, da hab' ich schon gelesen, daß andere sich darüber den Kopf mehr zerbrechen, als ich es tue. Was hab' ich alles gelesen vom Mitkanzler und jetzt irgendwo, daß die eigentlichen Richtlinien vom Wirtschafts- und Finanzminister bestimmt würden. Nein, ich sehe die Sache von zwei Seiten: eimal im Vergleich mit anderen Ländern. Es schadet ja nicht, daß das, was sich woanders wohl im wesentlichen bewährt hat – in Frankreich, in Großbritannien, in den USA –, sich auch bei uns bewähren kann. Zum anderen ist ein Minister für Wirtschaft und Finanzen in stärkerem Maße als jeder der beiden, deren gemeinsames Arbeitsgebiet er übernimmt, auch von der Sache her gezwungen, sich intensiv um einen Ausgleich mit den anderen Kollegen zu bemühen. Er muß sowohl die Notwendigkeiten der Konjunktur als auch die des Etatausgleichs in einem Entscheidungsvorgang treffen.

SPIEGEL: Die Frage nach der sachlichen Richtigkeit dieses Schatzkanzleramts und den neuen Gewichten im Kabinett einmal beiseite gelassen, könnte sich der Bundeskanzler Brandt personell und politisch den Rücktritt eines zweiten Finanzministers leisten?

BRANDT: Aber dies ist doch nun wirklich eine rein hypothetische Frage.

SPIEGEL: Stimmen Sie zu, Herr Bundeskanzler, daß die Überlebenschance Ihrer Regierung von einer Rückgewinnung der Stabilität abhängt und Sie gezwungen sind, innenpolitische Reformen weithin zurückzustellen?

BRANDT: Also ich verstehe das nicht mit der Überlebenschance. Denn auf diese Legislaturperiode des Bundestages bezogen, sehe ich nicht, wer sich zutraut, hier ein konstruktives Mißtrauensvotum zu stellen und dafür jemanden ins Rennen zu schicken.

SPIEGEL: Herr Bundeskanzler, seit Sie regieren, mußten Sie sich stets mit der FDP als Koalitionspartner arrangieren. Dieses Arrangement aber wird unter den jetzigen Umständen wohl noch schwieriger werden und kann Sie in Konflikt mit der Linken in Ihrer eigenen Partei bringen, die möglicherweise übertriebene Vorstellungen davon hatte, was in der ersten Legislaturperiode einer sozialdemokratisch geführten Regierung, die auf die FDP angewiesen ist, an Reformen zu leisten ist.

BRANDT: Also, wenn ich mal von Spinnern absehe, die es natürlich auch immer wieder gibt: Mir sind Menschen, die was wollen und die dabei sogar mehr wollen, als man dann in der rauhen Wirklichkeit durchsetzen kann, häufig lieber als solche, die einfach nur von der Hand in den Mund leben und sich nichts richtig vornehmen.

SPIEGEL: Das bedeutet eine Absage an den schieren Pragmatismus?

BRANDT: Ja. Und ich finde die Auseinandersetzungen interessant und lohnend. Erstens schlafen einem dabei die Füße nicht ein, und zweitens muß man immer wieder prüfen, ob man nicht doch etwas mehr schaffen kann, als es im ersten Augenblick aussieht.

SPIEGEL: Es gibt eine dritte und vierte Gruppe, mit denen Sie für die Arbeit Ihrer Regierung in den nächsten zwei Jahren rechnen müssen, das sind die Unternehmer und die Arbeitnehmer. Was wollen

Sie denen über einen verbalen Maßhalte-Appell hinaus anbieten, um sie auf Ihre Stabilitätspolitik einzuschwören?

BRANDT: Was immer man heute sagt, um auf ein vernünftiges, stabilitätsgerechtes Verhalten hinzuweisen, wird leicht als bloßer Maßhalte-Appell mißverstanden. Trotzdem bin ich sicher, daß die Beteiligten bei Preisen und Löhnen wissen, wieviel für alle davon abhängt, ob wir von übersteigerten Zuwachsraten herunterkommen und ob wir der Gefahren Herr werden, die in den zur Zeit erschreckend geringen Produktivitätssteigerungen der deutschen Wirtschaft liegen. Dies ist für mich das eigentlich Bedrückende und Bedrohliche. Ich würde mich wirklich wundern, wenn meine Landsleute, nachdem sie das mal spitzgekriegt haben, nicht die Hemdsärmel hochkrempeln.

SPIEGEL: Woher nehmen Sie den Glauben, daß sie das tun werden?

BRANDT: Man hat ja seine Einschätzungen, und ich bin nicht mehr ganz im Stand der Unschuld, was das Wissen darum angeht. Ich habe den Eindruck gewonnen, daß wichtige Persönlichkeiten für diese Betrachtungsweise aufgeschlossen sind.

SPIEGEL: Auf beiden Seiten?

BRANDT: Ja. Bei Verantwortlichen auf beiden Seiten. Hinzu kommt, daß sich ein etwas langsameres Tempo bei den Zuwachsraten eher zustande bringen läßt, wenn die Gespräche zwischen den beiden großen Gruppen nicht mehr nur um die drei traditionellen Themen Löhne, Arbeitszeit und Urlaub gehen, sondern wenn der Kreis des zu Besprechenden sich ausdehnt auf andere Probleme. Gesellschaftliche Reformen sind dabei nicht ohne Interesse. Die Regierung macht sich natürlich Gedanken darüber, wo Vorhaben, die ohnehin anstehen, vielleicht etwas rascher vorangetrieben werden können.

SPIEGEL: Sie wollen den Gewerkschaften beispielsweise garantieren, daß die Frage nach der flexiblen Altersgrenze noch in dieser Legislaturperiode beantwortet wird?

BRANDT: Ich werde mich schwer hüten, mehr zu sagen, als was in der Regierungserklärung steht. Zu meinen Erfahrungen des Jahres 1970 gehört unter anderem, daß man in wenigen Monaten große soziale Verbesserungen erreichen kann, die Milliarden Aufwendungen erfordern, daß diese aber im öffentlichen Bewußtsein bereits verbraucht sind, nicht erst, nachdem sie beschlossen wurden, sondern manchmal schon nachdem sie vom Kabinett bekanntgegeben werden.

SPIEGEL: Welches ist das Thema, das für den Umgang mit den Unternehmern von Bedeutung sein kann?

BRANDT: Das Wissen, daß diese Regierung unbeirrt zur Marktwirtschaft steht, daß sie sich die Schelle der Eigentumsfeindlichkeit nicht umhängen läßt und daß sie für Sicherheit im Innern und nach außen einsteht.

SPIEGEL: Nützt oder schadet der Umstand, daß diese Regierung von einem Sozialdemokraten geführt wird, den begütigenden Verhandlungen mit den Gewerkschaften?

BRANDT: Die Gewerkschaftsführer achten zu Recht darauf, daß sie nicht als solche erscheinen, die am Gängelband geführt werden. Das würden sie sich im übrigen auch gar nicht gefallen lassen. Die Situation, daß Leute gleicher Gesinnung einander am Tisch gegenübersitzen, auch einmal nicht nur als Leute, die nett miteinander reden, sondern auch als Partner, die etwas hart auszutragen haben, ist im übrigen nicht neu und wird sich in einer lebendigen Demokratie immer wieder stellen.

SPIEGEL: Womit, Herr Bundeskanzler, wollen Sie die Bundestagswahl 1973 gewinnen?

BRANDT: Ich stimme denen zu, die sagen, die Bundestagswahl 1973 wird innenpolitisch entschieden. Gestützt darauf sage ich: Die Menschen werden bis 1973 noch mehr als heute gelernt haben, daß es ihnen, verglichen mit vergleichbaren Ländern, nicht schlecht, sondern gut geht. Wir werden ein Stück, ich hoffe ein wesentliches Stück, Stabilität gewinnen. Das wird das Vertrauen stärken, das wird auch die Basis verstärken für unsere Reformvorhaben. So sehr die auswärtige Politik in den Hintergrund geraten ist – wogegen ich nichts habe –, ich bin sicher, daß ich im Jahre 1973 mit einer Bilanz aufwarten kann, die sich so oder so sehen lassen kann.

SPIEGEL: Auch in der Außenpolitik?

BRANDT: In der Westpolitik – wer hätte das vor einem Jahr noch geglaubt? – da haben wir es mit großer Wahrscheinlichkeit bald mit einer erweiterten europäischen Gemeinschaft zu tun, die sich nicht nur als Wirtschaftsgemeinschaft entfalten, sondern die auch ihre politische Bedeutung haben wird.

SPIEGEL: Haben Sie daran geglaubt?

BRANDT: Ja, und was das andere angeht, was man draußen so Ostpolitik nennt, so ist natürlich heute vielen noch nicht klarzumachen, daß wir schon nach dem heutigen Stand eine andere Rolle in der Welt spielen. Schon heute wirken sich die noch nicht ratifizierten Verträge in vielen Zusammenhängen aus.

SPIEGEL: Und wenn Sie – beispielsweise wegen des Berlin-Junktims – dennoch nicht weiterkommen?

BRANDT: Die Bundesregierung weiß, daß man in der Außenpolitik zäh sein und einen langen Atem haben muß. Ich bin überzeugt, daß wir vorankommen werden. Sollte aber alles dennoch anders gehen, werde ich mich hinstellen und sagen, was ich ehrlichen Willens und guten Gewissens versucht habe.

SPIEGEL: Herr Bundeskanzler, war das Berlin-Junktim ein Fehler?

BRANDT: Wir haben vielleicht als Regierung nicht genügend getan, um diesem mißverständlichen Wort zu widersprechen. Wir haben nie geschaffen, was Sie ein Junktim nennen, schon gar kein rechtliches Junktim und vor allem nicht eins in dem Sinne, als ob bei allem Selbstbewußtsein ein Staat wie die Bundesrepublik Deutschland der Weltmacht Sowjetunion Vorbedingungen stellen könne für die Verbesserung der Beziehungen, wie sie durch unseren Vertrag beabsichtigt ist. Dies haben wir alles in Moskau sehr deutlich gemacht. Aber wir haben ebenso deutlich und ehrlich auf den inneren sachlichen Zusammenhang hingewiesen zwischen den Verträgen und der befriedigenden Berlin-Regelung. Und zwar haben wir dies schon vor der Unterzeichnung des Vertrags gesagt, und dies ist damals verstanden worden. Wenn es nicht einmal möglich ist, sich über Berlin zu verständigen, so daß sich die Lage verbessert für die Beteiligten, dann würde das leider zeigen, daß sich auch im übrigen noch nichts wirklich entscheidend voranbewegen kann, insbesondere was die Fragen einer Konferenz über europäische Sicherheit angeht.

SPIEGEL: Sie haben im Verlaufe dieses Gesprächs ein paarmal darauf hingewiesen, daß entweder den Menschen in diesem Lande schon bewußt ist oder bis zum Wahljahr 1973 bewußt wird, daß es ihnen im allgemeinen gut geht, im Vergleich mit anderen Ländern sogar besonders gut. Steckt darin nicht ein Hauch von Resignation insofern, als diese Regierung mit sehr vielen guten Argumenten 1969 angetreten war, einen reformierten Staat, eine reformierte Gesellschaft zu schaffen, mithin nicht auf das selbstverständliche Argument angewiesen sein sollte, es gehe ihren Bürgern doch gut?

BRANDT: Ich spüre keine Resignation, ich habe auch nicht das Gefühl, meinen Wählern im Jahre 1973 mit leeren Händen entgegenzutreten.

SPIEGEL: Herr Bundeskanzler, wir danken Ihnen für dieses Gespräch.

Zum SPIEGEL-Gespräch in Nr. 40/1971 (27. September)
mit den Redakteuren Erich Böhme und Günter Gaus

Der Wille, die Westintegration durch einen Ausgleich mit den östlichen Nachbarn zu ergänzen, bildete die Grundlage des sozialliberalen Bündnisses. Zwei Hauptmotive prägten die neue Ostpolitik: Willy Brandt und Walter Scheel wollen die Bundesrepublik den zunehmenden Entspannungstendenzen zwischen Ost und West anpassen und auf diese Weise außenpolitisch handlungsfähiger werden; konkrete Verbesserungen in den Beziehungen zur DDR sollen dem Auseinanderdriften der beiden deutschen Staaten Einhalt gebieten und die deutsche Frage offenhalten. Brandt macht deutlich, nur eine Anerkennung der nach dem Zweiten Weltkrieg geschaffenen Realitäten könne Raum für Fortschritt in den Beziehungen zu den Staaten Osteuropas schaffen. Gegen diesen Standpunkt und gegen das Verhandlungstempo richtet sich die scharfe Kritik der Opposition. Eine Mehrheit in CDU und CSU kritisiert das ihrer Meinung nach unausgewogene Verhältnis von Leistung und Gegenleistung in den im Jahre 1970 abgeschlossenen Verträgen mit der Sowjetunion und Polen. Am 3. September 1971 unterzeichnen die Vier Mächte das Berlin-Abkommen. Es bestätigt die Verantwortlichkeit und die Rechte der Vier Mächte unter Wahrung ihrer unterschiedlichen Rechtspositionen. Unter Ausklammerung von Statusfragen verpflichtet sich die Sowjetunion, den Transitverkehr zwischen der Bundesrepublik und West-Berlin zu erleichtern und Besuche von West-Berlinern im Ostteil der Stadt und in der DDR zu ermöglichen. Am 16. September fliegt Brandt überraschend, ohne Konsultation der Alliierten, zu Gesprächen mit dem sowjetischen Parteichef Leonid Breschnew nach Oreanda auf der Krim. Die Irritationen sind groß. Vor allem bei Bonns Verbündetem Frankreich regt sich Furcht, Bonn könne seine Westbindungen zugunsten einer Anlehnung an Moskau lockern und damit zum Favoriten der Sowjetunion in Westeuropa avancieren. Die Erinnerung an Rapallo wird wach.

»Was wir machen, mußte gemacht werden«

Der Bundeskanzler über seine Ostpolitik

SPIEGEL: Herr Bundeskanzler, wie soll nach Ihrem außenpolitischen Konzept Europa in zehn Jahren aussehen?

BRANDT: Auch wenn ich könnte, dürfte ich nicht den Eindruck erwecken, als ob hier eine Bundesrepublik existiert, deren Bundeskanzler sagt: So wird Europa aussehen. Ich kann höchstens sagen: Wir werden alles tun, damit wir in diesem Jahrzehnt die Konfrontation zwischen Ost und West in Westeuropa soweit wie möglich abbauen, um gleichzeitig die westeuropäische Einigung weiter voranzubringen. Wir sehen dies ja immer als interdependenten Vorgang. Die Chancen sind gut, daß wir in diesem Jahrzehnt die erweiterte EWG ein entscheidendes Stück auf dem Wege zu Wirtschafts- und Währungsunion voranbringen. Und die Chancen sind gut, daß in diesem Jahrzehnt nicht nur eine Menge an praktischer Kooperation zustande kommen kann zwischen den Staaten West- und Osteuropas, sondern daß auch Teilergebnisse zu verzeichnen sein werden, wo es um den gleichgewichtigen Abbau von Truppenstärken und Rüstungen in Europa, zumal in der Mitte Europas geht. Das sind die entscheidenden Orientierungspunkte – Änderungen im Programm vorbehalten.

SPIEGEL: Ihre Ostpolitik in jüngster Zeit hat die Frage nach der grundsätzlichen Konzeption der Brandtschen Außenpolitik verstärkt. Erschiene Ihnen – Änderungen im Programm vorbehalten – eine allmähliche, gleichgewichtige, aber doch schließliche Auflösung der beiden Paktsysteme Nato und Warschauer Pakt mindestens in ihrer jetzigen Form wünschenswert?

BRANDT: Sie hatten von einem Jahrzehnt gesprochen. Wenn wir sehr viel längere Zeiträume ins Auge fassen, dann würde man auch darüber nachzudenken haben, darüber nachdenken können, wie sich die Paktsysteme dem Wandel in der Welt anzupassen haben würden. Das ist ähnlich wie mit der allgemeinen Abrüstung. Für die bin ich so, wie ich gegen die Sünde bin. Aber die allgemeine Abrüstung ist eine schöne Wunschvorstellung. Ich hoffe, daß es eine Generation gibt, die sie erlebt. Aber das ist nichts, was mich als praktischen Politiker über Gebühr beschäftigen kann. Ich muß davon ausgehen, was in meiner Zeit eine Rolle spielen kann, ein ausgewogener beiderseitiger Abbau von Rüstungen. Dieser Prozeß würde nicht gefördert, sondern gefährdet werden, wenn die atlantische Allianz nicht halten würde.

SPIEGEL: Nun unterstellen Ihre Gegner, daß diese Außenpolitik absichtlich oder unbeabsichtigt die Gefahr in sich berge, daß sich Bindungen der Bundesrepublik zum Westen zwangsläufig lockern und daß damit das Risiko einer »Finnlandisierung« der Bundesrepublik entsteht.

BRANDT: Ich glaube, Strauß hat das mit der »Finnlandisierung« vor Jahren zum erstenmal hochgebracht. Das ist, von allem anderen abgesehen, nicht höflich gegenüber einem befreundeten Land, das unter schwierigen Umständen seinen Wiederaufbau hinter sich gebracht hat, seine Selbständigkeit und demokratische Integrität wahrt und seine Rolle in der europäischen und internationalen Zusammenarbeit spielt. Die Unterstellung, die in diesen Angriffen liegt, an die Sie denken, ist weit von der Wirklichkeit entfernt, weit von der Wirklichkeit. Frühere Regierungen haben durch ihre Unbeweglichkeit und durch ihre politische Unfruchtbarkeit mit für den Stillstand in der westeuropäischen Gemeinschaft und im atlantischen Bündnis gesorgt. Wir dagegen haben beigetragen dazu, daß es nach Jahren der Stagnation in Westeuropa wieder vorangegangen ist, wenn auch schwierig. Wir haben die Haager Gipfelkonferenz wesentlich mit beeinflußt. Wir haben die Grundentscheidungen über den Beitritt Großbritanniens und anderer, wir haben die grundsätzliche Weichenstellung für die Wirtschafts- und Währungsunion, wir haben den Beginn einer konkreten außenpolitischen Zusammenarbeit mitgeprägt.

SPIEGEL: Und was das Bündnis angeht?

BRANDT: In diesen letzten Jahren ist das Bündnis zusammengerückt auf dem Boden einer plausiblen Doktrin, die aus dem unlösbaren Zusammenhang von Abwehrfunktion und Bereitschaft zu politischen Lösungen besteht. Alles Wesentliche, was die Bundesregierung unternimmt, was man so Ostpolitik nennt, zumal da, wo es über das Bilaterale hinaus in Fragen der Vorbereitung einer europäischen Konferenz oder der Vorbereitung von Verhandlungen über den Truppenabbau geht, ergibt sich logisch aus der Politik, die im Bündnis verabredet worden ist. Und wer hier große Töne von sich gibt gegen

Sicherheitskonferenz und gegen MBFR*, der ist sich vermutlich noch nicht genügend darüber im klaren, daß er sich nicht nur mit seiner Bundesregierung auseinandersetzt, sondern mit 15 Alliierten im atlantischen Bündnis, die ja nicht alle zusammen dümmer sind als Herr Strauß oder Barzel.

SPIEGEL: Herr Bundeskanzler, Ihre innenpolitischen Gegner versuchen, Sie außenpolitisch zu attackieren, indem sie bei Ihnen folgende Konzeption unterstellen: Die Sozialdemokraten könnten am Ende doch besser mit den Sowjets, auch wenn ihnen dabei der Sozialdemokratismus im Wege steht, schließlich seien sie Kinder derselben Kirche.

BRANDT: Ich kann nichts dafür, wenn Leute nachts nicht schlafen können, weil sie Gespenster sehen. Man muß in der Politik zwischendurch ja auch mal konkret sein. Das Abkommen über Berlin vom 3. September ist nicht zwischen Sozialdemokraten und Kommunisten ausgehandelt worden, sondern zwischen dem republikanischen Präsidenten der Vereinigten Staaten, einem konservativen Premierminister von Großbritannien und einem auch eher konservativen Präsidenten der französischen Republik einerseits und der Regierung der Sowjetunion. Wenn, wie in diesen Tagen, Herr Gromyko mit unterschriftsreifen Vertragstexten zu Präsident Nixon fährt, dann fährt er nicht zu einem Repräsentanten des Sozialdemokratismus in den Vereinigten Staaten. Dies wird auch so sein, wenn die beiden Weltmächte sich über SALT verständigen. Wenn Herr Breschnew – mal abgesehen von allem Herumgetue bei uns um seinen Titel – im nächsten Monat seinen Staatsbesuch in Frankreich macht, dann wohl nicht, um der Welt eine Verschwörung zwischen Bolschewismus und Gaullismus zu bescheren, sondern um die Beziehungen zwischen den beiden Staaten zu besprechen und deren Rolle in Europa.

SPIEGEL: Das Echo Ihrer jüngsten ostpolitischen Schritte reicht von wachsenden Eifersüchteleien bis zu schwergewichtigen Rapallo-Ängsten unter den westlichen Verbündeten.

BRANDT: Ich halte ja Zeitungen für sehr wichtig, aber ich nehme sie nicht wichtiger als das, was Regierungen sagen.

SPIEGEL: Bei der Vorbereitung Ihrer Reise nach der Krim haben Sie sie nicht sonderlich wichtig genommen.

---

* Mutual Balanced Force Reduction (Beiderseitige abgewogene Truppenverringerung)

BRANDT: Was immer es da an Pannen gegeben haben mag, das, was tatsächlich passierte, ist noch wichtiger, als was dazu geschrieben wird. Nennen wir die Sache konkret: Die Regierungen der drei Hauptverbündeten haben wiederholt betont, und nicht, weil man sie darum gebeten hätte, daß sie den Weg, den wir gehen, freundschaftlich und hilfsbereit begleiten. Die Reaktionen aus den drei Hauptstädten zu meinen Unterhaltungen mit Herrn Breschnew sind so, wie ich sie erwartet habe. Sie sind getragen von Vertrauen, sie drücken aus, daß dies Teil einer gemeinsamen Politik ist. Man ist neugierig, so wie ich neugierig bin, wenn einer der Beteiligten mit der Sowjetunion oder mit China oder mit anderen wichtigen Partnern spricht. Dies ist alles ganz normal.

SPIEGEL: Sie räumen ein, daß es bei der Krim-Reise Pannen gegeben hat?

BRANDT: Ja, wo gibt's die nicht. Das Leben besteht zu einem großen Teil aus solchen, und man lernt daraus, hoffentlich.

SPIEGEL: Räumen Sie auch ein, daß es seit Ihrer Reise grundsätzliche Mißverständnisse über Ihre Formeln von »Gesamteuropa« und »gesamteuropäischer Lösung« geben kann? Sie geben Ihren innenpolitischen Gegnern die Chance zu sagen, Brandt wolle ein Europa, das sich von den USA emanzipiert und die Sowjetunion integriert.

BRANDT: Ich rede ja nicht unnötigerweise von »Gesamteuropa«. Ich sage nur: Ich bin der erste Regierungschef, der aus der Sowjetunion ein Kommuniqué mitbringt, in dem drin steht, daß es keine Konferenz über die Sicherheit und Zusammenarbeit in Europa gibt, an der die Vereinigten Staaten und Kanada nicht teilnehmen.

SPIEGEL: Müssen Bonns Verbündete, die – wie Sie ausgeführt haben – Ihre Ostpolitik grundsätzlich richtig finden, sich nun nicht ermuntert fühlen, Beziehungen zur DDR schneller aufzunehmen, als es in Ihr Konzept, Herr Bundeskanzler, hineinpaßt?

BRANDT: Damit hatten wir es schon während der Großen Koalition zu tun. Dies ist nicht etwas, was als Problem existiert, seit es die Regierung Brandt/Scheel gibt.

SPIEGEL: Aber es ist verstärkt worden.

BRANDT: Es ist verstärkt worden, ja, zum Beispiel deswegen, weil die Zahl der Jahre zugenommen hat, seit es die DDR gibt.

SPIEGEL: Es ist sicher auch verstärkt worden durch Ihre Krim-Reise, die das Gaullistenblatt »La Nation« zu der Schlußfolgerung gebracht hat, Kanzler Brandt habe die Auflassung für die Anerkennung der DDR gegeben.

BRANDT: Ja, es gibt alle möglichen Interpretationen. Aber das, was uns als Regierung beschäftigt hat in diesen letzten Wochen, ist nicht die Interpretation. Einige, wie die finnische Regierung, haben gemeint, sich auf das Abkommen vom 3. September berufen zu können, das ja nicht ein Abkommen der Bundesrepublik und anderer Staaten ist, sondern eines zwischen den drei Westmächten und der Sowjetunion ...

SPIEGEL: ... dessen Zustandekommen aber durch die Ostpolitik Ihrer Bundesregierung erleichtert worden ist.

BRANDT: Dieses war gewollt, von Anfang an: die Normalisierung der Beziehungen zur Sowjetunion, zu Polen, zur Tschechoslowakei, das Anstreben vertraglicher Regelungen mit der DDR: Wir haben dies konkretisiert, teils in den Kasseler Punkten, teils in der Absichtserklärung, die mit dem deutsch-sowjetischen Vertrag verbunden war.

SPIEGEL: Ist es nicht so, daß Sie von den Kasseler Punkten den zwanzigsten – Aufnahme beider deutscher Staaten in die Uno – jetzt vorziehen müssen, bevor die anderen 19 erledigt sind?

BRANDT: Dies ist eine zu starre Vorstellung. Wir haben in Kassel kein Diktat auf den Tisch gelegt und gesagt, so wird's gemacht. Wir haben immer gesagt, dies ist unsere Grundlage für Diskussionen mit der DDR, über die muß man reden zusammen mit den Diskussionsgrundlagen, die die andere Seite unterbreitet. Dies gilt aber weniger für den Zusammenhang zwischen den 19 Punkten und dem zwanzigsten, sondern gilt mehr für den Zusammenhang bis 19. Dennoch sollten wir wegen des deutschen Gesamtinteresses die internationalen Organisationen nicht über Gebühr mit dem belämmern, was die Franzosen Querelles allemandes nennen, sondern versuchen, das, was zu regeln ist, zwischen den beiden Staaten auf deutschem Boden zu regeln, bevor wir miteinander in den internationalen Organisationen konkurrieren.

SPIEGEL: Wenn Frankreich morgen die DDR anerkennt, ist damit Ihr Konzept an einem wichtigen Punkt durchbrochen?

BRANDT: Frankreich wird die DDR morgen nicht anerkennen.

SPIEGEL: Wenn es dies täte?

BRANDT: Ich muß mich nicht zu hypothetischen Fragen äußern.

SPIEGEL: Gelegentlich muß man.

BRANDT: Ich muß nicht. Wenn ich schriebe, müßte ich vielleicht.

SPIEGEL: Welchen Stellenwert hat in dieser Ihrer Ostpolitik noch das deutsche Reizwort Wiedervereinigung?

BRANDT: Es geht darum, ob und wie in einem Prozeß, der vermutlich weit über dieses Jahrzehnt hinausreicht, der Abbau der Spaltung Europas auch den Hintergrund schafft, auf dem die Spaltung Deutschlands abgemildert, vielleicht sogar überwunden werden kann. Ich würde die Tür dazu nie zumachen wollen. Aber nur wenn es gelingt, die Teile Europas in Ost und West in ein anderes Verhältnis zu bringen, wird es auch möglich sein, Dinge auf deutschem Boden aus der Erstarrung des Kalten Krieges herauszulösen.

SPIEGEL: Ihre innenpolitischen Gegner meinen, die Versöhnung mit dem Osten sei nur ein Teil Ihres Konzepts, Ihre Profilierung als »Kanzler der inneren Reformen« erzwinge geradezu die Schlußfolgerung, Sie strebten letztlich diese Wiedervereinigung über eine Konvergenz der beiden divergierenden Gesellschaftssysteme an.

BRANDT: Das ist dummes Zeug. Und das, was übrigbleibt als nicht dummes Zeug, das ist ein Thema für Generationen, die nach uns kommen. Das ist kein Thema für mich, für die Zeit, in der ich Politik mache. Nichts spricht dafür, daß die prinzipiell gegensätzlichen Positionen auf einen Nenner gebracht werden können.

SPIEGEL: Nicht nur in der Presse werden Vorstellungen erhoben, Bundeskanzler Brandt wolle den Franzosen die Rolle der ostpolitischen Avantgarde in Westeuropa abnehmen. Inwieweit gefährdet dieses das Bündnis am Ende doch und drängt die anderen Staaten wie Frankreich, England und Italien enger zusammen?

BRANDT: Man sollte sich einmal daran erinnern, daß die Geschichte der Bundesrepublik seit 1949 nicht dadurch gekennzeichnet ist, daß es in jedem Augenblick von jedem Verbündeten und aus der Presse jedes verbündeten Landes immer nur Zustimmung gegeben hat. Das wäre ein Irrtum. Ich brauche nur an die Kontroversen unter Adenauer während der Kennedy-Periode zu erinnern. Oder an die Situation, als Charles de Gaulle Präsident der Französischen Republik und Ludwig Erhard Bundeskanzler der Bundesrepublik Deutschland war. Und es hat Jahre gegeben, in denen die Engländer sauer waren, weil deutsche Regierungen zwar Lip-service betrieben haben in bezug auf den britischen Beitritt, aber kaum verbergen konnten, daß man sich in der praktischen Politik mit Frankreich darauf verständigt hatte, England aus dem Gemeinsamen Markt fernzuhalten. Was nun Frankreich im besonderen angeht und die Vorstellung von einer – wie Sie es nannten – möglichen ostpolitischen Avantgarde: Wenn das so wäre,

wäre dies eine Ausformung der Politik, die man nicht eigentlich bündnisintegrierend nennen würde.

SPIEGEL: De Gaulle war ja auch nicht gerade immer integriert.

BRANDT: Das Neue ist, daß wir seit 1967/68 genau das, worum ich mich bemühe, im Bündnis abgesprochen und entwickelt haben. Da gibt's Nato-Kommuniqués, in denen kann man nachlesen: Dies ist die Phase vereinbarter bilateraler Sondierungen mit dem Blick auf die mögliche Vorbereitung einer europäischen Konferenz. Das, was die Amerikaner getan haben, was die Franzosen durch ihren Außenminister im Frühjahr gemacht haben und jetzt weiterführen, die Belgier und andere, das macht die Bundesrepublik auch. Dies ist neu. Die Bundesrepublik läßt sich nicht mehr von den Westmächten allein erzählen, was die Russen meinen, und sie läßt die Westmächte nicht mehr allein den Russen sagen, was die Deutschen meinen, sondern die Deutschen sprechen mit dem einen wie mit dem anderen so wie andere auch.

SPIEGEL: Wieweit gehört in Ihr Konzept eine Rollenverteilung zwischen den Verbündeten, die etwa so lauten könnte: Die Bundesrepublik kann mit einem neuen Selbstbewußtsein sehr guter ostpolitischer Vorreiter sein, und Frankreich könnte sich für uns alle ein bißchen mehr ums Mittelmeer kümmern?

BRANDT: Frankreich hat, wie Italien, eine ganz besondere Aufgabe, die wir nicht wahrnehmen können, obwohl wir ja durch die EWG auch indirekt Mittelmeeranrainer geworden sind. Dies unterstütze ich sehr, und wir hören mit besonderer Aufmerksamkeit auf das, was uns unsere französischen Freunde zu Mittelmeer und Nordafrika und überhaupt afrikanischen Fragen sagen. Aber eine Arbeitsteilung in dem angedeuteten Sinne könnte ich nicht so gelten lassen. Denn Frankreich kommt eine eigene Rolle gerade auch im eigentlichen Ost-West-Verhältnis zu, auch aus geschichtlichen Gründen. Und es kann sich nicht darum handeln, daß das einer für alle macht.

SPIEGEL: Aber ein bißchen mehr einer für alle?

BRANDT: Nein. Das, was wir tun, fällt deshalb ins Gewicht, weil es bestimmte Gebiete gibt, auf denen es ohne den spezifischen deutschen Beitrag nicht geht. Kein anderer Staat könnte den Deutschen die Regelung ihrer Beziehungen zur Sowjetunion und zu Polen und in der Folge zur Tschechoslowakei abnehmen. Und wenn es um die eigentlichen Sicherheitsprobleme geht, die alle betreffen, dann kann auch keiner an der Tatsache vorbei, daß die amerikanischen und die sowjetischen Truppen nicht in Frankreich stehen, sondern daß sie in der Bundesrepublik Deutschland und in der DDR stehen. Das heißt: Hier gibt es ein besonderes Interesse für den schwierigen Vorgang, der vor uns liegt, für MBFR.

SPIEGEL: Daraus läßt sich offensichtlich ein gewisses Übergewicht an deutschem Interesse herleiten.

BRANDT: Nein, kein Übergewicht, sondern einfach die Wahrnehmung unserer Interessen, und zwar als Partner in der westeuropäischen Gemeinschaft und im atlantischen Bündnis.

SPIEGEL: Räumen Sie ein, daß wir, während wir unser Nachholbedürfnis befriedigen, Schwierigkeiten bekommen im Verständlichmachen dessen, was wir wollen?

BRANDT: Es gibt Leute, die sagen und schreiben auch, das ist ja alles ganz gut und schön, aber wer weiß, was die Deutschen, gestützt auf ihre Position, zumal auch ihre wirtschaftliche, künftig machen werden. Darin liegt zunächst schon mal, daß die draußen unsere wirtschaftliche Situation für günstiger halten als manche derer, die sich damit kritisch im eigenen Lande auseinandersetzen.

SPIEGEL: Vielleicht auch günstiger, als sie ist.

BRANDT: Ja, sie trauen uns zuweilen mehr zu, als wir guten Gewissens objektiv leisten können. Aber dann lese ich, was ja für mich selbst ganz schmeichelhaft ist, solange der Brandt da ist, geht es ja noch, aber wozu wird das später führen? Jedenfalls kann ich guten Gewissens sagen: Dieses, was wir machen, mußte gemacht werden, wir konnten uns nicht weiter eingraben. Einer mußte es auch machen, und das kann ich dann immer noch besser machen als andere, so daß es in der Welt nicht zu unseren Lasten geht.

SPIEGEL: Soweit unsere ostpolitischen Vorstellungen. Wie sehen Sie die westpolitischen Absichten Moskaus?

BRANDT: Wenn ich es recht verstehe, dann gibt es in der sowjetischen Führung heute stärker als früher, vielleicht sogar stärker als noch vor einem Jahr, ein Interesse daran, sich zu bemühen, die Konfrontation zu Westeuropa *und* den Vereinigten Staaten abzubauen. Und wenn ich es recht verstehe, gibt es ein sowjetisches Interesse daran, nicht nur eine Sicherheitskonferenz vorbereiten zu helfen, auf der auch über Sicherheit gesprochen wird, sondern vor, auf und nach einer solchen Konferenz über konkrete Fragen der militärischen Sicherheit zu verhandeln. Das geschieht wohl auch aus der Erkenntnis, daß es allen Staaten, auch den größten, gut bekommen würde, wenn sie in den kommenden Jahren einen Teil der Mittel, die sie jetzt für Rüstungen aufwenden, anderen Zwecken zuführen könnten.

SPIEGEL: Gibt es andere Motive?

BRANDT: Ich möchte mich über andere nicht auslassen.

SPIEGEL: Haben Sie mit Herrn Breschnew auch über einen Wandel durch Annäherung in der DDR gesprochen, der – so meinte Herr Breschnew – bis zu einem gewissen Grade die sowjetische Tolerierung finden würde?

BRANDT: Herr Breschnew und ich haben nicht über die DDR gesprochen...

SPIEGEL: Gar nicht?

BRANDT: ... sondern wir haben das bestätigt, was in der Absichtserklärung zum Moskauer Vertrag stand und was im Kommuniqué erneut seinen Niederschlag gefunden hat. Ich habe einige Auffassungen dargelegt über die mögliche zukünftige Entwicklung zwischen den beiden Staaten in Deutschland. Herr Breschnew hat mit mir und ich mit ihm keine, sagen wir mal, Verhandlungen zu Lasten Dritter geführt. Was zu regeln ist zwischen Bonn und Ost-Berlin, muß direkt zwischen diesen beiden geregelt werden. Wir können dabei keine Entlastung von einem Dritten erwarten.

SPIEGEL: Stellen Sie sich in Ihrer außenpolitischen Konzeption auf die Möglichkeit ein, daß die Amerikaner aus Europa abziehen werden?

BRANDT: Nein, davon gehe ich nicht aus. Denn zunächst einmal wird für voraussehbare Zeiträume das amerikanische nukleare Abschreckungs- oder Gleichgewichtspotential eine entscheidende Rolle spielen, unabhängig davon, wo es lokalisiert ist. Aber ich bin davon überzeugt, daß die Vereinigten Staaten auch auf relevante Weise für die jetzt von uns vorauszusehende Zeit nach dem normalen Sprachgebrauch konventionell engagiert bleiben auf dem Kontinent.

SPIEGEL: Woher nehmen Sie die Überzeugung?

BRANDT: Wegen der dem asiatischen Kontinent vorgelagerten Inseln können die USA eine auf Asien bezogene Politik betreiben, ohne dort selbst präsent sein zu müssen. Dies gilt für Europa nicht. Darüber hinaus gibt es aber andererseits vitale Interessen der Vereinigten Staaten daran, was aus diesem Europa wird. Und es gibt trotz des Hickhacks um die Währungsgeschichte ein vitales Interesse an der künftigen ökonomischen Zusammenarbeit mit Europa.

SPIEGEL: Geht das vitale militärische Präsenz-Interesse nicht automatisch zurück mit zunehmender Entspannung in Mitteleuropa?

BRANDT: Das ist alles ein Prozeß. Wissen Sie, manche Leute glauben, wenn man heute über die Möglichkeit von Verhandlungen über den Truppenabbau redet, daß es dann dazu auch schon im nächsten oder im übernächsten Jahr kommen würde. Davon kann – ich sage leider – überhaupt keine Rede sein. Selbst bei der Nichtverbreitung von Atomwaffen, die ja schrecklich einfach war aus der Sicht der beiden Weltmächte – denn die mutet ihnen nichts zu, sondern nur anderen –, hat es einige Jahre gedauert. SALT braucht noch viel länger. Und MBFR ist ein ganz schwieriger Vorgang, weil das ja nicht nur von den beiden Supermächten gemacht werden kann, sondern mit vielen anderen zusammen. Und wenn man dann Ergebnisse erzielt, werden es zunächst begrenzte sein. Manche meinen sogar zunächst nur symbolische. Das Ganze ist ein langwieriger Vorgang. Überdies könnte die vor uns liegende europäische Entwicklung die Amerikaner zusätzlich in der Überzeugung bestärken, daß es auch weiter ihres ordnenden Mitwirkens bedarf.

SPIEGEL: Gibt es eine Parallele zwischen der Außenpolitik de Gaulles und der Außenpolitik Brandts, und worin besteht sie?

BRANDT: Ich will dem General nicht zu nahe treten einerseits, andererseits will ich mich nicht an ihm messen. Ich bin, anders als der General, immer der Meinung gewesen, daß es eines effektiven atlantischen Bündnisses bedarf. Der General hat dies, jedenfalls eine Reihe von Jahren, sehr relativiert. Ich bin im Unterschied zu ihm der Meinung gewesen, daß Westeuropa einschließlich Englands gebaut werden muß. Der General hat sich erst gegen Ende seiner Amtszeit auf den Gedanken eingestellt, daß das englische Schiff am europäischen Pier fest vertaut werden könnte. Mir fehlt die visionäre Kraft des Generals, aber ich habe große Sympathie für den Gedanken, hinwegzukommen über die Spaltung des Kontinents. Wir haben immer nur von der Spaltung Deutschlands gesprochen und haben dabei über Jahre hinweg verkannt, daß es sich um die Spaltung Europas handelt, die sich aus dem Zweiten Weltkrieg ergeben hat.

SPIEGEL: Kommt dieses Konzept der Überwindung der Spaltung und der Schaffung eines Gesamteuropas nicht sehr nahe an die de-Gaullesche Vision eines Europas vom Atlantik bis zum Ural heran?

BRANDT: Die Formel Gesamteuropa hilft ja überhaupt nichts. Wissen Sie, da müßte man eher anknüpfen an die »europäische Friedensordnung«, von der Kiesinger und ich während der Großen Koalition gesprochen hatten. Vielleicht hat es uns noch an der gedanklichen Schärfe gefehlt, um diesen Begriff wirklich auszufüllen. Nie kann damit nur das einfache Ersetzen dessen, was ist, durch »gesamteuropäische Lösungen« gemeint gewesen sein, sondern es handelt sich nur darum, das, was ist, in ein anderes Verhältnis zueinander zu bringen und dann zu sehen, wie sich im weiteren Verlauf das eine zum anderen verhält, also bestehende Strukturen weiterzuentwickeln und zu erneuern.

SPIEGEL: Ein bißchen eine Reise ins Dunkle?

BRANDT: So ist die Geschichte.

SPIEGEL: Herr Bundeskanzler, wir danken für das Gespräch.

Zum SPIEGEL-Gespräch in Nr. 17/1972 (17. April)
mit den Redakteuren Erich Böhme und Günter Gaus

Die Bonner Koalition geriet zur Jahreswende 1971/72 ins Schlingern. Superminister Karl Schiller wird wegen der verschleppten Steuerreform und wegen des Verdachts der Vetternwirtschaft immer heftiger aus den eigenen Reihen attackiert. Mit dem Beginn des parlamentarischen Ratifizierungsverfahrens für die Ostverträge treten die Debatten um die Ostpolitik in ihre entscheidende Phase. Einige Abgeordnete der Regierungsparteien sind ins Lager der Opposition übergewechselt. Die Mehrheit der Koalition steht auf der Kippe. Drei Freidemokraten, darunter der frühere Vorsitzende Erich Mende, waren schon im Herbst 1970 ins Unionslager übergeschwenkt. Nach dem Übertritt des Vertriebenenfunktionärs Herbert Hupka von der SPD zur CDU liegt die Koalition nur noch eine Stimme über der Kanzlermehrheit. Der neue CDU-Vorsitzende und Kanzlerkandidat Rainer Barzel lauert auf seine Chance, auf den Absprung weiterer Abgeordneter, die ihre Stimmen mitnehmen und damit die Verträge zu Fall bringen könnten. Willy Brandt, inzwischen mit dem Friedensnobelpreis ausgezeichnet, verliert seine Zuversicht nicht. Vor Ostern schreibt er seinem Kompagnon Scheel: »Freund Barzel scheint wegen eines Mißtrauensvotums sehr zu zögern, denn er muß ja damit rechnen, daß ihn einige der Eigenen hereinlegen könnten.« Eine Woche nach Erscheinen des SPIEGEL-Gesprächs beschließt die Union ein Mißtrauensvotum gegen den Kanzler. Einen Tag zuvor holte die CDU in Baden-Württemberg erstmals die absolute Mehrheit. Am 27. April 1972 erhält Rainer Barzel im Parlament nur 247 Stimmen, zwei weniger als erforderlich. Mindestens zwei Unionsabgeordnete mußten gegen ihn gestimmt haben. Am Tag darauf kommt keine Mehrheit für den Haushalt des Bundeskanzlers zustande. Bei Stimmenthaltung einer Unionsmehrheit passieren am 17. Mai die Ostverträge den Bundestag, aber Neuwahlen sind unausweichlich.

»Nach der Ratifizierung geht's erst richtig los«

Der Bundeskanzler über Neuwahlen und Ostpolitik

SPIEGEL: Herr Bundeskanzler, Sie haben in der letzten Zeit in Presse und Fernsehen viele Interviews gegeben. Wenn wir Sie jetzt fragen, ob die baden-württembergischen Landtagswahlen die Regierungskoalition in Bonn stärken, werden Sie ja sagen, und wenn wir Sie jetzt fragen, ob das baden-württembergische Landtagswahlergebnis den Verträgen – soweit das damit zu tun hat – zu einer noch sicheren Mehrheit verhilft, werden Sie auch ja sagen. Ist das richtig?

BRANDT: Ja, sie werden die Koalition stärken und die Ratifizierung der Verträge nicht gefährden.

SPIEGEL: Wenn dieses in dieser Form schon gesagt worden ist, sollte uns der Politiker Willy Brandt, von dem man weiß, daß er sich in einer bestimmten Lage auf eine bestimmte Weise verhält, die Frage beantworten: Werden Sie zurücktreten, Herr Bundeskanzler, wenn für die Verträge keine Mehrheit im Bundestag zu erreichen ist?

BRANDT: Die Frage ist aus meiner Sicht nicht richtig gestellt. Denn es kommt nicht zum Scheitern der Verträge. Und deshalb bin ich nicht zu der Art von Reaktion bereit, die der Frage zugrunde liegt. Aber davon einmal abgesehen, sofern in der Frage auf eine Neigung zur Resignation angespielt werden sollte: Diese bewegt mich überhaupt nicht, sondern genau das Gegenteil. Hier muß gerungen werden um die Durchsetzung der Verträge. Sollte es wider alles Erwarten dabei einen zeitweiligen Rückschlag geben, was ich, wie gesagt, für so gut wie ausgeschlossen halte, dann wird weiter gekämpft werden ...

SPIEGEL: ... mit dem sozialdemokratischen Politiker Willy Brandt, in welcher Funktion auch immer, an der Spitze dieser ostpolitischen Kampagne?

BRANDT: So ist es.

SPIEGEL: Unterstellt, die Verträge würden beim zweiten Durchgang im Bundestag oder nach einem Einspruch des Bundesrates keine Mehrheit finden: Sie werden nicht von sich aus zurücktreten?

BRANDT: Ich weiß nicht, was Sie mit dem Zurücktreten haben. Im übrigen darf sich der Politiker, anders als der Zeitungsmann – jedenfalls in dem, was er nach außen sagt –, beschränken auf das, was er will, was er für wahrscheinlich oder sicher hält, und braucht nach außen nicht zu sagen, was er sonst machen würde.

SPIEGEL: Eines wird er nicht machen: Willy Brandt wird nicht zurücktreten.

BRANDT: Nein, er wird nicht zurücktreten müssen.

SPIEGEL: Für die nächste Zukunft, Herr Bundeskanzler, gibt es theoretisch drei Möglichkeiten: Die Verträge werden mit der notwendigen Mehrheit ratifiziert. Die zweite Möglichkeit ist, Sie verbinden das Schicksal der Verträge mit dem Schicksal dieser Regierung, indem Sie Neuwahlen auf dem verfassungsmäßigen Wege anstreben. Die dritte Möglichkeit: Die Bundestagsopposition versucht, die Neuwahlen durch ein konstruktives Mißtrauensvotum zu unterlaufen. Trifft es zu, daß für Sie die dritte Möglichkeit, die des konstruktiven Mißtrauensvotums im Bundestag, die schmerzlichste Aussicht ist?

BRANDT: Wieso? Ich kann sogar nicht ausschließen, daß die Opposition noch in der Woche vor den Verträgen davon Gebrauch macht. Sie wird, was ja ihr gutes Recht ist, während der Haushaltsberatungen bei irgendeiner der vielen Abstimmungen versuchen, einmal eine Mehrheit zu bekommen. Ich gehe davon aus, es gelingt ihr nicht, denn es ist ihr bisher in rund 200 Fällen kontroverser Abstimmungen seit Ende 1969 nicht gelungen. Aber sie gibt die Hoffnung nicht auf. Damit kommt Herr Barzel unter Druck seiner Parteifreunde – nicht aller, aber vieler –, die sagen: Nun mußt du dich hier zur Wahl stellen, denn konstruktives Mißtrauensvotum heißt ja der Versuch, einen neuen Bundeskanzler zu wählen. Meine Einschätzung ist nun weiter, daß, wenn Herr Barzel – gezwungen, so etwas zu tun – es versuchte, er dabei keinen Erfolg haben wird. Dann ginge man also mit noch größerer Ruhe als ohnehin in die Woche der Vertragsentscheidung.

SPIEGEL: Wenn, bevor der zweite Durchgang der Verträge fällig ist Anfang Mai, die Bundesregierung in der Abstimmung über einen Einzelplan des Haushalts in der Minderheit bleibt, wie werden Sie sich dann verhalten?

BRANDT: Alle Wahrscheinlichkeit und alle bisherigen Erfahrungen sprechen dagegen. Im übrigen, vom Rechtlichen her ist allein entscheidend die Schlußabstimmung, die dritte Lesung über den Bundeshaushalt 1972. Das heißt, wenn in der zweiten Lesung irgendeine Frage für die Regierung offenbleiben sollte, dann würde sie in der dritten Lesung wieder aufgegriffen werden.

SPIEGEL: Sie würden also eher in Kauf nehmen, daß Herr Barzel – gestärkt durch eine solche Abstimmungsniederlage der Koalition – ein konstruktives Mißtrauensvotum versucht?

BRANDT: Ich habe vorhin gesagt: Wenn er damit scheitert, dann ist das gar keine schlechte Ausgangslage für die Vertragswoche. Dies ist etwas, was nichts damit zu tun hat, ob ich es gerne sehe oder nicht, sondern ich sage, hier haben wir es wahrscheinlich mit einem Automatismus zu tun, den ich mit Interesse, Barzel aber mit Sorge beobachtet.

SPIEGEL: Kann man daraus schließen, daß Sie meinen, Rainer Barzel ist nicht ganz frei darin, ob er die Möglichkeit eines konstruktiven Mißtrauensvotums ergreifen will oder nicht?

BRANDT: Er muß zögern: denn wenn er sich überlegt, wie es außenpolitisch aussieht und was sonst da ist, kann ihn eine etwaige Regierungsbeauftragung mit Hilfe von ein paar Überläuferstimmen auch nicht reizen, nicht retten. Außerdem läuft er Gefahr, daß ihn einige der eigenen Leute hängenlassen. Es wird geheim abgestimmt, das ist ein unsicheres Geschäft.

SPIEGEL: Müssen Sie sich nicht dennoch fragen lassen, ob in einer politischen Phase, in der das Kernstück Ihrer Politik, die Ratifizierung der Ostverträge, zur Debatte steht, irgendeine Form von Eskapismus des Bundeskanzlers völlig ausgeschlossen ist?

BRANDT: Ich werde den Deubel tun und mich auf irgendeine Weise des Verhaltens gegenüber hypothetischen Entwicklungen festlegen oder festlegen lassen. Ich sage nur als eine Erwägung für den Bundeskanzler in solchen Fragen, er muß sich prüfen: Will ich die Möglichkeit ausschließen, daß, wenn es zum Schwur kommt, auch ein CDU-Kollege, der sein Gewissen geprüft hat, für die Verträge stimmt? Oder will ich ihm das Alibi geben, zu Hause oder beim DGB oder in der evangelischen Kirche oder wo er sonst ist, sagen zu können: Dies hätte ich ja an sich gerne gewollt; aber das könnt ihr nun nicht von mir verlangen, zu gleicher Zeit für die Verträge und für den sozialdemokratischen Bundeskanzler zu stimmen. Dieses sei einem CDU-Abgeordneten nicht zuzumuten.

SPIEGEL: Unsere Frage, Herr Bundeskanzler, war allgemeiner gefaßt. Wir haben nicht gefragt, ob Sie die Abstimmung über die Verträge gegenüber CDU- und CSU-Abgeordneten damit erschweren und belasten wollen, daß Sie sie mit der Vertrauensfrage für diese

Regierung verbinden, sondern wir hatten allgemeiner gefragt, ob der Bundeskanzler Brandt sich in einer Phase, in der das Kernstück seiner Politik in dieser Legislaturperiode zur Debatte steht, irgendeine Form von Eskapismus leisten kann.

BRANDT: Ich hoffe nicht, daß Sie das Gespräch mit den Wählern und den Weg zu ihnen für Eskapismus halten. Es unterliegt überhaupt keinem Zweifel, daß für den unwahrscheinlichen Fall des Scheiterns der Verträge der Wahlkampf an dem Abend des Tages beginnen würde, an dem es zu einer solchen Fehlentscheidung käme.

SPIEGEL: Dies heißt: Ein Scheitern der Verträge wäre nicht verbunden mit der Resignation des Politikers Willy Brandt...

BRANDT: Ich denke überhaupt nicht an Resignation. Überdies: Wollen wir wetten, daß wir, wenn wir uns wiedertreffen in drei Wochen, miteinander der Meinung sind, daß Sie sich in unnötige geistige Unkosten gestürzt haben?

SPIEGEL: Müßten Sie nicht auch Wahlen jetzt vorziehen? Solange die Verträge im Mittelpunkt stehen, gäbe es dafür eine solidere Mehrheit als später.

BRANDT: Erstens ist jetzt wichtiger, wegen der Stellung der Bundesrepublik in der Welt, daß die Verträge ratifiziert werden und daß das alles nicht noch mal in eine große Mühle hineinkommt. Und zweitens glaube ich, daß diejenigen unrecht haben, die sagen, im Herbst 1973 werde über ganz andere Dinge als jetzt entschieden.

SPIEGEL: Ist die Ostpolitik dann nicht längst vergessen?

BRANDT: Wenn die Verträge ratifiziert sind, geht es ja in gewisser Hinsicht erst richtig los. Dann werden sie verwirklicht. Dann kommt – ganz abgesehen von den wichtigen Fragen der westeuropäischen Gipfelkonferenz im Oktober und der Erweiterung der EWG zur Jahreswende – im Laufe der folgenden Monate zum erstenmal ein Vertrag mit der DDR hinzu, ein Vertrag, der der Zustimmung von Bundesrat und Bundestag bedürfen wird. Das wird ja, wenn sich nicht alles wendet, auch wieder kontrovers sein. Dann kommt vermutlich ein Vertrag mit der Tschechoslowakei hinzu. Dann kommen die diplomatischen Beziehungen mit Ungarn und Bulgarien, zusätzlich zu denen mit Polen und der Tschechoslowakei. Dann kommt die Vorbereitung der Konferenz über Sicherheit und Zusammenarbeit in Europa, die doch wahrscheinlich in der ersten Hälfte des nächsten Jahres stattfinden wird. Also, das Thema der Ost-West-Politik bleibt auf der Tagesordnung und wird die Menschen weiter interessieren.

SPIEGEL: Wäre es dann nicht um so eher verständlich, wenn Sie sich dafür jetzt ein breiteres Wählervotum holen würden?

BRANDT: Als ob ich das bestimmen könnte. Wenn ich mich in einer von mir selbst zu bestimmenden Landschaft bewegen könnte, hätte ich gegen Neuwahlen vor der Sommerpause 1972 gewiß nichts einzuwenden.

SPIEGEL: Sie haben eben gesagt, auch Ihnen sei am Ende eine Wahl zum vorgesehenen Zeitpunkt 1973 lieber als eine vorzeitige. Jetzt sagen Sie, eine vorzeitige vielleicht doch.

BRANDT: Nein, das sind zwei verschiedene Dinge. Das erste ist die Staatsräson. Die Staatsräson spricht dafür, daß das Grundgesetz in dem Sinne praktiziert wird, in dem es formuliert worden ist. Und das Grundgesetz will, daß, von extremen Ausnahmefällen abgesehen, eine Legislaturperiode zu Ende gebracht wird. Das andere ist mehr etwas Subjektives, wenn ich sage: Ja, wenn ich mich freier bewegen könnte oder wenn es aus sonst irgendwelchen Gründen, die ich noch nicht sehe, dazu käme, dann bin ich sicher, Wahlen würden jetzt ganz gut ausgehen.

SPIEGEL: Wäre es Ihnen angenehm, wenn Sie sich mit dem Oppositionsführer Rainer Barzel verständigen könnten, vor oder nach dem zweiten Durchgang der Verträge Neuwahlen auszuschreiben?

BRANDT: Ich kann mit der Frage nichts anfangen, denn wenn ich mich nicht mit Herrn Barzel darüber verständigen kann, was schwarz auf weiß in einem Vertrag steht und was ich als Chef der Regierung dazu, gestützt auf die Verhandlungen, interpretierend sage, wie soll ich mich dann über diesen sehr weitreichenden Schritt mit ihm verständigen können?

SPIEGEL: Barzel hat selber gesagt, Neuwahlen seien auch für ihn die »sympathischste Lösung«, daran kann man ihn doch festhalten.

BRANDT: Das ist ein reiner Verbalismus. Im Bundestag steht nicht das Thema Neuwahlen an, sondern im Bundestag steht an: erstens, daß der Haushalt verabschiedet wird, und in der Woche darauf, daß die Verträge verabschiedet werden.

SPIEGEL: Herr Bundeskanzler, der baden-württembergische Wahlkampf hat Ihnen einen Vorgeschmack davon gegeben, was es heißt, trotz des ostpolitischen Rückenwindes, Wahlen gegen die CDU/CSU zu gewinnen. Was hat Sie veranlaßt, trotz der wachsenden Polarisierung und der wachsenden Demagogie Schwächen zu zeigen – etwa einzuräumen, daß der eine oder andere aus Ihrer Regierung Dinge versprochen hat, die er gar nicht halten kann?

BRANDT: Ich wüßte nicht, daß ich das im baden-württembergischen Wahlkampf gesagt hätte.

SPIEGEL: Sie haben beispielsweise zugegeben, Ihnen sei es durchaus nicht lieb, daß die Inflationsquote derzeit mehr als fünf Prozent betrage.

BRANDT: Ja. Aber die Wirtschaftslage sieht viel besser aus, als es die Opposition den Leuten vorerzählt hat. Wenn es danach ginge, was die Opposition gesagt hat, dann wären wir jetzt in einer Wirtschaftskrise mit Arbeitslosigkeit. Aber das ist etwas anderes als das Regierungsprogramm nicht erfüllen. Das Regierungsprogramm wird in allen wesentlichen Punkten erfüllt und auf einigen Gebieten übererfüllt.

SPIEGEL: Sie räumen im Wahlkampf weiter ein, daß es mit der Steuerreform nicht zum besten steht.

BRANDT: Nun gut, ich habe eine Panne zugegeben nicht in bezug auf die Materie, sondern in bezug auf unsere eigene Art, ein Thema zu präsentieren. Wir haben ein halbvolles Glas halbleer genannt. Wir haben von drei Teilen der Steuerreform zwei auf dem Tisch. Das erste Paket mit der Abgabenordnung und dem Steuerfluchtgesetz wird im Bundestag beraten. Das zweite mit allen einheitswertabhängigen Steuern liegt beim Bundesrat und ist auf dem Wege zum Bundestag. Und das dritte mit den übrigen Steuern kommt nach der Sommerpause. Jetzt wird man vielleicht nur einen Teil verabschieden. Das andere ist da, und ein nächster Bundestag wird es nicht erst mitten in der Legislaturperiode anpacken müssen.

SPIEGEL: Daß ein halbvolles Glas wie ein halbleeres erscheint, liegt das nicht unter anderem daran, daß in jener Woche, in der der Abgeordnete Hupka die SPD verließ, zusätzlich noch in Ihrem Kabinett die Steuerreformfrage so kontrovers diskutiert wurde? Erst aus dieser Summierung entstand der Eindruck von Krise, Regierungs- und Führungsschwäche.

BRANDT: Ja, da ist wohl was dran, daß das genügende Zusammenordnen von Regierungsaktivitäten . . .

SPIEGEL: . . . und kritischen Punkten . . .

BRANDT: . . . bei weitem nicht so gut entwickelt ist, wie es sein sollte. Das ist allerdings auch schwieriger, als es sich die meisten vorstellen.

SPIEGEL: Kann es denn sein, daß dem Bundeskanzler ein wenig die autoritäre Komponente in seinem Führungsstil fehlt?

BRANDT: Ich meine, ich bin da nicht derjenige, der das selbst richtig beantworten kann. Bitte, man ist auch immer mal in Lagen, in denen man sich selbst betrachtet. Aber jedenfalls kann man dies nicht objektiv tun.

SPIEGEL: Tun Sie es subjektiv?

BRANDT: Sie müssen lange nach einem suchen, bei dem alle für notwendig und wünschenswert gehaltenen Elemente gleichermaßen, und dann noch in der rechten Relation zueinander, angelegt sind.

SPIEGEL: Herr Bundeskanzler, das Verhältnis zwischen Regierung und Opposition ist in der Bundesrepublik nie gut gewesen, obwohl die jeweils Regierenden immer gerne das Gegenteil behauptet haben. Dennoch scheint es derzeit schlechter als jemals zuvor zu sein.

BRANDT: Das muß ich bestreiten.

SPIEGEL: Gut, wann war es dann also noch schlechter?

BRANDT: Das weiß ich nicht. Ich bin hier ja nicht so lange in Bonn. Sehen Sie mal, ich lese dort in Zeitungen Meldungen, nun wäre Herr Barzel am Mittwochabend bei mir gewesen, nach vielen Monaten, in denen er mich nicht gesehen hat. Das stimmt ja alles nicht. Natürlich, wir haben keine durch Kommuniqués angekündigten Treffs gehabt, aber wir sind einander bei anderen Gelegenheiten begegnet. Wenn mich Herr Barzel darum bittet, dann kann er immer kommen, wenn er was hat. Wir haben, von gesellschaftlichen Anlässen abgesehen, im Laufe von anderthalb Jahren an die 20 Begegnungen zwischen dem Bundeskanzler und dem Oppositionsführer registriert.

SPIEGEL: Das waren aber zufällige Treffen.

BRANDT: Nein, nein, das waren alles gewollte.

SPIEGEL: Es ist ein politisches Faktum, daß allgemein gesagt wird, so schlecht war es noch nie. Warum ist das so?

BRANDT: Das hängt natürlich damit zusammen, daß es eine Opposition ist, die erst lernen muß, Opposition zu sein, die es immer noch nicht ganz verwunden hat, daß sie es ist.

SPIEGEL: Ist es nicht auch so, daß dieses nicht gute Verhältnis zwischen Regierung und Opposition auch darauf zurückzuführen ist, daß auch die Regierung lernen muß, wie es ist, mit einer knappen Mehrheit zu regieren, und lernen muß, mit einer starken Opposition umzugehen?

BRANDT: In vielen Ländern Europas gibt es heute das Problem der knappen Regierungsmehrheiten, unabhängig davon, ob man ein Verhältnis- oder ein Mehrheitswahlrecht hat. Das scheint heutzutage in Demokratien häufig der Fall zu sein. Es ist sicher richtig, man soll nicht der Opposition arrogant gegenübertreten. Ich glaube, wir haben das auch nie getan. Und wenn es einmal geschehen sein sollte, würde ich das bedauern.

SPIEGEL: Läge es nicht nahe, daß die Regierung gerade bei der Ratifizierung der Ostverträge ein gutes Beispiel für Zusammenarbeit mit der Opposition gäbe und dem CDU/CSU-Wunsch nachkäme, die Abstimmung über die Ostverträge um mindestens vier Wochen zu verschieben?

BRANDT: Erstens glaube ich wirklich nicht an den Wunsch der Opposition, noch mal Zeit zu bekommen, um sich mit der Materie zusätzlich vertraut zu machen. Das kann ja schon nicht stimmen; denn die Herren von der Opposition waren sich doch über ihr Nein schon im klaren, als sie immer noch sagten, sie möchten gerne irgendwelchen Einblick in irgendwelche Unterlagen haben. Deshalb ist auch die Forderung nach Einsicht in Aktenvermerke und Niederschriften nicht überzeugend, abgesehen davon, daß sie internationaler Übung völlig widerspricht, zumal wir jede denkbare Auskunft gegeben haben und weiterhin geben werden. Die Herren von der Opposition müssen doch schon ihrer Sache sicher genug gewesen sein. Sonst wäre es doch unverantwortlich gewesen, nein zu sagen. Sie hätten sonst sagen müssen: nein, es sei denn, die und die und die Fragen werden noch geklärt.

SPIEGEL: Sie fordern den Aufschub doch nicht wegen ungenügender Unterrichtung, sondern weil sie noch Nachbesserungen von der Regierung erwarten.

BRANDT: Wenn ich mich an Rainer Barzel halte, moniert er drei Punkte. Wenn diese drei Punkte Herrn Barzels auch das mit decken, was Herr Marx und Herr Windelen – von anderen zu schweigen – vorgebracht haben, oder Herr Schröder, der ja übrigens viel radikaler als Herr Strauß gesprochen und sich in Inhalt und Form auf ein viel schrofferes Nein festgelegt hat als Herr Barzel, dann kann ich nicht gut glauben, daß die Barzelschen Punkte eigentlich das decken, was die Union will. Ich muß sie für taktische Positionen halten. Aber wenn ich sie jetzt auch nicht für taktische hielte, sondern für die, um die es wirklich ginge, dann frage ich mich: Was bleibt davon?

SPIEGEL: Was bleibt von den Barzel-Forderungen nach Anerkennung der EWG durch die Sowjetunion, nach Aufnahme des Selbstbestimmungsrechtes in das Vertragswerk und nach stufenweisen innerdeutschen Erleichterungen?

BRANDT: Da ist erst mal die etwas gekünstelte Geschichte mit der EWG, nicht so gefährlich für meine Begriffe; denn wenn die Regierung die Russen zur Anerkennung aufgefordert hätte, dann hätten unsere Partner in der EWG gesagt: Seit wann seid ihr Deutschen dazu da, für die EWG Außenpolitik zu machen?

SPIEGEL: Nun, der EWG-Einwand ist ja inzwischen durch die Breschnew-Erklärung von der EWG als »Realität« vom Tisch.

BRANDT: Ich denke, was immer da gewesen sein mag, das ist jetzt kein Thema. Und zur Selbstbestimmung: Daß die sowjetische Regierung dem Obersten Sowjet von dem Brief zur deutschen Einheit Kenntnis gegeben hat, was ich dem Auswärtigen Ausschuß vor Wochen angekündigt habe, ändert an der politischen Beurteilung für mich nicht viel, an der rechtlichen schon gar nichts. Denn rechtlich ist der Brief ein deutsches Vertragsinstrument, unabhängig davon, wie die sowjetische Seite diesen Punkt behandelt. Das ist unbestritten nach der Wiener Vertragskonvention. Aber es hilft politisch-psychologisch, daß dies auch dort nicht unter den Teppich gekehrt wird, sondern gesagt wird: Die Deutschen haben dazu in Verbindung mit der Vertragsunterzeichnung ihre Auffassung zu der Frage dargestellt.

SPIEGEL: Aber die Opposition will auch das Selbstbestimmungsrecht ins Vertragswerk aufgenommen haben.

BRANDT: Da sehe ich also nicht, was das soll, es sei denn, man wolle wieder eine Verbalverkleisterung hineinbringen. Dies hielte ich für geradezu gefährlich. 1954 haben Adenauer und Bulganin gesagt, sie seien für einen einheitlichen, deutschen, demokratischen Staat. Und jedermann wußte, damit meinte Bulganin so einen ähnlichen Staat wie die DDR und Adenauer so einen ähnlichen wie die Bundesrepublik. Das hat nicht weitergeholfen. Es ist ehrlicher, hier selber zu sagen, was man will und dies die andere Seite wissen zu lassen, anstatt irgend etwas aufzuschreiben und zu glauben, damit habe man die deutsche Einheit. Man hat sie damit natürlich überhaupt nicht.

SPIEGEL: Bleibt der dritte Punkt, den Herr Barzel Freizügigkeit nennt.

BRANDT: Das ist ein etwas überzogenes Wort, glaube ich. Die meisten in unserem Land wissen, daß er es auch nicht so wörtlich meint. Es kann nicht um Freizügigkeit gehen, so wie in der EWG, wo man von einem Land zum anderen umziehen kann, wo man auch in dem anderen Lande in die Sozialversicherung automatisch hineinkommt. Das ist ja auch nicht unter den kommunistischen Staaten üblich und nicht zu erwarten, jedenfalls nicht auf kurze Sicht. Also geht es um etwas, was mit dem Ziel der Freizügigkeit zur Erleichterung für die Menschen führt. Und das ist jetzt eine Methodenfrage. Wir sagen, wir haben durch die sachliche Verbindung zwischen Moskau-Vertrag und Berlin-Abkommen, wie wir es über Ostern durch den Vorgriff auf das Inkrafttreten gesehen haben, für einen bestimmten Bereich mehr Erleichterungen erlangt, als ich sie zu meiner Zeit als Berliner Bürgermeister für möglich gehalten hätte. Dann haben wir in Verbindung mit dem Polen-Vertrag die Möglichkeit der Familienzu-sammenführung. Dann haben wir durch den Verkehrsvertrag mit der DDR die Chance, zu besseren Besuchs- und Reisemöglichkeiten zu kommen. Wenn Herr Barzel allerdings meinen sollte, man müsse doch mal nach Moskau gehen, um dort aufgeschrieben zu bekommen, was er einen Stufenplan nennt, dann wäre dies nicht realistisch.

SPIEGEL: Wir fürchten, daß er das meint, und haben den Verdacht, daß er darauf baut, daß die nachgeschobenen Zugeständ-nisse der Sowjetunion ihn in der öffentlichen Meinung nur bestätigen in seiner Forderung, auf solche Nachbesserungen zu dringen.

BRANDT: Ich habe überhaupt nichts dagegen, wenn Herr Bar-zel und seine Freunde das Gefühl haben, daß sie hier und da mitgehol-fen hätten. Da bin ich ganz frei von Kleinlichkeiten. Bitte, da will ich Herrn Barzel die Freude am Geschäft nicht nehmen. Nur geht es da ja nicht um die eigentliche Substanz.

SPIEGEL: Herr Bundeskanzler, empfindet es die Bundesregie-rung nicht vielleicht geradezu als peinlich, was die Sowjetunion derzeit an Gesten tut?

BRANDT: Das möchte ich nicht sagen. Aber Sie müssen davon ausgehen, daß die Sowjetunion bei all ihrer politischen Erfahrung im übrigen natürlich mit den Gepflogenheiten einer parlamentarischen Demokratie nicht so vertraut ist.

SPIEGEL: Herr Bundeskanzler, der Politiker hat keinen ein-klagbaren Anspruch darauf, daß er recht behält. Wenn diese Regierung über die Ostverträge dennoch fällt, würde der Politiker Willy Brandt als Oppositionsführer weiter für diese Ostverträge streiten?

BRANDT: Wissen Sie, was Sie Oppositionsführer nennen, will ich natürlich überhaupt nicht in der Qualität reduzieren. Es ist immer eine wichtige Rolle in einem Staat. Für mich steht – auf welche Seite der innerstaatlichen Barrikade bezogen auch immer – an erster Stelle der Vorsitzende der Sozialdemokratischen Partei Deutschlands. Er hat sich diese Sache vorgenommen und wird sie durchsetzen oder dafür werben, daß er dafür noch mehr Unterstützung bekommt.

SPIEGEL: Und wenn er das nicht als Bundeskanzler machen kann, macht er es dann als Oppositionsführer oder als Vorsitzender?

BRANDT: Dann macht er es. Im übrigen werden mir andere Bürden erspart werden, weil ich Bundeskanzler bleibe und 1973 darum ringen werde, es wieder zu werden.

SPIEGEL: Und wenn er doch nicht durchkommt mit seinen Verträgen, wenn er nicht mehr Kanzler ist, ist Willy Brandt dann ein bißchen auf dem Wege zu sagen: Ihr könnt mich ...

BRANDT: Ich denke nicht daran, dieses zu sagen und mich dann danach entsprechend zu verhalten. Ich behalte mir vor, es vielleicht einmal zu sagen und dann doch zu tun, was ich als meine Pflicht empfinde.

SPIEGEL: Herr Bundeskanzler, wir danken Ihnen für dieses Gespräch.

Zum SPIEGEL-Gespräch in Nr. 40/1972 (25. September)
mit den Redakteuren Erich Böhme und Günter Gaus

Nach der Verabschiedung der Ostverträge drängte die Regierung auf
Neuwahlen. Wochenlang beherrschte öffentlicher Streit über den
Weg zu Neuwahlen die politische Szene. Lange Zeit war Rainer
Barzel nicht bereit, auf ein neuerliches Mißtrauensvotum gegen
Brandt zu verzichten und dem Kanzler die Möglichkeit zu lassen, im
Parlament die Vertrauensfrage zu stellen. Doch das geschah schließ-
lich am 20. September 1972. Zwei Tage später blieb das Kabinett der
Abstimmung fern und Brandt erreichte – wie gewollt – nicht die
nötige Kanzlermehrheit von 249 Stimmen. Er schlug Bundespräsident Gustav Heinemann vor, das Parlament aufzulösen und Wahlen
für den 19. November anzusetzen. Das Verfahren war bis dahin nicht
erprobt. Auch Helmut Kohl hat es zwanzig Jahre später angewendet,
nachdem er im Herbst 1982 zum Bundeskanzler gewählt worden war.
Ostpolitik, Inflation und die Gefährdung der inneren Sicherheit durch
politischen Extremismus und Terrorismus waren die entscheidenden
Themen im Wahlkampf. Beide großen Parteien versuchten, Wähler-
potentiale an den Rändern aufzusaugen. Die Union widmete sich der
NPD-Wählerschaft, die SPD bot sich Teilen der Protestbewegung als
Auffangbecken an. Seit 1970 entwickelte sich organisierter Terrorismus, Stichwort: Baader-Meinhof-Gruppe. Anfang September
1972 überfielen in München palästinensische Terroristen das Quar-
tier der israelischen Olympia-Mannschaft. Die Polarisierung der großen Parteien untereinander wuchs. Am 19. November feierte Brandt
einen rauschenden Wahlsieg. Bei einer sensationellen Wahlbeteiligung von über 91 Prozent holte die SPD drei Millionen zusätzlicher
Stimmen und wurde mit 45,8 Prozent erstmals stärkste Partei. Die
FDP kam auf sichere 8,4 Prozent. Wahlentscheidend waren die
Ostpolitik und Rainer Barzels Schwäche.

»Wir haben einen hohen Preis bezahlt«

Der Bundeskanzler zieht die Bilanz seiner Regierung

SPIEGEL: Herr Bundeskanzler, Ihre Regierung muß sich vorzeitig Wahlen stellen. Ziehen wir die Bilanz nach drei Jahren: Hat Ihre Partei und hat Ihre Regierung im Herbst 1969 den Mund zu voll genommen?

BRANDT: Nein, denn was wäre wohl passiert, wenn man nicht den Mut zum neuen Ansatz gehabt hätte? Die CDU brachte nicht mehr die Kraft auf, in der auswärtigen Politik durchzustoßen. Sie hat auch in der Gesellschaftspolitik und in der Innenpolitik wirklich überzeugende Vorschläge nicht machen können. Sicher haben manche damals zuviel erwartet ...

SPIEGEL: Manche aus der Regierung?

BRANDT: Auch aus der Regierung. Vor allem aber viele derer, die uns freundschaftlich begleitet haben. Auch viele Wähler haben geglaubt, man könnte im Laufe ganz kurzer Zeit sehr viel mehr anders machen.

SPIEGEL: Sie selbst halten sich von dieser Selbstanklage frei?

BRANDT: Das wäre zu billig. Ich selbst habe nicht deutlich genug gemacht, was in vier Jahren – damals mußte man ja von vier Jahren ausgehen, jetzt sind es drei geworden – zu machen ist und was nur als Weichenstellung vorbereitet werden kann. Die Außenpolitik haben wir in der Regierungserklärung vom Oktober 1969 Punkt für Punkt entwickelt. Und jeder Punkt oder fast jeder Punkt kann abgehakt werden.

SPIEGEL: In der Innenpolitik können Sie solche Erfolgsmeldungen nicht verbreiten. War die Koalition mit der FDP schuld daran, daß Ihre Regierung Erwartungen enttäuschte und Versprechen nicht einlöste?

BRANDT: Das Bündnis war nicht schwierig, sondern im Grunde ein sehr kooperatives Verhältnis. Da hat mal der eine, mal der andere etwas nachgeben müssen. Damals, im Herbst 1969, mußten wir im Laufe der wenigen Wochen zwischen Wahl und Regierungserklärung unser Programm aufschreiben. Das würde das nächstemal noch besser werden.

SPIEGEL: Ist der Regierungschef denn mit seiner Leistungsbilanz rundum zufrieden?

BRANDT: Nichts ist so gut, daß es nicht noch besser sein könnte. Natürlich könnte vieles noch besser sein. Aber wenn ich mir alles anschaue: Die Bundesrepublik steht in der Welt besser da als 69. Ihr Ansehen hat nicht Schaden gelitten, sondern ihr Ansehen ist gestiegen. Wir machen, gestützt auf das westliche Bündnis, eine aktive Ost-West-Politik. Wir haben in der Westeuropa-Politik nicht Bäume ausgerissen, aber wir haben die westeuropäische Zusammenarbeit und Einigung vorangebracht. Damit können wir uns gut sehen lassen.

SPIEGEL: Die Preissteigerungsraten können sich auch sehen lassen?

BRANDT: Natürlich machen die Preissteigerungsraten mir große Sorgen. Aber wenn – ich komme ja auch etwas herum – ich mich umschaue in Europa, in vergleichbaren westlichen Ländern, dann liegen wir mit den Preissteigerungsraten unter denen vieler anderer Staaten und haben eine florierende Wirtschaft. Die vorausgesagte Wirtschaftskrise mit Arbeitslosigkeit hat nicht stattgefunden. Die D-Mark ist eine stabile Währung. Die Spareinlagen nehmen zu.

SPIEGEL: Sind Sie mit dem Vorankommen der Reformen zufrieden?

BRANDT: Wir sind auf einer ganzen Reihe von Gebieten vorangekommen. Wir haben eine Menge an Neuerungen, Fortentwicklungen zustande gebracht. Ich nenne nur das Betriebsverfassungsgesetz, die Umweltschutz-Gesetzgebung oder die schwierigen Probleme der Bildungspolitik. Wir haben die Mittel des Bundes für Bildung und Forschung mehr als verdoppelt. Und wir haben die Bildungsplanung mit den Ländern eingeleitet. Das hat für den Bürger noch nicht die überzeugenden Ergebnisse gebracht. Aber es führt voran. Auch was die innere Sicherheit angeht, hat diese Regierung – ohne daß sie sich besser machen will, als sie ist – zum erstenmal Bund und Länder vor den gemeinsamen Karren der Sicherheit gespannt.

SPIEGEL: Warum konnte zumindest in den letzten zwölf Monaten die Öffentlichkeit den Eindruck gewinnen, daß in der Koalition, im Kabinett und in der SPD Entschlußlosigkeit und persönliche Zerwürfnisse vorherrschten?

BRANDT: Menschliche Unzulänglichkeiten können Sie nirgends ausschließen. Wir haben ja in besonderem Maße darunter gelitten, daß die Freien Demokraten relativ früh in der Legislaturperiode einen Aderlaß zu verzeichnen hatten und dann auch die Sozialdemokraten eine Reihe von Abgeordneten verloren haben. Das hat die Lage im Parlament und im Kabinett erschwert. Nur sage ich mir: Dies mußte in Kauf genommen werden. Hätte man vor den politischen Vorbehalten jener, um die es hier geht, kapitulieren sollen? Oder hätte man kapitulieren sollen vor den sonstigen Einwirkungen, denen sie ausgesetzt waren, materieller und immaterieller Art? Das erklärt gewiß nicht alles. In dem einen oder anderen Fall hat es auch an der gebotenen Einordnung gefehlt. Das ist eine Erfahrung, aus der man lernen kann und lernen muß.

SPIEGEL: Worauf führen Sie die starke Fluktuation im Kabinett zurück?

BRANDT: Nun wollen wir uns mal die Zahlen genauer ansehen. Ich nehme jetzt nicht die Einzelfälle von früher, wo Leute wegen brauner Flecken auf der Weste Hals über Kopf wieder aus Kabinetten entlassen werden mußten. Nehmen Sie nur die drei Jahre Große Koalition. In diesen drei Jahren sind fünf Bundesminister ausgeschieden* und 21 beamtete Staatssekretäre. Ziehe ich bei den 21 jene drei ab, die aus Altersgründen ausgeschieden sind, und jene drei, die 1969 in den Bundestag gewählt wurden, bleiben immerhin 15 übrig.

SPIEGEL: Wollen Sie damit sagen, die Vorgänge der letzten Monate in Ihrer Regierung seien normal oder unvermeidlich gewesen?

BRANDT: Nein. Ich will – um einen besonderen Komplex herauszugreifen – sagen: Dieselbe CDU/CSU und dieselbe Rechtspresse, die bis zur Sommerpause dem damaligen Bundesminister Schiller angerechnet haben, welche personellen Veränderungen alle auf sein Konto gingen, sagen nach der Sommerpause, diese seien alle dem Bundeskanzler anzurechnen.

SPIEGEL: Hat Willy Brandt sein Kabinett an zu langem Zügel geführt?

---

* Justizminister Gustav Heinemann wurde Bundespräsident, Vertriebenenminister Kai-Uwe von Hassel Bundestagspräsident, Familienminister Bruno Heck CDU-Generalsekretär, Entwicklungshilfeminister Hans-Jürgen Wischnewski SPD-Bundesgeschäftsführer. Innenminister Paul Lücke trat wegen der Wahlrechtsfrage zurück.

BRANDT: Ja, ja, das kann man so nennen. Ich habe mein Lehrgeld in diesen Jahren noch einmal bezahlen und aus bitteren Enttäuschungen dazulernen müssen – nicht was die Kollegialität angeht, aber was die Handhabung bestimmter Formen der Zusammenarbeit angeht. Nur, in den Grundfragen des Verhältnisses zu anderen kann keiner den Willy Brandt in dem Alter, das er jetzt erreicht hat, noch ummodeln.

SPIEGEL: War die Berufung Karl Schillers zum Doppelminister im Mai 1971 nicht ein für die Kabinettsarbeit entscheidender Fehler?

BRANDT: Meine Absicht damals war, eine Übergangslösung zu schaffen. Und ich hatte mit Professor Schiller abgesprochen, daß er für den Rest des Jahres 1971 beide Ministerien führen sollte, um mir gleich zu Anfang 1972 seinen Vorschlag für eine neue Aufgliederung zu machen. Das hatte er sich zu Beginn dieses Jahres anders überlegt. Er kam zu dem Ergebnis, man müsse zu der alten Aufgliederung der beiden Ministerien zurückkehren. Ergebnis unter dem Strich: Es blieb bei seiner Verantwortung für beide Häuser. Bitte, das gilt auch für andere Gebiete, unter dem Strich trägt letzten Endes der Bundeskanzler die Gesamtverantwortung.

SPIEGEL: Warum haben Sie Schillers Aufgliederung nicht für den Rest der Legislaturperiode übernommen? Der schwierige Superminister Schiller wäre wieder zum einfachen Wirtschaftsminister geworden.

BRANDT: Wenn die Festspiele erst mal im Gang sind, dann streiten Sie mal mit Furtwängler darüber, ob er die Neunte oder eine andere spielt.

SPIEGEL: Wer hat an der Entscheidung mitgewirkt, Karl Schiller zum Superminister zu ernennen?

BRANDT: Ich habe diese mit ein paar Kollegen besprochen, aber ich habe es selbst zu verantworten. Und niemand wird ja auch bestreiten, daß Karl Schiller alle intellektuellen Voraussetzungen mitbrachte, der Leitung beider Ressorts gerecht werden zu können.

SPIEGEL: Das ist unbestritten. Ebenso unbestritten ist aber auch, daß seine Kabinettsdisziplin und sein Charakter bekannt waren.

BRANDT: Karl Schiller hat bei allem, was ihm die Leute jetzt ankreiden mögen, für mich zwei große Leistungen vorzuweisen. Er hatte in Berlin in der Zeit unmittelbar nach dem Mauerbau für die Berliner Wirtschaft eine neue Grundlage mitgeschaffen, auch durch das Berlinhilfe-Gesetz. Dann, im Bonn der Großen Koalition, hat er

Günter Gaus (links) und Erich Böhme interviewen den Bundeskanzler im April 1972.

den Weg aus der Rezession gefunden. Das war gekonnt. Seine Auseinandersetzung mit der CDU/CSU um die Aufwertung im Jahre 1969 wurde für uns zu einem wichtigen Vorgang.

SPIEGEL: Herr Bundeskanzler, war die Ausgangslage für Neuwahlen nicht vor Schillers Rücktritt wesentlich günstiger? Sie hatten die Möglichkeit, eine Wählerentscheidung über die von der CDU/CSU bekämpften Ostverträge zu suchen. Meinungsforscher behaupten, ihre Position sei zu jener Zeit besonders stark gewesen.

BRANDT: Das ist doch wohl weithin eine theoretische Frage. Am 27. April scheiterte das konstruktive Mißtrauensvotum Barzels, und die Opposition zeigte keine Bereitschaft, sich über den Weg zu Neuwahlen zu verständigen. In der Koalition gab es verständlicherweise ein starkes Interesse daran, aus staatspolitischen Gründen die Verträge mit Moskau und Warschau nicht liegenzulassen. Im übrigen hätte ich zu jenem Zeitpunkt keine genügende Unterstützung der Koalition für das Erzwingen von Neuwahlen gefunden.

SPIEGEL: Von der FDP?

BRANDT: Nein, ich meine damit nicht nur die Freien Demokraten. In der Koalition gab es wesentliche Stimmen, die so argumentierten: Unser Grundgesetz will, wenn es irgend geht, daß eine vierjährige Legislaturperiode durchgehalten wird. Zweitens sagten einige: Bei dem Versuch des konstruktiven Mißtrauensvotums ist deutlich geworden, daß der Vorsitzende der CDU nicht alle Mitglieder seiner Fraktion hinter sich hat, wenn geheim abgestimmt wird.

SPIEGEL: In der Zwischenzeit verloren Sie die Mehrheit im Bundestag. Wie erklären Sie sich den Schwund?

BRANDT: Das kann man nur richtig beantworten, wenn man den einzelnen Fällen nachgeht. Das ist gar nicht so einfach, da wird schon ein kleiner Roman daraus. Aber wenn man es auf einen kurzen Nenner bringt, dann sind es erst mal diejenigen, die von Anfang an nicht für diese Koalition waren. Das sind einige. Ob man sich um die nicht auch ein bißchen besser noch hätte kümmern sollen, das ist eine andere Frage. Das ist das eine Problem. Dann gibt es andere, die im Laufe der Zeit bei sich Gewissenskonflikte entdeckten. Ich denke etwa an einen, der Gewissensgründe geltend macht, der aber ganz genau weiß, daß seinem Gewissen gar nichts zugemutet worden ist. Wir haben in der Außenpolitik 1969 nichts anderes den Wählern gesagt, als wir später getan haben.

SPIEGEL: Sie meinen Hupka.

BRANDT: Und so könnte man dann das einzeln durchgehen. Das wird dann in dem einen oder anderen Fall unappetitlich.

SPIEGEL: War Korruption im Spiel?

BRANDT: Daran kann für mich kein Zweifel sein.

SPIEGEL: Bei wem?

BRANDT: Das wird alles noch rauskommen.

SPIEGEL: Herr Bundeskanzler, die Sozialdemokraten haben sich immer sehr viel auf ihre Solidarität zugute halten können. Wie erklären Sie den Eindruck, daß in diesen letzten drei Jahren Solidarität in der Partei, am Kabinettstisch oder in der Koalition nur noch dem Hörensagen nach existierte?

BRANDT: Ja, wissen Sie, erst einmal ist das so, beim Geld hört überall die Gemütlichkeit auf.

SPIEGEL: Auch bei den Sozialdemokraten?

BRANDT: Ja. Das ist bei den Oberbürgermeistern so, und das ist bei Kabinettsmitgliedern so. Ich selbst habe früher als Bürgermeister gelernt, daß man davon ausgehen muß, man vertritt die wichtigste Sache der Welt. Nur ein Bürgermeister, der seine Stadt für den

Mittelpunkt der Welt hält, erreicht etwas für diese Stadt. Am Kabinettstisch, da müssen – Solidarität hin, Solidarität her – und werden die Kollegen weiter hart raufen, um für ihren Bereich möglichst viel Geld, einen möglichst großen Anteil am Kuchen zu erkämpfen.

SPIEGEL: Wenn Minister die Belange ihres Ressorts hart vertreten, ist das eine Sache. Wenn dieselben Minister sich öffentlich oder halb öffentlich bei irgendwelchen Pannen gegenseitig Vorwürfe machen oder angreifen, ist das eine andere Sache, ist das Mangel an Solidarität. Woran liegt das? Ist die SPD am Vorabend des Wahlkampfes in einem zerrütteten Zustand?

BRANDT: Nein, das ist sie nicht.

SPIEGEL: Woran liegt der Mangel an Solidarität?

BRANDT: Solidarität, das müßte man dann erst mal genauer definieren. Solidarität ist nicht dasselbe wie Kameraderie. Manche glauben, es sei dasselbe. Solidarität ist ein Sichverpflichten auf eine gemeinsame Grundwert-Orientierung. Im Grunde ist diese Solidarität eine Art von ins Deutsche übersetzter Brüderlichkeitsvorstellung aus der Französischen Revolution.

SPIEGEL: Wie steht es damit in der SPD?

BRANDT: Die SPD ist in gar keinem schlechten Zustand. Die SPD ist in diesen drei Jahren durch eine nicht ganz leichte Periode hindurchgegangen. Das hängt mit verschiedenen Dingen zusammen. Nicht zuletzt damit, daß sie sich entschlossen hatte, ihren Teil dazu beizutragen, daß die Auseinandersetzung mit den jungen Intellektuellen nicht wie 1968 auf der Straße ausgetragen wird. Dafür muß man einen Preis bezahlen. Wir haben einen relativ hohen Preis der Mißdeutung bezahlt. Wir haben auch einen relativ hohen Preis dadurch bezahlt, daß hier und da Leute, die Lesen und Schreiben gelernt haben und vielleicht ein bißchen mehr, glauben, sie könnten sich aufspielen und seien schon deswegen, weil sie irgendwo ein Examen gemacht haben, mehr als der Grundstamm der soliden Betriebsräte und anderer, die die breiten Schichten in diesem Volk vertreten.

SPIEGEL: Sie geben also Spannungen in der Partei zu?

BRANDT: In der nächsten Bundestagsfraktion der SPD wird das – ich sage das bewußt – avancierte Arbeitnehmerelement stärker vertreten sein als in der jetzigen. Es wird mehrere Betriebsräte großer Werke und Gewerkschaftsführer geben, die dabei sind. Das gehört in eine solche Fraktion neben den Akademikern mit hinein. Und es wird außerdem eine Verjüngung geben. Dies muß auch sein.

SPIEGEL: Sind Sie sich für den Tag nach der Wahl des Koalitionspartners FDP sicher? Bei dem erwarteten knappen Ausgang könnte die CDU/CSU den Freidemokraten sehr lockende Avancen machen.

BRANDT: Die Frage ist eine Frage an die FDP, nicht an mich. Die Freien Demokraten müssen für sich selbst sprechen und werden das auch tun. Nur, wenn Sie sich mal überlegen, aus welcher Situation heraus Walter Scheel im September 1969 mit mir dieses Regierungsbündnis geschlossen hat, dann können Sie daraus bestimmte Folgerungen ableiten für die von Ihnen gedachte Situation. Was knappe Mehrheiten angeht, das muß man halt erst mal abwarten und sich das dann genauer angucken.

SPIEGEL: Würden Sie notfalls auch mit einer Stimme Mehrheit eine zweite Regierung Brandt/Scheel bilden?

BRANDT: Ja.

SPIEGEL: Herr Bundeskanzler, der beginnende Wahlkampf wird von der Opposition vermutlich mit emotional aufgeladenen Parolen bestritten werden, etwa der Sozialismusfurcht und der Krisen- und Inflationsangst oder dem Ruf nach Law and Order. Wie wollen Sie diese Kampagnen kontern?

BRANDT: Natürlich würde ich einen argumentativen Wahlkampf vorziehen. Aber kommen wir zu den einzelnen Punkten. Die primitive Ausbeute, die sich die Opposition zum Beispiel von der Geldentwertung verspricht, wird geringer sein, als sie erwartet.

SPIEGEL: Sie müssen sich immerhin vorhalten lassen, daß niemals in der Nachkriegszeit – mit Ausnahme des Korea-Krieges –, weder zu Zeiten Adenauers noch während der Kanzlerschaft Erhards oder Kiesingers, die Preise mit einer Jahresrate von 5,7 Prozent gestiegen sind.

BRANDT: Die haben auch keine Zeit erlebt, in der wir es mit so ungünstigen außenwirtschaftlichen Umständen zu tun hatten. Die europäische Verflechtung ist ja weitergegangen, und die Einwirkung des amerikanischen Dollars auf uns hat zugenommen. Andere Faktoren kommen hinzu. Was uns vorerzählt wird, ist deshalb nicht aufrichtig. Tatsache ist, daß es den Menschen nicht schlechter, sondern besser geht in der Bundesrepublik Deutschland, trotz der Preissteigerungen. Trotzdem bleibt die Geldentwertung ein böses Ärgernis. Nur müssen wir den Menschen ehrlich sagen: Alle eigenen Anstrengungen, die wir machen, werden nicht ausreichen. Wir müssen gemeinsam mit unseren europäischen Partnern mehr tun. Alles andere wäre Augenauswischerei.

SPIEGEL: Bietet die Regierung der Opposition Angriffsflächen in der Diskussion um die innere Sicherheit der Republik?

BRANDT: Die Baader-Meinhof-Gruppe ist nicht wegen frommer Sprüche oder forscher Sprüche gefaßt worden, sondern als Ergebnis einer harten, fachlichen, nüchternen Operation. Die CDU-geführten Bundesregierungen haben das Bundeskriminalamt über Jahre hinweg sträflich vernachlässigt. Verglichen mit dem bejammernswerten Zustand, in dem diese zentrale Institution war, ist das Bundeskriminalamt heute auf dem Weg zu einer wirksamen Sicherheitsbehörde – nur: Leute, die glauben, das Problem der inneren Sicherheit sei erschöpft, wenn man Polizei und Justiz sagt, irren.

SPIEGEL: Könnte die Parole, die SPD treibe unter dem Druck der Jusos unaufhaltsam nach links ab, für Sie gefährlich werden?

BRANDT: Die Politik der SPD und die Politik eines sozialliberalen Regierungsbündnisses wird erkennbar nicht von radikalen Gruppen bestimmt. Ich habe gar nichts dagegen, daß auch zum Radikalen neigende Gruppen uns immer wieder zwingen, unsere Auffassung zu überprüfen. Zum Beispiel beim Bodenrecht. Wenn nicht manche der jungen Leute so rege gewesen wären, hätte die SPD sich vielleicht nicht schon zu einem vernünftigen Vorschlag durchgerungen. Die Vorstellung, den Menschen solle ihr Haus weggenommen oder die Unternehmer sollten geschurigelt werden, ist doch absurd. Welchem Unternehmer ist denn in drei Jahren sozialliberaler Koalition zu nahe getreten worden?

SPIEGEL: Wie erklären Sie dann, daß große Teile der Industrie sich ganz eindeutig gegen diese Koalition wenden und die Rückkehr der CDU/CSU an die Macht fördern?

BRANDT: Das hängt mit der deutschen Geschichte zusammen. In der Adenauerzeit, die ja nicht aufhörte mit Adenauers Ausscheiden als Bundeskanzler, hatte sich eine Art von Konsensus ergeben, daß das Machtzentrum rechts von der Mitte, nicht weit rechts, aber rechts von der Mitte lag. Manche Leute haben geglaubt, dies sei eigentlich ein ungeschriebener Teil des Grundgesetzes. Ein von mir durchaus geschätzter Mann, mein Vorgänger im Amt des Außenministers, Gerhard Schröder, hat nach der Wahl 1961 einmal gesagt: »Ich verstehe nicht, warum Sie an die Regierung wollen. Sie haben doch die Krankenkassen. Sie haben die Städte, und Sie haben die Gewerkschaften. Und wir machen die Regierung.« Das war der deutliche Ausdruck dieses vermuteten Konsensus der Machtausübung von einem Punkt rechts von der Mitte aus. Das Sich-neu-Einpendeln des Kräfteverhältnisses in einer demokratischen Gesellschaft ist ein schwieriger und für manche schmerzvoller und sogar turbulenter Prozeß.

SPIEGEL: Die Herren aus der Wirtschaft sehen das weniger gelassen.

BRANDT: Mancher, der ein guter Manager ist, versteht nicht viel von Politik. Das ist nicht unbedingt ein Vorwurf, denn mancher, der in der Politik das ganz gut macht, würde einen Betrieb nicht gut leiten können. Das sind offensichtlich zwei verschiedene Eigenschaften. Viele wollen alles wieder auf den Adenauer-Status bringen oder wie die CDU die konservative Tradition aus der Kaiserzeit weiterführen. Die CDU/CSU hat sich nie damit abgefunden – das ist eine ganz wesentliche Erfahrung dieser drei Jahre –, daß sie nicht die Staatspartei ist.

SPIEGEL: Welche Folgen hätte ein Wahlsieg der CDU/CSU für die Bundesrepublik?

BRANDT: Außenpolitisch wäre ein Machtwechsel darum so bedenklich – ich will mal die atmosphärischen Dinge beiseite lassen –, weil er uns ein großes Stück zurückwerfen würde. Unsere Verbündeten werden sich die neue Regierung erst einmal genau angucken und sich erinnern: Die waren doch gegen das, was wir im Bündnis entwickelt haben. Die waren sogar 1969 noch dagegen, daß der Brandt oder der Scheel den Vertrag über die Nichtweiterverbreitung von Atomwaffen unterzeichnet hat. Das mutet heute gespenstisch an, aber so war es. Unter einer CDU-Regierung wird Deutschland weniger mitzubestimmen haben. Das Gewicht wird geringer sein.

SPIEGEL: Und welche innenpolitischen Folgen prophezeien Sie, wenn Ihr Nachfolger Rainer Barzel heißt?

BRANDT: Das ist eine ganz hypothetische Frage. Herr Barzel wird nicht gewinnen. Aber gehen wir einmal davon aus – man kann das ja theoretisch nicht ausschließen. Die CDU/CSU müßte sich dann sehr anstrengen, um schwere soziale Erschütterungen bei uns zu vermeiden. Wir haben doch im Vergleich zu anderen Ländern trotz der Preissteigerungen weiterhin einen exemplarischen Arbeitsfrieden in unserer Bundesrepublik. Es wäre ein großer Jammer, wenn durch falsche Weichenstellungen hier ein Element des Unfriedens in die innenpolitische Landschaft hineinkäme.

SPIEGEL: Herr Bundeskanzler, wir danken für dieses Gespräch.

Zum SPIEGEL-Gespräch in Nr. 22/1973 (28. Mai)
mit den Redakteuren Rudolf Augstein und Erich Böhme

Im Jahr 1973 entschied sich das Schicksal des ersten sozialdemokratischen Kanzlers der Bundesrepublik, auch wenn sein Rücktritt noch ein Jahr auf sich warten ließ. Willy Brandt wurde 60 Jahre alt, und der SPIEGEL widmete ihm eine Titelgeschichte: »Das Monument bröckelt.« Während der Koalitionsverhandlungen Ende 1972 war Brandt krank geworden. Die Weichen stellten andere, Fraktionschef Herbert Wehner und Helmut Schmidt, Nachfolger Karl Schillers als Wirtschafts- und Finanzminister. Die beiden Drahtzieher warfen Brandt Führungsschwäche und zu große Willfährigkeit gegenüber Parteilinken vor. Als erstes zwangen sie Brandt, sich von seinen beiden Vertrauten, Kanzleramtsminister Horst Ehmke und Regierungssprecher Conrad Ahlers, zu trennen. Diese Entscheidung wirkte sich für Brandt verhängnisvoll aus. Der Abwärtstrend war programmiert. Politische Highlights im Mai 1973 vermochten ihn nicht mehr zu stoppen, weder die Verabschiedung des Grundlagenvertrags mit der DDR noch Leonid Breschnews pompöser Bonn-Besuch. Walter Scheels Entscheidung, für das Amt des Bundespräsidenten zu kandidieren, traf Brandt schwer. Mürbe machten den Kanzler jedoch die Attacken Wehners und Schmidts. Wehner beschimpfte Brandt während einer Moskau-Reise öffentlich: »Der Kanzler badet gern lau.« Und: »Was der Regierung fehlt, ist ein Kopf.« Schmidt klagte, die Innenpolitik werde vernachlässigt. In seinen »Erinnerungen« hielt Brandt seinem späteren Nachfolger schonungslos das Schuldkonto vor: Schmidt habe Alex Möller und Karl Schiller aus den Ämtern getrieben. Brandt: »Seine Warnung vor ›Reformhochstimmung‹ war nicht sonderlich hilfreich, sein Selbstbewußtsein alles andere als unterentwickelt. Vielleicht plagte ihn die Sorge, die Chance der Spitzenverantwortung könne an ihm vorbeiziehen.«

»Ich hoffe, wir bekommen mehr Erdgas und Öl«

Der Bundeskanzler über Breschnew-Besuch, Osthandel und Berlin-Formel

SPIEGEL: Herr Bundeskanzler, Ihr Ost-Besuch ist abgereist, der Überschwang der Breschnew-Tage verflogen. Was bleibt nach dem demonstrativen Besuch des Generalsekretärs der KPdSU? Haben – wie phantasievolle Beobachter meinen – Germanen und Slawen einen Ansatz gesucht, Europa zu dominieren?

BRANDT: Das ist ein Bild, eine Konstruktion, ein Denkmodell aus dem vorigen Jahrhundert. Wir sind gar nicht vergleichbare Größen – die Sowjetunion und die Bundesrepublik Deutschland. Aber es ist schon etwas, daß nach dem Zweiten Weltkrieg zum erstenmal der führende Mann der Sowjetunion, der jetzt amtierende – man muß ja in Wirklichkeit sagen – erste Mann der Partei und des Staates Sowjet-Union, nicht nur zu Besuch war, sondern es für möglich hielt, mit uns zusammen über eine ganze Reihe von Dingen zu sprechen, die die beiden Staaten unmittelbar angehen und ihre Rolle in dem Bemühen um europäische Sicherheit betreffen, hier und da sogar ein bißchen über Europa hinausgehende Sicherheitsbemühungen. Aber es besteht überhaupt keine Veranlassung zu befürchten, daß irgendwo irgendwann sich dieser Tage etwas abgespielt hätte, was zu Lasten Dritter gehen könnte.

SPIEGEL: Der Generalsekretär hat der deutschen Industrie eine visionäre Offerte gemacht. Russen und Deutsche sollen gemeinsam die Bodenschätze und Energiequellen der UdSSR ausbeuten. Die Russen erwarten dafür von uns zinsgünstige Kredite und versprechen uns Öl-, Gas- und Stromlieferungen für eine Zeit, in der bei uns die allgemein erwartete Energielücke besonders fühlbar wird. Was läßt sich von dieser Breschnew-Vision realisieren?

BRANDT: Es ist zwischen Breschnew und mir über Zinskonditionen überhaupt nicht gesprochen worden. Wir haben, nebenbei gesagt, auch nicht die Absicht, in einen Wettbewerb mit unseren westlichen Nachbarn einzutreten. Einige von ihnen bieten günstigere

Bedingungen. Damit werden wir leben. Die Amerikaner werden noch günstigere Bedingungen bieten. Damit werden wir auch leben.

SPIEGEL: Warum sollen wir hinter den Zinskonditionen unserer West-Verbündeten zurückbleiben?

BRANDT: Wir sind nicht darauf aus, unseren Export um jeden Preis zu steigern. Die Struktur unserer Wirtschaft – dabei denke ich jetzt nicht nur an die augenblickliche konjunkturelle Lage – spricht nicht für eine wahllose Steigerung unserer Exporte. Dabei bin ich beim zweiten Element der Frage: Nicht nur wir, sondern alle Industriestaaten, nicht zuletzt die USA, haben es viel früher, als man geglaubt hatte, mit einer Energiekrise zu tun. Und auf diesem Gebiet werden die Amerikaner nach allem, was ich überblicken kann, sehr, sehr viel stärker einsteigen. Herr Breschnew redet ja nicht nur mit uns. Er hat schon mit den Amerikanern geredet, und er redet neu mit ihnen. Und die Größenordnungen, um die es sich handeln wird zwischen Rußland und Amerika, werden vermutlich in den Schatten stellen, was einzelne westeuropäische Staaten mit der Sowjetunion in den vor uns liegenden Jahren machen werden. Die Japaner werden einsteigen. Und was man noch vor ein, zwei Jahren für unmöglich gehalten haben würde: Es dürfte Dreiecksgeschäfte geben, nach dem, was ich mir ausrechne: Amerikaner und Japaner mit den Russen in Teilen der Sowjetunion, die, von uns aus gesehen, ein bißchen weiter weg liegen. Trotzdem, uninteressant ist die Wirtschaft der Bundesrepublik Deutschland nicht. Wenn wir die 1,3 Prozent Anteile an unserem Außenhandel, die der Rußland-Handel heute ausmacht, im Laufe der nächsten Jahre verdoppeln auf 2,6 Prozent, dann ist das was.

SPIEGEL: Aber was ist das schon im Vergleich zu dem 21-Prozent-Anteil Frankreichs an unserem Außenhandel!

BRANDT: Ich hatte gesagt, wir werden nicht in den Wettbewerb mit anderen eintreten, wir werden nicht Zinsen herunterschleusen, um auf jeden Fall den Export zu fördern. Wenn es um die Energiezufuhr geht, könnte der Staat assistieren – wobei ich mich nicht auf Zinskonditionen festlegen will. Auch wird zu überlegen sein, mit welchen Mitteln der Staat sein Interesse zeigt, wenn es darum geht, durch den Export von Kapital und Kapitalgütern einen Teil des Zuwachses unserer Produktion außerhalb unserer Grenzen zu verlegen, so daß wir nicht immer mehr unter Druck geraten, zusätzliche Arbeitskräfte von außen hineinnehmen zu müssen.

SPIEGEL: Ihr ehemaliger Staatssekretär im Verteidigungsministerium, der jetzige Krupp-Vorsitzer Ernst-Wolf Mommsen, hält es für realistisch, daß die Bundesrepublik in absehbarer Zeit zehn Prozent ihres Energiebedarfs aus sowjetischen Quellen deckt. Ist dieser Vorteil nicht angesichts unserer Energiesorgen schon Zugeständnis beim Zins wert?

BRANDT: Wenn mir die Frage von meinem sowjetischen Gesprächspartner vergangener Tage nicht gestellt worden ist, warum muß ich sie dann überhaupt beantworten? Wir haben ja schon ein interessantes Erdgasgeschäft gemacht. Dessen Start habe ich noch mit beeinflußt, als ich Außenminister war. Jetzt beginnen bald die Lieferungen. Und Sie wissen, daß der Zins niedriger gehalten werden konnte, weil die Firmen mit dem Preis für die Röhren ein bißchen raufgegangen sind. So wird es in der Regel sein, irgendwoher muß es ja kommen. Ich hoffe, wir können mehr Erdgas-Lieferungen bekommen. Ich hoffe, wir können mehr Öl bekommen. Ich glaube, Italien kriegt im Augenblick viermal soviel Öl aus der Sowjetunion wie wir. Und wir können auch an der Entwicklung der sowjetischen Energie-Produktion mitwirken und zu einem Energieverbund kommen, an dem – so stelle ich mir das vor – auch West-Berlin beteiligt sein kann.

SPIEGEL: Sind Sie so vorsichtig nur mit Rücksicht auf die derzeitige Konjunktur-Entwicklung?

BRANDT: Mindestens noch aus einem zweiten Grunde: daß ich nicht einsehe, wieso in unserer Art von Wirtschaftsordnung der Staat auf Gebieten, auf denen er nicht effektiv interessiert ist, einspringen soll. Ich bin für die Marktwirtschaft überall dort, wo sie aus gutem Grund sich entfalten kann und entfalten soll.

SPIEGEL: Grundsätzliche Bedenken, daß eine Abhängigkeit von Energie-Lieferungen aus dem Ostblock der Bundesrepublik politisch oder strategisch schaden könnte, haben Sie nicht?

BRANDT: Wissen Sie, wenn ich mir aussuchen könnte, aus welchen ruhigen Gegenden der Welt wir Energie beziehen können, also wenn ich, was weiß ich – nein, ich will jetzt keine Beispiele nennen.

SPIEGEL: Sie finden keine ruhige Gegend?

BRANDT: Doch, aus der Schweiz, aus Norwegen . . .

SPIEGEL: . . . eine schöne, ruhige Gegend . . .

BRANDT: . . . oder aus anderen Ländern. Aber so schön ist die Welt nicht, und wir haben nicht die Wahl. Es wird alles nicht reichen in den kommenden Jahren, weder bei uns noch bei den Amerikanern. Wir werden froh sein über alles, was wir an Energie bekommen können. Sie haben vorhin von zehn Prozent Energie aus der Sowjetunion gesprochen. Ich will nicht sagen, ob es ein bißchen mehr oder ein bißchen weniger sein könnte, aber es wird keine besondere Abhängigkeit dadurch entstehen.

SPIEGEL: Essentiell für Sie, Herr Bundeskanzler, war die Aufnahme einer Berlin-Formel in die gemeinsame Schlußerklärung mit Breschnew. Die »New York Times« meint nun, Sie hätten mehr herausholen können. Andererseits: Ein Ihrer Ostpolitik nicht gerade wohlgesonnener Kritiker in der »Frankfurter Allgemeine Zeitung« meint, Sie hätten beherzter gestritten, als man es Ihnen vorher zugetraut hätte. Sind Sie enttäuscht über das, was als Berlin-Formel Eingang gefunden hat in das Abschluß-Kommuniqué?

BRANDT: Nein, die »New York Times« ist eine prima Zeitung. Aber in Kommentaren ist es eine Glückssache, mal ist man nahe genug dran am Thema, manchmal nicht. In diesem Fall war die »New York Times« nicht genügend dran am Thema und hat sich aufgehalten mit einer Äußerlichkeit wie der, daß das Abkommen in der Schlußerklärung nicht ausdrücklich als ein auf Berlin bezogenes gekennzeichnet war. Da kann ich nur sagen: Die könnten in New York doch wohl auch nicht glauben, daß ich stärker bin als Washington; denn es steht nicht einmal in der Überschrift des Abkommens der Vier Mächte, daß es sich auf Berlin bezieht. Wieso soll ich mehr aufbieten können zur Klärung der alliierten Position in Berlin als die Vereinigten Staaten, die ja der eigentliche weltpolitische Gegenspieler sind und – wie wir sehen werden – zunehmend Gegenspieler und Partner der Sowjetunion sein werden.

SPIEGEL: Wie hart war Ihre Auseinandersetzung mit Breschnew über die Berlin-Formulierung?

BRANDT: Wir haben offen über die Schwierigkeiten gesprochen, die es gegeben hat. Aber es gibt ja nicht nur Schwierigkeiten. Es gibt ja auch weniger bedrückende Erfahrungen mit dem Abkommen vom September 1971. Auf manchen Gebieten hat es sich durchaus bewährt. Wir vergessen zu leicht, was allein es bedeutet, daß Millionen Menschen hin- und herfahren auf der Autobahn zwischen Berlin und Westdeutschland. Oder daß viele, viele Hunderttausende von West-Berlinern Ost-Berlin und die umliegenden Gebiete besuchen. Wie gesagt, wir haben offen über die Dinge gesprochen.

SPIEGEL: Und was ist dabei für das Kommuniqué herausgekommen?

BRANDT: Wir haben als gemeinsame Überzeugung festgehalten, was ja so wenig gar nicht ist, daß dieses Viermächte-Abkommen, zu dessen Signataren wir nicht gehören, aber an dem wir nun mal sehr interessiert sind, strikt eingehalten und voll angewendet werden soll. Uns kam es besonders auf die Formulierung »volle Anwendung« an. Denn darin steckt der Teil, der vergessen worden war in dem Kommuniqué über den Besuch von Herrn Breschnew in Ost-Berlin eine Woche vor seinem Besuch bei uns. Und außerdem steht in unserem Kommuniqué-Passus drin, daß diese »strikte Einhaltung« und »volle Anwendung« eine Voraussetzung ist für die Entspannung im Zentrum Europas, für das Verhältnis zwischen den entsprechenden Staaten und insbesondere für das Verhältnis zwischen der UdSSR und der Bundesrepublik Deutschland. Das bilaterale Verhältnis wird also nicht besser sein als die Lage in Berlin.

SPIEGEL: Sind »strikte Einhaltung« und »volle Anwendung« nicht einfach bare Selbstverständlichkeiten bei einem Abkommen, das die Sowjetunion mit Ihrer Unterschrift besiegelt hat?

BRANDT: Nein, das ist es nicht. Die Erfahrung zeigt, daß es dies nicht ist. Die Erfahrung zeigt auch, daß es nicht automatisch andere gibt, die stellvertretend für uns dafür sorgen, daß ein solches Abkommen voll angewendet oder ausgeschöpft wird, sondern daß wir uns selbst darum kümmern müssen. Ich muß das noch mal etwas deutlicher sagen. Bei dem Besuch Breschnews in Ost-Berlin wurde in dem Kommuniqué zwischen Sowjetunion und DDR-Führung festgehalten, daß West-Berlin nicht Bestandteil der Bundesrepublik Deutschland sei. In dem Viermächte-Abkommen aber – in dem Teil, in dem die drei Mächte erklären, daß West-Berlin kein konstitutiver Teil der Bundesrepublik Deutschland sei – wird festgehalten, die Bindungen zwischen der Bundesrepublik und West-Berlin müssen »maintained and developed« werden, aufrechterhalten und entwickelt werden. Was wir jetzt vereinbart haben, entspricht dem genau.

SPIEGEL: Breschnews Besuch galt als Ouvertüre zur zweiten Phase der deutschen Ostpolitik. Wie sieht Ihre Vorstellung für diese zweite Phase aus?

BRANDT: Die erste müssen wir doch noch abrunden. Vor uns haben wir noch die Verhandlungen über den Vertrag mit der Tschechoslowakei. Dem schließt sich die Aufnahme der Beziehungen mit Ungarn und Bulgarien an. Dann kann man sagen – jetzt immer vorausgesetzt, daß das Inkrafttreten des Grundvertrages mit der DDR und der Beitritt zu den Vereinten Nationen nicht auf sich warten lassen –, daß die bilaterale Phase im wesentlichen abgeschlossen sein wird.

SPIEGEL: Was würde denn passieren, wenn das Verfassungsgericht dem Petitum des Landes Bayern stattgeben und den Grundvertrag für verfassungswidrig erklären würde?

BRANDT: Das ist so unwahrscheinlich, daß ich glaube, mir darüber jetzt nicht den Kopf zerbrechen zu müssen. Zurück zur zweiten Phase: Wir konzentrieren uns jetzt auf die beiden Städtenamen Helsinki und Wien. In Helsinki wird – vermutlich in weniger als einer Woche von dem Tag ab, an dem wir miteinander reden – festgestellt werden, daß die Außenministerkonferenz aller europäischen und der nordamerikanischen Staaten – also der USA und Kanadas – um die Monatswende Juni/Juli beginnen kann. Danach kommen die Kommissionen, und dann wird es einen dritten Abschnitt geben, an dem wieder die Außenminister zusammenkommen. Die Russen und andere sind wohl dafür, daß es die Regierungschefs sind. Zugleich läuft in Wien die Vorbereitung für das Gespräch über Truppenreduktion an – das, was man im Nato-Slang MBFR nennt. Das allerdings ist ein Programm für Jahre.

SPIEGEL: Rechnen Sie damit, daß der Präsident der Vereinigten Staaten oder auch Breschnew für den Fall, daß die Regierungschefs nach Helsinki kommen, mit dabeisein werden?

BRANDT: Diese zweite Konferenz würde nach dem, was sich jetzt abzeichnet, vielleicht in einer anderen Stadt als Helsinki stattfinden.

SPIEGEL: Voraussetzung eines erfolgreichen Taktierens bei KSZE und MBFR ist doch, daß Europa mit einer Stimme spricht. Soll das eine sozialdemokratische Stimme sein?

BRANDT: Das mit der einen Stimme, das Kennedy seinerzeit besonders zugespitzt formuliert hat, wird noch eine ganze Weile dauern. Ob die Amerikaner das übrigens trotz der schönen Formulierung von Kennedy so gern sehen, weiß ich gar nicht. Sie sind wohl hin- und hergerissen. Ich kann mir nicht vorstellen, daß noch zu unseren Lebzeiten statt der Einzelstaaten einer für alle spricht. Das wird es vermutlich auch in der nächsten Generation nicht geben. Kurz und gut, ob ich recht habe oder nicht: Für KSZE und MBFR müssen wir – was die Stimme Europas betrifft – mit dem leben, was heute ist. Und da zeigt sich, daß teils die Neun der erweiterten Europäischen Gemeinschaft, teils die Staaten der Nato, teils aber auch Westliche zusammen mit Neutralen eine ganze Menge gemeinschaftlicher oder kollektiver Vorbereitungen treffen. Wenn aber schon mit einer Stimme, dann sollte das nicht im Sinne einer bestimmten parteipolitischen Ideologie

Das Gespräch vom Mai 1973 im Bundeskanzleramt mit Rudolf Augstein (links) und Erich Böhme.

sein. Das westliche Europa muß Raum lassen für alle relevanten Kräfte der westlichen Demokratie. Wir haben erlebt, wie der Versuch der europäischen Einigung in den 50er Jahren dadurch geschwächt worden ist, daß der Geschichte das einseitige christdemokratische Etikett aufgeklebt wurde. Ich habe mir nie vorgenommen, dasselbe nun sozialdemokratisch zu machen.

SPIEGEL: Seit Ihrem Parteitag in Hannover besteht der Eindruck, daß der Sozialdemokrat Brandt durchaus eine Vision von einem sozialdemokratisch geprägten Europa hat.

BRANDT: Also – sozial wäre ja auch schon was.

SPIEGEL: Ihre vorsichtige Andeutung einer europäischen Atomstreitmacht – war das Teil Ihrer Vorstellung von einem selbständigeren und mit größerem Gewicht verhandelnden Europa?

BRANDT: Nein. Ich habe inzwischen selbst gesehen, daß man mit solchen Äußerungen gar nicht vorsichtig genug sein kann. Als ich damals gefragt wurde, wie es denn mit der Möglichkeit stehe, das

Nuklearpotential Frankreichs und Englands zusammenzufassen, da habe ich gesagt: Erstens sehe ich nicht, wie das – wenn überhaupt – auf kurze Sicht geschehen kann, denn die Stellung der beiden Staaten im Bündnis ist qualitativ unterschiedlich. Zweitens, wenn sie dennoch dazu kämen, würden sie ganz gewiß mit uns darüber sprechen. Die Amerikaner reden ja auch mit uns darüber, wie es mit ihren auf Europa bezogenen nuklearen Dispositionen bestellt ist. Und drittens – das müßte eigentlich an erster Stelle stehen: Wir haben keinen nuklearen Ehrgeiz, und dies bedeutet nicht nur, daß wir selbst keine Atomwaffen und keine eigene Verfügungsmacht über sie erstreben, sondern daß der deutsche Bundeskanzler auch bei der Erörterung dieses Themas ein noch höheres Maß an Selbstdisziplin aufzubringen hat.

SPIEGEL: Ein auf größere wirtschaftliche und politische Macht abzielendes Europa wird an den nuklearen Problemen nicht vorbeikommen und auch nicht an der Frage, ob die amerikanische Auffassung nicht doch logisch ist, den Europäern einen größeren Teil der Bürden zuzuschieben.

BRANDT: Gegen eine Art von Ausgleich der Lasten innerhalb des Bündnisses habe ich nichts. Ich wünschte den Vereinigten Staaten sogar viel Glück bei der Suche nach Zahlern, wenn sie noch welche finden. Ich will hier nicht Adressen nennen. Wir sind in den letzten Jahren daran gewöhnt, die Fragen des Devisenausgleichs bilateral zu lösen.

SPIEGEL: Richtig bleibt doch, daß die Amerikaner weiterhin sagen werden: Wie ihr Europäer eure Probleme der zusätzlichen Beteiligung löst, ist eure Sache: daß wir sie auf die Dauer nicht im bisherigen Umfang tragen werden, ist unsere Sache.

BRANDT: Die Gefahr schrecklicher Mißverständnisse zwischen den verschiedenen Teilen der westlichen Welt könnte ich nur dann sehen, wenn ich glaubte, davon ausgehen zu müssen, daß die Amerikaner nicht ihrer eigenen Interessen wegen in Europa sind. Die Tatsache, daß es zwischen West und Ost nicht zunehmende Spannungen, sondern mehr Berührungen gibt, wird nicht dazu führen, daß der Prozeß des Sich-Loslösens Amerikas von Europa rascher voranschreitet – das hört sich nur in den Äußerungen einiger Senatoren so an. Deren Reden kenne ich noch vom Kalten Krieg her, es sind dieselben Reden, es sind dieselben von mir sehr respektierten Herren. Im übrigen sind Amerikaner wie Russen bei ihren Entspannungsbemühungen – das wird sich für manche komisch anhören – mehr und nicht weniger auf ihre Bündnisse angewiesen.

SPIEGEL: Herr Bundeskanzler, schadet es Ihrer Ostpolitik, daß sich viele Menschen in der DDR und im übrigen Ostblock von dem Sozialdemokraten Brandt und seiner sozialdemokratischen Politik angezogen fühlen? Oder sehen sie das gar als eine erwünschte Nebenwirkung?

BRANDT: Nein, ich kann daran nichts ändern. Mich bedrückt nur, daß es im eigenen Land, im Bereich unserer Verbündeten, im anderen Staat auf deutschem Boden und in Osteuropa viele gibt, die von einem mehr erwarten, als man geben kann.

SPIEGEL: Herr Bundeskanzler, wir danken Ihnen für dieses Gespräch.

Zum SPIEGEL-Gespräch in Nr. 20/1975 (12. Mai)
mit den Redakteuren
Rudolf Augstein, Erich Böhme und Klaus Wirtgen

Ende April 1974 wurde einer der persönlichen Referenten des Bundeskanzlers, Günter Guillaume, wegen Spionage für die DDR verhaftet. Am 6. Mai trat Brandt zurück. Die Methoden der Ermittlungsbehörden beim Ausspähen seines Privatlebens hatten ihn tief getroffen. Doch er war schon angeschlagen durch vorausgegangene Kämpfe mit Wehner und Schmidt. Seit Anfang 1973 habe man seine Arbeit, so Brandt, systematisch erschwert und »meine Position, gewiß auch mein Durchhaltevermögen geschwächt«. Erst Jahre später gestand er seine Überreaktion ein: »Mich hat die Frage meiner persönlichen Verantwortung gequält, mehr, als es meine engeren Mitarbeiter für gerechtfertigt hielten, und mehr, als ich es in der Rückschau für gerechtfertigt halte.« Brandt blieb Parteivorsitzender und entsprach damit auch dem Wunsch des Kanzlernachfolgers Helmut Schmidt, der diese Ämterteilung allerdings acht Jahre später mitverantwortlich für sein Scheitern im Jahre 1982 machte. Die Jahre 1974/75 standen im Zeichen eines weltweiten wirtschaftlichen Einbruchs infolge stürmisch angestiegener Energiepreise. Brandt deckte als SPD-Vorsitzender dem Regierungschef fortan den Rücken, beim Streichen teurer Sozialgesetze ebenso wie in zeitraubenden Diskussionen mit den Theoretikern auf der Linken, die sich von dem in der Partei diskutierten »Orientierungsrahmen '85« eine Handlungsanweisung für die Überführung der Republik in eine sozialistische Gesellschaftsordnung erhofft hatten. Doch mit Brandts Hilfe wurde das Papier so verwässert, daß es Kanzler Schmidt als Diskussionsgrundlage akzeptieren konnte. Brandt avancierte in dieser Zeit zum weltweit anerkannten Führer der sozialdemokratischen Parteien. Mit seiner Wahl zum Präsidenten der Sozialistischen Internationale 1976 war er endgültig rehabilitiert.

»Willy, schau nach vorn!«

Der SPD-Vorsitzende über die Wahlstrategie der
Sozialdemokraten

SPIEGEL: Herr Brandt, während der letzten Landtagswahlen haben sich dem Wähler zwei sozialdemokratische Parteien präsentiert. Die Partei des Reformpolitikers Willy Brandt hält die Vision aufrecht, Staat und Gesellschaft könnten im Sinne der Vorstellungen der sozialliberalen Koalition von 1969 reformiert werden mit dem Endziel, der Bundesrepublik einen »demokratischen Sozialismus« zu bringen. Die zweite Partei, die des pragmatischen Machers und Koalitionskanzlers Helmut Schmidt, muß Staat und Gesellschaft darauf vorbereiten, daß die öffentliche Hand sich einzuschränken hat, daß die Reform-Euphorie verflogen ist. Welche SPD hat in den jüngsten Landtagswahlen die überraschende Tendenzwende zugunsten der SPD ausgelöst?

BRANDT: Ich muß hier mehr als pflichtgemäßen Widerspruch erheben. Die SPD hat im ganzen wieder besser abgeschnitten, aber im übrigen trifft die Analyse nicht zu. Es ist in Wirklichkeit so, daß sich die Sozialdemokraten geschlossener dargestellt haben als bei mancher früheren Wahl, jedenfalls bei mancher öffentlichen Präsentation seit den Bundestagswahlen 72. Und gerade wenn Sie es auf die beiden Personen zuspitzen, Bundeskanzler und Parteivorsitzender – wir haben einen richtig aufeinander abgestimmten Wahlkampf geführt. Wir vertreten den größten Teil dessen, was wir sagen, gemeinsam, und der eine fügt dem das hinzu, was sich besonders aus seiner unmittelbaren Verantwortung als Regierungschef ergibt. Der andere spricht auch über sozialdemokratische Vorstellungen, die hier und da, ohne daß sich daraus ein Gegensatz ergibt, ein wenig hinausführen über die notwendigen, und ich unterstreiche notwendigen, Vereinbarungen und Kompromisse. Aber ich widerspreche nicht, wenn in Ihrer sehr zugespitzt formulierten Frage mit zum Ausdruck kommen sollte, daß der SPD-Vorsitzende die Beschlüsse seiner Partei vertritt, von denen ja auch manches in den Regierungserklärungen seinen Niederschlag gefunden hat.

SPIEGEL: Ihre Erfolgsformel soll also heißen, der in ihrem ersten und zweiten Vorsitzenden personifizierte Zwiespalt sozialdemokratischer Politik sei als ideale Kombination für die Ansprüche unterschiedlicher Wählerschichten zu verkaufen. Läßt sich auf Dauer diese Fiktion vom Tandem Brandt-Schmidt glaubhaft durchhalten?

BRANDT: Wenn Sie jetzt das Bild vom Tandem mit dem Begriff des institutionalisierten Zwiespalts verbinden, dann ergibt sich daraus schon ein gewisser Widerspruch, denn auf einem Tandem müssen beide in eine Richtung treten, es kann auch mal einer zwischendurch aussetzen, aber es kann nicht einer so rum und einer so rum treten, denn dann bewegt sich das Ding nicht.

SPIEGEL: Eben.

BRANDT: Nein, lassen wir das mal mit dem Zwiespalt und nennen es eine vernünftige Arbeitsteilung, denn darum handelt es sich. Der Parteivorsitzende hat eine ganze Menge zu tun, aber eine seiner Hauptaufgaben ist, dem Bundeskanzler, wo immer er es kann, den Rücken freizuhalten. Und das geschieht. Schmidt und Brandt vertreten *eine* Politik, sprechen für *eine* Partei. Wenn es dann noch potentielle Wähler gibt, die der eine etwas stärker anspricht als der andere, ist das ja kein Nachteil. Das sollte man aber auch nicht schematisch auffassen. Wenn man etwa das Gebiet nimmt, in dem die SPD am besten abgeschnitten hat, das eigentliche Industriegebiet an der Ruhr, dann ist es nicht etwa so, daß nur der eine, und wenn man die Saar mit einbezieht, das stärkere Einbinden katholischer Arbeitnehmer, daß das nur der andere von uns kann. Darum bemühen wir uns beide und viele gemeinsam mit uns.

SPIEGEL: Es soll sich eine Spur verfolgen lassen, nach der dort, wo Sie aufgetreten sind, die Zuwächse am größten gewesen seien.

BRANDT: Ganz so einfach ist das auch nicht. Ich bin auch in Städten gewesen, in denen die SPD eins auf den Deckel gekriegt hat. Helmut Schmidt und ich haben beide große Versammlungen gehabt. Das gilt auch für Heinz Kühn, Walter Arendt und andere. Wir tun alle unsere Pflicht, und ich sehe nicht, was da für ein Problem vorliegt.

SPIEGEL: Sie sagen, es sei ein Sich-Ergänzen. Doch wir meinen, daß sich die Aussagen von Kanzler und SPD-Chef, sofern sie sich nicht überlappen, gegenseitig ausschließen.

BRANDT: Nein, wenn man die Manuskripte durchgehen würde, was ich Ihnen nicht zumuten will, so würde man nicht ein Gebiet finden, auf dem Sie einander ausschließende Aussagen von Helmut Schmidt und Brandt fänden.

SPIEGEL: Wenn Sie als Wahlredner auftreten, dann treten Sie als die Symbolfigur Ihrer Regierungserklärungen von 1969 und 1973 auf, mithin also als Symbolfigur einer Reformpolitik, die wiederum Wirtschaftswachstum, gesunde Staatsfinanzen und daraus folgend einen sich verbreiternden Korridor öffentlicher Ausgaben voraussetzt. Wenn Schmidt auftritt, dann als Symbolfigur der rationalen Tagesvernunft, die sagt, mangels ausreichenden Wirtschaftswachstums, mangels ausreichender Steuereinnahmen sind wir gezwungen, öffentliche Ausgaben zusammenzustreichen, den sozialen Besitzstand anzutasten, gar Steuern zu erhöhen. Sie sind der Mann, der was bringt, und Helmut Schmidt ist der Mann, der was nimmt.

BRANDT: Nein, das kann ich nicht gelten lassen. Sehen Sie mal, erstens ziehe ich nicht rum und rede im wesentlichen über Dinge, die waren, und zweitens rede ich aus meiner Sicht über das, was heute ist und zugegebenermaßen zum großen Teil mit anderen Daten zu tun hat als vor drei, vier, fünf Jahren. Und ich rede von dem, was kommen soll. Schmidt und Brandt sind beide nicht Anhänger der überpessimistischen These vom Null-Wachstum. Aber beide wissen, daß wir schon großes Glück haben, wenn wir mit bescheidenem Wachstum rechnen können in den Jahren, die vor uns liegen. Das habe ich aber doch nicht erst gelernt, als ich ausgeschieden war aus dem Amt des Bundeskanzlers. Und ich sage gerade – und da haben Sie wieder eine Übereinstimmung zwischen Brandt und Schmidt oder zwischen Schmidt und Brandt –, daß jetzt nichts wichtiger war und ist, als den Anschluß an den neuen Aufschwung zu finden. Aber es steht dann als eigentlich überwölbende Reformaufgabe die Erneuerung unserer Volkswirtschaft, so daß sie sich auf die Veränderungen in der Welt gut und rasch genug einstellen kann.

SPIEGEL: Ist das Reform oder Anpassung?

BRANDT: Die Erneuerung des volkswirtschaftlichen Apparates kann man so oder so nennen. Und hinzu kommt – und das sage ich wiederum in gegenseitiger Übereinstimmung mit dem Bundeskanzler –, daß wir es hierbei nicht nur mit Maschinen, sondern mit lebendigen Menschen zu tun haben. Deshalb gehören in diesen Zusammenhang die Mitbestimmung in der Großwirtschaft und die Neuregelung der beruflichen Bildung. Wir benutzen die Vokabel Reform, wie jeder wohl bemerkt hat, nicht so wenig wählerisch, wie das früher manchmal geschah. Ein guter Freund von mir sagte damals, indem er alle laufende Gesetzesarbeit mitzählte: Jede Woche eine Reform. Das war gut gemeint, aber nicht hilfreich.

SPIEGEL: Hieß der Freund Ehmke?

BRANDT: Nein.

SPIEGEL: Lassen Sie uns zwei Beispiele nennen: Reformer Brandt ist 1969 angetreten mit dem Versprechen einer umfassenden, zweifellos kostspieligen Bildungsreform und eines großzügigen, zweifellos kostspieligen Nahverkehrsprogramms. Ihr Nachfolger ist eben dabei, den Studenten und Schülern die Hilfen des Bundesausbildungsförderungsgesetzes wieder zu streichen und das Nahverkehrsprogramm wieder auszuradieren.

BRANDT: In der Bildungspolitik ist in fünf Jahren eine Menge geschehen. Wenn Sie allein davon ausgehen, daß beispielsweise in dem Land Nordrhein-Westfalen, in dem gerade gewählt wurde, 100 000 neue Studienplätze und fünf neue Gesamthochschulen geschaffen worden sind.

SPIEGEL: Vom nächsten Jahr an gibt es voraussichtlich in allen Fächern den Numerus clausus, und über kurz oder lang kann überhaupt nicht mehr jeder studieren, der das Abitur hat.

BRANDT: Das war doch klar, daß wir – wie andere Länder vor uns – an den Punkt kommen würden, wo wir uns fragen, heißt Abitur automatisch Übergang zur Hochschule. Wenn es einen automatischen Übergang auf die hohen Schulen nicht geben kann, bedeutet das aber doch nicht, daß wir die Schulbildung zurückdrehen dürften. Zum Ausbildungsförderungsgesetz will ich durch meine Antwort nichts bestätigen, was Sie mit Ihrer Frage vermuten. Ich sage nur, wenn ein Gesetz in seinem finanziellen Volumen weit über das hinausgeht, was vorausberechnet wurde, dann ist es nicht unverständlich, daß man es sich noch einmal anschaut. Auch das Nahverkehrsthema ist keineswegs vom Tisch. Im Kabinett wird gerade darüber beraten, und der sozialdemokratische Parteitag Anfang November wird sich auch damit beschäftigen.

SPIEGEL: Herr Brandt, daß es für alle von uns genannten Beispiele Gründe gibt, den politischen Vollzug zu bremsen, ist uns auch klar. Wir wollen aber wissen, was Sie tun wollen, um bei den Leuten den Widerspruch aufzuklären, daß eine Partei beispielsweise wieder auf ihrem nächsten Parteitag Beschlüsse faßt, deren Vollzug der SPD-Bundeskanzler, unter dem Diktat leerer Kassen, ignorieren muß.

BRANDT: Dies ist nicht das, womit wir es zu tun haben. Unser Parteitag wird Beschlüsse fassen, die sich auch verwirklichen lassen – in der gegebenen Lage und auf mittlere Sicht. Ich sage in Übereinstimmung mit Helmut Schmidt: Dies ist eine Phase, in der groß geschrieben werden muß, das Erreichte zu sichern. Und dann müssen wir ganz genau prüfen, was wir uns in den nächsten Jahren leisten können.

SPIEGEL: Wie steht es denn mit Ihrer Partei? Folgt die dem Bundeskanzler auf seinem Weg durch diese hohle Gasse der Sachzwänge? Bisher haben die Parteilinken mit Rücksicht auf die Landtagswahlen diszipliniert geschwiegen, spätestens auf dem Mannheimer Parteitag werden sie versuchen, den vorsichtig formulierten »Orientierungsrahmen '85« auszuweiten.

BRANDT: Man soll die Sozialdemokraten nicht unterschätzen. In Mannheim wird, noch bevor über den »Orientierungsrahmen '85« diskutiert wird, über das gesprochen sein, was jetzt in diesem Jahr 1975 anliegt. Wir werden uns mit dem befassen, womit wir uns ab Ende der Sommerpause alle intensiv beschäftigen müssen: Wie kriegt man einen vernünftigen Bundeshaushalt 76 hin? Und ich sage wiederum, Sie werden sehen, der Parteivorsitzende wird den Bundeskanzler dabei unterstützen. Und was den Orientierungsrahmen anbelangt, da werden wir den grundsätzlichen Teil verabschieden können, während aus dem besonderen Teil vieles bei der Wahlplattform für 1976 zu verarbeiten sein wird. Worauf es mir ankommt, ist zu sagen: Das wird nicht ein Parteitag der mittelfristigen Planung sein, so wichtig diese ist, sondern einer, der sich vorweg schlüssig geworden sein wird über seine Haltung zu einer konkreten, wenn auch eben auf manchen Gebieten nicht so furchtbar attraktiven und nicht auf alle gleich attraktiv wirkenden Politik. Es wird meiner Partei nicht erlaubt werden, und sie wird es sich selbst nicht erlauben, vor den in mancher Hinsicht harten Entscheidungen zur Lage 1975/76 wegzulaufen. Dies wird sie diskutieren, bevor sie sich mit dem befaßt, was man in Hamburg »Utsichten« nennt.

SPIEGEL: Werden Sie, wenn es notwendig sein sollte, auf dem Parteitag auch für Steuererhöhungen plädieren, die nicht dazu verwendet werden, staatliche Investitionen zu steigern, sondern nur dazu dienen, Staatsfinanzen zu konsolidieren?

BRANDT: Ich will mich nicht drücken, aber ich halte es nicht für richtig, auch und gerade als Vorsitzender meiner Partei, mich hier als Vorturner der Regierungsmannschaft zu betätigen, sondern die Regierung wird uns sagen, was mit dem Blick auf das nächste Jahr in bezug auf die Staatsfinanzen möglich und nötig ist. Dazu wird man seinen Rat geben, und die Fraktionen im Bundestag werden zu entscheiden haben.

SPIEGEL: Seit den Landtagswahlen in Schleswig-Holstein, Nordrhein-Westfalen und dem Saarland haben die Sozialdemokraten die CDU nicht mehr so an den Fersen. Dafür müssen sie sich mit einer selbstbewußten FDP abfinden. Die Zeiten der sprichwörtlichen Brüder Brandt-Scheel kommen offenbar nicht wieder. Da aber derzeit ein SPD-Bundeskanzler nicht denkbar ist ohne das Bündnis mit der FDP, bedarf es einer gemeinsamen Strategie. Gibt es eine solche zwischen SPD und FDP, haben Sie die mit dem FDP-Vorsitzenden Genscher vereinbart? Wenn ja, wie sieht die aus?

BRANDT: Ich glaube nicht, daß die Zusammenarbeit mit der FDP schwieriger wird als zuvor. Ich glaube eher das Gegenteil. Es kommt eine größere Ruhe und Gelassenheit in manche Diskussion hinein, wenn der Partner sich beruhigt fühlen kann. Das kann die FDP jetzt für eine ganze Weile, sie ist wirklich über den Berg.

SPIEGEL: Ist nicht aus dem sozialliberalen Bündnis mit einem gemeinsamen Programm eine mehr konventionelle Koalition der SPD mit der FDP geworden, die auch aufgekündigt werden kann?

BRANDT: Es gilt heute so wie in den Jahren von Brandt und Scheel, daß SPD und FDP die einzige Konstellation bilden, mit der derzeit eine vernünftige bundesdeutsche Außenpolitik gemacht werden kann. Zweitens zeigt sich zu mancher Leute Erstaunen, daß ein SPD/FDP-Bündnis auch mit den wirtschaftlichen Schwierigkeiten besser fertig wird, als man dies von den meisten anderen Ländern sagen kann. Das und die Sicherheit – im umfassenden Sinne und ohne Schaden für die staatsbürgerliche Freiheit – sind jetzt die beiden Gebiete, die für die praktische Politik die entscheidende Rolle spielen.

SPIEGEL: Walter Scheel als Parteivorsitzender der FDP hat 1973 einmal laut über Möglichkeiten eines Auseinandergehens nachgedacht. Er hat den Gedanken vertreten, daß die gemeinsamen Vorhaben, die zwei Partner sich vornehmen, irgendwann erschöpft sind, und daß man dann auseinandergehen solle, wenn man kann. Sehen Sie noch genügend gemeinsam zu verwirklichende Vorhaben, die unter diesem Gesichtspunkt eine Fortsetzung dieser Koalition weiterhin rechtfertigen?

BRANDT: Auch wenn es entweder aus finanziellen Gründen oder auch sonst nicht möglich wäre, irgendeine sogenannte große Reform in einer weiteren Vierjahresperiode zu machen: Es wäre gleichwohl so, wie ich eben unterstellte, daß Sozialdemokraten und Freie Demokraten in ihrem Zusammenwirken am besten geeignet sind, unsere wirtschaftlichen Interessen und die Vertretung unserer

Interessen in der Welt wahrzunehmen und gleichzeitig dafür zu sorgen, daß die freiheitliche Substanz unseres Staates nicht Schaden leidet.

SPIEGEL: Dem künftigen Kanzlerkandidaten Kohl wird die Ansicht zugeschrieben, daß er, sollte er die nächste Bundestagswahl verlieren, eine Chance sehe, um die Mitte der nächsten Legislatur die FDP auf seine Seite zu ziehen. Was halten Sie von dieser Perspektive?

BRANDT: Versuchen wird das jeder in einer Lage, die Kohls Lage vergleichbar ist. Aus der Lage der Union versucht man das vor Wahlen, nach Wahlen und zwischen Wahlen. Aber ich habe keinen Grund anzunehmen, daß ihr dies unter den jetzt erkennbaren Umständen gelingen wird.

SPIEGEL: Ihrem Stellvertreter Helmut Schmidt, dem Bundeskanzler, wird die Absicht zugeschrieben, über 1980 hinaus nicht Bundeskanzler bleiben zu wollen, so daß sich für die FDP durchaus die Frage stellt: Mit welcher Partei und welchem Spitzenkandidaten hätten wir es eigentlich 1980 zu tun?

BRANDT: Darf ich einen Vorschlag machen: Was die Freien Demokraten angeht, mich doch nicht zu überfordern, sondern dies einem Gespräch mit Herrn Genscher vorzubehalten. Außerdem sind die Überlegungen um SPD und FDP doch sehr viel stärker auf das Jahr 1976 gerichtet als auf das Jahr 1978 oder gar 1980. Denn die Bundestagswahlen sind ja noch in überhaupt keiner Weise gewonnen.

SPIEGEL: Der Union fehlt heute ein überzeugender Kanzlerkandidat, nicht aber eine respektable Führungsmannschaft. Bei den Sozialdemokraten scheint es umgekehrt. Sie verfügen über eine Kanzlerpersönlichkeit, aber das Reservoir der hervorragenden zweiten Männer – aus denen der erste, wenn er nötig wäre, doch kommen müßte – tröpfelt nur. Woran liegt das?

BRANDT: Das mag für Sie so aussehen. Trotzdem zweifle ich nicht daran, daß Helmut Schmidt im nächsten Jahr wieder eine überzeugende Mannschaft präsentieren wird. Es deutet sich überdies an, wie wir es bei den Landtagswahlen in Schleswig-Holstein und im Saarland gesehen haben, daß sich die Mittdreißiger zu rühren beginnen.

SPIEGEL: Bei Ihnen, Herr Brandt, wußte man, als Sie noch Bundeskanzler waren, daß der mögliche Nachfolgekandidat Helmut Schmidt hieß. Man kann nicht recht sehen, wer, falls Schmidt sich aus irgendeinem Grunde zurückziehen müßte oder wollte, an seine Stelle treten könnte.

BRANDT: Helmut Schmidt ist in guter Form. Sollte ihm, was uns erspart bleiben möge, etwas zustoßen, wüßte ich, wen ich vorzuschlagen hätte, aber ich werfe nicht mit Namen um mich.

SPIEGEL: Wie erklären Sie sich die Renaissance des Politikers Willy Brandt? Es wird doch jetzt immerhin ernsthaft darüber diskutiert, ob Sie noch einmal im Falle des Falles als Kanzler zur Verfügung stehen würden. Ist das denkbar?

BRANDT: Wir dürfen davon ausgehen, Schmidt bleibt gesund, er bleibt aktiv, und er mag auch noch. Dann tritt die Frage gar nicht auf. Und wenn Sie nun doch insistieren, sage ich, daß sich nichts ändert an dem, was ich vorher gesagt habe: Meine Aufgabe ist und bleibt die des Vorsitzenden der Sozialdemokratischen Partei Deutschlands – nicht mehr und nicht weniger. Aktiver Vorsitzender, nicht nur Titularpräsident einer solchen Partei zu sein, ist eine große Aufgabe. Und wenn jemand 61 ist und sagt, das mache ich noch einige Jahre, wenn diejenigen, die es angeht, einem das Vertrauen dazu weiterhin geben, dann ist das ja eigentlich eine ganze Menge.

SPIEGEL: Eine letzte, sehr persönliche Frage: Bereuen Sie, im Mai 1974 als Kanzler zurückgetreten zu sein?

BRANDT: Als ich im Dezember 1966 als Außenminister meine erste Auslandsreise nach Paris machte, erzählte ich dort dem US-Außenminister Dean Rusk, was ich mir als möglichen deutschen Beitrag zur Veränderung der West-Ost-Beziehungen vorstellte, und wies vorsichtig auf all die Dinge hin, die wir zu berücksichtigen hätten, und wie sehr wir beachten würden, was wir dem vertrauensvollen Verhältnis zu den Amerikanern und den anderen Verbündeten aufgrund der ganzen Nachkriegsentwicklung schuldig seien. Er hörte eine ganze Weile zu, und dann sagte er: »Willy, don't look over your shoulder« – »Willy, schau nach vorn!«

SPIEGEL: Herr Brandt, wir danken Ihnen für dieses Gespräch.

Zum SPIEGEL-Gespräch in Nr. 35/1978 (28. August)
mit den Redakteuren Erich Böhme und Paul Lersch

Willy Brandts Nachfolger Helmut Schmidt hatte nach der Wahl 1976
das Bündnis mit den Liberalen erneuert. Mit Helmut Kohl, der neuen
Nummer eins der Union, waren zwar die Konservativen wieder stärkste Kraft im Bundestag geworden – doch für Schmidt und Genscher
reichte es. Brandt, inzwischen Präsident der Sozialistischen Internationale, wurde zu einem gefragten »elder statesman«. Im März 1977
trug ihm der amerikanische Weltbankpräsident und frühere US-
Verteidigungsminister Robert McNamara den Vorsitz der Nord-Süd-
Kommission an, eines unabhängigen Gremiums, das zugunsten der
Entwicklungsländer Vorschläge für eine gerechtere Weltwirtschafts-
ordnung ausarbeiten sollte. Brandt sah in dieser Aufgabe eine neue
Dimension von Friedenspolitik und absolvierte in den Jahren 1977
und 1978 mehr als zwanzig Auslandsreisen. Im Frühjahr 1980 über-
reichte er Uno-Generalsekretär Kurt Waldheim seinen Bericht mit
Empfehlungen für höhere Opfer der Industrieländer und eine großzü-
gigere Kreditvergabe durch Währungsfonds und Weltbank an die
Dritte Welt. Doch die Wirkungen des Reports blieben dürftig, wie
Brandt später enttäuscht zugab. In der Bundesrepublik forderte
unterdessen der Terrorismus der RAF weitere Opfer. 1977 wurde
Arbeitgeberpräsident Hanns Martin Schleyer entführt und ermordet.
Die Schmidt-Regierung setzte demokratische Rechte außer Kraft. So
untersagte ein spezielles Kontaktsperregesetz Rechtsanwälten den
Kontakt zu ihren inhaftierten Mandanten aus der Terroristenszene.
Brandt trug den Law-and-order-Kurs seines Nachfolgers bis an die
Grenze seiner Selbstachtung mit. Der Emigrant, der jahrelang unter
Verleumdungen christdemokratischer Politiker leiden mußte, blieb
moralische Berufungsinstanz auch in so schwierigen Fragen wie der
Verjährungsfrist für Nazitäter.

»Schwamm drüber kann es nicht geben«

Der SPD-Vorsitzende über Generalamnestie
und Verlängerung der Verjährungsfrist für Nazi-Täter

SPIEGEL: Herr Brandt, Sie haben 1970 in Warschau im Namen der Deutschen um Vergebung für die von Hitler begangenen Verbrechen gebeten. Wer um Vergebung bittet, muß aber auch vergeben können. Ist es inzwischen so weit, daß die Deutschen denen vergeben können, die Verbrechen im Namen Deutschlands begangen haben?

BRANDT: Was mich etwas stört, ist der letzte Halbsatz in Ihrer Frage, »Verbrechen im Namen Deutschlands«, sagen Sie, und das kann ich so nicht stehenlassen. Es sind furchtbare Dinge geschehen, aber im mißbrauchten Namen des deutschen Volkes.

SPIEGEL: Nichts anderes meinten wir.

BRANDT: Gut, dann sind wir uns einig. Ich selber habe mich vor vielen Jahren schon für die innere Aussöhnung ausgesprochen, ebenfalls schon als meine Partei mich zum erstenmal als Kanzlerkandidaten nominiert hat. Und ich fühle mich auf einer Linie mit dem Bundespräsidenten, der aus gegebenem Anlaß gesagt hat, die Parteien möchten – ich sage es jetzt in meinen Worten – nicht ohne Not kaum verheilte Wunden aufreißen.

SPIEGEL: Nicht ohne Not; aber ist es nicht nötig, auch an eine schmerzliche deutsche Vergangenheit zu erinnern?

BRANDT: Ich stimme mit dem Bundespräsidenten auch darin überein, daß die einzelnen sich auseinandersetzen müssen mit ihrer eigenen Vergangenheit, die zugleich zu den dunkelsten Kapiteln der deutschen Geschichte gehört. Aber die vielen Jungen, das heißt, die Hälfte unseres Volkes, betrifft das ja schon nicht mehr.

SPIEGEL: Die andere Hälfte aber, wenn nicht mehr, möchte lieber nicht erinnert werden. Sie möchte endlich Ruhe.

BRANDT: Mit Recht wünscht die große Mehrheit unseres Volkes einen Schlußstrich. Nur, den kann es nicht geben im Sinne des »Schwamm drüber«! So tun, als ob nichts gewesen sei, das geht nicht.

Einen Schußstrich gibt es für mich nur auf einer moralisch einwandfreien Basis, nämlich nichts zu verstecken von dem, was war, aber auch nicht pharisäerhaft oder gar hochmütig herfallen über das, was viele betroffen hat, auf verschiedene Weise.

SPIEGEL: Der Historiker Golo Mann hat – unterstützt von Franz Josef Strauß – eine Generalamnestie gefordert. Kann über so etwas überhaupt ernsthaft geredet werden?

BRANDT: Das irreführende, um nicht zu sagen gefährliche Wort von der Generalamnestie, das im Zusammenhang mit dem gerade zurückgetretenen baden-württembergischen Ministerpräsidenten Filbinger hochkam, ergibt gar keinen Sinn, wenn man es auf Rechtstatbestände bezieht. Niemand – soweit ich sehe – hat verlangt, Herrn Filbinger vor Gericht zu stellen.

SPIEGEL: Was die beiden Herren genau meinen, ist nicht klar ersichtlich: eine juristische Amnestie oder ein moralisches Generalpardon? Das bleibt vage.

BRANDT: Ich weiß es auch nicht. Ich fürchte nur, es steckt etwas anderes dahinter – nicht bei Golo Mann. Ich fürchte, daß einige, die dieses Schlagwort aufgegriffen haben, aus parteitaktischen Gründen suggerieren möchten, es gebe Leute, die mit der Diskussion um den Marinerichter Filbinger das betreiben wollten, was man eine zweite Entnazifizierung nennt – und es gebe Leute, die den deutschen Soldaten etwas anlasten möchten, nur weil viele nicht hinnehmen wollen, daß Filbinger sich nicht mehr erinnern kann, wie Exekutionen im Dritten Reich zelebriert wurden.

SPIEGEL: Strauß jedenfalls läßt offen, ob berüchtigte Auschwitz-Wärter freigelassen werden sollen, ob der noch laufende Prozeß gegen die Aufseher im KZ Majdanek eingestellt, ob auch Gustav Wagner, der Oberaufseher im Vernichtungslager Sobibor, der gerade in Brasilien aufgespürt worden ist, nicht weiter verfolgt werden soll.

BRANDT: Eine unvorstellbare, absurde Situation: Jemand mit dieser oder einer ähnlichen Hausnummer könnte dann in die Bundesrepublik Deutschland reisen und sich dem entziehen, was die österreichische Regierung, gleich nebenan, ihm vielleicht anzulasten hat...

SPIEGEL: ... weil er als Deutscher nicht an Österreich ausgeliefert werden kann.

BRANDT: Aber inzwischen ist ja die Forderung nach einer solchen Generalamnestie von vielen Staaten zurückgewiesen worden. Auch Herr Kohl und, wenn ich es recht verstanden habe, Rainer Barzel mögen sich damit nicht befreunden. Dies wäre – wie mein

Freund Wilfried Penner überzeugend dargelegt hat – die Umkehr der
unsinnigen These von der Kollektivschuld.

SPIEGEL: Er würde wirken wie ein Akt kollektiver Entschuldigung.

BRANDT: So eine Amnestie wäre ein unqualifizierter Schlußstrich, ein Schwamm drüber, als ob nichts gewesen wäre. Ich selbst
habe die Kollektivschuld-These im Ausland in den Jahren vor 1945
bekämpft. Ich habe mich immer bekannt zu einer Gesamtverantwortung, übrigens auch derer, die gegen Hitler waren; denn wenn wir
nicht versagt hätten, wäre der ja nicht an die Macht gekommen. Aber
eine Aussöhnung muß eine saubere Grundlage haben, die keinen
Zweifel läßt an dem Urteil über die ganz schrecklichen Unrechtstaten
der damaligen Jahre. Auf dieser Basis – der ganz deutlichen Abgren-
zung – ist die Bundesrepublik Deutschland errichtet worden; diese
Grundlage darf nicht ins Rutschen kommen.

SPIEGEL: Golo Mann hatte gesagt, für ihn sei es »taktisch
richtig«, Ausnahmen von einer Generalamnestie zu machen, für
Morde an Juden, in Konzentrationslagern und für Völkermord, weil
die Erinnerung an früher in befreundeten Ländern »noch Gewicht«
habe. Ist eine solche Überlegung nicht zu vordergründig?

BRANDT: Für mich ist nicht nur die Wirkung im Ausland
wichtig, mehr noch die eigene nationalpolitische Hygiene. Ein kollektiver Freispruch verleitet dazu, sich nicht mehr kritisch mit dem, was
in den Jahren von 1933 bis 1945 passiert ist, auseinanderzusetzen.
Dabei geht es nicht darum, Menschen fortlaufend anzulasten, worin
sie verstrickt waren, sondern die Erfahrungen aus jener Zeit für die
Zukunft zu nutzen.

SPIEGEL: Sie meinen: Schuld kann nur dem vergeben werden,
der sich zu seiner Schuld bekennt?

BRANDT: So ist es. Und ich bedaure, daß wir in der jetzt
geführten Debatte eigentlich ein Stück zurückgeworfen sind. Ich habe
über viele Jahre hinweg im Ausland um Verständnis dafür gebeten, daß
wir auf die Dauer nicht als ein wegen der Nazi-Zeit innerlich gespaltenes Volk leben könnten. Ich habe mich häufig auf einen Satz von
Lincoln, der auch nicht von ihm kommt, sondern den er wieder aus
der Bibel hat – was ja auch keine Schande ist –, bezogen, daß ein in
sich gespaltenes Haus keinen Bestand haben kann.

Schon vor zwanzig Jahren habe ich gesagt, daß unser Volk sich
mit sich selbst aussöhnen müsse. Wir müßten gewiß unterscheiden
zwischen Schuld und Irrtum, es sei nämlich auch viel Idealismus

mißbraucht worden. Ich habe auch gesagt, für das Gesindel um den Verführer reichten die strengsten Normen der Strafgesetze nicht aus, aber die millionenfache Opferbereitschaft der Bevölkerung könne nicht verachtet werden, nur weil sie schändlich und verbrecherisch mißbraucht wurde.

SPIEGEL: Gab es denn nach Ihrer Meinung danach, zu Zeiten Konrad Adenauers, auch bei anderen Politikern eine tiefergehende Auseinandersetzung mit der Vergangenheit? Oder war nicht eher die Tendenz vorherrschend, an die Wunden sollte möglichst nicht gerührt werden?

BRANDT: Wenn man Adenauers politisches Wirken einmal würdigt, wird dies als seine eigentliche Leistung stehenbleiben: Er hat die Gefahr einer inneren Spaltung unseres Volkes gebannt, sicher auf seine Weise, indem er auf Zeitgewinn setzte, sich auch ein bißchen durchmogelte; aber Adenauer selbst hatte – trotz seiner Neigung zum Opportunismus auf diesem Gebiet – eine so klare Haltung, daß auch bei den anderen, die diese Demokratie mitgebaut haben, nie Zweifel darüber aufkommen konnten, daß diese Republik basieren sollte auf dem unmißverständlichen und kompromißlosen Bruch mit dem Unrechtsstaat.

SPIEGEL: Und Sie meinen, gerade da habe sich etwas zurückentwickelt?

BRANDT: Damals hätte jedenfalls keiner stellvertretender CDU-Vorsitzender bleiben können, der den Satz sagt, daß heute nicht Unrecht sein könne, was damals Rechtens war. Da hat sich was verschoben.

SPIEGEL: Oder hat die Autorität Adenauers 20 Jahre lang ein Problem zugedeckt, das jetzt wieder zum Vorschein kommt? Und hat möglicherweise die Verdrängung dazu geführt, daß eine junge Generation – 1968 beginnend und bei manchen im Terror endend – nun die Gesellschaft wieder auf das Problem von Schuld und Verstrickung hinstößt?

BRANDT: Es ist schon was dran, daß ein Teil der Jungen die Fragen neu aufwirft. Aber ich kann den Eindruck, es habe sich was verschoben, doch nicht loswerden. Als gegen Ende von Adenauers Lebenszeit eine große Koalition zustande kam, wurde sie unter anderem auch damit motiviert, daß an ihrer Spitze Männer standen mit einem ganz unterschiedlichen Erfahrungshintergrund aus der Zeit des Dritten Reiches ...

SPIEGEL: ... Kanzler Kiesinger war einst Parteigenosse, Außenminister Brandt Emigrant und der gesamtdeutsche Minister Wehner Kommunist...

BRANDT: ... Man hat einander damals anerkannt, respektiert im Wissen um all das, was hinter uns lag. Viele haben das damals so gesehen.

SPIEGEL: Ein bißchen sieht diese Sicht nach Verklärung aus. Könnte die Große Koalition nicht auch als Versuch des Wegdrängens gesehen werden?

BRANDT: Ich will jetzt gar nicht über Gebühr auf Filbinger rumhacken, obwohl ich ihn als Vorsänger bei »Freiheit oder Sozialismus« natürlich noch lange in Erinnerung behalten werde. Aber: Es wäre undenkbar gewesen in der Zusammenarbeit mit Kurt Georg Kiesinger, daß auch nur jemand auf den Gedanken gekommen wäre, fast jede Art – sagen wir es mal sehr vorsichtig – schwierigen Verhaltens in der Zeit vor 1945 einfach über den einen Leisten der Pflichterfüllung schlagen zu wollen. Das steckt ja doch dahinter, und das heißt eben genau, der Auseinandersetzung ausweichen über das, was im moralischen Sinne Rechtens war.

SPIEGEL: Sind wir vielleicht heute sogar einen Schritt weiter, weil nur schwer vorstellbar ist, daß ein Mann wie Kiesinger wieder Kanzler werden könnte?

BRANDT: Ich sehe das anders. Vor Jahren, als in Baden-Württemberg ein neuer Ministerpräsident gewählt wurde, fing der Teil dieses Romans ja schon an. Damals ist mein Vorgänger als Vorsitzender der SPD gefragt worden – im Wissen um Kiesingers Zugehörigkeit zur NSDAP –, ob die Sozialdemokraten ihn akzeptieren und mitwählen würden. Diese Frage ist mit Ja beantwortet worden, völlig unabhängig davon, ob und wann in Bonn einmal eine Regierung mit der CDU gebildet werden würde. Die Sozialdemokraten waren in dieser Frage nicht pharisäerhaft.

Ich hoffe, sie werden es auch jetzt nicht sein. Ein Volk, in dem, aus welchen Gründen auch immer, Millionen in nationalsozialistischen Organisationen waren, kann nicht leben, wenn man diesen Schnitt weiterwirken läßt und eine Wunde offenhält, die blutet oder eitert. Kiesinger wäre auch nie auf den Gedanken gekommen, zu sagen, was gestern Rechtens war, kann heute nicht unrecht sein.

SPIEGEL: Wie soll eine neue Generation verstehen, daß die Sünden von damals vergeben sein sollen, sie selber aber beim Verfassungsschutz registriert werden, nur weil sie hinter dem falschen Transparent herlaufen?

BRANDT: Ja, ich weiß ja, was da alles für Unsinn um sich gegriffen hat. Aber ohne jetzt auf diese Thematik einzugehen, muß ich zu dem vorher Gesagten noch hinzufügen: Es ist die Pflicht der Älteren, zu denen ich nun gewiß gehöre, den Jungen zu erklären, warum die Machtübernahme durch die Nazis nicht verhindert werden konnte und was mit einem Volk passieren kann, wenn einmal eine solche Diktatur da oben sitzt, und wie Menschen, die in einer anderen Ordnung niemandem etwas zu Leide tun würden, nach und nach zu Verbrechern werden können.

SPIEGEL: Werden diese Jungen nicht überfordert, wenn man von ihnen erwartet, daß sie Verständnis für Dissertationen von Sozialdemokraten aufbringen sollen, in denen zum Beispiel der Satz steht: »Recht ist das, was arische Menschen für recht empfinden, Unrecht das, was sie verwerfen«?

BRANDT: Ich will Ihnen offen sagen, auch wenn das nicht jeder von meinen eigenen Leuten richtig findet: Ich halte vieles für dummes Zeug, was mit Dissertationen gemacht wird, ich will übrigens ausdrücklich sagen, auch im Fall des seinerzeit zurückgetretenen niedersächsischen Justizministers Puvogel. Ich kenne doch all die Fälle, in denen die Leute ihren Pflichttext reingeschrieben haben, über den großen Führer, der auch einer bestimmten Meinung sei, das sind die Alibi-Texte in solchen Abhandlungen, die hinterher dem Betroffenen vorgehalten werden. Ich bleibe bei meiner Maxime: Entscheidend ist, ob jemand den Trennungsstrich gegenüber dem Unrechtsstaat gezogen hat. Ich habe so viel Ungerechtigkeiten erlebt, daß ich sie nicht mit Ungerechtigkeiten anderen gegenüber vergelten will.

SPIEGEL: Ist nicht die Gefahr sehr groß, daß Ihre Bereitschaft zur Versöhnung für andere nur als billiger Vorwand mißbraucht wird, sich der Schulddiskussion zu entziehen?

BRANDT: Meine These ist ja nicht, daß wir heute Versöhnung betreiben müssen, sondern meine These ist, die haben wir, wenn auch hier und da nur mit Ach und Krach, eigentlich erreicht. Meine Befürchtung ist nun, wir werden zurückgeworfen durch diejenigen, die den Eindruck erwecken, als solle erneut aufgegliedert, entnazifiziert werden, und deshalb, um das abzuwenden, bedürfe es einer Generalamnestie. Jetzt versucht ein Mann wie Strauß noch einmal, was er früher schon versucht hat, Gräben aufzureißen. Ich kann mich noch gut an die Zeit erinnern, als er in seinen Versammlungen tönte:

»Wir möchten gerne wissen, was Brandt getan hat. Wir wissen, was wir getan haben.« Ich glaube, der Versuch wird wieder scheitern.

SPIEGEL: Nach unserem Eindruck findet das Wort von der Generalamnestie, so vage es ist, in der Bevölkerung doch eine starke Resonanz. Die Leute wollen mit der Bewältigung der Vergangenheit nichts zu tun haben.

BRANDT: Es ist sicher so, daß viele Menschen sagen: Nun haben wir langsam die Nase voll davon. Wir wollen, daß mal Schluß ist. Aber sie sehen nicht, daß die Formel einer Amnestie für alle sie gleichstellt mit den Schergen in den Konzentrationslagern – das können sie auch nicht wollen.

SPIEGEL: Nur, vorherrschend scheint das Bedürfnis zu sein, endlich und für allemal freigesprochen zu werden, egal, was vorher gewesen sein mag.

BRANDT: Uns selbst freisprechen – durch welchen Akt auch immer – gegenüber all den anderen, denen durch das nationalsozialistische Deutschland Unrecht zugefügt worden ist, würde uns nicht gut bekommen. Nein, ich glaube, es wird nicht allzu schwer sein, den Menschen klarzumachen, daß sie hier in was reingesteckt werden sollen, was ihnen eben nicht helfen würde. Es wäre vielleicht gut, wenn sich alle Parteivorsitzenden einmal zusammensetzen und gemeinsam sagen, daß wir vor unserer Vergangenheit nicht weglaufen sollen, daß wir aber auch kaum vernarbte Wunden nicht wieder aufreißen dürfen.

SPIEGEL: Ist das ein Vorschlag?

BRANDT: Das kommt auf die Reaktion der anderen Parteivorsitzenden an.

SPIEGEL: Alte Wunden hat vor kurzem noch der Streit um den Widerstand des 20. Juli 1944 aufgerissen. Der Sohn des Hitler-Attentäters Graf Stauffenberg hat sich gegen die Teilnahme Wehners als Redner an der Gedächtnisfeier in Berlin gewandt und zwei Kategorien von Widerstandskämpfern erfunden: Was Wehner gemacht habe, sei nicht die Sache seines Vaters – noch ein Stück unbewältigter Vergangenheit?

BRANDT: Ich glaube nicht, daß der Bundestagsabgeordnete Stauffenberg für sehr viele Leute spricht. Trotzdem ist das ernst zu nehmen, was er sagt, und es ist erschreckend; denn er hat gesagt: Es gehe nicht nur darum, wer damals zu welcher Kategorie von Widerstand gehört hätte, seine Ablehnung gelte für die Gegenwart Wehners, dessen Selbstverständnis und seine Selbstdarstellung, nicht für eine überwundene Vergangenheit.

SPIEGEL: Aber Stauffenberg ist auch der Meinung, daß Wehner als Kommunist mit dem Widerstand seines Vaters wenig gemein hatte.

BRANDT: Den Streit hält der junge Stauffenberg nicht durch. Denn diejenigen, die unter dem Sammelbegriff 20. Juli zu Recht gewürdigt werden, sind aus ganz verschiedenen Lagern gekommen. Der Oberst Graf Stauffenberg, der zu Recht einen Ehrennamen hat in unserer jüngsten Vergangenheit, war in seinen frühen Jahren junger nationalsozialistischer Offizier. Jetzt könnte Wehner sagen, zu einer Zeit, als er – Wehner – schon gegen Hitler kämpfte. Aber niemand wird dies gegen den Grafen Stauffenberg ins Feld führen. Der ist im Laufe der Jahre zu der Erkenntnis gekommen, daß Hitler neben allem anderen auch ein nationaler Verräter ist – ein Verräter an der Sache dieses Volkes.

Wer hat denn die Landkarte so aussehen lassen, wie sie heute aussieht? Es ist das Ergebnis der Hitlerschen Politik. Und zweitens: Die sich in der Bewegung des 20. Juli zusammenfanden, waren doch nicht alle Demokraten im Sinne des Grundgesetzes ...

SPIEGEL: ... Sicherlich auch Stauffenberg nicht.

BRANDT: Das geht jetzt nicht an die Adresse des Grafen Stauffenberg, sondern an die Adresse derer, die sich für den künftigen Staat eine monarchisch-autoritäre Struktur ausgedacht hatten, was ja übrigens auch besser gewesen wäre als die Nazi-Herrschaft.

SPIEGEL: Gerade Stauffenberg hatte auch die Kommunisten in den Widerstand einbeziehen wollen.

BRANDT: Es ist eben eine geschichtliche Tatsache, und mich würde wundern, wenn die Unterlagen der Familie darüber nichts aussagen, daß der Julius Leber, den ich gut gekannt habe und der neben Wilhelm Leuschner der erste Mann der Sozialdemokraten im Lande war, in der Schlußphase im Sommer 1944 nach eingehender Aussprache mit dem Grafen Stauffenberg einen solchen Versuch unternommen hat. Julius Leber und Theo Haubach haben sich mit den Vertretern der illegalen KPD getroffen, weil man sich für die Stunde danach, wenn es ging, auf breiter Basis verständigen wollte für einen Übergang.

SPIEGEL: Aber zu der Verständigung ist es nicht gekommen.

BRANDT: Ich kann nur sagen, Stauffenberg und Leber waren sich einig, mit der KPD sollte geredet werden. Daß ein Spitzel dabei war und Leber daraufhin schon vor dem 20. Juli verhaftet wurde, ist eine ganz andere Sache. Für Stauffenberg aber war, wie er im engsten

Kreis gesagt hat, eines seiner entscheidenden Argumente für das Attentat auf Hitler: Ich will Leber raushauen! Eine nochmalige Bestätigung also, daß er voll auf der Linie war, auch mit dem kommunistischen Teil des Widerstandes zu reden. Ich sage ja nicht, daß er mit denen eine Regierung bilden wollte.

SPIEGEL: Der Sohn Stauffenbergs hat zur Unterscheidung von zweierlei Widerstand angeführt, die eine Linie, die seines Vaters, sei für »Menschlichkeit, Recht und Freiheit« eingetreten, und diese Gemeinschaft, so sagte er, »umfaßt nicht Anhänger kommunistischer Ideologie«.

BRANDT: Ein solches Urteil ist sehr aus der Sicht des Jahres 1978 gefällt. Das heißt, die deutsche Entwicklung seit '45 wird vorverlegt: die Spaltung, die russische Besetzung des anderen Teils Deutschlands, die Machteinsetzung der regierenden Kommunisten dort. Aber die gemeinsam in Lagern gesessen haben, nicht nur die Sozialdemokraten, auch Zentrumsleute, katholische Geistliche und andere, hatten damals den Eindruck, man würde mit den deutschen Kommunisten einen Zustand des politischen Miteinanderlebens zustande bringen können.

Es ist auch ganz falsch, deutsche Kommunisten aus den Jahren vor 1933 und nach 1933 zu bewerten, als ob sie die Beteiligten stalinistischer Massenverbrechen gewesen wären. Viele sind im Gegenteil Opfer dieser Verbrechen geworden, und ich glaube, Wehner hat Glück gehabt, daß er rechtzeitig aus Moskau weggekommen ist.

SPIEGEL: Schon bald wird der Streit um die Vergangenheit sich an einem anderen Thema neu entzünden. Im nächsten Jahr nämlich muß sich der Bundestag entscheiden, ob die Untaten aus der Nazi-Zeit am 31. Dezember 1979 verjähren sollen oder ob die Verjährungsfrist für Morde noch einmal verlängert werden soll.

BRANDT: Ich verstehe die juristisch Kundigen, die sehr ernste Bedenken geltend machen gegen eine nochmalige Verschiebung. Die Rechtskundigen sagen, es werde immer schwieriger, solche Prozesse vernünftig zu führen. Die Zeugen werden immer älter, und wenn sie durch clevere Anwälte in die Mangel genommen werden ...

SPIEGEL: ... wie im Majdanek-Prozeß ...

BRANDT: ... dann wird es für sie häufig sehr schwer mit ihrem Erinnerungsvermögen, und manche der Angeklagten sind heute auch schon sehr alt, werden aber, da sie damals Jugendliche waren, nach dem Jugendstrafrecht vor Gericht behandelt. Das sind alles komplizierte Zusammenhänge. Eine Bemerkung freilich an die eigene

Adresse: Ich bin leider nicht davon überzeugt, daß wir früh und energisch genug die Prozesse vorangebracht haben. Vieles ist ein bißchen sehr lax behandelt worden.

SPIEGEL: Aber, trotz juristischer Bedenken, ist es nicht viel unerträglicher, wenn nach Ablauf der Verjährung plötzlich schlimme Untaten bekannt werden, die Täter dann aber frei und unbehelligt herumlaufen dürfen?

BRANDT: In den meisten Fällen können die verfolgt werden, weil die Verjährungsfrist immer dann unterbrochen ist, wenn ein Richter ein Verfahren eingeleitet hat, egal, ob der Prozeß schon anberaumt ist oder nicht. Aber wenn die Regierung die Frist nicht verlängern will, muß sie rechtzeitig mit unseren Partnern in der Welt reden und der deutschen Justiz alles erreichbare Material verschaffen.

SPIEGEL: Manche fürchten, daß etwa in Polen solches Material womöglich aufgespart wird bis nach 1979.

BRANDT: Früher gab es einmal eine Phase, in der die Polen nicht sehr kooperativ waren. Heute habe ich keinen Grund anzunehmen, daß die polnischen Behörden noch etwas zurückhalten wollen. Ich gebe Ihnen aber zu, daß wir trotzdem in eine schwierige Situation hineinkommen können, sollte etwa in Brasilien oder in Argentinien jemand entlarvt werden, der zu den ganz Großen gehört.

SPIEGEL: Sie selbst sind noch nicht ganz entschieden, ob sie eine nochmalige Verlängerung für nötig halten?

BRANDT: Was heißt entschieden, ich stehe auf dem Boden des geltenden Gesetzes, und man muß mich davon überzeugen, daß wir das Gesetz ändern müssen.

SPIEGEL: In vielen Ländern können Mordtaten nicht verjähren, erst recht nicht die NS-Morde, so etwa in Polen, aber auch in den USA. Warum eigentlich sollte nicht auch in der Bundesrepublik eine solche Regelung eingeführt werden – so wie es Ihre eigene Partei früher verlangt hat?

BRANDT: Die Debatte kommt – so sicher wie das Amen in der Kirche. Ich würde der Regierung deshalb nicht nur Sondierungen im Ausland empfehlen, sondern in einem Weißbuch sollte sie die Problematik auf den Tisch des Hauses legen und dadurch den Abgeordneten die Möglichkeit geben, sich frühzeitig ihr Urteil zu bilden.

SPIEGEL: Schon sind Mahnungen aus dem Ausland gekommen, aus Israel, aus Polen.

BRANDT: Es wird Generationen dauern, bis die Hitler-Zeit überwunden ist. Aber wir sollen uns auch nicht zu sehr selbst bemitleiden. Denn ich muß ehrlich sagen, ich habe mich in den 50er Jahren gewundert, wie rasch man uns die Hand gereicht hat zur Zusammenarbeit – nach all dem, was passiert war.

SPIEGEL: Herr Brandt, wir danken Ihnen für dieses Gespräch.

Zum SPIEGEL-Gespräch in Nr. 10/1979 (5. März)
mit den Redakteuren Erich Böhme und Klaus Wirtgen

Der Reisestreß, dem sich der fast 65jährige Brandt unterzog, forderte seinen Tribut. Das Herz spielte nicht mehr mit. Am 26. Oktober 1978 hielt er als Vorsitzender der Nord-Süd-Kommission eine Rede in New York. Schon am Podium fühlte er sich unwohl. Dennoch reiste er weiter zu Terminen nach Washington und von dort aus zu einer Konferenz der Sozialistischen Internationale ins kanadische Vancouver. Voller düsterer Vorahnungen, es könne ihm etwas zustoßen, steckte sich Brandt einen Brief für den ihn begleitenden Horst Ehmke in die Rocktasche – eine Anweisung für alle Fälle. Zurück in Bonn diagnostizierten die Ärzte einen verschleppten Herzinfarkt. Brandt mußte eine gut dreimonatige Auszeit nehmen. In Hyères an der Côte d'Azur unterzog er sich einer strengen Bewegungsrehabilitation, verlor gehörig Gewicht und verzichtete zunächst sogar aufs Rauchen. Brandts Privatleben nahm seit den Tagen an der Côte endgültig eine neue Wendung. Täglich an seiner Seite erschien die 32jährige Journalistin Brigitte Seebacher, die er als Redenschreiberin engagiert hatte. Die Germanistin und Historikerin hatte 1973 die Chefredaktion des Parteiblatts »Berliner Stimme« übernommen und war dem Vorsitzenden wegen ihres politischen Verstandes empfohlen worden. Nach seiner Rückkehr aus Hyères verließ Brandt seine Frau Rut sowie das Haus auf dem Bonner Venusberg und mietete mit Brigitte Seebacher zunächst eine Penthouse-Wohnung in Unkel am Rheinufer. Im März 1979 gab er die Trennung von der in der SPD sehr beliebten Norwegerin Rut bekannt, im Dezember 1980 folgte die Scheidung. Drei Jahre später heiraten Willy Brandt und Brigitte Seebacher. Er war 70, sie 37 Jahre alt. Auch politisch begannen neue Zeiten. Bei der Bremer Bürgerschaftswahl am 7. Oktober 1979 überspringen die Grünen erstmals die Fünf-Prozent-Hürde.

»Den alten Trott werde ich vermeiden«

Willy Brandt über seine Gesundheit und den Zustand der SPD

SPIEGEL: Wie geht es Ihnen, Herr Brandt?

BRANDT: Ich weiß nicht, ob ich jetzt sagen soll, wie die Ärzte meinen, daß es mir gehe, oder wie ich es selbst empfinde.

SPIEGEL: Gibt es da einen Unterschied?

BRANDT: Die Ärzte sagen, es gehe mir besser, ich sei gesundheitlich in einem besseren Zustand als vor meinem Herzknacks. Das wär 'ne ganze Menge. Ich müßte zwar noch ein bißchen aufpassen in den nächsten Monaten, daß ich nicht ganz so viele Stunden am Tag arbeiten soll, was ja wohl ohnehin vernünftig ist oder gewesen wäre; aber mein Gesamtzustand sei durch diese Pause – diese Zwangspause – besser.

Ich glaube, sie haben recht, die Ärzte. Ich mache nur insofern einen Unterschied, weil ich nicht sicher war, bis ich nun hier in Genf in der unabhängigen Nord-Süd-Kommission wieder angefangen habe mit meiner ersten mehrtägigen Sitzung, ob ich für die Arbeit fit genug bin. Und das finde ich hier bestätigt. Insofern kann ich davon ausgehen, daß ich mich nicht übernehme, wenn ich jetzt wieder richtig anfange.

SPIEGEL: Hatten Sie selber den Eindruck, im November vorigen Jahres Freund Hein begegnet zu sein?

BRANDT: Ja, aber nicht zum erstenmal, es war kein ganz erschütterndes Erlebnis, aber doch ernst genug. Ich kann das hier ruhig einmal sagen: Ich habe nicht gewußt, daß ich einen so schweren Herzknacks hatte; aber ich bin ja nach einer fiebrigen Geschichte in Washington Ende Oktober, die mich überhaupt daran hinderte, mein Programm bei den Amerikanern wahrzunehmen, trotzdem nach Vancouver gefahren, weil ich dort auf dem Kongreß der Sozialistischen Internationale reden sollte, es auch wollte.

Und da habe ich an dem Morgen, bevor ich runtergegangen bin, um die Rede zu halten, in meine rechte Jackentasche – wo sonst nur

die Brieftasche sitzt – einen Brief gesteckt und auf den Brief raufge-
schrieben, durch wen der dort Anwesenden dieser zu öffnen sei. Das
heißt, ich war nicht ganz sicher, ob ich von dem Rednerpult wieder
runterkommen würde; aber ich kann dies nicht näher begründen. Der
einzige, der das übrigens richtig gespürt hat, ist – vielleicht nicht ohne
Grund – der Ehmke, weil er ein Arztsohn ist. Der sagt, ich hätte mich
an das Rednerpult geklammert.

SPIEGEL: War das der Tag, den Ihre Ärzte später als den
Zeitpunkt des Infarktes fixiert haben?

BRANDT: Nein, der lag schon vier, fünf Tage davor.

SPIEGEL: Wenn Sie jetzt Ihre Arbeit als Parteivorsitzender
wieder aufnehmen, kehrt dann ein anderer Willy Brandt an seinen
Schreibtisch zurück?

BRANDT: Nein, ganz anders doch wohl nicht; aber einer, der
Abstand, gewonnen hat, der hoffentlich durch diesen Abstand nicht
klugscheißerisch geworden ist – was ja auch passieren könnte, wenn
man alles mal 'ne Weile von außen betrachtet –, aber der, glaube ich,
nicht nur weil Ärzte es gesagt haben, sondern auch weil er es sich
selbst überlegt hat, meint, es kommt nicht auf die Zahl der Stunden an,
die man in Sitzungen verbringt und an Schreibtischen.

SPIEGEL: Wollen Sie weniger arbeiten?

BRANDT: Ich glaube, man kann in acht Stunden am Tag, wenn
man außerdem noch ein bißchen liest, das arbeiten, was man muß.
Das ist auch etwa das, was die Ärzte mir raten: lesen zusätzlich ja, aber
richtig arbeiten in acht Stunden, und das möglichst in zwei Portionen.

SPIEGEL: Das verlangt einen anderen Arbeitsstil.

BRANDT: Die Chance war drin, durch diese über dreieinhalb
Monate Pause darüber nachzudenken, daß einige Dinge wichtiger
sind als andere und daß unsere Politik dazu neigt, mit furchtbar viel
Aufgeregtheit zu arbeiten – mit unnötigen Übertreibungen.

SPIEGEL: Kommt ein gelassenerer Brandt zurück?

BRANDT: Ich denke und hoffe, ja.

SPIEGEL: Wo wird diese Gelassenheit bleiben bei der Häufung
Ihrer Ämter? Sie sind Abgeordneter, Parteivorsitzender, Chef der
Sozialistischen Internationale, Leiter der Nord-Süd-Kommission,
Europa-Parlamentarier.

BRANDT: Die Aneinanderreihung ergibt kein richtiges Bild.
Ich könnte mir vorstellen, aus dem Bundestag auszuscheiden, aber die
meisten meinen, der Parteivorsitzende muß dabei bleiben. Die wichtigsten Tagungen der Internationale müßte ich als Parteivorsitzender

auch wahrnehmen, auch wenn ich dort nicht Präsident wäre. Trotzdem ist das eine ganze Menge, das ist wahr, und dies zumal zu einem Zeitpunkt, zu dem eine von mir angeregte Kommission den Parteigremien Verfahrensregeln vorschlägt, darunter auch Empfehlungen darüber, daß man ein und derselben Person nicht zuviel aufladen soll. Das habe ich selbst vor dem letzten Parteitag angeregt. Aber erstens gibt es keine Regel ohne Ausnahme...

SPIEGEL: ... Sie meinen, den Filz gibt's nur bei den anderen...

BRANDT: Hier geht es nicht um Filz. Filz hat im Verständnis der Menschen etwas zu tun damit, daß sich Leute durch eine Vielzahl von Ämtern zusätzliche Einnahmen verschaffen. Das hat mir noch nie jemand unterstellt, daß das – mit meinen Aufgaben verbunden – der Fall sei.

Nehmen Sie zum Beispiel die Nord-Süd-Kommission. Das ist keine bezahlte Tätigkeit. Natürlich ist man, wie Sie sich selbst hier überzeugen können, nicht im Armenhaus untergebracht. Und die Verpflegung liegt weit über den basic needs der Völker in anderen Teilen der Welt, über die wir so viel sprechen. Dies hier geht zu Ende, das ist eine zeitlich begrenzte Aufgabe...

SPIEGEL: ... die Sie danach aber politisch vertreten müssen.

BRANDT: Ja, das wäre ja auch noch schöner, wenn ich das nicht täte. Die eigentliche inhaltliche Arbeit wird im Juli in Wien, wo wir eine ganze Woche zusammen sind, hoffentlich abgeschlossen werden. Dann bleibt ein bißchen Redaktionsarbeit im Sommer und Frühherbst. Der Bericht soll dem Generalsekretär der UN überreicht werden. Über den Zeitpunkt werde ich um seinen Rat bitten, wenn wir Anfang April in Genf zusammentreffen. Das Inhaltliche muß dann weiter vertreten werden. Aber sehen Sie mal, es wäre, da dies eine der großen Aufgaben der Zukunft ist, ohnehin fällig gewesen, daß der SPD-Vorsitzende sich darum mit kümmert. Es gibt genügend andere, die sich um Verteidigung kümmern, die sich um konventionelle Wirtschaftspolitik kümmern, und das bleibt nötig.

SPIEGEL: Wir fragen eigentlich weniger nach dem, was Sie tun müssen, sondern nach dem, was Sie tun können. Gleichzeitig müssen Sie beispielsweise in den Europa-Wahlkampf.

BRANDT: Nicht nur wegen der Ämterhäufung habe ich meinen Freunden schon vor der Pause gesagt: Ist das vernünftig? Und die haben gesagt: Der Bundeskanzler kann die Europa-Listen nicht anführen. Und ich finde auch, das ging aus konstitutionellen Gründen nicht. Da habe ich gesagt: Ich kann im Europa-Parlament nicht Ausschußarbeiten machen; das mit in Gang bringen, das kann ich.

SPIEGEL: Legen Sie Ihr Mandat nieder, wenn Sie gewählt sind?

BRANDT: Nein. Ich kann Ihnen jetzt nicht sagen, wie viele Jahre ich mich dort betätige; aber in Gang bringen möchte ich das mit.

SPIEGEL: Sie wollen auch Chef der Sozialistischen Internationale bleiben?

BRANDT: Was heißt hier Chef? Ich bin bis zum Kongreß Ende nächsten Jahres gewählt. Aber den Freunden, um die es geht, habe ich, als ich krank wurde, gesagt: Jetzt laßt mich damit erst mal in Ruhe fürs nächste halbe Jahr oder etwas mehr. Ein paar der Vizepräsidenten – von denen habe ich, glaube ich, 15 ungefähr – können sich ja um die Vertretung kümmern. Im Moment machen das Mitterrand und Palme. Wenn der Generalsekretär einen Rat braucht, dann ruft er halt mal an.

SPIEGEL: Bleibt der Parteivorsitz, der ja eigentlich an die erste Stelle gehört?

SPIEGEL-Gespräch vom März 1979 mit Klaus Wirtgen (links) und Erich Böhme.

BRANDT: Das ist ja nun nicht neu, daß ich, noch bevor ich meine Nachbehandlung angetreten habe in Frankreich, als mir die Frage gestellt worden ist und ich gemerkt habe, das interessiert den einen und anderen, gesagt habe: Immer vorausgesetzt, die Gesundheit hält – und das tut sie, wie sich jetzt zeigt – und die Partei will es, kandidiere ich wieder. Es kommt sehr darauf an, die Arbeit so zu organisieren, daß überflüssiger Kram einem möglichst erspart bleibt.

SPIEGEL: Wie werden Sie es mit dem Rotspon halten, wie mit den Zigarillos oder Zigaretten?

BRANDT: Mit Zigaretten und Zigarillos, leider auch mit der Pfeife, ist nichts mehr. Da halte ich mich an den Rat der Ärzte, daß es besser ist, es sein zu lassen. Und beim Rotwein hatten die schon in Frankreich gar keine Bedenken, daß ich zu den Mahlzeiten mein Glas Wein getrunken habe. Dort ißt man ja zweimal am Tag warm.

SPIEGEL: Also zwei Gläser Rotwein?

BRANDT: Ich habe nicht vor, mittags und abends die französische Art des Essens beizubehalten. Ich darf schon abends ein bißchen Rotwein trinken. Es ist nicht nur erlaubt, das ist eher empfohlen.

SPIEGEL: Fühlen Sie sich von den Ärzten reglementiert, und empfinden Sie die Auflagen als hinderlich?

BRANDT: Ich empfinde es schon nicht mehr als störend. Gut, man soll beim Essen ein bißchen aufpassen; das tun ja manche Leute ohnehin. Das Nichtrauchen führt dazu, daß man erst noch ein paar Kilo zulegt.

SPIEGEL: Muß der Nichtsportler Brandt jetzt Sport treiben?

BRANDT: Das hängt mit dem Gewicht zusammen. Ich habe die gefragt: Bei dem zeitweise fast salzlosen Essen und keiner Butter müßte das doch eigentlich runtergehen? Da haben die gesagt: Nein, zunächst sorgen wir mal dafür, daß bei Ihnen Fett durch Muskeln ersetzt wird, die eigentlich an bestimmte Stellen hingehören.

SPIEGEL: Sind die nun dort?

BRANDT: Die Ärzte sagen, da sei wohl was dran. Ich müßte mich zwei Stunden pro Tag mit Gymnastik befassen, und ich habe an den meisten Tagen Spaß daran gehabt. Jedenfalls werde ich jetzt jeden Tag ein bißchen spazierengehen und auch etwas – wie man das in meiner Jugend nannte – Freiübungen machen. Heutzutage hat man dafür noch andere Ausdrücke.

SPIEGEL: Werden Sie Trimmer oder Jogger?

BRANDT: Kein Jogger.

SPIEGEL: Was könnten Sie Altersgenossen, die von ähnlichen Gesundheitskrisen betroffen sind, raten?

BRANDT: Ich habe eine Menge Post zu Hause und dort unten in Hyères bekommen von Leuten, die ähnliche Erfahrungen gemacht haben. Da stellte man dann fest, daß es fast keine zwei Fälle gibt, die sich miteinander vergleichen lassen. Nein, ich möchte um Gottes willen nicht anderen jetzt einen Rat geben und so tun, als könnte ich mich als Gesundheitsapostel, zum Beispiel in Sachen Rauchen, aufspielen. Wenn Rauchen eine Sünde ist, dann habe ich so lange gesündigt, daß ich eine Weile warten muß, bevor ich ...

SPIEGEL: ... wieder anfange ...

BRANDT: ... nein, bevor ich die Tugend mit Worten verbreiten darf. Das andere aber, was Sie vorhin »gelassen« genannt haben – nicht alle Dinge gleich wichtig nehmen, zu sortieren zwischen dem, was auf einen zukommt –, das wird ja wohl überhaupt in dieser Zeit mehr und mehr ein Problem für die Menschen.

SPIEGEL: Wenn Sie jetzt nach Bonn zurückkommen, finden Sie Kanzler, Fraktionsvorsitzenden, Außenminister in ihren Mäusetrommeln strampeln. Geraten Sie da nicht automatisch in den alten Trott aus Hetze und Streß?

BRANDT: Das mit dem alten Trott werde ich zu vermeiden wissen.

SPIEGEL: Kann es für einen Politiker die Verpflichtung geben, seine körperliche Unversehrtheit dem Gemeinwohl unterzuordnen?

BRANDT: Ich sehe sie im Moment, auf mich bezogen, nicht. Aber es gibt solche politischen Situationen, in denen man, wenn man von einer Sache sehr überzeugt ist, für diese sehr viel einsetzt. Das ist die Frage des Mutes zum Risiko in der politischen Auseinandersetzung. Aber ich glaube, insgesamt bekommt es der Politik, wenn sie stärker, als es bei uns der Fall ist, von unnötigen Aufgeregtheiten befreit wird.

SPIEGEL: Für viele Ihrer Kollegen in der Parteispitze sind jetzt die schönen Tage von Hyères vorbei, wo sie, wenn knifflige Fragen anstanden, sagen konnten, da müssen wir erst mal warten, bis Willy wieder da ist.

BRANDT: Dies ist übertrieben. Ich habe das gelesen in den letzten 14 Tagen, so dem Sinne nach: Warten, bis Willy kommt. Ich glaube nicht, daß da viel liegengeblieben ist. Wenn ich mich irren sollte und Sie Grund haben, etwas anderes zu vermuten, dann müssen Sie mir helfen dabei, indem Sie das durch Beispiele ...

SPIEGEL: Wir haben den Eindruck, daß in der Partei das Bedürfnis nach einer inhaltlichen Diskussion entstanden ist, ob es dabei um Abrüstung, vernünftiges Wirtschaftswachstum, Vollbeschäftigung oder Energiepolitik geht. Große Teile der SPD-Genossenschaft spüren das Bedürfnis, der Regierung Schmidt sozialdemokratische Aufträge zu geben und nicht bloß die Regierungsmehrheit abzusichern.

BRANDT: Das Problem selbst ist alt. Das war in der Zeit, als ich die Regierung geführt habe, vom Prinzip her auch nicht anders.

SPIEGEL: Die Rahmenbedingungen sind im Moment anders.

BRANDT: Gut, gut, lassen wir den Vergleich, ich bestehe auf ihm auch nicht. Ich sage nur: Für eine Partei dieses Typs ist das eine, allein oder zusammen mit anderen der Regierung zu einer parlamentarischen Mehrheit zu verhelfen. Das andere ist – und das läßt sich nicht einfach davon trennen, aber über gewisse Abschnitte hinweg ist es nicht deckungsgleich –, sich klarzuwerden, was junge Leute häufig noch mehr interessiert als alte Säcke: Was soll nun weiter werden? Was macht man mit all diesen vielen neuen, zum Teil sehr komplizierten Fragen?

SPIEGEL: Ja, was?

BRANDT: Während ich jetzt weg war, da ist eine Serie von Veranstaltungen angelaufen, die man Foren nennt: Arbeit/Technik, da kommen einige andere, eine zu den Umweltfragen et cetera. Die Grundwerte-Diskussion hat zu einem neuen Arbeitsergebnis geführt. Ende des Jahres, da bin ich ganz sicher, wird die SPD die 20jährige Wiederkehr jenes Parteitages, auf dem das Godesberger Programm verabschiedet wurde, nicht zum Anlaß nehmen, um eine Bratenrock-Veranstaltung durchzuführen . . .

SPIEGEL: . . . sondern das Godesberger Programm fortschreiben?

BRANDT: . . . sondern, ich weiß noch nicht genau, in welcher Art, das Programm zu bestätigen und nach vorn zu öffnen ist. Ich kann der Partei nicht versprechen, daß ich hier alle Lücken füllen kann, die als solche empfunden werden. Aber ich weiß, daß ich Dinge in Gang setzen kann und daß mit mir im Präsidium, im Vorstand Leute sitzen, die diese Doppelkeit . . .

SPIEGEL: . . . im Gegenteil, Sie sollen nicht Lücken füllen. Es geht um viel mehr. Bei einem starken Kanzler, der nicht zuletzt unter dem Druck des Koalitionspartners zu einer pragmatischen Politik neigt, wäre es Aufgabe eines starken Parteivorsitzenden, mal zu sagen, was SPD-Sache ist. Darin besteht der Vorteil der Ämtertrennung.

BRANDT: Ich kann dem nicht widersprechen, der Substanz nach, was in Ihrer Frage drinsteckt, außer daß ich sage, man darf es sich nicht so vorstellen, als ob man in der SPD mal die Schublade rauszieht, in der entweder Schmidt selbst drinliegt oder seine Papiere, und dann am nächsten Tag die andere Schublade mit Brandt oder mit dessen Papieren; sondern der eine muß an den Dingen, für die der andere in erster Linie jeweils verantwortlich ist, voll beteiligt sein.

Vielleicht habe ich das mit den Lücken überzogen bescheiden ausgedrückt. Wahr bleibt doch, und insofern wiederhole ich es jetzt leicht abgewandelt: Ich werde Leuten den Mut machen, etwas zu tun; ich werde Freunde und Noch-nicht-Freunde bitten, etwas zu tun.

SPIEGEL: Wie sieht das aus?

BRANDT: Nicht ganz so weit werde ich gehen wie mein alter niedersächsischer Freund Georg Diederichs, der mehrere Jahre lang ein angesehener Ministerpräsident des Landes Niedersachsen war. Den habe ich mal in einem Bundesratsausschuß erlebt, wo ein sehr eifriger Beamter auf ihn einredete und sagte: Herr Ministerpräsident, das und das und das muß geschehen für die Zukunft und über den Tag hinaus. Darauf guckte Diederichs ihn an und sagte: Lieber Freund, hierüber werde ich nachdenken – lassen.

Es wird die Aufgabe des Vorsitzenden sein, auch hier sich nicht mehr zuzumuten, als man sich zumuten darf, aber eben viele der Jüngeren und Halbjungen zu ermuntern. Es gibt ja doch manchen meiner jungen Freunde, die sehr rasch von der Lebendigkeit aufmüpfiger Jusos in die...

SPIEGEL: ... Parteivorstandsebene geflohen sind.

BRANDT: Ich will hier gar nicht nur vom Parteivorstand reden. Sie sind sehr tüchtige Abgeordnete geworden, sehr tüchtige, was man mit großem Respekt sieht, aber wo es gar nicht schaden könnte zu sagen: Kinder, ihr gerade seid mit dazu da, daß beides gesehen wird, die notwendige laufende praktische Politik und das Nicht-sich-bloß-Beziehen auf die berühmten Grundwerte, die ich ja nun ganz gewiß nicht herabstufen will, sondern das Weiterarbeiten vor allem an vielen Fragen, die es doch gar nicht gab, als eine sozialdemokratische Partei auf deutschem Boden gegründet wurde.

SPIEGEL: Ist es nicht so, daß es weniger darauf ankommt, daß etwas gemacht wird, sondern was gemacht wird? Ist da nicht Willy Brandt gefragt als Erfinder des Reformkurses, der jetzt wieder ein Signal geben müßte zu einem neuen, etwas mutigeren Reformkurs von Partei und Regierung?

BRANDT: Ja, aber nicht bevor ich wieder zu Hause bin und nicht bevor ich mit dem Präsidium, dem Parteivorstand und den Bezirks- und Landesvorsitzenden gesprochen habe, nicht jetzt. Das, was ich inhaltlich zu sagen habe, kommt nicht als Alleingang.

SPIEGEL: Helmut Schmidt hat Ihnen zu ihrem fünfzehnjährigen Jubiläum als SPD-Vorsitzender dafür gedankt, daß Sie »in vorbildlicher Weise . . . gute Ergebnisse sozialdemokratischer Regierungspolitik ermöglicht« hätten, indem Sie deren Arbeit zugleich kritisch, zugleich konstruktiv und gleichwohl immer solidarisch begleitet hätten. Muß Sie solches Lob nicht stutzig machen?

BRANDT: Ne, ne! Das fand ich doch sehr schön ausgedrückt. Es hat der Bundeskanzler geschrieben, der zugleich einer der beiden stellvertretenden Vorsitzenden ist. Er hat nicht geschrieben für den Parteivorstand, sondern der Parteivorstand hat hiervon, wie mir gesagt wurde, zustimmend Kenntnis genommen. Jemand, der in dieser Zeit die Regierungsgeschäfte führt, für den muß das im Vordergrund stehen. Und soll er sich nun einen Parteivorsitzenden wünschen, der ihm das Leben schwerer macht? Das kann er doch nicht.

SPIEGEL: Nicht wünschen, aber haben. Vielleicht sagen es Ihre Genossen deutlicher, wenn sie der Partei kurz und knackig vorwerfen, sie sei »fünftes Rad des Kanzleramtes« geworden.

BRANDT: Das gibt's, wenn man Regierungspartei ist, immer mal wieder, daß diese Frage auftaucht; die muß ja auch gar nicht bös gemeint sein.

SPIEGEL: Wo ist der kritische Bericht des ostwestfälischen Bezirksvorsitzenden Junker über die »innerparteiliche Situation« geblieben?

BRANDT: Das war ein noch nicht recht gelungener Ansatz. Über ein paar dieser Dinge müssen wir noch vor der Sommerpause in einem größeren Kreis als dem des Parteivorstandes sprechen. Das ist der Parteirat, in dem etwa 100 Leute sitzen und der, wenn unsere innerparteilichen Reformvorstellungen Zustimmung finden, in Zukunft zwischen den Parteitagen eine größere Rolle spielen soll als bisher.

SPIEGEL: Würde denn der Parteivorsitzende Brandt, wenn der sozialdemokratische Bundeskanzler Schmidt irgendein Jubiläum zu feiern hätte, ihm mit derselben Verve, wie der ihm bescheinigt, daß er die Regierung gestützt habe, bescheinigen können, daß er sozialdemokratische Politik in die Tat umgesetzt hat?

BRANDT: Es gibt zwar die beiden Komponenten, von denen wir jetzt mehrfach sprechen, aber es gibt zwischen ihnen keine Trennwand. Der Parteivorsitzende würde eine ganze Menge zu sagen haben. Aber der hat neben manchem anderen dem Bundeskanzler dafür zu danken, daß, wenn heute Wahlen wären, die SPD noch ein bißchen besser abschneiden würde als 1976. Und dies ist zugegebenermaßen in der parlamentarischen Demokratie eine wichtige Angelegenheit und macht es übrigens leichter und nicht schwerer, mit anderen Dingen fertig zu werden.

SPIEGEL: Rechnen Sie mit einem Abschneiden wie 1972?

BRANDT: Warum eigentlich nicht? 1972 war, wenn man's hinterher betrachtet, übrigens noch mehr drin, als man rausgeholt hat.

SPIEGEL: 1972 war das Jahr des Politikers Brandt...

BRANDT: ... ach was!

SPIEGEL: ... der für eine gewisse Ostpolitik und für eine gewisse Reformpolitik stand.

BRANDT: Ach was, ach was! Also: 1972, das habe ich doch alles in guter Erinnerung, ging das auf und ab. Wäre im Sommer 1972 gewählt worden, dann hätte es trotz des Interesses, das es für die Ostpolitik und bestimmte Aspekte der Reformen gab, wahrscheinlich einen Sieg der Union gegeben. Und noch im Frühherbst stand das auf der Kippe. Nur sage ich hinterher: Heute weiß ich, man hätte noch etwas mehr herausholen können, zumal sich ja gezeigt hat, daß bei den Erststimmen die SPD fast die Hälfte bekommen hat. Man hat dann halt aus dieser Sache nicht das rausgeholt, was eigentlich drin war an Auftrag und Möglichkeiten.

SPIEGEL: Man oder Sie?

BRANDT: Eben habe ich mit man auch mich selbst gemeint, weil es ja keinen Sinn hat, das auf andere abzupacken. Ein Wissenschaftler käme zu dem Ergebnis, daß ich das nicht allein zu verantworten habe, aber ich tue besser daran, mich zu nennen als andere.

SPIEGEL: Sollte es den Sozialdemokraten gelingen, sich auf absehbare Zeit die FDP als Koalitionspartner anzubändigen, dann ist in der Tat eine Art Zweiparteiensystem bei uns eingeführt, und es hängt auch künftig von marginalen Größen ab, welche Parteienkonstellation die nächste Bundestagswahl gewinnt. Mal präsentieren die einen den attraktiveren Kandidaten, mal die anderen. Ein nicht ganz unbekannter bayrischer Politiker findet diese Parteienlandschaft zementiert und möchte sie auflockern. Was halten Sie von diesen Plänen?

BRANDT: Erstens halte ich das Argument, die FDP sei eine Art Blockpartei, für wenig überzeugend, um es ganz vorsichtig zu sagen, wenn es aus dem Mund solcher kommt, die gegen die FDP nichts einzuwenden hätten . . .

SPIEGEL: . . . außer, daß sie nicht mit ihnen koaliert . . .

BRANDT: . . . was ja während des bisher größeren Teils des Bestehens der Bundesrepublik immer noch der Fall gewesen ist, mit Einschluß sogar des Aushandelns, wer der erste Bundespräsident würde. Und was den nicht unbekannten bayrischen Politiker angeht: Was ich einzuwenden habe, ist die Verhöhnung des Bürgers, des Wählers, die in seinem Vorgehen liegt. Er gibt vor, ihn ärgere das, was er einen Block nennt, oder so ähnlich nennt er es. Er will aber eine Manipulation starten, die ihm hinterher die Mehrheit für eine Konstellation bringt, deren Kanzler der nicht unbekannte bayrische Politiker wäre. Im Moment scheint er sogar auf Fredersdorf zu setzen. Da kann ich nur sagen: Viel Glück!

SPIEGEL: Und was halten Sie von einer Änderung der Parteienstruktur?

BRANDT: Dies Moment des Manipulierens stört mich. Ich will aber gleich hinzufügen, weil ich mich hier unterscheide von manchen, auch von einigen meiner Parteifreunde: Ich bin nicht der Meinung, als ob das bestehende Parteiensystem quasi ein Teil des Grundgesetzes ist oder als gäbe es eine zwingende Lehre aus Weimar, es dürfe nur soundsoviel Parteien geben. Quatsch! Oder es gibt einige, die tun so: Wenn da eine sogenannte vierte käme, dann müßte deswegen eine fünfte kommen.

SPIEGEL: Wäre es nicht viel ehrlicher anzuerkennen, daß auch die Sozialdemokratie langsam eine Art Sammelbecken geworden ist? Sie haben bürgerliche Wähler, die Sie wegen der Reformversprechen gewählt haben, die Sie vielleicht wegen der Ostpolitik gewählt haben, Sie haben den alten Arbeitnehmerflügel, der eher gewerkschaftlich zu definieren ist, und Sie haben schließlich auch noch einen, vielleicht nicht zu kleinen linken Flügel, der sich nicht ausreichend repräsentiert fühlt. Ihr Parteifreund von Oertzen behauptet, daß es heute bereits eine ausreichende Zahl Linker gäbe, die eine Konkurrenzpartei aufmachen könnten.

BRANDT: Danach will ich ihn gern mal fragen. Ich habe das bisher nur in einer Überschrift gesehen. Ich könnte niemanden daran hindern oder es niemandem übelnehmen, sich hierüber Gedanken zu machen; aber der SPD-Vorsitzende, der ist nun, verdammt noch mal, dazu da, diesen Verein zusammenzuhalten.

SPIEGEL: Während Ihrer Abwesenheit ist in Bonn ein koalitionsinterner Streit über die Abrüstungspolitik entstanden. Sind Sie wie Herbert Wehner der Meinung, daß die Abrüstungsfrage deutsche Wähler ähnlich emotionalisieren kann wie einst die Ostpolitik?

BRANDT: Das ist eine der Fragen, die ich nicht beantworte, und zwar nicht nur aus formalen Gründen, dazu muß man erst mal zu Hause sein. Denn ich sage Ihnen ganz offen: Ich habe manches nicht verstanden, gerade was dieses Gebiet angeht. Da ich wußte, daß Sie kommen, habe ich die Antwort der Bundesregierung auf die Große Anfrage gelesen und kann nur sagen, mit der stimme ich überein. Insofern weiß ich also nicht, was es dort im Moment inhaltlich zu streiten gibt.

SPIEGEL: Der Erfolg Ihrer Ostpolitik war darin begründet, daß wir eine gewisse Vorleistung erbrachten, und daß das in der Tat dann zu einer erfolgreichen Ostpolitik wurde. Wenn wir die Abrüstungsdebatte jetzt richtig verstehen, besteht der Diskussionsbeitrag von Herbert Wehner darin, nun ebenfalls eine Vorleistung zu erbringen, um MBFR, Salt weiterzubringen, zu einem sinnvollen innereuropäischen Ausgleich zu kommen. Frage an den Ostpolitiker Brandt: Kann man das Vorleistungsprinzip auch auf die Rüstungsfrage ausdehnen?

BRANDT: Deckungsgleich sind die beiden Problemkreise ganz bestimmt nicht, schon deshalb, weil der Konsultationsmechanismus zwischen den beteiligten Regierungen – in diesem Falle denen auf westlicher Seite – erheblich anders ist als bei der Ostpolitik. Darüber wird man, was den ersten Teil angeht, bei Henry Kissinger demnächst etwas lesen. Was die Abrüstung anbelangt, will ich mich nicht drükken: Ich habe die Antwort der Bundesregierung gelesen, mit der bin ich einverstanden. Diejenigen, die Angst haben möchten, Weichen könnten falsch gestellt werden, dürfen davon ausgehen, daß dies nicht ein Problem der vor uns liegenden nächsten Wochen ist, sondern eines, das sich im Laufe und mehr gegen Ende dieses Jahres stellt.

SPIEGEL: Sehen Sie ein anderes wirkungsvolles Thema, mit dem eine sozialdemokratische Bundesregierung erfolgreich im nächsten Wahlkampf auftreten kann, oder genügt es einfach, besserer Verwalter des Bestehenden zu sein als die Konservativen?

BRANDT: Das ist verständlich, aber doch nicht ganz gerecht gefragt. Bessere Verwalter des Bestehenden – was ist das Bestehende? Also: Das Bestehende bei uns ist besser als das Bestehende in England, bei allem Respekt, oder in Italien. Eine sozialdemokratische Partei wie die in der Bundesrepublik kann durchaus damit bestehen, damit anständig durch eine schwierige Zeit hindurchgekommen zu sein, besser durchgekommen als andere.

SPIEGEL: Danach fragt Sie im Wahlkampf niemand mehr.

BRANDT: So weit sind wir noch nicht. Das Wahlkampfthema haben wir noch nicht zu bestimmen. Wir haben jetzt drei Landtagswahlen, die werden interessant. Zu meinen stärksten Erlebnissen gehört noch der Hessen-Wahlkampf, und ich denke vor allem an die Abschlußkundgebung in Frankfurt. Ich habe dort etwas gemacht, was ich drei-, viermal zuvor gemacht hatte, nämlich das Manuskript weggelegt und was zu den jungen Leuten gesagt. Und es war mucksmäuschenstill, und es hörten nicht nur die jungen Leute zu. Ich habe versucht, ihnen zu sagen: Ich glaube, euch beschäftigt das und das – Nord-Süd ist eines der Themen. Es kommen ein paar andere hinzu.

SPIEGEL: Bürokratismus.

BRANDT: Bürokratismus, die Frage, ob der Mensch nur noch so ein Nebenstück zum Computer ist. Das ist ein Thema, auch wenn die jungen Leute es nicht so formulieren. Und da hören die Alten zu wie die Jungen, und die Jungen respektieren, wenn so jemand wie ich sagt: Ich kann euch jetzt nicht versprechen, daß wir das alles rasch genug in den Griff bekommen; aber ihr sollt wissen, es gibt einige von uns, die haben die Antennen neu ausgefahren.

SPIEGEL: Angst vor einem zweiten '68?

BRANDT: Ich schäme mich immer noch, daß wir damals nicht rasch genug begriffen haben, was los war, und dann hinterher doch Glück gehabt haben, so viele, die einen so guten Ansatz gehabt haben, noch für politische Arbeit – viele sind verlorengegangen – interessieren zu können. Dies ist nicht ein Wiederaufleben dessen, was '68 war, was heute junge Leute umtreibt. Zum Teil geht es aber in Richtung auf ein Sichabwenden, ein Sichabkapseln. Ich habe in einer Untersuchung der Internationalen Gesellschaft für Entwicklungsstudien unter dem Vorsitz von Lady Jackson, die man immer noch Barbara Ward nennt, und der UN-Universität in Tokio jetzt gerade gelesen – ich kann kaum glauben, daß sie stimmt; aber wenn sie stimmt, dann muß einem das zu denken geben –, daß es in Westeuropa bereits in der Mitte der 80er Jahre bis zu zehn Prozent der nachwachsenden Bevölkerung geben wird, die sich von der Konsumgesellschaft abwenden, die sich auch von der Art staatsbürgerlichen Engagements, wie wir es zu einem Minimum erwarten, abwenden. Wenn dies auch nur andeutungsweise zuträfe, würde das für alle unsere Gesellschaften, einschließlich der westdeutschen, weitreichende Folgen haben.

SPIEGEL: Was könnte die Sozialdemokratische Partei diesen Leuten bieten?

BRANDT: Man kommt eben zu so vielen Dingen nicht, und viele Dinge, die man dann sagte, die gehen bei den Zuhörern in das eine Ohr rein, zum anderen raus, und selbst bleibt man auch an den Themen nicht genau genug dran. Ich habe am Tag nach der Bundestagswahl in den Gremien der SPD gesagt, 1976 nämlich, daß wir aufpassen müssen, über dem Thema der Mitbestimmung nicht das der Eigenbestimmung und der Eigenverantwortlichkeit zu vernachlässigen. Das ist ja identisch in Wirklichkeit mit dem Thema der Apparate und der Stellung des einzelnen gegenüber den Apparaten. Das ist ein klassisches Thema einer modernen Sozialdemokratie, einer modernen und einer ganz jungen.

SPIEGEL: Wenn Sie nach Hause kommen, kriegen Sie außer einem Paket sachlicher Differenzen auch einen Packen personelle Schwierigkeiten auf den Tisch. Gerade hat sich Ihr Stellvertreter Koschnick, von dem alle erwartet hatten, er werde möglicherweise Ihr Kronprinz, den Mund abgewischt, Egon Bahr wird nach der Bundestagswahl '80 als Geschäftsführer der Partei die Platte putzen. Wie sehen Sie unter diesen trüben Aspekten die künftige Führungsstruktur der Partei?

BRANDT: Erst einmal habe ich mich sehr gewundert darüber, wie die Ankündigung, daß Hans Koschnick Ende des Jahres nicht mehr kandidieren möchte, an manchen Stellen aufgenommen worden ist.

SPIEGEL: In der Partei oder in der Presse?

BRANDT: In der Presse. Koschnick war bei mir in Hyères. Wir haben ein Wochenende miteinander verbracht, nicht nur die ganze Zeit über Politik geredet. Wir sind zwei Typen, die auch über Nichtpolitisches miteinander reden und die auch Anekdotisches und Leichtes miteinander erörtern können. Ich sage Ihnen das deswegen, damit um Gottes willen nicht noch irgendwo der Eindruck aufkommen soll, der Koschnick habe seinen Freund im Stich gelassen. Es ist nur etwas nicht planmäßig gelaufen.

SPIEGEL: Wann sollte es denn bekanntgegeben werden?

BRANDT: Jedenfalls nicht bevor ich wieder zu Hause sein würde.

SPIEGEL: Ja, in der Form freundlicher, aber in der Sache doch dasselbe.

BRANDT: Das hört sich alles so an, als ob hier jemand zurückgetreten ist. Davon kann ja überhaupt keine Rede sein. Koschnick ist und bleibt stellvertretender Vorsitzender bis zum Parteitag Anfang Dezember in Berlin. Das ist doch kein Rücktritt, sondern ist die Ankündigung: Ihr lieben Freunde müßt, wenn der Parteivorstand seine personellen Vorschläge macht, an der Stelle, wo bisher Koschnick stand, einen anderen Namen schreiben, während auf der Liste der Vorstandsmitglieder wieder der Name Koschnick steht.

SPIEGEL: Kommt der Vorschlag von Ihnen?

BRANDT: Davon kann überhaupt keine Rede sein, daß der Vorschlag von mir kommt. Ich hätte das begrüßt, wenn er das noch weitergemacht hätte. Er hat mir gesagt, er kann das jetzt nicht. Er schließt nicht aus, daß er zu einem späteren Zeitpunkt wieder ein Stück zusätzlicher Verantwortung übernimmt. Er scheidet ja nicht aus aus der Führung der SPD, sondern aus dieser spezifischen Funktion.

SPIEGEL: Herr Vorsitzender, Sie drücken euphemistisch aus, was in Wahrheit doch heißt: Ein Mann, der neben der Troika der führenden Sozialdemokraten Brandt, Wehner, Schmidt als Ersatzpferd gelaufen ist, trabt in seinen Stall zurück. Für den Fall, daß einer der drei ausfällt, ist einer der möglichen Nachfolger weg.

BRANDT: Ne, ne. Ja, ich verstehe, daß man das so oder so ähnlich sehen kann, wie Sie es gerade gesagt haben. Nur, die Vermutung, die SPD sei nicht in der Lage, mit ihrem Generationsübergang fertig zu werden, ist nicht berechtigt. Ich habe selbst übrigens Sorgen gehabt – sage ich hier mal ganz offen – in den letzten Jahren.

SPIEGEL: Und die haben Sie nicht mehr?

BRANDT: Die habe ich nicht mehr, weil, ohne daß wir viel Wesens gemacht haben, in den Ländern die Ablösung weit fortgeschritten ist. Sie können die drei Stadtstaaten nehmen. Sie können die Spitze in Schleswig-Holstein nehmen, Sie können die Veränderung in der Spitze in NRW und in Hessen nehmen, Sie können das Saarland nehmen. Und es wird noch ein paar Veränderungen in Städten geben. Es ist dem kaum zu widersprechen, was Sie sagen über die sogenannte Troika, aber es ist dem was hinzuzufügen. Es wird nämlich unterschätzt, welche Bedeutung in der SPD das Präsidium hat. Eigentlich sind alle Präsiden eine Art von stellvertretenden Vorsitzenden, und eigentlich ist von denen einer ein etwas herausgehobener stellvertretender Vorsitzender.

SPIEGEL: Der Bundeskanzler?

BRANDT: Der sowieso. Nein, jetzt meine ich den anderen. Das war zwei Jahre lang Kühn, Chef des größten Landes. Der hat sich in der Übergangszeit, in der Zeit meines Ausscheidens, als sehr hilfreich erwiesen. Jetzt – gebe ich Ihnen zu – haben viele gemeint, der Koschnick ist da nicht nur ein Nachfolger von Kühn. Er gehört doch weiterhin zum Kreis der führenden Sozialdemokraten. Aber in dem Präsidium, Sie kennen ja die Namen alle, da sitzt der Börner, da sitzt der Rau, da sitzt der Eppler, da sitzt der Vogel, da sitzen andere. Und ich werde noch ein bißchen mehr als bisher versuchen, den Präsiden klarzumachen, was man jeweils von ihnen erwartet.

SPIEGEL: Haben Sie einen Favoriten für Koschnicks Nachfolge?

BRANDT: Wenn ich ihn hätte, würde ich'n Deubel tun, den zu nennen. Nur eines kann ich sicher sagen, was die SPD nicht machen wird, so wie ich sie kenne: Sie wird nicht wegen des Ausscheidens von Koschnick aus der Funktion des stellvertretenden Vorsitzenden, das mancher mit mir bedauert, ihre Statuten ändern. Sie wird vermutlich weder einen weiteren stellvertretenden Vorsitzenden einführen, noch wird sie einen Generalsekretär einrichten. Wir kommen mit der Bezeichnung Bundesgeschäftsführer gut aus.

SPIEGEL: Egon Bahr aber doch offenbar nicht?

BRANDT: Sowohl Wischnewski wie Börner wie heute Bahr, jeder auf seine Weise, war und ist erheblich mehr als ein Bürovorsteher, so wichtig Bürovorsteher sind.

SPIEGEL: Der erste ist gegangen, weil er kein Generalsekretär geworden ist. Der zweite sagt heute, daß er sich noch nie so wohl in seiner Haut gefühlt hat wie jetzt als Ministerpräsident, und der dritte hat seinen Abgang angekündigt.

BRANDT: Ach, wissen Sie, wenn man dafür erstklassige Leute haben will, dann ist das ja auch keine Sache für viele Jahre. Bahr hat von Anfang an gesagt, ich mache die Wahl '80 und dann was anderes.

SPIEGEL: Wenn Sie uns schon keinen Namen nennen, wen Sie als Nachfolger von Herrn Koschnick ansehen, können Sie uns dann ein paar Kriterien nennen für den Kandidaten?

BRANDT: Ne, ne!

SPIEGEL: Warum nicht?

BRANDT: Wenn ich jetzt auf die Frage eingehe, dann müßte ich ja Ihre Intelligenz unterschätzen, wenn ich vermute, Sie würden sich nicht zusammenreimen können, worauf ich hinaus will.

SPIEGEL: Als Sie vorhin eine Reihe von Namen aus dem Präsidium genannt haben, vergaßen Sie einen.

BRANDT: Nämlich?

SPIEGEL: Helmut Schmidt. Haben Sie den bewußt vergessen als potentiellen Parteivorsitzenden?

BRANDT: Der steht außer Konkurrenz insofern, als der eben seine Regierungsarbeit da hat und mir noch neuerdings wieder gesagt hat, er stehe nicht zur Verfügung. Auch wenn ich jetzt zum Beispiel nicht wieder gesundheitlich so gut auf dem Damm wäre und gesagt hätte, Kinder, nun laßt das genug sein und laßt uns das in Freundschaft abwickeln, dann würde er gesagt haben: Findet eine andere Lösung.

SPIEGEL: Das würden auch Sie befürwortet haben?

BRANDT: Ich würde mich, wenn ich die Entscheidung hätte treffen müssen oder wollen, weil ich aus gesundheitlichen Gründen nicht mehr zur Verfügung stünde, in die Beantwortung dieser Frage nicht mehr eingemischt haben.

SPIEGEL: Dürfen wir der Ordnung halber nachfragen: Werden Sie auf dem Berliner Parteitag wieder kandidieren oder sich über kurz oder lang ins Private zurückziehen?

BRANDT: Das habe ich schon im Dezember gesagt. Die »FAZ« hat neulich ganz plötzlich geschrieben, daß man, wenn man durch so eine gesundheitliche Krise durch ist, neben vielem anderen auch daran denkt, daß das Leben nicht nur aus Akten und Sitzungen und politischen Büchern besteht. Wir haben ja vorhin schon im Grunde, ohne das allzu feierlich zu machen, das Terrain ein bißchen abgegrast und waren beim Rotwein und haben gesehen, das Leben ist nicht so traurig, wie manche glauben, wenn man 65 ist, und wenn man einen Herzknacks hinter sich hat.

Ich wiederhole nicht nur, was die Ärzte sagen: Ich fühle mich rundherum, wenn Sie schon nach dem Persönlichen fragen, wohler, als ich dies seit längerem getan habe. Das steht nicht im Widerspruch dazu, politische Aufgaben wahrzunehmen – Pflichten sage ich jetzt bewußt nicht, das gehört auch ein bißchen zu der Veränderung –, selbstgewählte Aufgaben. Und die erfüllen sich sogar leichter, wenn man über so eine gesundheitliche Krise hinweg ist und merkt, das geht.

SPIEGEL: Gemeint war bei dieser Frage: Hat nicht auch der Politiker ein Recht, sein drittes Leben zu leben, wie man es Privatleuten, Beamten, Industriellen, Schriftstellern und Künstlern jederzeit konzedieren wird?

BRANDT: Das hätte auch durchaus eine Möglichkeit sein können; das ist nicht meine Lage.

SPIEGEL: Herr Brandt, wir danken Ihnen für dieses Gespräch.

Zum SPIEGEL-Gespräch in Nr. 38/1979 (17. September)
mit den Redakteuren
Diethelm Schröder und Klaus Wirtgen

Seine Onkel-Aloys-Beziehungen, der FIBAG-Skandal, die SPIEGEL-Affäre, sein erzwungener Rückzug aus dem Verteidigungsministerium – alles schien vergessen und verziehen: Am 2. Juli 1979 entschied sich die CDU/CSU-Bundestagsfraktion für den bayerischen Ministerpräsidenten Franz Josef Strauß als Kanzlerkandidaten der Union für die Bundestagswahl im Oktober 1980. Es war die bis dahin tiefste Demütigung für Helmut Kohl, der 1976 nur knapp die absolute Mehrheit verfehlt hatte. Bundeskanzler Helmut Schmidt wurde mit einem Herausforderer konfrontiert, der die Wähler zu polarisieren vermochte wie kein anderer. Für die einen verkörperte er finanz- und außenpolitische Kompetenz, »law and order« und konservative Gesinnung; seine Gegner sahen in ihm ein Sicherheitsrisiko, unberechenbar, mit einem gestörten Verhältnis zur Wahrheit und beseelt von manischem Kommunistenhaß. Die Unionsentscheidung für Strauß fiel in eine Phase innen- und außenpolitischer Umbrüche. Die zunehmende Verhärtung des Ost-West-Verhältnisses überschattete die Fortschritte in der europäischen Einigungspolitik und den Versuch der Industrieländer, nicht nur zu einer besseren Abstimmung ihrer Politik untereinander, sondern auch zu einem Dialog mit den Entwicklungsländern zu kommen. Der Einmarsch der Sowjets in Afghanistan und die gewaltige Aufrüstung der UdSSR gefährdeten auch die Bonner Entspannungspolitik. Im Zentrum der dadurch ausgelösten heftigen Diskussionen stand der Nato-Doppelbeschluß vom Dezember 1979: Stationierung amerikanischer Mittelstreckenraketen in Europa, falls die UdSSR nicht ihre gegen Europa gerichteten neuen SS-20-Systeme abbaue. Energiekrise, Arbeitslosigkeit, hohe Staatsverschuldung – wem trauen die Deutschen das bessere Krisenmanagement zu: Schmidt oder Strauß?

»Nur noch wenige blicken voll durch«

Der SPD-Vorsitzende über Kernenergie, Abrüstung und
die Perspektive seiner Partei

SPIEGEL: Herr Brandt, Sie haben vor einiger Zeit mal gesagt,
vor Franz Josef Strauß brauche man eigentlich keine Angst zu haben,
»der hat sich, wenn's darauf ankommt, immer selbst ein Bein gestellt«.
Reicht dieses Prinzip Hoffnung aus?

BRANDT: Nein. Das war sicher keine erschöpfende und auch
keine ausreichende Antwort. Strauß ist ein ernst zu nehmender Gegner, die Sache ist überhaupt nicht gelaufen. Aber ich habe ebenso
davor gewarnt, sich durch eine Welle von Propaganda überschwem-
men zu lassen, als ob Strauß unschlagbar sei.

Er ist ja selbst noch nicht richtig rübergekommen mit dem, was
er vorhat. Wir sind noch in der Phase, in der seine Leute versuchen,
ihn als eine Mischung von Wunderknabe und Unschuld vom Lande
darzustellen. Das, woran Sie mich erinnert haben, muß man dabei mit
im Hinterkopf haben. Strauß bleibt Strauß.

SPIEGEL: Für die Sozialdemokraten müßte es doch gelten,
ihrem Bundeskanzler den Rücken zu stärken und ihm nicht durch
allzu forsche Beschlüsse auf dem bevorstehenden Berliner Parteitag
das Leben schwerzumachen. Schließlich ist Schmidt mit den ökonomischen Problemen bisher gut fertig geworden.

BRANDT: Das ist ganz sicher richtig. Wenn wir die 70er Jahre
nehmen, die nun zu Ende gehen, dann sind die insgesamt – nicht
immer mit gleich großem Erfolg – weitgehend durch sozialdemokratische Inhalte und Repräsentanten sozialdemokratischer Politik geprägt
worden.

Und doch sage ich, daß es unserer Meinung nach nicht ausreichen würde, den Wahlkampf allein als einen Zweikampf zu sehen. Die
Wahl wird durch viele Faktoren entschieden und letztes Endes häufig
durch wenige Prozente von Wählern, die nicht von vornherein für ein
volles Ja oder ein volles Nein sind.

SPIEGEL: ... sondern wissen möchten, wie es weitergeht.

BRANDT: Ja. Einige davon stimmen für das jeweils ihrer Meinung nach geringere Übel, dies jetzt nicht so sehr auf die Person bezogen, sondern auf die politischen Formationen, die sie stützen. Und die Stimmen solcher Wähler haben das gleiche Gewicht.

Für die Sozialdemokraten stellt sich die wichtige und schwierige Aufgabe, ob sie vermitteln können, daß sie, nachdem sie die 70er Jahre politisch doch weitgehend geprägt haben, fähig sind, dies auch für die 80er Jahre zu tun, die ja nicht einfach nur eine Fortschreibung der 70er sein werden.

SPIEGEL: Sie haben auf dem Nürnberger Arbeitnehmerkongreß der SPD davor gewarnt, kommende wirtschaftliche Auseinandersetzungen auf die leichte Schulter zu nehmen. Sie wollen sich also nicht allein auf den Krisenmanager Schmidt verlassen?

BRANDT: Sicher werden wir uns weiter auf Helmut Schmidt verlassen und verlassen können. Aber wir haben im Laufe der Jahre auch gesehen, daß es sich bei der Nationalökonomie nur sehr bedingt um eine exakte Wissenschaft handelt.

SPIEGEL: Reicht diese allgemeine Erkenntnis aus, um Ihre Zukunftssorgen zu zerstreuen?

BRANDT: Sie unterstellen zu Recht, daß mich auch Fragen beschäftigen oder gar umtreiben, die hinausgehen über das, was von Woche zu Woche und von Monat zu Monat zu machen ist. Ich verrate kein Geheimnis, daß dies auch für Helmut Schmidt zutrifft, auch wenn wir vielleicht nicht immer und überall genau zu denselben Ergebnissen kommen.

Aus meiner Sicht stellt sich nun die Frage: Ist es eigentlich richtig – wie viele meinen und wie wir uns angewöhnt hatten zu sagen –, daß wir nur durch eine Weltwirtschaftskrise hindurchgehen. Ich habe begonnen, hinter dieses Wort Krise ...

SPIEGEL: ... ein Wort, das Schmidt leicht von den Lippen geht ...

BRANDT: ... ein großes Fragezeichen zu setzen. Auch schon aus psychologischen Gründen, weil das Wort Krise eigentlich mit der Vorstellung verbunden ist, das ist etwas, was sich erledigt, was überwunden wird.

SPIEGEL: Und nachher sieht es aus wie vor Beginn der Krise.

BRANDT: Ja. Man erreicht nicht notwendigerweise die Ausgangssituation, aber doch mehr oder weniger eine Normalität, die sich nicht prinzipiell unterscheidet von dem, was vorher war. Und ich frage mich und andere: Ist das, was wir nun seit einigen Jahren erleben und dessen Ende wir noch nicht absehen können, nicht in Wirklichkeit vielmehr ein Umbruch denn eine Krise?

SPIEGEL: Was folgt daraus?

BRANDT: Ich will ein paar Faktoren nennen. Zu Beginn der 70er Jahre, und das habe ich ja noch sehr intensiv als Regierungschef miterlebt, ist ein Weltwährungssystem zusammengebrochen, ohne daß sich bisher auch nur abzeichnet, was wann an dessen Stelle treten würde.

Zweitens leben wir jetzt schon seit Jahren in einer Unterbeschäftigungssituation, nicht nur in Westeuropa, nicht nur in der alten Industriewelt, sondern weit darüber hinaus. Drittens leben wir nicht nur in einer Ölkrise, sondern in einer dicken weltweiten Energiekrise.

Viertens haben wir ein seit Jahren deutlich wachsendes Empfinden für die Umweltprobleme. Und fünftens zeigt sich – bei jungen Menschen stärker als bei anderen – eine wachsende Abneigung gegen den Gigantismus. Lange haben wir uns – ich nehme mich nicht aus – an amerikanischen Verhältnissen orientiert, in der Sache zu immer Größerem hin tendierend, zu immer höheren Häusern, immer mehr Autos, immer mehr Energie verschwenden, immer mehr Sachen wegwerfen.

SPIEGEL: Viele, besonders junge Leute vermissen, daß auch die SPD nur Analysen dieser Art anbietet, aber keine inhaltlichen Lösungen.

BRANDT: Ich kann es nachempfinden, daß dies als nicht mehr vernünftig empfunden wird. Inhalte spielen eine Rolle, nicht nur bloße Produktionsergebnisse. Dies, glaube ich, treibt viele Menschen um. Einige führt es eher zu Resignation, sie ziehen sich zurück in kleine Gruppen. Wenn man diese Problematik nicht in den Griff bekommt, dann wird man für die 80er Jahre oder während der 80er Jahre nicht die richtigen Antworten geben können.

SPIEGEL: Herr Brandt, was sagen Sie einem Bürger, der Sie fragt, warum er die SPD künftig wählen soll? Fällt Ihnen da nicht nur die Antwort ein: damit Schmidt Kanzler bleibt?

BRANDT: Das ist auch ein guter Grund. Aber ich habe noch ein paar zusätzliche. Erhard Eppler hat auf einer Tagung der IG Metall 1972 einen wichtigen Vortrag gehalten über die Qualität des Lebens, und ich habe dann etwas voreilig, aber bewußt in die Wahlplattform der SPD für die Wahl 72 den Begriff der Qualität des Lebens mit aufgenommen, ohne daß wir es inhaltlich schon genügend aufbereitet gehabt hätten. Aber es ist ein großer Unterschied, ob dieses Thema von einer Gruppe angegangen wird oder ob es – wie heute – sich festsetzt in der Form einer weitreichenden zivilisationskritischen Grundhaltung.

SPIEGEL: Wollen Sie diese auf die Zukunft gerichteten Themen offensiv in den Wahlkampf einführen, auch auf die Gefahr hin, in Konflikt zu geraten mit der pragmatischen Politik der Regierung?

BRANDT: Ich sehe nicht die Gefahr des Konflikts. Aber es ist meiner Meinung nach die natürlichste Sache der Welt, daß derjenige, der eine Regierung stützt, und zwar ganz und ohne Wenn und Aber, daß er daneben die Zeit, die er hat, und die Kraft, wenn er sie hat, und das, was sich bei ihm im Kopf bewegt, wenn sich hoffentlich noch was bewegt, einsetzt, um auch Fragen anzugehen, die über eine jeweilige Legislaturperiode hinausgehen. Ich gebe zu, daß wir im Wahlkampf nicht die Möglichkeit haben werden, so zu differenzieren.

SPIEGEL: Im Wahlkampf lassen sich auch die Sozialdemokraten erfahrungsgemäß Themen aufzwingen, statt sie zu bestimmen.

BRANDT: Das glaube ich nicht. Die Regierung, um mal beides jetzt nebeneinanderzustellen, die Regierung wird ja nicht alleine eine Leistungsbilanz vorlegen, sondern die Regierung wird auch sagen, was ihrer Meinung nach ansteht. Wenn wir alleine denken an dieses große Thema der Rentenreform, an der so eifrig gearbeitet wird ...

SPIEGEL: ... dieses Thema hat Ihnen das Bundesverfassungsgericht aufgezwungen, das ist keine Idee der SPD.

BRANDT: Ich bin ganz sicher, daß die SPD nicht erst im nächsten Frühjahr, sondern daß sie schon auf ihrem Parteitag in Berlin im Dezember deutlich machen wird, daß sie nicht die Absicht hat, bloß zu reagieren, sondern daß sie skizzieren wird, wo es ihrer Meinung nach langgehen wird in den 80er Jahren.

SPIEGEL: Von dem Psychoanalytiker Horst Eberhard Richter stammt das Urteil, daß die großen Parteien sich immer mehr angleichen, nur noch Parolen absondern, keine eigenen Ideen mehr hervorbringen. Daß sie nur noch Reizthemen dramatisieren, um sich zu profilieren, und sich immer weniger darum scheren, was Bürger wünschen und denken. So falsch liegt er doch wohl nicht?

BRANDT: Nein, die Gefahr, von der Richter, den ich sehr schätze, gesprochen hat, sehe ich durchaus. Aber die SPD hat ja beispielsweise erst vor wenigen Jahren eine Art Orientierungsrahmen für die erste Hälfte der 80er Jahre ausgearbeitet ...

SPIEGEL: ... den keiner liest ...

BRANDT: ... der in der Tat von vielen etwas zu rasch beiseite gelegt worden ist. Im Moment aber wird gerade der Abschnitt über Vertrauensarbeit neu entdeckt. Da der am Schluß steht, blättern manche wohl von hinten mal wieder nach vorne.

SPIEGEL: Herbert Wehner weist neuerdings auf diesen Abschnitt hin.

BRANDT: Daran ist ja nichts zu beanstanden, das ist nur zu begrüßen.

Wir müssen uns jetzt um die Sicherung der Grundwerte kümmern. Das, was ich unser Erbe und unser Stück Vollendung aus dem ausgehenden 18. Jahrhundert nenne, hat mit dem Grundwert Freiheit zu tun. Es ist ja kein Zufall, daß der jetzt nicht mehr kandidierende stellvertretende Vorsitzende Hans Koschnick sich um die unsinnigen Konsequenzen des sogenannten Extremistenerlasses gekümmert hat und daß er auf dem Parteitag einen eigenen Beitrag zum Thema Bürger und Staat leisten wird.

Das, was mit der sozialen Aufgabe der SPD zu tun hat, das läßt sich alles festmachen am zweiten Grundwert, der Gerechtigkeit. Und das, was ich auf die 80er Jahre bezogen und in die 90er Jahre hineinwirkend sehe, das läßt sich festmachen am Begriff der Solidarität, einer Solidarität, die dann nicht mehr national begrenzt gesehen werden kann und die nicht allein auf den einzelnen Menschen bezogen sein kann, sondern auf den Menschen und seine Umwelt bezogen sein muß.

SPIEGEL: Ist es ein Zufall oder ein Symptom, daß ausgerechnet Politiker wie Koschnick und Eppler auf dem Rückzug sind? Der eine will nicht mehr, der andere soll nicht kandidieren.

BRANDT: So können Sie das nicht sehen. Erhard Eppler ist Landesvorsitzender der SPD in Baden-Württemberg, Vorsitzender der Grundwertekommission der SPD und Mitglied des Präsidiums. Er gehört also zur obersten Führungsspitze der SPD. Hans Koschnick ebenfalls. Er hat aus Gründen, die man respektieren muß, gesagt, laßt mich aus dieser zusätzlichen Verantwortung des stellvertretenden Vorsitzenden jetzt raus, ich bleibe aber im Vorstand. Wie Sie gesehen haben, ist nach einer lebhaften Diskussion, in der mehr als ein Name genannt wurde ...

SPIEGEL: ... eine Diskussion, die prima in das nachrichtenarme Sommerloch paßte und eigentlich Richters spöttische Bemerkung bestätigt, daß auch Selbstbeschäftigung durchaus spannende Situationen schaffe.

BRANDT: Nein, dem kann ich nun nicht zustimmen. Das Thema ist aus Gründen, die ich ja durchaus verstehen kann, in dem erwähnten Sommerloch von anderen mehr behandelt worden als durch die Sozialdemokraten selbst. Der SPIEGEL heißt ja eben auch SPIEGEL und nicht Harmonie-SPIEGEL.

SPIEGEL: Der spiegelte nur, was sich in der SPD abspielte ...

BRANDT: ... oder wie es von der einen oder anderen Seite an den Mann gebracht wurde. Tatsache ist, ich nehme solche Dinge ja nicht auf die leichte Schulter, ich bin am vorletzten Sonntag ab 18 Uhr mit allen Vorsitzenden der Bezirke und Landesverbände zusammengewesen, nicht, wie ich gedacht hatte, bis 20.50 Uhr, sondern wir haben den ganzen Abend auch über die Personalfragen gesprochen. Nach der Aussprache war völlig klar, was ich dem Vorstand dazu vorschlagen sollte, nämlich Hans-Jürgen Wischnewski als stellvertretenden Vorsitzenden und Anke Fuchs als Vorstandsmitglied zu benennen.

SPIEGEL: Die Operation ist geglückt, aber nun stellt sich doch die Frage: Ist Wischnewksi als 2. Vorsitzender in der Lage, etwa das Thema Freiheit so engagiert zu besetzen, wie Sie es vorhin von Hans Koschnick behauptet haben? Oder kann er für das Thema Wachstum und Umwelt, dem Sie so große Bedeutung beigemessen haben, so werben, wie Erhard Eppler es getan hätte, wenn er auf diesen Posten gekommen wäre? Bekannt ist Wischnewski als Feuerwehrmann der Regierung.

BRANDT: Jetzt will ich Ihnen mal erzählen, wo er mir zuerst aufgefallen ist. Er war Vorsitzender der Jungsozialisten, und da wurde er vom damaligen Vorsitzenden der SPD, Erich Ollenhauer, vorgeladen, weil er sich – zum Ärger der französischen Sozialisten – geradezu kämpferisch in der Frage der Fremdenlegion und der Unabhängigkeit der Algerier engagierte. Das waren typische Freiheitsthemen.

SPIEGEL: Na ja, fast jeder führende Sozialdemokrat hat seine Sturm-und-Drang-Zeit hinter sich.

BRANDT: Ich will einfach nur sagen, Ben Wisch hat im Laufe der Jahre vieles gemacht, das meiste gut bis sehr gut. Und er wird vermutlich auf einem Gebiet mehr investieren, als Koschnick hat investieren können, nämlich noch mehr vor Ort mit Ortsvereinen, mit Unterbezirken und Bezirken diskutieren. Hans-Jürgen Wischnewski ist im guten Sinne des Wortes ein sozialdemokratischer Allround-Politiker.

SPIEGEL: Machen es sich die Parteien nicht zu leicht, indem sie vom Wähler verlangen, er müsse sich, statt in Inhalten und Zielen, in bestimmten Personen der Führung wiederfinden?

BRANDT: Man müßte dieser Fragestellung ernsthaft nur dann nachgehen, wenn man nicht wüßte, welche Rolle heute das Fernsehen spielt. In der Weimarer Zeit und in der Frühzeit der Bundesrepublik haben Namen nicht die zugespitzte Rolle gespielt wie in der Zeit der elektronischen Medien. Und wir müssen nüchtern davon ausgehen, daß der Kreis derer, die Inhalte und Ziele der Parteien wirklich beschäftigen, kleiner ist als die Gesamtzahl der Wähler in der Bundesrepublik.

SPIEGEL: Dann reicht es ja vielleicht, wenn nur noch Experten die Politik kapieren. Beispiel: die Kernkraftdiskussion, die Ihre Partei zur Zeit führt. Die Wähler werden mit einer Flut von Papieren und Beschlüssen konfrontiert, in denen es wimmelt von Konditionen, Optionen, Moratorien, Zwischenlagern, Endlagern. Wie viele Bürger, glauben Sie, können solcher Diskussion überhaupt noch folgen?

BRANDT: Ich gebe zu, dies ist ein schwieriges Gebiet. Ich habe selbst Schwierigkeiten, dies alles zu verstehen. Trotzdem bin ich nicht pessimistisch. Ich habe ja überall offen gesagt, die SPD war mal die richtig kernkraftfreudige Partei in der Bundesrepublik. Das war eine Anknüpfung an ihre schönsten fortschrittsgläubigen, wissenschaftsgläubigen Zeiten.

SPIEGEL: Was die friedliche Nutzung angeht.

BRANDT: Ja. Absolutes Nein zu Atomwaffen, überschwengliches Ja zur friedlichen Nutzung, Münchner Parteitag 1956, Waldemar von Knoeringen und Professor Leo Brandt, ich höre sie noch, was damit alles fabelhaft gemacht werden könnte. Da haben wir sehr viel zurückstecken müssen.

Aber nehmen Sie mal alleine die zwei Jahre, die seit dem Hamburger Parteitag 1977 vergangen sind. Dann stelle ich doch fest – das hängt nun wesentlich mit den Ölpreisen zusammen –, es gibt ein stärkeres Bewußtsein dafür, daß man mit der Energie nicht so aasen darf. Aber nach alldem, was die Fachleute einem sagen, gehöre ich zu denen, die sagen, wir kommen wohl ohne einen Anteil an Kernenergie nicht aus.

SPIEGEL: Was wird der Parteitag beschließen?

BRANDT: Es wird auf dem Berliner Parteitag nur ganz wenige geben, die sagen, Abbau dessen, was heute ist. Sondern die allermeisten sagen: Das, was ist, bleibt, aber nach den inzwischen gewonnenen

Erfahrungen ist der Sicherheit noch mehr Bedeutung beizumessen; das, was im Bau ist, jetzt nicht stillegen, sondern weiterbauen, aber Sicherheits- und Entsorgungsfragen energisch weiterverfolgen.

Und unter dem Strich komme ich dann zu dem Ergebnis, das einige für unbefriedigend halten: Auch im Dezember 1979 wird die Sozialdemokratische Partei das Thema Kernenergie nicht schlüssig, bündig, abschließend behandeln, sondern sie wird aufgrund der inzwischen gewonnenen Erfahrungen beschließen, was nach dem jetzigen Stand zu beschließen ist.

SPIEGEL: Ihnen ist es eben auch nicht leichtgefallen, die vielen Facetten der Entscheidungsmöglichkeiten des Berliner Parteitages vorzutragen.

BRANDT: Nee, das kann Horst Ehmke viel besser. Deswegen haben wir ihn auch zum Vorsitzenden der Kommission gemacht. Eppler kann das übrigens auch, obwohl er die Akzente dabei etwas anders setzt.

SPIEGEL: Wir bezweifeln, daß die Leute draußen mehr verstehen, wenn Ehmke oder Eppler vortragen. Ist es nicht vielmehr so, daß auch hier die politische Problematik am Ende wieder auf Namen reduziert wird? Für Berlin heißt das: Folgen wir dem Bundeskanzler, oder folgen wir dem Eppler?

BRANDT: Das kann man für einige nicht ausschließen. Ich bin bereit, der Regierung zu geben, was sie zu brauchen glaubt und wovon sie dann diejenigen überzeugen muß, auf deren Stützung sie angewiesen ist. Das ist teils das Parlament, teils die Partei.

SPIEGEL: Wie diese Überzeugungsarbeit läuft, haben wir in der Vergangenheit erlebt, als der Bundeskanzler mit Rücktritt drohte, falls die Koalitionsfraktion seine Atompläne nicht mittrüge.

BRANDT: Nun, nun, bitte nicht mehr zu Lasten von Schmidt, als er tragen muß. Ich will hier mal ruhig erzählen: Da gab es 1969 einen Wahlparteitag der SPD in Bad Godesberg, vor der Bildung der Kleinen Koalition. Und da kam ein Antrag meiner Freunde aus Hessen Süd zur Vermögensbildung. Schiller und Möller, die am Vorstandstisch saßen, sind zu mir gekommen und haben gesagt, das darf hier nicht beschlossen werden, denn es läßt sich nicht durchführen.

Ich habe mich verlassen auf das fachliche Urteil der beiden Kollegen. Bin ans Rednerpult gegangen und habe gesagt: Liebe Freunde, nachdem ich mich hier umgehört habe, könnte ich für einen solchen Beschluß die Verantwortung nicht übernehmen. Und dann hat der Parteitagsvorsitzende, das war damals Klaus Schütz, gesagt, er hätte den Eindruck, die Auszählung sei vielleicht doch nicht richtig gewesen über den Antrag. Er wolle das noch mal wiederholen lassen.

SPIEGEL: Wie man das so macht.

BRANDT: Das würde heute nicht mehr gehen. Trotzdem habe ich das hier mal ganz bewußt erzählt. Das alles hat mit Menschen zu tun. Und wenn sich derjenige, der in herausgehobener Verantwortung ist, voll ins Zeug legt, dann kriegt er eine ganze Reihe von Leuten auf seine Seite. Doch zurück: Sie können davon ausgehen, daß auf dem Berliner Parteitag durchweg Delegierte sind, die sich vorher mit der Materie vertraut gemacht haben.

SPIEGEL: Die Nürnberger Arbeitnehmerkonferenz am vorletzten Wochenende bewies eher das Gegenteil. Dort feierten die Delegierten enthusiastisch den Hamburger Bürgermeister Klose für seine Kritik an der Praxis der Wirtschaftsförderung und damit am Wirtschaftssystem. Anschließend applaudierten die meisten Bundesfinanzminister Matthöfer und allen folgenden Rednern, die der Klose-Rede heftig widersprachen. Und am Ende verabschiedeten dieselben Delegierten einstimmig einen Leitantrag, der die Kurzfassung des Klose-Referats darstellte. Was sollen wir davon halten?

BRANDT: Also ich habe den Eindruck, daß sich bei uns auf Konferenzen zu meinem großen Erstaunen etwas durchsetzt, was es früher nicht gegeben hat, was ich aber aus meiner Skandinavienzeit sehr gut kenne: nämlich die zunehmende Neigung, einer rednerischen Leistung auch dann zuzustimmen, wenn man nicht voll inhaltlich einverstanden ist.

SPIEGEL: Aber Klose ist ja nun wahrlich kein Cicero.

BRANDT: Ich war zu diesem Zeitpunkt nicht da. Ich habe es nachgelesen, und das ist eine bemerkenswerte Rede. Auch wenn man, wie der Finanzminister oder andere, hier und da Fragezeichen anbringt.

SPIEGEL: Herr Brandt, das zweite komplizierte Thema des Berliner Parteitages heißt Abrüstung. Sie haben gerade gewarnt, weiter an der Rüstungsspirale zu drehen; die Menschheit könne sich sonst zu Tode rüsten. Der Parteitagsantrag ist so klar nicht. Und er ist 28 Seiten stark.

BRANDT: Das Gebiet der Rüstung und Abrüstung ist so kompliziert, daß nur noch wenige voll durchblicken. Ich habe selber Schwierigkeiten, wenn ich mich mit dieser Thematik nicht ständig beschäftige.

SPIEGEL: Aber den Delegierten muten Sie unbekümmert Einerseits-andererseits-Formulierungen zu. Die Frage des Wählers lautet schlicht: Muß die Nato wirklich, wie es im Dezember in Brüssel beschlossen werden soll, weitreichende Mittelstreckenraketen einführen, deren Atomsprengköpfe sowjetisches Gebiet erreichen?

BRANDT: Unser Entschließungsantrag ist mit Helmut Schmidt und Hans Apel sorgfältig abgestimmt, auch in diesem Punkt.

SPIEGEL: Er läßt alles offen.

BRANDT: Ich habe mir den Antrag zu eigen gemacht und vorgeschlagen, ganz deutlich zu machen, daß für die SPD das politische Bemühen um Abrüstung Vorrang hat. Und daneben stehen dann die Dinge, die in der Nato erörtert werden. Im übrigen kann und wird und will niemand aus der Führung der SPD die Delegierten daran hindern, diesen Abschnitt weiter zu konkretisieren.

SPIEGEL: Auch zu ändern?

BRANDT: Darüber wird es vermutlich Diskussionen geben.

SPIEGEL: Und wo steht der SPD-Vorsitzende?

BRANDT: Ich bin zufrieden, daß unsere Zielrichtung klar ist und niemand auf den Gedanken kommen kann, für die SPD gelte die Reihenfolge: Erst rüsten und dann darüber verhandeln, was man wieder abrüstet ...

SPIEGEL: ... so, wie es auch die Bundesregierung sieht.

BRANDT: Die SPD wird im übrigen deutlich machen, daß sie eine neue Initiative bei den MBFR-Verhandlungen in Wien erwartet, die sich ein bißchen lang hinziehen. Das ist eine schwierige Materie, und ich tadle nicht die Fachleute.

SPIEGEL: Verteidigungsminister Apel sagt, und so lautet auch der Entschließungsentwurf der SPD-Spitze: Wir wollen die Modernisierung der Atomwaffen und die Einführung der Mittelstreckenraketen nur vorbereiten, damit wir im Falle eines Scheiterns der Verhandlungen mit Moskau die Möglichkeit haben, etwas zu tun.

BRANDT: Das trifft den Kern.

SPIEGEL: Der Außenminister Genscher und die FDP formulieren anders: Die Raketen müßten in »jedem Fall« eingeführt werden. Dies sei »die Voraussetzung« für erfolgreiche Verhandlungen mit den Sowjets. Was gilt?

BRANDT: Ich kann mich nicht an die Stelle des Bundeskanzlers und des Verteidigungsministers setzen. Ich bin ganz sicher, daß sie sich über diesen schwierigen Komplex innerhalb der Regierung mit dem Außenminister verständigen werden.

SPIEGEL: Seit Jahren werden bei den Wiener MBFR-Verhandlungen Panzer und Soldaten gezählt – von Diplomaten. Ist nicht endlich eine politische Entscheidung notwendig?

BRANDT: Ich stimme Ihnen aufgrund meiner Erfahrungen zu, daß eine politische Initiative fällig ist. Dies wird die SPD in Berlin fordern. Allerdings sage ich auch, daß die Fachleute ein Stück wichtiger Vorarbeit leisten. Jetzt muß der Versuch gemacht werden zu definieren, was ein Soldat ist.

SPIEGEL: Jeder normale Mensch weiß, was ein Soldat ist.

BRANDT: Breschnew hat mich schon früher mal gefragt, müssen denn hier alle Musikkapellen und alle Köche mitgezählt werden? Ich weiß nicht, ob das viel ergibt. Aber es muß noch einmal gerechnet werden. Und hier muß, das sage ich aus Überzeugung, politischer Push rein.

SPIEGEL: Ob Energie- oder Abrüstungspolitik – bis zum Parteitag und auf dem Parteitag werden wir ein gewaltiges Gefeilsche um Worte erleben. Politiker werden als Sieger oder Verlierer dastehen, je nachdem, ob sie eine bestimmte Formulierung durchgesetzt oder nicht durchgesetzt haben, mit der, wie es so schön heißt, der Kanzler leben oder auch nicht leben kann. Ist es nicht Ihre Aufgabe, diese rituellen Übungen zu bekämpfen und dafür zu sorgen, daß Politik wieder bürgernäher, transparenter und verständlicher wird?

BRANDT: Ob das schon hinreichend durch den Berliner Parteitag geleistet werden kann, weiß ich nicht. Es geht nicht nur um Transparenz; die notwendige Geschlossenheit der SPD im Wahlkampf darf nicht bezahlt werden mit geistiger Uniformität.

Doch dafür sorgt auch der Parteitag. Bitte unterschätzen Sie nicht, daß dort gestritten wird und daß Leute was werden wollen und daß nicht alle gewählt werden können, die kandidieren. Ich habe auch zweimal vergeblich für den Vorstand kandidiert. Ich möchte niemanden entmutigen, in Berlin auch kontrovers zu diskutieren.

SPIEGEL: Sie haben vor kurzem einmal auf die Frage, warum Sie davon überzeugt sind, daß Ihre Partei Sie noch eine Weile brauche, gesagt: »Weil wir noch einen großen Umschichtungsprozeß vor uns haben.« Was, wo und wen wollen Sie umschichten?

BRANDT: Es ist nur sehr bedingt vergleichbar mit dem Bemühen, 1968 die Apo-Generation zur SPD zu holen. Das hat ja auch damals einigen Ärger bedeutet, aber letzten Endes politischen Gewinn. Einige sind ja mittlerweile sogar ministrabel.

SPIEGEL: Das ist Vergangenheit.

BRANDT: Aber nun geht es darum, eine zum Teil zur Resignation neigende Generation anzusprechen und ihr zu sagen, bitte, bei allem Sinn für die kleinen Gemeinschaften und für das Zuhause – es ist besser, ihr bringt eure Probleme bei uns ein. Ob man das Qualität des Lebens nennt, ob es um die Ergänzung der Ökonomie durch die Ökologie geht – das meine ich. Und Leute, die sich hierfür interessieren, brauchen in der SPD ihren Raum und ihren Auslauf.

SPIEGEL: Diejenigen, die heute resignieren, reden doch überhaupt nicht mehr mit Ihnen. Sehen Sie noch eine realistische Chance, auch mit Blick auf die nächsten Wahlen, diese Leute wieder einzubinden?

BRANDT: Ich habe kein Rezept dafür, in welchem Tempo und in welchem Ausmaß dies in der Bundesrepublik möglich ist. Aber von einem bin ich fest überzeugt: Ein wesentlicher Teil derer, die heute resignieren oder sich in Sondergruppen abkapseln, muß für die SPD gewonnen werden.

SPIEGEL: Wollten Sie diesen Leuten imponieren mit Ihrem Angriff gegen den freidemokratischen Wirtschaftsminister Graf Lambsdorff, dem Sie vorwarfen, er habe den Ölkonzernen nicht genügend auf die Finger gesehen, und den Sie dafür tadelten, Kernkraftgegner als »politische Subkultur« bezeichnet zu haben?

BRANDT: Die Vermutung, ich hätte einfach meinem Publikum etwas bieten wollen, ist falsch. Ich habe mich vielmehr zum Sprecher derer machen wollen, die meinen, da seien eine Reihe von Äußerungen zu verständnisvoll gegenüber den amerikanischen Multi-Gesellschaften gewesen. Und das andere habe ich im Urlaub gelesen, zugegeben, unvollständig. Briefe, die ich bekommen habe, und Gespräche, die ich geführt habe, haben mir gezeigt, daß der Ausdruck geeignet war, Leute abzustoßen, als ob es sich um Leute aus der Gosse handele. Dies hat Graf Lambsdorff offensichtlich nicht gemeint. Ich habe den Ausdruck für gefährlich gehalten, weil er nicht auf der Linie der von mir als dringend erforderlich erachteten Gesprächsbereitschaft liegt, die selbst dann gegeben sein muß, wenn man nicht sicher sein kann, daß sich daraus heute oder morgen Stimmen ergeben.

SPIEGEL: Herr Brandt, wir danken Ihnen für dieses Gespräch.

Zum SPIEGEL-Gespräch in Nr. 3/1980 (14. Januar)
mit den Redakteuren
Richard Kiessler, Fritjof Meyer und Klaus Wirtgen

Der sowjetische Einmarsch in Afghanistan am 27. Dezember 1979 erschütterte auch die westliche Führungsmacht USA. US-Präsident Jimmy Carter brach abrupt den Entspannungsprozeß mit Moskau ab, der Mitte 1979 mit der Unterzeichnung des amerikanisch-sowjetischen SALT-II-Vertrages über die Begrenzung strategischer Waffen auf gutem Wege schien. Zugleich artikulierte sich in Washington immer unverhohlener Zweifel an der Treue der westdeutschen Partner, die – voran Willy Brandt, aber auch Kanzler Schmidt – weiter auf Entspannung setzten. Sollte Henry Kissinger, der Berater des früheren Präsidenten Richard Nixon, Anfang der siebziger Jahre seinen Dienstherrn doch zu Recht vor den Deutschen und ihrer Ostpolitik gewarnt haben? Wenn trotz der Brandtschen Verträge die Deutschen irgendwann Rückschläge erlebten, könnte, so Kissinger, »die Tendenz der Abspaltung vom Westen« begünstigt, der »deutschen Innenpolitik neuer Zündstoff« geliefert und »das Mißtrauen unter den Verbündeten Deutschlands im Hinblick auf seine Zuverlässigkeit« geweckt werden. Helmut Schmidt hielt jedoch weitgehend Entspannungskurs. Er lehnte die Konfrontation mit Handelsblockaden und Kaltem Krieg ab. Trotzdem wollte er den Schulterschluß mit den Amerikanern nicht aufgeben. Daher schloß sich Schmidt als einziger bedeutender Partner dem amerikanischen Boykott der Olympischen Sommerspiele in Moskau an. Schmidt trieb damals die Sorge, die Sowjets hätten mit der Modernisierung ihrer Mittelstreckenraketen Abschied von der Formel des militärischen Gleichgewichts zwischen Nato und Warschauer Pakt genommen. Er warb für neue amerikanische Atomwaffen in Deutschland. Seine Politik führte zum Aufstand der Friedensbewegten, die lange Zeit in der SPD ihre politische Heimat hatten.

»Möglich, daß wir in den Krieg schlittern«

Der SPD-Vorsitzende über die Entspannungspolitik
nach Afghanistan

SPIEGEL: Herr Brandt, 1978 haben Sie dazu aufgerufen, »systematisch daran zu arbeiten, daß die Entspannungspolitik im Übergang zu den achtziger Jahren illusionslos, aber aufgeschlossen fortgesetzt werden kann«. Können Sie nach der Invasion der Russen in Afghanistan noch auf Entspannung setzen?

BRANDT: Ja, ganz nachdrücklich und illusionslos, so wie wir es immer gehalten haben.

SPIEGEL: Das müssen Sie begründen.

BRANDT: Aus unserer Interessenlage ist es so, daß wir zu den Hauptgeschädigten gehören würden. Wir müssen also alles nur Menschenmögliche tun, um den Rückfall in den Kalten Krieg verhindern zu helfen.

SPIEGEL: Das sagt sich so leicht.

BRANDT: Wir sind keine Großmacht, obwohl auch die Weltmächte – beide übrigens, die einen merken's am Iran, die anderen werden's woanders noch merken – sich stärker an die Grenzen ihrer Macht gedrängt sehen. Es ist ja etwas Pathetisches an dem Vorgang im Iran, wie die größte Macht der Welt dem Teheraner Geiseldrama jetzt seit mehr als zwei Monaten gegenübersteht.

SPIEGEL: Was kann die Bundesrepublik denn tun?

BRANDT: Ich meine, Bundeskanzler Schmidt hat recht daran getan, nach Paris zu gehen, um europäische Solidarität großzuschreiben. Westliche Solidarität ist wichtig, europäische ist besonders wichtig in dieser Lage. Die Bedrohung darf nicht verschwiegen werden, wo es sie gibt.

Und da es sie gibt, ist uns nicht mit – ich glaube, Helmut Schmidt hat Aufgeregtheit gesagt, ich würde hinzufügen mit steriler – Aufgeregtheit gedient. Wir müssen vielmehr mit klarem Kopf durch diese schwere Krise hindurchgehen. Da stimme ich mit Carter überein.

Es kann sich dies als die ernsteste Gefährdung des Weltfriedens seit Ende des Zweiten Weltkrieges erweisen, jedenfalls vergleichbar mit der Kuba-Krise des Jahres 1962, bei der man ja aber, wenn wir uns noch mal daran erinnern, dann erstaunlicherweise an den Verhandlungstisch zurückgekehrt ist. Ich stimme zugleich überein mit meinem Freund Bruno Kreisky, der gesagt hat, dies sei wohl eines der gewagtesten Abenteuer, auf das sich die Sowjetunion bisher eingelassen hat.

SPIEGEL: Sie erwähnten eben die demonstrative Paris-Visite des Kanzlers. Ist Paris nicht eine Adresse, die zu Irritationen in Washington führen muß, nachdem sich Frankreich als erstes Land von Carters Reaktionen auf die sowjetische Invasion distanziert hat?

BRANDT: Ich habe bewußt gesagt, wir müssen jetzt europäische Solidarität großschreiben. Diese muß dann natürlich wieder eingebettet sein in ein gutes, vertrauensvolles Verhältnis zu den Vereinigten Staaten, schon wegen unserer speziellen Sicherheitsinteressen.

SPIEGEL: Ist das die neue Rangfolge: zunächst die europäische und dann die westliche Solidarität?

BRANDT: Europäische Solidarität und westliche Solidarität sind für mich untrennbar verbunden. Aber wir in Westeuropa sind keine Weltmächte.

Wir liegen dort, wo wir liegen. Frankreich ist unser unmittelbarer und wichtigster Nachbar. Die Europäische Gemeinschaft ist nicht mehr nur eine Wirtschaftsgemeinschaft. Als solche hat sie Schwierigkeiten, wie wir wissen. Aber wir sind, wenn ich das allein vergleiche mit der Zeit von vor zwölf Jahren, in der ich das als Außenminister gemacht habe, von einer ziemlich unverpflichtenden außenpolitischen Konsultation hineingewachsen in eine Phase westeuropäischen außenpolitischen Zusammenwirkens. Das hat also schon, ohne daß es antiamerikanisch sein darf, aus meiner Sicht sein eigenes Gewicht.

SPIEGEL: Dennoch: Gerät Bonn nicht zwangsläufig in Konflikt mit den USA?

BRANDT: Der französische Außenminister hat sich vor einigen Tagen für unsere Begriffe etwas schroff zu den amerikanischen Maßnahmen geäußert; Helmut Schmidt hat, bevor er am vergangenen Mittwoch von Madrid nach Paris geflogen ist, dieses aus der deutschen Interessenlage heraus ohne Polemik und ohne jeden Nebenton sachlich auseinandergesetzt, indem er gesagt hat: Weizen können wir den Russen nicht vorenthalten, weil wir ohnehin keinen liefern. Das ist übrigens bei Frankreich nicht ganz so, und ich denke, da hat es einen Kontakt zwischen Giscard und Carter gegeben.

Doch da will ich mich jetzt nicht einmischen, ich spreche von Deutschland. Anders als die Vereinigten Staaten gibt die Bundesrepublik Deutschland keine Kredite . . .

SPIEGEL: . . . aber deutsche Banken.

BRANDT: Die Regierung gibt keine Kredite, und hier geht's ja um Regierungen. Und beim Botschaftspersonal haben wir – anders als mancher Staat – Parität. Wir haben 100 Leute in Moskau, die haben 104 hier. Also: cum grano salis oder vier Salzkörner Unterschied. Bei den Flugverbindungen haben wir strikte Parität. Was man immer sonst von Maßnahmen hält: Ich will jetzt nicht die kritisieren, die Carter verkündet hat, ich will nur Kissinger zitieren, der gesagt hat, man solle aufpassen, nicht verrückt zu spielen, womit er sicher nicht seinen Präsidenten gemeint hat.

SPIEGEL: Wen sonst?

BRANDT: Diejenigen, die der frühere Kennedy-Berater und Historiker George F. Kennan in einem sehr interessanten Aufsatz für die »Zeit« unmittelbar vor der Intervention in Afghanistan als Leute bezeichnet hat, die durch zunehmende Militarisierung des Denkens gekennzeichnet sind, und das wird nun durch den amerikanischen Wahlkampf noch ein bißchen zusätzlich gesteigert.

Ich sage nur: Bei diesen Maßnahmen muß man aufpassen, daß daraus nicht eine reine Redensart wird. Ich sage ja nichts gegen die amerikanischen Überlegungen. Ich habe auch nicht für die USA Politik zu machen, sondern ich bin wieder bei dem Punkt: Ich möchte, daß unsere Politik so eng wie möglich eingebunden bleibt in die westeuropäische, in die mit Frankreich und unseren anderen westeuropäischen Partnern gemeinsam entwickelte Politik, die dann im Atlantischen Bündnis abzustimmen ist.

SPIEGEL: Haben Sie jetzt nicht die Prioritäten früherer Zeiten umgedreht?

BRANDT: Ach, wissen Sie, in früheren Zeiten, das sind nun wirklich schon sehr frühere, wo man in Deutschland einerseits von Atlantikern und andererseits von Gaullisten sprach. Da ließ ich mich auch schon nicht richtig einpassen in das Schema. Ich habe mir ja mal viel Kritik eingehandelt, auch in der eigenen Partei, deren Vorsitzender ich noch nicht ganz war, als ich in New York – bewußt in New York – nach einer, wie ich fand, klugen Rede von de Gaulle gesagt habe: Warum nur er?

Dieses habe ich nicht auf alle Punkte von de Gaulle bezogen, wohl aber auf einen, der zu unserem Gegenstand jetzt eine Beziehung hat: auf die von de Gaulle damals angestrebte Nutzung des Spielraums zwischen den Supermächten durch eine europäische Mittelmacht.

SPIEGEL: Das war auch an die sowjetische Adresse gerichtet.

BRANDT: Es lag ja für einen Berliner Bürgermeister nahe, darüber nachzudenken, was aus unserem Verhältnis zur Sowjetunion werden sollte.

SPIEGEL: Können wir den Russen heute noch so wie vor zehn Jahren gegenübertreten, als Sie den deutsch-sowjetischen Vertrag unterzeichneten?

BRANDT: Ja, wie sind wir ihnen vor zehn Jahren gegenübergetreten? Damals doch in dem ehrlichen Bemühen, einmal nichts zu verwischen von den Unterschieden, die nun mal da sind: Überzeugungen, Ideologie, wie das manche nennen – ein Quatschwort im Grunde –, Interessen, die nur dort identisch sind, wo sie vom Frieden handeln und, wie ich meine, von möglichst viel sachlicher Zusammenarbeit. Das hat sich doch nicht verändert.

SPIEGEL: Ein Eckpfeiler Ihrer gesamten Entspannungspolitik war und ist – und dafür sind Sie häufig genug von der Opposition angegriffen worden – das Vertrauen in den Friedenswillen der Sowjets. Paßt eigentlich die Sowjet-Invasion in Afghanistan noch ins Bild von einem friedfertigen Partner?

BRANDT: Die Politik, die wir als Nicht-Weltmacht haben betreiben können in jenen Jahren, von denen wir jetzt sprechen, war der Natur der Sache nach eine vorrangig auf Europa gerichtete Politik. Ich sehe mit Interesse, wieviel Leute bei uns darüber reden, daß wenn schon, dann weltweite Entspannung erforderlich wäre. Das wäre sehr schön; das möchte ich auch. Das hätte Kissinger auch gern gemocht. Und vielleicht hat man sich ja auch Chancen entgehen lassen, über Europa hinauszukommen. Vielleicht waren die Konstellationen besonders ungünstig, besonders gegen Ende der Präsidentschaft Nixons.

Selbst wenn meine Empörung, Enttäuschung, Verbitterung über den sowjetischen Einmarsch in Afghanistan noch stärker wären, als sie sind, kann mich niemand wegbringen von der Frage nach unseren Interessen und von dem Hinweis auf die Gefahren, die von denen ausgehen, die Abenteurertum auf ihre Fahnen geschrieben haben, auch wenn sie es anders nennen.

SPIEGEL: Wen meinen Sie damit?

BRANDT: Für mich ist interessant, wie relativ selbstdiszipliniert sich Herr Strauß zunächst geäußert hat. Daß er sich damit zeitweilig vorteilhaft von seinem »Bayernkurier« abhob, ist keine Kunst. Daß er sich damit erst einmal von Helmut Kohl abhob, der dem

Bundeskanzler und mir unterstellt, wir betrieben das Geschäft der Sowjetunion, überrascht mich nicht. Das ist so unqualifiziert, daß man es eigentlich kaum zu registrieren brauchte.

Aber daß ein Mann wie Alfred Dregger allen Ernstes sagt, es sei jetzt fällig, den Wirkungsbereich der Nato auszuweiten auf den Persischen Golf, heißt konkret: Deutsche Soldaten, deutsche Flugzeuge, deutsche Schiffe, wenn wir solche hätten, sollten über den Raum des Bündnisses hinaus für militärische Aktionen eingesetzt werden. Ich halte dies für falsch.

SPIEGEL: Halten Sie die Sowjetunion noch für einen vertrauenswürdigen Partner, nachdem Carter gesagt hat, daß er sich von Breschnew persönlich getäuscht fühlt?

BRANDT: Wissen Sie, ich frage mich natürlich wie viele, die sich Gedanken machen über die Entwicklung in der Welt, was in der einen und in der anderen Weltmacht an den Hebeln der Macht vor sich geht. Der vorzügliche Sowjet-Kenner Kennan sagt, daß der entspannungsfreudige Kreis um Breschnew vermutlich auf dem Rückzug von der politischen Bühne sei. Dies kann ich nicht schlüssig beantworten, sondern ich sage nur immer wieder, ich muß von der deutschen Interessenlage ausgehen, und ich muß, ohne mir was vorzumachen, ohne Illusionen nachzujagen, versuchen herauszufinden, ob nicht doch die Basis da ist, weiterzumachen oder neu anzusetzen.

SPIEGEL: Ihr Freund Kreisky bezweifelt bereits, daß die für Ende 1980 in Madrid geplante zweite KSZE-Folgekonferenz stattfinden wird.

BRANDT: Ich habe das, ohne ein Urheberrecht geltend zu machen, lange vor Afghanistan bezweifelt. Ich habe mir gesagt, da sind Wahlen in ein paar wichtigen Ländern – vor allem in einem ganz wichtigen westlichen Land –, und da werden die Emotionen es unmöglich machen, im November 1980 in Madrid vernünftig zu reden und weniger zu polemisieren als 1978 in Belgrad.

Man sieht doch jetzt schon, daß dieser schreckliche Vorgang für die Russen nicht einfach werden wird. Diese erste Bilanz ist doch: Kuba ist nicht in den Sicherheitsrat gewählt worden, obwohl es den Vorsitz in der Bewegung der Blockfreien hat. Und auch Frau Gandhi, deren Name sehr stark verbunden ist mit dem Freundschaftsvertrag zwischen Indien und der Sowjet-Union, hat sich betont kritisch über die sowjetische Afghanistan-Intervention geäußert. Ganz allgemein begegnet die Sowjetunion in der Dritten Welt sehr harter Kritik.

Doch ich stimme mit dem deutschen Bundeskanzler voll und ganz überein, daß wir auch weiter alle verfügbaren Möglichkeiten des Meinungsaustausches mit der Sowjetunion nutzen müssen. Das gilt auch für die KSZE.

SPIEGEL: Hatten Sie in den letzten Tagen selber irgendwelche Kontakte zu Breschnew, als dessen Freund Sie ja in der Bundesrepublik gelten?

BRANDT: Nein, keine.

SPIEGEL: Wäre es nicht nützlich, wenn der SPD-Vorsitzende, der ja auch Chef der Sozialistischen Internationale ist, so schnell wie möglich nach Moskau reisen würde?

BRANDT: Ich bin in einem Alter und in einem Gemütszustand, in dem man sich nirgends mehr aufdrängt oder aufdrängen sollte.

SPIEGEL: Das heißt also, wenn ein Signal von Moskau käme, würden Sie gehen?

BRANDT: Das muß ja nicht nur von dort kommen.

SPIEGEL: Gesprächsstoff gäbe es reichlich: Wenn in der Bundesrepublik Stimmen laut werden, die Nato auszuweiten bis an den Persischen Golf, könnte man sich eine Gegenposition vorstellen, nämlich die Entspannung bis an den Persischen Golf auszuweiten.

BRANDT: Ja, das ist genau das, worauf es ankäme. Aus westlicher Sicht stellt es sich so dar: Die Russen haben in Europa ihren Besitzstand gesichert, was ja nur die halbe Wahrheit ist. Wir haben ja auch was bekommen. Ich möchte nicht, daß wir wieder in Berlin spüren wie vor und nach der Kuba-Krise, wie empfindlich wir sind. Aber die Leute sagen, die Russen haben sich nur dort an so was ähnliches wie Entspannung gehalten, wo es ihren Interessen entsprach, und sind dann hineingestoßen in andere weiche Gebiete.

SPIEGEL: Das stimmt doch wohl.

BRANDT: Das haben Weltmächte so an sich, wissen Sie. Als der von mir durchaus nicht nur geachtete, sondern auch geschätzte ägyptische Präsident Sadat sich mit den Russen überworfen hat, haben die Amerikaner nicht gesagt, nun erklären wir das mal zu einem Gebiet, das mit sich selbst fertig werden muß, sondern sie haben sich um die Intensivierung ihrer Beziehungen bemüht. Nachdem die Sowjetunion sich an mehreren Punkten teils direkt, teils durch die Kubaner, teils – völlig unvernünftigerweise – durch die DDR festgesetzt oder jedenfalls engagiert hat . . .

SPIEGEL: . . . Sie meinen vor allem Afrika . . .

BRANDT: ... bemühen sich die Amerikaner um Stützpunkte in Kenia, in Oman, in Somalia.

SPIEGEL: Finden Sie das vernünftig?

BRANDT: Ich gebe das zunächst mal so wieder. Es kommt nicht darauf an, ob ich in diesen Zusammenhängen zwischen den beiden Weltmächten was für richtig halte, ich stelle nur fest: Dies liegt auf der Linie einer jetzt weiteren Verschärfung. Da ist die Möglichkeit drin, daß wir hineinschlittern in den Krieg.

SPIEGEL: Wollen Sie damit sagen, daß der Westen die Situation verschärft hat?

BRANDT: Das habe ich nicht gesagt. Das ist ein Sich-gegenseitig-Hochschaukeln einer Krise, wo schließlich keiner mehr sagen kann, wo es begonnen hat. Wir dürfen dabei freilich nicht vergessen, daß die Geheimdienste und Rüstungslobbyisten den agierenden Politikern beider Weltmächte das Leben schwermachen.

SPIEGEL: Breschnew hat 1978 bei seinem Bonn-Besuch in einer gemeinsamen Deklaration mit Kanzler Schmidt per Unterschrift versprochen, »die Unteilbarkeit des Friedens und der Sicherheit in allen Teilen der Welt« zu respektieren. Die Bundesregierung hat sich in ihrer Reaktion auf die Afghanistan-Invasion auf das Prinzip der Unteilbarkeit der Entspannung festgelegt. Muß man jetzt nicht dieses Prinzip für obsolet erklären, wenn die Bundesrepublik ihre eigenen Interessen wahren will?

BRANDT: Nein. Man muß noch viel nüchterner – ich glaube, ich selbst habe es nicht nötig – an die Dinge herangehen. Man muß sich auch im Westen freimachen von allen Versuchungen der Heuchelei.

Ich sehe ja doch mit einem gewissen Interesse, daß einige, die noch mehr erregt sind als andere über das militärische Abenteuer in Afghanistan, gar nichts dagegen gehabt hätten, wenn die Amerikaner im Iran gelandet wären. Bevor diese schreckliche Geisel-Affäre anlief, waren es ja nicht irgendwelche Vertreter der Vereinigten Staaten, die davon gesprochen haben, sich unter Umständen auch mit militärischen Machtmitteln der Ölquellen zu vergewissern. Also, dieses Überwiegen des militärischen Denkens ist ein Phänomen, das wohl nicht nur auf einen Teil der sowjetischen Führung beschränkt ist.

SPIEGEL: Herr Brandt, wofür plädieren Sie konkret, wenn Sie jetzt als Antwort auf Afghanistan mehr statt weniger Entspannung fordern?

BRANDT: Ich sage nicht »mehr Entspannung«, sondern – bitte, damit wir uns hier nicht mißverstehen – ich sage: Wenn es irgend geht, das in Europa Erreichte jetzt nicht kaputtmachen lassen, denn es würde schwierig genug sein, es wieder auch nur auf den heutigen Stand zu bringen.

SPIEGEL: Sie meinen Berlin?

BRANDT: Nein, ich spreche von Deutschland überhaupt und den Beziehungen zwischen den Teilen Deutschlands und den Teilen Europas. Und ich füge hinzu: So wünschenswert es wäre, die Entspannung auszudehnen, als so schwierig hat sich dieses Unterfangen bisher erwiesen. Aber man muß es versuchen.

Wissen Sie, ich habe vor Jahren eine Lehre mitbekommen von dem verstorbenen Jean Monnet, der ja der eigentliche Vater dessen war, was man Schuman-Plan genannt hat. Er hatte aus den Erfahrungen zweier Weltkriege die feste Überzeugung gewonnen, Deutschland, Frankreich und überhaupt Westeuropa müßten sich enger zusammenschließen. Und als das mal wieder ganz schwierig mit der westeuropäischen Zusammenarbeit geworden war, sagte er zu mir: »Wenn es ganz schwierig wird, dann muß man sich darüber Gedanken machen, wie man die Bühne neu arrangieren kann. Denn häufig können Sie mit denselben Requisiten ein anderes Bild erzeugen und aus diesem anderen Zueinanderordnen der Kulissen etwas wieder in Gang bringen, was völlig festgefahren schien.«

SPIEGEL: Würden Sie der These zustimmen: Die Entspannung ist im Prinzip unteilbar, wir Europäer müssen aber aus eigenem Interesse so handeln, als ob sie teilbar wäre?

BRANDT: Nein, ich will einen anderen Vergleich wählen. Ich bin meiner ganzen Grundüberzeugung nach wie viele Menschen in unserem Lande der Meinung – ob sie das nun ableiten aus der Verankerung im Christentum oder im Humanismus –, daß Menschenwürde unteilbar ist.

Aber dies bringt mich doch nicht zu dem Ergebnis, ich könne nur für Menschenwürde in meinem eigenen Teil der Welt sein, wenn sie auch überall sonst gelte, sondern es bringt mich doch genau zu dem entgegengesetzten Schluß: Ich muß für sie sein dort, wo immer sie möglich ist, und versuchen, ihren Bereich ausweiten zu helfen.

SPIEGEL: Gibt die sowjetische Invasion in Afghanistan all jenen »Falken« innerhalb der Nato recht, die den jüngsten Beschluß des Bündnisses zur Produktion und Stationierung neuer Mittelstreckenraketen in Europa in den Vordergrund gerückt und den Verhandlungsauftrag zur beiderseitigen Abrüstung nur als notwendige Beigabe mitgeschluckt haben?

BRANDT: Ja, die Gefahr besteht. Und das haben sich dann auch in gewisser Hinsicht die Russen selbst zuzuschreiben. Und wir Westeuropäer, mit Einschluß der Amerikaner – aber wir sind nun mal in erster Linie Deutsche und Europäer –, müssen uns fragen, ob wir nicht gut beraten gewesen wären, wenn wir schon früher mit Verhandlungen begonnen hätten.

SPIEGEL: Das hätte bedeutet, daß man sich schon vor dem Nato-Beschluß vom 12. Dezember an den Tisch gesetzt hätte.

BRANDT: Nein, das ist ein willkürliches Datum. Man hätte schon früher so oder anders beschließen können. Ich sage ja, es lagen zwei Dinge in der Luft: Einmal das, was die Nato über viele Jahre beraten hat – es ist ja nicht so, daß das irgend jemand plötzlich im Jahre 1979 in den Kopf gekommen ist. Und es hat dann eine Rede Breschnews Anfang Oktober in Ost-Berlin gegeben.

SPIEGEL: Wäre die Invasion in Afghanistan unterblieben, wenn früher verhandelt worden wäre?

BRANDT: Es gibt Leute, die meinen, daß es nicht zu dieser Invasion in Afghanistan gekommen wäre, wenn es schon intensive Verhandlungen zwischen den beiden Bündnissen zu diesem Zeitpunkt gegeben hätte.

SPIEGEL: Herr Brandt, wie beurteilen Sie die Reaktion des amerikanischen Präsidenten auf die Invasion in Afghanistan?

BRANDT: Ich bin nicht dessen Zensor.

SPIEGEL: Aber Sie sind einer der angesehensten Außenpolitiker ...

BRANDT: ... ach!

SPIEGEL: ... der westlichen Welt.

BRANDT: Ach was. Ich verfolge das alles mit großem Interesse und mit dem gebührenden Respekt.

SPIEGEL: Ist es richtig, die Weizenlieferungen zu stoppen? Oder trifft man nicht damit am Ende die falschen Leute?

BRANDT: Meine Erfahrung ist ja – aber man kann immer noch dazulernen –, daß wirtschaftlicher Boykott eigentlich noch nie politisch Wichtiges bewegt hat. Aber es ist ja nicht so, daß die Vereinigten Staaten die Sowjetunion aushungern wollen und werden ...

SPIEGEL: ... Das können sie wohl auch gar nicht ...

BRANDT: ... sondern sie wollen an einer Reihe von Punkten deutlich machen, daß sie in extremem Maße nicht einverstanden sind.

Und wenn dies dann dazu führen könnte, daß man sich möglichst bald zusammensetzt und redet, wäre schon was gewonnen. Ich halte dies für eines der großen Versäumnisse der letzten Jahre, daß Carter und Breschnew so lange Zeit gebraucht haben, bevor sie mal miteinander geredet haben.

SPIEGEL: Soll denn die Bundesregierung auch solche Zeichen setzen? Halten Sie es für opportun, wenn Kanzler Schmidt seine geplanten Reisen zu Honecker und Breschnew aufschiebt?

BRANDT: Solche Reisen abzusagen, wem soll das eigentlich nützen? Ich bin der Meinung, es ist richtig, daß wir unsere Meinung sagen, wie betroffen wir sind, wie gefährlich das ist; daß wir in der Uno mit denen zusammenwirken, die dies deutlich machen; daß wir mit den Leuten in der Dritten Welt vernünftig reden.

SPIEGEL: Nicht im »Bayernkurier«, sondern in der SPD-Zeitung »Vorwärts« wird darüber spekuliert, ob es nicht »angebracht sein könnte, wenn sich der Kanzler und Honecker nicht schon Ende Januar oder Anfang Februar träfen, so als wäre zwischen Ost und West nichts geschehen. Eine Verschiebung des Treffens Schmidts mit dem SED-Generalsekretär könnte deshalb durchaus sinnvoll sein – so lange jedenfalls, wie die derzeitige Nahostkrise anhält«. Ist das Ihre Meinung?

BRANDT: Nein, das ist ja keine Entschließung des Vorstandes der SPD – das müßte auch noch nicht der Weisheit letzter Schluß sein –, sondern dies ist ein namentlich gezeichneter Artikel von einem Bonner Journalisten, den ich sehr schätze. Im übrigen glaube ich, es hieße die Rolle Honeckers im anderen Bündnis überschätzen, wenn man meint, der hätte wesentlich an den Hebeln mitgedreht, die zur Intervention in Afghanistan in Bewegung gesetzt worden sind.

SPIEGEL: Wäre eine Verschiebung der Reise nicht schon deshalb sinnvoll, um den Dialog zwischen Schmidt und Honecker von den Emotionen der Afghanistan-Invasion freizuhalten?

BRANDT: Ich glaube nicht, daß es bei Schmidt Emotionen gibt. Warum sollte es sie eigentlich bei Honecker geben? Warum sollten die nicht über das, was in ihrem *begrenzten* Themenbereich ansteht, verhandeln können? Ich lege mich jetzt nicht auf einen Zeitpunkt fest, das habe ich nie getan. Aber ich bin, wie Bundeskanzler Schmidt es selbst gesagt hat, dafür, an den Dispositionen nichts zu ändern. Wenn die andere Seite das ändern will, dann wird sie das ja sagen. Das gilt nicht nur für den Kontakt zwischen den beiden deutschen Staaten, sondern auch für die Weiterführung des sicher nicht einfachen, aber wichtigen Dialogs mit der Sowjetunion.

SPIEGEL: Könnte ein freundliches Händeschütteln zwischen Schmidt und Honecker zum gegenwärtigen Zeitpunkt die SPD nicht Stimmen bei den Landtagswahlen in Nordrhein-Westfalen und Baden-Württemberg kosten?

BRANDT: Ich weiß wohl, daß eine veränderte weltpolitische Landschaft auch innenpolitische Konsequenzen haben würde. Aber da können sich noch manche Leute wundern, was diese Konsequenzen angeht. Wenn ich es richtig verstehe, gibt es neben den gewiß zahlreichen bierstrategischen Äußerungen, die es an Zuspitzung nicht fehlen lassen, eine tiefe Sehnsucht in unserem Volk, an nichts mitzuwirken, was zu unnötiger Verschärfung und Gefährdung führt. Ich vertraue darauf, daß es eine gute Mehrheit gibt für eine Politik der Vernunft.

SPIEGEL: 1963 wurden Sie als Berliner Bürgermeister von Chruschtschow zu einem Gespräch eingeladen, die Springer-Presse und die CDU trommelten dagegen. Weil der Senat mit seinen CDU-Mitgliedern auseinanderzubrechen drohte, gingen Sie nicht zu Chru-

Im Januar 1980 mit – von links – Klaus Wirtgen, Richard Kiessler und Fritjof Meyer.

schtschow nach Ost-Berlin. Aber die Berliner, die gerade wählen sollten, plädierten für Entspannung.

BRANDT: Die Erinnerung ist mir gar nicht unlieb, denn die Wahlen sind für die SPD nicht so schlecht gegangen, um die 62 Prozent. Ich habe in meinem Weddinger Wahlkreis um 75 Prozent gehabt. Das ist heute . . .

SPIEGEL: . . . Vergangenheit.

BRANDT: . . . nicht mehr landesüblich.

SPIEGEL: Die Opposition wird die Entspannungspolitik, so wie sie Willy Brandt und Egon Bahr betrieben haben, als Traumtänzerei und Illusionismus verteufeln.

BRANDT: Ja, bloß ich bin ja nicht mehr derjenige, der für die Bundesrepublik Deutschland zu verhandeln hat.

SPIEGEL: Aber Sie haben als Vorsitzender der führenden Regierungspartei den Wahlkampf zu führen.

BRANDT: Das ist sicher, daß ich den Wahlkampf zu bestehen habe und mit dem Bundeskanzler zusammen führen werde. Das ist ganz sicher. Wissen Sie, man kann sich auseinandersetzen mit diesen Leuten, die hier bei uns jetzt frohlocken, wenn es schlechtgeht; sie wollen recht bekommen, sie gehen auf die Zuspitzung der weltpolitischen Lage los wie bestimmte Kreaturen auf das gefundene Fressen.

SPIEGEL: Sie haben 1972 mit den Ost-Verträgen die Wahlen gewonnen . . .

BRANDT: . . . hab' ich? So sicher ist das nicht.

SPIEGEL: Wir behaupten das mal. Müssen Sie nicht damit rechnen, daß Ihnen diese Vertragspolitik im kommenden Wahlkampf wieder von der Opposition mit dem Hinweis auf Afghanistan um die Ohren gehauen wird?

BRANDT: Ich kann nicht ausschließen, daß es neue Demagogie geben wird. Aber es gibt viele Menschen, nicht nur in Berlin, sondern auch hier, die erinnern sich an die Zeiten, wo man nicht im wesentlichen ungehindert von und nach Berlin fahren konnte und wo es noch keine Familienzusammenführung aus Polen und der Sowjetunion gab.

Und ich glaube nicht, daß unsere Industrie, die sich einige neue Märkte gesichert hat in der Sowjetunion, in Polen und anderswo, die Verträge rückgängig machen will. Das hört sich ein bißchen krämerhaft an, aber ich bin auch mit dazu da, nachzudenken, wie es bei uns Beschäftigungsmöglichkeiten gibt in den Jahren, die vor uns liegen.

SPIEGEL: Sie gehörten bisher zu den immer seltener werdenden Politikern, die Wahlkämpfe nicht nur mit Leistungsbilanzen bestritten, sondern auch Zukunft geboten haben. Sehen Sie in der Außenpolitik noch Möglichkeiten für einen offensiven Wahlkampf der SPD?

BRANDT: »Offensiv« ist ein großes Wort. Aber im politischen Leben gibt es Zeiten und Gebiete, in denen und auf denen es darauf ankommt, daß nicht mehr zertöppert wird, als unbedingt notwendig ist.

SPIEGEL: Könnte ein Wahlkampf mit den Schwerpunkten Sicherheits- und Außenpolitik dazu führen, daß die Chancen der Grünen sinken, weil sie zu diesem Thema nichts zu sagen haben?

BRANDT: Ich kann mir vorstellen, daß manche, die sonst abseits stehen, gerade auch Junge, dann wieder dabei sind, wenn es darum geht oder ginge – ich stelle anheim – Friedenspolitik zu sichern.

SPIEGEL: Wie steht es mit den Auswirkungen auf die Koalition? Können Sie sich vorstellen, daß über die Außenpolitik ein Schulterschluß mit Genschers FDP gelingt?

BRANDT: Was Genscher und Schmidt in diesen Tagen zur Entspannungspolitik gesagt haben, stimmt nahtlos zusammen.

SPIEGEL: Auf dem Dreikönigstreffen der baden-württembergischen FDP hat sich Genscher damit gebrüstet, er habe mit seiner Warnung vor Wehners These, die sowjetische Rüstung sei defensiv, recht behalten.

BRANDT: Das war eine Parteiveranstaltung, und das war in einem Land, wo Herrn Genscher daran lag, sich auch an Erhard Eppler zu reiben, was ich ihm nicht verwehren kann, was aber natürlich...

SPIEGEL: ...auch an Herbert Wehner.

BRANDT: Das weiß ich nicht. Bei aller Polemik wird natürlich auch Herr Genscher wissen, daß er eine Koalition nicht nur mit einem Teil der SPD hat, sondern er hat sie mit einer SPD, zu deren Führung Erhard Eppler gehört.

SPIEGEL: Sie weichen aus. Denn Egon Bahr und Sie haben doch die These von Wehner geteilt. Also...

BRANDT: ...Wenn Sie mit Herbert Wehner etwas zu erörtern haben, dann müssen Sie mit ihm darüber sprechen.

SPIEGEL: Die SPD hat sich auf ihrem Berliner Parteitag mit Mühe und Not und, wenn Sie ehrlich sind, gegen Ihre innerste Überzeugung einen Aufrüstungsbeschluß abgerungen und »Sicherheit für die 80er Jahre« versprochen. Kann dieses Motto nicht zum Rohr-krepierer werden, wenn die CDU sagt, was die SPD leichtfertig ver-sprochen hat, das können nur wir garantieren?

BRANDT: Das verstehe ich schon als Frage, aber ich komme zu einem Ergebnis, das auf Nein hinausläuft, und zwar aus zwei Grün-den.

Wenn die CDU »Sicherheit« sagt, dann schwingt bei mir immer noch mit, was mal buchstäblich »keine Experimente« genannt worden ist. Wenn die SPD »Sicherheit für die 80er Jahre« sagt, dann sagt sie damit, wir wissen heute noch besser als Anfang Dezember auf dem Parteitag in Berlin, wie gefährdet die Welt ist, in der wir leben. Und wir wollen alles Mögliche tun, um eure Interessen gut wahrzunehmen, aber das geht nicht durch eine Politik der Beharrung.

SPIEGEL: Müssen Sie nicht froh sein, daß Sie Ihren Berliner Parteitag gerade noch hinter sich gebracht haben, bevor sich die Weltlage so dramatisch verändert hat?

BRANDT: Man muß die Feste feiern, wie sie fallen.

SPIEGEL: Herr Brandt, wir danken Ihnen für dieses Gespräch.

Zum SPIEGEL-Gespräch in Nr. 46/1980 (10. November)
mit den Redakteuren Erich Böhme und Klaus Wirtgen

Aus den Wahlen zum 9. Bundestag gingen CDU und CSU zwar
wiederum als stärkste Kraft hervor, aber SPD und FDP setzten ihre
Koalition fort. Franz Josef Strauß zog sich wieder nach Bayern
zurück. Helmut Schmidt wurde am 5. November 1980 erneut zum
Kanzler gewählt – einen Tag, nachdem in den USA Ronald Reagan
seinen Vorgänger Jimmy Carter geschlagen hatte. In Bonn verur-
sachte die sich rapide verschärfende Wirtschaftskrise beschleunigt
Spannungen in der SPD/FDP-Koalition. Bei den Freidemokraten wur-
den die Wirtschaftsliberalen um Otto Graf Lambsdorff einflußreicher.
In der SPD verschärfte sich der Streit zwischen Pragmatikern und
wachstumsskeptischen Geistern.
In der SPD-Troika Brandt, Schmidt und Wehner wurde es von Tag zu
Tag kälter. Brandt erlebte in seiner Partei eine Renaissance seines
Ansehens. Zugleich wuchs bei Schmidt und Wehner das Mißtrauen.
Der Kanzler vermißte nun Rückendeckung gegen Angriffe aus der
SPD, der Fraktionsvorsitzende sah sein Lebenswerk gefährdet, die
Beteiligung der SPD an der Macht. Bereits im Frühjahr 1980 kam es
zu absurden Eifersüchteleien. Brandt, getrieben von der Sorge, die
Spannungen zwischen Washington und Moskau nach der Afghanistan-Invasion könnten die Entspannungspolitik zerstören, hatte nach
einem Besuch bei Carter versucht, die Weltmächte wieder miteinander ins Gespräch zu bringen. Schmidt und sein Außenminister Genscher reagierten beleidigt. Beide reisten dann im Sommer nach
Moskau und halfen, den Dialog der Supermächte wieder anzukur-
beln. Brandt unterstützte zwar wie Schmidt den Nato-Doppelbeschluß, anders als Schmidt aber machte er die »auflösende Bedingung« zu seinem zentralen Anliegen: In Abrüstungsverhandlungen
sollte die Stationierung des »Teufelszeugs« verhindert werden.

»Mehr politische Substanz ist nötig«

Der SPD-Vorsitzende über Koalition und Deutschlandpolitik

SPIEGEL: Herr Brandt, ein sozialdemokratisches Mitglied der Bundesregierung, Verkehrsminister Volker Hauff, hat am Ende der Koalitionsverhandlungen gesagt: »Die FDP führt die Verhandlungen unter dem Motto: Was der FDP nutzt, nutzt Deutschland. Und die SPD verhandelt unter dem Motto: Was Deutschland nutzt, nutzt der SPD.« Ist die SPD zu kurz gekommen?

BRANDT: Ich gehe von einer viel einfacheren Gleichung aus: 43 Prozent der Stimmen sind weniger als 50, während 43 plus 10 gleich 53 sind, das heißt: Man braucht einander.

SPIEGEL: In der Fraktion haben Sie Kritik am Ergebnis der Koalitionsverhandlungen mit dem Satz kommentiert: »Das wäre auch bei einer absoluten SPD-Mehrheit nicht anders ausgefallen.« War das Hilfe für oder Kritik an Bundeskanzler Schmidt?

BRANDT: Bei weitem nicht überall, aber auf einer Reihe von Gebieten macht man sich, macht man der eigenen Fraktion, der eigenen Anhängerschaft im Lande etwas vor, wenn man glaubt, objektive Schwierigkeiten oder auch eigene Unzulänglichkeiten ausschließlich auf das Konto eines Partners buchen zu können. Der Bundeskanzler sieht dies nicht anders.

SPIEGEL: Was ist das Sozialdemokratische an dem Koalitionskompromiß?

BRANDT: Diese Regierungspolitik stützt sich nicht zum erstenmal auf das Zusammenwirken dieser zwei Parteien, so daß ich nicht zuerst frage, wo finde ich mein Parteiprogramm wieder. Ich frage zuerst: Kriegen wir hier eine Regierung – und die Frage ist zu bejahen –, die in der Lage ist, das Land durch eine schwierige Phase hindurchzuführen. Aber wenn Sie schon so fragen: Aus sozialdemokratischer Sicht ist es zum Beispiel von großer Bedeutung, daß es keine Abstriche am Rentenreform-Programm geben wird.

SPIEGEL: Waren das eigentlich noch Koalitionsverhandlungen zwischen zwei Parteien, die versuchen, miteinander ein gemeinsames Regierungsprogramm auszuhandeln? Oder war das nicht eine Veranstaltung, bei der der Bundeskanzler mit der FDP verhandelt hat im Stile eines Steuerberaters, der beauftragt ist, zwei kurz vor der Pleite stehende Firmen zum Zwecke der Sanierung zu fusionieren?

BRANDT: Wenn das der Eindruck ist, dann tut mir das leid, aber ich kann das nicht bestätigen. Zwei Parteien, die eine Zusammenarbeit erneuern, stützen sich zwangsläufig darauf – ob das immer gut ist oder nicht –, an vielen alten Problemen einfach weiterzuarbeiten. So ist nun mal das Leben. Hinzu kommt, daß der Zwang zur finanziellen Konsolidierung dem Reformeifer Grenzen gesetzt hat. Das ist nicht neu, schon gar nicht sensationell.

SPIEGEL: Sie müssen sich als SPD-Vorsitzender fragen lassen, ob Sie nicht allzu bereitwillig dem Kanzler das alleinige Sagen während dieser Koalitionsverhandlungen überlassen haben. Als die Konferenzen begannen, hatten Sie Termine im Ausland, als die Verhandlungen endeten, wurden Sie bei Tisch auch nicht mehr gesehen. Sind Sie bewußt auf Distanz gegangen?

BRANDT: Nein. Da sollte man nichts hineingeheimnissen. Man hatte sich darauf verständigt, nach der Wahl eine Pause einzulegen. Unmittelbar im Anschluß an diese zwei Wochen Pause hatte ich lange vorher festgelegte Termine, die ich wahrnehmen wollte. Gegen Schluß – da denken Sie vermutlich an die Nacht, wo man noch mal über Mitbestimmung gesprochen hat – war eh keine Einigung zu erreichen. Abgesehen davon, daß mich Hans-Jürgen Wischnewski jeweils sachkundig vertreten hat: Ich nehme nicht mehr an Sitzungen teil, die meinen Arbeitstag über zwölf Stunden hinaus strecken. Ich glaube auch nicht, daß Leute, die über 25 sind, noch vollwertige Arbeit leisten, wenn sie mehr als zwölf Stunden an einem Tag verhandeln.

SPIEGEL: Der Kanzler ist ja auch über 60.

BRANDT: Vielleicht empfinde ich dies etwas anders, aber ich empfinde es so und halte mich daran.

SPIEGEL: Sie sagen, es gibt Sachzwänge und es gibt finanzielle Engen. Es gibt natürlich Bereiche, in denen man was machen kann, ohne Geld ausgeben zu müssen, etwa in der Innen- und Justizpolitik. Da gibt es aber auch viele Enttäuschte, die beispielsweise eine Abschaffung des Paragraphen 175 und des Kontaktsperregesetzes gefordert haben – vergeblich.

BRANDT: Es gibt in meinem Verständnis keine Arbeitsteilung der Art, daß die SPD Gewerkschaftsforderungen und die Freidemokraten das vertreten, was sie für Liberalismus halten. Wer hat denn demokratische Rechte in diesem Deutschland durchgesetzt? Das lebt in der SPD, muß in ihr leben, und das Ringen um liberale Rechtsstaatlichkeit wird viele von uns immer bewegen.

SPIEGEL: Um so enttäuschter sind die Genossen.

BRANDT: Wieso? Nehmen wir die beiden konkreten Beispiele. Bei der sogenannten Kontaktsperre ist nicht gesagt worden, da passiert nichts, sondern es ist festgehalten worden, eine Regelung anzustreben, die ohne Verminderung des Schutzes für die durch terroristische Aktivitäten Bedrohten die strafprozessualen Garantien auch in diesem Bereich noch stärker gewährleistet. Das ist ein deutlicher Auftrag. Ich will an dieser Stelle auch erwähnen, daß sich beide Parteien auf die Streichung der Paragraphen 88 a und 130 a des Strafgesetzbuches geeinigt haben.

SPIEGEL: Was ist mit der Abschaffung des Paragraphen 175?

BRANDT: Da wird die FDP in der Aussprache zur Regierungserklärung sagen, daß sie meint, dies muß behandelt werden. Und die Koalitionsrunde wird sich in den nächsten Monaten damit in Ruhe befassen. Im übrigen kann mir keiner von Ihnen darlegen, welcher Passus im Wahlprogramm der SPD mich verpflichtet hätte, in diesem Augenblick und nicht erst in einiger Zeit etwas zum Paragraphen 175 zu beschließen ...

SPIEGEL: ... was man von der Montanmitbestimmung nicht sagen kann. Aber auch die Entscheidung über dieses Vorhaben, das gleichfalls nichts kostet, ist vertagt worden.

BRANDT: Dies ist für die Sozialdemokraten ein Punkt, wo die Bewegungsfreiheit ganz gering ist. Das Wahlprogramm der SPD von Essen sagt, was geht und was nicht geht. Mein Hauptargument aber ist die wirtschaftspolitische Notwendigkeit. Wir müßten von allen guten Geistern verlassen sein, wenn wir in einer Zeit, in der wir von der Kohle mehr erwarten und mit dem Stahl mehr Schwierigkeiten bekommen, das Vertrauen bei den Gewerkschaften zerstörten. Zur Mitbestimmung muß etwas in der Regierungserklärung stehen. Zur Sache selbst setze ich niemand unter unangemessenen Zeitdruck, aber die Montanmitbestimmung verträgt keine Vertagung auf einen Zeitpunkt irgendwann im Laufe dieser Legislaturperiode.

SPIEGEL: Wieso hat die SPD es zugelassen, daß Bauern und öffentlicher Dienst von Kürzungen weitgehend verschont geblieben sind?

BRANDT: Die Sozialdemokraten sind doch nicht gegen den öffentlichen Dienst und gegen die Bauern. Ich sage allerdings offen, ich hätte mir auf diesem Gebiet eine weniger spröde Haltung gewünscht, als es um eine so bescheidene Sache ging wie die, eine Gehaltsanpassung ein wenig hinauszuschieben.

SPIEGEL: Und was sagen Sie zu der von der FDP geretteten Bauernhilfe?

BRANDT: Ein Stück Subventionsabbau beim Gasöl wird es ja jetzt geben. Und über Weiteres wird im Lauf der Legislaturperiode hier wie anderswo zu beraten sein. Aber viel wichtiger ist, daß der Bundeskanzler ein sehr qualifiziertes Mandat hat für seine Gespräche zunächst mit dem französischen Staatspräsidenten, dann mit den anderen EG-Partnern über eine Reform des europäischen Agrarmarktes. Wir Sozialdemokraten sind gegen die Art von hochsubventionierter Überschußproduktion, die sich in der Gemeinschaft entwickelt hat.

SPIEGEL: In der Außenpolitik mußte die SPD ja wohl auch passen ...

BRANDT: ... wieso?

SPIEGEL: Sie mußte ihre Vorschläge, die Truppenreduzierungsgespräche (MBFR) in Wien durch einen neuen Vorschlag des Kanzlers zu beleben, wieder in der Schublade verschwinden lassen.

BRANDT: Wir Sozialdemokraten haben uns in der Unterrichtung der Öffentlichkeit bisher große Zurückhaltung auferlegt. Ihr Beispiel zeigt mir, daß ein Kollege von der freidemokratischen Seite des Tisches ein Detail irgendwo ausgebreitet hat, um seine vermeintliche Erfolgsbilanz noch eindrucksvoller zu machen. Das ist Quatsch, das schafft Ärger, ändert an der Sache überhaupt nichts.

SPIEGEL: Aber die FDP hat doch den Vorschlag abgelehnt, daß keine der beiden Seiten, weder die Sowjet-Union für den Warschauer Pakt noch die Bundesrepublik für die Nato, mehr als 50 Prozent der Truppenstärke des jeweiligen Bündnisses stellen darf.

BRANDT: Ich halte diesen Vorschlag für durchaus erwägenswert, übrigens nicht, weil den Russen das gefallen könnte, sondern weil ich glaube, Deutschland muß sehr aufpassen, daß sein spezifisches Gewicht gegenüber allen Nachbarn, auch den westlichen, nicht eine bestimmte Größe überschreitet. Es ist falsch zu behaupten, das sei abgelehnt. Es wurde zurückgestellt und ist ja auch isoliert von anderen der in Wien behandelten Punkte gar nicht zu entscheiden.

SPIEGEL: Herr Brandt, wir werden mit einem US-Präsidenten zu leben haben, der Salt II nicht unterschreiben wird, der erklärt hat, er werde zusätzliche 150 Milliarden Dollar für Rüstung ausgeben, und von dem zu befürchten ist, daß er die Russen totrüsten will. Dies alles paßt nicht in das alte Konzept der Entspannung und des Ausgleichs. Wie werden wir Europäer, wie werden die Deutschen damit fertig?

BRANDT: Für mich gibt es überhaupt keinen Zweifel daran, daß wir noch einmal aufgerufen sind, uns gemeinsam mit anderen Europäern, und dies vor allem mit unserem wichtigsten Nachbarn, Frankreich, um mehr Eigenständigkeit in der Welt zu kümmern. Wir müssen nicht nur über den Agrarmarkt, nicht nur über den Fortgang in der Europäischen Gemeinschaft nachdenken, sondern wir werden auch in engem Kontakt miteinander über europäische Sicherheit nachzudenken haben, nicht alleine mit dem Ziel, darauf antworten zu müssen, was Präsident Reagan an neuen Erwartungen gegenüber den Europäern formuliert.

SPIEGEL: Aber unsere Sicherheit ist doch weiterhin vor allem von den USA abhängig?

BRANDT: Ja, aber es wäre eine veraltete Vorstellung, als ob europäische Sicherheitspolitik nur darin bestehen könnte, zusätzlichen Forderungen eines amerikanischen Präsidenten nachzukommen. Man muß die eigenen Interessen innerhalb des Bündnisses vor Augen haben, muß sie interpretieren . . .

SPIEGEL: . . . bleiben wir doch mal bei Reagans Absage an Salt II . . .

BRANDT: . . . Im übrigen weiß ich wohl, was Reagan zu den strategischen Waffen gesagt hat, also zu Salt II. Es ist ja nicht so, daß nur *er* was gesagt hat. Es ist so, daß auch wir was gesagt haben, meine Partei. Die steht in Europa damit nicht allein und ist von der Erwartung ausgegangen, daß dieses zweite Abkommen zwischen den beiden nuklearen Mächten geschlossen wird und zwar im Zusammenhang mit dem Nachrüstungsbeschluß der Nato, der mit einer wichtigen Verhandlungskomponente verbunden ist.

Da beginnt dann auch mein Rätseln über die Russen, warum die sich soviel Zeit gelassen haben, auf dieses Verhandlungsangebot einzugehen. Ich sehe das nicht ohne eine gewisse Besorgnis, aber doch auch mit der Erfahrung eines Mannes, der eine ganze Reihe amerikanischer Präsidenten, demokratische wie republikanische, gekannt hat.

SPIEGEL: Sie wollen sagen: Die Suppe wird nicht so heiß gegessen, wie sie gekocht wird. Aber wir denken, daß Reagan eine ganz andere Suppe auftischt. Er will doch einen Rüstungsschritt der Amerikaner, bevor er überhaupt zu neuen Abrüstungsverhandlungen bereit ist.

BRANDT: Ich meine, daß es zu früh ist, über diesen in der Tat unglaublich wichtigen Punkt eine knappe Woche nach der US-Wahl zu befinden. Reagan wird die Verteidigung noch wichtiger nehmen. Aber, wenn ich das richtig sehe, wird er in der Regierung auch Leute haben, die sich Gedanken machen über Arbeitslosigkeit und Inflation in den Vereinigten Staaten. Es ist ja wohl ein Irrtum zu glauben, daß man mit Rüstung auch zugleich die großen inneren Probleme der Vereinigten Staaten löst.

SPIEGEL: Man kann zum Beispiel mit Rüstungsaufträgen für Beschäftigung sorgen.

BRANDT: Man kann es mit Marshallplänen noch besser, wie wir gesehen haben. Aber das ist auch nicht mehr die Erfahrung der heutigen jungen Generation. Daß es keinen Grund gibt für überschwengliche Erwartungen in den Ost-West-Zusammenhängen, das war mir klar, bevor Herr Reagan zum Präsidenten gewählt wurde.

SPIEGEL: Wie wird der Abrüstungs- und Verständigungspolitiker Brandt mit der neuen Abgrenzungsoffensive der DDR fertig?

BRANDT: Da ist ja neulich alles mögliche hineingeheimnist worden in einen Vorgang, den ich mit großem Interesse beobachtet habe, ich will nicht sagen: mit Amüsement. Das erlebt man ab und zu, daß sich eine Bemerkung selbständig macht.

SPIEGEL: Sie meinen Ihre Bemerkung, man sollte doch einfach den frei werdenden Stuhl des Leiters der Ständigen Vertretung in Ost-Berlin nicht besetzen?

BRANDT: Ja, da habe ich dann zitiert gelesen: auf absehbare Zeit. Das ist Unsinn. Da haben Leute hineingelegt: Vielleicht hat der denen da drüben in Ost-Berlin zeigen wollen, daß er wirklich sehr verärgert ist. Das war *nicht* mein Motiv.

Aber ich habe nichts gegen diese Nebenwirkung gehabt. Denn ich halte es in der Tat für einen ganz gravierenden Vorgang, wenn man sich überlegt, hier hat man – für die Öffentlichkeit mindestens bis zur Sommerpause, wenn nicht länger – eine Art gemeinsames Interesse ablesen können daran, daß die beiden deutschen Staaten mit ihren Problemen und Gegensätzen entspannungspolitisch auf Kurs bleiben. Dann kommt, zunächst für viele nicht anders zu erklären, als durch Vorgänge anderswo im Ostblock...

SPIEGEL: ... Sie denken an Polen ...

BRANDT: ... eine neue Welle, nicht nur mit einer Maßnahme zu Lasten armer Leute. Man hört unnötig polemische Reden, erlebt andere Geschichten, ohne jede vorherige Unterrichtung derer, mit denen man sonstwas zusammen will. Mein Punkt ist ein ganz anderer, viel einfacher ...

SPIEGEL: ... Sie wollten eine alte Rechnung mit dem als Nachfolger von Günter Gaus vorgesehenen Staatssekretär Klaus Bölling begleichen, der Sie gelegentlich kritisiert hat.

BRANDT: Ich habe keine Rechnung mit ihm zu begleichen. Er hat alle meine guten Wünsche, wenn er das im nächsten Jahr machen soll. Mein Interesse galt nicht nur – bei allem Respekt vor Herrn Bölling – einem neuen Gesicht in Ost-Berlin, sondern der Frage nach unserer Deutschlandpolitik. Wenn meine Vermutung richtig ist, hat sich hier etwas geändert, was nicht allein zu begründen ist mit dem Verhältnis auf deutschem Boden. Das wirft doch Fragen auf.

SPIEGEL: Was hat Ihnen an der Bonner Deutschlandpolitik nicht gepaßt?

BRANDT: Es ist nicht die Frage von »nicht passen«, sondern es ist eine Frage von »erwarten«. Wir müssen über Politik reden. Das wird nämlich nicht eine Sache sein, wo es darum geht, ob man dort etwas zurückgedreht bekommt, ob man dort ein bißchen mehr bei der Elektrifizierung von Eisenbahnlinien macht, dort ein bißchen mehr beim Kraftwerksbau.

Das ist nun überhaupt nichts gegen die DDR Gerichtetes, sondern es ist eine Frage, wie soll sich über die Regelung praktischer Fragen hinaus das Verhältnis zwischen den beiden Staaten weiterentwickeln.

SPIEGEL: Und dazu empfehlen Sie eine Denkpause?

BRANDT: Man muß, wenn man personell etwas verändert, vernünftigerweise eine tatsächlich entstehende Pause – ob sie nun aus ein paar Wochen oder etwas länger besteht – nutzen, sich über die weitere Politik klarzuwerden.

SPIEGEL: Was wird denn dadurch erledigt, daß man eine Zeitlang den Sessel des Ständigen Vertreters in Ost-Berlin nicht besetzt?

BRANDT: Sie unterstellen jetzt, daß ich eine Nichtbesetzung an der Spitze der Vertretung vorgeschlagen hätte. Das ist ein Irrtum.

SPIEGEL: Ihnen ging es also nicht um einen diplomatischen Nadelstich gegen die DDR?

BRANDT: Ich wollte Zeit haben, damit die, die was beizutragen haben, auch mit einem neuen Mann über den Inhalt der Politik reden können.

SPIEGEL: Vermissen Sie ein deutschlandpolitisches Konzept erst, seit dieser Wechsel ansteht?

BRANDT: Wenn Sie die eine Frage auf die andere aufstülpen, ist das wie beim Richter: »Hauen Sie Ihre Frau immer noch?« Was heißt eigentlich deutschlandpolitisches Konzept? Es wäre interessant zu sehen: Habe ich recht mit meiner Einschätzung – ich glaube, ich habe recht –, nicht die bösen Russen haben Ost-Berlin zu etwas veranlaßt? Ich glaube, sie haben davon erst von dort Kenntnis bekommen. Es wäre interessant zum Beispiel, darüber Meinungen auszutauschen.

Honecker hat sehr stark seine, nicht unsere, aber in diesem Fall widersprüchlichen Interessen an Entspannung bekundet. Er hat in der Geraer Rede, die voller Widersprüche ist, das Entspannungselement, das Normalisierungselement und das Interesse an wirtschaftlicher Zusammenarbeit genannt. Aber mich interessiert ja, was sonst noch in der Schublade ist und wie unsereins dies betrachtet.

SPIEGEL: Also fehlt in Bonn sogar die Analyse?

BRANDT: Ich will die Prüfung der deutschen Fragen vor dem Hintergrund veränderter Verhältnisse in Europa und in der Welt. Das wäre schon ganz nützlich.

SPIEGEL: Wenn man die Frage stellt, ob es nicht zweckmäßig wäre, beim Wechsel an der Spitze der Ständigen Vertretung erst mal eine Pause einzulegen, muß man die Spekulation einkalkulieren. Wollten Sie, daß der von Ihnen 1973 berufene Vertreter Gaus noch länger in Ost-Berlin bleibt?

BRANDT: Das ist ja erledigt. Erstens hat die Bundesregierung gesagt, daß sie meines Rates nicht bedarf – wenn ich das richtig verstanden habe ...

SPIEGEL: Ja, das haben Sie richtig verstanden.

BRANDT: ... also insofern ist das auch schon erledigt. Zweitens sehe ich, daß für die, die reden möchten mit irgend jemand, ja bis zum Amtsantritt Böllings im Februar Zeit ist.

SPIEGEL: Also, der Vorschlag ist weg?

BRANDT: Ja.

SPIEGEL: Hat bei dem Vorschlag auch persönlicher Ärger eine Rolle gespielt, daß Sie nicht gefragt wurden?

BRANDT: Nein. Ich habe nur gesagt: Ich habe nichts dagegen, wenn woanders der Eindruck entstanden ist, ich sei sauer. Ich möchte über Politik reden, bevor ich höre, wer macht's künftig »zur Person«. Ich möchte nicht einfach nur mitgeteilt haben, da kommt ein neuer Mann hin, sondern ich will erst wissen, was ist der Inhalt.

SPIEGEL: Kennen Sie denn jetzt nach den Koalitionsverhandlungen den Inhalt?

BRANDT: Ich glaube nicht, daß wir – ich kann mich nicht erinnern – neue Texte zur Deutschlandpolitik haben. Es wird wohl mehr der noch ausstehenden weiteren Aussprache überlassen bleiben.

SPIEGEL: Für Ost-Berlin steht derzeit die Frage der Staatsbürgerschaft im Vordergrund. Sehen Sie irgendeine Möglichkeit, daß die Bundesregierung in den nächsten Jahren irgendwelche Zugeständnisse in der Staatsbürgerfrage machen kann, ohne mit dem Bundesverfassungsgericht zu kollidieren?

BRANDT: Nein, ich sehe diese Möglichkeit nicht.

SPIEGEL: Wenn sich da aber nichts bewegt, wie soll denn nach Ihrer Auffassung der deutsch-deutsche Dialog über diese Frage – und sie wird ja auch Herrn Bölling bei Dienstantritt gestellt werden – wieder in Gang kommen?

BRANDT: Also, Sie meinen, wenn mich schon sonst niemand danach fragt, könnte ich es ja auch lieber im Gespräch mit dem SPIEGEL abhandeln. Das ist aber eigentlich nicht meine Stimmungslage.

SPIEGEL: ... aber unsere ...

BRANDT: ... sondern ich sage, was ich vorhin im Grunde schon deutlich gemacht habe: Ich glaube, daß es nicht reicht, so wichtig dies ist, und gerade, wer das mal mit in Gang gesetzt hat mit den kümmerlichen Passierscheinregelungen Ende 1963, die für die einzelnen Menschen noch so wichtigen praktischen Fragen ...

SPIEGEL: ... humanitären Fragen ...

BRANDT: ... humanitären Fragen, Verkehrsfragen, Wirtschaftsfragen zu behandeln. Man wird – das hebe ich jetzt mal ab von dem, was hätte polemisch klingen können und im Grunde gar nicht so gemeint war – sich mehr Mühe geben, mehr Gedanken darüber machen müssen, wie das Verhältnis zwischen den beiden deutschen Staaten mehr politische Substanz bekommt.

SPIEGEL: Können Sie bitte etwas konkreter werden.

BRANDT: Hier sind zwei, so wie sie sind, beide gewichtig in ihren Teilen Europas, beide gewichtig in ihren Bündnissystemen. Eine größere Dichte des – wenn auch schwierigen – politischen Gesprächs scheint mir, wenn mal wieder die Gelegenheit dafür da ist, eine der Voraussetzungen dafür zu sein, das mit abzufedern, was im Praktischen erwünscht wird, möglich ist, möglich werden kann.

Wir müssen heute darüber nachdenken, was ist, wenn sich nicht alles noch weiter verkompliziert im Ost-West-Verhältnis – was ich auch nicht ausschließen kann –, sondern wenn sich was bewegt. Was ist die Rolle, die dann die einen Deutschen und die anderen Deutschen spielen? Wollen sie reden miteinander oder nicht? Was die einen bei KSZE und die anderen bei MBFR in größeren Zusammenhängen machen, das sind die Fragen, die wichtig sind.

SPIEGEL: Herr Brandt, wir danken Ihnen für dieses Gespräch.

Zum SPIEGEL-Gespräch in Nr. 21/1981 (18. Mai)
mit den Redakteuren Dirk Koch und Klaus Wirtgen

Die Schwierigkeiten zwischen Helmut Schmidt, dem Kanzler der sozialliberalen Koalitionsregierung, und seiner Partei eskalierten. Der Streit um die atomare Nachrüstung putschte die Stimmung auf. Helmut Schmidt und Hans-Dietrich Genscher verknüpften ihr politisches Schicksal mit der Zustimmung ihrer Parteien zum Nato-Doppelbeschluß. In der SPD rührte sich die Sehnsucht nach der Opposition. Nur weg von der Seite der FDP – so lautete die Devise vieler Linker, in deren Weltbild herbe Schnitte ins soziale Netz und die Nachrüstung nicht paßten. Quer- und Vordenker Erhard Eppler schrieb damals: »Die SPD des Jahres 1981 ist im strengen Wortsinn ›außer sich‹, außerhalb dessen, was sie von ihrer Tradition, ihren geistigen und moralischen Grundlagen her anstreben muß. Sie ist nicht ›bei sich‹, nicht mit sich selbst im Einklang. Ein Teil der Partei rebelliert, ein anderer ist gelähmt, ein weiterer vielleicht schon tot. Das kann nicht mehr lange gehen. Es ist nichts Geringes, wenn eine Partei an der Regierung ist. Aber diese Partei muß dann auch etwas davon spüren, daß sie, wirklich sie, regiert.«
Herbert Wehner prophezeite Anfang 1981 sogar die Spaltung. In dem Maße, wie Brandt zu einem der Hoffnungsträger der Friedensbewegung wurde, verschlechterte sich sein Verhältnis zum Kanzler. Der fühlte sich verraten, warf dem Parteichef vor, zu nachsichtig mit den Linken umzugehen. »Was wäre die Alternative gewesen?« verteidigte sich Brandt später in seinen »Erinnerungen«. Sein Befund: »Ein früher Verlust von Regierungsverantwortung und jedenfalls eine erhebliche Erschütterung der deutschen Demokratie. Meine Anstrengung – intellektuell und emotional –, die Partei zusammenzuhalten, hatte ihren Preis. Aber alles auf einmal ist nicht zu haben.«

»Wir können nicht aussteigen«

Der SPD-Vorsitzende über die SPD, Bonn und das westliche Bündnis

SPIEGEL: Herr Brandt, die Wahlen in Berlin und Frankreich haben gezeigt: Die Bürger waren unzufrieden mit den Herrschenden und haben sie abgewählt. Muß sich auch die Bonner sozialliberale Regierung darauf einstellen, demnächst – wir benutzen Ihre Formulierung – die »Chance der Opposition« wahrzunehmen?

BRANDT: Dieser Vergleich gibt nicht viel her. Die sozialliberale Koalition in Bonn hat es nicht leicht wegen der wirtschaftlichen und sicherheitspolitischen Probleme. Aber ich habe das, was Sie über die »Chance der Opposition« gesagt haben, ausdrücklich *nicht* auf die Bundesrepublik bezogen. Sondern ich habe gesagt, in einem Fall wie in Berlin, wo, aus welchen Gründen auch immer, das Resultat so ist, soll man, wie es auch Hans-Jochen Vogel gesagt hat, die Chance der Erneuerung nutzen.

Für die Bundesrepublik glaube ich weiterhin, daß die konservative Alternative zur sozialliberalen Koalition mit den Problemen, die anstehen, weniger gut fertig und die Spannungen im Lande verschärfen würde.

SPIEGEL: Vergessen Sie nicht den Autoritätsverfall Helmut Schmidts?

BRANDT: Es gibt sicher in Teilen der sozialdemokratischen Anhängerschaft eine kritische Haltung, eine manchmal überkritische Haltung zu verschiedensten Aspekten der Regierungspolitik. Aber die ist überall, wo ich damit zu tun habe, mit einer großen Wertschätzung des Bundeskanzlers verbunden. Die eigentliche Krise der Regierungspolitik ist eine Krise der Sachen, eine Krise der Politik dadurch, daß die wirtschaftlichen Dinge noch ein bißchen schwieriger geworden sind, und dadurch, daß es durch den amerikanischen Regierungswechsel zunächst jedenfalls einmal noch etwas schwieriger geworden ist, deutlich zu machen, was aktive Friedenssicherung bedeuten kann in dieser Zeit. Und das schlägt dann manchmal auf den ersten Mann durch.

SPIEGEL: Wirtschafts- und Friedenspolitik waren einmal Schmidts Stärke. Doch davon ist derzeit nichts zu sehen. Kein Wunder, daß die Kritik auf den Kanzler durchschlägt.

BRANDT: Nein. Es gibt natürlich auch Menschen, die ihre Unzufriedenheit am Kanzler festmachen, weniger Sozialdemokraten, aber sicher auch einige Sozialdemokraten. Und das muß man als führender Politiker in Kauf nehmen. Es ist ja übrigens auch keine Kleinigkeit, wenn man viele Jahre Ministerschaft, dann Kanzlerschaft auf dem Buckel hat. Da kann es Phasen geben, in denen man nicht immer nur als strahlender Held erscheint.

SPIEGEL: Es gibt gegen Helmut Schmidt den Vorwurf von Genossen, er habe sich mit der FDP gegen die eigene Partei verbündet, etwa durch zu große Konzessionen gegenüber der nur auf Amerika fixierten Politik Hans-Dietrich Genschers.

BRANDT: Ich glaube nicht an die Alternative, es gehe um mehr Amerika oder um mehr Ostpolitik. Das ist falsch gesehen. Die Frage ist, wie man mit den Vereinigten Staaten umgeht, mit welchen Kräften man dort zusammenwirkt. Hier gibt es nach allem, was ich sehen kann, nicht die Situation, daß der Bundeskanzler dem Bundesaußenminister nachzugeben hätte, sondern der Bundeskanzler ist aufgrund seiner eigenen Einschätzung der Überzeugung, daß das Verhältnis zu den Vereinigten Staaten zentrale Bedeutung hat, und er weiß, daß es neben der dominierenden Rolle der USA im westlichen Bündnis noch zusätzliche Notwendigkeiten guter deutsch-amerikanischer Beziehungen gibt.

Da liegt es auf der Hand, daß einer, der dies als Bundeskanzler zu machen und direkt mit dem Präsidenten der Vereinigten Staaten zu betreiben hat, vermutlich etwas anders rangeht als einer, der wie ich nicht Regierung ist, sondern Regierung stützt. Und das Regierungsstützen besteht nicht immer einfach in dem nur Nachsagen, was vorgesagt ist, sondern das Stützen kann auch anders aussehen.

SPIEGEL: Noch mal zu Berlin. Die Stadt war immer ein wichtiges Symbol für die Regierungsfähigkeit der Sozialdemokraten. Könnte die Wahlniederlage vom 10. Mai nicht doch zur Wendemarke des sozialliberalen Bündnisses werden?

BRANDT: Die Berliner SPD ist mit 38 Prozent der Stimmen keine Sekte, sondern immer noch eine große Partei, für die es kein Kunststück ist, wieder fünf oder zehn Prozent zuzugewinnen.

SPIEGEL: Wie es aussieht, wird die FDP nach einer Schamfrist doch zur CDU wechseln. Außer in Bonn gibt es nur noch eine sozialliberale Regierung in Hessen. Die SPD/FDP-Koalition franst von den Rändern her aus.

BRANDT: Die Dinge haben sich eigenartig entwickelt in den letzten Jahren. Die ersten Jahre meiner Kanzlerschaft, in denen es gar nicht so schlecht gelaufen ist von 1969 bis 1971 – die Mehrheit war allerdings ein bißchen sehr knapp –, waren ja nicht gezeichnet dadurch, daß viele Landesregierungen das Bonner Bündnis abgesichert haben. Zugegeben: Die umstrittene Große Koalition in Stuttgart hat damals geholfen, und die SPD/FDP-Regierung in Nordrhein-Westfalen hat eine wichtige Rolle gespielt. Aber ich sehe von der Länderseite her keine akute Gefahr.

SPIEGEL: Wollen Sie in Berlin Neuwahlen?

BRANDT: Nein, darüber kann die SPD gar nicht befinden. Nur, man kann es auch nicht auf jeden Fall ausschließen. Aber wenn Weizsäcker und seine Senatoren nicht die notwendigen Stimmen bekommen, dann kann wieder eine Lage kommen, in der die CDU oder die SPD sagt, Neuwahlen sind wohl das Richtige. Sollte dies kommen, was ich nicht empfehle, dann soll man nicht glauben, die Welt ginge unter, wenn im Jahr 1981 noch mal zum Abgeordnetenhaus gewählt würde.

SPIEGEL: Das kann doch für Sie in Bonn nicht ganz unerheblich sein, ob die Berliner FDP nur für eine bestimmte Schamfrist in der Opposition verharrt und dann an die Seite der CDU wechselt, oder ob sie bei der Stange bleibt.

BRANDT: Nein, das sehe ich nicht so. Die Freien Demokraten, gefächert, wie sie sich darstellen, in Berlin noch ein bißchen mehr gefächert als anderswo, werden das machen, was sie für richtig halten. Das hat nichts zu tun mit der Haltung der FDP zur Bundesregierung. Aber richtig ist auch: SPD und FDP haben sich übereinstimmend geäußert zur Mietfrage, zum behutsamen Einsatz der Polizei, zur Berliner Komponente von Entspannungspolitik. Es gibt auch andere Gebiete, auf denen Sozialdemokraten und Freie Demokraten in Berlin wieder übereinstimmen. Es sei denn, ein Teil läuft davon weg. Die SPD hat die Absicht nicht.

SPIEGEL: Aber die Berliner Sozialdemokraten haben mit sich selbst doch genug Schwierigkeiten. Einerseits wollten sie junge Alternative und Hausbesetzer für sich gewinnen. Zugleich wollten sie jedoch Stammwähler halten, die Angst haben, unter einer SPD-Regierung werde ihnen ihr Häuschen im Grünen genommen.

BRANDT: Natürlich gibt es gewisse Zielkonflikte. Wenn Vogel die 'knüppelharte Linie gefahren wäre in Berlin – etwa wie in Nürnberg –, wäre er vermutlich dem Empfinden einiger sogenannter Stammwähler näher gewesen. Dennoch stimme ich dem zu, was Vogel sagt: Hätte ich dem mehr nachgegeben, dann hätten vermutlich erstens die Alternativen noch einen etwas höheren Anteil bekommen, denn der lag ja auch nach einigen Untersuchungen nicht bei sieben, sondern mehr bei zehn Prozent. Zweitens sagt Vogel zu Recht, daß er sich bei einem anderen Kurs für die kommenden Jahre den Zugang zu denen abgeschnitten oder ungewöhnlich erschwert hätte, die auf diese Weise reagieren, wie sie heute reagieren.

SPIEGEL: Bei Ihren Stammwählern sieht das nach Anpassertum aus.

BRANDT: Das ist in der Tat eine Schwierigkeit für die SPD, sich einerseits zu bewähren gegenüber denen, die Sie Stammwähler nennen, also im wesentlichen gewerkschaftlich organisierte Arbeiter – »Arbeitnehmer« ist mir manchmal ein bißchen zu quallig – und andererseits zu erkennen, was ist beachtenswert an den neuen Fragen und was ist wichtig an den neuen Schichten. Es gibt einen gewichtigen Teil der Jugend, der mit dem, was bisher geboten wird, nicht einverstanden ist; der teils auf dem ökologischen Gebiet, teils auf dem Gebiet dessen, was mit Rüstung zu tun hat, nicht überzeugt oder nicht hinreichend überzeugt ist von dem, was bisher geboten wird. Da muß man genau hinhören, und das, was richtig daran ist, muß man aufgreifen und ansiedeln.

SPIEGEL: Die SPD im gesamten Bundesgebiet hat inhaltliche Widersprüche ihrer Politik durch Führungspersönlichkeiten überdekken können. Das ging, solange Sie oder Helmut Schmidt unangefochten waren. Mit dem schwindenden Renommee ihrer Spitzenpolitiker wird es für die SPD zunehmend schwieriger, solche widersprüchlichen Positionen auszuhalten.

BRANDT: Wenn eine Geschichte eine Weile zurückliegt, dann stellt sie sich verklärt dar. Dies heißt konkret: In der vorigen Runde, um 1968, in der wir es mit schwierigen jungen Leuten zu tun hatten, hat die SPD ja auch nicht die Arme weit aufgemacht und gesagt, nun kommt mal alle schön her und tretet euren Marsch durch die Institutionen an. Ganz anders war es. Mir fiel es damals sehr schwer, vieles von dem zu schlucken, was die brachten. Und ich habe denen nicht nach dem Mund geredet. Aber ich habe versucht, möglichst vielen, die es wollten, die Möglichkeit zu geben, mitzumachen; und heute sind ja manche schon durchaus respektable Bundestagsabgeordnete.

SPIEGEL: Ursache für den Vertrauensschwund der SPD – nicht nur in Berlin – sind auch faule Formelkompromisse bei schwierigen Problemen, etwa in der Rüstungspolitik.

BRANDT: Ich gebe zu, daß es in der Politik auch immer wieder das gibt, was man Formelkompromiß nennt. Aber das ist nicht der Punkt, sondern: Wie will man sich heutzutage eine große Partei vorstellen, die nicht in sich selbst bei wichtigen und zumal auch neuen schwierigen Fragen Kompromisse schließt. Die reine Linie kriegen Sie mit einer Sekte hin, aber nicht mit einem Verein, der eine Volkspartei sein will.

SPIEGEL: Das geht, solange die Partei wirklich offen ist und nicht die faulen Kompromisse dazu benutzt, um in Wahrheit bereits gefällte Entscheidungen der Führung nur zu verschleiern. Stichwort: für und gegen Kernenergie, für und gegen atomare Aufrüstung.

BRANDT: Allgemein gesprochen haben Sie recht. Aber wenn Sie zum Beispiel Energie genannt haben, bestreite ich, daß unsere Beschlüsse dazu bloße Formelkompromisse waren. Die haben an die erste Stelle gesetzt das Sparen von Energie; mit einigem Erfolg, aber es kann dort sehr viel mehr geschehen. Wir haben gesagt: Vorrang der Kohle. Das ist nicht immer völlig durchgedrungen bis zu den Vorständen von Elektrizitätsgesellschaften, in denen auch Sozialdemokraten saßen; oder es lag an Gerichtsbeschlüssen. Wir haben gesagt: alternative Energie fördern, und schließlich soviel Kernenergie, wie dann noch nötig bleibt für eine schwierige Übergangszeit. Und das wirklich Interessante am zuletzt Genannten ist doch, wenn wir es mal so herum sehen, daß das, was einmal fast ein Religionskrieg war, heute keiner mehr ist.

SPIEGEL: Diejenigen SPD-Wähler, die darauf vertraut haben, die Partei werde tatsächlich die Option auf einen Ausstieg aus der Kernenergie offenhalten, sind an der Nase herumgeführt worden.

BRANDT: Das ist falsch. Ich meine, natürlich wird die SPD demjenigen, der sagt, das ist überhaupt des Teufels, nicht helfen können. Genauso wie sie die ehrenwerten Bürger nicht befriedigen kann, die sagen, ich möchte mit Waffen nichts zu tun haben und möchte, daß mein Staat nichts mit Waffen zu tun hat. Das ist eine ehrenhafte Position. Wer dies meint, kann auch in der SPD mitmachen, aber es ist nicht die Politik der SPD.

SPIEGEL: Zum Mißtrauen vieler Sozialdemokraten gegen Formelkompromisse trägt auch die Nato-Nachrüstung bei. In dem vom Berliner SPD-Parteitag akzeptierten Doppelbeschluß ist zwar das

Angebot an die Sowjets zu Abrüstungsverhandlungen verankert. Nun aber gibt es begründete Zweifel, daß die USA solche Verhandlungen ernsthaft wollen. Vielmehr sickert durch, daß US-Militärs noch wesentlich mehr als die bisher beschlossenen 572 neuen Mittelstreckenraketen für Westeuropa fordern.

BRANDT: Also es ist sicher richtig, daß es viele Menschen gibt, die nicht nur nachdenklich, sondern ablehnend reagieren, wenn sie bestimmte Teile amerikanischen Denkens oder auch manchmal nur vermutete amerikanische Vorstellungen vorgeführt bekommen. Oder die einem sogar sagen, wir glauben, daß wir verkohlt werden, daß das Verhandlungsgebot nur eine kleine Verzierung war.

Das ist, glaube ich, nicht gerecht gegenüber allen amerikanischen Partnern. Aber wir sind ja noch nicht soweit in der westlichen Welt, daß wir eine Gleichberechtigung haben, bei der wir den amerikanischen Präsidenten mitwählen, sondern wir haben eine Regierung, die unsere Interessen zunächst innerhalb des westlichen Bündnisses und außerhalb dort wahrnimmt, wo man es kann, ohne sich zu überheben.

Da, finde ich, hat gerade das Jahr 1980 gezeigt, daß diese Regierung ein hohes Maß an Initiative entfaltet und Behutsamkeit zeigt. Es wird sich noch mal herausstellen, daß der Bundeskanzler Schmidt einen hohen Anteil daran gehabt hat, daß nicht nach Afghanistan mehr kaputtgegangen ist.

SPIEGEL: Herr Brandt, Sie gelten als erfahrener Außenpolitiker ...

BRANDT: So?

SPIEGEL: ... Sehen Sie bei beiden Supermächten eine Tendenz, von dem Grundsatz wegzukommen, daß atomare Waffen nur politische Waffen sein können, weil jener, der zuerst schießt, mit Sicherheit als zweiter stirbt? Gibt es in Moskau und Washington Leute, die einen Atomkrieg tatsächlich für machbar halten, um ihn zu gewinnen?

BRANDT: Ich will erst einmal eine allgemeine Bemerkung über das Verhältnis zwischen den beiden ganz Großen machen. Es ist ja nicht so – das wird sich noch ein bißchen deutlicher herausstellen in den kommenden Monaten –, als ob die sich einfach auseinanderentwickelten. Mich würde es sehr wundern, wenn nicht, während wir unser Gespräch führen, irgendwo Sowjets und Amerikaner miteinander säßen, um zu verhindern, daß im Nahen Osten etwas explodiert. Und das war ganz nahe dran.

SPIEGEL: Wo haben Russen und Amis gesessen, um einen Krieg zwischen Israel und Syrien zu verhindern?

BRANDT: Das will ich nicht sagen. Das zeigt aber, daß dort, wo irgend etwas ganz gefährlich wird, die beiden Großen sich auf den Plan gerufen fühlen. Und das muß ja nicht allein bei einem solchen Vorgang bleiben.

SPIEGEL: Gilt diese Interessengleichheit der beiden Supermächte auch noch beim atomaren Patt?

BRANDT: Die Vorstellung ist nicht ganz richtig, die strategischen, nuklearen Waffen seien nur aufgebaut worden auf beiden Seiten in der Gewißheit, sie nie zu benutzen. Das *hoffen* sie beide. Aber Leute, die nachdenken, verweisen immer auf die Gefahr, es könnte mal losgehen. Übrigens, es kann auch mal losgehen, ohne daß einer es gewollt hat.

SPIEGEL: Glauben Sie noch an die Politik des Gleichgewichts?

BRANDT: Auf Europa bezogen ist die Frage, wie hat man ein regionales Gleichgewicht zu verstehen? Es ist ungeheuer schwierig, für mich jedenfalls, nachzuvollziehen: Wie viele regionale Gleichgewichte muß es in Zukunft geben neben einem globalen Gleichgewicht, über das ja bei Salt verhandelt wird? Gibt es hier eins, gibt es im Nahen Osten eins? Helmut Schmidt hat dieses Thema 1977 öffentlich in die Debatte eingeführt, weil er wohl die Befürchtung hatte, die Sowjetunion könnte durch eine noch viele stärkere Überlegenheit, als sie schon immer hatte, bei den Mittelstreckenwaffen ein gewaltiges politisches Mittel der Pression erlangen. Dies wollte Schmidt besser ausbalanciert sehen.

SPIEGEL: Für die Sowjets wird Westdeutschland durch die neuen Mittelstreckenwaffen, die in der Bundesrepublik aufgestellt werden sollen, noch mehr als bisher zur Zielscheibe ihrer SS-20-Raketen. Warum sollen gerade wir, deren Terrain ohnehin vollgestopft ist bis an den Rand mit atomaren Geschossen, noch immer mehr Raketen aufstellen?

BRANDT: Ich weiß, es gibt viele Leute, denen es ganz schwerfällt, das zu verstehen, oder die es von vornherein von sich schieben, das noch verstehen zu wollen. Wissen Sie, ich verlass' mich darauf, daß es Leute gibt, die hiervon mehr verstehen als ich. Dazu haben wir auch eine Regierung. Schmidt versteht hiervon ohne jeden Zweifel mehr als ich. Ich bin kein Militärsachverständiger.

Und wir sitzen zusammen in einem Bündnis mit erfahrenen Leuten aus anderen Ländern. Die kommen zu dem und dem Ergebnis, so daß ich mich nicht hineinbegebe in die Detaildiskussion. Sondern ich begebe mich hinein in die Diskussion darüber, wie komme ich am ehesten zu Verhandlungen, wie helfe ich dabei mit.

SPIEGEL: Wie denn?

BRANDT: Es sind jetzt bald zehn Jahre her, da habe ich mit Breschnew zusammengesessen auf der Krim. Es war der September 71, da haben wir über die beiden Dinge gesprochen, aus denen dann die KSZE in Helsinki und die Wiener MBFR-Verhandlungen über Truppenabbau in Europa wurden. Aus beiden ist nicht viel geworden, sage ich jetzt ein bißchen salopp. Helsinki soll man natürlich auch nicht abwerten, aber es ist nicht soviel geworden, wie ich gehofft hatte.

Und es ist nicht das geworden, wovon ich damals überzeugt war, daß es auch Breschnews Interesse sei – nämlich einen Prozeß besserer politischer Beziehungen einzuleiten, durch den Spannung abgebaut wird und der es erleichtert, über die Begrenzung des Rüstens zu reden. Das ist nicht einfacher geworden. Aber dahin müssen wir wieder kommen.

SPIEGEL: Sie reden sich damit heraus, daß Ihnen die Detailkenntnisse fehlen, die der Kanzler habe. Das nehmen wir Ihnen nicht ab. Glauben Sie immer noch, wie Sie 1979 auf dem Berliner Parteitag ihren Genossen verkündet haben, an einen Erfolg bei Verhandlungen über die Mittelstreckenwaffen?

BRANDT: Ich kann guten Gewissens meiner eigenen Partei und anderen, die das hören mögen, sagen, daß Helmut Schmidt und die Bundesregierung nach meiner Überzeugung Vertrauen verdienen bei ihrem Bemühen um seriöse Verhandlungen. Die Regierung bemüht sich ja nicht nur, indem sie auf die Amerikaner guckt, sondern auch indem sie mit Vertretern der neutralen Länder und mit wichtigen Meinungsträgern auf der anderen Seite, im Osten, im Gespräch bleibt. Für dieses Jahr kann es ziemlich wichtig sein, daß Schmidt in dieser Woche in die USA geht und daß Breschnew nach der Sommerpause in die Bundesrepublik kommt.

Alle Vermutung spricht dafür, daß im Herbst nicht nur formale Verhandlungen über Mittelstreckenraketen aufgenommen werden, sondern daß irgendwann im Lauf des Winters auch Reagan und Breschnew zusammentreffen.

SPIEGEL: Dennoch bleibt die Frage, warum bei einem Scheitern der Verhandlungen immer mehr atomare Waffen in der Bundesrepublik aufgestellt werden müssen. Die Amerikaner überlegen, ihre neuen Interkontinentalraketen auf See zu stationieren. Schmidt hat lange versucht, die Amerikaner dafür zu gewinnen, auch die für Europa vorgesehenen neuen Mittelstreckenrakten auf Schiffen zu deponieren. Sie wollten nicht.

BRANDT: Zu Lande sei es billiger, sagen die Amerikaner. Aber das ist nicht der einzige Grund.

SPIEGEL: Wäre es Ihnen auch angenehmer, wenn es denn schon sein muß, daß die neuen Waffen auf dem Wasser vor den europäischen Küsten stationiert werden?

BRANDT: Also jetzt haben wir wieder einen typischen Fall, wo ich sage, hier verlass' ich mich auf meinen in militärischen und militärtechnischen und strategischen Fragen erfahrenen Bundeskanzler, auch wenn er kein Mariner war. Ich bin dabeigewesen, als unter eigenen Militärs hierzu ganz unterschiedliche Auffassungen vorgetragen wurden. Und was will man als relativ gut informierter Laie dazu sagen, wenn einem die einen sagen, die Nichtmariner: Erstens ist die Treffsicherheit nicht gut genug, zweitens ist das Boot, von dem aus geschossen wird, relativ rasch durch den Gegenschlag so zu treffen, daß es ausfällt für weitere Operationen.

Einer aus der Bundesmarine, der dabeisitzt, sagt dagegen, das zweite Argument sei Quatsch. Deshalb sage ich: Wozu halten wir uns eigentlich eine Regierung, wenn man nicht unterstellt, daß sie diese Dinge gewissenhaft prüft und entscheidet.

SPIEGEL: Kanzler Schmidt hat dem amerikanischen Außenminister Alexander Haig erklärt, wenn die Amerikaner ihre MX-Raketen auf Schiffen unterbringen, werde er fordern, daß auch die neuen Mittelstreckenraketen für Europa nur auf See installiert werden.

BRANDT: Wenn er das so gesagt haben sollte, wird er wohl seinen Grund gehabt haben.

SPIEGEL: Sie verschanzen sich schon wieder hinter dem Kanzler. Fragen wir anders: Halten Sie es im deutschen Interesse für besser, die Raketen in der Bundesrepublik aufzustellen, oder sollte Bonn eine andere Lösung anstreben?

BRANDT: Was heißt mich verschanzen? Ich habe auch nicht mit Werner Heisenberg oder mit Otto Hahn über die prinzipielle Gefährdung durch Kernenergie diskutiert. Das gilt auch für andere schwierige Fragen, die ihren Niederschlag in der Politik und in der Wirtschaft finden.

Es ist in meinem Interesse und im Interesse dessen, was ich vertrete, die Regierung zu unterstützen.

SPIEGEL: Die Regierung sagt, wenn das Verhandlungsgebot des Nato-Doppelbeschlusses von den USA nicht ernst genommen werde, dann gelte auch der erste Teil des Beschlusses, die Nachrüstung, nicht. Glauben Sie wirklich, Bonn könnte diese Position gegen Washington durchhalten?

BRANDT: Das ist eine hypothetische Frage. Ich verlass' mich darauf – und habe Grund, anzunehmen, daß ich dies zu Recht tue –, daß die Regierung meint, was sie sagt.

SPIEGEL: Sie haben von neuer akuter Kriegsgefahr im Nahen Osten gesprochen. Glauben Sie generell, daß die Gefahr eines Weltkrieges gewachsen ist? Wird Krieg wieder möglich?

BRANDT: Wenn ich so eine Frage beantworte, kann ich sie nur beurteilen durch das Zusammenfügen von Informationen und Eindrücken. Ich bin nie ganz sicher – das will ich in aller Offenheit sagen –, ob dann, wenn man zusammenzählt, was es an Faktoren gibt, nicht auch Hoffnungen oder Befürchtungen durchschlagen – mal mehr Hoffnungen, mal mehr Befürchtungen.

Meine Einschätzung ist: Wir stehen nicht vor der unmittelbaren Gefahr eines großen Krieges. Aber ich kann – ähnlich wie Carl Friedrich von Weizsäcker – nicht ausschließen, daß die alte Erfahrung sich noch einmal auf schreckliche Weise bestätigen könnte, daß Spannungen zu gesteigerten Rüstungsproduktionen führen und daß Rüstung, wenn sie unbegrenzt weitergeht, im militärischen Konflikt endet.

SPIEGEL: Das heißt: Das Kriegsrisiko wird wieder größer?

BRANDT: Na ja, ich glaube nicht an ein unmittelbares Kriegsrisiko, wenn ich es recht sehe. Aber da die Spannungen größer geworden sind zwischen den beiden ganz Großen, vermehren sich auch die Unsicherheitsfaktoren. Das, glaube ich, wird man sagen können, zumal wir es ja, anders als in der Zeit um 1970, jetzt mit einer zunehmenden Militarisierung von beträchtlichen Teilen der Dritten Welt zu tun haben. Und man weiß nie, wenn irgendwo regional was losgeht: Bleibt es begrenzt?

SPIEGEL: Sie haben früher gesagt, daß die Ostpolitik dringend durch Rüstungskontrolle ergänzt werden müsse. Darum aber steht es nicht gut. Die Amerikaner haben Salt II nicht ratifiziert, das Wettrüsten scheint inzwischen sehr schwer aufzuhalten sein.

BRANDT: Ich habe dies gesagt, und ich glaube auch heute, das ist gar nicht so falsch. Wenn nicht im Laufe der 80er Jahre oder im Übergang von den 80ern zu den 90er Jahren etwas passiert, was effektive Rüstungsbegrenzung bedeutet, dann wird es eine reine Illusion sein zu glauben, daß unabhängig davon so etwas ähnliches wie Entspannung und sachliche Zusammenarbeit über die politischen Ordnungen hinweg sich fortentwickeln könnte.

Dies ist aber dann nicht ein deutsches Problem. Das macht ja unsere Schwierigkeit so groß. Wir können immer nur Beiträge leisten, wir können Anstöße geben, aber wir können nicht aussteigen und allein weitermachen.

SPIEGEL: Die Diskussion über ein Aussteigen aus der engen, vielleicht lebensgefährlich engen Bindung an die USA flammt bei uns wieder auf.

BRANDT: Ich habe selbst vor ein paar Jahren, als es mir gesundheitlich nicht gutging, über dieses und jenes nachgedacht, und da ist mir eigentlich klargeworden: Es liegt in der Luft, daß in den nächsten Jahren irgendwann ein mittelgroßer Staat sagt, ich spiel' nicht mehr mit, ich mach' nicht mehr mit in diesem Prozeß des Wettrüstens, in dem wir uns befinden, sondern ich verlass' mich darauf, es bei meiner Verteidigung anders machen zu können. Frankreich macht's ja auf seine Weise anders, wenn auch mit einer starken rüstungspolitischen Komponente.

Aber ich war ebenso fest davon überzeugt, dies wird nicht der Staat Bundesrepublik Deutschland sein.

SPIEGEL: Gilt diese Einschätzung noch?

BRANDT: Ja. Wir müssen unsere Politik im westlichen Bündnis machen, außerdem noch mit anderen, so gut es geht, zusammenarbeiten. Auch Verhandlungen positiv zu beeinflussen ist nur mit dem Bündnis möglich. Aber daß man Sorgen hat um das, was in Gang gekommen ist, das ist ja kein Geheimnis.

SPIEGEL: Fühlen Sie sich hinreichend informiert über die wahren Absichten der neuen US-Regierung?

BRANDT: Was heißt heute hinreichend informiert zu sein? Heißt es, daß man gut genug spricht mit Partnern in Amerika? Was nützt das allein in einer Phase, wo die ihre Politik noch nicht richtig ausformuliert haben. Es ist ja eine Überraschung für viele von uns, daß es länger dauert, als man erwartet hat. Wir haben gewußt, es wird ein bißchen mehr rechts. Amerikanische konservative Regierungen haben wir schon früher gehabt, ich habe mit denen gut zusammengearbeitet. Aber selbst wenn man mehr wüßte, als man weiß, weiß man noch nicht, wo wird die Politik schließlich hinführen.

SPIEGEL: Immer mehr Bundesbürger argwöhnen, die Amerikaner könnten die Bundesrepublik zu einer atomaren Geisel in der Auseinandersetzung mit den Russen machen. Muß dieser Argwohn nicht zwangsläufig einen Trend fördern, auszusteigen?

BRANDT: Ich sage, es gibt sicher eine Befürchtung, und zwar eine berechtigte Befürchtung, die mit absoluter Sicherheit Helmut Schmidt so empfindet, wie ich sie empfinde, daß wir uns hineinentwickeln könnten in etwas, was der CSU-Experte Mechtersheimer vom Max-Planck-Institut die Tendenz hin zu einer Europäisierung des nuklearen Risikos genannt hat. Das liegt mit in der gegenwärtigen Entwicklung. Da muß man große Sorgen haben. Nur, welche Folgerungen man immer daraus zieht: Ich lehne es ab, wenn ich mir die militärpolitische und die allgemeinpolitische Seite ansehe, irgendeine Form einseitiger bundesrepublikanischer Folgerungen ins Auge zu fassen.

SPIEGEL: Das Verhältnis zu Amerika wird mit Sicherheit den nächsten SPD-Parteitag im Frühjahr 1982 in München beschäftigen. Die Debatte über eine Revision der SPD-Haltung zur Nachrüstung ist unvermeidlich.

BRANDT: Wieso Revision?

SPIEGEL: Regionale Parteitage haben die Überprüfung des Berliner Parteitagsbeschlusses zur Nato-Nachrüstung verlangt.

BRANDT: Der baden-württembergische Beschluß hat mich nicht überrascht, weil er zu diesem Punkt eine der größten Selbstverständlichkeiten der deutschen Wirklichkeit ausspricht. Wenn die SPD alle zwei Jahre einen Parteitag macht, dann nimmt sie zu der Lage Stellung, wie sie sich seit dem vorigen Parteitag verändert hat. Es kann ja aber sein, meine Herren, daß gar nicht mal die Betrachtung des Zeitraums dazwischen dominieren wird. Es könnte ja sein, daß dann bereits Verhandlungen der Großmächte über Rüstungskontrolle im Gange sind.

SPIEGEL: Selbst wenn Verhandlungen begonnen haben, so ist dennoch heute fast mit Sicherheit vorherzusagen, daß bis zum Herbst 1983 keine Ergebnisse vorliegen. Im Herbst 1983 aber soll der Aufbau der US-Raketen in Westeuropa beginnen.

BRANDT: Ich will gerne versuchen, diese Frage zu beantworten, indem ich auf einen kleinen Punkt von vorhin zurückgreife, den ich nicht beantwortet hatte. Sie hatten so registrierend gesagt: »Und ist Salt II nicht ratifiziert worden.« Das stimmt, was für einige von uns ein Problem schafft. Für den Bundeskanzler, wenn man sich ansieht, was er dazu gesagt hat in Berlin; für mich, wenn man sich meine Begründung für das Votum zu unserem Beschluß ansieht.

Nur, das hilft alles nichts. Wir brauchen ja nicht weniger Realisten zu sein, als es die Russen sind. Für die Russen ist noch wichtiger, daß sich die Großmächte so verhalten, als ob ratifiziert wäre. Und bisher verhalten sich beide Weltmächte so. Bald sind manche der dort aufgeworfenen Fragen überholt. Deshalb ist der Einstieg in den neuen Prozeß wichtig. Und deswegen bin ich eigentlich ganz zufrieden damit, zu spüren oder auch zu lesen, daß man mit einer Vereinbarung über Mittelstreckenwaffen nicht warten will, bis über die interkontinentalen Waffen neu verhandelt wird.

Außerdem, wenn das so ist, ist die Befürchtung voll berechtigt, daß der für die Verhandlungen zur Verfügung stehende Zeitraum sehr eng sein könnte ...

SPIEGEL: Zu eng ...

BRANDT: ... sehr eng sein könnte. Aber es ist auch nicht berechtigt, von der Materie her und von sonstigen Implikationen her, dies einfach zu vergleichen mit diesem zähen Ding, das sich in Wien bei MBFR abgespielt hat.

SPIEGEL: Außenminister Genscher hat den Vollzug des Doppelbeschlusses der Nato eine Existenzfrage für den Weiterbestand der sozialliberalen Koalition in Bonn genannt. Werden Sie von Ihren Genossen im Lande mehr und mehr gefragt, wie lange die Regierung noch halten kann?

BRANDT: Mir wird das so nicht nahegebracht. Und die Sorgen meiner Klientel in der SPD sind verständlicherweise noch stärker auf die Wirtschaftspolitik, Beschäftigungspolitik und damit verbundene Fragen gerichtet.

SPIEGEL: Helmut Schmidt wird nicht jünger. Sie haben vor einiger Zeit die Zusage des Kanzlers erhalten, er werde 1984 nochmals zur Verfügung stehen – falls er nicht bereits 1982 geht, damit ein Nachfolger genügend Zeit hat, sich bis zur nächsten Wahl zu profilieren. Steht diese Vereinbarung noch?

BRANDT: Ich kann zunächst mal die Voraussetzung der Frage so nicht bestätigen, und ich glaube auch nicht, daß Sie dabeiwaren. Es ist die natürlichste Sache der Welt, daß zwei Männer, die einander so lange kennen und in diesem Fall nun auch noch Aufgaben wahrnehmen, die ja irgendwie miteinander verbunden sind, daß die auch mal reden, wie man für kommende Jahre personell disponiert.

Aber Sie können davon ausgehen, daß das so ist, wie es der Bundeskanzler öffentlich gesagt hat: Er will diese Legislaturperiode durchstehen. Und daraus würde sich automatisch ergeben, daß er die SPD auch in den nächsten Bundestagswahlkampf führt.

SPIEGEL: Ist die Prognose überhaupt realistisch, daß es nach Brandt und Schmidt einen dritten sozialdemokratischen Kanzler geben wird?

BRANDT: Ach, ich sehe keinen Automatismus, der in diese Richtung führt. Aber ich habe in meinem Leben nicht nur unangenehme, sondern auch schon angenehme Überraschungen erlebt.

SPIEGEL: Herr Brandt, wir danken Ihnen für dieses Gespräch.

Zum SPIEGEL-Gespräch in Nr. 28/1981 (6. Juli)
mit den Redakteuren Dirk Koch und Klaus Wirtgen

Ende Juni 1981 folgte Willy Brandt einer Einladung des sowjetischen Staats- und Parteichefs Leonid Breschnew nach Moskau. Zehn Jahre nach dem Treffen der beiden in Oreanda auf der Krim wollte der SPD-Chef »out of the horse's mouth« hören, ob die östliche Supermacht bereit war zu Verhandlungen, die eine Stationierung amerikanischer Atomraketen auf deutschem Boden überflüssig machen würden. Brandt wurde mit großem Pomp in Moskau willkommen geheißen. Breschnew stellte das Protokoll auf den Kopf. Er besuchte, damals schon schwer krank, den SPD-Chef im Gästehaus hoch über der Stadt. Wie schon ein Jahr zuvor nach seinem Besuch bei Jimmy Carter wähnte sich Brandt erneut in einer Art Vermittlerrolle. Denn die Sowjets unterbreiteten ihm einen konkreten Vorschlag, um die stagnierenden Genfer Raketenverhandlungen voranzubringen: Verschrottung aller auf Westeuropa gerichteten SS-20-Raketen bei gleichzeitigem Verzicht des Westens auf Nachrüstung und Abzug der in Europa bereits stationierten Pershing-1-Raketen. Brandt sah eine Einigungsmöglichkeit. Seine Freude darüber verbarg er nicht. Während des nachfolgenden SPIEGEL-Gesprächs im Gästehaus sang er seinen Gesprächspartnern Koch und Wirtgen, aber auch den über Wanzen zugeschalteten Gastgebern ein Friedenslied aus seiner Jugend vor: »Nie, nie, woll'n wir Waffen tragen...« Dann ließ er Rotwein auftragen. Zu Hause gab es wieder Ärger mit Schmidt und Genscher. Sie ließen erklären, Brandts Gespräche hätten keine neuen Erkenntnisse gebracht. Ein Jahr später schien Bewegung in den Raketenstreit zu kommen. Doch es kam anders: Im November 1983 begann die Stationierung der Pershings. Da regierte in Bonn schon Helmut Kohl.

»Breschnew zittert um den Frieden«

Der SPD-Vorsitzende über die Ergebnisse seiner
Moskau-Reise

SPIEGEL: Herr Brandt, Sie haben in Moskau auf zunehmende
Gefahren für den Weltfrieden hingewiesen und mehrmals gesagt, daß
Sie die Lage als sehr ernst ansehen. Haben Sie neue düstere Informationen erhalten, oder malen Sie schwarz in schwarz, um die Entspannung zu retten?

BRANDT: Meine Einschätzung der internationalen Lage hat
sich durch die Gespräche in Moskau nicht geändert. Ich bin nach
Moskau gekommen mit einer sehr ernsten Einschätzung der internationalen Lage: besorgniserregend, wie ich sage, zunehmende Spannungen, zunehmende Rüstungen. Allerdings ist mir hier noch klarer
geworden, was die Breschnew-Rede in Tiflis* bedeutet hat. Man kann
damit rechnen, daß, sehr verspätet anlaufend, Verhandlungen stattfinden und sich die sowjetische Seite zu gleicher Zeit alternativ auf eine
Antwort auf das einstellt, was sich aus dem einen Teil des Nato-Beschlusses vom Dezember 1979 ergeben wird.

SPIEGEL: Sie meinen die westliche Nachrüstung.

BRANDT: Eigentlich hat man sich das schon ausrechnen können. Ich habe – um den zweiten Teil Ihrer Frage noch zu beantworten
– nicht aus irgendwelchen taktischen Gründen eine Lage ernster
gemalt, als sie ist. Die ist wirklich ernst genug, und das spüren ja auch
viele Menschen bei uns in der Bundesrepublik und auch sonst in
Europa.

SPIEGEL: Haben die Sowjets zusätzliche Drohungen ausgesprochen?

BRANDT: Drohungen sind überhaupt nicht ausgesprochen
worden. Zum Ausdruck gekommen ist das Selbstbewußtsein einer

---

* Am 22. Mai erklärte Breschnew in Tiflis, die Sowjetunion müsse mit weiteren
militärischen Maßnahmen auf die Stationierung der neuen Mittelstreckenraketen
des Westens antworten.

Großmacht, die mithalten wird, wenn die andere Großmacht meint, ihr vormachen zu können, daß sie bei den großen Vernichtungsmitteln die Übermacht gewinnt. Und meine Erfahrung ist – das ist übrigens auch in Moskau gesagt worden –, daß im Laufe der Geschichte die Abstände zwischen den Erfindungen der einen und der anderen Seite immer kürzer geworden sind: erst bei der Atombombe, dann bei der Wasserstoffbombe und dann bei den anderen Waffensystemen. Die Vorstellung vom »Den-anderen-Kaputtrüsten« halte ich nicht für realistisch.

SPIEGEL: Helmut Schmidt und Hans-Dietrich Genscher sehen das atomare Gleichgewicht in Europa gestört, weil die Sowjetunion ihre SS-20-Mittelstreckenraketen in Stellung gebracht hat. Jetzt sagt die Sowjetunion, falls die Nato 572 amerikanische Waffen in Stellung bringt, werden wir mit neuen Waffen zuvorkommen. Was ist das anderes als eine Drohung?

BRANDT: Was die Zahlen angeht: Dies gehört zu dem Deprimierendsten, was wir erfahren haben. Hans-Jürgen Wischnewski nimmt, während der Generalsekretär redet, unsere Unterlagen raus und guckt nach und stellt fest, das weicht meilenweit voneinander ab. Er sagt dann völlig zu Recht, und ich habe es übrigens auch gesagt: Ich habe keine Satelliten, ich kann auch auf andere Weise nicht zählen. Dies alles weicht auf eine phantastische Weise voneinander ab, was die Zahl der Trägerwaffen und die Zahl der Sprengköpfe angeht.

SPIEGEL: Können Sie Größenordnungen nennen?

BRANDT: Ich sollte es besser nicht tun, aber es sind Abweichungen zwischen eins zu zehn und eins zu hundert. Und das bringt unsereins zu dem Ergebnis, daß ein Parteivorsitzender, was er immer auch sonst noch betrieben hat, nicht dazu da ist, Vorkehrungen zu treffen, die Regierungen zu treffen haben. Ich sage: Wenn nicht aus anderem Grund, dann müßte man schon aus diesem Grund so rasch wie irgend möglich mit Verhandlungen beginnen.

SPIEGEL: Die Waffenzählerei allein nützt auch nicht viel, wie die zähen Wiener Verhandlungen über einen Truppenabbau in Europa beweisen.

BRANDT: Was Wien immer bedeutet hat, was sich so mühsam hingezogen hat über die Jahre, das hat doch seine Bedeutung. Bei der Datenfrage gab es ein paar marginale Geschichten, ob man die Musikkapellen mitzählt oder das Küchenpersonal – über diese Marginalien haben Breschnew und ich schon 1971 auf der Krim gesprochen. Im Grunde wissen durch Wien beide Seiten ziemlich genau, was sie auf den Gebieten haben, von denen die MBFR-Verhandlungen in Wien handeln ...

SPIEGEL: Sie meinen, daß die sowjetischen Unterhändler aus den Zahlen des US-Geheimdienstes erfahren haben, wie stark die UdSSR wirklich ist?

BRANDT: ... dies müßte jetzt endlich bei den nuklearen Waffen für Europa geschehen, und deshalb bin ich für die baldigen, baldigsten Verhandlungen zur Sache.

SPIEGEL: Bundesverteidigungsminister Apel ließ vor kurzem erklären, daß es im Bereich der Mittelstreckenraketen eine Überlegenheit der östlichen Seite von acht zu eins gebe. Sie sprechen von Differenzen zwischen 10:1 und 100:1.

BRANDT: Es kommt darauf an, worauf man die Zahlen bezieht. Es hängt davon ab, ob man die Rechnungen auf landgestützte Raketen bezieht, ob man die französischen und britischen Potentiale einrechnet, ob man die Forward Based Systems der Amerikaner einschließt, die irgendwo auch in der Grauzone sind. Ob man die U-Boote hinzunimmt, die allerdings zum Teil bei dem nicht ratifizierten Salt-II-Vertrag schon gezählt wurden, und die sowjetischen U-Boote in der Ostsee außen vor läßt.

SPIEGEL: Die fünf U-Boote der USA mit Poseidon-Raketen sind schon mitgezählt.

BRANDT: Ja. Die sowjetische Seite sagt – ob uns dies bequem ist oder nicht –, und ich habe Verständnis dafür, daß sie es sagt: Wir müssen, wenn wir an den Verhandlungstisch kommen, die Forward Based Systems der Amerikaner miteinbeziehen. Wir werden sie jedenfalls zur Sprache bringen. Ich glaube, es ist realistisch, daß sich die Nato darauf einstellt.

SPIEGEL: Diese Position hat der Bundeskanzler auch schon mal hier in Moskau, im Jahr 1980, vertreten ...

BRANDT: Ich denke, ja ...

SPIEGEL: ... doch mittlerweile scheint er – möglicherweise unter dem Einfluß von Herrn Genscher – davon abgerückt zu sein.

BRANDT: Da bin ich nicht so sicher. Herr Genscher hat ja nur gesagt, er befürchte, daß sich der Verhandlungsvorgang kompliziere, wenn man diese zusätzlichen Elemente einbezieht.

SPIEGEL: Bislang scheint er mit den Amerikanern dagegen zu sein.

BRANDT: Man kann sich ja sehr wohl eine Verhandlung in Stufen vorstellen. Ich bin in der Sowjetunion jetzt in diesen Tagen auf

Gesprächspartner gestoßen – nicht irgend jemanden, den ich auf der Straße in Moskau getroffen habe, sondern auf hochrangige Persönlichkeiten –, die mir noch eine andere Stufenfolge vorgestellt haben.

SPIEGEL: Wie sieht das sowjetische Modell aus?

BRANDT: Also, die haben nur gesagt: Wir haben Ihre Null-Lösung zur Kenntnis genommen. Die bezieht sich auf die Materie, die im Nato-Beschluß vom Dezember 1979 abgehandelt ist, also auf sowjetische SS-20 und amerikanische Pershing-2-Raketen sowie Cruise Missiles. Unterstellen wir einmal, so sagen diese sowjetischen Gesprächspartner, daß wir bereit wären, unsere SS-20 zu verschrotten.

SPIEGEL: »Verschrotten«, also nicht nur ein Abzug in Stellungen gegen außereuropäische Ziele, haben Sie doch gar nicht verlangt?

BRANDT: Ich habe gesprochen über Zahlen, Dislozierungen und Reichweiten. Sowjetische Gesprächspartner haben gesagt: Unterstellen Sie, wir wären bereit, zu verschrotten. Dann müssen Sie – so sagen die sowjetischen Gesprächspartner – darauf gefaßt sein, daß wir auf eine umfassendere Null-Lösung zugehen. Diese müßte sich auf mehr als nur die neuen Mittelstreckenwaffen beziehen, beispielsweise auch auf die Pershing 1, die bei uns als Kurzstreckenwaffe gilt. Natürlich würden dann auch entsprechende Waffen auf sowjetischer Seite abgebaut werden.

SPIEGEL: Es ist gängige westliche Meinung, daß diese taktische Waffe etwa 750 Kilometer weit reicht und mithin sowjetisches Territorium nicht treffen, allenfalls streifen kann.

BRANDT: Die Sowjets haben gesagt, die Pershing 1 erreiche die Vorstädte von Leningrad.

SPIEGEL: Wie haben Sie auf den neuen Vorschlag der Sowjets reagiert?

BRANDT: Ich habe in einem der begleitenden Gespräche nur dazu geraten, die Sache nicht zu überfrachten. Aber ich kann natürlich nicht die Legitimität eines Vorgehens bezweifeln, die sagt, eigentlich geht es dabei noch um mehr. Denn auf sowjetischer Seite sagt man: Wir möchten dann eigentlich in einer zweiten Stufe auch über alle anderen Waffen verhandeln, nicht nur über die neuen, die Rußland erreichen, und wir sind bereit, auch über Waffen zu reden, die euch erreichen können.

SPIEGEL: Führt Breschnews »Null-Lösung« schneller zu Verhandlungen als Ihr eigener Vorschlag?

BRANDT: Ich habe – ohne hier Breschnew selbst ins Spiel zu bringen – ein bißchen die Befürchtung, daß, wenn man das zusammenwirft, aus der ganzen Sache nichts wird, daß das zweite das erste erdrückt. Ich bin dafür, über das zu reden, worüber Schmidt, Genscher, Brandt einer Meinung sind, nämlich: Es wäre gut, die Voraussetzungen dafür zu schaffen, daß der zweite Teil des Nato-Beschlusses in bezug auf Pershing 2 und Cruise Missiles nicht in Kraft zu treten brauchte.

SPIEGEL: Das liegt auch an den Sowjets.

BRANDT: Ich rate der sowjetischen Seite, ihre grundsätzlichen, weiter in die Zukunft gerichteten Dinge nicht als eine Art Bedingung zu verbinden mit dem, was jetzt ansteht, weil dann – wir kennen ja solche Geschichten – das eine das andere nicht nur belastet, sondern totmacht. Wenn Sie einen Passus aus der Tischrede Breschnews vom Dienstagabend sich noch einmal genau anschauen, dort steht drin: Wir sind bereit, sozusagen als Einleitung des Verhandlungsprozesses, nichts weiter zu machen bei SS-20, wenn die Amerikaner uns bei Beginn von Verhandlungen wissen lassen, daß sie, während der Verhandlungen, nichts machen, was Steigerung des in Aussicht genommenen nuklearen Potentials bedeutet.

Das heißt, sie stellen keine Bedingungen in bezug auf Produktion, auch nicht auf unsere Buddeleien oder Betonierereien für die Raketenstellungen, sondern sie konzentrieren alles auf diesen entscheidenden Punkt hin, auf die Dislozierung. Das halte ich für ganz wesentlich.

SPIEGEL: Kurz gefaßt heißt Breschnews Vorschlag: Die Sowjets wollen über alles verhandeln, was sowjetischen Boden erreichen kann, und wären dafür bereit, über das gesamte SS-20-Potential mit sich reden zu lassen ...

BRANDT: Ich kann nicht die gegen China gerichteten SS-20 beurteilen.

SPIEGEL: ... also über das gesamte gegen West-Europa gerichtete SS-20-Potential.

BRANDT: Da wären wir übrigens in guter Gesellschaft mit Bundeskanzler Adenauer, der sich dies zu einer Maxime gemacht hat ...

SPIEGEL: ... der dagegen gekämpft hat, Thor- und Jupiter-Raketen bei uns stationieren zu lassen.

BRANDT: ... der gesagt hat, nach allem, was hinter uns liegt, wäre es gut, wenn wir uns da raushielten.

SPIEGEL: Was sagen Sie jemandem, der sich auf den Standpunkt stellt, die Breschnew-Idee vom Stufenplan bringt neue Bedingungen für Verhandlungen und beweise mithin, daß die Sowjets nicht verhandlungsbereit sind?

BRANDT: Also, ich habe jetzt ganz offen dargelegt, was – über die offiziellen Texte hinaus – an Ideen vorgebracht worden ist. Ich habe überhaupt nichts vorzubringen darüber, was die sowjetische Regierung tatsächlich vorschlagen will. Das ist noch eine andere Sache, das wird sich zeigen.

SPIEGEL: Zugleich aber hat die sowjetische Seite auch gesagt: Falls es nicht zu erfolgreichen Verhandlungen kommt, wird es die »Nach-Nachrüstung« geben, ehe die Nachrüstung der USA stattgefunden hat. Ist konkretisiert worden, was sich hinter der »Nach-Nachrüstung« verbirgt?

BRANDT: Nein, das ist mein Begriff. Der ist nie von einem sowjetischen Politiker mir gegenüber mit diesem Ausdruck vertreten worden. Wenn ich es abwandeln würde, könnte ich sagen: Vor-Nachrüstung. Man weiß ja nicht, wie rasch die Dinge laufen.

Fachleute sagen: Natürlich gibt es auch was im Backofen, was auf dem Gebiet des anderen deutschen Staates und dem der Tschechoslowakei passieren könnte. Das geht noch ein bißchen rascher als bei der Pershing 2.

SPIEGEL: Sie meinen SS-23-Raketen, die von diesen Warschauer-Pakt-Staaten aus sehr schnell die Bundesrepublik treffen könnten.

BRANDT: Es gibt auch sonst noch so manches – doch nichts davon ist mir gegenüber zur Sprache gebracht worden, sondern dies kenne ich aus den Gesprächen der Experten, ich hätte fast gesagt: der Arbatows und der Bahrs*, die sich im engeren Sinne mit diesen jeweils weiteren Stufen befassen.

SPIEGEL: Richtet sich das nur gegen Europa? Können Sie deutlicher werden?

BRANDT: Gucken Sie mal die Landkarte an. Ich würde mir mal die Distanz angucken zwischen vorgeschobenen sowjetischen Inseln im Osten und der kalifornischen Küste.

SPIEGEL: Liegt diese Entfernung in der Reichweite der SS-20?

---

* Professor Georgij Arbatow, Leiter des Moskauer Amerika-Instituts, ZK-Mitglied und Breschnew-Berater, gehörte mit Egon Bahr einer internationalen Abrüstungskommission an.

BRANDT: Wenn es so wäre, würde es bedeuten, diese Waffen fielen nicht unter den Salt-II-Vertrag.

SPIEGEL: Sind Sie mit dieser Fragestellung hier konfrontiert worden?

BRANDT: Nein.

SPIEGEL: Das wußten Sie vorher schon?

BRANDT: Ja.

SPIEGEL: Egon Bahr war ja auch gerade erst, um Ihre Gespräche vorzubereiten, in Moskau. Wieso waren Sie eigentlich so überrascht über die Zahlendifferenzen?

BRANDT: Ich muß das korrigieren, was die Vorbereitung angeht. Es ist bei uns falsch dargestellt worden, als hätte die SPD hier eine Zweistufenrakete losgelassen, erst Bahr, dann Brandt. Bahr war hier als Mitglied der Palme-Kommission. Aber er hat mir natürlich berichtet über seine Eindrücke. Sie haben im übrigen recht: Hinweise darauf, daß das weit auseinanderläuft, was eine Seite von der anderen hält, habe ich natürlich gehabt, auch schon vor Bahrs Besuch. So drastische Hinweise auf unterschiedliche Zahlen, wie sie mir aus dem Mund des Generalsekretärs entgegengehalten wurden, habe ich allerdings bisher nicht erlebt. Damit sage ich ja noch nicht, daß das stimmt.

SPIEGEL: Macht hier Moskau vielleicht mit Hilfe von extremen Zählungen seine Ausgangsposition für Verhandlungen fest?

BRANDT: Das hieße wohl einen solchen Besuch überschätzen. Und das muß ich nun wirklich mal sagen, was ich sonst immer gegen die Sowjets haben mag: Die wollen verhandeln. Und man kann über Breschnew sagen, was man will: Er zittert, wo es um den Weltfrieden geht. Da ist subjektiv überhaupt kein Zweifel.

Aber was die Zahlen angeht, also, wenn die Sowjets verhandeln wollen, und ich hoffe – nein, ich bin sicher –, unsere amerikanischen Freunde wollen es, denn sie haben es ja zugesagt, im Brüsseler Beschluß steht es drin, im Nato-Beschluß in Rom ist es bestätigt, Helmut Schmidt hat es mitgebracht, dann muß Klarheit hergestellt werden. Denn wenn man überhaupt Verhandlungen will, dann weiß doch die sowjetische Seite, sie muß die Hosen runterlassen, wenn es zu Verhandlungen kommt.

SPIEGEL: An wem liegt es denn nun, daß die Verhandlungen nicht in Gang kommen?

BRANDT: Erstens, so muß man jetzt sagen: Die sowjetische Seite hat sich zunächst zuviel Zeit gelassen, hat die Sache falsch eingeschätzt, wenn ich mich erinnere an die Äußerung von Andrej

Gromyko in Bonn Ende 1979. Dann hat Moskau die Zeit verstreichen lassen bis zum Herbst 1980. Dann kamen im Oktober/November die Verhandlungen in Genf, die – das habe ich damals nicht gleich schon am nächsten Tag gewußt, sondern erst einige Wochen danach – ja nicht nur prozedurale Verhandlungen waren, wie jetzt zwischen Außenminister Haig und Botschafter Dobrynin, die sich einmal im Monat oder alle sechs Wochen gesehen haben. In Genf ist man richtig in die Materie eingestiegen. Ich kenne inzwischen den Inhalt. Aber da war fast ein Jahr vergangen. Das – dies muß ich fairerweise sagen – war nicht in erster Linie der amerikanischen Seite anzulasten.

SPIEGEL: Und wer ist jetzt der Schuldige?

BRANDT: Jetzt kommt die zweite Phase mit der großen Überraschung, für Leute wie mich und für die Russen und viele andere. Man hat gedacht, da kommt eine neue amerikanische Regierung, die ist ein bißchen mehr rechts in der Innenpolitik. Wir haben ja alle schon mit republikanischen Regierungen zu tun gehabt. Sie waren nach relativ wenigen Wochen klar durchschaubar. Und jetzt vergehen Monate, und es dauert und dauert. Ich habe hier mit Boris Ponomarjow gesprochen. Er ist ja Vorsitzender der Auswärtigen Kommission im Obersten Sowjet. Der war vor einigen Jahren in Amerika und hat Reagan getroffen, als er noch Gouverneur war in Kalifornien.

Ponomarjow erzählte, wie ihn Reagan in Sacramento im dortigen Kongreß auf den Stuhl des Speakers gesetzt und dann gesagt hat: »Was habt ihr für ein praktisches System in der UdSSR. Da tagt der Oberste Sowjet zweimal im Jahr zwei bis drei Tage. Ich habe diesen Kongreß hier, der sitzt mir dauernd im Nacken.« Die beiden haben sich offensichtlich gut verstanden. Da war keine prinzipielle Voreingenommenheit gegen Reagan zu spüren.

SPIEGEL: Davon ist derzeit nichts mehr zu spüren.

BRANDT: Die Sowjets sind natürlich unsicher, und das muß man verstehen können. Da ist jetzt ein halbes Jahr vergangen, und man weiß noch immer nicht richtig, was los ist. Das gilt ja nicht nur für diese vitalen Dinge wie die Raketen.

Nehmen Sie ein Beispiel: Präsident Reagan sagt, wir mögen zwar nicht, daß die Kommunisten in der französischen Regierung mitmachen, aber Frankreich bleibt unser guter Freund. Am Tage danach kommt aus dem US-Außenministerium eine Geschichte, die nicht mit dem übereinstimmt, was der Präsident sagt.

SPIEGEL: Unterschiedliche Positionen soll's sogar gelegentlich in kommunistischen Staaten geben.

BRANDT: Für einen Staat, der so organisiert ist wie die Sowjet-union – ich sage ja nicht, daß ich das für die höchste Entwicklung menschlicher Gesellschaft halte, ich sage nur, es ist ein wichtiger Staat, der so organisiert ist, wie er es ist –, muß es verunsichernd wirken, daß die immer noch nicht wissen, was die Amerikaner eigentlich wollen.

SPIEGEL: Wissen Sie denn, was bei dem für den Herbst geplanten Gespräch Haig/Gromyko, das weltweit als Datum für den Beginn der Verhandlungen genannt wird, herauskommen soll? Welche Hoffnungen setzen die Sowjets in diese Begegnung?

BRANDT: Wenn in der Breschnew-Rede vom Dienstagabend die Rede ist von »Verhandlungen zur Sache«, dann ist damit die Begegnung Gromyko/Haig nicht gemeint, sondern die ist in Moskau verstanden worden als eine politische Begegnung und nicht als Beginn einer Verhandlung zur Sache.

SPIEGEL: Also eine andere Bewertung als in Washington.

BRANDT: Da bin ich nicht sicher, ich habe darüber mit keinem Amerikaner gesprochen.

SPIEGEL: Mithin ist es auch Ihnen hier nicht gelungen, die großen Zweifel der sowjetischen Seite an der Ernsthaftigkeit des amerikanischen Verhandlungswillens auszuräumen?

BRANDT: Die sowjetische Seite ist, so wie sie es darlegt, in der Tat sehr unsicher, was die amerikanische Haltung angeht. Ich habe dargelegt, was sich aus dem Beschluß von Rom ergibt, was Helmut Schmidt aus Washington mitgebracht hat.

SPIEGEL: Er hat unter anderem mitgebracht, daß Haig Gromyko trifft.

BRANDT: Und daß, so wie es vorgesehen ist, danach Verhandlungen beginnen.

SPIEGEL: In Rom machten die Amerikaner ihre Verhandlungsbereitschaft vom Wohlverhalten der Sowjetunion abhängig. Das war ja wohl ein Rückschritt hinter den Doppelbeschluß vom Dezember 1979?

BRANDT: Das kann ich so im einzelnen nicht beurteilen, ich war in Rom nicht dabei. Ich bin für Verhandlungen. Meine Partei ist dafür, daß nichts herumgemacht wird an dem Beschluß vom Dezember 1979.

Im übrigen werde ich dafür sorgen, daß die amerikanische Seite getreulich, wenn es für sie von Interesse sein sollte, informiert wird über das, was man auf sowjetischer Seite nicht nur zur Prozedur, sondern auch zur Sache meint.

SPIEGEL: Also sind Sie doch Parlamentär?

BRANDT: Nein, ich bin ein Mann guten Willens. Das ist etwas ganz anderes als ein »go in between«. Das heißt, ich würde ja meine Pflicht versäumen, wenn ich nicht, außer, daß ich mit meiner eigenen Partei spreche und den Bundeskanzler und den Außenminister bis ins Detail unterrichte, drei andere Partner im Auge hätte:

Erstens, ich muß meinen französischen Freunden sagen, wie man die Dinge hier sieht, zumal die Russen mich nach den französischen Partnern gefragt haben.

Zweitens, ich muß den amerikanischen Verbündeten und Freunden sagen, wie ich das hier aufgefaßt habe. Ich muß es ihnen übermitteln.

Drittens, ich habe Mitte Juli die führenden Vertreter der Sozialistischen Internationale in Bonn, 20 an der Zahl. Ich werde ihnen darlegen, was sich ergeben hat. Und ein paar kommen schon vorher, um zu wissen, was sich ergeben hat.

SPIEGEL: Herr Brandt, Sie gelten hier in Moskau als einer der, wahrscheinlich als *der* glaubwürdigste westliche Politiker. Ist es Ihnen gelungen, das Mißtrauen gegenüber Washington zu zerstreuen oder abzumildern?

BRANDT: Das kann ich selbst nicht sagen. Ich fürchte, daß das beiderseitige Mißtrauen sehr tief sitzt, nicht nur das der einen gegenüber den anderen, sondern auch das der anderen gegenüber den einen.

Und wieso? Ich habe gesagt in meiner Rede im Kreml am Dienstagabend, daß ich überhaupt nicht für Regierungen spreche, schon gar nicht für die der Vereinigten Staaten. Das hat mich aber nicht daran gehindert, im Gespräch darzulegen, daß es falsch wäre, die Vereinigten Staaten zu sehen als einen monolithischen Block, der dagegensteht, sondern das wird sich entwickeln, und es wird nach meiner Überzeugung zu Verhandlungen kommen.

SPIEGEL: Wenn es trotzdem schiefgeht, wird es dann nach Ihrer Einschätzung möglich sein, die Entspannung mindestens im europäischen Raum zu erhalten, oder wird dann alles zwangsläufig in den neuen Kalten Krieg hineingeraten, von dem Breschnew gesprochen hat?

BRANDT: Es kommt darauf an, welche Zeiträume Sie ins Auge fassen. Die Erfahrung hat gezeigt, daß trotz der Verschlechterung der Gesamtbeziehungen, das heißt vor allem der Beziehungen zwischen den beiden ganz Großen, bilaterale Beziehungen nicht wesentlich geschädigt worden sind.

Im letzten Jahr haben wir erlebt, wie europäische Regierungen in Ost und West trotz der unterschiedlichen Bündniszugehörigkeiten ihr Interesse daran bekundet haben, nicht über Gebühr in den Strudel der verschlechterten Beziehungen zwischen den beiden Großen hineingezogen zu werden. Dann kam eine Beeinträchtigung durch die polnische Entwicklung.

SPIEGEL: Die Geschichte muß sich ja nicht wiederholen.

BRANDT: Jetzt hat Breschnew mit ganz betonter Abhebung von den übrigen Schwierigkeiten gesagt, wie sehr er die Bedeutung der bilateralen Beziehungen zu schätzen weiß. Ich habe dies bestätigt aus unserer Sicht, aus der Sicht meiner politischen Freunde und, soweit ich weiß, aus der Sicht der Bundesregierung.

SPIEGEL: Er sprach von »strategischer« Bedeutung.

BRANDT: Ja. Das ist aber etwas anderes. Das ist ungefähr so, wie wenn ich sage: Breschnews Besuch in Bonn im November kann neben den bilateralen Beziehungen auch dem Verhandlungsprozeß zum Nutzen sein.

Das meint Breschnew wohl mit »strategischer« Bedeutung. Er weiß ja auch, daß, wenn das nicht alles kaputtgeht, er sich irgendwann im nächsten Jahr mit dem Präsidenten der Vereinigten Staaten treffen wird.

Deshalb ist es ja für ihn nicht so uninteressant, im Vorfeld mit dem deutschen Bundeskanzler auch das erörtert zu haben, was über das Bilaterale hinausgeht.

SPIEGEL: Sehen Sie in diesen bevorstehenden Ost-West-Treffen auch ein Indiz für eine Stabilisierung der Lage in Polen?

BRANDT: Ich sprach jetzt von dem Besuch im November.

Die Entwicklung in Polen hat natürlich ab Spätsommer vorigen Jahres einen Einfluß gehabt auf die Ost-West-Beziehungen, obwohl es sich nicht um ein Problem zwischen den Bündnissystemen handelt. Es geht darum, wie ein Staat im östlichen Bündnissystem mit seinen Problemen der ökonomischen und sozialen Erneuerung fertig wird, wie die es selbst nennen.

Mich hat es interessiert, aus sowjetischer Sicht, und zwar von hier höchster Stelle zu hören, welcher Art die Besorgnisse sind. Das ist für unsereins nicht immer gleich zu begreifen, weil wir insoweit in unterschiedlichen Gedankenwelten leben. Ich habe mit ganzem Nachdruck zurückgewiesen den Vorwurf des polnischen Politbüromitglieds Olszowski, der westdeutsche Revanchismus habe, wie er es dort nannte, etwas mit der polnischen Sache zu tun. Das ist eine

Vergiftung einer ohnehin schwierigen Situation. Dies ist in aller Deutlichkeit gesagt worden. Und ich habe darauf hingewiesen, daß die französischen Sozialisten und Kommunisten offensichtlich derselben Meinung sind.

Ich will trotzdem sagen: Sowenig ich manches verstehe von dem, was aus sowjetischer Sicht zu Polen gesagt wird, sosehr habe ich nicht den Eindruck, daß diejenigen recht hätten, die uns eine akut dramatische Entwicklung, auf Polen bezogen, voraussagen.

SPIEGEL: Haben Sie noch weitere Beweise für sowjetische Entspannungsbereitschaft entdeckt?

BRANDT: Unmittelbar bevor ich hierherkam, gab es in einer finnischen Zeitung ein in Nordeuropa stark beachtetes Interview von Breschnew darüber, ob Nordeuropa nicht atomwaffenfrei gemacht werden könne. Dies hat er übrigens von sich aus in einem Teil unseres Gesprächs erläutert. Erstens weil ich Europäer bin, und zweitens auch aus sowjetischer Sicht einer bin, der von Nordeuropa etwas versteht. Ich hatte den Eindruck, er gehe selbstverständlich davon aus, daß zu einem solchen atomwaffenfrei zu machenden Gebiet in Nordeuropa auch Gebiete der Sowjetunion hinzukommen.

SPIEGEL: Diese Bereitschaft hat Moskau noch nie so klargemacht.

BRANDT: Es ist nicht mein Business, dies weiter zu kommentieren. Das machen die Beteiligten untereinander. Das ist die eine Seite, wenn man so will, die hoffnungsvollere Seite der Medaille.

SPIEGEL: Die weniger hoffnungsvolle Seite zielt als SS-20 auf Kalifornien. Doch zurück zu Nordeuropa: Wie konkret und wie detailliert war die Bereitschaft, sowjetisches Territorium in eine atomwaffenfreie Zone im Norden einzubringen?

BRANDT: Für mich verständlich genug. Die norwegische Ministerpräsidentin, Frau Brundtland, wird bei mir in 14 Tagen in Bonn sein. Und wenn dieses Gespräch am Montag veröffentlicht ist, wird der norwegische stellvertretende Parteivorstand bereits in Moskau gewesen sein.

SPIEGEL: Könnte diese Anregung Modellcharakter für Überlegungen gewinnen, die es nicht nur in Sektiererzirkeln, sondern auch bei ernst zu nehmenden Leuten gibt, nämlich für eine atomwaffenfreie Zone, die beide Teile Europas ...

BRANDT: Laßt doch die dort einmal versuchen. Mich hat was anderes überrascht, die veränderte Akzentsetzung Breschnews zu Nord-Süd-Fragen.

SPIEGEL: Haben Sie ihn zu diesem Thema festgenagelt?

BRANDT: Ich hatte nicht vor, ihn zu nageln. Ich war bei aller sonstigen Übereinstimmung mit dem Bundesaußenminister und seinen Kollegen, die dies vorbereiten, nicht davon überzeugt, daß es richtig war, zu insistieren, die Russen müßten im Oktober zum Nord-Süd-Gipfel nach Cancun in Mexiko gehen.

Ich war immer der Meinung, so ein großer Staat wie die Sowjetunion entscheidet dies nicht, wenn wir drängeln, sondern wenn er meint, die Interessen sprechen dafür.

Bevor ich aber überhaupt zu diesem Punkt kam, hat mir Leonid Breschnew in seiner Präsentation der Sache gesagt: »Also, Sie kennen unseren grundsätzlichen Standpunkt: Wir – die Sowjetunion – sind nicht verantwortlich für die Folgen des Kolonialismus.«

SPIEGEL: Nehmen denn die Sowjets an der Konferenz teil?

BRANDT: Breschnew hat gesagt: »Ohne etwas an unseren grundsätzlichen Standpunkten zu ändern, überlegen wir, auf welche Weise wir uns an dem beteiligen können, was in Mexiko im Oktober beginnen soll.« Das ist anders, als wir es bisher gehört hatten. In diesem Fall wird's für jemand, der sich gute zwei Jahre seines Lebens stark mit Nord-Süd befaßt hat, interessant.

SPIEGEL: Warum haben Sie sich so gewehrt, als wir Sie auf Ihre Rolle ansprachen, die Sie ja möglicherweise irgendwann mal bei der Abrüstung in Europa spielen könnten? Haben Sie Sorgen davor, daß Sie in eine Diskussion über »Neutralismus«, »Finnlandisierung« oder »Abkoppelung von der Nato« gezogen werden?

BRANDT: Nein, meine Qualifikation auf diesem Gebiet besteht allein darin, daß ich als junger Mann die wichtigsten Jahre meines Lebens in Norwegen und Schweden verbracht habe, zwischendurch immer mal woanders, auch mal in Deutschland, auch mal in Frankreich, mal in Spanien. Aber in Skandinavien habe ich gelebt. Das sind sehr selbstbewußte Menschen und Regierungen und Staaten. Die würden sich verbitten, daß der SPD-Vorsitzende, der auch ein guter Freund für viele von ihnen ist, eine Art »Vormünder« spielen könnte. Die machen das allein.

Für mich war das interessant, und dann wird man sehen. Das, wovon Sie sprechen, was einmal Europa insgesamt betreffen könnte, das ist Zukunftsmusik; eine mir nicht unangenehme.

SPIEGEL: Werden Sie nach Amerika reisen in absehbarer Zeit?

BRANDT: Ich werde nach jetziger Planung wohl erst Anfang Oktober reisen.

SPIEGEL: Und den Präsidenten sehen?

BRANDT: Das glaube ich nicht, wenn er mich nicht bittet. Warum sollte er? Ich habe bei den Vereinten Nationen zu tun. Ich habe zu tun bei der wichtigsten jüdischen Loge, die es in der Welt gibt, B'nai B'rith, die mir eine Auszeichnung zuteil werden lassen will. Mir liegt gerade in dieser Zeit daran, daß wir mit den jüdischen Organisationen – zumal in den Vereinigten Staaten – im vertrauensvollen Gespräch bleiben. Ich habe sonst einige Termine. Soll ich mich da in was reinbringen?

SPIEGEL: Riskieren Sie nicht, daß Sie Ihre Partei durch Ihre Aktivitäten, die Sie hier entwickeln können, bei der deutschen Bevölkerung in Mißkredit bringen, die doch eher zu Russenfurcht erzogen ist und auf eine Politik der Stärke vertraut?

BRANDT: Ich arbeite im engen Schulterschluß mit denjenigen meiner Freunde und Kollegen, die Regierungsverantwortung tragen – ganz eng.

Zweitens bin ich davon überzeugt, daß die Mehrheit unseres Volkes weit über die Reihen derer hinaus, die was von der sozialliberalen Koalition halten, wollen, daß jede nur mögliche Chance genutzt werde, um den Frieden zu bewahren. Die Menschen in beiden deutschen Staaten wissen, daß, wenn der Frieden kaputtgeht, wir Deutschen die ersten sein werden, die dann ausgelöscht sind. Als Volk werden wir ausgelöscht sein.

Die Deutschen wollen, was es da immer auch an Ressentiments geben mag, daß jede vernünftige, realistische Anstrengung gemacht wird, um den Frieden zu bewahren. Das ist die Lehre aus der Vergangenheit. Und jetzt sage ich hinzu: Und selbst wenn es nicht so wäre, daß die Mehrheit dieses meinte, würde ich mich bemühen.

SPIEGEL: Was muß eigentlich passieren, daß einer, der so redet wie Sie, im Frühjahr nächsten Jahres in München auf dem SPD-Parteitag die Genossen ermuntern kann, am Doppelbeschluß der Nato festzuhalten?

BRANDT: Das wollen wir mal sehen. Jetzt schreiben wir Juli 1981. Sie reden vom April 1982. Was passiert heutzutage in solchen Zeiträumen? Bis dahin werden Verhandlungen im Gange sein, sage ich Ihnen. Und dann wird die SPD ihre Erwartungen an diese Verhandlungen formulieren. Und das wird nicht von Pappe sein. Aber: Auch wenn das nicht so wäre, wenn ich mich umschaue in der Welt, wäre ja das nicht das Schlechteste, wenn die SPD sich genau an das hielte, was sie gesagt hat, nämlich: daß die Stationierung von neuen Waffen abhängig sein muß von dem Ergebnis von Verhandlungen. Oder? Das haben wir beschlossen.

SPIEGEL: Die Amerikaner interpretieren den Doppelbeschluß aber anders. Sie wollen doch in jedem Fall die Raketen stationieren.

BRANDT: Ich habe gesagt: was *wir* beschlossen haben. Und was auch im Brüsseler Beschluß steht.

SPIEGEL: Wie könnte die Perspektive für Europa aussehen, die Sie vorhin eine für Sie »nicht unangenehme« genannt haben?

BRANDT: Also sehen Sie mal, ich bin als junger Mann nach Koblenz gelaufen von der Insel Namedywerth bei Andernach am Rhein.

Ich war ein Falke, aber nicht im politischen Sinne der Vereinigten Staaten: Ich war ein Roter Falke. Ich bin hingelaufen zum Deutschen Eck. Da standen noch, ob Sie es glauben oder nicht, französische Soldaten – im Jahre 1929. Die sind erst kurz danach abgezogen worden, über zehn Jahre nach dem Ersten Weltkrieg.

Das hat mich als einen von Hause aus zum Internationalismus erzogenen Jungen empört. Und dann sind wir von dort zurückmarschiert von Koblenz nach Andernach und haben gesungen: »Nie, nie woll'n wir Waffen tragen.«

SPIEGEL: Das Lied haben auch die Ostermarschierer gegen die atomare Bewaffnung der Bundesrepublik gesungen.

BRANDT: Kann sein.

SPIEGEL: Können Sie auch noch die Melodie?

BRANDT: Nie, nie woll'n wir Waffen tragen, nie, nie woll'n wir wieder Krieg. Laßt die hohen Herren sich alleine schlagen, wir machen einfach nicht mehr mit. Nie, nie woll'n wir . . . und so weiter.

SPIEGEL: Willy Brandt als Vorsänger der »Friedensbewegung«?

BRANDT: Das ist ein bißchen zu einfach. Doch es ist nicht so weit entfernt von dem, was viele heute denken. Deshalb verstehe ich die auch ganz gut. Also, was ich will, wenn Sie danach fragen – bloß danach fragt die Welt der Mächtigen nicht viel –: Ich möchte, daß wir von diesem Wahnsinn des Wettrüstens wegkommen. Und sollte in einer erreichbaren Zukunft möglich sein, daß Europa weitgehend von nuklearen Waffen frei sein könnte, wäre das doch vernünftig. Bloß: Ich wage nicht zu hoffen, daß ich das noch erlebe.

SPIEGEL: Herr Brandt, wir danken Ihnen für dieses Gespräch.

Zum SPIEGEL-Gespräch in Nr. 14/1982 (5. April)
mit den Redakteuren Erich Böhme und Klaus Wirtgen

Am 5. Februar 1982 stellte Bundeskanzler Helmut Schmidt im Bundestag die Vertrauensfrage, ohne sie mit einem politischen Projekt der Regierung zu verbinden. »Ich bitte um Vertrauen in meine außen- und innenpolitische Stetigkeit und Verläßlichkeit. Ich bitte um Vertrauen für die von den Fraktionen der Sozialdemokraten und der Freien Demokraten gemeinsam getragene Bundesregierung.« Nach Schmidts Darstellung seiner Politik – Festhalten am Nato-Doppelbeschluß, Programm zur Förderung von Investitionen – verlangte die SPD-Fraktion namentliche Abstimmung. Schmidt erhielt zwar sämtliche Stimmen der Koalition, aber – wie sich bald zeigte – nicht das Vertrauen der Befragten. Zwei Monate später, auf dem Münchner Bundesparteitag, beschloß die SPD ein Beschäftigungsprogramm, das durch eine Ergänzungsabgabe für Besserverdienende, über Steuererhöhungen und zusätzliche Verschuldung finanziert werden sollte. Der Konflikt mit dem Koalitionspartner war programmiert. Helmut Schmidt wurde zwar mit einem neuerlichen Bekenntnis der Partei zum Nato-Doppelbeschluß beruhigt, doch in der Wirtschaftspolitik saß er jetzt zwischen den Stühlen der Liberalen und denen seiner Genossen. FDP-Chef Genscher hatte bereits im August 1981 den Begriff »Wende« gepflanzt, ein Synonym für das Umschalten von sozialdemokratischem Versorgungs- auf liberales Leistungsdenken. Im Juni 1982 reagierte die FDP auf die Münchner SPD-Beschlüsse: Sie gab für die hessische Landtagswahl im September eine Koalitionsaussage für die CDU ab. Helmut Schmidt steuerte noch gegen, wollte Sozialausgaben streichen, bildete das Kabinett um. Doch es war zu spät. Am 1. Oktober wurde Helmut Kohl durch ein konstruktives Mißtrauensvotum zum Kanzler gewählt.

»Die FDP hat unsere Nerven strapaziert«

Der SPD-Vorsitzende über die Sozialdemokraten vor dem
Münchner Parteitag

SPIEGEL: Herr Brandt, nach der SPD-Katastrophe von Niedersachsen haben Sie zum »Aufbruch nach vorn« aufgefordert. Können Sie uns verraten, was da »vorn« auf die kleiner gewordene
Wählerschar der SPD wartet, etwa die Opposition?

BRANDT: Ich denke nicht daran, eine Niederlage nicht eine
Niederlage zu nennen. Trotzdem ist es manchmal ein eigenartiges
Gefühl, zu erfahren, daß 1,5 Prozent den Abstand zwischen kleinem
Erfolg und großer Niederlage ausmachen. Hätte die SPD 1,5 Prozent
besser abgeschnitten als bei der Kommunalwahl und wäre demzufolge
die CDU knapp unter 50 Prozent geblieben, hätte man gesagt ...

SPIEGEL: ... kleinere Katastrophe.

BRANDT: ... na, man hätte gesagt, jetzt geht's schon wieder
ein bißchen voran. Trotzdem wird die kleiner gewordene Wählerschar,
von der Sie sprechen, auf absehbare Zeit keine Sekte sein. Die SPD hat
jetzt auf die eine oder andere Weise knappe 120 Jahre auf dem Buckel
und hat noch eine lange Zeit vor sich. Manches von dem, was uns jetzt
in diesen Tagen und Wochen stark beschäftigt, zum Teil umtreibt, wird
auf Abstand gesehen eine Episode sein.

Es wird keinen Zweifel daran geben, daß die SPD durch ihren
Parteitag in München, der am Sonntag nach Ostern beginnt, sich nicht
selbst aus der Stellung einer Regierungspartei herausbefördern wird.
Sie wird dem Bundeskanzler die Unterstützung geben, die er braucht,
wenn er sie braucht, für inhaltliche Straffung und – wenn es sein muß
– auch für personelle Auffrischung. Aber das kann nur er selbst
entscheiden.

SPIEGEL: Es gibt Sozialdemokraten, die halten die Oppositionsrolle in dieser Situation für die realistischere Überlegungsper-
spektive.

BRANDT: Ich kann Ihnen nicht widersprechen, daß es solche
Stimmen gibt. Ich müßte taub sein, wenn ich das nicht auch hörte.

Trotzdem: Die allermeisten Sozialdemokraten werden sagen, wir sind nicht gewählt worden im Herbst 1980, um uns irgendwann im Jahre 1982 abzumelden. Dies ist auch meine Meinung. Zweitens verfügt die SPD natürlich nicht über die Entscheidungen des Bundeskanzlers. Er hat nach dem Grundgesetz eine herausgehobene Verantwortung und Pflicht.

SPIEGEL: Der Parteitag muß doch zunächst einmal den Widerspruch aufarbeiten in der Kommentierung der Wahlergebnisse. Schmidt hat gesagt, das »zerrissene Bild der eigenen Partei« sei der Grund für das schlechte Abschneiden. Sie wiederum haben als Ursache das »traurige Bild der Koalition« genannt. Muß sich die Partei auf diesem Parteitag nicht mal einigen, wo der wahre Grund liegt?

BRANDT: Ich will mich ja nicht drücken; aber ich finde wirklich, daß dies einer der vielen Fälle ist, in denen einer Ursache meistens noch eine zweite hinzuzufügen ist. Es ist überhaupt keine Frage, daß die Koalition, aber auch die SPD schon mal ein günstigeres Bild vermittelt haben. Das ist gar keine Frage. Nur, das ist ja zum großen Teil inhaltlich bedingt und nicht wegen eigenwilligen oder disziplinlosen Verhaltens einzelner – das gibt es auch.

Was sich im vielzitierten Erscheinungsbild widerspiegelt, sind politische Tatsachen. Hier sollte man nicht Ursache und Wirkung verwechseln. Die Geschichte der SPD handelt von dem Austragen unterschiedlicher Meinungen, in allen wesentlichen Etappen, übrigens auch dort, wo sie Erfolge gehabt hat. Es ist eine Verkürzung der Geschichte, zu glauben, Uniformität habe den Erfolg gebracht.

SPIEGEL: Wer trägt die Schuld, Partei oder Regierung?

BRANDT: Die beiden Bezugspunkte stehen nicht zur Auswahl, sondern das Bild der Koalition. Wir müssen eine größere Anstrengung machen, der Öffentlichkeit, den Wählern zu sagen, wo es langgehen soll.

Denken Sie nur – und da bin ich jetzt bei meinem Ausdruck von dem miserablen Bild der Koalition – an dieses Gezerre vom letzten Sommer, über den Herbst und mit dem wirklich beklagenswerten, nicht nur qualvollen Prozeß, der dann Anfang Februar darin mündete, daß man die Gemeinschaftsinitiative mit einem Beschäftigungs-Paket auf den Weg brachte. Dann – dafür kann die Koalition nun nichts, das weiß ich auch – kommt die Schwerfälligkeit unseres föderalen Systems dazu, so daß die Leute immer was hören, aber wann nun wirklich etwas abschließend beschlossen werden kann, wissen sie immer noch nicht.

SPIEGEL: Warum schlagen in solchen Situationen die Verantwortlichen Ihrer Partei nicht mal an die eigene Brust, sondern immer an die des anderen? Sie sprechen vom traurigen Bild der Koalition, meinen damit den Kanzler. Ihr Stellvertreter Helmut Schmidt spricht von dem zerrissenen Bild der eigenen Partei und meint damit Sie.

BRANDT: Ach, sind Sie da so sicher? Ich muß jetzt zunächst mal für mich sprechen, ohne daß ich was bei anderen ablade. Wenn ich vom Bild der Koalition spreche, dann spreche ich auch davon, daß die FDP die Nerven der Sozialdemokraten zeitweilig erheblich strapaziert hat, weil von den Sozialdemokraten auch draußen im Lande das Bild vermittelt wurde, sie seien der Packesel der Koalition.

SPIEGEL: Haben sich die Sozialdemokraten in den letzten Monaten zuviel bieten lassen vom Koalitionspartner?

BRANDT: Es ist in hohem Maße nicht eine Frage des Sichbietenlassens, sondern des Klarmachens der eigenen Position, zumal im Verhältnis zu den Arbeitnehmern. Da hapert es erheblich. Um es mal anzureißen: Für die Sozialdemokraten wird es eine politische Existenzfrage, daß das Prinzip »Gerechtigkeit« in der Regierungspolitik genügend großgeschrieben bleibt. In einer Zeit, in der man den Menschen eine Erhöhung der Mehrwertsteuer zumutet, damit Investitionszulagen finanziert werden, können nicht ganze Gruppen des sehr gehobenen Mittelstandes und der hohen Bürokratie völlig ausgenommen werden von jeder Erörterung darüber, wohin Lasten verteilt werden. Wenn man es doch ausnimmt, zeigen sich die Konsequenzen im Wählerverhalten.

SPIEGEL: Herr Brandt, wem fällt nach Ihrer Meinung die Aufgabe zu, die SPD-Position beim Zustandekommen von Regierungskompromissen deutlich zu machen, dem Kanzler oder dem Parteichef? Und sind Sie der Meinung, daß Sie diese Aufgabe in den letzten Jahren hinreichend erfüllt haben?

BRANDT: Das letztere ist sicherlich nicht hinreichend geschehen, sicher nicht. Es bedarf manchmal klarerer Absprachen, wer was zu verantworten und letztlich zu machen hat.

SPIEGEL: Das sind taktische Fragen, Verkaufsmethoden. Nun geht aber doch offensichtlich das unklare Bild der Sozialdemokraten darauf zurück, daß die beiden Exponenten dieser Partei gegensätzliche Vorstellungen über die Richtung der Partei haben. Helmut Schmidt sieht die Mehrheitsfähigkeit nur dadurch garantiert, daß die Partei weiter in die Mitte hineinrückt und versucht, ein Abbröckeln von Facharbeiterstimmen – zum Beispiel zur CDU – zu verhindern.

Dies setzt in seinen Augen voraus, daß man Verluste auf der linken Seite hinnimmt. Ihre Maxime heißt Integrationspolitik, links nichts abbröckeln lassen und auch rechts nichts verlieren.

BRANDT: Zunächst mal leuchtet mir nicht ein, warum unklar genannt werden soll, was von Zeit zu Zeit und manchmal über weite Strecken das Austragen unterschiedlicher Meinungen betrifft. Konkret ist das Bild ja nur bedingt unsere gegenwärtige Lage. Tatsächlich ist es so – trotz eines etwas anderen Öffentlichkeitsbildes –, daß Parteivorsitzender und Bundeskanzler – oder in welcher Reihenfolge immer – auf den wichtigen Gebieten der Außen- und Sicherheitspolitik, der Wirtschafts- und Beschäftigungspolitik mit gemeinsamen Anträgen vor den Parteitag treten. Was will man eigentlich mehr erwarten?

SPIEGEL: Damit ist aber der grundsätzliche Richtungsdissens zwischen Ihnen und Schmidt noch nicht beseitigt.

BRANDT: Das sehe ich nicht so. Es geht unter anderem um die Frage, wie wir uns gegenüber dem sozialen Wandel verhalten. Die Arbeitnehmerschaft ist ganz anders zusammengesetzt als vor 20, 25 Jahren, ein Prozeß, der noch nicht abgeschlossen ist. Und wir müssen uns fragen: Wie verhält man sich zu dem, was zeitweilig oder für längere Zeit zu Sondergruppen, Sonderlisten, Sonderparteien hinstrebt? Ich glaube nicht, daß es in das Belieben der SPD gestellt ist, sich für das eine oder für das andere zu entscheiden. Wir können nicht gut eine Wahl zwischen Alten und Jungen treffen. Man hängt mir ja leicht an, daß ich »sowohl als auch« sage – wofür aber der Name der SPD spricht: Sie ist sowohl sozial wie demokratisch, deshalb heißt sie sozialdemokratisch.

Die SPD muß sich nach mehr als einer Seite bemühen. Nach links – wenn denn links sein sollte, was sich grün nennt – kann das eben nicht die illusionäre Vorstellung bedeuten, jedermann bei der SPD ansiedeln zu können. Aber wir dürfen auch nicht fatalistisch hinnehmen, als habe sich in der Bundesrepublik etwas in Gang gesetzt, was zwangsläufig bedeutet, daß es da außerhalb dieser Seite der SPD fünf, sieben oder zehn Prozent Stimmen gibt, die für Erwägungen darüber, was aus der praktischen Politik wird, nicht zu erreichen seien.

SPIEGEL: Die SPD muß also für Grüne offen und attraktiv bleiben?

BRANDT: Das ist Ihre eigenwillige Formulierung. Für mich ist es keine Frage des Hinterherlaufens hinter neuen Listen oder neuen

Gruppen. Die wollen ja zum großen Teil gar nicht, sondern zeigen uns lieber den blanken Hintern. Worum es geht, ist ein Sichkümmern um Menschen und Themen, soweit dies der Natur der Sache und der demokratisch-sozialistischen Tradition nach im Rahmen der Partei des Godesberger Programms möglich ist.

Andererseits ist es für mich immer selbstverständlich gewesen, daß es kein ernsthaftes und dauerndes Abbröckeln in den Grenzbereichen zur CDU geben darf, sondern daß wir uns zielstrebig um Arbeitnehmer bemühen, die CDU und CSU wählen. Niedersachsen war im übrigen keine Bundestagswahl.

SPIEGEL: Doch der Kanzler ist der Meinung, daß allein das Halten oder Hinzugewinnen in der Mitte die Mehrheitsfähigkeit der SPD à la longue garantiert.

BRANDT: Ich unterstelle mal, Sie geben das Argument des Bundeskanzlers richtig wieder – dann müßte ich Ihnen widersprechen. Natürlich muß die SPD Wähler von der CDU und CSU gewinnen. Aber keiner von uns kann im Augenblick in der sogenannten Mitte kompensieren, was nach einer anderen Seite wegbröckelt.

SPIEGEL: Warum rufen Sie – wie jetzt nach Niedersachsen – immer nach »Geschlossenheit«, obwohl diese Partei so unterschiedliche Ziele anstrebt?

BRANDT: Auch einer, der so sehr wie ich für eine lebendige Partei ist, weil er meint, daß dies Kraft bringt, muß immer wieder darauf hinweisen, daß eine Partei vom Typ der Sozialdemokratie beides braucht: die Lebendigkeit, die geistige Offenheit, das Sich-nicht-gegenseitig-Ausgrenzen, solange man auf dem Boden eines Programms steht, aber auch das Fähigbleiben zum geschlossenen politischen Handeln. Sonst ist man keine Partei. Als parlamentarische Partei und gegenüber der Öffentlichkeit muß sie das, was die Mehrheit beschlossen hat, vertreten, es sei denn, daß es zu einem bestimmten Zeitpunkt revidiert wird.

SPIEGEL: Liegt das Problem der SPD nicht darin, daß die grünen Wähler mehr darauf achten, was der Kanzler sagt, als auf Versprechungen der SPD?

BRANDT: Wer wollte dem widersprechen? Ich bin allerdings nicht der Meinung, daß es da eine Kluft gibt zwischen den Themen, auf die sich jetzt einige, gerade viele der Jungen konzentrieren, und den Themen, mit denen Helmut Schmidt zu tun hat. Wenn wir mal realistisch davon ausgehen: Bei vielem, was heute grün oder alternativ genannt wird, spielt die Friedensthematik eine Rolle. Da ist ja noch nicht so sicher, ob von jetzt ab gerechnet im Frühjahr 1984 Helmut Schmidt nicht von manchen sehr viel positiver beurteilt wird, als es heute der Fall ist. Unterstellen wir einmal – entgegen dem, was Pessimisten sagen –, die Weltmächte kämen mit den Abrüstungsverhandlungen voran, dann wird der Bundeskanzler Helmut Schmidt in kurzer Zeit honoriert bekommen, daß er in einer sehr schwierigen Situation wesentlich dazu beigetragen hat, daß das Gespräch zwischen den Großen nicht kaputtgegangen ist. Da werden viele sagen, das war doch ein wichtiger Beitrag.

SPIEGEL: Prinzip Hoffnung.

BRANDT: In der eigentlichen grünen Problematik finde ich es schade, daß die Regierung oder die Koalition nicht hinreichend deutlich gemacht hat, daß wir seit 1970 doch eine anständige Umweltpolitik in Gang gebracht haben. Nun glaube ich allerdings, daß man, statt nur über Philosophien zu reden, praktisch neu herangehen müßte.

Jetzt nehme ich nicht Schmidt, sondern ich nehme Volker Hauff und sage: Viele derselben Leute, die wütend waren auf den Hauff, weil er mit mir in Wiesbaden war und Holger Börner unterstützt hat mit dem Hinweis, wir brauchen in Frankfurt einen ausgebauten Flughafen, um an anderen Stellen auf den Ausbau zu verzichten, spenden ihm enthusiastische Zustimmung für seine Haltung zum Rhein-Main-Donau-Kanal.

SPIEGEL: Er mußte sich auch gegen den Kanzler behaupten.

BRANDT: Ich komme jetzt zu meinem eigentlichen Punkt. Wenn jetzt, um einen anderen aus Hauffs Generation zu nennen, Wolfgang Roth vorschlägt, die Voraussetzungen dafür zu schaffen, daß man in einem Zehnjahresprogramm die Flüsse und Gewässer in der Bundesrepublik Deutschland wieder sauber kriegt, würde das viele heute ökologisch Interessierte beeindrucken. Und es wäre zugleich ökonomisch interessanter.

SPIEGEL: Halten Sie die Grünen und Alternativen für eine Partei auf Dauer?

BRANDT: Ich glaube es nicht, aber ich schließe nicht aus, daß es für ein Jahrfünft – und das ist schon eine lange Zeit heutzutage – wohl etwas Derartiges im Parteienleben gibt.

SPIEGEL: Sind die Grünen in diesen fünf Jahren Koalitionspartner für die SPD?

BRANDT: Das glaube ich nicht. Auch aus deren eigenem Verständnis stellt sich die Frage nicht. Doch ich beobachte mit Interesse, was sich in den Städten vollzieht. In Kassel ist es zuerst zu einer partiellen Zusammenarbeit gekommen. An anderen Stellen wie in Niedersachsen zwischen CDU und Grünen. So ist es ja nicht.

SPIEGEL: Sehen Sie auf mittlere Sicht eine Veränderung unseres Parteiensystems voraus?

BRANDT: Es könnte sein, daß sich für eine bestimmte Zeit etwas Alternativ-Ökologisch-Linkssozialistisches zusammentut. Doch das wird dann wieder aufbrechen, denke ich.

SPIEGEL: Herr Brandt, Sie haben vor einiger Zeit mal gesagt: »Wer mich in München wählt, der muß auch wissen, was er wählt.« Welche Bedingungen werden Sie an Ihre Wiederwahl knüpfen?

BRANDT: Das ist nicht eine Frage von Bedingungen, wissen Sie. Auf einem sozialdemokratischen Parteitag entscheidet man nicht allein unter momentanen Eindrücken – die spielen auch eine Rolle –, man entscheidet, indem man die Berichtsperiode würdigt. Das muß dann bei den einzelnen Beteiligten, also auch auf mich bezogen, keineswegs nur zu positiven Reaktionen führen. Das muß es gar nicht.

SPIEGEL: Was ist von dem Kandidaten für die Zukunft zu erwarten?

BRANDT: Der Vorsitzende wird keinen Zweifel daran lassen, daß er, so er es kann, mit seiner Partei dem sozialdemokratischen Bundeskanzler Rückenstütze gibt und hilft, daß inhaltlich herausgearbeitet wird, was wir uns noch für die zwei Jahre bis zum Ende der Legislaturperiode zutrauen.

Andererseits wird der Vorsitzende von Perspektiven sprechen und davon, daß er eine sich nicht in sich selbst verkriechende Partei will, sondern eine, die offenbleibt, aber auch eine, die – ob Sie das jetzt mögen oder nicht – die für politisches Handeln unerläßliche Geschlossenheit aufbringt.

SPIEGEL: Allein die Vokabel »Perspektiven« wird bei nicht unerheblichen Teilen Ihrer Partei Mißtrauen wecken, Sie wollten ein Kontrastprogramm aufbauen zu dem Machterhaltungskurs des Bundeskanzlers. Helmut Schmidt kann in dieser Auseinandersetzung auf seine Popularitätswerte verweisen, die bei der Bevölkerung und bei den SPD-Anhängern wesentlich besser ausfallen als Ihre.

BRANDT: Es ist natürlich, daß ein tüchtiger, unermüdlich arbeitender und der Öffentlichkeit präsenter Bundeskanzler viel Zustimmung findet, nicht nur bei Anhängern der eigenen Partei, sondern in einem erheblichen Maße auch bei solchen, die eine andere Partei wählen. Wenn breitere Zustimmung die Arbeit leichter machen kann, um so besser.

SPIEGEL: Stichwort »Perspektiven«, Beispiel »Sicherheitspolitik«: Was hat der Bundeskanzler auf diesem Feld von dem Parteitag zu erwarten?

BRANDT: Ich gehe davon aus, daß der sicherheitspolitische Leitantrag des Parteivorstandes in München verabschiedet wird. Da wird es Abänderungs-, Ergänzungsanträge geben zu dem einen oder anderen, mit zum Teil gewichtigen Argumenten. Es wird kein Antrag angenommen werden, der die Frage des Nato-Doppelbeschlusses wieder aufrollen will. Die Frage ist überholt.

SPIEGEL: Wird es eine Mehrheit für ein »Moratorium« geben?

BRANDT: Für die verschiedenen Formen dessen, was man unter der Überschrift »Moratorium« zum jetzigen Zeitpunkt bringt, wird es Argumente und Stimmen geben ...

SPIEGEL: ... auch Mehrheiten?

BRANDT: ... davon gehe ich nicht aus.

SPIEGEL: Es wird aber starke Minderheiten gegen die Parteitagsbeschlüsse geben.

BRANDT: Das werden wir sehen. Eine offene Diskussion muß ja nicht Schmidts Geschäft erschweren. Nicht alles, was kritische Hinweise gibt, ist eine Schwächung der eigenen Position, sondern kann gegenüber schwierigen Partnern draußen auch hilfreich sein.

SPIEGEL: Die Diskussion in den Vereinigten Staaten über regionale Parteitagsbeschlüsse der SPD hat der Bundesregierung viele Schwierigkeiten bereitet.

BRANDT: Bitte, da kann ich nicht denen in Bonn folgen, die das allzu ernst nehmen, wenn Leute in Washington über regionale Parteitage sich ereifern. Warum redet man nicht darüber, daß Leute der amerikanischen Administration in München parteipolitisch zugespitzte Reden gegen die Bundesregierung halten. Sind das antideutsche Reden, oder was?

SPIEGEL: Sie meinen US-Staatssekretär Fred Ikle vom Pentagon auf einem CSU-Kongreß.

BRANDT: Namen sind mir schnuppe. Aber es könnte ja noch dahin kommen, daß Sozialdemokraten demnächst nach Amerika gehen und auf dortigen Parteiveranstaltungen oder solchen der dortigen Friedensbewegung polemisieren. Ich habe das übrigens nicht vor.

SPIEGEL: Reduziert sich nicht der Wert des Parteitagsbeschlusses für den Kanzler, wenn die Diskussion und möglicherweise knappe Abstimmungsergebnisse denjenigen in den USA Stichworte liefern, die der SPD Grenzgängerei zwischen Ost und West vorwerfen?

BRANDT: Man soll nicht als Angsthase durch die Landschaft hüpfen. Das ist ja auch dem Bundeskanzler völlig unangemessen. In einer Situation, wo die amerikanische Friedensbewegung, Mitglieder des Senats und wer weiß nicht, Ideen entwickeln, die weit hinausgehen über das, was irgendwelche Mitglieder der SPD sich schon mal abgerungen haben, dann muß man doch nicht so tun, als ob man sich für etwas zu entschuldigen hat, was hochangesehene Amerikaner jetzt zur Diskussion stellen. Das geht ja weit über die meisten Moratoriumsvorstellungen hinaus.

Wir sollten aus diesem etwas komischen, auch von Minderwertigkeitskomplexen geprägten Verhalten herauskommen – als ob wir immer erst mal darauf zu achten hätten, ob in bestimmen Washingtoner Büros jemand die Stirn kräuselt. Soviel Unsinn und soviel Durcheinander, wie dort produziert wird in dieser Zeit, das bringen die Sozialdemokraten in Deutschland nicht hin, auch wenn sie sich große Mühe geben.

SPIEGEL: Dem Bundeskanzler fehlen bei den amerikanischen Friedenskämpfern bislang noch politisch gewichtige Personen, damit er die ganze Bewegung ernst nehmen kann.

BRANDT: Ich will jetzt nicht böse sein und Namen, die ich kenne, zu wägen versuchen im Verhältnis zu Namen derer, die dort Ämter haben. Ich will auch gar nicht dem Bundeskanzler Helmut Schmidt widersprechen, wenn er gesagt haben sollte, daß er manches für naiv hält, was mit der amerikanischen Friedensbewegung verbunden ist. Ich habe ja nicht gesagt, daß das alles richtig ist, was die Leute vorbringen. Aber zum Teil ist das viel weniger falsch als das, was die sagen, die dran sind, oder was die zwischendurch gesagt haben.

SPIEGEL: Halten Sie es denn für möglich, daß diese neue amerikanische Friedensbewegung bis Ende '83 die amerikanische Haltung in wesentlichen Punkten verändert?

BRANDT: Wichtiger wäre das Nachdenken darüber, ob wir an einer Katastrophe vorbeikommen. Doch auf Ihre Frage bezogen: Die jetzige Administration hat ja gerade in diesen Tagen erklärt, daß sie noch im Sommer die Start-Verhandlungen über interkontinentale Waffen aufnehmen möchte. Das ist wichtig.

SPIEGEL: Können Sie sich vorstellen, daß ein sozialdemokratischer Kanzler Ende 1983 oder 1984 der Aufstellung von Raketen in der Bundesrepublik zustimmen kann, wenn zugleich hier die Friedensbewegung – vielleicht auch in Amerika – eine sehr unruhige Grundstimmung in der Bevölkerung gegen eine Nachrüstung hervorgerufen hat?

BRANDT: Der Nato-Doppelbeschluß, was immer man von ihm halten mag, steht nicht zur Disposition der deutschen Sozialdemokraten. Das ist ein Beschluß des Bündnisses, an dem ist die deutsche Regierung beteiligt. Die SPD kann und wird zu gegebener Zeit ihren Rat geben, wie sie es bisher getan hat.

Ich werde einen Deubel tun, heute irgend etwas hier oder bei anderer Gelegenheit oder in München auf dem Parteitag zu sagen, was den Eindruck einer Schwächung der westlichen Verhandlungsposition vermitteln könnte. Ich darf nichts tun – ich finde, auch die SPD darf nichts tun –, was den Eindruck erwecken könnte, man wolle die westliche Verhandlungsposition schwächen.

Jedes Spiel, auch ein solch wichtiges und unter Umständen todbringendes wie das, von dem wir sprechen, hat seine Regeln. Man kann nicht plötzlich in der Mitte des Spiels sagen: Jetzt steige ich von »Mensch, ärgere dich nicht« auf Schach um oder umgekehrt, das geht nicht. Nach der Logik, nach der der Beschluß entstanden ist, und eine Grundlage von Verhandlungen ist, muß jeder sehr aufpassen, daß er nicht erscheint als einer, der zwar das Bessere möchte, aber damit vielleicht das Erträgliche verhindern oder kaputtmachen hilft.

SPIEGEL: Können Sie sich denn vorstellen, Vorsitzender einer SPD zu sein, die sich im Lichte bestimmter Verhandlungsergebnisse für die Aufstellung von Raketen in Deutschland entscheidet?

BRANDT: Es gibt hier keinen Automatismus. Niemand hat schon unsere Zustimmung zur Stationierung. Unsere Politik zielt darauf, daß wir es vermeiden können, diese amerikanischen Waffen bei uns aufzustellen, auf der anderen Seite die Russen zu veranlassen, ihre in hinreichendem Maße wegzutun.

SPIEGEL: Ein anderes wichtiges Münchner Thema, vom Bundeskanzler mittlerweile zum wichtigsten erklärt, ist die Entscheidung über die friedliche Nutzung der Kernenergie. Schmidt hält das Kompromißangebot der Mitglieder der Antragskommission Hans-Jochen Vogel und Herbert Wehner, den Baubeginn für neue Kernkraftwerke um zwei Jahre zu verschieben, für unakzeptabel, weil es nach seiner Meinung den hessischen Ministerpräsidenten Holger Börner bei der koalitionspolitisch notwendigen Genehmigung des Kernkraftwerks Biblis C behindere. Werden Sie in München für Schmidt und Börner oder für Vogel und Wehner eintreten?

Willy Brandt im SPIEGEL-Gespräch vom April 1982.

BRANDT: Das ist nicht die richtige Fragestellung. Ich trete für das ein, was ich mit eingebracht habe, das heißt für den Antrag des Parteivorstandes mit Schmidt und Börner. Ich würde mich aber sehr wundern, wenn nicht Hans-Jochen Vogel auch zurückkehrt zum Parteivorstandsantrag. Er hatte gehofft, daß er mit seiner Formulierung die konsequent ablehnende Position der Schleswig-Holsteiner SPD mit auffangen würde, indem man sich auf die Verschiebung um zwei Jahre verständigt.

Jetzt kommt der die Kernenergie überhaupt ablehnende Antrag wieder, und der Vorstand bleibt bei dem Beschluß von Ende '79.

SPIEGEL: Mußten Sie nicht froh sein für diese Brücke, die Vogel und Wehner im Blick auf Grüne geschlagen haben?

BRANDT: Die Haltung, die ich vertrete, liegt auf der Linie dessen, woran ich mitgewirkt habe auf zwei Parteitagen nacheinander, nämlich in Hamburg 1977 und in Berlin 1979.

Hinzu kommt folgendes: Wenn der Bundeskanzler und der hessische Ministerpräsident sagen, sie brauchen das Weiterführen der Linie, bis wir dann 1990 an die grundsätzliche Weichenstellung in bezug auf die Kernenergie kommen, dann ist das ein weiterer Grund für mich. Denn der Parteivorsitzende kann seine Aufgabe nicht darin sehen, dem Regierungschef in Bonn oder dem in Wiesbaden die Arbeit noch schwerer zu machen, als sie ohnehin ist. Daß man damit nicht alle befriedigen kann, liegt auf der Hand.

SPIEGEL: Das heißt Rückenfreiheit zu Lasten der eigenen Glaubwürdigkeit?

BRANDT: Wieso verliere ich Glaubwürdigkeit? Jetzt unterstellen Sie, daß die sogenannte Integration für mich Religionsersatz wäre.

SPIEGEL: Warum kann ein Spitzenpolitiker wie Sie nicht einmal an einem Beispiel wie der Kernenergie offen zugeben, daß er seine Meinung an der Erhaltung einer Koalition orientiert und nicht weil er meint, 1990 werde bei uns der Strom knapp?

BRANDT: Das Normale ist doch wohl, daß jemand in meiner Situation sich außer an Grundsätzen und nicht schandhaften Opportunitäten der Politik an dem Rat der Fachleute orientiert. Da haben Sie eine energiepolitische Kommission des Parteivorstandes, die arbeitet an diesen Fragen, die legt einen Vorschlag vor, und nichts ist leichter, dann zuzustimmen, wenn einem vorgeschlagen wird, dem noch mal zuzustimmen, was man schon beschlossen hat. Darum handelt es sich.

SPIEGEL: Sie schließen aus, daß der Parteitag sich gegen die Vorstandsempfehlung ausspricht und Wehner/Vogel folgt?

BRANDT: Da das beabsichtigte Ziel, zu einer fast einstimmigen Verabschiedung zu kommen, wohl eh nicht erreicht wird, weil dazu nicht andere Anträge zurückgezogen werden, wird es vermutlich so sein, daß wir den Vorstandsvorschlag tragen.

Ich vermute, daß der Parteitag dem Sinne nach dann bestätigen wird, worauf sich der Berliner Parteitag im Dezember 1979 mit beträchtlicher Mehrheit, nicht einstimmig, aber mit beträchtlicher Mehrheit verständigt hatte.

SPIEGEL: Und es gilt weiter das schöne Wort: »Mit Helmut Schmidt und Erhard Eppler für und gegen Kernenergie.«

BRANDT: Das ist in der Tat eine neue Auslegung des »Sowohl als auch«. Aber wissen Sie, die SPD ist nicht für oder gegen Kernenergie gegründet worden.

SPIEGEL: Wie schätzt der Vorsitzende der SPD das Schicksal des Beschäftigungsprogramms der Bundesregierung ein? Kann die SPD es verdauen, wenn dieses Programm an seiner Finanzierung scheitert?

BRANDT: Das Programm ist bescheiden genug aus meiner Sicht; aber das, was drin ist an Elementen, die Sinn ergeben – also nicht nur die Investitionszulage, sondern auch die Zinsverbilligungen in zwei Sektoren, das, was gegen Jugendarbeitslosigkeit getan werden kann – muß man noch mal neu hineinstellen in das, was der Begriff »Gemeinschaftsinitiative« sagen soll.

Wenn ich immer »Beschäftigungsprogramm« höre, dann geht ja das weg von dem, was mal am Anfang der ganzen Sache stand: dieses eine Element neben anderen, zumal vernünftigem Verhalten der ...

SPIEGEL: ... der Gewerkschaften.

BRANDT: ... nein, beider Seiten, und neben eindringlichen Erwartungen in Richtung Bundesbank, die sich ja auch schon etwas bewegt hat. Ich gebe ja noch nicht die Hoffnung auf, trotz aller gegenteiliger Erklärungen, daß es finanziert werden kann, wie es die Regierung vorgeschlagen hat. Nur, jeder muß sich im klaren sein, daß es mit der SPD keine Finanzierung von Investitionszulagen aus dem Sozialetat geben wird ...

SPIEGEL: ... also durch zusätzliche Eingriffe in Leistungsgesetze schon im Jahre '82?

BRANDT: Ich gehe davon aus, daß wir in einer Zeit, die weiterhin wirtschaftlich schwierig ist, unvoreingenommen auch werden nachdenken müssen, nicht notwendigerweise schon im Sommer 1982, über mittel- und langfristige strukturelle Fragen des Systems der sozialen Sicherheit. Das ist wieder eine andere Frage. Aber das Hineinschneiden Punkt für Punkt und das Rangehen an solche Dinge wie die Forderung, die Arbeiter wieder schlechter zu stellen als die Angestellten – das geht nicht mit der SPD.

SPIEGEL: Höhere Verschuldung lehnt die FDP aber ab.

BRANDT: Da Nettokreditaufnahme entweder nicht in Betracht kommt oder nur marginal, muß man sich unter Umständen neu zusammensetzen und sehen, welche Möglichkeiten es gibt. Ich sage nur, als Alternative zur Mehrwertsteuer gibt's mit der SPD keine Finanzierung aus dem Sozialetat. Im übrigen sollen erst mal CDU und CSU sagen, was sie konkret wollen, nachdem sie bisher nur stupide »nein« gerufen haben.

SPIEGEL: Ist für Sie eine Gemeinschaftsinitiative ohne Finanzierungsplan für die Investitionszulage denkbar?

BRANDT: Irgendwo muß das Geld ja herkommen.

SPIEGEL: Aus erhofften Steuermehreinnahmen.

BRANDT: Sich jetzt etwas zu versprechen von künftigen Steuermehreinnahmen ist wohl etwas kühn; denn im Augenblick werden sich wohl, aus niedrigeren Tarifabschlüssen und etwas sinkender

Inflationsrate, eher Rechnungen ergeben, die zu anderen Ergebnissen führen, als es eben anklang.

SPIEGEL: Werden Sie Ihrer Partei hinsichtlich des beschäftigungspolitischen Leitantrages in München empfehlen, Rücksicht auf die Interessen des Koalitionspartners zu nehmen, oder sollen die Sozialdemokraten das beschließen, was sie für richtig halten?

BRANDT: Dieser Antrag wird besonders intensiv vorbereitet, weil eine Arbeitsgemeinschaft des Parteitages ergänzt wird durch hundert Vorsitzende von Betriebs- und Personalräten, zwanzig Vorsitzende großer sozialdemokratischer Betriebsgruppen.

Ich gehe also davon aus, daß die auf diesem Gebiet Aktiven und Sachkundigen den Leitantrag des Parteivorstandes noch etwas anreichern, so daß noch etwas mehr Fleisch an den Knochen sitzen wird. Dabei ist ja klar: Der jetzt vorliegende Leitantrag, den wir miteinander tragen, hat bei den FDP-Kollegen zum Teil kritische Kommentare ausgelöst. Das ist vielleicht auch gar nicht anders möglich. Aber wir halten ja keinen FDP-Parteitag ab. Wir halten auch keinen gemischten Parteitag ab.

SPIEGEL: Ziehen Sie keine Lehre aus den Erfahrungen, die Holger Börner in Hessen mit seiner beschäftigungspolitischen Initiative dieser Tage gemacht hat, als die FDP davon ausgehend eine Diskussion um den Bestand der Koalition angezettelt hat?

BRANDT: Dort in Hessen ist das ein besonderer Fall. Aber ich vermute, daß auch dort die FDP-Kollegen genau überlegen, was sie schließlich tun.

SPIEGEL: Die FDP hat auch in Bonn bereits gedroht, sich die Münchner SPD-Beschlüsse sehr genau anzusehen.

BRANDT: Na, und? Die FDP-Kollegen wissen, daß wir da manche Vorstellungen haben, die weitergehen als das, was sie für richtig halten. Nein, ich glaube nicht, daß die Freien Demokraten erwarten, daß wir den von uns geschätzten Wirtschaftsminister als Referenten einladen und dann seine Thesen beschließen. Dann brauchten wir ja nicht unsere Partei zu haben. Die gibt's aber, war schon lange da, bevor wir das diskutierten, was wir jetzt diskutieren, und wird noch lange da sein, wenn die jetzt uns beschäftigenden tagespolitischen Themen längst schon keine Rolle mehr spielen.

SPIEGEL: Aber dahinter verbirgt sich doch die Drohung der FDP, möglicherweise aus der Koalition auszusteigen.

BRANDT: Man soll sich nicht verrückt machen lassen. Wenn der sehr geschätzte Kollege Möllemann aus dem Deutschen Bundestag, neuerdings als stellvertretender Landesvorsitzender in Nord-rhein-Westfalen, fordert, daß nun endlich der Streit in der SPD aufzuhören habe, dann kann ich dabei – wenn die Lage nicht insgesamt ein bißchen beschissen wäre – nur schmunzeln.

Was hat es nicht alles bei der FDP in letzter Zeit an unterschiedlichen Meinungen gegeben – und viele davon auf dem offenen Markt! Kein Sozialdemokrat hat gesagt: Das muß mal aufhören in Berlin oder in Köln oder in Baden-Württemberg. Wie käme ich dazu, einer liberal-lebendigen Partei Vorwürfe zu machen? Ich würde eine wirklich schwere Belastung unserer Parteidemokratie darin sehen, wenn der Koalitionskompromiß an die Stelle der Überzeugung träte.

SPIEGEL: Dennoch können Sie auch nicht daran vorbeigehen, daß Herr Möllemann eine Alternative hat: In Sachen Beschäftigungs- und Wirtschaftspolitik kann die FDP zu einem Koalitionspartner CDU/CSU springen, der deckungsgleiche Programme hat.

BRANDT: Ich kann Herrn Möllemann oder andere an überhaupt nichts hindern. Sie haben natürlich mit dem Hinweis auf einen Grundtatbestand recht: Rein politisch-arithmetisch hat die FDP eine Alternative, die die SPD nicht hat. Das ist wahr. Auf der anderen Seite: Alle Tiere sind gleich, einige sind gleicher als andere, alle Parteien sind gleich, einige sind noch ein bißchen größer als andere. Die, die nicht so groß sind wie andere, müssen sich auch immer fragen, was haben sie noch hinter sich, wenn sie was tun?

Außerdem ist es so, daß man ernsthaft der Partei der deutschen Sozialdemokraten nicht drohen kann.

SPIEGEL: Halten Sie Neuwahlen für eine Alternative?

BRANDT: Nein. Wir wären Fahnenflüchtige, wenn wir vom Wählerauftrag vom Herbst '80 weglaufen würden.

SPIEGEL: Der sozialdemokratische Bundeskanzler hat eigentlich einen Anspruch darauf, daß ihm der Vorsitzende der Sozialdemokratischen Partei in einer schwierigen Situation, in der er sich zweifellos im Moment befindet, Ratschläge gibt. Was raten Sie Helmut Schmidt?

BRANDT: Man würde das Verhältnis zwischen den beiden Personen, die Sie genannt hatten, völlig falsch einschätzen, wenn Sie glauben, sie kommunizierten nicht, und der hier sitzt, würde den Weg eines Interviews – zugegebenermaßen eines gewichtigen, schon der Adressaten wegen – nutzen, um dem Bundeskanzler Ratschläge zu geben.

Er weiß von mir in der konkreten Lage, was ich zu Inhalten und zu anderem für richtig halte.

SPIEGEL: Könnte eine neue Regierungserklärung oder ein Kabinettsrevirement in dieser Situation noch ein Durchstarten oder einen Neuanfang signalisieren?

BRANDT: Das sind zwei nicht notwendigerweise miteinander verbundene Elemente. Wenn das Wort Revirement seinen Sinn haben soll, dürfte es keine sich auf eine oder zwei Personen beschränkende Veränderung in der Zusammensetzung des Kabinetts sein.

Ich weiß nicht, ob es einfach mit einer neuen Regierungserklärung getan ist. Aber es könnte viel dafür sprechen, fast genau zwei Jahre, bevor der richtige Bundestagswahlkampf 1984 anfängt, nämlich im späten Frühjahr, sich anzugucken: Was ist aus den vielen Dingen, die überall zu tun sind, geworden? Was ist im Sinne eines gestrafften Aktionsprogramms – so nenne ich das mal – noch mal durchzugehen? Wer ist dafür zu gewinnen? Ich schließe nicht aus, daß der Bundeskanzler zu so etwas kommt – inhaltlich.

SPIEGEL: Wie müßte das Revirement aussehen?

BRANDT: Personell sollte man dem Kanzler nicht reinreden. Ich sehe jetzt, daß leider auch mehrere Kollegen aus meiner Bundestagsfraktion, die es gut meinen, öffentlich Ratschläge geben. Das bekommt auch denen nicht gut, die vorgeschlagen wurden. Es bekommt dem gesamten Verein nicht gut. Es ist auch nicht ganz gehörig, sage ich jetzt mal ein bißchen altmodisch.

Bitte, ich will keinen Hehl daraus machen, daß es schon in den hinter uns liegenden Monaten ein paar Zeitpunkte gegeben hat, wo ich dem Bundeskanzler gesagt habe, er möge dies mit in Erwägung ziehen, eine gewisse personelle Auffrischung.

SPIEGEL: Wann war es das letztemal?

BRANDT: Von mir aus – wenn ich mich recht erinnere – mehr vor der Jahreswende.

SPIEGEL: Was halten Sie von einem Revirement an der Spitze der SPD: Parteivorsitzender, Kanzler und Fraktionsvorsitzender arbeiten in den Augen der Öffentlichkeit schon lange nicht mehr optimal zusammen?

BRANDT: Die drei Personen sind da. Die spezifische Form ihrer Verantwortung muß nicht immer unverändert bleiben. Herbert Wehner wird in etwas veränderter Form am Parteivorstand auch in Zukunft mitwirken. Man darf neben dem Formalen das Faktische nicht übersehen.

SPIEGEL: Darf man dieses Bemühen als ein Signal verstehen, daß er auch im Fraktionsvorsitz über kurz oder lang auf den Rückweg geht?

BRANDT: Dies muß und wird er ganz alleine entscheiden. Jetzt hat er seinen Auftrag durch Wahl. Es wird im übrigen – ohne daß ich jetzt das sogenannte Spitzentrio reduzieren will – zuwenig gesehen, daß die Mitglieder des Präsidiums der tatsächlichen Funktion nach auch eine Art stellvertretende Parteivorsitzende sind. Wir haben da nicht nur Johannes Rau und Jochen Vogel, sondern auch andere.

SPIEGEL: Haben Sie damit das Reservoir angedeutet, aus dem sich später die Nachfolger für Kanzler, Partei- und Fraktionsvorsitzenden rekrutieren werden?

BRANDT: Ich kenne noch ein paar Namen, die ins Spiel kommen könnten.

SPIEGEL: Wollen Sie die nennen?

BRANDT: Nein, warum sollte ich. Man sollte sich genau angucken, wie der neue Parteivorstand aussieht. Er wird ja nun neu gewählt.

SPIEGEL: Unterstellt, die Koalition hält nicht aus, dann ist ja ein Stein aus dem Triumvirat gepurzelt, der Kanzler. Bringt das dann weitere Bewegungen?

BRANDT: Was heißt eigentlich Triumvirat?

SPIEGEL: Dreigestirn.

BRANDT: Ach, was. Das sind drei, die über einen längeren Zeitraum nicht immer ganz dieselbe Verantwortung, wie jeder weiß, aber herausgehobene Verantwortung tragen.

Nein, Sie meinen jetzt konkret nicht das sogenannte Triumvirat, sondern Sie stellen die Frage: Was würde ein Bundeskanzler Schmidt machen, wenn er nicht mehr Bundeskanzler wäre?

SPIEGEL: Nicht nur. Wir fragen auch: Was würde ein Parteivorsitzender Brandt, was ein Fraktionsvorsitzender Wehner machen?

BRANDT: Ich kann hier nicht für Herbert Wehner antworten. Auch nicht für Helmut Schmidt. Der Parteivorsitzende Brandt wäre durch einen solchen Vorgang, den ich hier hypothetisch behandle, zunächst mal nicht betroffen. Der Parteivorsitzende, die stellvertretenden Vorsitzenden und der Gesamtvorstand der SPD werden immer von einem Parteitag bis zu einem anderen gewählt. Die Statuten der Partei sehen vor, daß immer auf den ordentlichen Parteitagen die Vorstände gewählt werden.

SPIEGEL: Herr Brandt, wir danken Ihnen für das Gespräch.

Zum SPIEGEL-Gespräch in Nr. 42/1982 (18. Oktober)
mit den Redakteuren Dirk Koch und Klaus Wirtgen

Die sozialliberale Ära dauerte dreizehn Jahre. Sie läßt sich formal in
zwei Abschnitte trennen, die – von 1969 bis 1974 – mit dem Namen
Willy Brandt und – von 1974 bis 1982 – mit dem Namen Helmut
Schmidt verbunden sind. Treffender dürfte eine andere Einteilung
sein: die Aufbruch-, Reform- und Vertragsphase bis 1972 und die
danach folgenden zehn Jahre, die stärker von Reparatur und Krisenmanagement im Inneren wie nach außen geprägt waren. Der »Stolz«,
den Schmidt am 17. September 1982 anläßlich der Verabschiedung
seiner freidemokratischen Minister aus dem Kabinett in seine Bilanz
einfließen ließ, bezog sich auf »Aufarbeitung des Reformdefizits«,
»Ausbau des Sozialstaats« und »Friedenspolitik«, auf Leistungen, die
für die gesamten dreizehn Jahre stehen sollten. Zur Bilanz der
sozialliberalen Ära zählt aber auch, daß die beiden Partnerparteien
ausgemergelt und unattraktiv auf der Walstatt zurückblieben. Die
Sozialdemokraten waren unfähig, ähnlich wie 1968, die Jugend zu
integrieren. Die nachfolgende Generation lief in Scharen zu den
Grünen und Alternativen über. Die FDP war wieder zu einer im Zweifel
an den Interessen ihrer Wirtschaftsklientel orientierten Lobbypartei
geschrumpft. Der Parteispendenskandal wurde nicht nur zum Anlaß
und zum Symbol einer sich ausbreitenden Parteienverdrossenheit.
Die Affäre gab auch den vielleicht entscheidenden Anstoß für den
vorzeitigen Partnerwechsel der Liberalen beim Mißtrauensvotum.
Gegen den Rat Willy Brandts hatten es Kanzler Schmidt und dessen
Justizminister Hans-Jochen Vogel und Jürgen Schmude abgelehnt,
die bei der Parteispendenaffäre begangenen Steuerhinterziehungen
durch ein Amnestiegesetz aus der Welt zu schaffen. Schmidt zog
sich nach seinem Sturz aus der ersten Linie zurück. Brandt machte
der SPD Mut mit einer neuen Perspektive: der rot-grünen »Mehrheit
diesseits der Union«.

»So viel wie möglich zusammenführen«

Der SPD-Vorsitzende über Sozialdemokraten und Grüne

SPIEGEL: Herr Brandt, nach dem Machtverlust in Bonn marschiert der Genosse Trend wieder – in Hessen, in Bayern, auch in
Meinungsumfragen. Ist das eine kollektive Sehnsucht nach der Opposition? Ist das nur der Gefühlsschub nach dem »Verrat« in Bonn, oder
bildet sich schon die Mehrheit links von der Union, von der Sie nach
der Hessenwahl gesprochen haben?

BRANDT: Zunächst einmal ist es nicht nur Hessen und Bayern,
wobei Hessen ja besonders eindrucksvoll bleibt, weil im Laufe von
acht oder zehn Tagen, anders, als es manche alten Fuhrleute geglaubt
haben, Wähler in großer Zahl sich das noch mal überlegt haben.

Diese Wahlen haben gezeigt, daß die Sozialdemokraten bei
dieser veränderten Aufgabenstellung in Bonn nicht niedergeschlagen
sind, sondern Auftrieb verspüren. Der schlägt sich auch nieder in
einem beträchtlichen Zuwachs an Mitgliedern in diesen letzten wenigen Wochen. Ich habe es gespürt bei meinen Versammlungen in diesen
wenigen Wochen, es kommen ungewöhnlich viele junge Menschen.
Ob man das jetzt schon genau erklären kann, ist zweifelhaft.

Ich finde es gut, daß die SPD jetzt nicht durch ein tiefes Tal muß,
sondern daß sie beim Übergang in die neue Rolle mit durchstarten
kann. Ich glaube nicht, daß in nennenswertem Maße die Leute, die
sich jetzt engagieren, froh darüber sind, daß die SPD in der Opposition
ist. Mich beeindrucken mehr die, die durch ihr Engagement mithelfen
wollen, daß der Abstand nicht allzu lang wird, bis die Sozialdemokraten eine echte Chance haben, wieder in Bonn Regierungsverantwortung zu tragen.

SPIEGEL: Zögern Sie, den Genossen Trend zu bemühen, weil
Sie daran zweifeln, daß der Zuspruch stetig ist?

BRANDT: Ich glaube nicht, daß das jetzt ein augenblickliches
Aufwallen ist. Ich weiß auf der anderen Seite aufgrund langer Erfahrung, daß man engagierte Gefühlsbewegungen nicht in den Kühl-

schrank legen kann. Es pendelt sich dann irgendwo ein. Nur diesmal ist ja die Frage, ob nicht die Reaktion dieser letzten Wochen überleiten kann in die Wahl zu einem neuen Bundestag – wenn die Bundesregierung endlich sagen würde, wie sie das machen will.

SPIEGEL: Die 15 Jahre Opposition, die Herbert Wehner prophezeit hat, sind für Sie noch keine ausgemachte Sache?

BRANDT: Erstens sollten wir Älteren ein bißchen vorsichtig sein mit Prophezeiungen für eine Zeit, die wir nicht mehr selbst zu prägen haben werden. Wir leben in einer schnellebigen Zeit. Ich sage Ihnen, so, wie die Dinge liegen, kann keiner ausschließen, daß, wenn es zu Wahlen im März kommt, dem neuen Bundestag nur zwei Parteien angehören. Zweitens kann niemand ausschließen, jedenfalls werde ich alles dafür einsetzen, daß die SPD die stärkere der beiden großen Parteien im neuen Bundestag wird.

Aus der SPIEGEL-Umfrage wissen Sie, daß heute die CDU/CSU zwar mit 49 Prozent gehandelt wird, aber die SPD schon wieder mit 42 Prozent. Sie lag bekanntlich schon mal erheblich darunter. Ein Abstand von sieben Punkten ist nach allen Erfahrungen voraufgegangener Jahre nicht einer, der von vornherein es sicher macht, daß der, der zu Beginn eines Wahlkampfes der Stärkere ist, es auch am Wahlabend beim Auszählen sein wird.

SPIEGEL: Wollen Sie die Mehrheit links von der CDU organisieren? Denken Sie an Koalition oder Kooperation, wenn Sie – wie im Fernsehen nach der Hessenwahl – die SPD aufrufen, sich zusammenzufinden »mit den Sozialliberalen aus der FDP, mit den Arbeitnehmern ... und mit den vielen aus der Friedensbewegung, aus der Umweltbewegung, die eigentlich auch soziale Demokratie gestalten wollen«?

BRANDT: Die Rolle in Bonn, die wir nicht gewollt haben, aber die uns nun zugefallen ist, gibt uns die Chance, den Schulterschluß mit den Arbeitnehmern, gerade auch mit ihren gewerkschaftlichen Vertrauensleuten und den Vertrauensleuten in den Betrieben, wieder unbezweifelbar zu machen. Das ist das A und das O. Daher kommen die Sozialdemokraten, von daher beziehen sie weiterhin ihre entscheidende Kraft.

Zweitens habe ich gesagt, daß in der deutschen Sozialdemokratie von altersher immer Selbständige und Leute aus dem liberalen Bürgertum waren. Nun weiß man nicht, was wird aus der liberalen Partei, der parteiliberalen Gruppierung. Aber die SPD würde auch offen sein für die, die sich da nicht mehr zu Hause fühlen.

Drittens gibt es überhaupt keinen Grund für die SPD, nicht aufmerksam und hellhörig zu sein bei dem, was in der Friedens- und in der Umweltbewegung vor sich geht. Die Sozialdemokraten bieten nicht Koalitionen an, sondern sie sehen, was aus diesem Bereich vernünftigerweise bei ihnen oder angelehnt an sie Platz finden kann.

SPIEGEL: Sie haben das Wort »zusammenfinden« gebraucht.

BRANDT: So ist es. Denn es bleibt unter Umständen – das muß die weitere Entwicklung zeigen – noch was übrig, was für eine bestimmte Zeit eine eigene Vertretung in Parlamenten findet. Dazu habe ich keine Koalitionsangebote gemacht, sondern das ein bißchen ausgefüllt, was Helmut Schmidt in seiner letzten Rede als Kanzler am 1. Oktober gesagt hat: Wenn Leute reingewählt werden, dann darf man sie nicht in Quarantäne setzen. Da muß man von Fall zu Fall sehen, wie fügen die sich ein, kann man mit denen was machen, wie es in einigen Städten geschieht, oder kann man mit denen nichts machen.

SPIEGEL: Sie denken an Hamburg, wo die Koalitionsgespräche zwischen dem SPD-Bürgermeister Klaus von Dohnanyi und der GAL gescheitert sind?

BRANDT: Die Hamburger Erfahrung der letzten Monate war von großer Bedeutung. Während andere sich ein bißchen hämisch geäußert haben und sagen, nun sieht ja der Dohnanyi, was er davon gehabt hat, sage ich: Das war eine konstruktive Unternehmung, die auch große Anerkennung findet.

Die Gespräche haben zu keinem Ergebnis geführt, weil bei denen, die für die GAL dort sprachen, die selbsterrichteten Hürden zu hoch waren. Aber wer das 33 Seiten lange Papier Dohnanyis über seine Gesprächserfahrung mit der GAL genau liest, der merkt, nicht alles, was dort herausfordernd vorgebracht wurde, war für die Sozialdemokraten uninteressant. Nicht alles ist in ein Ohr reingegangen und zum anderen wieder raus.

SPIEGEL: Helmut Schmidt hat Ihre Aufforderung zum »Zusammenfinden« abgelehnt. In dem von ihm genehmigten Tagebuch seines Pressesprechers Klaus Bölling heißt es, daß Schmidt einen »Rückfall in eine eines Tages womöglich zu gefährlichen Konsequenzen führende Romantik« fürchtet.

BRANDT: Zunächst mal will ich was erzählen, was die Leute noch nicht wissen, aber das gehört dazu, wenn man ein Gesamtbild haben will. Am Tage nach der Hamburger Wahl im Juni, am Montag früh, saßen wir in meinem Büro im Ollenhauerhaus zu Bonn: der

Hamburger Landesvorsitzende der SPD und der Erste Bürgermeister, der Bundeskanzler und stellvertretende Vorsitzende Helmut Schmidt und der Parteivorsitzende Willy Brandt. Wir haben erörtert, was man aus der Situation machen kann.

Es war der Bundeskanzler Helmut Schmidt, der noch vor mir, aber völlig in meinem Sinne, gesagt hat: Jetzt nicht die Flinte ins Korn werfen, das Parlament auflösen oder gleich wieder wählen. Das wäre ja auch eine Verhöhnung der Wähler gewesen, wenn die gerade gewählt haben und man sagt, nun mal rasch wieder wählen. Wir haben gesagt: Jetzt mal richtig abklopfen, mit beiden anderen Fraktionen reden, aber auch mit den Grünen reden, was jetzt geschehen ist. Da gab es überhaupt keine Meinungsverschiedenheit.

SPIEGEL: Wie erklären Sie Schmidts Meinungswandel?

BRANDT: Das Problem ist ja gerade: Wie kann das, was richtig ist an dem, was die Friedensbewegung und Umweltschützer wollen, in tatsächliche Politik übergeführt werden?

Es muß einen doch tief beunruhigen, daß man in diesen Tagen hört durch unabhängige sachverständige Gutachten, daß das Trinkwasser in der Bundesrepublik Deutschland in großen Teilen unserer Städte stärker vergiftet ist als in anderen europäischen Ländern und Krebsgefahren erheblich fördert. Während des Wahlkampfes habe ich im Bayerischen Wald Menschen heulen sehen, die wissen, wie der Wald durch den sauren Regen kaputtgeht. Es gibt ein altes deutsches Wort, das heißt: Wo der Wald stirbt, stirbt das Volk. Dies klingt heute sehr pathetisch, aber sobald man zu dem tatsächlichen Problem kommt, hat das nichts mehr mit Romantik zu tun.

SPIEGEL: Wir sind skeptisch, daß es der SPD als einer großen Volkspartei gelingt, diese Probleme glaubwürdig zu vertreten. Sind da kleinere Parteien nicht besser dran, sich auf Umweltfragen zu konzentrieren?

BRANDT: Diese Vermutung halte ich für durchaus diskussionswürdig. Wenn sich herausstellt, wie es manchmal passiert, daß die Orientierung an der Hauptverankerung, nämlich den breiten Schichten der Arbeitnehmerschaft, Schaden leidet dort, wo man ein zu rasches Tempo vorlegt im Verhältnis zu neuen Gruppen, dann gebe ich der Verantwortung gegenüber den breiten Arbeitnehmerschichten den Vorrang.

Aber ich versuche zu überzeugen, daß es sich eigentlich um einen künstlichen Gegensatz handelt. Mein Interesse ist, auf dem Boden der Sozialdemokratie soviel wie möglich an Themen und

Menschen zusammenzuführen. Ich schließe nicht aus, daß sich für kürzere oder längere Zeit andere, die dies nicht für möglich halten, zusammenfinden. Wenn das so ist, muß man sich mit ihnen in den Parlamenten auseinandersetzen.

SPIEGEL: Diese Aufgabe stellt sich möglicherweise schon bald, wenn im März 1983 gewählt wird.

BRANDT: Wenn heute Bundestagswahlen wären, würde sicher sein, daß die FDP nicht reinkäme. Es wäre völlig unsicher, ob die Grünen reinkämen. Die Aufgabe des SPD-Vorsitzenden kann nicht die sein, andere Parteien zu fördern, wohl aber Stellung zu nehmen, wenn es sie gibt. In Hamburg, wo vorher Wahlen sein werden – wenn's denn nicht noch umgestoßen wird –, hat Dohnanyi eine gute Chance, eindeutig an der CDU vorbeizumarschieren.

SPIEGEL: Wir können uns nur schwer vorstellen, daß der von Ihnen als Spitzenkandidat umworbene Helmut Schmidt bei Leuten zieht, die gegen Raketen und gegen Atomkraftwerke sind.

BRANDT: Wissen Sie, man darf nicht übersehen, daß der, von dem Sie jetzt sprechen und von dem ich hoffe, daß er die SPD bei Bundestagswahlen führen wird, auf ganz entscheidende Weise zunächst in Hamburg, dann aber auch im Bund, mitgeholfen hat, die SPD aus einer gewissen Enge herauszuführen. Das vergißt man ja oft.

SPIEGEL: Welche Enge?

BRANDT: Nehmen Sie mal die Ausweitung der SPD in das liberale Bürgertum, in die technische Intelligenz hinein. Er hat auch in seiner Rede vom 1. Oktober bestätigt, daß er sich nicht sperrt. Da hat jeder seine Art, sich dem Problem zuzuwenden, aber da gibt's keine eigentlichen Gegensätze.

SPIEGEL: Schmidt hat am 1. Oktober zum Thema Raketen einen Satz gesagt, der von den Grünen kaum akzeptiert werden kann: »Wenn aber die Verhandlungen trotz größter Anstrengungen unserer amerikanischen Freunde dennoch erfolglos bleiben sollten, so brauchen wir ein entsprechendes Gegengewicht gegen die uns bedrohenden sowjetischen SS-20-Raketen.«

BRANDT: Ich bin nicht dazu da, einen anderen zu interpretieren. Ich weise nur darauf hin, daß das, was er sagt, in der Logik der Regierungspolitik liegt, die er an dem Tag zusammengefaßt hat. Es ergibt sich aus der Einschätzung eines sehr erfahrenen Menschen, der sagt: Wenn was rauskommt in Genf, kommt es erst in der allerletzten Runde raus. Deshalb darf ich vorher keine Karte aus dem Spiel nehmen.

Wenn die Großmächte zu dem Ergebnis kämen, daß sie die Verhandlungen über Interkontinental- und Mittelstreckenwaffen vernünftigerweise gar nicht voneinander trennen können, müßten sie sich sogar etwas mehr Zeit nehmen. Das ist aber eine Thematik, die Helmut Schmidt an dem Tag gar nicht erörtert hat.

Der will dasselbe, was ich will, nämlich dahin wirken, daß auch auf sowjetischer Seite die Voraussetzungen dafür geschaffen werden, um das Stationieren neuer Nuklear-Raketen auf dem Boden der Bundesrepublik Deuschland überflüssig zu machen.

SPIEGEL: Können Sie sich vorstellen, daß die SPD grüne oder friedensbewegte Wähler im Frühjahr 1983 anzieht, wenn Sie ihnen nicht mal verbindlich erklären, daß die SPD auf ihrem Parteitag im November '83 in jedem Fall eine Stationierung amerikanischer Raketen in Mitteleuropa ablehnt?

BRANDT: Ich muß und werde sie aufmerksam machen, wie ernst die SPD das Thema behandelt, welche Zielsetzung dem Münchener Parteitagsbeschluß zugrunde liegt – der ist ja völlig eindeutig – und welche guten Gründe die Mehrheit meiner Partei dazu bewogen haben, hierüber noch einmal befinden zu wollen, wenn man die Genfer Verhandlungen beurteilen kann.

SPIEGEL: Und das kann man erst *nach* Neuwahlen am 6. März. Können Sie denn dann, mit einem Spitzenkandidaten Schmidt, die absolute Mehrheit erobern, wenn der die Anhänger der Friedensbewegung doch eher abschreckt?

BRANDT: Ob das nun die Sache ist, auf die es sich letztlich zuspitzt, weiß keiner von uns. Aber die SPD ist für Helmut Schmidt.

Dies ist eine Welt, in der wir als einzelner und als Gemeinschaft nur Annäherungswerte an das erreichen, was wir uns vorgenommen haben. Inwieweit uns das bei vorgezogenen Wahlen gelingen kann, wird man sehen. Ich will die Themen und die Menschen hereinholen, soweit man sie hereinholen kann.

SPIEGEL: Ist nicht die Sozialdemokratie um ihrer Glaubwürdigkeit willen eigentlich gehalten, sich jemand anderen als Schmidt zu suchen, um den von Ihnen für richtig gehaltenen Öffnungskurs glaubhaft zu machen?

BRANDT: Für einen hinreichend facettenreichen Gesprächspartner zu diesem Thema sind Sie wahrscheinlich an der falschen Adresse. Sie sind an einer Adresse, die behutsamer als andere, aber sehr deutlich dem langjährigen Kanzler Helmut Schmidt gesagt hat:

»Wir müssen dich noch mal bitten.« Ich habe das öffentlich sehr behutsam gesagt. Dafür gibt es gute Gründe.

Ich habe aber keinen Zweifel daran gelassen, daß wir bitten müssen, weil ja im Bewußtsein der Menschen Neuwahlen – wenn sie denn Anfang des Jahres kommen – nicht zu unterscheiden sind von denen, die der bisherige Bundeskanzler für dieses Jahr vorgeschlagen hatte. Also werden die Menschen auch schwer verstehen können, daß eine für dieses Jahr in Aussicht gestellte Kandidatur für Anfang des nächsten Jahres nicht gelten würde.

SPIEGEL: Also eine technische Notwendigkeit?

BRANDT: Nein, nicht eine technische, sondern eine politische. Viele Menschen sind aufgerührt, auch solche, die vielleicht nicht immer in allem mit Helmut Schmidt einverstanden gewesen sind.

Keiner von uns ist perfekt, damit meine ich nicht nur ihn und mich, sondern überhaupt uns Menschen. Die SPD hat gut daran getan, daß sie Schmidt durch ihr Präsidium, durch die Bundestagsfraktion, durch den Parteivorstand gebeten hat, dies ernsthaft und möglichst mit einem positiven Ausgang zu prüfen.

SPIEGEL: Sie haben aber gleichzeitig auch schon in öffentlichen Erklärungen zu erkennen gegeben, daß Helmut Schmidt nicht der einzige ist, den die SPD zu offerieren hat, Sie haben Hans-Jochen Vogel genannt.

BRANDT: Das ist ein Irrtum. Ich habe vor der Bayernwahl in Augsburg auf die Frage, wer denn zur Verfügung stünde, falls Schmidt nicht bereit wäre, geantwortet: Ich würde doch jetzt die Ernsthaftigkeit meines Appells an Schmidt öffentlich schwächen, wenn ich jetzt über Alternativen redete. Das schließt ja nicht aus, daß man sich im stillen Kämmerlein darüber Gedanken macht.

In einem weiteren Teil des Gesprächs ist darüber gesprochen worden, wie es wohl mit Spitzenfunktionen der SPD weitergeht. Aus dem Zusammenhang dieser beiden Komplexe ist in einigen Medien etwas geworden, was nicht gesagt worden war.

Nein, ich erörtere keine Alternative, sondern ich sage: Sollte der Fall eintreten – und ich hoffe, daß er nicht eintritt –, dann wird der Parteivorsitzende der SPD mit seinen beiden Stellvertretern, nämlich Helmut Schmidt und Johannes Rau, die dann entstandene Lage erörtern.

SPIEGEL: Sie haben vorhin die bevorstehenden Neuwahlen in Hamburg erwähnt. Was passiert, wenn die Sitzverteilung im wesentlichen so bleibt, wie sie ist? Ist Hamburg von den Grünen unregierbar gemacht?

BRANDT: Nein, dies ist falsch. Die These von der Unregierbarkeit ist ein gefährlicher Unsinn und zutiefst undemokratisch. Ich muß, ob mir das paßt oder nicht, ob die Brüder bequem sind oder nicht, doch gelten lassen, daß Leute mit einem Mandat ins Parlament kommen. Ich muß aber andererseits von denen erwarten, daß sie sich nicht nur an äußere Formen halten, sondern an Grundsätze, die ich neulich im Parlament erörtert habe: Gewaltfreiheit, Verfassung und noch ein paar Dinge mehr.

Ich muß erwarten, daß sie nicht vorbeigehen an dem, was die Mehrheit der Arbeitnehmer bewegt. Und ich muß auch erwarten, daß derjenige, der ein Mandat von den Wählern hat, das nicht wegwirft, sondern sein Gewicht im Sinne des Wählerauftrages einbringt. Aber das muß er doch zusammenfügen mit dem Wählerauftrag, den andere haben. Wenn er das nicht tut oder nicht schafft oder wenn die inneren Voraussetzungen nicht gegeben sind, dann erzwingt er ...

SPIEGEL: ... die Große Koalition?

BRANDT: Nein, das ist noch nicht die notwendige Folge. Es kann immer mal eine Situation geben, wo das notwendig ist. Hier spricht einer, der in Berlin mehrere Jahre mit der CDU regiert hat und der in einer Großen Koalition in Bonn gearbeitet hat ...

SPIEGEL: ... und gesagt hat vor einiger Zeit, es täte der FDP vielleicht mal ganz gut, wenn sie sähe, daß die SPD nicht allein auf die Liberalen angewiesen ist.

BRANDT: Ja, ja, das war eine nachdenkliche Betrachtung, weil es in den zurückliegenden Jahren einer der Fehler in der Entwicklung der Bundesrepublik gewesen ist, daß man die FDP hat so tun lassen, sie allein könne jeweils wählen, ob sie es mal mit diesem oder mit jenem machen kann. Die Große Koalition in Bonn hat übrigens 1967/68 nicht schlecht funktioniert. Ich bin nicht voreingenommen. Nur sage ich weiterhin: Wenn es irgend geht, Finger weg von Großen Koalitionen, weil das eine schreckliche Belastung ist in beide Parteien hinein und an beiden Rändern.

Das, wovon ich gesprochen hatte, ist ja was anderes. Wenn sich eine Gruppe oder Partei, nachdem sie Mandate hat, selbst handlungsunfähig macht, dann zwingt sie die beiden großen, jedenfalls durch Absprachen dafür zu sorgen, daß Haushalte gemacht werden können. Denn dazu sind wir verpflichtet.

SPIEGEL: Das sind de facto Große Koalitionen.

BRANDT: Na, ja, ich sage nur: In der Demokratie kann eine Gruppe, die mit fünf Prozent oder acht Prozent oder zehn Prozent – es können auch mal mehr sein, schließe ich gar nicht aus – durchkommt, nicht allein die Regeln des Spiels bestimmen. Sie kann auch nicht aus acht Prozent 80 Prozent Einfluß machen . . .

SPIEGEL: . . . wie die FDP in letzter Zeit.

BRANDT: Ja, da mag was dran sein. Die haben aus jetzt drei Prozent FDP unglaublich viel gemacht. Das ist wahr. Doch das ist kein Grund, daß hier schlechte Sitten fortwirken und zum allgemeinen politischen Sittenverfall in der Bundesrepublik Deuschland beitragen.

SPIEGEL: Versprechen Sie sich von der Androhung Großer Koalitionen Einsichten bei Grünen und Alternativen?

BRANDT: Darum geht es nicht, aber ich spüre aus Briefen, daß etwas in Bewegung ist. Einige Leute schreiben, sie seien aus der SPD ausgetreten; sie möchten wieder dabeisein. Andere sagen, sie hätten in Hessen grün gewählt, aber wenn ihr in Zukunft das und das beachtet, dann überlegen wir uns das mal. Das ist ziemlich differenziert. Aber das ist nur der SPD-Teil der Sache.

Die andere Seite ist, daß die verehrten Kollegen von der neuen Feldpostnummer sich überlegen müssen, was machen sie mit ihrem Einfluß. Horst Ehmke hat in seiner wichtigen Rede zu Kohls Regierungserklärung zu Recht gesagt: Wenn ihr Fundamental-Opposition wollt, dann ist schwer was zu machen. Ihr müßt euch überlegen, was ihr mit eurem Einfluß macht. Ziele vertreten, Einfluß nehmen, was durchsetzen, das ist Politik in der Demokratie.

SPIEGEL: Was sollte die Grünen zum Umdenken bewegen?

BRANDT: Nachdem sie in einigen Parlamenten sind, stellen manche von denen sich zunehmend die Frage, was sollen wir eigentlich anfangen mit noch so hehren Prinzipien, wenn wir uns die Chancen entgehen lassen, etwas zu bewirken. Andere Fragen stellen sich neu in einer Situation, in der sie es mit diesem Übergangsvorgang Kohl/Genscher zu tun haben, aus dem ja aber etwas sich Verfestigendes hervorgehen könnte. Die Frage steht dann vor allen Wählerinnen und Wählern, wenn es zu Wahlen am 6. März kommen sollte.

SPIEGEL: Sie wollen am liebsten keine Große Koalition. Was passiert, wenn bei den Neuwahlen die Union die absolute Mehrheit knapp verfehlt, die FDP nicht in den Bundestag zruückkehrt, SPD und Grüne mit zwei, drei Mandaten Vorsprung sehr schwer regieren könnten? Dann müßten sich die beiden großen Parteien doch verständigen.

BRANDT: Nein, da hat unsere Verfassung ganz klare Regeln festgesetzt. In einer solchen Situation, überhaupt nach einer Wahl, ist es nach der Verfassung die Aufgabe des Bundespräsidenten, dem Bundestag einen Kandidaten vorzuschlagen für das Amt des Bundeskanzlers. Wenn ein Ergebnis nicht ganz eindeutig ist, dann hört der Bundespräsident die Vorsitzenden der Parteien, die im Deutschen Bundestag vertreten sind, oder auch die Fraktionsvorsitzenden, und bildet sich eine Meinung davon, welcher Kandidat seiner Meinung nach auf die Mehrheit der Stimmen rechnen kann.

Wenn eine solche Situation eintreten würde, wie Sie sie jetzt erwähnen, dann wird der Bundespräsident mit großer Wahrscheinlichkeit sagen: Ich werde mal versuchen, ob nicht der, der nahe dran ist mit der Mehrheit, auch die Mehrheit kriegt. Dann steht die Frage vor den Grünen, ob sie zum Beispiel einen CDU-Kandidaten zum Bundeskanzler wählen wollen.

SPIEGEL: Oder die Frage stellt sich der SPD.

BRANDT: Das kann ich nicht sehen. Ich kann mir nur schwer vorstellen, daß ein christdemokratischer Kandidat von Sozialdemokraten zum Bundeskanzler gewählt wird. Aber ich will darüber auch nicht lange spekulieren, wie es ja überhaupt für den praktischen Politiker so eine Sache ist, ob er sich allzusehr mit hypothetischen Entwicklungen befassen soll.

SPIEGEL: Es ist doch denkbar, daß eine der beiden großen Parteien knapp unterhalb der Mehrheit bleibt und dann der Bundestag aus seiner Mitte heraus im dritten Wahlgang mit einfacher Mehrheit einen Bundeskanzler bestimmt, der sich darauf verlassen kann, daß ihn die andere große Partei stützt. Wird eine solche De-facto-Koalition dann ein Notprogramm erledigen und anschließend unter den Bedingungen eines neuen Mehrheitswahlrechts erneut wählen lassen?

BRANDT: Erstens ziehe ich es vor, die Konsequenzen einer Wahl zu ziehen, wenn sie denn kommt im März, nachdem ich das Wahlergebnis habe.

Zweitens: Ich würde ein negatives Urteil über eine neue Gruppierung nicht so vernichtend fällen, wie es die Frage vermuten lassen könnte, nämlich zu unterstellen, daß dort überhaupt nichts an Wirkungsbereitschaft für kommende Zeiten enthalten sei.

Drittens: Ich bin nicht für eine Änderung des Wahlrechts.

SPIEGEL: Auch nicht für eine Anhebung der Fünf-Prozent-Klausel für den Eintritt in den Bundestag?

BRANDT: Ich halte davon überhaupt nichts. Ich war mal – noch unter dem Eindruck von Weimar – aufgeschlossen gegenüber dem Gedanken des relativen Mehrheitswahlrechts. Ich bin davon abgekommen aus zwei Gründen: Der erste Grund ist, daß es in dem Land, das uns immer als Beispiel für klare Mehrheiten vorgehalten wurde, nämlich England, ähnliche Schwierigkeiten gibt.

Zweitens: Ich hab' mit an dem Tisch gesessen, an dem 1966 vor der Gründung der Großen Koalition über das Mehrheitswahlrecht gesprochen worden ist. Als sich dann herausstellte, daß einige der Kollegen der CDU gar nicht das relative Mehrheitswahlrecht, sondern im Grunde ein noch davon wieder sich unterscheidendes haben wollten – da ist einer der CDU-Kollegen aufgestanden vom Tisch und hat gesagt: Das ist kein Mehrheitswahlrecht, das ist Beschiß – das hat mir damals einen gewissen Eindruck gemacht.

Ich hatte natürlich als SPD-Vorsitzender noch zu bedenken, daß bei der besonderen konfessionellen Gliederung unseres Landes ich es nicht für vernünftig halten kann, wenn ganze Landstriche politisch unikolor im Deutschen Bundestag vertreten sind. Nach allen Erfahrungen, die ich gemacht habe, bin ich gegen die Änderung des Wahlrechts und außerdem gegen das Weglaufen vor einer Verantwortung, die sich aus einer nicht ganz einfachen Entscheidung der Wähler ergibt.

Ich hielte es für verhängnisvoll, statt sich mit neuen Gruppierungen auseinanderzusetzen, sie durch Gesetzesänderungen zeitweilig kaputtzumachen und all das zurückzulassen an bösen Gefühlen bei den Betroffenen, die ja in hohem Maße junge Menschen sind – nicht immer vernünftige junge Menschen. Ich war, als ich jung war, auch nicht immer vernünftig, gemessen an heutigen Maßstäben.

SPIEGEL: Herr Brandt, wollen Sie wirklich Wahlen am 6. März?

BRANDT: Die wollen wir wirklich, so wie wir sie schon in diesem Jahr gewollt haben. Es wäre richtiger gewesen, in diesem Jahr zu wählen, bevor eine Drei-Prozent-Partei hier als Schwanz mit dem Hund wackelt. Aber wir wollen die Wahlen weiterhin, wie auch die Bürger sie ganz überwiegend wollen.

Ich halte es allerdings für ein dolles Ding, daß Herr Kohl in seiner Regierungserklärung nicht gesagt hat, wie es zu Wahlen kommen soll. Zuerst lehnt man die Wahlen ab, die Schmidt anbietet. Und am 13. Oktober, also fast einen Monat nach dem Angebot, kommt der neue Bundeskanzler mit allgemeinem Gerede darüber, daß man miteinander reden solle. Er hätte doch die Pflicht, einen Vorschlag zu machen, wie das aussehen soll.

Das heißt, erst schiebt er die Sache vor sich her, dann sagt er, andere sollen ihm mal helfen, die Antwort zu geben, anstatt als Bundeskanzler hier die sonst zitierte Führungsfähigkeit zu beweisen. Hier hat die Regierung Kohl eine Bringschuld.

SPIEGEL: Wie verhalten Sie sich, wenn Kohl die SPD auffordert, gemeinsam mit der Union die Verfassung zu ändern und ein Selbstauflösungsrecht des Bundestages einzuführen?

BRANDT: Sollten Sie recht haben mit Ihrer Annahme, dann werde ich mich – wie es so schön heißt – zunächst rezeptiv verhalten. Ich werde mit gebührendem Respekt vor dem Amt zur Kenntnis nehmen, was der Bundeskanzler hier zu sagen hat. Danach werde ich es mit meinen politischen Freunden aufmerksam prüfen und dafür sorgen, daß alle rechtlichen Gesichtspunkte hinreichend beachtet werden. Ich werde allerdings auch deutlich machen, was dies für ein Skandal ist, der hier mit der Wahlfrage getrieben wird, immer davon zu reden, aber nicht mit den konkreten Vorschlägen rüberzukommen. Aber die SPD bleibt dabei, daß gewählt werden soll.

SPIEGEL: Sollte es zu Wahlen kommen, Schmidt jedoch nicht zur Verfügung stehen, wer wird dann Kanzlerkandidat der SPD?

BRANDT: Diese Frage werde ich dann mit meinen stellvertretenden Parteivorsitzenden Helmut Schmidt und Johannes Rau beraten.

SPIEGEL: Wäre Rau neben Vogel auch ein geeigneter Spitzenkandidat?

BRANDT: Es bleibt dabei: Ich äußere mich nicht zu Ihrer Frage nach personellen Alternativen. Aber bestätigen will ich gern, daß Johannes Rau an erster Stelle zu den Länderchefs meiner Partei gehört, die es mit Helmut Kohl gut aufnehmen könnten.

Das ist gar keine Frage. Jochen Vogel, nach dem Sie fragten, gehört eh zur engen Führung der SPD.

SPIEGEL: Bölling berichtet in seinem Tagebuch aus einer kleinen Runde mit Schmidt unter dem Datum vom 21. September. Er vermerkt sein Argument, warum Schmidt nicht mehr antreten sollte: »Es braucht in naher Zukunft ohnehin eine neue SPD-Führung. Die Partei muß sich eine neue Struktur suchen. Das gilt für Wehner, das gilt – bei allem Respekt – irgendwann auch für Brandt. Natürlich muß es dann auch für Schmidt gelten.« Im Klartext heißt das doch: Für eine Erneuerung der Partei müssen aber alle drei weg.

BRANDT: Erstens: Bei aller Anerkennung der Leistungen des vorigen Sprechers der Bundesregierung, ich weiß nicht, wo Herr Bölling in irgendeine Funktion der SPD gewählt wurde.

Über die Frage, wer zum Beispiel Parteivorsitzender oder was Vergleichbares ist, befinden nicht Kommentatoren, an welcher Stelle auch immer, sondern befinden allein die gewählten Delegierten der SPD. Beschlossen wird bei der SPD auf Parteitagen, und wenn nicht auf Parteitagen, dann im Parteivorstand.

Das zweite ist: Die, an die Sie denken, sind zu unterschiedlichen Zeiten in ihre jeweiligen Verantwortungen gekommen. Die werden, so wie es sich aus dem Ablauf nicht nur von Wahlperioden, sondern aus den spezifischen Funktionen ergibt, zu unterschiedlichen Zeitpunkten ihre Aufgaben in die Hände anderer übertragen.

SPIEGEL: Können Sie die Zeitpunkte nennen?

BRANDT: Wieso sollte ich?

SPIEGEL: Herr Brandt, wir danken Ihnen für dieses Gespräch.

Zum SPIEGEL-Gespräch in Nr. 11/1983 (14. März)
mit den Redakteuren Olaf Petersen und Klaus Wirtgen

Für die SPD brachten die vorgezogenen Bundestagswahlen vom
6. März 1983 ein schlimmes Erwachen: 38,2 Prozent, das schlechteste Ergebnis seit 1961. Nach zwei Seiten waren sozialdemokratische
Wähler geflüchtet: zur CDU/CSU (48,8 Prozent) und zu den Grünen,
die mit 5,6 Prozent erstmals in den Bundestag einzogen. Die FDP war
auf 7 Prozent geschrumpft. Eine Zeitlang hatten Brandt und Wehner
die Hoffnung zu wecken versucht, sie könnten Helmut Schmidt noch
einmal zur Kandidatur überreden. Von ihm versprachen sie sich einen
Racheeffekt der Wähler gegen Kohls Mißtrauensvotum vom 1. Oktober 1982. Doch Schmidt tat seiner Partei diesen Gefallen nicht. Sein
Vertrauter und ehemaliger Regierungssprecher Klaus Bölling beschreibt in seinem »Tagebuch« warum: Auch Schmidt habe sich zwar
zugetraut, etwa fünf Prozent mehr als jeder andere Kandidat zu
holen. Doch »einige«, so zitiert Bölling seinen früheren Chef, »werden
mich wegwerfen wie ein verbrauchtes Blatt Löschpapier«. Schmidt
kannte derlei Mechanismen. Schließlich hatte er nach Brandts gran-
diosem Wahlsieg 1972 dazu beigetragen, den ersten SPD-Kanzler so
zu schwächen, daß er anderthalb Jahre später in der Guillaume-
Affäre überreagierte und zurücktrat. Von 1983 an motivierte Brandt
die vom Machtverlust geschockte Partei neu. Brandt sprach auch die
Emotionen der Jüngeren an, jetzt mit offener Kritik an der Nachrüstung. Im Oktober 1983 hielt er sogar auf der Bonner Friedensdemo
eine Rede. Mit einem Boot fuhr er morgens von Unkel nach Bonn; die
Straßen waren gesperrt. Als Hochwasser, Regen und Nebel zunächst
auch diese Anfahrt zu blockieren schienen, empfahl der Senior
seinen Begleitern eine neue Dimension: »Dann schreiten wir eben
über die Wasser.«

»Wir lassen kein Kuddelmuddel entstehen«

Der SPD-Vorsitzende über Oppositionspolitik und Grüne

SPIEGEL: Herr Brandt, was ist in Ihre Partei gefahren? Da kassiert die SPD das schlechteste Ergebnis seit 1961, aber einen richtigen Krach hat es – vielleicht ja auch nur wegen des Wahlkampfes in Schleswig-Holstein – noch nicht gegeben.

BRANDT: Zunächst einmal ist natürlich nicht zu bestreiten, daß die SPD kräftig eins auf'n Deckel gekriegt hat und zurückgeworfen ist auf ihren Stand von etwa 1965. Es hat gar keinen Zweck, das hübscher machen zu wollen, als es ist. Nur, als wir nach der Wahl zusammenkamen im Vorstand der SPD und in der Bundestagsfraktion, da sind wir davon ausgegangen, daß wir in allem Wesentlichen die Verantwortung gemeinsam zu tragen haben. Nun müssen wir gemeinsam prüfen, wie wir von hier aus wieder aufbauen können und uns verständlicher machen können, indem wir auch die Inhalte selbst deutlicher machen.

SPIEGEL: Aber die Erfahrung zeigt, daß nach einer solchen Niederlage immer Schuldige dingfest gemacht werden.

BRANDT: Nicht bei uns. Insofern ist ja etwas Symbolisches daran, daß die Fraktion so gut wie einstimmig Hans-Jochen Vogel zu ihrem Vorsitzenden gewählt hat, obwohl nun – wie ich sicher bin, ohne sein Zutun – das Wahlergebnis mit ihm als Spitzenkandidat zustande gekommen ist. Wir suchen keine Sündenböcke.

SPIEGEL: Wenn wir Stimmen aus der Partei richtig interpretieren, gerät Ihr Geschäftsführer Peter Glotz ins Zentrum der Kritik. Wollen Sie ihn über den nächsten Parteitag hinaus halten?

BRANDT: Der Bundesgeschäftsführer wird bei uns unabhängig von Parteitags-Terminen gewählt. Peter Glotz hat weiterhin mein Vertrauen. Er hat, gestützt auf die Beschlüsse des Präsidiums und auf die Beschlüsse der Regierungsmannschaft, den Wahlkampf in Gang gehalten und ihn gespeist mit dem, was zur Verfügung stand, mit der Hälfte der Mittel, die die SPD im Bundestagswahlkampf 1980 hatte.

Vieles von dem, was es an Kritik gibt und geben wird, hat nicht einfach zu tun mit dem, was die sogenannte Zentrale gemacht oder nicht gut genug gemacht hat. Peter Glotz wird erst dem Parteivorstand seine Analyse vorlegen, und dann wird man in Ruhe darüber reden. Aber ich habe nicht die geringste Neigung, den Bundesgeschäftsführer allein im Regen stehen zu lassen.

SPIEGEL: Was heißt »allein«? Kandidieren Sie auf dem nächsten Parteitag wieder?

BRANDT: Ich denke, ja. Immer vorausgesetzt, daß die Partei das will. Dann mache ich das gerne weiter.

Für die Dreierspitze in der Partei ergibt sich auf Vorschlag von Helmut Schmidt ohnehin eine Veränderung. Er möchte, und nicht er allein, daß der neue Fraktionsvorsitzende zum stellvertretenden Vorsitzenden der SPD gewählt wird.

SPIEGEL: Hat man denn Vogel schon gefragt, ob er das will?

BRANDT: Ich denke, er macht es. Es ist auch von der Sache her dringend erwünscht, denn das Zusammenführen der drei Ebenen – Partei im umfassenden Sinne, Partei als Bundestagsfraktion und Partei als Ebene Länder/Gemeinden, dies durch Johannes Rau führend dargestellt – ist die optimale Bündelung an der Spitze.

SPIEGEL: Der SPD sind am 6. März die Wähler nach zwei Seiten davongelaufen: zur Union und zu den Grünen. War Ihre Integrationspolitik – die Idee, man könne die Wähler der Mitte halten und zugleich offen sein für alternative Minderheiten – falsch?

BRANDT: Zunächst einmal bin ich etwas vorsichtig, aufgrund langjähriger Erfahrung, mit eilfertigen Feststellungen darüber, wo welche Wähler hingegangen sind.

Auf jeden Fall muß ich der in diesen Tagen weitverbreiteten Auffassung widersprechen, daß die Facharbeiter der SPD weggelaufen seien. Aber es ist gar keine Frage, daß die SPD sich um ihr Verhältnis zu den tragenden Schichten der Arbeiterschaft, der Arbeitnehmerschaft, neu kümmern muß.

Im ganzen ist es so, daß das Ergebnis nicht schichtenspezifisch erklärt werden kann, sondern daß die SPD querdurch zurückgeworfen ist durch einen hinreichend großen Teil von Leuten, die gemeint haben, jetzt sollten es die anderen mal machen.

SPIEGEL: Und die Abwanderung zu den Grünen?

BRANDT: Was die neue Gruppierung angeht, die nun doch knapp in den Bundestag gekommen ist, so haben Hans-Jochen Vogel und ich überhaupt nichts abzustreichen von dem, was wir gesagt haben: nämlich neue Themen, die von neuen Gruppen aufgeworfen werden, daraufhin abzuklopfen, ob an ihnen was Richtiges ist, und sich dann selbst darum zu kümmern.

SPIEGEL: Als die Union den Aufschwung plakatierte, war die SPD mit ihrem Wahlkampf-Latein am Ende. Ist nicht die Parteiführung dafür verantwortlich, daß dem nichts Rechtes entgegengesetzt wurde?

BRANDT: Natürlich darf die Parteiführung nicht auch nur den Eindruck aufkommen lassen, als wolle sie Unzulänglichkeiten unter den Teppich kehren. Zunächst mal muß man sehen: Die SPD hat schwer getragen an der Art, wie die alte Regierung zu Ende gegangen ist. Dieses Siechtum, das ausging von der FDP, hat auf die SPD sehr negativ gewirkt.

SPIEGEL: War die Erblast der SPD größer als die, die von der neuen Koalition übernommen wurde?

BRANDT: Sie war jedenfalls sehr groß, und dann hat es ein Zwischenhoch gegeben durch die grandiose Art, in der Helmut Schmidt das zu Ende gebracht hat. Aber dann war man halt draußen, und die Parole »Aufschwung wählen«, mit der wir ja auch schon mal Erfolg hatten im nordrhein-westfälischen Wahlkampf...

SPIEGEL: ... 1975...

BRANDT: ... die läßt sich leichter vertreten, wenn man in der Regierung ist.

SPIEGEL: Aber vorbereitet war die SPD auf die Aufschwung-Parole offensichtlich nicht.

BRANDT: Jedenfalls sind die Inhalte, um die es jetzt geht in den Jahren vor uns, zum großen Teil von der breiten Öffentlichkeit nicht zur Kenntnis genommen worden. Das muß dann wohl auch ein bißchen mit an uns liegen.

SPIEGEL: Was sind denn das für Inhalte?

BRANDT: Erstens muß Strukturpolitik in unseren Krisengebieten 'ne ganz zentrale Rolle spielen, und genau das geht nicht mit den Lambsdorff-Rezepten.

Als nächstes das Arbeitszeitthema: Alle Kundigen auf der Seite der jetzigen Regierung wie auf der Seite der SPD und der Gewerkschaften wissen, daß Arbeit neu verteilt werden muß, daß wir eine geringere Zeit, von Arbeitsstunden oder Lebensarbeitszeit, brauchen.

Drittens das, was man etwas schematisch den zweiten Arbeitsmarkt nennt. Wir geben im Jahr soundso viele Milliarden, die aus Beiträgen und Steuern kommen, für die Finanzierung von Arbeitslosigkeit aus. Können wir einen Teil davon nicht, indem man etwas drauflegt, dafür verwenden, daß in Bereichen, nicht zuletzt übrigens den sozialen Diensten und der Umwelt, zusätzliche Beschäftigung anderer Art mit etwas weniger Bezahlung und mit weniger Arbeitsstunden geschaffen wird?

Das kommt alles auf uns zu. Aber das haben die Wähler noch nicht hinreichend im Blick gehabt und vielleicht auch aufgrund unserer Unzulänglichkeiten nicht hinreichend im Blick haben können, als sie am 6. März abgestimmt haben.

SPIEGEL: Oder sind die Leute zu dumm für die intelligenten Konzepte, die ihnen die SPD vorlegt?

BRANDT: Erstens halte ich die Wähler nicht für dumm. Zweitens ist dies keine so neue Erfahrung, daß das, was richtig und notwendig ist, nicht immer gleich verstanden wird. Für uns ist es jetzt allerdings eine besonders schmerzliche Erfahrung.

SPIEGEL: Droht nicht der Bruch zwischen Sozialdemokraten und Gewerkschaften, sobald die SPD nicht mehr wie bisher nur auf Wirtschaftswachstum setzt? Damit entzieht sie den Gewerkschaften doch die Grundlage für ihre traditionelle Lohnpolitik.

BRANDT: Ich glaube nicht, daß da heute ein Bruch liegt oder liegen muß, denn die SPD ist ja keine Anti-Wachstumspartei. Die SPD versucht aber seit geraumer Zeit die Frage in den Mittelpunkt zu rücken: Was soll wachsen, soweit darauf öffentliche Verantwortung Einfluß hat? Was sollte, da es zukunftsträchtig ist, mehr wachsen als anderes? Wir werden nicht aufhören, diese Fragen zu stellen.

Dieses darf man nicht einfach dem Wildwuchs überlassen. Da sind wir mit unseren Freunden in den Gewerkschaften ganz nahe beieinander. Die haben zum Beispiel auch kein Interesse daran, daß unsinnige Überkapazitäten entstehen, sondern daß unsere Wirtschaft so strukturiert wird, daß sie sich gut behauptet.

SPIEGEL: Die Gewerkschaften kümmern sich aber mehr um diejenigen, die Arbeit haben, als um die Arbeitslosen. Wie will die SPD bei den Gewerkschaften durchsetzen, Lohneinbußen zur Finanzierung von Arbeitszeitverkürzung zu akzeptieren?

BRANDT: Sie sollten die volkswirtschaftlichen Einsichten der Gewerkschaftsführung nicht unterschätzen. Der frühere DGB-Vorsitzende Vetter hat im Herbst 1981 zum Thema Arbeitszeitverkürzung die Bereitschaft erklärt, »über vieles mit sich reden zu lassen«, wenn man legitime Interessen der gewerkschaftlich organisierten Arbeiter ernst nimmt und respektiert.

Aber es ist unbestreitbar, daß sich gewerkschaftliche Überlegungen in starkem Maße auf eine Annäherung an die Vollbeschäftigung beziehen. Das spielt eine zentrale Rolle in deren und in unserer Programmatik.

SPIEGEL: Müssen Sie nicht damit rechnen, daß über die künftige sozialdemokratische Wirtschaftspolitik ein Richtungsstreit ausbricht?

BRANDT: Auch wenn sich das ein bißchen formal anhört: Wir haben – und Vogel hat sich viel Mühe damit gegeben – ein Wahlprogramm verabschiedet, genannt haben wir's Regierungsprogramm. Das ist jetzt die Grundlage für unsere Arbeit in der Opposition. Ich sehe keinen Richtungsstreit über die Weiterentwicklung unserer Wirtschafts-, Finanz- und, sage ich jetzt bewußt, Sozialpolitik, sondern die Bereitschaft, dies auf einen Nenner zu bringen.

SPIEGEL: Welcher Sozialdemokrat könnte das, wie einst Karl Schiller und später Helmut Schmidt, bei Arbeitnehmern *und* Unternehmern vertreten?

BRANDT: So wichtig jetzt die Arbeit im Bundestag ist – und die ist schrecklich wichtig –, es geht gerade in der vor uns liegenden Runde nicht nur um den Bund. Wir müssen außer den personellen Ressourcen im Bundestag auch die im Auge haben, die sich an der Spitze von Städten und Landesregierungen bewährt und gezeigt haben, daß sie Wichtiges einbringen können.

SPIEGEL: Wer soll denn Ihre neue Nummer 1 in der Wirtschaftspolitik werden? Vogels Mannschaftsaufstellung hat gezeigt, wie knapp kompetentes Personal in der SPD ist. Verantwortlich für Wirtschaft und Finanzen waren ein Professor und ein Spitzenbeamter – beide nicht gerade fest in der Partei verankert.

BRANDT: Machen Sie die SPD in personeller Hinsicht nicht ärmer, als sie ist. Sie haben recht: Jochen Vogel hatte in seine Mannschaft zwei tüchtige Kollegen berufen. Manfred Lahnstein hatte sich als Finanzminister, wenn auch nur kurze Zeit, und zuvor in anderen wichtigen Ämtern bewährt. Professor Krupp hat meinem Eindruck nach nicht die SPD-Anhänger enttäuscht, wo sie ihn gehört haben, sondern beeindruckt.

SPIEGEL: Aber viele haben ihn nicht gekannt.

BRANDT: Ich gebe zu, er kam für die Öffentlichkeit relativ neu dazu, aber in der Bundestagsfraktion sitzen Männer wie Wolfgang Roth, Herbert Ehrenberg, Hans Apel und Heinz Westphal. Und sie haben Klaus von Dohnanyi in Hamburg und Reimut Jochimsen, den Düsseldorfer Wirtschaftsminister.

SPIEGEL: Nicht nur die Wirtschaftspolitik, auch die Grünen bleiben ein Reizthema für die SPD. Sie haben sich zugute gehalten, die SPD für die Fragen der Friedens- und Ökologiebewegung gegen heftige Widerstände geöffnet zu haben. Ändern Sie diese Haltung nun, wenn die Grünen der SPD im Bundestag Oppositions-Konkurrenz machen?

BRANDT: Wenn ich es richtig gelesen habe, hat Frau Noelle-Neumann Ihrem Herausgeber Rudolf Augstein ein paar Tage vor der Wahl in Aussicht gestellt, daß die Grünen mit zehn Prozent in den Bundestag einziehen. Das hätte ich für unangemessen gehalten. Ich finde, die 5,6 Prozent sind auch ein bißchen viel.

Aber sie sind gewählt, und es gehört zu meinem Verständnis von parlamentarischer Demokratie, daß ich Leute respektiere, die, gestützt auf das Votum der Wähler, ein Mandat haben – ob mir die Richtung paßt oder nicht. Das heißt, ich bin dagegen, die Grünen als Aussätzige zu betrachten oder zu behandeln. Sie sind gewählte Abgeordnete, haben das Recht von gewählten Abgeordneten.

Ich werde dagegen sein, daß man von vornherein eine Sache ablehnt, weil auch die Grünen dafür sind. Aber ich werde in keinem Punkt – das habe ich auch bisher nicht getan – den Grünen nach dem Mund reden, und ich werde versuchen, dazu beizutragen, daß man nicht in Fallen reintapst, die Grüne im Bundestag aufstellen.

SPIEGEL: Welche Fallen?

BRANDT: Soll ich hier öffentliche Ratschläge geben?

SPIEGEL: Ja, damit Ihre Genossen nicht reintapsen.

BRANDT: Den Brüdern fällt schon selbst was ein – das jedenfalls.

SPIEGEL: Das hört sich nach defensiver Strategie an.

BRANDT: Das läßt sich vermeiden, indem man in stärkerem Maße die Themen aufnimmt, die die Menschen bewegen und von denen unsere Zukunft abhängt.

SPIEGEL: Hätten Sie sich klarere Antworten der Partei zur Kernenergie und zur Nachrüstung gewünscht?

BRANDT: Die SPD kann nicht im Wahlkampf den Eindruck erwecken wollen, als hätte sie nicht auf Parteitagen nach sorgfältiger Beratung eindeutig ihre Auffassung festgelegt. Das heißt: Vorrang der Kohle, Energieeinsparung und – jedenfalls für eine Übergangszeit – einen Anteil an Kernenergie.

Auch in der Nachrüstung gibt es einen klaren Beschluß der SPD einschließlich des prozeduralen Beschlusses, gegen Ende dieses Jahres oder schon im Herbst sich zu dem zu äußern, worüber jetzt in Genf verhandelt wird. Wer hätte es verantworten können, in diesem Wahlkampf so zu tun, als wisse man schon, was aus diesen Verhandlungen herauskommt?

SPIEGEL: Genau das scheinen Ihnen die Wähler unterstellt zu haben, die das klare Nein der SPD zu den Raketen vermißt haben.

BRANDT: Das glaube ich nicht. Man nimmt ja in deutschen Landen nicht einmal hinreichend zur Kenntnis, daß die Debatte in den großen Vereinigten Staaten mehrere Umdrehungen weiter ist als bei uns. Es ist ja keine Bagatelle, daß gleich nach unserer Wahl – nachdem der amerikanische Vizepräsident wegen der deutschen Wahl um Aufschub gebeten hatte – der Auswärtige Ausschuß des Repräsentantenhauses dem dortigen Plenum vorschlägt, die beiden Verhandlungen in Genf über Mittelstreckenraketen und Interkontinentalwaffen zusammenzuführen. Damit ist das noch nicht amerikanische Politik, aber doch hochinteressant und etwas, was dem entspricht, was Helmut Schmidt ursprünglich gewollt hat.

Das zweite, was man bei uns fast nicht zur Kenntnis genommen hat: Von den 40 Gouverneuren der USA – also den Chefs der Bundesstaaten, zehn fehlten – haben vor kurzem 30 die hohen Rüstungsausgaben öffentlich kritisiert.

SPIEGEL: Sie können sich damit trösten, daß der amerikanische Präsident Reagan in seinem Land derzeit ähnlich unpopulär ist wie die SPD in Deutschland.

BRANDT: Ich will damit sagen, daß die deutsche Debatte rückständig ist und daß die Probleme, die wirklich anstehen können in den Monaten vor uns, über Gebühr verniedlicht worden sind für die Wähler, um deren Votum man gebeten hat ...

SPIEGEL: ... auch von der SPD verniedlicht worden sind?

BRANDT: Nein. Es ist allenfalls nicht hinreichend rübergekommen, wie groß unsere Sorgen sind. Aber wir konnten auch hier nicht ausbrechen. Insofern war das natürlich auch kein günstiger Zeitpunkt für die Wahl. Die SPD war schon Opposition in den Augen der Wähler, konnte auch nicht handeln wie eine Regierung, wurde aber vom Gegner so behandelt, als sei sie noch Regierungspartei. Die SPD konnte, will ich sagen, nicht ausbrechen aus der Logik ihrer eigenen Beschlüsse.

SPIEGEL: Können Sie sich eine Situation vorstellen, in der die Genossen auf ihrem Parteitag der Stationierung nur einer einzigen zusätzlichen amerikanischen Rakete zustimmen würden?

BRANDT: Jeder kennt unsere schweren Bedenken, und unser Parteitag wird sich die Entscheidung sicher nicht leicht machen. Ich kann mir auf der anderen Seite schwer vorstellen, daß ein Parteitag der SPD nach dem Motto handelt: SPD gegen den Rest der Welt.

SPIEGEL: Wann entscheidet sich die SPD? Wenn die ersten Raketen schon aufgestellt sind?

BRANDT: Es wäre natürlich eine Mißachtung des Willens der Partei, wenn man ihr nicht die Gelegenheit gäbe, sich zu einem Zeitpunkt durch ihren Parteitag zu äußern, an dem sich was abzeichnet und nicht der ganze Film schon abgelaufen ist. Falls wir uns für einen außerordentlichen Parteitag entscheiden, möchte ich mir von unseren Gremien die Zustimmung holen, diesen Parteitag, abweichend von den Statuten, notfalls mit einer 14-Tage-Frist anzusetzen, damit es wirklich einen Zusammenhang mit dem gibt, was in Genf geschieht.

SPIEGEL: Müssen Sie nicht fürchten, daß Genossen künftig mit Grünen stimmen oder gar übertreten, wenn die SPD in zentralen Fragen wie der Nachrüstung nicht eindeutig Stellung bezieht oder auf Zeit spielt?

BRANDT: Ich habe gar keinen Zweifel daran, daß Hans-Jochen Vogel eine straffe Fraktionsführung garantiert. Zu unserem Auftreten im Bundestag wird gehören, daß wir kein Kuddelmuddel entstehen lassen. Dann kommen wir gar nicht erst in die Verlegenheit, im Verhältnis SPD – Grüne etwas ausfransen zu lassen. Und das darf es in der Tat nicht, gerade nach diesem Wahlergebnis nicht.

SPIEGEL: Wollen Sie die Grünen, wie einst Teile der Apo, in die SPD integrieren, oder werden Sie hinnehmen, daß sich die Alternativen neben der SPD als radikale Partei etablieren und vielleicht einmal bündnisfähig werden?

BRANDT: Sie werden erleben: Teile der CDU werden einen besonders höflichen Umgang mit den Grünen pflegen, weil sie ein Interesse haben, daß die sich möglichst stark etablieren und profilieren zu Lasten der SPD.

Ich wäre im übrigen ein schlechter Vorsitzender, wenn ich Terrain freigäbe. Es wird darauf ankommen, die Grenze so zu ziehen, daß sie deutlich genug ist. Wenn dann hinreichend viele Wähler, jenseits der von uns gezogenen Grenze, glauben, sich dort ansiedeln zu sollen, dann kann ich daran zunächst auch nichts ändern. Dann habe ich das zu respektieren; aber ich bin nicht aus auf eine Bündnisstrategie. Ich bin darauf aus, Stimmen zurückzugewinnen und dann das Ergebnis einer neuen Wahl abzuwarten und erst dann daraus die Konsequenz zu ziehen.

SPIEGEL: Wer außer den Grünen kommt denn für die SPD auf absehbare Zeit als Koalitionspartner in Frage? Etwa die FDP, etwa die Union oder gar nur die CSU?

BRANDT: Das ist interessant, daß Sie das vorbringen; denn ich kann mich an eine Wahl* erinnern, wo in der Tat bei der Unterzeichnung eines Dokuments durch Franz Josef Strauß, Erich Mende und mich einer der Beteiligten – nicht ich – darauf hinwies, daß die SPD, CSU und FDP die Mehrheit hatten. Aber das waren Spielereien.

Nein, die SPD geht in diesen Bundestag nicht rein mit irgendwelchen Koalitionsspielereien, sondern geht hinein mit der Perspektive, diese vier Jahre in der Opposition in Bonn durchzustehen. So wie die Konstellation heute ist und sich für die allernächsten Jahre abzeichnet, gibt es im Bund für die SPD keinen Koalitionspartner.

SPIEGEL: Ist das Ihre Perspektive für 1987?

BRANDT: 1987 stehen ja die neuen Bundestagswahlen an. Bis dahin wird man gesehen haben, ob bei der Union alles unter einem Hut bleibt. Ich vermute eher ja. Und Spielereien mit einer Großen Koalition halte ich für völlig abwegig. Worauf es jetzt ankommt ist, daß wir unsere Positionen in den Städten und Gemeinden neu aufbauen und in den Ländern Gegenpositionen schaffen.

SPIEGEL: Herr Brandt, Sie haben vor der Wahl der Prognose Herbert Wehners widersprochen, die SPD müsse sich jetzt auf eine 15jährige Oppositionszeit einrichten. Hat Sie das Ergebnis vom 6. März eines Besseren belehrt?

BRANDT: Es gibt natürlich überhaupt keine Garantie dafür, daß man es schon das nächste Mal wieder schaffen kann. Nur, was ist das für eine schnellebige Zeit! Ist es nicht so, daß Wahlen im letzten Oktober wahrscheinlich besser gelaufen wären, daß Wahlen vor der Sommerpause des letzten Jahres oder im Sommer noch schlechter ausgefallen wären für die SPD?

Hinweise wie die von Herbert Wehner, daß man nicht mit billigem Optimismus über die Dinge hinweggehen darf, sind berechtigt. Aber sie an Jahreszahlen festzumachen, das ergibt keinen Sinn. Im übrigen werden weder Wehner noch ich in 15 Jahren dies selbst kontrollieren können – obwohl ich uns beiden ein langes, fröhliches Leben wünsche.

SPIEGEL: Herr Brandt, wir danken Ihnen für dieses Gespräch.

---

* 1961 hatten SPD (36,2 Prozent), FDP (12,8) und CSU (9,6) zusammen rechnerisch die absolute Mehrheit.

Zum SPIEGEL-Gespräch in Nr. 20/1984 (14. Mai)
mit den Redakteuren Erich Böhme und Klaus Wirtgen

Willy Brandt hatte als einziger aus dem SPD-Triumvirat die Bonner Wende politisch überlebt. Herbert Wehner mit seinem schweren Diabetes war zur Bundestagswahl 1983 aus dem Parlament ausgeschieden. Helmut Schmidt gab ein halbes Jahr nach seiner Niederlage auf dem Kölner Nachrüstungsparteitag vom November 1983 sein Amt als SPD-Vize auf. Nur noch 13 von 422 Delegierten hatten mit ihrem Ex-Kanzler gegen den Leitantrag des Bundesvorstands gestimmt, in dem die Stationierung neuer Raketen abgelehnt wurde. In den Kölner Messehallen gehörte Brandt zu den Siegern, draußen im Land aber brachten US-Soldaten die ersten Pershing 2 in Stellung.

Brandt war inzwischen siebzig Jahre alt und kandidierte im Jahre 1984 auf dem SPD-Parteitag in Essen erneut mit Erfolg für den Vorsitz. Er hatte seiner Partei nach der Bonner Wende mit der Formel Mut gemacht, nun den Neuaufbau in den Ländern und Kommunen zu beginnen – und lag richtig. Kurzfristig hatte der Schmidt-Effekt, verstärkt durch eine »Verrats«-Kampagne der SPD gegen die FDP, der Brandt-Partei Erfolge in Hessen, Bremen und Hamburg verschafft. 1985 führten spektakuläre Siege in Nordrhein-Westfalen und an der Saar die SPD trotz eines Mißerfolgs in Berlin aus der Defensive heraus. Brandt begann den Wahlkampf 1987 vorzustrukturieren. Er wollte Wähler von der Union, aber ebenso von den Grünen und Alternativen abwerben. Der SPD-Chef hatte seine Freude daran, daß sein Freund Holger Börner sich im Juni 1984 von den Grünen wieder zum hessischen Ministerpräsidenten wählen ließ. »Ich wollte jedenfalls eine Generation verstehen lernen, die unter dem Motto aufgewachsen war, daß alles gehe, und erfahren mußte, um welchen Irrglauben es sich handelte«, schrieb Brandt 1989.

»Ich blicke nicht im Zorn zurück«

Willy Brandt über seinen Rücktritt 1974 und die
Zukunftsperspektiven der SPD

SPIEGEL: Herr Brandt, Sie sind im Mai 20 Jahre Parteivorsitzender, genauso lange wie Otto Wels und beinahe so lange wie August Bebel. In dieser Woche beginnt in Essen der 18. Parteitag, seit Sie Vorsitzender sind. Sie haben die SPD aus der Opposition in die Regierung geführt und von der Regierung wieder in die Opposition. Der zweite Schritt, der in die Opposition, sollte der SPD das Selbstbewußtsein zurückgeben, das sie in 13 Jahren an der Seite der FDP verloren zu haben schient. Haben Sie die neue Identität gefunden?

BRANDT: Eine kleine Anmerkung: Um den Bebel einzuholen, brauche ich noch eine geraume Zeit; denn da komme ich auch jetzt nur nahe dran, wenn man das ab 1890 rechnet, nach Aufhebung des Sozialistengesetzes. Sonst wäre es eine erheblich längere Zeitspanne*.

SPIEGEL: Gibt's da einen Ehrgeiz, ihn einzuholen?

BRANDT: Das schaffe ich nicht mehr. Wissen Sie, die SPD ist rascher wieder da, als viele vorausgesagt haben, einige befürchtet haben, andere erhofft hatten. Und selbst mußte man auch nach allem, was man durchgemacht hat, mit der Möglichkeit rechnen, daß die SPD erst noch mal in ein Loch fallen würde. Das ist nicht passiert. Das Selbstbewußtsein der Leute ist ungebrochen. Der Parteitag, den die SPD jetzt vor sich hat, wird ein Parteitag des neuen Beginns sein, um von den Städten, Gemeinden und Ländern her neu aufzubauen für die Verantwortung im Bund. Ich stelle mich darauf ein, daß die Koalition, die wir jetzt haben, mit Ach und Krach hält bis 1987.

SPIEGEL: Sie haben das Stichwort »Selbstbewußtsein« genannt. Dieser Tage ist ein Mitglied Ihrer Grundwertekommission, Heinz Rapp, zu einem anderen Ergebnis gelangt: »Es mangelt der SPD an Selbstbewußtsein, ihre Konkurrenten sind ihr darin über ... In

---

* Bebel war von 1878 bis 1890 faktisch Vorsitzender der Partei im Untergrund, von 1892 bis 1913 offiziell gewählter Vorsitzender.

dem, was wir wollen oder auch bekämpfen, beziehen wir uns kaum noch auf den festen Bestand unserer tragenden und bleibenden Überzeugungen.«

BRANDT: Das war eine Erklärung eines gescheiten Mitglieds unserer Grundwertekommission. Der sieht das so, und dann ist es auch richtig, daß er es so ausspricht. Es ist überzeichnet. Wenn man rumkommt – ich komme noch ein bißchen mehr rum als andere in diesen Wochen –, dann kommt man zu einer etwas positiveren Beurteilung. Heinz Rapp meinte in allererster Linie, man müßte programmatisch schon ein bißchen weiter sein. Doch das ist nicht eine Frage, was man will; sondern eine Frage, was man kann.

Um tiefer einzusteigen, nimmt man sich ein bißchen Zeit. Das ist der Grund, warum die SPD ganz offen sagt: Wir erklären auf unserem Parteitag, was wir *jetzt* meinen, zur wirtschafts- und gesellschaftspolitischen Situation sagen zu können; aber wir stellen uns ein auf einen wirtschaftspolitischen Kongreß zum geeigneten Zeitpunkt zwischen jetzt und der nächsten Bundestagswahl, also wohl eher vor der Sommerpause 1986.

SPIEGEL: Definieren wir die Bewußtseinslage der SPD so richtig, daß es eine Zwischenlage ist zwischen der sehr optimistischen Vorstellung ihres Vorsitzenden, die Identität sei gewahrt geblieben, und der Erfahrung der CDU, die nach 20 Jahren ihrer Allein- oder Koalitionsvorherrschaft in Bonn in ein tiefes Loch gefallen ist?

BRANDT: Eine große Partei ist in der Bundesrepublik nie ganz draußen. Das bundesstaatliche Prinzip und das seit Freiherr vom Stein mehr oder weniger konsequent geübte Prinzip der kommunalen Selbstverwaltung bedeuten, daß eine große Partei immer an einer ganzen Reihe von Stellen an der Macht ist, auch wenn sie in Bonn Opposition ist.

SPIEGEL: Rapp macht seinen Vorwurf, der SPD mangele es an Selbstbewußtsein, an dem sogenannten Zweitbesten-Syndrom fest: Sowohl in der Sicherheits- als auch in der Wirtschaftspolitik vertrete die Partei Positionen, die sie, jeweils gemessen an den reinen Lehren der Grünen und der Konservativen, nur zum Zweitbesten machen. Wohin wollen Sie die SPD steuern?

BRANDT: Das, was Sie in bezug auf Rapp sagen, ist eher eine in der Diskussion manchmal notwendige Zuspitzung. Was heißt hier zweitrangig?

SPIEGEL: Zweitbestens. In der Sicherheitspolitik heißt das: Für konservative Wähler, die auf Politik der Stärke setzen, bleiben die Sozis *trotz* ihres Bekenntnisses zu Bundeswehr und Nato, für friedensbewegte Wähler *wegen* dieses Bekenntnisses suspekt.

BRANDT: Heinz Rapp sagt wörtlich, in der Sicherheitspolitik gelinge es uns, freizukommen von dem, was er das Zweitbesten-Syndrom nennt: Einer wachsenden Zahl von Menschen sei einsichtig geworden, daß unsere komplizierte Position die problemgerechte und sachlich richtige sei. Das ist ein neues Beispiel dafür, daß es in dieser Wirklichkeit, in der wir leben, mit den ganz einfachen Antworten nicht geht.

Breite Schichten, nicht Personen, nicht kleine Gruppen, von Wählern – und das wird sich noch wieder stärker zeigen – meinten, man hätte ihnen im Herbst 1983 versprochen, wenn die neuen amerikanischen Raketen aufgestellt sind, dann werden die Russen an den Verhandlungstisch gehen, und dann kommt was raus. Passiert ist nichts. Insofern fühlen wir unsere schweren Bedenken bestätigt.

Für die nächste Runde können wir auch nicht mit Luftschlössern aufwarten. In Amerika gibt es diese breite Bewegung, Freeze, die auf ein Moratorium aus ist. Es ist nicht einzusehen, wie anders als durch eine Unterbrechung weiterer Stationierung auf beiden Seiten die beiden Großen an den Tisch kommen sollen.

SPIEGEL: Aber Bündnis muß trotzdem sein – für konservative Wähler?

BRANDT: Westliches Bündnis ja, doch wir müßten überhaupt nicht so sehr von der Nuklearstrategie der Amerikaner abhängig sein, wie das der Fall ist. Doch ich sage: Solange die Welt so aussieht, kann die Bundesrepublik ihren Platz nicht anders als im westlichen Bündnis haben, aber man muß dort eigene Interessen vertreten.

SPIEGEL: Was hätten wir von einem morgen gewählten sozialdemokratischen Bundeskanzler zu erwarten?

BRANDT: Gucken Sie mal nach Holland. Dort gibt es einen christdemokratischen Ministerpräsidenten. Der macht es sich sehr schwer mit der Stationierung. Gucken Sie nach Italien. Dort sagt der sozialistische Ministerpräsident Craxi, jetzt wäre die Zeit für ein Moratorium gekommen. Gucken Sie nach Kopenhagen. Da beschließt auf sozialdemokratischen Antrag hin – die Sozialdemokraten sind gegenwärtig nicht in der Regierung – eine Mehrheit des Folketing, daß Dänemark in bezug auf Atomwaffen eigene Wege gehen will. Oder nehmen Sie Großbritannien, wo Labour wieder im Kommen ist.

Ein deutscher Bundeskanzler, der energischer darauf drängte, daß auf beiden Seiten in Deutschland ein Gürtel ohne diese taktischen Atomwaffen gebildet wird, ein deutscher Bundeskanzler, der energischer drängte auf beide Weltmächte, der hätte den Vorteil, nicht in die Isolierung zu geraten, sondern, was die Europäer angeht, auch in Gemeinschaft mit der französischen Regierung zu sein, die auf ihre Weise sehr darauf drängt, daß Europa ein höheres Maß an Unabhängigkeit entwickelt.

SPIEGEL: Auch in der Wirtschaftspolitik gibt Rapp seiner Partei nur die zweitbeste Note.

BRANDT: Und er fügt hinzu, man solle nicht in die schwarze oder grüne Richtung schielen, sondern die eigene Politik programmatisch definieren und praktisch aufbauen. Wenn man zum Beispiel der Meinung ist, die Grünen haben dort unrecht, wo sie Ökonomie und Ökologie nicht auf einen Nenner bringen, sondern gegeneinanderstellen, so wie es Konservative auch tun, oder wenn sie nicht fähig sind, ein vernünftiges Verhältnis zu neuen Technologien zu finden, zu den zu bejahenden Elementen neuer Technologien, dann sind sie nicht besser, sondern anders. Beziehungsweise besser nur aus der Sicht derer, die lupenreine Lösungen wollen, auch wenn diese unpolitisch sind.

SPIEGEL: Die SPD kommt mit einem kräftigen Sowohl-Als-auch, einerseits wachstumsverpflichtet, andererseits wachstumsskeptisch.

BRANDT: Das kann man so sehen, und ich will gar nicht gegen die Fragestellung polemisieren. Ich will nur sagen: Man ist mit dieser Haltung näher an der Wirklichkeit. Den Menschen ist nicht gedient mit lupenreinen, abstrakten Antworten.

SPIEGEL: Mit einem Mix aus Wachstumsglauben und Wachstumsskepsis peilt die SPD dieselben Wähler an wie die Union. Anhänger der Grünen sind damit nicht zu holen. Wo sollen die Mehrheiten herkommen?

BRANDT: Es sind sicherlich nach der grünen Seite hin Stimmenreserven drin, wie rasch, weiß ich auch nicht. Ich weiß nur, in Baden-Württemberg hat sich gezeigt, daß die SPD in drei Wahlkreisen, in denen keine grünen Kandidaten da waren, gegenüber der vorigen Wahl ein Plus von fünf Prozent holte. Das heißt, von den vielleicht insgesamt sieben Prozent für die Grünen sind wohl nicht fünf, aber x Prozent in den kommenden Jahren erreichbar auch für die SPD. Die SPD will stärker werden und muß nach beiden Seiten hin die für sie erreichbaren Wähler holen.

Die Zahl der Leute wird immer größer, die einem zustimmen, wenn man sagt, es war falsch, Wirtschaft und Umwelt gegeneinanderzustellen, Ökonomie und Ökologie. Mich hat geärgert, daß die SPD, die mal das Thema in die deutsche Debatte gebracht hat, dann im Bewußtsein der Wähler nicht mehr dastand als eine Partei, die sich sonderlich um Umwelt kümmere. Das kam zum Teil daher, daß die Bundesregierung, von einem Sozialdemokraten geführt, zwar Umweltpolitik zum ersten Male in die Regierungspolitik richtig reinnahm, auch einiges auf den Weg brachte, aber daß der Wähler das halt doch nicht mit der SPD identifizierte, sondern mit einem FDP-Innenminister. Mit der SPD wurden mehr die Zweifel identifiziert, die sich aus dem Konfliktverhältnis zwischen Arbeitsplätzen und Umweltauflagen zu ergeben schienen.

SPIEGEL: Ihre Partei hat in einer anderen Frage Flagge gezeigt. Nach anfänglichem Zögern hat sich die SPD mit der Forderung der Gewerkschaften nach Einführung der 35-Stunden-Woche bei vollem Lohnausgleich identifiziert. Ist dieses Bündnis von Gewerkschaften und Partei sakrosankt für die Zukunft?

BRANDT: Erstens gibt es von alters her ein erhebliches Maß an Tuchfühlung und, wenn man Glück hat, auch einen Schulterschluß. Aber SPD und Gewerkschaften sind nicht identisch, sondern bei vernünftiger Arbeitsteilung freundschaftlich verbunden. In einer Situation, in der die Bundesregierung so einseitig gegen die Gewerkschaften Stellung genommen hat, muß schon das Gewicht der SPD eindeutig für die Gewerkschaften in die Waagschale geworfen werden...

SPIEGEL: ...egal, ob sie es von der Sache her für gerechtfertigt gesehen hat oder nicht?

BRANDT: ... Ich komme gleich auf die Sache – weil es ja eine schreckliche Geschichte war und bleibt, daß eine Bundesregierung sich um die Möglichkeit des vermittelnden Gespräches gebracht hat. Zum anderen haben all diejenigen unrecht bekommen, die schon vorausgesagt hatten, die Gewerkschaften würden nicht die Zustimmung bekommen von ihren Mitgliedern. Das ist widerlegt.

Aber zur Sache. Es mögen im Sommer zwei Jahre vergangen sein, seit ich in einer größeren Wochenzeitung auf zwei ganzen Seiten dargelegt habe, wieso aus sozialdemokratischer Sicht neben anderen Instrumenten die Verkürzung der Arbeitszeit etwas ist, was der weiteren Entwicklung der Technik entspricht. Damit können zusammen mit aktiver Beschäftigungspolitik Arbeitsplätze gesichert und neue geschaffen werden. Insofern war auch die inhaltliche Übereinstimmung da, wenngleich ja bekannt ist, daß auch innerhalb der Gewerkschaften unterschiedliche Einstiege in dieses Programm diskutiert worden sind.

SPIEGEL: Der Eindruck bleibt, daß durch die feste Haltung der Gewerkschaften wie durch die Festlegung der Bundesregierung sich die Sozialdemokratie hat hineinziehen lassen in eine Entscheidung über die 35-Stunden-Woche mit vollem Lohnausgleich, die sie auf Dauer nicht für richtig halten kann.

BRANDT: Also, nicht mehr Bundesregierung zu sein und gleichwohl so zu spielen, als wäre man es und könne irgendwo als Schiedsrichter über den Dingen stehen, das ist nicht darstellbar. Die SPD nimmt in Kauf, was es an Belastungen auch geben kann aus diesem Schulterschluß. Man muß in solchen Situationen abwägen, wo sieht man das richtige Prinzip am besten vertreten, und dann bleibt immer noch genug über, worüber man hinter geschlossenen Türen miteinander reden kann.

SPIEGEL: Die amtierende Bundesregierung ist vor einem Jahr gewählt worden, weil man sie zu Recht oder zu Unrecht für kompetent bei der Lösung von Wirtschafts- und Finanzproblemen in der derzeitigen Situation hält. Wann wird die Opposition ein in sich geschlossenes Angebot vorlegen können, in dem Finanzpolitik, marktwirtschaftliche Wirtschaftspolitik, Sozialpolitik, Umweltschutz und Fortschrittlichkeit in einem Guß stecken?

BRANDT: Erst einmal schönen Dank für die Skizzierung dessen, was in der Tat etwa in einem Konzept drin sein müßte. Ich bin aber nicht überzeugt, daß der Teil der Wähler so schrecklich groß ist, der bei einer Wahl letzten Endes nach einem perfekten Programm entscheidet. Erst mal entscheiden sie danach, ob sie von denen, die dran sind, die Nase voll haben oder nicht. Da ist es nach meinen Beobachtungen so, daß dies rascher geht, als ich angenommen habe.

Nach dem Essener Parteitag werden wir den wirtschaftspolitischen Kongreß vorbereiten, und gleichzeitig werden wir den wirtschaftspolitischen Teil des fortzuschreibenden Godesberger Programms vorziehen und schon vor 1988 vorlegen. Gerade wenn man diesen Teil anguckt, wird einem klar, wieviel komplizierter die Welt geworden ist – nicht in der Grundfrage Markt und öffentlicher Einfluß. Doch Weltwirtschaft kommt fast nicht vor, ebensowenig die Frage nach einem moderneren Technologieverständnis.

SPIEGEL: Die Lage 1982/83 war ja noch komplizierter. Die letzte sozialliberale Regierung ist von einem SPD-Kanzler geleitet worden, von dem eine Wählermehrheit meinte, er sei kompetent zur Lösung der anstehenden wirtschaftspolitischen Fragen. Die Wahl 1983 ist verloren worden, weil die Mehrheit inzwischen glaubte, Union und FDP seien das bessere Gespann. Welcher Sozialdemokrat steht für das geplante Programm?

BRANDT: Erst einmal zu der Analyse. Ich stimme alldem sehr zu, was Sie über die hohe Kompetenzvermutung sagen, auf Helmut Schmidt bezogen. Das haben die Leute so empfunden, empfinden sie auch nach wie vor.

SPIEGEL: Schmidts Partei aber nicht.

BRANDT: Augenblick, das ist noch ein bißchen komplizierter; denn man muß ja mal im September 1982 von Bonn mit dem Wagen in den hessischen Wahlkampf gefahren sein, am gleichen Tag, an dem die Regierung geplatzt war; da hat man eine Erleichterung gespürt, die einem keinen Spaß gemacht hat. Die Leute kamen aus den Betrieben und sagten: »Wir haben den Kopp jetzt hinhalten müssen für Dinge, die wir schwer vertreten konnten.«

Das sagt ja überhaupt nichts gegen Helmut Schmidt. Wenn es da eine Verantwortung gäbe, bin ich voll in sie einbezogen. Nachträglich fragt man sich, ob man nicht dieses Dahinsiechen der Koalition vorher hätte abbrechen sollen.

Nun kommt der Herbst 1982, und nun kommen die anderen dran, und da sagt der Wähler: »Allzu schlimm wird es bei denen wohl auch nicht werden. Ihr habt ja auch schon manches gemacht, was uns nicht gepaßt hat.« Dann kommt die Wahl ein knappes halbes Jahr nach dem Regierungswechsel. Jetzt unterstelle ich mal, die Sozis wären schon ein bißchen weiter gewesen mit ihrem Programm, als sie waren, dann hätten die Leute, deren Stimmen man zusätzlich hätte haben wollen, gesagt: »Das hättet ihr ja während der letzten Jahre machen können.«

Das war das Dilemma der Wahlsituation vom März 1983. Das ist ein neuer Beleg dafür, daß es auf die Programme allein nicht ankommt, sondern auch auf die Situation, die Zusammenhänge, aus denen heraus Programme verstanden werden oder nicht.

SPIEGEL: Auf die Frage nach den Personen können Sie offenbar derzeit noch keine erfolgversprechenden Antworten geben ...

BRANDT: Wir haben einen Fraktionsvorsitzenden Vogel, wir haben Johannes Rau als Ministerpräsidenten des größten Bundeslandes und im übrigen so viele, daß es mir schwerfällt, jetzt schon weitere rauszugreifen.

SPIEGEL: Aber Sie kennen sie wenigstens?

BRANDT: Ja. Ich würde sie kennen, wenn's nötig wäre. Ich sehe die Not nicht in diesem Augenblick.

SPIEGEL: Sie setzen derzeit sehr stark auf die Regeneration Ihrer Partei in Kommunen und Ländern. Jüngster Erfolg: die Oberbürgermeisterwahl in München. Jüngster Mißerfolg: Ihr Mann Albrecht Müller, früherer Planungschef, hat in Heidelberg verloren. Für Berlin haben Sie Hans Apel nominiert. Apel und der Sieger von München, Georg Kronawitter, gehören zum rechten Flügel Ihrer Partei, waren und sind beispielsweise Anhänger der Schmidt-Politik in der Raketenfrage. Diese Richtung der Erneuerung kann Ihnen doch eigentlich nicht passen?

BRANDT: Ich bin sehr froh über jeden solchen Erfolg. Wenn Georg Kronawitter jetzt mit uns am Tisch säße, dann würde er sofort sagen, daß die sogenannten Linken in München ihm kräftig geholfen haben. Ich würde es vorziehen, Bilanz zu ziehen, wenn die Kommunalwahlen im Saarland, in Rheinland-Pfalz und in Nordrhein-Westfalen, wenn im nächsten Jahr die entscheidende Landtagswahl in NRW, die Landtagswahlen in Berlin und im Saarland gelaufen sind.

SPIEGEL: Uns fällt nur auf, daß Kronawitter beispielsweise die Tür zur CSU weit geöffnet hat. Uns fällt auf, daß Hans Apel die Tür zur Alternativen Liste in Berlin laut zugeklappt hat. Sind dies Symptome einer neuen Koalitionsfindung?

BRANDT: Da soll man nichts hineingeheimnissen. Die Frage einer Großen Koalition steht überhaupt nicht. Ich hoffe, daß sich in den nächsten Jahren nicht eine Situation ergibt, wo sie sich stellen könnte.

SPIEGEL: Sie meinen Bonn?

BRANDT: Ja. Daß es in den Ländern seit zwölf Jahren kein anderes Schema gibt als das, das sich aus der Bonner Situation ableitet, halte ich, abstrakt gesehen, für einen großen Mangel. Das war eigentlich nicht gemeint mit unserem bundesstaatlichen Prinzip. Wir haben in den Jahren 1949 bis 1972 in den Ländern zum Teil von Bonn stark abweichende Konstellationen gehabt.

Ohne daß ich heute daraus etwas Praktisches ableiten kann, bedaure ich aus Prinzip eine andauernde gewissermaßen Gleichschaltung aller Länder – entweder Pro- oder Contra-Konstellation zu Bonn. Ich kann im Moment damit nichts anfangen. Die FDP ist kein Partner für die SPD. Sie ist auch qua mangelnder Existenz kein Partner in den Ländern. Es wird ja bald keinen Sprengel mehr geben, wo die Freidemokraten noch im Landtag sind.

SPIEGEL: Erweckt nicht jemand, der wie Sie ständig von der Erneuerung der Bundes-SPD über die Städte und Länder redet, den Eindruck, als wolle er in Rathäusern Bundestag spielen? So kommt es doch bei den Leuten an?

BRANDT: Wenn das so wäre, so muß ich in der Tat aufpassen, daß dies nicht mißverstanden wird. Ich kann nichts dagegen haben, außerdem geht mich das gar nichts an, wenn in einer großen Stadt der erste Mann durch Volkswahl Sozialdemokrat ist, wenn nach den dortigen Konstellationen unter den beiden Stellvertretern einer von der anderen großen Partei ist, sofern das Verhältnis zwischen den Fraktionen im Rat dieses zuläßt. Ich hab' ja selbst jahrelang mit der CDU in Berlin einen Senat gebildet, als das inhaltlich nicht mehr ging mit der FDP.

SPIEGEL: Hat sich Ihre Analyse vom Abend der hessischen Landtagswahl 1982 geändert, daß es jenseits der CDU/CSU eine Mehrheit gibt?

BRANDT: Diesseits.

SPIEGEL: Geschenkt. Gibt es diesseits der CDU eine Mehrheit, und gilt dieser Brandt-Lehrsatz noch?

BRANDT: Das war ja an dem Abend eine statistische Feststellung von politischem Belang; denn an dem Abend saßen die Vorsitzenden der CDU und FDP da und wollten, wenn man es hätte durchgehen lassen, sagen: Wir ziehen von der Gesamtzahl der Sitze im hessischen Landtag erst mal die Sitze der Grünen ab, dividieren den Rest durch zwei, um festzustellen, wer die Mehrheit hat, nämlich nicht ihr, sondern wir.

SPIEGEL: Nun zum Vorsitzenden Brandt selbst: Nach Ihrem Kanzlerrücktritt im Jahre 1974 sind Sie Parteivorsitzender geblieben und haben Ihre Parteifreunde, Konkurrenten oder Gegner – ganz wie Sie wollen – politisch überlebt. Ihr Nachfolger Helmut Schmidt mußte vorzeitig das Handtuch werfen, Herbert Wehner ist vom Alter bezwungen worden. Sind Sie Sieger aus der alten Troika?

BRANDT: Das empfinde ich nicht so. Aber es ist richtig: Ich habe nicht bereut, bereue auch heute nicht, daß ich damals Parteivorsitzender geblieben bin – übrigens mit auf Drängen von Helmut Schmidt, aber auch, weil ich das ganz gerne weitermachen wollte.

SPIEGEL: Wehner hat es Ihnen ja freigestellt.

BRANDT: Das bezog sich hierauf nicht. Im übrigen: Ich bereue nicht, daß ich zurückgetreten bin, und blicke nicht im Zorn zurück. Was Helmut Schmidt betrifft: Der findet seine Aufgaben. Er hat sich entschieden, diese eine als stellvertretender Parteivorsitzender gegen andere Aufgaben zu tauschen. Er ist ja nicht aus dem politischen Leben. Er steht in der internationalen politischen Debatte und in der deutschen Debatte.

SPIEGEL: Internationaler Berater und ungebetener Berater des Hamburger Senats.

BRANDT: So würde ich das nicht sagen. Er ist ein wichtiger Gesprächspartner. Es gibt viele wichtige Leute in der Welt – publizistisch, politisch ...

SPIEGEL: Wir wollen nicht über Schmidt reden, sondern über den Fall Brandt. Der jährt sich in diesen Tagen zum zehnten Mal. Damals sind Sie, weil es da so einen Herrn mit dem französischen Namen Guillaume gab, zurückgetreten. Haben Sie das bereut?

BRANDT: Nein!

SPIEGEL: Sie haben niemals Zweifel gehabt, es könnte voreilig gewesen sein, daß ein deutscher Bundeskanzler zurücktritt, nur weil in seiner Nähe ein Spion aufgetaucht ist?

BRANDT: Ich müßte die Situation noch mal klarmachen. Sie würde ergeben, daß ich gejagt worden wäre, meines Lebens nicht mehr froh geworden wäre. Es ist nicht die Sache abstrakt, ob – durch welche Unachtsamkeit auch immer – sich ein Spion halten konnte, sondern da spielt zusammen: War man selbst, um zusätzliche Belastungen durchzustehen, noch gut genug in Form? Das wird von einigen meiner besten Freunde bezweifelt, von mir auch. Wie wäre man fertig geworden mit der Art von Kampagne, mit der man es zu tun gehabt hätte? Der Vorgeschmack war ja schon da. Wenn man die Gesamtumstände sieht, war es das einzig Vernünftige, sich zurückzuziehen.

SPIEGEL: Es gab Freunde wie auch Feinde, die behaupteten, Sie hätten Ende 1973 einen Tiefpunkt als Politiker gehabt. Die Guillaume-Affäre sei nur Auslöser einer Krise gewesen, die ohnedies schon schwelte.

BRANDT: Ich kann das subjektiv nicht bestätigen mit dem Tief. Aber es kommt wohl nicht allein darauf an, was man selbst von sich meint, sondern es spielt da wohl eine größere Rolle, was andere von einem meinen. Insofern sollte ich das Urteil wirklich dann auch anderen überlassen und mich heraushalten.

SPIEGEL-Gespräch im Mai 1984 mit Klaus Wirtgen (links) und Erich Böhme.

SPIEGEL: Politiker und Historiker, beispielsweise Arnulf Baring, vertreten die These, ihr späterer Nachfolger Schmidt, unterstützt von dem damals einflußreichen Chef der ÖTV, Heinz Kluncker, habe Ihnen ohnehin im Nacken gesessen; die wirtschaftliche Lage der Bundesrepublik habe nach einem Wirtschaftsfachmann im Kanzleramt verlangt. War Guillaume für Sie nur ein Vorwand?

BRANDT: Für mich nicht. Was Arnulf Barings Buch »Machtwechsel« angeht, so trete ich ihm nicht zu nahe, wenn ich sage: Nicht alle seine Wertungen stimmen mit meiner Erinnerung überein. Das wird wohl immer so sein.

SPIEGEL: Baring stützt sich auf Gespräche mit Ihnen.

BRANDT: Man gibt Antwort auf Fragen. Er selbst bearbeitet, verarbeitet das. Ich möchte ausdrücklich einen Punkt erwähnen: Es kann nicht die Rede davon sein, daß Helmut Schmidt mich weggeschubst hat. Davon kann nicht die Rede sein.

SPIEGEL: Kann die Rede davon sein, daß Sie Anfälle von Amtsmüdigkeit hatten?

BRANDT: Nein.

SPIEGEL: Es würde ja zusammenpassen. Ein anderer drückt, man selber ist amtsmüde.

BRANDT: Amtsmüdigkeit nicht, aber Anflüge von Depressionen, ja.

SPIEGEL: Woher kamen die?

BRANDT: Die waren in erster Linie darin begründet, daß ich schon 1973 sah, die Entspannungspolitik werde nicht so laufen, wie sie 1970, '71, '72 angelegt worden war; sondern daß sie ganz rasch wieder umkippte durch Entwicklungen in Washington und Moskau.

Wir machten es uns halt in der Bundesrepublik auch oft furchtbar schwer, wenn ich etwa an die Nachwirkungen des Kasseler Besuchs von Willi Stoph denke. Das hat mich tief getroffen und weiter beschäftigt. Das ging ja in Demonstrationen hin bis zu diesen Parolen, wer an die Wand gestellt werden sollte. Nach zehn Jahren Abstand frage ich mich manchmal, wie es bei denen heute aussieht, die sich damals sehr überschlagen haben in ihrer Polemik.

SPIEGEL: Sie sagen, die Gefährdung Ihrer Entspannungspolitik sei ein Grund für Ihre Depressionen gewesen. Dann ist es aber erstaunlich, daß Sie nach 1974 als Parteivorsitzender sich vor allem der Entspannungspolitik gewidmet haben.

BRANDT: Wenn Sie genau hinguckten, würden Sie sehen, es gab da keinen nahtlosen Übergang. Sonst ja, in Tuchfühlung zum Regierungschef, aber in vorteilhafter Unbefangenheit und Ungebundenheit durch das Amt.

SPIEGEL: Sie haben 1977 gesagt, Sie hätten Aufzeichnungen aus dieser Zeit gemacht und eine Kopie im Ausland deponiert. Willy Brandt damals: »Irgendwann kommt bei jedem der Punkt, wo die Phase der Selbstkasteiung ein Ende hat.« Ist die Zeit jetzt gekommen?

BRANDT: Das stellt sich für mich nicht mehr als ein Problem dar. Deshalb brauche ich auch nicht das wieder aufzugreifen, was ich 1977 gesagt habe. Daß es, losgelöst von aller Tagespolitik, einen Zeitpunkt geben wird, an dem man auch mein Urteil einbezieht bei der ausgewogenen Darstellung der Vorgänge 1974, das ist was anderes. Das hat aber nichts mit Polemik zu tun. Die Vorgänge von 1974 sind jetzt sehr weit weg und spielen für mich insoweit keine Rolle mehr.

Aber daß man bestimmte, seinerzeit nicht veröffentlichte Vorgänge nochmals aufarbeiten wird, ist klar. Baring machte einen Versuch mit einigen wichtigen Elementen. Das wird vermutlich auch noch mal ein bißchen ausführlicher geschehen ...

SPIEGEL: ... durch Sie?

BRANDT: Dann mag auch meine Unterlage eine Rolle spielen. Ich habe nicht vor, daraus etwas Operatives zu machen oder etwas, was ich in die politische Auseinandersetzung bringe.

SPIEGEL: Ist eigentlich Ihr Verhältnis zum damaligen Innenminister, dem heutigen Außenminister Genscher bereinigt? Schließlich haben Sie mit ihm doch noch ein Huhn aus der Affäre zu rupfen. Er war es doch, der Ihnen Guillaume noch über ein halbes Jahr ans Bein gebunden hat. Er war als Innenminister verantwortlich für die Dienste, denen Sie mal vorgeworfen haben, sie hätten sich mehr um Ihr Privatleben als um Ihre Sicherheit gekümmert.

BRANDT: Ich habe da nichts nachträglich aufzurechnen oder abzurechnen. Wenn es was gegeben hätte, hätte ich es damals sagen müssen. Das, was ich mit Herrn Genscher politisch auszutragen habe, hat mit seiner seitherigen politischen Entwicklung zu tun. Da ist es allgemein bekannt, daß wir eine Menge Differenzen haben. Aber die ergeben sich aus seiner Politik in der FDP und seiner Rolle bei der Rechtswende.

SPIEGEL: Ist überhaupt mal zwischen Ihnen angesprochen und ausdiskutiert worden, was damals passiert ist? Oder steht diese Rechnung noch offen?

BRANDT: Ich betrachte das nicht als eine Rechnung, die offensteht.

SPIEGEL: Das heißt, es ist nicht ausdiskutiert worden?

BRANDT: Mußte es?

SPIEGEL: Sie haben kürzlich im Schweizer Fernsehen mitgeteilt, Sie seien damals aufgefordert worden, Guillaume in den Urlaub nach Norwegen mitzunehmen. Wörtlich sagten Sie: »Heute hört sich das unglaublich an. Ich bin ausdrücklich gebeten worden, ihn mitfahren zu lassen.« Diese Rechnung ist doch wohl noch nicht beglichen?

BRANDT: Das sehe ich anders. Erstens, was das Schweizer Fernsehen angeht: Die haben mein politisches Leben darzustellen versucht, auch eine Menge Interviews reingebracht und mich dann selbst zu zwei Abschnitten gefragt. Das ist dann halt ein bißchen anders als ein SPIEGEL-Gespräch. Das, was ich dort gesagt habe, ist zum Beispiel nachzulesen, wenn auch in behutsamer Form, im Protokoll des Untersuchungsausschusses zu dem einschlägigen Fall und in meiner Aussage dort. Das wirkt dann vielleicht ein bißchen anders ...

SPIEGEL: ... Im Ausschuß waren Sie sehr behutsam ...

BRANDT: ... wenn es neu präsentiert ist. Nein, ich sage Ihnen nochmals: Ich habe keine Lust, darin weiter rumzugraben; auch keine Lust, Rechnungen aufzumachen. Dann hätte ich ja damals das tun müssen und sollen. Ich habe heute so viel anderes zu tun und möchte es noch tun. Ich würde es eher als hinderlich, als überflüssig empfinden, rumzugraben in dem, was zwar erst zehn Jahre her ist, aber im Grunde doch schon ein Stück Geschichte ist.

SPIEGEL: Nochmals zu Ihrer Rolle als Entspannungspolitiker: Nach Ihrem Rücktritt als Kanzler waren Sie mehrmals in der Sowjetunion. Sie haben andere Ostblockländer wie Ungarn, Jugoslawien und Polen besucht. Nur die DDR haben Sie gemieden, von einem kurzen Treffen mit dem französischen Staatspräsidenten Mitterrand in einer Autobahnraststätte mal abgesehen. Haben Sie Honecker den Spion Guillaume nie verziehen?

BRANDT: Das ist keine zutreffende Deutung. Ich möchte das nicht im Zusammenhang mit den Beziehungen zur DDR erörtern. Da haben sich so viele andere auf dem Gebiet engagiert. Ich sah keine Notwendigkeit, mich da selbst reinzuhängen. Da hat's ja eher Situationen gegeben, wo ein bißchen Overdoing zu konstatieren war, wo ein westdeutscher Besucher dem anderen die Türklinke in die Hand gab.

Nochmals: Ich möchte den damaligen Vorgang nicht im Zusammenhang mit der Politik der Bundesrepublik sehen, möglichst vernünftige, praktische Beziehungen mit der DDR zu haben, auch den politischen Dialog zwischen den Regierungen zu führen, nicht nur über Wirtschaft und Umwelt zu reden, sondern mit denen zu sprechen, wie mit anderen Staaten des Warschauer Paktes. Es ist aber auch keine Prinzipienentscheidung von mir, nicht auch mal nach Dresden oder sonstwohin zu gehen.

SPIEGEL: Steht da was an?

BRANDT: Nee, das habe ich auch nicht gesagt.

SPIEGEL: In den zehn Jahren seit Ihrem Rücktritt haben Sie viele politisch überlebt. Von Ihnen stammt das Wort, Sie bauten nun, wenn es um die Nachfolge für künftige Kanzler und Parteivorsitzende geht, auf die Generation der Enkel. Namen sind gefallen: Lafontaine, Schröder, Engholm. Haben Sie dabei die Generation der Väter vergessen, oder fällt Ihnen da keiner ein?

BRANDT: Es ist ein bißchen anmaßend, wenn ich die Väter als meine Kinder einstufen wollte. Dazu ist der Altersabstand auch nicht groß genug. Wahr ist, daß überall die 40jährigen sich rühren, was ja eigentlich spät ist. Aber es gibt eben auch eine ganze Gruppe hervorragender Leute in den 50ern und darüber hinaus.

SPIEGEL: Uns fällt auf, daß der Name Vogel an dieser Stelle von Ihnen nicht genannt worden ist. Hat das Bedeutung?

BRANDT: Das hat die Bedeutung, daß ich mit großer Selbstverständlichkeit davon ausgehe: Es bedarf keiner besonderen Erwähnung, daß Dr. Vogel der parlamentarische Führer der SPD im Deutschen Bundestag ist; und daß er zusätzlich künftig – neben Johannes Rau – stellvertretender Vorsitzender der SPD sein wird, wenn nicht der Parteitag noch was ganz anderes will. Vielleicht will er mich auch nicht wiederwählen. Diesen Vorbehalt muß ich natürlich immer machen.

SPIEGEL: Aber nur aus Koketterie. Es ist wohl eher Ihr Problem, wie lange Sie noch machen wollen.

BRANDT: Das hängt ein bißchen ab von der Gesundheit und von dem, was andere meinen. Ich würde nicht nochmals kandidieren, wenn ich jetzt unbedingt eine Abschiedsvorstellung geben sollte.

SPIEGEL: Sie sind Vorsitzender der Programmkommission, die erst in vier Jahren mit ihrer Arbeit fertig wird. Heißt das, Sie werden auch 1988 noch Parteivorsitzender sein?

BRANDT: Erstens muß entschieden werden, ob ich in zwei Jahren Vorsitzender der Programmkommission bleibe. Es ist durchaus denkbar, daß den Vorsitz 1986 jemand anderes übernimmt.

SPIEGEL: Den Parteivorsitz oder den Kommissionsvorsitz?

BRANDT: Jetzt war vom Kommissionsvorsitz die Rede.

SPIEGEL: Der ist, nach Ihrer eigenen Einschätzung, offenbar ein so wichtiger Posten, daß er zweckmäßigerweise in der Hand des Parteivorsitzenden bleiben sollte. Dann müßten Sie nicht nur bis 1986, sondern bis 1988 im Amt bleiben.

BRANDT: Das kann man so sehen, muß man aber nicht. Ich halte auch für möglich, daß man das zusammenläßt: Parteivorsitzender und Vorsitzender dieser Kommission. Es gibt aber nichts, was zwingend ist.

SPIEGEL: Herr Brandt, wir danken Ihnen für dieses Gespräch.

Zum SPIEGEL-Gespräch in Nr. 37/1984 (10. September)
mit den Redakteuren Olaf Petersen und Klaus Wirtgen

Am 4. September 1984 sagte Erich Honecker auf Drängen Moskaus seinen für Ende des Monats geplanten fünftägigen Besuch in der Bundesrepublik ab. Offiziell hieß es, der Stil der Diskussion über die erste Visite der Nummer eins des zweiten deutschen Staates sei »äußerst unwürdig«, dem Besuch »abträglich« und im Verkehr zwischen souveränen Staaten »absolut unüblich« gewesen. Im August 1980 hatte der damalige Kanzler Helmut Schmidt eine Reise zu Honecker kurzfristig abgesagt, da er dort nicht von einer möglichen Intervention des Ostblocks gegen die polnische Solidarność-Opposition überrascht werden wollte. Es dauerte fast eineinhalb Jahre, bis Schmidt den Besuch nachholte. Die Absage beschädigte die deutsch-deutschen Beziehungen, förderte freilich im In- und Ausland klare Befindlichkeiten zutage. In der Bonner Union zeigte sich, daß viele Rechte die ostpolitische Kontinuität der Regierung Kohl/Genscher noch längst nicht akzeptiert hatten. Einem Hardliner wie Fraktionschef Alfred Dregger grauste es ebenso wie vielen Vertriebenenpolitikern vor dem Besuch des Ost-Berliner Gastes. Das Weltbild dieses Lagers war schon vorher von Strauß durcheinandergewirbelt worden: Der Bayer hatte zum Entsetzen seiner Klientel den ersten Milliardenkredit eingefädelt und Honecker seine Aufwartung gemacht. Die DDR-Führung hingegen meinte, einen eigenen Weg gehen zu können. Trotz der Stationierung der US-Raketen in der Bundesrepublik hatte das Honecker-Regime in der Folge des Milliardenkredits sogar Selbstschußanlagen an der Grenze abgebaut. Jetzt war klar: Moskau hatte Honecker gebremst. Es dauerte weitere drei Jahre, bis Kanzler Kohl im September 1987 für Honecker den roten Teppich ausrollen ließ.

»Wir können nicht an den Großen vorbei«

Der SPD-Vorsitzende über Zukunft und Chancen der
Ostpolitik

SPIEGEL: Herr Brandt, »geschwätziger Dilettantismus« im
Regierungslager hat nach Ihrer Auffassung dazu beigetragen, daß
Erich Honecker seinen Besuch abgesagt hat. Haben nicht auch Sozialdemokraten zu jener Auseinandersetzung beigetragen, die der DDR
nun als Vorwand für die Absage dient?
BRANDT: Es wäre schade, wenn es so wäre. Tatsächlich ist es
so nicht gewesen. Ich habe meine bewußt kritische Bemerkung
gemacht, bevor feststand, daß es jetzt nicht zu dem Besuch kommt. Ich
würde gerne das, was in dem Begriff steckt, auseinandernehmen.
SPIEGEL: Wir bitten darum.
BRANDT: Das eine ist Geschwätzigkeit oder Mangel an Selbst-
zucht. Und das andere ist die inhaltlich nicht hinreichende Behandlung
des Vorgangs. Trotzdem möchte ich gerne vorweg sagen: An einseitigen
Schuldzuweisungen will ich mich nicht beteiligen. Ich denke nicht
daran, die DDR-Führung aus ihrem Teil des Erklärungszwangs zu
entlassen. Wie könnte ich auch? Genausowenig aber möchte ich, daß ich
mit allem möglichen Unsinn identifiziert werde, den ich in den letzten
Wochen in sowjetischen Medien gehört oder gelesen habe – zum Beispiel
in bezug auf den deutschen Revanchismus.
SPIEGEL: Honecker könnte sich für seine Absage auch auf Sie
berufen. Sie haben der Regierung Kohl von vornherein die Qualifikation für einen sachgerechten Dialog abgesprochen.
BRANDT: Wenn man nicht an der Oberfläche bleibt, sondern
sich die Substanz anguckt, ergibt sich: Herr Honecker hat die Absage
– und daß es um Substanzfragen geht, hat er ja am 4. September, als
abgesagt wurde, von Ost-Berlin aus klargemacht – in die Worte
gekleidet oder kleiden lassen, der Bundeskanzler habe öffentlich
wichtige Themen ausklammern wollen.
Was ist die Substanz? Es ist die gemeinsame Erklärung Schmidt/
Honecker vom Werbellinsee 1981. Niemand, der sich diese Sache

genau angesehen hatte und die Gesamtzusammenhänge überblickt, konnte davon ausgehen, daß Honecker dahinter zurückbleiben wollte. Es handelt sich um eine Menge praktischer Fragen, vom Personenverkehr bis zum Umweltschutz. Aber zu der Substanz gehörten damals – klar beschrieben – die Fragen der Rüstungskontrolle. Das ist die Kernfrage – übrigens auch die Kernfrage für Gemeinsamkeit von Regierung und Opposition.

SPIEGEL: Ist die Gemeinsamkeit zerstört?

BRANDT: Die Gemeinsamkeit hat sich ja dadurch ergeben, daß sich die Regierung Kohl auf den Boden dessen gestellt hat, was die sozialliberale Koalition vorher zu diesem Gegenstand betrieben hatte. Und deshalb war es leicht, dies aus dem Bereich des innenpolitisch Umstrittenen herauszunehmen. Aber die Frage stellt sich: Gilt das nur dem Etikett nach? Oder gilt das auch noch dem Inhalt nach?

SPIEGEL: Haben Sie den Verdacht, daß die wahren Gründe für die Absage noch nicht bekannt sind?

BRANDT: Danach wird zu fragen sein. Wir wollen wissen, wie weitgehend denn tatsächlich die inhaltliche Vorbereitung gediehen war. Das wird sicherlich nicht in voller Öffentlichkeit, sondern im Ausschuß des Bundestages dargelegt werden.

Wo haperte es wirklich, wenn es ums Kommuniqué ging? An sich ist es schon ein ungewöhnlicher Tatbestand, daß – noch bevor abgesagt wurde – Fragen des Kommuniqués öffentlich erörtert wurden.

SPIEGEL: Was haben Sie gemeint, als Sie der Regierung politische Fehleinschätzungen vorwarfen?

BRANDT: Da geht es besonders um zwei Punkte. Der eine ist, daß es immer wieder in Teilen der deutschen Politik – jetzt bei Teilen derer, die diese Regierung tragen – die Illusion gegeben hat, man könnte die deutsch-deutschen Fragen in gewisser Hinsicht doch aus den Ost-West-Zusammenhängen herauslösen. Unsere Deutschlandpolitik war konzipiert als ein Teil dessen, was man damals Ostpolitik nannte.

SPIEGEL: Haben die Sowjets Honeckers Reise verhindert?

BRANDT: Die das sagen, meist polemisch, machen es sich sehr einfach. Das stimmt so nicht ganz; ich halte es für übervereinfacht. Sie bestätigen auf ihre Weise, daß sie um den Zusammenhang zwischen Deutschland- und Ost-West-Politik nicht herumkommen. Eine Deutschlandpolitik, die konstruktiv und positiv sein will, muß sich auch nach der sowjetischen Seite hin absichern. Als ich im Jahre 1970 in Erfurt war, war Egon Bahr in Moskau. Und praktisch schon durch den zeitlichen Zusammenhang wurde deutlich, daß das eine mit dem anderen zusammenhängt. Zweiter Punkt: Es ist so, daß in der Deutschland-Politik immer mal wieder der etwas simple und materialistische Gedanke auftauchte, man könnte der anderen Seite was abkaufen, wo es um politische Grundpositionen geht. Dies geht nun schon seit vielen Jahren so. Ich kann mich daran erinnern: Als ich Regierender Bürgermeister von Berlin war, fuhr ich eines Tages mit Ludwig Erhard durch Berlin. Und er fragte mich mit großer – wenn auch naiver – Offenheit, wie viele Milliarden es wohl meiner Meinung nach kosten würde, daß uns die Russen die DDR überlassen. Das war ein bißchen zugespitzt. Aber eine Ableitung von dem spielt immer mal wieder eine Rolle: Man glaubt, mit viel Geld dort Grundpositionen verändern zu können.

SPIEGEL: Als die DDR die West-Berliner von Reiseerleichterungen ausschloß, haben Sie gesagt: Wenn es zwischen Bonn und Ost-Berlin in einer so wichtigen Frage wie Berlin hake, dann müßten die Bonner auch mal in Moskau auf den Putz hauen. Sie verweisen dabei auf Ihre persönlichen Interventionen bei Breschnew. Ist dieser Hinweis nicht unfair in einer Situation, in der Kohl einen vergleichbaren Partner in Moskau gar nicht hat?

BRANDT: Eine interessante Frage. Meine Kritik bezog sich auf die Bilanz des Staatsministers im Bundeskanzleramt. Er sagte, wie schön das alles sei, was dort erreicht worden sei. Aber auf die Frage, warum die Berliner nicht einbezogen seien, hieß es: Das sei jetzt wegen der Sowjetunion nicht erreichbar. Uns hat die damalige Opposition härter rangenommen. Aber wir haben dafür gesorgt, daß Verhandlungen mit der DDR nicht von denen mit der Sowjetunion getrennt wurden.

Ich glaube nicht, daß man das an einer Person in der Sowjetunion festmachen kann, sondern ich glaube, daß hier auch die Frage nach der Pflege der Beziehungen zur Sowjetunion auf den in Frage stehenden Gebieten aufgeworfen wird.

SPIEGEL: Kohl wurde doch in Washington schon verdächtigt, zu sehr den Besuch zu wünschen.

BRANDT: Also, man wird nicht Bundeskanzler, ohne sich auch Unannehmlichkeiten aufzuladen. Es ist keine leichte und billige Sache, in dieser Lage Kanzler zu sein. Ich selbst habe im November letzten Jahres bei der Debatte über die Raketen im Bundestag gesagt: Dies wird sehr viel schwieriger, auch für uns im Verhältnis zur DDR.

Und ich habe noch im Ohr, was man uns entgegengehalten hat. Dies sei alles dummes Zeug. Nun sind die Illusionisten für den Moment mal auf den Bauch gefallen. Und ich kann ihnen nicht ersparen, daß dies auseinandergenommen wird.

SPIEGEL: Ist der Schaden reparabel?

BRANDT: Vielleicht wird man – das fürchte ich – einmal feststellen: Es gab im Herbst 1984 im Windschatten der Großmächte-Politik vor den amerikanischen Wahlen wirklich die Chance, die Pflöcke ein bißchen nach vorne zu stecken. Diese Chance ist kaputt. Und alles Gerede, daß es jetzt schön weitergehe, muß erst bewiesen werden. Ich möchte erst einmal sehen, was daraus wird.

SPIEGEL: Welchen Pflock hätte man weitersetzen können? Hätte Kohl mit Honecker über eine gemeinsame Erklärung zum Gewaltverzicht reden sollen?

BRANDT: Substantiierter Gewaltverzicht, auf die Abrüstungs-konferenz in Stockholm bezogen. Eine miteinander abgesprochene Initiative hätte einen Eindruck gemacht. Hier hätte es bei uns die größte Koalition geben können.

SPIEGEL: Hätte die Bundesregierung Honecker auch bei den »Statusfragen« entgegenkommen, den Arbeitsbesuch zum Staatsbesuch aufwerten sollen?

BRANDT: Für die DDR gehören Stilfragen zu Statusfragen. Die unkontrollierte Rederei aus dem Regierungslager konnte der Sache nicht dienen. Wir müssen uns von den Österreichern – die auch ihre Erfahrungen haben, wie man zu einem Staatsvertrag kommt und wie man mit großen Nachbarn lebt – sagen lassen: Wenn man was erreichen will, muß man auch den Mund halten können.

Ganz abgesehen davon ist meine Einschätzung: Ein großer Teil der Menschen in der DDR hat sich mit getroffen gefühlt, als von oben herab Bemerkungen gemacht wurden, die sich auf Herrn Honecker bezogen. Das betrifft solche auch, die nicht so eng zur dortigen Regierung stehen. Aber viele Menschen in der DDR haben ja viel erwartet.

SPIEGEL: Hätte denn Honecker nach Bonn kommen können?

BRANDT: Ich will mich nicht in die getroffenen Dispositionen einmischen. Beide Seiten schienen einverstanden gewesen zu sein, daß man sich zunächst einmal in rheinland-pfälzischen Gefilden begegnet und dann rumzieht. Das mit dem »Rumziehen« habe ich gar nicht odiös gemeint, sondern das gehört nun mal zu Staatsbesuchen.

Man geht noch ein bißchen nach außerhalb. Aber das hier wäre nicht »außerhalb« gewesen. Denn: Was ist dann noch »außerhalb«, von Kreuznach und Wiebelskirchen – statt von Bonn – aus gesehen? Aber, bitte, ich denke schon, daß man neu nachdenken muß, ob wir nicht bestimmte Geschichten vor uns her tragen, die leicht im Begriff sein könnten, einen Hauch des Lächerlichen anzunehmen.

SPIEGEL: Hätte der Bundeskanzler denn den Gegenbesuch in Ost-Berlin antreten sollen?

BRANDT: Was haben wir eigentlich, so frage ich mich manchmal, auf die Dauer davon, wenn die einen – in diesem Falle wir – sagen, daß man nach Ost-Berlin nicht gehen kann, während die anderen – die Russen beziehungsweise die DDR – sagen, die sogenannten Organe der Bundesrepublik und ausländische Staatsgäste dürfen nicht nach West-Berlin? Dummes Zeug! Das hat nicht viel mit Realitäten und der Substanz zu tun.

SPIEGEL: Zur Substanz gehören für Honecker zweifellos jene Forderungen, die er vor vier Jahren in seiner Geraer Rede erhoben hat: DDR-Staatsbürgerschaft, Anerkennung der Elbgrenze, Auflösung der Erfassungsstelle Salzgitter. Wo sehen Sie da Möglichkeiten für ein Bonner Entgegenkommen?

BRANDT: Das möchte ich jetzt aus guten Gründen nicht erörtern, zumal ich nicht über alle Einzelheiten der Vorbereitungen des Honecker-Besuchs informiert bin. Ich finde nur: Hier ist erneut der Hinweis am Platze, daß zwischen Gera und dem jetzt in Aussicht genommenen Gespräch die Unterhaltung am Werbellinsee stattfand. Dort ging es auch um Gera. Und ich sage: Von dieser Basis des Kommuniqués vom Dezember 1981 hätte man ausgehen sollen. Was soll die Bemerkung aus Oggersheim, es gebe da auch Fragen, zu denen Honecker sich ruhig äußern könne, bei denen aber der Bundeskanzler weghören wollte. Sicher gibt es Geschichten, bei denen man nicht übereinstimmt. Aber einfach wegzuhören ist auch nicht das Richtige. Zumal es immer wieder notwendig ist, wo es sich machen läßt, Interessen der beiden Seiten zu erörtern und zum sachlichen Ausgleich zu bringen.

SPIEGEL: Deutet die Absage vielleicht auch darauf hin, daß Deutschlandpolitik angesichts der gegenwärtigen Spannungen zwischen der Sowjetunion und den USA gar nicht machbar ist – selbst wenn sie professioneller und substantieller vorbereitet würde?

BRANDT: Die Klage über unzureichende Professionalität teile ich mit konservativeren Betrachtern, als ich selbst einer bin.

SPIEGEL: Mit Franz Josef Strauß?

BRANDT: Könnte sein, ich dachte aber jetzt an andere Adressen. Nun sagte ich aber: Wir dürfen nicht die Illusion haben, uns an dem vorbeimogeln zu können, was zwischen den Großen ist. Es geht auch darum, wie unser Verhältnis zu diesen Großen ist. Aber es gab und gibt Möglichkeiten, auch einen sehr begrenzten Spielraum zu nutzen. Jetzt ist er nicht genutzt worden. Es wäre falsch zu sagen: Europäische Politik oder Politik der beiden Staaten in Deutschland könne sich nur noch aus den Temperaturverhältnissen zwischen Washington und Moskau ableiten.

SPIEGEL: Machen Sie sich und uns da nicht etwas vor?

BRANDT: Bei uns wird häufig etwas falsch gesehen. Es hat sich zwischen Staaten in Westeuropa und Osteuropa in einer Reihe von Fällen eine höhere Qualität entwickelt, als sie zwischen den beiden Staaten in Deutschland zustande gekommen war. Manche haben gedacht, zwischen beiden Deutschlands sei besonders viel. Richtig ist: Es gab besonders viel zu regeln. Nur ist es in bezug auf die politische Substanz so: Zwischen den in der Bundesrepublik Verantwortlichen und zum Beispiel den in Budapest für Ungarn Verantwortlichen wird schon seit einer Reihe von Jahren intensiver über europäische Fragen und über internationale Fragen geredet, als dies zwischen Bonn und Ost-Berlin der Fall war. Im Blick auf die DDR könnte sich jetzt etwas nicht nur festgehakt haben. Das könnte sich sogar – wenn wir Pech haben – zurückentwickeln.

SPIEGEL: Über die Formulierung des Ziels ihrer Deutschlandpolitik, ein gut nachbarschaftliches Verhältnis beider deutscher Staaten zu erreichen, ist die sozialliberale Regierung in ihren 13 Jahren auch nicht hinausgekommen.

BRANDT: Ersparen Sie mir jetzt eine kritische Betrachtung der siebziger Jahre. Alles auf der Welt könnte noch besser sein, als es ist.

SPIEGEL: Ist die Entspannungspolitik jetzt so desavouiert, daß sie ihre Bedeutung verliert?

BRANDT: Ich weiß, ehrlich gesagt, nicht genau, was ich mit dem Begriff »Entspannungspolitik« gegenwärtig anfangen soll. Er findet jedenfalls keine Deckung im Verhältnis zwischen den Supermächten. Nein, auf den nicht zustande gekommen Besuch bezogen, stelle ich fest: Erstens frohlocken die Gegner der Entspannung in verschiedenen Hauptstädten, auch Europas übrigens. Und zweitens frohlocken diejenigen, die es den Deutschen nicht gönnen, daß sie vielleicht ein bißchen tun könnten, was der von uns befürchteten Vereisung entgegenwirken könnte.

SPIEGEL: Hat die SPD in diesem Prozeß auch eine Funktion?

BRANDT: Nicht anstelle der Regierung. Doch trotz dieses Rückschlags wird am 20. September das Politbüro-Mitglied Hermann Axen mit einer Delegation nach Bonn kommen, um mit SPD-Leuten das Gespräch weiterzuführen, das in Ost-Berlin über die Frage des Verbots chemischer Waffen eingeleitet worden ist.

SPIEGEL: Herr Brandt, Ihr Parteifreund Hans Apel hat kürzlich für große Aufregung gesorgt, als er die deutsche Frage für nicht mehr offen erklärte. Teilen Sie diese Position?

BRANDT: Das kann man nicht einfach aus dieser zugespitzten Formel ableiten, sondern Apel hat völlig korrekt seine Deutung der Verträge wiedergegeben. Er hat gesagt: Dadurch hat sich etwas ergeben, das uns nicht erlaubt, einfach dieselben Sprüche zu wiederholen, die wir – das gilt auch für mich – in den fünfziger Jahren jeweils zum 17. Juni gesagt haben. Sie ändern nämlich nichts am tatsächlichen Stand der deutschen Frage. Wir müssen die Substanz dort wahren, wo die Deutschen heute ganz überwiegend leben – in den beiden deutschen Staaten. Da gibt es aber noch verfassungsmäßige und rechtliche Dinge, die nicht so einfach auf die schnelle mit erledigt werden können.

SPIEGEL: Welchen Stellenwert hat für Sie die Wiedervereinigung?

BRANDT: Ich habe seit langem mit dem »Wieder« meine Schwierigkeiten gehabt. Je mehr Zeit vergeht, um so weniger relevant wird das »Wieder«, die Rückkehr zu etwas, was einmal war. Und das, was einige damals »Wieder« genannt haben – ich weniger als andere – sollte ja auch gewiß nicht eine Anknüpfung an das Hitler-Reich bedeuten, sondern an etwas, was vor Hitler lag.

Die Deutschen regeln die Frage ihres Verhältnisses zueinander letztlich nie mehr allein, sondern nur mit anderen zusammen. Die deutsche Frage ist immer mehr zu einer Frage geworden, die die Deutschen selbst und ihre Nachbarn betrifft – Nachbarn im weiteren Sinne. Und immer mehr Menschen akzeptieren, was ich vor vielen Jahren gesagt habe: Es gibt keine isolierte Lösung. Es gibt nur eine Lösung, wenn sich zwischen den Teilen Europas Grundlegendes verändert.

Dies allerdings halte ich für möglich, wenn auch nicht nächste Woche am Mittwochnachmittag um fünf. Nur dann wird es die Chance geben, daß die Deutschen dort, wo sie heute leben, darüber befinden können, in welch anderes Verhältnis sie zueinander geraten wollen. Das muß nicht bedeuten die Rückkehr zum Bismarck-Staatsmodell. Das ist ein Punkt, bei dem ich seit langem auch mit einem mir sonst nicht so vertrauten politischen Partner wie Franz Josef Strauß übereinstimme, daß das nicht einfach eine Frage der Rückkehr oder Nichtrückkehr zu Bismarck ist.

SPIEGEL: Auch Herr Kohl hat diese Formel unlängst gebraucht.

BRANDT: Das spricht nicht gegen ihn. Selbst wenn es zu einer Separation käme – nachdem beide ein noch höheres Maß an Eigenständigkeit erlangt hätten –, spricht die Vermutung doch dafür, daß beide aufgrund des Geschichtlich-Strukturellen eine größere Affinität zueinander hätten und engere Beziehungen zueinander eingehen möchten, als sie zum Beispiel zwischen England und Frankreich oder zwischen Spanien und Portugal bestehen.

Aber warum soll man der Geschichte nicht etwas überlassen? Da keiner weiß, wie und wann sich die Verhältnisse zwischen den Teilen Europas wesentlich ändern, kann auch niemand wissen, ob es für die Deutschen dann um die Frage einer gemeinsamen Staatlichkeit ginge oder um die Frage besonderer Beziehungen zwischen den weiterbestehenden politischen Einheiten geht. Das, finde ich, sollte man der Zukunft überlassen.

SPIEGEL: Grundlegende Veränderungen – heißt das auch Lösungen aus den Bündnisblöcken?

BRANDT: Churchill hat ja mal gesagt – und mit ihm zitiere ich bewußt einen konservativen britischen Premierminister –, er sehe die Zeit voraus, wo die Sowjetunion um Mitgliedschaft in der Nato nachsuche. Das, fand ich, war der Zeit weit vorausgegriffen. Er hat damals an die berühmte chinesische Gefahr gedacht. Auch Adenauer dachte gelegentlich an die vielen Millionen potenter Männer an der sowjetisch-chinesischen Grenze. Heute will sich mancher nicht gern daran erinnern lassen. Bei all meiner Loyalität gegenüber dem atlantischen Bündnis: Ich habe noch von niemandem gehört, daß man die gegenwärtigen Blöcke für der Geschichte letzte Antwort zu halten hätte.

SPIEGEL: Solange diese Antwort noch aussteht, solange ist das Thema »Wiedervereinigung« oder »Vereinigung« noch nicht auf der Tagesordnung.

BRANDT: Nein, denn es steht für die verschiedenen Teile Europas nicht auf der Tagesordnung.

SPIEGEL: Herr Brandt, wir danken Ihnen für dieses Gespräch.

Zum SPIEGEL-Gespräch in Nr. 23/1985 (3. Juni)
mit den Redakteuren Dirk Koch und Klaus Wirtgen

Im März 1985 war der sowjetische Staats- und Parteichef Konstantin Tschernenko gestorben. Sein Nachfolger wurde Michail Gorbatschow. Dessen Reformpolitik versuchte zunächst eine Antwort auf die zunehmenden Krisenerscheinungen im sowjetischen Einflußbereich zu geben. Zugleich zeichnete sich ein grundlegender politischer Wandel in Osteuropa ab. Die UdSSR schwenkte auf einen Kurs der Entspannung und Zusammenarbeit mit dem Westen ein. Der Abzug der Truppen aus Afghanistan und die Bereitschaft zu weitgehenden Abrüstungsvereinbarungen gehörten dazu. Polen und Ungarn, später auch die ČSSR, nutzten den Handlungsspielraum, den ihnen die neue sowjetische Politik einräumte, zum schrittweisen Aufbau demokratischer Strukturen nach westlichem Vorbild. Nur die DDR schottete sich weiterhin ab. Der SPD-Vorsitzende wird im Mai 1985 als einer der ersten westlichen Staatsmänner von dem neuen Kreml-Herrn betont freundlich empfangen. Wie zu Leonid Breschnews Zeiten wohnt der SPD-Vorsitzende im Gästehaus auf den Leninhügeln. Doch in Moskau hatte sich einiges verändert. Breschnew hatte seine Gäste stets aufs üppigste mit den köstlichen Wässerchen seiner Heimat verwöhnt. Unter Michail Gorbatschow hingegen wurde auch Staatsgästen, nicht nur den durstigen Moskowitern, auf höchst unpopuläre Weise der Alkohol verknappt. Der gewiefte Moskaufahrer Brandt wußte jedoch sich und seinen Begleitern zu helfen. Er fragte scheinheilig seinen Gastgeber, man gehe »doch wohl weiter den deutschen Weg«. Prompt bekam er vor dem Essen Wodka serviert, Marke »Gorbatschow«. Trotz der amerikanischen Nachrüstung treffen sich US-Präsident Reagan und Gorbatschow im November 1985 in Genf. Doch es vergehen noch weitere zwei Jahre, ehe sich Amerikaner und Sowjets über die Beseitigung der Mittelstreckenwaffen einigen.

»Das deutsche Gewicht hat abgenommen«

Der SPD-Vorsitzende über sein Gespräch mit dem
sowjetischen Parteichef Gorbatschow

SPIEGEL: Herr Brandt, Sie haben so ausführlich wie kein
anderer ausländischer Politiker mit dem neuen sowjetischen Generalsekretär Michail Gorbatschow gesprochen, dem neben US-Präsident
Reagan mächtigsten Mann der Welt. Was für ein Mensch ist Gorbatschow?

BRANDT: Das ist jedenfalls einer, der nicht in Legislaturperio-
den oder an die nächsten Wahlen zu denken braucht. Der hat einen
langen Atem; darauf muß man sich einstellen.

SPIEGEL: Können Sie sich zu ihm ein ähnlich vertrautes Verhältnis vorstellen wie zu Leonid Breschnew?

BRANDT: Man soll sich hüten vor solchen Vergleichen. Auch
in der Sowjetunion sind in der Führung und ganz an der Spitze Leute
unterschiedlichen Temperaments. Aber ich habe mich über die Dichte
der Gesprächsinhalte, über die Offenheit des zu Erörternden überhaupt nicht kritisch zu äußern, auch nicht im Vergleich zu früheren
Gesprächspartnern.

SPIEGEL: Sind spontane Dialoge mit ihm möglich?

BRANDT: Ja; man spricht, wie man bei uns sagen würde,
locker, unterbricht auch den anderen, wenn man es für richtig hält,
hakt noch ein bißchen nach, wie das und das zu verstehen ist. Es ist
nichts allzu Formelles an der Art, mit der man miteinander spricht.

SPIEGEL: Wird da mal gelacht? Hat der Mann Humor?

BRANDT: Ich glaube schon, aber ich habe ihn noch nicht
getestet auf dem Gebiet des Austausches von Anekdoten; aber er
verfügt sicher über das, was sich in vorteilhafter Weise vom Bierernst
abhebt.

SPIEGEL: Sie haben sich auch über Striptease ausgetauscht?

BRANDT: Nur im übertragenen Sinne des Wortes: Er wollte
klarmachen, daß diejenigen sich irren, die glauben, daß die sowjetische Wehrmacht sich militärisch ausziehen würde.

SPIEGEL: Benutzte er das Bild?

BRANDT: Ja.

SPIEGEL: Können Sie sich vorstellen, mit ihm in einem Boot zu sitzen wie 1971 mit Breschnew auf der Krim?

BRANDT: Wie Sie wissen, fand unser Treffen im Kreml statt. Beim Betreten seines Arbeitszimmers zum persönlichen Gespräch meinte er: »Sie wissen ja schon, wo hier der Platz des Gastes ist.«

SPIEGEL: Nach Ihrem letzten Treffen mit Breschnew 1981 berichteten Sie, der Mann zittere um den Frieden. Dennoch hat die Sowjetunion auch unter Breschnew gerüstet wie nicht gescheit. Ist Gorbatschow weniger emotional, ist er ein Mann der Vernunft?

BRANDT: Nach wenigen Stunden lernt man keinen Menschen wirklich kennen. Ich halte ihn für einen Mann der Vernunft. Sonst gäbe es noch weniger Hoffnung auf der Welt. Aber das heißt doch nicht, daß ihm Emotionen fremd seien.

SPIEGEL: Der amerikanische Präsident wollte Sie nicht sehen, der sowjetische KP-Chef hat sich fünfeinhalb Stunden Zeit für Sie genommen. Rechtfertigt das Ergebnis Ihres Besuchs in Moskau das Risiko, in der Bundesrepublik einmal mehr als anti-amerikanischer Handlanger Moskaus verdächtigt zu werden?

BRANDT: Jetzt sind Sie noch über das hinausgegangen, was mir in letzter Zeit angehängt wurde. Wenn es um eine Sache geht, gut genug Bescheid zu wissen und diese vielleicht beeinflussen zu können, dann muß man in Kauf nehmen, daß man nicht von allen gleich oder überhaupt verstanden wird. Dann muß man auch in Kauf nehmen, daß es bewußte Fehldeutungen gibt. Aber viel wird daraus nicht. Ich bin fest davon überzeugt, daß weit über die Reihen der Anhänger meiner Partei hinaus die große Mehrheit unseres Volkes den neuen Ansatz zum Ausgleich mit dem Osten will. Ich betrachte das Risiko, von dem Sie reden, als im Grunde gering. Vor allem eine Mehrheit der jungen Leute fällt auf den Quatsch vom Antiamerikanismus nicht herein.

SPIEGEL: Sie haben den Großmächten wegen ihres Wettrüstens Mangel an gesundem Menschenverstand bescheinigt. Den Amerikanern haben Sie kürzlich in New York eine Liste von Unberechenbarkeiten ihrer Politik aufgemacht. Sind Sie in gleicher Weise gegenüber den Sowjets deutlich geworden?

BRANDT: Mein Vortrag in dem feinen New Yorker Klub, dem Council on Foreign Relations, war eigentlich ein leises Säuseln vor einem konservativen, gesitteten Publikum. In der Sache enthielt es natürlich eine gewisse Kritik, aber was hat man sich auch alles Unterschiedliche anhören müssen in den letzten Jahren!

Hier in Moskau habe ich erstens der Sowjetunion zwar – ähnlich wie seinerzeit Adenauer – nicht Aggressionsabsichten unterstellt, aber darauf aufmerksam gemacht, daß ihre militärische Rüstung objektiv ein Bedrohungspotential darstellt und so empfunden wird. Zweitens habe ich die Frage aufgeworfen, ob es eigentlich auch aus der Interessenlage dieser östlichen Großmacht vernünftig sei, immer so auf Nummer Sicher gegenüber Europa zu gehen, wie sie es tut, und ob nicht ein höheres Maß an Beweglichkeit dabei zu empfehlen wäre.

SPIEGEL: Messen Sie der sowjetischen Politik ein höheres Maß an Berechenbarkeit zu als der amerikanischen?

BRANDT: Zunächst mal, was die sogenannte Ausgewogenheit der Kritik angeht: Der große Unterschied ist doch, daß wir mit den Amerikanern in einem Bündnis ähnlich organisierter demokratischer Staaten sind. Wir haben zusätzlich die spezielle Form von kultureller Verbindung, die sich zwischen Westeuropa und Amerika entwickelt hat. So wie die Amerikaner sich kritisch äußern über uns, tun wir das halt auch.

Ich finde es manchmal höchst erstaunlich, wenn die Leute glauben, sie müßten bestimmte Dinge kompensieren, indem sie sagen: »Nun schrei auch mal möglichst laut über das, was dir im Osten nicht paßt.« Ich muß davon ausgehen, daß ich im Osten bestimmte Dinge nur zur Geltung bringen kann, wenn ich sie an einer bestimmten Stelle festmache, anders als wenn ich einem westlichen Partner in der Europäischen Gemeinschaft oder darüber hinaus etwas nahebringe. Indem das sowjetische System ist, wie es ist, kann man vielleicht über etwas längere Zeiträume hinweg leichter erkennen, wohin die marschieren.

SPIEGEL: Ihre Worte von Rüstungswahnsinn und Rüstungsirrsinn sind an beide Großmächte gerichtet. Was hält der Generalsekretär davon?

BRANDT: Er hat sich bei mir nicht darüber beschwert.

SPIEGEL: Sie sagen, der Wahnsinn könne nur beendet werden, wenn einer der beiden Großen anfängt abzurüsten. Haben Sie Hoffnung, daß die Russen den ersten Schritt tun?

BRANDT: Wenn wir das jetzt mal an den amerikanisch-sowjetischen Rüstungskontrollverhandlungen in Genf festmachen, dann gilt: In Moskau wissen sie genau, sie kriegen es nur hin *mit* den Amerikanern. Ich vermute, man wird sie auch nicht abbringen von jener Verbindung zwischen den drei Themen, auf die sich die beiden Außenminister Shultz und Gromyko im Januar in Genf verständigt hatten, über strategische Waffen, über Mittelstreckenraketen und über Weltraumwaffen zu verhandeln.

Soweit ich erkennen kann, gibt es die Bereitschaft zu kooperieren, wie die Militarisierung des Weltraums kontrolliert, verhindert wird. Es gibt keine Bereitschaft zur Kooperation, wie man Waffen in den Weltraum bringt. Wenn man sich darüber nicht verständigen kann, gibt es in Genf kein Ergebnis. Dann zieht sich das erst mal lange hin, wenn es nicht gar zum Abbruch kommt.

SPIEGEL: Also keine einseitigen sowjetischen Schritte?

BRANDT: Einseitige Schritte habe ich in den Gesprächen besonders bezogen auf die Frage eines Test-Stopps. Dazu gibt es ja einen interessanten Vorlauf aus der Zeit von Präsident John F. Kennedy, eine Erfahrung, an die anzuknüpfen sich für beide Seiten lohnen würde. Bei uns werden einseitige Schritte eher von Moskau als von Washington verlangt.

SPIEGEL: Sie denken an die einseitige Vorleistung Kennedys, der beim begrenzten Atomtest-Stopp vorangegangen ist.

BRANDT: In der Tat. Ich habe sinngemäß gefragt: »Kann man, wie 1962, durch eigenes Vorgehen etwas auf der anderen Seite in Gang setzen?« Doch die Lage ist wohl im Moment noch so verkrampft, daß man beidseitig Furcht hat, es als Eingeständnis von Schwäche ausgelegt zu bekommen, wenn man irgendwo allein vorwegmarschiert.

SPIEGEL: Wo könnte sich die Sowjetunion dann bewegen?

BRANDT: Es geht erstens um die Frage, die wir hier natürlich auch gestellt haben: Was wird aus Salt II*? Halten sich beide Seiten weiter daran oder nicht? Dann geht es um den ABM-Vertrag*. Bleibt der gültig, oder wird man darüber sprechen, ihn zu ergänzen, und insofern abändern?

Dann habe ich – stärker, als ich erwartet hatte – ein ganz lebhaftes Interesse an der sogenannten Delhi-Initiative gefunden, bei der Regierungschefs aus vier Kontinenten für ein Moratorium oder Freeze geworben haben. Nur, bisher bleibt in der Sowjetunion alles voll im Rahmen des »Wenn die anderen mitmachen, dann wir auch«.

---

* Salt II = Vertrag über die Begrenzung der strategischen Rüstung; nicht ratifiziert, aber de facto in Kraft. ABM-Vertrag = Abkommen über die Beschränkung von Raketenabwehr-Systemen.

SPIEGEL: Der ABM-Vertrag ist der letzte noch intakte Rüstungskontrollvertrag zwischen den beiden Großen. Auf beiden Seiten erscheint neuerdings die Neigung zur Verletzung von ABM-Bestimmungen zu wachsen. Haben Sie Gorbatschow gewarnt?

BRANDT: Ja. Seine Antwort hat bestätigt, daß die Sowjets nicht von ABM wegwollen.

SPIEGEL: Würde eine regierende SPD die Amerikaner zu einem einseitigen Abbau von Pershing 2 und Marschflugkörpern drängen?

BRANDT: Das Thema der Pershing 2 und der Cruise Missiles wird mit Sicherheit ein Punkt der sozialdemokratischen Plattform vor der nächsten Bundestagswahl sein, und zwar mit dem Ziel, im Bündnis die Frage der Rücknahme der Stationierung als deutsches Begehren aufzuwerfen. Wenn wir diesen Schritt in unserem Bündnis tun, erwarten wir, daß die sowjetische Seite auch ein gutes Stück ihrer Überrüstung zurücknimmt.

SPIEGEL: Würde eine sozialdemokratisch geführte Regierung im Bundestag die Rücknahme des Nachrüstungsbeschlusses verlangen?

BRANDT: Ich gehe davon aus, daß eine sozialdemokratisch geführte Regierung das durchzusetzen versuchen würde, was ich oben skizziert habe. Doch wer will heute wissen, wie die Lage in Genf im Frühjahr 1987 aussehen wird.

SPIEGEL: Wir sind früher schon enttäuscht worden, als wir glaubten, die Sowjets würden die Aufrüstung bei SS-20 verlangsamen, um die westliche Nachrüstung zu verhindern.

BRANDT: 1983 hat man nicht hart genug ausverhandelt. Ein Teil der sozialdemokratischen Kritik war: Auf amerikanischer Seite hat man sich zu sehr verliebt in den Gedanken, die neuen Dinger da hinzubringen, wo sie jetzt sind, statt auszuloten, was man dafür bekommen könnte, sie nicht aufzustellen. Dies wird wieder neu auf die Tagesordnung kommen.

SPIEGEL: Trauen Sie sich eine Prognose für die zweite Runde in Genf zu, die jetzt begonnen hat?

BRANDT: Ich bin da sehr skeptisch, ich möchte nicht gerne sagen: pessimistisch. Obwohl es berechtigt wäre, das Wort in diesem Zusammenhang zu gebrauchen. Ich fürchte, die Menschen bei uns müssen sich an die Möglichkeit gewöhnen, daß wir es vielleicht für mehrere Jahre mit einer zunehmend kritischen Lage zu tun haben können, daß eine so hochgetriebene Überrüstung dem Risiko technischen oder menschlichen Versagens ausgesetzt ist.

SPIEGEL: Kann eine Spitzenbegegnung der Herren Reagan und Gorbatschow das Unheil aufhalten?

BRANDT: Das könnte eine Möglichkeit sein, Genf flottzumachen. Immerhin reden beide Seiten darüber, unter welchen Bedingungen, wann und wo die beiden Chefs sich treffen. Ich habe den Eindruck, daß die sowjetische Seite daran nicht minder interessiert ist als Herr Reagan. Das muß aber keineswegs bedeuten, daß es in diesem Jahr geschieht. Ob die beiden das Unheil aufhalten können? So was hat's ja schon mal gegeben, daß irgendwo, während ein Film abläuft und keiner in der Lage zu sein scheint, ihn zu stoppen, gar rückwärts laufen zu lassen, ein neuer beginnt.

SPIEGEL: Woran liegt es, daß in diesem Jahr nicht mehr mit dem Treffen zu rechnen ist?

BRANDT: Wie die Dinge zwischen den beiden Großen liegen, hat der Russe keine sonderliche Lust, eine Visite in Washington zu machen, und es wird wohl auch eine Begegnung am Rande der Vereinten Nationen nicht für angemessen gehalten.

Moskauer SPIEGEL-Gespräch im Juni 1985 mit Klaus Wirtgen (links) und Dirk Koch.

Auch auf sowjetischer Seite wird ein Verzicht auf inhaltliche Vorbereitung nicht für sinnvoll gehalten, was man verstehen kann. Wenn das so ist, haben also die, die mit der Vorbereitung beauftragt sind, einiges zu tun, sowohl die Prestigegesichtspunkte der einen oder anderen Seite zu berücksichtigen wie – was ja noch ein bißchen schwieriger ist – ein Mindestmaß an inhaltlicher Substanz zusammenzukriegen, damit das keine bloße große Show wird.

SPIEGEL: Wie könnte ein zweiter Entspannungsfilm aussehen?

BRANDT: Ich habe in Moskau gesagt, die beiden sollten nach ihren Beratungen der Welt glaubwürdig mitteilen: »Wir sind einig, der dritte Weltkrieg darf nicht stattfinden.« Dazu gehören erstens: kooperative Vereinbarungen zur Sicherheit. Zweitens glaube ich, es könnte starke Impulse geben, wenn der amerikanische Präsident seinem Gegenspieler mit einem großangelegten Vorschlag für umfassende Zusammenarbeit, technisch, wissenschaftlich, ökonomisch, begegnet.

SPIEGEL: Sie sind skeptisch wegen der Zunahme der Spannungen, andererseits plädieren Sie für eine zweite Phase der Entspannungspolitik.

BRANDT: Wenn ich jünger gewesen wäre, dann hätte ich Ihnen geantwortet: Das ist Dialektik. Wenn man nicht sich selbst aufgibt – was ja nicht so wichtig wäre für jemanden, der mein Alter erreicht hat –, aber wenn man nicht die Sache aufgibt, für die man steht, das Volk aufgibt, dem man angehört, ist man verpflichtet, in den schwierigen, zum Teil überaus gefährlichen Entwicklungen nach Ansätzen zu suchen für etwas, was zum Positiven führen kann.

SPIEGEL: Neue Themen, neue Filme: Gorbatschow hat kürzlich in einer Rede davon gesprochen, die Sowjets blickten nicht mehr allein durch das Prisma der amerikanisch-sowjetischen Beziehungen. Beginnt die Großmacht Sowjetunion, sich auf Europa als eigenständiges Gegenüber einzurichten?

BRANDT: Hierfür gibt es einen interessanten Passus in der Tischrede, die Gorbatschow schon am vorigen Montag gehalten hat, als wir seine Gäste im Kreml waren.

SPIEGEL: Sie meinen seine Worte: »Die Sowjetunion tut alles, um die europäische Sicherheit zu stärken. Wir glauben, daß ein zuverlässiger Weg dazu die vollständige Befreiung *unseres* Kontinents von Atomwaffen, sowohl von Mittelstrecken- als auch von taktischen sowie chemischen Waffen ist.«

BRANDT: Ja. Am Mittwoch ist der sowjetische Generalsekretär noch einen Schritt weiter gegangen und hat in einer Tischrede für den italienischen Ministerpräsidenten Bettino Craxi gesagt, die Sowjetunion weiß nicht nur, welche Staaten es in Europa gibt, sondern sie weiß auch, welche Gemeinschaften es gibt, einschließlich der Europäischen Gemeinschaft. Sie, die Sowjetunion, sei geneigt, hiervon nicht nur ökonomisch, sondern auch politisch Kenntnis zu nehmen. Dies sollte man weiter entwickeln.

Zusätzlich kann ich Ihnen noch etwas zu der friedlichen Alternative zum amerikanischen Weltraumprogramm sagen, zu dem, was die Franzosen Eureka nennen, wofür sich Außenminister Genscher, in sachlicher Übereinstimmung mit den Sozialdemokraten, wesentlich eindeutiger ausgesprochen hat als der Bundeskanzler. Die sowjetische Seite hat in keinem der Gespräche Gegnerschaft angemeldet an dem geplanten friedlichen westeuropäischen Weltraumprogramm mit Einschluß der darin enthaltenen Möglichkeiten eigener Beobachtung aus dem Weltraum.

SPIEGEL: In Ihrer Partei, besonders bei Egon Bahr, gibt es Überlegungen, die Sicherheit Westeuropas nicht allein unter den amerikanischen atomaren Schirm, sondern »neben oder unabhängig« davon unter eine europäische nukleare Abschreckung zu stellen. Treffen sich sowjetische und sozialdemokratische Interessen?

BRANDT: Kennedy hat 1963 die Formel geprägt von den zwei Säulen des atlantischen Bündnisses, eine nordamerikanische, also die USA, Kanada, und eine westeuropäische.

SPIEGEL: Daraus wurde nichts.

BRANDT: Aber damit ist ja nicht gesagt, daß der Gedanke falsch war. In Lissabon haben kürzlich Sozialdemokraten aus den Nato-Ländern, darunter Egon Bahr, mit den Franzosen gemeinsame Elemente europäischer Sicherheitspolitik formuliert.

Das Thema hat auch eine Rolle gespielt, als einige von uns mit dem französischen Verteidigungsminister Hernu gesprochen haben. Nur, eines muß man bitte beachten: Niemand von uns denkt daran, unsere deutsche Hand auszustrecken, um nach dem französischen atomaren Knopf zu fassen.

SPIEGEL: So Bahr im SPIEGEL.

BRANDT: Präsident Mitterrand hat sich in Brest bei der Taufe des neuen französischen U-Bootes mit 96 Sprengköpfen auf die vitalen Interessen Frankreichs berufen, und das sind wohl nicht allein die *territorialen.*

SPIEGEL: »Vitales« Interesse soll sagen: Die Franzosen haben ein Sicherheitsinteresse, das über ihr Territorium hinausgeht, also auch das Gebiet der Bundesrepublik umfaßt.

BRANDT: Ja, aber sicher. Für die Frage, ob es eine europäische Sicherheitspolitik gibt, in die das eigenständige französische atomare Potential eingebettet ist, hängt eine Menge davon ab, was Paris zu seinen vitalen Interessen zählt. Daß eine solche Überlegung wiederum auch die Sowjet-Union interessiert oder interessieren kann, liegt auf der Hand.

SPIEGEL: Paris will bis zu Beginn der 90er Jahre die Zahl seiner Sprengköpfe verdreifachen, mit Reichweiten von über 4000 Kilometern, stationiert auf U-Booten. Ist die französische Aufrüstung in den Augen der Sowjets etwas anderes als die amerikanische Aufrüstung?

BRANDT: Das ist eine Frage, die ich nicht anstelle der Russen beantworten kann. Es dürfte allerdings in einer nächsten Abrüstungsrunde für die Sowjets höchst relevant sein, wie viele französische und britische Atomwaffen ihren SS-20 gegenüberstehen. Darüber wird in Genf nicht verhandelt, das wird aber gleichwohl verhandlungsbedürftig werden.

SPIEGEL: Europäische Aufrüstung, um mit an den Verhandlungstisch zu dürfen?

BRANDT: Das ist vielleicht nicht derselbe Tisch. Ich sage nur, daß es wegführt von der eingeengten Vorstellung, als gäbe es nur die beiden Großen mit ihren Potentialen, und völlig lächerlich würde schon der zusätzliche Hinweis sein, den man auch seinerzeit von Regierungsseite anderswo gehört hat, daß die französischen Waffen doch etwas mit dem übrigen Verein zu tun haben. Und das gilt erst recht für die britischen. Ein Versteckspiel wirkt sich nicht gut aus.

SPIEGEL: Schaut Gorbatschow stärker in Richtung Europa, um das Bündnis aufzuweichen, um die Europäer von Amerika abzukoppeln?

BRANDT: Nichts kann die zentrale Bedeutung des amerikanisch-sowjetischen Verhältnisses ersetzen. Wenn es aber ein höheres Maß an europäischem Eigengewicht gibt, auch sicherheitspolitisch, wird dies eher zur Entkrampfung der internationalen Szene beitragen als zu ihrer zusätzlichen Belastung und nicht zu unserem Abkoppeln, was die strategischen Dinge angeht. Solange die eine Rolle spielen – und die Zeit ist ja nicht abzusehen, daß sie es nicht mehr tun –, kann niemand auf der westlichen Seite das amerikanische Potential ersetzen.

SPIEGEL: Herr Brandt, was haben die Trockenübungen zwischen dem Vorsitzenden der Bonner Oppositionspartei und dem sowjetischen Generalsekretär für einen Sinn? Muß das nicht alles Regierungssache bleiben? Oder haben Sie den Eindruck, daß Gorbatschow von der Bonner Regierung nicht viel hält?

BRANDT: Ich möchte meinen Besuch aus diesem Zusammenhang lösen, ohne mich wichtiger zu nehmen, als ich bin. Ich bin nicht das erste Mal, seit ich kein Regierungsamt mehr habe, in der Sowjetunion gewesen. Und mir ist es zu eng betrachtet, als müsse man das alles nur interpretieren aus der innenpolitischen Lage bei uns und aus unserem nun zwangsläufigen Gegensatz zu einer amtierenden Regierung.

SPIEGEL: Sie haben öffentlich in Moskau gesagt, Ihre Gespräche könnten Bedeutung erlangen auch für die zwischenstaatlichen Beziehungen. Das klang nach einer Botschaft für die Bonner Regierung.

BRANDT: Ich habe gar nichts dagegen, wenn Sie es so auslegen. Ich kann natürlich auch sagen, sie erlangen Bedeutung besonders dann, wenn die SPD wieder an die Regierung kommt. Und das muß ja nicht so schrecklich lange dauern.

SPIEGEL: Können Sie der Bundesregierung mitteilen, ob und wann Gorbatschow der Einladung in die Bundesrepublik folgt?

BRANDT: Ich glaube nicht, daß es schon feste Überlegungen gibt über einen Besuch des Generalsekretärs in der Bundesrepublik.

SPIEGEL: Für dieses Jahr?

BRANDT: Es ist nichts in der Mache.

SPIEGEL: Haben Sie in Moskau etwas gehört, was Aufschluß gibt über die weitere Entwicklung der deutsch-deutschen Beziehungen?

BRANDT: Es ist ganz klar, daß die Sowjetunion Interesse hat an dem Verhältnis zwischen der Bundesrepublik und den Staaten, die zwischen ihr und der Sowjetunion liegen. Es ist ja kein Zufall, daß der Moskauer Vertrag vom August 1970 ein Vertrag war, der Normalisierung zum Inhalt hatte, und zwar nicht alleine auf die bilateralen Beziehungen bezogen.

Und wir haben auch aus unserer sozialdemokratischen Sicht über die Erörterungen gesprochen, die wir mit den Ungarn haben über

Wirtschaftsfragen und mit den Polen über Fragen des Gewaltverzichts, mit der DDR über Fragen der chemischen Waffen.

Das sind alles Themen, die auch hier in Moskau interessieren.
Ich sehe keine Schwierigkeiten von sowjetischer Seite in bezug auf die
Weiterentwicklung der Beziehungen zwischen den beiden deutschen
Staaten.

SPIEGEL: Wann reisen Sie eigentlich zum erstenmal nach
Ihrem Rücktritt als Kanzler wieder in die DDR?

BRANDT: Vermutlich nach der Sommerpause.

SPIEGEL: Was haben Sie im Ausland über das Ansehen der
Bonner Regierung erfahren?

BRANDT: Es wäre schlimm, wenn sie nicht selbst weiß, wie
stark ihr Einfluß und Gewicht gesunken ist – in West und Ost. Im
Ausland wird natürlich das bedauerliche Bonner Durcheinander registriert. Es wird auch bemerkt, daß sich plötzlich eine gewisse Nähe
abzeichnet zwischen Positionen, die die SPD einnimmt und die der
Außenminister der Bundesrepublik einnimmt. Das ist ja nicht das
Schlechteste.

SPIEGEL: Wollen Sie damit den freidemokratischen Außenminister Genscher wieder satisfaktionsfähig machen, der doch am Sturz
des SPD-Kanzlers Helmut Schmidt maßgeblich beteiligt war?

BRANDT: Ich kann mich erinnern, daß ich damals im Oktober
1982 im Bundestag, vielleicht nicht zur Freude aller meiner Freunde,
gesagt habe, ich nehme das Wort vom Verrat nicht auf, weil ich weiß,
wie die Gesetze der Innenpolitik sind – nicht immer sehr sympathi-
sche Gesetze. Nein, eine Liebeserklärung habe ich hier nicht abgegeben.

Ich weiß, wer der Außenminister ist. Ich weiß allerdings auch,
wer der Kanzler ist. Jetzt lag es nahe, festzustellen, daß in Fragen der
Verträge der Außenminister sich deutlicher geäußert hat als andere,
vor allen Dingen als der Innenminister, was immer den das angeht.

Und daß – während wir unterwegs waren – der Außenminister in
Paris mit seinem französischen Kollegen ein höheres Maß an Überein-
stimmung erzielt hat als der Bundeskanzler mit dem französischen
Präsidenten.

SPIEGEL: Sind Sie von Ihren sowjetischen Gesprächspartnern
um eine Einschätzung gebeten worden, wie die vom Kanzler abweichende Position des deutschen Außenministers zu SDI zu bewerten
sei?

BRANDT: Da sind die Sowjets sehr viel taktvoller, als man ihnen vielleicht bei uns unterstellt. In westlichen Hauptstädten, wo Sie heute hinkommen, wird man danach sehr viel deutlicher gefragt.

SPIEGEL: Haben Sie den Sowjets eine Einschätzung vermittelt, wie sich die Bundesregierung bei SDI entscheiden wird?

BRANDT: Ich habe versucht, denen Eureka zu erklären, soweit es zu erklären ist. Und daß es eine mir erkenntliche Regierungspolitik dazu noch nicht gibt. Daß man das abwarten muß. Und ich habe auch gesagt, daß es bei unseren Firmen ein unterschiedliches Interesse an SDI gibt. Daß die Avanciertesten eher skeptisch sind gegenüber einer technologischen Einbahnstraße.

SPIEGEL: Das heißt, Sie haben den Eindruck des Durcheinanders der Bonner Politik eher bestätigt als das Durcheinander geordnet?

BRANDT: Ich habe nicht versucht, irgend etwas noch schlimmer darzustellen, als es ist, sondern im Gegenteil versucht – mit einer gewissen Milde – darauf hinzuweisen, daß es manchmal Zeit braucht, bis eine Regierung ihre Politik gefunden hat. Meine Einschätzung ist, es wird eine bilaterale oder »singuläre« Beteiligung Bonns an SDI kaum geben.

SPIEGEL: Hat sich der Stellenwert der Bundesrepublik gegenüber früher in Moskau verändert?

BRANDT: Natürlich. Die untersuchen, wo sich Kohl von Reagan unterscheidet. Aber ich mache das nicht nur an Moskau fest. Wohin ich komme in der letzten Zeit, ist es ein Jammer festzustellen, wie sehr das spezifische Gewicht der Bundesrepublik in europäischen und internationalen Zusammenhängen abgenommen hat oder abzunehmen im Begriffe ist.

Das sagt man nicht gern. Denn das betrachtet man nicht nur als Vorsitzender einer großen Oppositionspartei, sondern als Deutscher, dem es leid tut, daß ein Erbe verschleudert wird, das sich in den Händen der Bundesrepublik Deutschland befand.

Wenn Sie das jetzt auf Moskau bezogen wissen wollen, ist es sicher so, daß im Augenblick Italien, Frankreich und England einen höheren Stellenwert haben in politischer Hinsicht als die Bundesrepublik Deutschland. Und dies war vor einigen Jahren nicht so.

SPIEGEL: Wie erklären Sie sich das?

BRANDT: Wissen Sie, im Westen wird man gefragt: Warum kriegen eure Leute nicht mehr Ordnung in den Laden? Da sagt der Finanzminister, die EG soll weniger kosten – und bei den Getreidepreisen macht er das Gegenteil. Da fährt der Kanzler rum und sagt, das Veto muß weg als Teil der Weiterentwicklung der Gemeinschaft. Und im konkreten Fall wird das Veto eingelegt. Wie können Sie, so sind die Fragen in Paris, in Kopenhagen oder anderswo, uns das erklären?

In der Sowjetunion wird gefragt: Wie ist das jetzt mit den Verträgen? Anfangs hieß es, was sicher Herr Kohl auch so gemeint hat, die Verträge gelten. Aber warum dann dieses Herumgerede, als ob die Westgrenze Polens neu zur Disposition gestellt werden könnte, das Relativieren anderer Fragen, die nun wirklich in den Verträgen von 1970 oder, auf die Tschechoslowakei bezogen, von 1973 abgehandelt sind? Hoffentlich schwächen die erheblichen Unklarheiten der Bonner Politik unser Gewicht als Staat nicht dauerhaft.

SPIEGEL: Herr Brandt, das war keine Liebeserklärung für Genscher, aber liebe Grüße aus Moskau waren es schon. Werden Sie ihn treffen?

BRANDT: Wenn der Außenminister der Bundesrepublik Deutschland etwas von einem Amtsvorgänger wissen will, der auch mal Außenminister war, dann müßte er mich das wissen lassen. Es gab immer Wege, auf denen man einander hat wissen lassen können, wenn man etwas von der Sache her für wichtig hielt.

SPIEGEL: Muß da nicht der Anstoß von dem Älteren ausgehen?

BRANDT: Auf diesen Gedanken bin ich noch nicht gekommen. Wenn erwachsene Menschen einander etwas zu sagen haben, so werden sie das wohl schaffen. Auf Fisimatenten kann man verzichten, sie haben mit eigentlicher Politik nichts zu tun.

SPIEGEL: Herr Brandt, wir danken Ihnen für dieses Gespräch.

Zum SPIEGEL-Gespräch in Nr. 26/1986 (23. Juni)
mit den Redakteuren Olaf Petersen und Klaus Wirtgen

Mitte der achtziger Jahre hatte sich die SPD in einigen Ländern zwar wieder Machtpositionen erobert, doch auf Bundesebene war sie weit von einer Rückkehr in die Regierungsverantwortung entfernt. Vordenker Erhard Eppler brauchte lange Zeit, bis er den für Programme nur schwer zu begeisternden Brandt umstimmen und für eine Fortschreibung der inzwischen 27 Jahre alten Godesberger Grundsätze gewinnen konnte. Der Vorsitzende betrachtete den Aufwand weniger unter dem Kriterium der Notwendigkeit. Er gewann der Diskussion, die schließlich in den »Irseer Entwurf« mündete, im Hinblick auf die Motivation der Genossen einen Sinn eher unter therapeutischen Gesichtspunkten ab. Nach offizieller Lesart wollte die SPD damit den Weg ins nächste Jahrtausend öffnen. Defizite sollten abgebaut werden, die sich aus der Entwicklung im Laufe der zurückliegenden drei Jahrzehnte ergeben hatten. Der Entwurf erkannte etwa, daß hemmungsloses Wirtschaftswachstum »die natürlichen Lebensgrundlagen schädigen kann«. Er konstatierte weiter: »Die Vermeidung von Umweltschäden ist billiger als deren Beseitigung.« Zur Marktwirtschaft diagnostizierten die Genossen, sie sei »unentbehrlich als Steuerungsprinzip und Antriebskraft«. Aber sie sagten auch: »Der Markt schafft und zerstört, unablässig und überall – auch Arbeitsplätze.« Die Renten sollten gesichert werden, indem sie nicht mehr allein auf den Lohn bezogen wurden, sondern auch die Kapitalkraft der Unternehmen berücksichtigten. In den Parlamenten sollten »zur Hälfte Frauen« sitzen. Die Sicherheit der Bundesrepublik sollte durch ein Nein zu Weltraumwaffen und durch »strukturelle Nichtangriffsfähigkeit« erreicht werden. Atomkraft wurde nur noch für »eine kurze Übergangszeit« verlangt. Das überlange Papier wurde einer zweiten Kommission überantwortet.

»Wir haben eine neue Sicht der Dinge«

Willy Brandt über den Entwurf eines Grundsatzprogramms
der SPD

SPIEGEL: Herr Brandt, knapp drei Jahrzehnte nach Godesberg will sich die SPD ein neues Grundsatzprogramm geben. Machen solche Trockenübungen überhaupt noch einen Sinn in unserer, wie Politiker gern sagen, sehr schnellebigen Zeit?

BRANDT: Es soll eben gerade keine Trockenübung werden, sondern durch eine Kombination von Grundsatztreue und geistiger Öffnung klarstellen: Was wird bestätigt – es ist eine ganze Menge, was bestätigt wird von Godesberg – und wo liegen die Gebiete, auf denen wir uns um neue Antworten bemühen.

Ich glaube, das hat schon einen Sinn; ganz abgesehen davon, daß es in der Geschichte der SPD seit dem Erfurter Programm von 1891 einen Rhythmus gegeben hat, sich alle Vierteljahrhundert das Programm neu anzugucken. Dafür spricht auch in der zu Recht von Ihnen als schnellebig apostrophierten Zeit etwas. Man ist ja selbst überrascht während einer solchen Arbeit, wie viele Dinge sich seit 1959, seit Godesberg, verändert haben.

SPIEGEL: Den Ruf nach programmatischer Erneuerung gibt es in der Partei schon seit einigen Jahren. Warum haben Sie sich so lange dagegen gewehrt?

BRANDT: Wir hatten es ja auch nicht leicht. Noch in München 1982, als der SPD-Bezirk Franken ziemlich drängte in dieser Frage . . .

SPIEGEL: . . . und die SPD in Bonn noch in der Regierung war . . .

BRANDT: . . . eben, da dachten wir, daß wir uns in dieser schwierig gewordenen Regierungsverantwortung das nicht aufladen sollten. Das hat sich dann verändert durch die Gunst einer, wie ich hoffe, kurzfristigen Oppositionsperiode.

Ich habe in der Phase davor, ehrlich gesagt, doch etwas befürchtet, es könne eine Neigung dasein bei einigen Diskutanten, erst mal alles wieder völlig neu anzugehen. Dann hat aber die Arbeit in der

Programmkommission ergeben, daß das eine unberechtigte Befürchtung war. Ob uns in unserem Entwurf das, was neu zu formulieren war, schon gut genug gelungen ist – von der neuen Sicht der Gleichstellungsproblematik über Ökologie und Technik bis hin zu dem, was wir Kulturgesellschaft nennen –, das wird die Diskussion der nächsten anderthalb Jahre zeigen.

SPIEGEL: Offenbar sehen Sie aber in dem Entwurf eine ganze Menge Sprengstoff. Denn nach Ihrem Willen soll die innerparteiliche Diskussion erst nach den Bundestagswahlen 1987 beginnen.

BRANDT: Das ist eine reine Frage der Kräfte-Ökonomie, nicht der Taktik. Es gibt für die SPD für den Rest dieses Jahres nichts Wichtigeres, als den Bundestagswahlkampf vorzubereiten unter Einbeziehung der Regionalwahlen, die noch anstehen. Danach werden wir, unabhängig von unserer Stellung in der Bundesrepublik, diese Debatte führen auf der Basis zweijähriger gewissenhafter Arbeit derer, die damit beauftragt worden waren.

SPIEGEL: An dieser gewissenhaften Arbeit fällt zunächst einmal die Länge auf, 107 Schreibmaschinenseiten. Wäre Kürze für ein Grundsatzprogramm nicht besser?

BRANDT: Ja, wenn es schon der Entwurf für ein von einem Parteitag zu verabschiedendes Programm hätte sein sollen, sicher. Aber als Grundlage für die Diskussion ist etwas mehr Länge ein Vorteil. Das Kondensieren des Stoffes wird schwierig sein. Bei uns ist es so, daß meistens, wenn Kürzungen vorgeschlagen werden, damit erhebliche Ergänzungsvorschläge verbunden sind; das beißt sich ein bißchen.

SPIEGEL: Sie haben selbst gesagt, Herr Brandt, daß ein Grundsatzprogramm eine Weile gelten soll. Teile des vorliegenden Entwurfs erscheinen uns aber allzu detailliert. Laufen Sie damit nicht Gefahr, von der tatsächlichen Entwicklung rasch überholt zu werden?

BRANDT: Sicher. Es gibt Passagen im Entwurf, von denen ich meine, sie seien vielleicht noch etwas zu sehr aktualitätsbezogen.

SPIEGEL: Zum Beispiel?

BRANDT: Nehmen wir mal die Frage der Arbeitslosigkeit. Da könnte man sagen, daß das sich sehr bezieht auf eine Situation, mit der wir jetzt einige Jahre gelebt haben und vielleicht noch einige Jahre leben müssen. Aber daß das nicht 20, 25 Jahre werden – das etwa ist der Zeithorizont des Programms –, dafür wollen wir doch sorgen.

Sie müssen auch sehen: Es sind richtig neue Themen drin. Die Frage der Gleichstellung von Frau und Mann war in Godesberg ein

Merkposten, mehr auf das Grundgesetz bezogen als auf das, was heute eben doch Überzeugung eines sehr großen Teils der Frauen ist, und auch etwas, was viele Männer, in diesem Fall in der SPD, begriffen haben.

Wenn man die Frage des Wachstums nimmt – was soll wachsen, was soll eher nicht wachsen, weil es schädlich ist – und im Zusammenhang damit die Rolle der Technik und der Wissenschaft, dann haben wir im Vergleich zu Godesberg auch eine neue Sicht der Dinge.

Gleiches gilt für die europäische Einigung. Oder für die Dritte Welt. Die kam 1959 doch noch überwiegend vor als ein karitatives Problem, heute ist es ein vorrangiges Problem sowohl der künftigen weltwirtschaftlichen Beziehungen wie auch der Frage, daß von dort zusätzliche Bedrohung des Friedens ausgehen kann. Und was heute Nichtfrieden bedeuten würde, nämlich Existenzgefährdung des eigenen Volkes oder gar der Menschheit, das ist ja auch eine neue Erkenntnis.

SPIEGEL: Im internationalen Teil des Entwurfs werden die USA davor gewarnt, Überlegenheit anzustreben. Das erscheint uns als ein kurzatmiger Hinweis auf eine amtierende amerikanische Regierung, der in einem Grundsatzprogramm nichts zu suchen hat.

BRANDT: Ich will durchaus mit mir darüber reden lassen, ob nicht auch das zu den Passagen gehört, die man noch etwas entaktualisieren müßte. Nur, das Grundproblem, der Reibungsprozeß in dem Verhältnis zwischen einer Weltmacht und den anderen Teilhabern eines Bündnisses, bleibt.

SPIEGEL: Es könnte ja auch als Hinweis an beide Supermächte . . .

BRANDT: . . .die andere hat dieses Problem im Verhältnis zu ihren Partnern, nicht im Verhältnis zu uns. Wir sind ja noch nicht soweit, daß wir mit unserem Programm das Mitspracherecht im Warschauer Pakt erstreben. Aber es stimmt natürlich, daß in *beiden* Teilen Europas der Wunsch da ist, nicht untergebuttert zu werden.

SPIEGEL: In der Passage des Entwurfs, in der das sowjetische Gesellschaftssystem verworfen wird, heißt es, die dortige bürokratische Herrschaft über Staat und Gesellschaft habe »sich lange als reformunfähig erwiesen und außerdem die internationalen Beziehungen belastet«. Wie dürfen wir das Wörtchen »lange« verstehen?

BRANDT: Das heißt »seit langem«. Wir haben jetzt nicht alles aufarbeiten wollen und können, was sich seit der Oktoberrevolution von 1917 ergeben hat.

SPIEGEL: Wir haben das anders gelesen, nämlich als Hinweis auf die Möglichkeit zur Reform.

BRANDT: Ich will dieser anderen, zusätzlichen Deutung nicht widersprechen, wenn Sie das darin wiederfinden. Es wäre auch unklug, in einem Programm so zu tun, als schriebe man Geschichte fest. Das, was im Gange ist mit Gorbatschow, was auf Entbürokratisierung zielen soll, das ist ja unverkennbar, und das muß man mit im Auge haben. Auch da bleibt die Geschichte offen.

SPIEGEL: Godesberg hat die SPD damals für bürgerliche Wählerschichten geöffnet. Wenn wir »gemäßigt« mal als Maßstab nehmen, welches Attribut fällt Ihnen für den neuen Entwurf ein?

BRANDT: Ich bin nicht ganz einverstanden mit der Charakterisierung von Godesberg als eines Dokuments, das die SPD für bürgerliche Wählerschichten geöffnet hat. In Wirklichkeit ist es wohl so, daß sich die SPD mit dem Godesberger Programm ehrlich gemacht hat. Sie war in Wirklichkeit schon vorher eine linke Volkspartei . . .

SPIEGEL: . . . historisch gesehen mit radikaler Theorie und reformistischer Praxis . . .

BRANDT: . . . so ist es, und in Godesberg hat sie sich ohne schlechtes Gewissen zu diesem reformerischen Auftrag bekannt. Dieser Ansatz bleibt. Er wird sogar noch ein bißchen klarer dadurch, daß in dem jetzigen Entwurf eines Programms der historische Bezug deutlicher wird, also woher man kommt: teils aus der demokratischen Bewegung des vorigen Jahrhunderts – was mit 1848 verbunden ist – und teils aus der danach sich entwickelnden Arbeiterbewegung.

SPIEGEL: Und das Attribut?

BRANDT: In dem neuen ist ein zusätzliches Stück geistiger Öffnung drin, damit meine ich das Sich-Einstellen auf so viele neue Probleme in der Welt.

SPIEGEL: An einigen Stellen wird ganz schön schwarz gemalt. Aus dem Anstieg der Produktivkräfte, heißt es beispielsweise, erwachse »nicht mehr Zuversicht und allgemeiner Reichtum, sondern Furcht und Resignation«.

BRANDT: Was Sie als Schwarzmalerei empfinden, steht ja nie so allein da. Wenn Sie mal die Präambel nehmen, dann wird auf schreckliche Bedrohungen hingewiesen, aber es mündet darin, daß wir sagen, wir sind nicht ohne Hoffnung.

Was gesagt wird von der Kriegsgefahr, von der ökologischen Bedrohung, der ungleichen Verteilung des Reichtums hier und in der Welt, das behandelt ja wirkliche Probleme – nebenbei gesagt solche, die empfunden werden vielleicht nicht überall von Mehrheiten, aber von relevanten meinungsbildenden Gruppierungen in unserer Gesellschaft. Nein, es ist kein Programm mit Untergangsszenarien, sondern eines, das Gefahren deutlich macht, aber auch Wege raus aus den Gefahren.

SPIEGEL: Zum erstenmal, Herr Brandt, taucht in einem SPD-Programm der Name Karl Marx auf. Muß es bürgerliche Wählerschichten nicht abschrecken, wenn es im Entwurf heißt, der demokratische Sozialismus in Europa habe seine geistigen Wurzeln nicht nur in der humanistischen Philosophie, dem Christentum und den Erfahrungen der Arbeiterbewegung, sondern auch »in Marxscher Geschichts- und Gesellschaftslehre«?

BRANDT: Ich habe vorhin gesagt, Godesberg hat die SPD damals ehrlich gemacht in bezug auf ihren reformerischen Ansatz und Auftrag. Hier haben wir nach wirklich sehr gründlicher Überlegung gefunden, es sei nicht richtig, das, was mit Marx verbunden ist, einfach nur bei der klassischen Philosophie unterzubringen. Wir sind eben ein Vierteljahrhundert weiter, und mittlerweile gehört Marxsches Geschichts- und Gesellschaftsdenken zum Bestandteil moderner Wissenschaft. Insofern fand es die Kommission, gerade unter starker Mitwirkung meines Freundes Richard Löwenthal, für richtig, dies auch so auszuweisen.

SPIEGEL: Im Entwurf fordern Sie eine Abkehr von »herkömmlicher Politik«, an der festzuhalten Sie den übrigen Traditionsparteien vorwerfen. Andererseits haben Sie vor gar nicht langer Zeit den Gedanken der »nationalen Verantwortung« für bestimmte Politikbereiche in die Debatte geworfen.

BRANDT: Das ist kein Widerspruch.

SPIEGEL: Ist eine Politik »nationaler Verantwortung« tatsächlich auf andere als »herkömmliche« Weise möglich?

BRANDT: Ja und nein. Wenn Sie den Bereich der Sozialpolitik nehmen, dann gibt es natürlich einen gewissen Zwang, die Dinge wie eh und je auf möglichst breiter Basis zu machen. Die Erfahrung seit 1949 zeigt, daß sozialpolitische Reformen nur gut geworden sind, wenn sie mit breiter Zustimmung zustande gebracht wurden.

Oder ein anderer Punkt: Als wir neulich in Hannover im Parteirat der SPD über die Energiepolitik gesprochen haben, da ist Oskar Lafontaine in die Bütt gegangen und hat gesagt: »Freunde, seid euch darüber im klaren, eine neue Energiepolitik ist nur auf breiter Basis möglich. Also müssen wir um die Möglichkeiten einer solchen Politik mit der CDU ringen.« Er hat sogar die FDP noch mit hinzugefügt, weil er ein höflicher Mensch ist.

SPIEGEL: In dem Entwurf werden aber auch die neuen sozialen Bewegungen ausdrücklich als wichtige Partner sozialdemokratischer Politik bezeichnet, wegen ihres Engagements in Ökologie-, Emanzipations- und Friedenspolitik. Diese neuen sozialen Bewegungen haben ihren parteipolitischen Ausdruck in den Grünen gefunden. Wie bringt die SPD eigentlich ein solches programmatisches Bekenntnis in Einklang mit der hartnäckigen Weigerung des Kanzlerkandidaten Rau, mit den Grünen zusammenzuarbeiten?

BRANDT: Es ist, auf alle drei Bewegungen bezogen, ja nicht so, daß sie deckungsgleich seien mit der Partei der Grünen.

Ich werde bei aller Schwierigkeit in der praktischen Politik, auf die Sie hingewiesen haben, nie leugnen, daß die ökologische Bewegung auch die SPD beeinflußt hat – wie man nachlesen kann. Aber wir meinen, die großen Veränderungen kriegt man nicht hin durch noch eine eher periphere Partei, auch wenn sie über fünf Prozent der Stimmen hat, sondern nur mit einer großen, erfahrenen, sich immer wieder erneuernden Partei.

Wir haben ja diesen Passus, auf den Sie sich beziehen, nicht formuliert, um uns irgendwo ranzuschmeißen, sondern wir haben gesagt, da ist was passiert, was man nicht ignorieren kann. Davon gehen zum Teil weitere wichtige Impulse aus. Also kann man sich dazu als verantwortliche Partei nicht ignorant verhalten.

Ich frag' mich übrigens gelegentlich, ob die Aufzählung vollständig ist, die dort steht. Noch nicht organisiert, aber latent gibt es ja auch so etwas wie eine antibürokratische Bewegung bei einem großen Teil der jungen Leute.

SPIEGEL: Also, dieser Abschnitt soll keine Liebeserklärung an die Grünen sein.

BRANDT: Ich sag' ja über die auch nichts Schlechtes. So ist es ja nicht. Ich sage nur, und das ist in Übereinstimmung mit Rau, wir sind beide der Meinung, man kann nicht zugleich für die eigene Partei sein und auch noch für eine andere.

SPIEGEL: Welchen Parteien empfiehlt sich die SPD mit diesem Programm, falls sie die Chance zur Regierungsbildung in Bonn hätte?

BRANDT: Dazu macht man nicht ein Programm, um Koalitionsmöglichkeiten abzustecken.

Zu unterstellen, daß die SPD bald wieder die Regierungsverantwortung trägt in Bonn, halte ich für begrüßenswert. Und wenn dies dann der Fall ist, dann ist man nicht so unbeschwert, das gebe ich zu, wie in diesen letzten paar Jahren. Und dann schadet es gar nichts, wenn in die neue Runde der abschließenden Programmdiskussion nicht nur die Erfahrung bisheriger Regierungstätigkeit mit einfließt, sondern wenn die, die neu auf der Bundesebene Verantwortung tragen, gerade auch bei der Konkretisierung zu dem einen oder anderen Punkt noch neue Erwägungen einbringen.

SPIEGEL: Wie verbindlich, Herr Brandt, ist beispielsweise die Aussage im Frauenkapitel, Sozialdemokraten wollten darauf hinarbeiten, künftig in den Parlamenten je zur Hälfte von Frauen und Männern vertreten zu sein?

BRANDT: Dort verändert sich rascher etwas, als die meisten vermutet haben. Ich sehe nun, wie in einer regionalen Organisation nach der anderen ein Drittel Frauen in den Vorständen sitzen. Vor zehn Jahren waren es meistens eine oder zwei.

SPIEGEL: In der Programmkommission waren es vier von 17.

BRANDT: Ja, im Bundestag wird's auch noch nicht ein Drittel sein, auch wenn die 20 jetzt auf 40 erhöht werden. Meine Auffassung ist, wenn man mal das Drittel erreicht hat, regelt sich wahrscheinlich der Rest von selbst. Daß die Frauen dies als Grundsatz festgehalten haben wollen und wir uns das auch zu eigen gemacht haben, das ist nicht verwunderlich.

Es gibt mancherorts heute die Vorstellung, man solle ein neues Wahlgesetz zum Bundestag bekommen, nicht mehr mit Ein-Mann-Wahlkreisen, sondern mit Zwei-Personen-Wahlkreisen, jeweils ein Mann und eine Frau. Das ist eine Vorstellung, die in der weiteren Diskussion eine Rolle spielen wird.

SPIEGEL: In weiten Teilen des Entwurfs, insbesondere bei Themen wie wirtschaftliches Wachstum, technische Innovation, Ökologie ist viel von »Steuerung« die Rede. Andererseits haben die Schreiber des Entwurfs sorgfältig darauf geachtet, diesen Steuerungsvorgang nicht exakt zu benennen. Sie benutzen keine Begriffe wie Planung, Lenkung oder Intervention des Staates. Warum so schamhaft?

BRANDT: Erstens, Planung kommt natürlich vor, indem wir ausdrücklich Godesberg mit der generellen Orientierung bestätigen: »Soviel Markt wie möglich, soviel Planung wie nötig.« Das wird wieder aufgegriffen.

Aber die allgemeine und gewollte Tendenz in den vier Wirtschaftskapiteln ist, uns nicht erscheinen zu lassen – was ja auch falsch

wäre – als Leute, die Gefangene alter oder neumodischer wirtschafts-
politischer Dogmen sind.

Wir stellen obenan die Frage nach dem, was für die Menschen
erreicht werden soll, und danach bestimmen wir die Instrumente. Wir
haben uns nicht ersticken wollen in abstrakten Instrumenten-Diskus-
sionen.

SPIEGEL: Es wirkt unproportioniert, wenn Sie beispielsweise
das Kapitel »Markt und Staat« mit zwei Kernsätzen für den Markt
einleiten, der als Steuerungsprinzip unentbehrlich sei, Effizienz för-
dere, Strukturwandel und Wettbewerbsfähigkeit begünstige, und dann
auf fünf Seiten dagegenhalten, wie man diesen Markt einschränken
kann.

BRANDT: Hier war es schon sehr wichtig, die Aussage voran-
zustellen, was der Markt kann, um dann im einzelnen zu sagen, wo
öffentliche Verantwortung großzuschreiben ist. Das ist schließlich ein
politisches, kein betriebswirtschaftliches Programm. Als Partei, der es
um Politik zu tun ist, müssen wir sagen und ausführen, welche Art
öffentlicher Verantwortung gewährleistet sein muß, damit die und die
Schäden vermieden werden.

SPIEGEL: Die SPD hat ja gerade einen handfesten Streit um
den wirtschaftspolitischen Kurs hinter sich. Der NRW-Fraktions-
vorsitzende Friedhelm Farthmann wollte eine höhere Staatsquote;
Wolfgang Roth, der Wirtschaftssprecher der Bundestagsfraktion, war
dagegen. Uns scheint – nach Lektüre des Entwurfs – diese Auseinandersetzung noch nicht entschieden.

BRANDT: Roth und Farthmann haben sich verständigt. Das,
was da jetzt steht, ist wesentlich mitgeformt durch ein früh einge-
brachtes gemeinsames Papier von Hermann Rappe von der IG Chemie
und von Franz Steinkühler von der IG Metall. Aber daß gerade auf
diesem Gebiet noch eine Menge zusätzlich diskutiert werden wird, bis
die zweite Fassung steht, das will ich nicht ausschließen. Fürs erste
war klarzumachen, und das ist auch gelungen, daß die SPD nicht
irgendwelchen fixen Ideen anhängt.

SPIEGEL: Im Entwurf ist die Rede von einer verstärkten Kontrolle von Banken und Versicherungen, von einer Entflechtung der
Kapitalbeteiligung zwischen Banken und Versicherungen, zwischen
Unternehmens-, Handels- und Dienstleistungsbereich. Wollen Sie
damit eine völlig neue Wirtschaftsordnung für bestimmte Bereiche
ankündigen?

BRANDT: Nein. Auf eine völlig andere Wirtschaftsordnung liefe das auch nicht hinaus. Die ersten massiven Gesetze gegen Machtkonstellationen in der Wirtschaft wurden, wenn ich mich recht erinnere, vor ungefähr 80 Jahren vom amerikanischen Kongreß erlassen. Auf der anderen Seite ist klar, daß es hierzu noch weitere Überlegungen und Vorschläge geben wird.

SPIEGEL: Für einen überzeugten Marktwirtschaftler ist die Grenze des Erträglichen überschritten, wenn Sie sagen: Wo Machtkontrolle anders nicht erreichbar ist und wichtige gesellschaftliche Interessen sich nur so durchsetzen lassen, könnten verschiedene Formen der im Grundgesetz vorgesehenen Vergesellschaftung oder die Überführung in Gemeineigentum nötig werden.

BRANDT: Das finde ich nicht. Wenn Sie das mal vergleichen mit früheren sozialdemokratischen Programmen, stellen Sie fest: Als das Erfurter Programm von 1891 geschrieben war, hat Karl Kautsky, der damals einen gewaltigen Einfluß hatte, geschrieben, man müsse sich die sozialistische Wirtschaft vorstellen wie einen großen Staatsbetrieb. Heute würden wir sagen: schrecklich, schrecklich.

Aber das war damaliges Denken. Das hatten wir schon abgebaut, bevor wir auf dem Weg nach Irsee waren, wo wir diesen Entwurf beraten haben. Selbst das Grundgesetz, das mit Konrad Adenauer und Theodor Heuss gemeinsam geschrieben worden ist, sagt, daß dies möglich ist, wenn's die Sache erfordert. Wie viele Fälle gibt es, wo der Markt nicht funktioniert, weil die Machtkontrolle nicht funktioniert? Man muß das ohne ideologische Scheuklappen sehen.

SPIEGEL: Zum Thema soziale Sicherheit heißt es ziemlich allgemein, der Produktionsfaktor Arbeit könne künftig nicht mehr die gesamten Kosten der sozialen Sicherung tragen. Warum sagen Sie nicht klar, daß die SPD die Maschinensteuer will?

BRANDT: Weil es sich nicht um eine Maschinensteuer handelt. Nur, es kann doch auf Dauer nicht angehen, daß einige menschenarme Betriebe in keiner Weise dazu beitragen, einen hinreichend qualifizierten Nachwuchs für unsere Wirtschaft auszubilden. Wer mit wenig Menschen und viel Kapital produziert, muß ebenfalls seinen Beitrag für die Ausbildung junger Menschen leisten.

Dies gilt im Prinzip auch für die soziale Sicherung, die ja mal entwickelt worden ist in einer Zeit, in der die Relation zwischen menschlicher Arbeitskraft und Maschine ganz anders aussah. Unsere Vorstellungen werden hier noch ausgefeilt werden.

SPIEGEL: Erläutern Sie bitte den Satz, man müsse die Vorstellung aufgeben, daß private oder öffentliche Investitionen in Sachkapital in jedem Falle Personalausgaben vorzuziehen seien. Spricht hier die Partei des öffentlichen Dienstes: Wachstum durch Personalausgaben?

BRANDT: Nein. Es geht nicht um den öffentlichen Dienst. Wir müssen uns darauf einstellen, daß nicht die Zukunft darauf gerichtet sein darf, alle Arbeitskräfte wegzurationalisieren und darauf zu setzen, alles mit immer mehr Computern zu machen. Es wird sich wieder rechnen, dafür gibt es betriebliche Beispiele, gut ausgebildete Leute mit moderner Technik zu koppeln.

SPIEGEL: Im Nachwort heißt es, daß sich nicht alle Mitglieder der Kommission mit allen Einzelheiten des Entwurfs identifizieren. Gibt es auch Passagen, mit denen Sie nicht übereinstimmen?

BRANDT: Wenn da etwas wirklich drinstünde, womit ich fundamental nicht einverstanden wäre, dann würde es da nicht stehen.

SPIEGEL: Das ist auch eine Form des demokratischen Zentralismus. Das Programm soll 1988 auf einem Parteitag verabschiedet werden. Haben Sie schon eine Idee, Herr Brandt, wo dieses Denkmal Ihrer dann 24jährigen Parteivorsitzenden-Zeit errichtet werden soll?

BRANDT: Nun greifen Sie mal der Entwicklung nicht zu weit vor; denn das sind zwei verschiedene Dinge, der Parteivorsitz und die Arbeit am Grundsatzprogramm. Sicher, man muß einen geeigneten Ort finden. Aber, wenn Sie auf meine Geburtsstadt Lübeck rauswollen, dann sage ich Ihnen ganz offen: mit mir nicht. Ich halte dies für eine ungebührliche Personalisierung, um nicht zu sagen, Personenkult.

SPIEGEL: Können Sie sich vorstellen, daß Sie Ihre Arbeit an der Spitze der SPD mit diesem Programm beenden?

BRANDT: Ich möchte das nicht als einen zusammenhängenden Vorgang sehen. Das sind zwei Vorgänge, auf die getrennt Antwort zu geben ist.

SPIEGEL: Dann geben Sie doch getrennte Antworten.

BRANDT: Warum muß ich? Ich muß nur sagen: Erstens braucht die SPD ein Programm, nachdem sie jetzt den Entwurf dazu hat, und zweitens wählt die SPD alle zwei Jahre ihren Vorsitzenden. Das wird sich in Zukunft auch nicht ändern.

SPIEGEL: Herr Brandt, wir danken Ihnen für dieses Gespräch.

Zum SPIEGEL-Gespräch in Nr. 23/1989 (5. Juni)
mit den Redakteuren Olaf Petersen und Klaus Wirtgen

Deutschland bereitete sich Anfang Juni 1989 auf den Besuch Michail Gorbatschows vor. Willy Brandt war bereits im März 1987 als SPD-Vorsitzender zurückgetreten, nur wenige Wochen nach Johannes Raus Niederlage bei der Bundestagswahl. Die Partei hatte Brandts Wunsch abgelehnt, die parteilose Griechin Margarita Mathiopoulos zur Sprecherin zu berufen. Hans-Jochen Vogel wurde SPD-Chef, Brandt Ehrenvorsitzender. In Deutschland wie in anderen westlichen Ländern war die »Gorbimanie« ausgebrochen: Der sowjetische Reformer erfreute sich eines Zuspruchs wie kein zweiter Politiker auf der Welt. Noch nie in der von Krieg und Krisen belasteten deutsch-sowjetischen Geschichte hatte es einen psychologisch derart günstigen Zeitpunkt gegeben. In Moskau schilderte die »Istwestija« in einer Serie die marktwirtschaftlichen Reformen Ludwig Erhards. Unternehmerische Entscheidungsfreiheit, Aufhebung aller Preiskontrollen und ein konvertierbarer Rubel wurden als Eintrittskarten zum Paradies westlichen Lebensstandards angepriesen. In Deutschland war Gorbatschow populärer als Kennedy oder de Gaulle zu deren besten Zeiten. Der Anteil derer, die der Sowjetunion unterstellten, sie strebe militärische Überlegenheit an, sank gegenüber 1983 um die Hälfte auf 30 Prozent. Gorbatschow machte während seines Besuches erste Andeutungen, die Mauer könne »verschwinden, wenn die Voraussetzungen entfallen, die sie hervorgebracht haben«. Schemenhaft tauchte bei ihm und seinem Außenminister Schewardnadse das Bild vom »gemeinsamen europäischen Haus« nach dem Muster der Europäischen Gemeinschaft auf, mit Zimmern für Moskau und die beiden deutschen Staaten. Daß die Vereinigung nur noch gut ein Jahr auf sich warten lassen würde, ahnte damals niemand.

»Die richtige Perspektive heißt 2000«

Der SPD-Ehrenvorsitzende über die Beziehungen zwischen West- und Osteuropa

SPIEGEL: Herr Brandt, im laufenden Europa-Wahlkampf plakatiert die CDU: »Radikale und SPD – Zukunft und Wohlstand ade.« Ihre Sozialdemokraten halten dagegen: Die Union sei »zu allem fähig, aber zu nichts zu gebrauchen«. Hat die Wahl am 18. Juni wirklich nur den Sinn, als Vorwand für innenpolitischen Knatsch herzuhalten?

BRANDT: Das wäre schade, wenn die Wahl sich darauf reduzierte. Sie aber erwarten von mir nicht, daß ich auf meine alten Tage noch Wahlplakate bewerte, schon gar nicht solche, bei denen das Versmaß nicht stimmt – was in ersterem Fall eindeutig festzustellen ist.

SPIEGEL: Vielleicht steigt ja die Beteiligung an der Europawahl, wenn die Leute testen wollen, wie es um den Kanzler Kohl steht.

BRANDT: Es wird sich nie vermeiden lassen, daß alle Wahlen, sogar die Kommunalwahlen, durch das mitbestimmt werden, was in der Bundespolitik vor sich geht. Häufig haben sich die Bürgermeister beschwert, daß man ihr Wirken nicht genügend würdige. Aber es gibt eben einen Zusammenhang zwischen den Gemeinden, den Ländern und dem Bund – und jetzt auch zwischen den Mitgliedsländern der Gemeinschaft und dem Bund. Es wird übrigens interessant sein, inwiefern das Ergebnis und die Beteiligung an der Europawahl in den beiden Bundesländern abweicht, in denen an diesem Tag auch noch die Gemeindevertretungen gewählt werden ...

SPIEGEL: ... in Rheinland-Pfalz und im Saarland.

BRANDT: Es ist vorauszusehen, daß die Kommunalwahlen größeres Interesse finden.

SPIEGEL: Der Bürgermeister von Kleinkleckersdorf als Zugpferd für Europa? Eigentlich eine deprimierende Perspektive.

BRANDT: Wenn es der guten Sache dient.

SPIEGEL: Was ist an der Sache gut?

BRANDT: Die EG ist wirklich wichtig, und sie wird noch wichtiger. Sie haben im übrigen recht: Wir als Wahlbürger müssen fragen, was man am 18. Juni eigentlich von uns will. Will man, daß wir uns – was ja auch einen Sinn hätte – noch einmal zu Europa bekennen, zur simplen und guten Vernunft eines großen gemeinsamen Marktes oder auch einer politischen Zusammenarbeit, die darüber hinausgeht? Das wäre ein Plebiszit, eine Volksabstimmung. Oder sollen wir durch den Gang zur Wahl zum Ausdruck bringen, daß dieses Europaparlament künftig mehr zu sagen hat? Das hätte den Sinn, endlich diesen quasi vordemokratischen Zustand der Europäischen Gemeinschaft zu überwinden, daß nämlich Regierungen gleichzeitig Legislative und Exekutive sind.

SPIEGEL: Es ist ein Konstruktionsfehler, daß die EG-Europäer ein Parlament ohne Kompetenzen wählen.

BRANDT: Ich habe in den siebziger Jahren für die umgekehrte Reihenfolge plädiert, habe mich aber nicht durchgesetzt.

SPIEGEL: Was ist denn nun der Sinn dieser Wahl?

BRANDT: Trotz allem möchte ich sehr dazu raten, zur Wahl zu gehen. Wenn ich keinen besseren Grund hätte, würde ich sagen: Mir würde es nicht schmecken, wenn unsere Wahlbeteiligung wesentlich hinter der in Frankreich zurückbliebe, von Italien ganz zu schweigen. Eine große Wahlbeteiligung ließe sich gut als Votum verstehen, diese EG vom Kopf auf die Füße zu stellen.

SPIEGEL: Was haben wir dann davon? Sie haben Europa »ein Schaustück politischer Schwäche, historischer Entschlußlosigkeit« genannt. Was kann sich daran ändern, wenn es 1993 den Binnenmarkt gibt?

BRANDT: Ich glaube, es kann sich Wichtiges ändern. Das kann vor allem geschehen durch das mögliche Ergebnis der Wiener Verhandlungen über Truppenbegrenzungen in Europa. Und es kann aufgrund des Aufbruchs – wenn man es so nennen will – in mehreren der Länder östlich der Europäischen Gemeinschaft geschehen.

SPIEGEL: Beides hat nichts mit dem Binnenmarkt zu tun.

BRANDT: Ich komme auf einen interessanten Zusammenhang. Bis der Binnenmarkt Wirklichkeit wird, muß man wohl sagen: 1993 plus zehn oder noch mehr Jahre. Bis bei der Währung, den Steuern und Sozialgesetzen alles erledigt ist und der bedeutendste in sich geschlossene Markt der Weltwirtschaft funktioniert, sind wir über die Jahrtausendwende hinweg. Ein eigenartiger Zufall will es, daß der Wiener Abrüstungsprozeß ungefähr so lange dauern wird. Die richtige Perspektive heißt also eher 2000 als 1993.

SPIEGEL: Also kommt es mehr darauf an, was zwischen den westlichen und östlichen Teilen Europas passiert, weniger auf den Binnenmarkt.

BRANDT: Das sehe ich voraus. Beides ist wichtig. Die Hoffnungen der Menschen haben in besonderem Maße mit den Wiener Verhandlungen zu tun. Da sind vom Osten zum Teil erstaunliche Vorschläge gekommen. Und Präsident Bush hat jetzt seine Portion hinzugetan. Die Fachleute halten es für möglich, daß nach Ablauf der ersten Stufe von zwei bis drei Jahren die verschiedenen Waffentypen wesentlich reduziert werden können.

SPIEGEL: Das hat nicht zwingend eine dauerhafte Zusammenarbeit zwischen Ost- und Westeuropa zur Folge.

BRANDT: Wenn dies innerhalb der nächsten zehn Jahre läuft, dann spricht doch alle Vernunft dafür, daß das Gleichgewicht auf der Ebene verminderter Rüstung in eine Organisation mit Behörde – ob man den Ausdruck mag oder nicht – mündet, die dieses Stück europäischer Hausordnung kontrolliert. Das ist dann eine politische Institution.

Die beiden Bündnisse wird es weiter geben. Sie werden sogar gebraucht. Aber Ergebnis wird sein, daß der Einfluß der beiden Flügelmächte abnimmt. Der ehrwürdige amerikanische Außenpolitiker George Kennan hat mal von den beiden halbeuropäischen Mächten – Vereinigte Staaten und Sowjetunion – gesprochen. Die spielen dann in diesem Prozeß nicht mehr die entscheidende Rolle, das tun die Europäer selbst.

SPIEGEL: Die östliche Flügelmacht in Gestalt von Generalsekretär Michail Gorbatschow spricht vom gemeinsamen europäischen Haus. Sie sprechen von Hausordnung. Geht Ihnen die Moskauer Vokabel zu weit?

BRANDT: Nein, das ist ein ganz hübscher Ausdruck. Nebenbei gesagt: Wenn ich »Hausordnung« sage, unterstelle ich ja, daß es so etwas wie ein Haus gibt. Aber, bei allem Respekt vor Michail Gorbatschow: Er hat das gemeinsame europäische Haus nicht erfunden. Bei meinen Gesprächen mit den Russen hat diese Figur schon vor Gorbatschow eine Rolle gespielt. Das war in der Zeit von Breschnew. Dann kam es bei einem Meinungsaustausch mit Andropow vor. Die Sowjets wissen natürlich sehr wohl, daß damit die Frage aufgeworfen wird, inwieweit die Sowjetunion im ganzen zu einem europäischen Haus gehört.

SPIEGEL: Gorbatschows gemeinsames Haus reicht vom Atlantik bis zum Ural.

BRANDT: Richtig. Aber unbestritten ist auch, daß zu diesem Staat Sowjetunion nicht nur das europäische Rußland gehört, sondern noch ein ganzes Stück Asien.

SPIEGEL: Was bedeutet das für Westeuropa?

BRANDT: In der praktisch-politischen Arbeit der kommenden Jahre muß die EG unterscheiden zwischen ihrem Verhältnis zu den einzelnen Staaten des sogenannten Ostblocks und ihren Beziehungen zur Sowjet-Union, insoweit sie europäische Macht ist.

SPIEGEL: Hilft der Binnenmarkt beim Bau des gemeinsamen Hauses? Oder wird der Bau erschwert?

BRANDT: Die Gefahr des Sich-Abschottens ist latent vorhanden. Das muß man sehen. In Richtung Gesamteuropa geschieht nichts automatisch: Um jeden Schritt der Öffnung muß gerungen werden – nebenbei gesagt, nicht nur in der einen Richtung.

Ich war Anfang des Jahres kurz in Washington und habe dort in der Diskussion mit Wirtschaftsleuten und eher konservativen Politikern Mißtrauen und Zweifel im Hinblick auf die »fortress Europe« herausgehört. Früher hieß es immer, die Europäer sollen sich zusammentun. Nun tun sie sich ein bißchen mehr zusammen, und prompt kommt die Befürchtung, sie würden sich in protektionistischer Weise zu Lasten der Amerikaner abschotten. Doch ich habe versucht, denen darzulegen: Wenn nicht andere, dann sorgen schon die Deutschen dafür, daß so etwas nicht eintritt.

SPIEGEL: Wie soll sich die EG zu Osteuropa verhalten?

BRANDT: Die ökonomisch wichtigen Beziehungen werden sich nicht, wie man geglaubt hat, zwischen der EG und dem RGW . . .

SPIEGEL: . . . dem östlichen Rat für gegenseitige Wirtschaftshilfe . . .

BRANDT: . . . entwickeln, da bleibt es bei nützlichen Rahmenabkommen, die aber mehr von Formalitäten handeln als von realen Inhalten. Nach allem, was ich jetzt sehe, wird sich – wegen der unterschiedlichen Entwicklung im Ostblock – eine unterschiedliche Dichte an ökonomischen Beziehungen herausbilden zwischen der EG neuen Typs und einzelnen Partnern im sogenannten Osten.

Dabei denke ich nicht nur an Polen und Ungarn, sondern auch daran, daß sich im Handel mit dem Westen an der relativen Besserstellung der DDR gegenüber den anderen im RGW nichts ändern wird.

SPIEGEL: Sie sprechen vom Sonderstatus der DDR, die dank dem innerdeutschen Handel quasi 13. Mitgliedsland der EG ist.

BRANDT: Das hören die nicht gerne. Die Partner der DDR im RGW hören es noch weniger gerne. Und ganz so ist es ja auch nicht.

SPIEGEL: Wie lange verträgt sich dieser Sonderstatus eigentlich noch mit der Scheu der DDR vor Wirtschaftsreformen?

BRANDT: Sie kennen die Antwort, die Ihnen jetzt ein Mann, der in der DDR verantwortlich ist, geben würde. Dort sagt man, mit dem, was sie wirtschaftlich darstellen, könne man sich ganz gut sehen lassen in ihrem Bereich. Manchmal sagen sie es noch ein bißchen deutlicher. Dann kann es sich leicht arrogant anhören, zumal wenn sie es noch mit dem Hinweis verbinden, daß es sich auch dort bekanntlich um Deutsche handele.

Ich finde jedenfalls, es sollte in der Bundesrepublik niemand Anlaß haben, an den heutigen Regelungen mit leichten Vorteilen für die DDR zu rühren. Im übrigen: Wenn die Deutschen zu etwas von Nutzen sind in dem Verein EG, dann nicht nur deswegen, weil sie ökonomisch ganz tüchtig sind. Vielmehr ist es so, daß sie nun mal aufgrund ihrer geographisch-politischen Situation mehr noch als andere dafür sorgen, daß Gesamteuropa nicht aus dem Blickfeld gerät.

SPIEGEL: Polen allerdings scheint abgeschrieben. Da reagiert Bonn auf Freizügigkeit mit verschärften Visabestimmungen. Und statt den Reformprozeß mit neuer Wirtschaftshilfe zu stützen, wird darüber gestritten, ob ein alter DM-Milliarden-Kredit in Zloty umgewandelt werden kann.

BRANDT: Ich bin der erste, der sagt, wir sollten weniger kleinkariert an diese Dinge herangehen und zu dem sich wandelnden Polen ein wirklich produktives Verhältnis herstellen. Vorsichtig füge ich hinzu: Was die Polen jetzt erwarten, geht vielleicht ein bißchen über das hinaus, was man leisten kann. Und zum Thema Freizügigkeit bilde ich jetzt mal die Denkfigur, die Führung der DDR hielte es für möglich, und entschiede sich dann auch dafür, Freizügigkeitsbestimmungen zu erlassen, die den heute in Polen üblichen entsprächen. Ich glaube nicht, daß die Bundesrepublik darauf vorbereitet wäre.

SPIEGEL: Außenminister Genscher hat auf die Frage, ob er sich Ungarn als EG-Mitglied vorstellen kann, mit der Warnung abgewehrt, man möge sich nicht in Spekulationen verlieren; denn die EG sei nicht nur eine ökonomische, sondern vor allem eine Wertegemeinschaft. Hätten Sie das auch so gesagt?

BRANDT: Ich will nicht am Außenminister herummäkeln, sondern sagen: Das mit der Wertegemeinschaft ist, im Verhältnis zu anderen gesehen, ja auch nichts Statisches. Wenn es so ist, daß sich demokratische Strukturen in unserem Verständnis durchsetzen in Ländern, die wir dem Osten zurechnen, dann geht ja das Argument ins Leere, daß es zwischen den Staaten hüben und drüben ein engeres Verhältnis nicht gebe.

Ich würde zu erwägen geben: Wenn es wahr ist, daß für die Organisation der Sicherheit zwischen den Teilen Europas die Bündnisse als Ordnungselemente erforderlich sind, und wenn es weiterhin richtig ist, daß dies nur geht, wenn die beiden halbeuropäischen Mächte mit diesem Prozeß verbunden bleiben, dann ist nicht gut vorstellbar, daß man zu gleicher Zeit zu einem östlichen Paktsystem und zur westlichen Wirtschaftsgemeinschaft gehört, die sich zur politischen Union formiert. Ich denke im übrigen, daß die Frage einer Mitgliedschaft Ungarns in der EG sich in der nahen Zukunft nicht stellen wird.

SPIEGEL: Auch nicht als assoziiertes Mitglied?

BRANDT: Das macht einen großen Unterschied, was immer Assoziierung dann bedeutet. Dafür sind verschieden Formen denkbar. Ich kann mir nicht gut vorstellen, daß dieser Prozeß, den wir vor uns haben, in Europa gefördert wird, wenn ein EG-Land sagt, es möchte lieber dem Warschauer Pakt angehören. Nun können Sie sagen: Das ist eher unwahrscheinlich. Es spricht mehr für Ihr Beispiel als für mein sehr hypothetisches. Wenn sich die EG zugleich zu einer politischen Union entwickelt, bleibt sie eine primär westliche Gruppierung, die unterschiedliche Formen in ihrem Verhältnis zu anderen Teilen Europas entwickeln kann. Ich rede jetzt nicht darüber, was im nächsten Jahrhundert sein wird, sondern wir sprechen jetzt über die nächsten Jahre.

SPIEGEL: Sprechen wir vom nächsten Jahrhundert. Ist dann der Binnenmarkt nur eine Zeit des Übergangs hin zu Ihrer Vision von Gesamteuropa?

BRANDT: Das mag man später mal in einer Zeit, die noch ziemlich weit entfernt ist, rückschauend vielleicht so feststellen. Und für diese Art von Zukunft gibt es jetzt mehr Chancen, als wenn der Kalte Krieg neu in Gang gekommen wäre. Jetzt haben wir – egal ob Sie das nun an Gorbatschow aufhängen oder an Überlegungen, die ich oder andere angestellt haben – als festen Ausgangspunkt die Wiener Konferenz.

SPIEGEL: Henry Kissinger warnte kürzlich, hinter dem Slogan vom gemeinsamen europäischen Haus stecke nichts anderes als der Versuch der Sowjets, Europa von den USA zu trennen und sich selbst als Hausherr zu etablieren.

BRANDT: Ich habe leider mit Kissinger darüber in jüngster Zeit nicht reden können. Ich hätte ihm widersprochen. Denn wer genau hinhört und nicht nur liest, was dazu von führender sowjetischer Seite veröffentlicht wird, der wird ja feststellen, daß diese Konzentration auf das europäische Haus immer auch verbunden ist mit einem russischen Interesse daran, daß Amerika mit Europa verbunden bleibt. Das ist anders, als es die Skeptiker in den Vereinigten Staaten wahrnehmen oder glauben. Da irrt man in Amerika.

SPIEGEL: Könnte das amerikanische Interesse an Europa nachlassen, wenn Washington den Eindruck bekommt, die Verbindungen Westeuropas zu Osteuropa und zu Moskau seien zu stark?

BRANDT: Das ist doch reine Theorie. Das ist doch abstrakt. Wer hat denn hier solide Interessen über das militärische Bündnis hinaus? Wer hat denn in Deutschland und im übrigen Westeuropa erheblich investiert? Ist denn die Sowjetunion hier durch die multinationalen Gesellschaften präsent? Die massive ökonomische Verflechtung wird ja nicht über den Haufen geworfen dadurch, daß sich etwas Gesamteuropäisches ergibt.

Und die Neigung der Europäer, gute Beziehungen zu den Vereinigten Staaten zu entwickeln, wird auch nicht deshalb aufhören, weil sich ein besseres Verhältnis zur Sowjetunion und zu Osteuropa ergibt. Nein, das ist wohl doch noch der Niederschlag eines Denkens, das es schwer hat, sich von dem Gedanken zu verabschieden, daß man entweder voll was zu sagen hat oder gar nichts.

Das spezifische Gewicht der USA im Hinblick auf Westeuropa hat sich verändert. Und wird sich weiter verändern. Aber es ist eine bloße Theorie zu glauben, dort vollziehe sich ein Prozeß, der den massiven Einfluß der Vereinigten Staaten durch sowjetische Expansion ablöse. Das ist effektiv nicht drin.

SPIEGEL: Herr Brandt, kann die von Ihnen inszenierte Ostpolitik als Vorbild für eine zweite Phase der Entspannungs- und Ostpolitik in Europa dienen?

BRANDT: Also erst mal stelle ich mit einer gewissen Befriedigung fest, daß mittlerweile bei uns in der Bundesrepublik fast jeder für Ostpolitik gewesen sein will. Das heißt auf gut deutsch: Etwas Schreckliches ist dies nicht mehr, auch wenn es unterschiedlich ausgelegt wird. Zweitens sind die Befürchtungen einiger unserer westlichen Freunde – nicht nur in Amerika – sehr viel geringer geworden. Drittens gibt es mittlerweile Leute, die sogar glauben, sich in anderen Teilen der Welt anlehnen zu können an das, was wir mal gemacht haben. Ich bin zum Beispiel eingeladen, mich demnächst mal in Korea zu zeigen. Dort ist mittlerweile der Begriff der »Nordpolitik« im Schwange – mit genau diesem deutschen Ausdruck.

SPIEGEL: Was für Korea paßt, muß noch lange nicht für Europa gut sein.

BRANDT: Richtig. Womit wir begonnen haben, das war noch alles viel bescheidener als das, was heute in bezug auf die Teile Europas diskutiert wird. Wir wollten unsere Interessen im anderen Teil Europas selbst wahrnehmen und sie nicht nur durch andere wahrnehmen lassen, auch wenn es die Siegermächte waren.

Wir wollten unser Verhältnis zu den Staaten östlich von uns – soweit dies ging – normalisieren. Es sollte sich eine Zusammenarbeit entwickeln. Es ist ja dann auch einiges passiert. Und dann deuteten sich Projekte an, die weit über das Bilaterale – BRD zu anderen – hinausführten, denken Sie an diese erste gesamteuropäische Konferenz im Juli 1975 in Helsinki. Es gibt heute ein viel höheres Maß an Reiseverkehr und Besuchsmöglichkeit sowie an humanitären Regelungen – und zwar zusätzlich zu den praktisch-politischen Dingen.

SPIEGEL: Meinen Sie die Abrüstungsinitiativen?

BRANDT: Ja, vor allem. Die haben wir natürlich zunächst gegen manche Widerstände voranzubringen gehabt. Wahrscheinlich wird, geschichtlich gesehen, einmal zum Bedeutendsten gehören, daß in den frühen achtziger Jahren, als sich die beiden Weltmächte wieder stark gegeneinander bewegten, die beiden deutschen Staaten bei all ihren Unterschieden ein gemeinsames Interesse bekundet haben, in die Streitereien der Großen nicht über Gebühr hineingezogen zu werden.

SPIEGEL: Beim Raketenstreit liefen die Konfliktlinien quer durch die Gemeinschaft und die Nato.

BRANDT: Jedenfalls hätten wir in einer solchen Auseinandersetzung wie der um die Raketen um keinen Deut besser dagestanden, wenn wir keine Europäische Gemeinschaft hätten. Eher stünden wir ungünstiger da. Die Konsultationsmechanismen der Gemeinschaft haben eigentlich der Bundesrepublik auch in dieser Runde geholfen. Dabei bin ich nicht sicher, ob nicht mancher hierzulande beim Raketenstreit aus innenpolitischen Gründen reichlich tief in die nationale Mottenkiste gegriffen hat.

SPIEGEL: Im Moment ist nicht sichtbar, daß die Bundesrepublik entspannungspolitisch der Vorreiter Europas werden kann, wie sie das in der ersten Phase der Ostpolitik gewesen ist.

BRANDT: Das ist auch nicht unbedingt erforderlich. Es kommt ja nicht notwendigerweise darauf an, was hinten rauskommt, sondern was unter dem Strich steht. Und was unter dem Strich steht, wenn ich eine relativ bedeutende Gemeinschaft auf einer mittleren Linie voranbringen helfe, ist wichtiger als wenn ich vor der Front marschiere. Ich glaube nicht, daß wir uns in der akuten Diskussion über unsere westeuropäischen Nachbarn zu beschweren haben.

SPIEGEL: Nicht einmal über Margaret Thatcher?

BRANDT: Bei allem Respekt vor der Premierministerin: Es wird auch ihr nicht gelingen, Großbritannien auf eine erst noch zu schaffende Insel zwischen Großbritannien und Amerika zu verlegen. Also, das ist natürlich nicht nur eine Frage unterschiedlicher Einschätzungen von Sicherheitsgegebenheiten. Da spielte vieles mit. Da braucht der französische Präsident nur nach Amerika zu fahren, dann heißt es bereits, ein Honigmond sei ausgebrochen, weil er so verstanden wird, als wolle er die Deutschen schon zur Räson bringen.

SPIEGEL: Herr Brandt, mit dem Reformprozeß in Osteuropa verbinden manche die Hoffnung auf Fortschritte in der deutschen Frage und manche Nachbarn ebensolche Sorgen.

BRANDT: Ich glaube, daß gerade für die beiden deutschen Staaten von ganz großer Bedeutung ist, was in Wien geschieht. Wenn die europäische Friedensordnung kommt, wird sie Bundesrepublik und DDR einbinden.

SPIEGEL: Aber nicht vereinen?

BRANDT: Die große Chance, die ich für das Verhältnis der beiden deutschen Staaten zueinander und für das erreichbare Maß an Einheit der Deutschen sehe, um die Präambel des Grundgesetzes zu zitieren, liegt in der Entwicklung des Verhältnisses zwischen den Teilen Europas. Diese Veränderung kann ein Dach schaffen, unter dem es auch im Interesse anderer nicht mehr als unmöglich, völlig unerwünscht oder untragbar erscheint, daß die Deutschen auf den Gebieten, auf denen sie noch ein bißchen mehr an Gemeinsamkeiten haben als andere, diese auch durch ein engeres Verhältnis zueinander realisieren können.

SPIEGEL: Mit offenen Grenzen?

BRANDT: Das ist natürlich eines der Ziele dieses Prozesses europäischer Einigung, daß die Leute sich frei oder möglichst frei bewegen können. Aber die Form, in der sich ein künftiges Verhältnis der Deutschen zueinander darstellt, sollte man ein bißchen der Phantasie der Geschichte überlassen.

Man muß nur wissen: Es war in der zurückzuverfolgenden Geschichte in bezug auf die Art, wie die Deutschen miteinander leben, nie nur so, daß die Deutschen selber entschieden. Es entschieden lange diejenigen, die in Deutschland über das Volk herrschten, und es entschieden die Nachbarn. Und von denen haben wir weiterhin eine ganze Menge. Wenn sich die Teile Europas in der weiteren Zukunft enger verflechten, kann ich jedenfalls nicht einsehen, daß das Verhältnis zwischen den beiden Teilen Deutschlands weniger eng sein soll. Im Gegenteil, dann stelle ich mir vor, daß es enger ist als zwischen sonst x-beliebigen Staaten ohne gemeinsame Geschichte und Sprache und Familien.

SPIEGEL: Wo könnte sich ein über die EG hinausreichendes Europa außer in der Sicherheitspolitik manifestieren?

BRANDT: Ich frage: Müssen wir nicht rascher hin zu einer gesamteuropäischen Umweltbehörde? Da könnte der Europarat eine gute Rolle spielen, zu dem auch die Efta-Staaten gehören, die Türkei und die Inselstaaten im Mittelmeer. Finnland ist gerade Vollmitglied geworden. Ich vermute einmal, Ungarn möchte ganz gerne den Platz Finnlands als assoziiertes Mitglied einnehmen. Der Europarat hat – mehr auf nichtpolitischen Gebieten – eine Menge gemacht, menschenrechtlich, kulturell, technisch. Vielleicht kann man von dort her eine gesamteuropäische Umweltbehörde auf den Weg bringen helfen. Das wäre ein praktisch-politisches Projekt für sich, aber von weitreichender Bedeutung.

SPIEGEL: Man muß angesichts der katastrophalen Umweltlage etwa in der ČSSR und in Polen befürchten, daß Standards nach unten nivelliert werden.

BRANDT: Das ist ein berechtigter Einwand. Nur kann das auch und muß genau in die andere Richtung gehen. Es kann das Interesse daran bringen, Dinge, die man nicht mehr nationalstaatlich und auch nicht mehr blockintern regeln kann, in einem größeren Rahmen anzugehen. Dieses Interesse wächst rasch.

SPIEGEL: Und damit sind wir beim Geld.

BRANDT: Natürlich ist es auch eine Kostenfrage. Aber zu glauben, der Westen könnte mit dem, was man Osteuropa nennt, rasche Fortschritte machen, wenn er nicht dort mehr hineintut, wovon er später ja auch etwas haben würde, das wäre eine Illusion.

SPIEGEL: Wenn Sie um Rat gefragt werden, wie sich die Westeuropäer zum Reformprozeß in Osteuropa stellen, empfehlen Sie Distanz oder den Versuch, Öffnung aktiv zu beschleunigen?

BRANDT: Erstens würde ich bestimmt nicht zur Gleichgültigkeit raten, aber auch nicht zur Lehrmeisterei. Wenn man gefragt wird, ob man etwas an Erfahrungen im Hinblick auf unsere Entwicklung anzubieten hat, sollte man damit nicht zurückhalten. Aber man sollte nicht meinen, wir hätten dorthin einfach etwas zu exportieren. Das, glaube ich, wäre falsch. Und daß es auch Rückschläge geben wird, ist so sicher wie das Amen in der Kirche.

SPIEGEL: Auch die neue amerikanische Administration unter Bush will die Beziehungen zu den einzelnen Staaten Osteuropas intensivieren. Ist das der Versuch Washingtons, Moskaus Einfluß im europäischen Haus zurückzudrängen?

BRANDT: Man kann eine Politik der Öffnung intelligent betreiben. Und man kann sie plump betreiben. Ich hoffe darauf, daß die amerikanische Politik intelligent sein wird und auch Lehren daraus zieht, daß man mit überwiegend propagandistischen Vorschlägen übers Radio und sonstwo noch nichts Vernünftiges bewirkt hat in bezug auf Wandlungsprozesse woanders.

SPIEGEL: Herr Brandt, wir danken Ihnen für dieses Gespräch.

486

Zum SPIEGEL-Gespräch in Nr. 43/1989 (23. Oktober)
mit den Redakteuren Erich Böhme und Klaus Wirtgen

Willy Brandt und die deutsche Frage – das Leitthema eines politischen Lebens. Seit dem Mauerbau am 13. August 1961 suchte der Berliner Regierende nach Wegen, wie die Härten der Trennung gemildert werden könnten. Einen Modus vivendi, ein geregeltes Verhältnis zwischen den beiden Teilen Deutschlands herzustellen und in der Mitte Europas eine Zone gesicherten Friedens zu schaffen – dieses politische Ziel hatte Brandt schon früh anvisiert. Sein Traum erfüllte sich in der Nacht vom 9. auf den 10. November 1989, wie es sich für einen Traum gehört: im Schlaf. Die Brandts waren am 8. November in Unkel am Rhein aus einer Penthouse-Wohnung in ihr neues Haus am Fluß umgezogen; Fernsehen und Radio waren noch nicht installiert. Zwischen vier und fünf Uhr morgens klingelte das Telefon, ein Nachtmoderator des Rundfunks bat um ein Statement des SPD-Seniors. Frau Brigitte vermutete einen Jux und reagierte ungnädig: Es sei zu früh am Morgen für Scherze dieser Art. Der Anrufer fragte erstaunt, ob sie nicht mitgekriegt habe, daß seit Mitternacht Zigtausende DDR-Bürger nach West-Berlin strömten. Sie weckte ihren Mann und teilte ihm die Sensation mit. Der sagte nur einen Satz: »Das ist es«, stand auf und ließ sich interviewen. Brandt war sich schon seit einiger Zeit sicher gewesen, daß sich etwas verändern werde. Große Hoffnungen setzte er auf die Wiener Verhandlungen über Truppenreduzierung in Europa. Von dieser Konferenz versprach er sich eine Art »Sicherheitsbehörde für ganz Europa«, unter deren Dach dann auch zwischen beiden deutschen Staaten normalere Beziehungen einkehren könnten. Am Morgen des 10. November flog Brandt nach Berlin. In der britischen Militärmaschine notierte er den Satz, der zum Leitmotiv der Einigung wurde: »Jetzt wächst zusammen, was zusammengehört.«

»Jetzt größere Schritte«

Der SPD-Ehrenvorsitzende über die deutsch-deutschen Beziehungen

SPIEGEL: Herr Brandt, Sie waren sich bei Ihrem Besuch in Moskau in der vorigen Woche mit Generalsekretär Gorbatschow einig, daß es in der DDR rasch zu Reformen kommen muß. Ermutigt Sie die Ablösung Erich Honeckers durch Egon Krenz? Oder gab es da nur einen Wechsel von einem alten zu einem jüngeren Alt-Stalinisten?

BRANDT: Ich kann Herrn Gorbatschow nicht in Anspruch nehmen für meine Beurteilung der Entwicklung in der DDR. Aber Sie haben recht: Auch er hatte den Eindruck gewonnen, daß etwas passieren muß – vor allem, was das Verhältnis zwischen den Bürgern zu ihrem Staat betrifft.

Ich betrachte das, was sich am 18. Oktober vollzogen hat, als einen ersten Schritt, vielleicht nur einen Übergang – was weiß ich. Aber es ist ein wichtiges Datum. Herrn Krenz, der das jetzt macht – ich weiß nicht, für wie lange –, ist nicht nur zuzuschreiben, was er kürzlich an törichtem Zeug über China von sich gegeben hat. Er hat in den letzten Tagen auch vernünftige Ratschläge an die Sicherheitskräfte vermittelt – in Leipzig und an andere Adressen.

SPIEGEL: Trauen Sie ihm Reformen zu?

BRANDT: Ach, wissen Sie: Reformen. Ich entwickle eine zunehmende Allergie gegen den Umgang mit diesem Begriff. Wir sind ja eh in der politischen Sprache manchmal ein bißchen arm. Und unser Einfühlungsvermögen in einen solchen ganz neuen Abschnitt – auf den anderen Teil Deutschlands bezogen – ist leicht überentwickelt. Auch mir fehlen gelegentlich die Worte. Selbst »Perestroika« greift ja weiter als »Reformen«.

SPIEGEL: »Reform« war ein Schlüsselwort Ihrer Kanzlerschaft.

BRANDT: Ja, aber ohne die Grundlagen der staatlichen und der ökonomischen Ordnung in Frage zu stellen. Jetzt reden wir von etwas anderem: Ich betrachte das Absetzen hoher Führungspersonen normalerweise nicht als Reform. Ich würde die zögerlich und widerspruchsvoll sich vollziehende Ablösung eines Ein-Parteien-Staats einen eher revolutionären – wenn auch hoffentlich mit friedlichen Mitteln – denn einen evolutionären Vorgang nennen. Ich würde die Ablösung der Kommandowirtschaft, wenn sie kommt – aber sie müßte ja kommen –, nicht als bloße Reform betrachten.

SPIEGEL: Krenz – der Revolutionär?

BRANDT: Das muß sich zeigen. Meine Allergie hat sich zusätzlich daraus ergeben, daß uns in der Debatte der Bundesrepublik nicht viel mehr eingefallen ist als zu fragen: Wie können wir eine Reform in der DDR fördern, indem wir diese oder jene Wirtschaftshilfe leisten? Das war überhaupt nicht adäquat, weil ja im Unterschied zu anderen Teilen östlich von uns – einschließlich der Sowjetunion – die Menschen in der DDR nicht hungern. Ihr Hunger ist einer, der ausgelöst worden ist durch die tiefe Unzufriedenheit darüber, daß sie gegängelt und bevormundet werden.

SPIEGEL: Als Sie Ihren Doktor-Hut aufgesetzt haben in der Lomonossow-Universität . . .

BRANDT: Die verteilen keine Hüte. Es gab eine Medaille am blauen Band und eine Urkunde.

SPIEGEL: . . . da hat Sie ein Student gefragt, was Sie anstelle Honeckers tun würden. Sie haben gesagt, auf Moskauer Boden gäben Sie darauf keine Antwort. Und in Bonn?

BRANDT: Ich würde die Konsequenz daraus ziehen, daß die Menschen unser Fernsehen sehen und unseren Rundfunk hören. Und gar nicht so wenige lesen sogar den SPIEGEL. Davon kommt eine Menge rüber. Die Kluft zwischen dem, was sie auf diese Weise erfahren – was ja auch nicht immer alles ganz genau stimmt –, und dem, was ihnen zu Hause geboten wird, muß geschlossen werden, damit den Bürgern gegenüber Glaubwürdigkeit entsteht. Das ist im Gange.

SPIEGEL: Reicht das?

BRANDT: Der eigentliche Punkt ist: Wer immer da die Nummer eins ist, der sollte wissen, daß er bald relevante Kräfte an einen Tisch bringen muß – ob der nun rund, viereckig oder achteckig ist, das ist alles Wurscht. Honecker hat noch an einem länglich-viereckigen Tisch die Vertreter der Blockparteien empfangen, die sich künftig etwas mehr räuspern werden, als sie es bisher durften. Krenz muß Leute vom »Forum« und vom »Aufbruch« holen. Er muß ein paar wichtige Betriebsräte dabeihaben. Er sollte auch mindestens einen Sozialdemokraten dabeihaben.

SPIEGEL: Die Antrittsrede von Krenz bezog nur SED und Blockparteien in die Diskussion ein.

BRANDT: Er wird noch erleben, daß dies nicht reicht. Ich glaube, diese beiden Dinge – Umschalten auf eine neue Informationspolitik und Dialog nicht als taktisches Manöver, sondern als strategische Operation –, das wäre schon eine ganze Menge für die erste Stufe.

SPIEGEL: Oskar Lafontaine verlangt Parteienpluralismus und freie Gewerkschaften.

BRANDT: Ich stimme mit Oskar Lafontaine insofern überein, als er das perspektivisch sieht, dann ist Parteienpluralismus nur eine Frage der Zeit. Voraussetzung ist der Dialog unterschiedlicher Kräfte an einem Tisch. Und mit freien Gewerkschaften meint Lafontaine mit Sicherheit nicht die Gründung neuer Gewerkschaften, sondern daß die FDGB-Gewerkschaften gegenüber Staat und Partei frei werden müssen.

SPIEGEL: Warum so zurückhaltend?

BRANDT: Das Beispiel Polens zeigt, daß große wirtschaftliche Vorhaben nicht durch konkurrierende Gewerkschaften erleichtert werden, die sich mit ihren Forderungen übertreffen wollen.

SPIEGEL: Sehen Sie auf diesem Gebiet Bewegung in der DDR?

BRANDT: Der FDGB-Vorsitzende Harry Tisch hat noch vor kurzer Zeit beim DGB wenig überzeugt. Jetzt hat er auch nach außen hörbar gemacht, was in den Betrieben los ist. Dies ist ja wohl der eigentliche qualitative Sprung, der in der DDR stattgefunden hat: vom Protest der stark intellektuell und evangelisch geprägten Gruppen – bei allem Respekt sei es gesagt – hin zur Arbeiterschaft in Sachsen und anderswo.

SPIEGEL: Welche Rolle haben Gorbatschow und andere Sowjets bei dem Führungwechsel in der DDR gespielt?

BRANDT: Wie stark der sowjetische Einfluß war und in der Folge ist, das kann ich nicht beurteilen.

SPIEGEL: Hat Moskau auch Einfluß auf die Personenauswahl genommen? Hat Krenz den Segen des Kreml?

BRANDT: Ich glaube, die Personenauswahl war eine autonome Ost-Berliner Entscheidung.

SPIEGEL: Wie stellen Sie sich die künftigen Kontakte zur DDR vor? Reicht es, mit der SED zu sprechen?

BRANDT: Wir entdecken die Welt nicht neu. Ich habe ja diese Polemik hinsichtlich der Parteikontakte für kleinlich und engstirnig gehalten – so wie ich es für ganz kurzsichtig oder auch schäbig halte, aus dem Deutschland-Thema ein Wahlkampf-Thema des nächsten Jahres machen zu wollen. Kontakte zur SED bleiben auch dann interessant, wenn die SED – hoffentlich – ihre Rolle als Staatspartei einbüßt. Das wird nicht von heute auf morgen gehen. Aber man muß in der Phase, die jetzt begonnen hat, die Gespräche – soweit Kräfte und Zeit reichen – auf möglichst viele sich erstrecken lassen. Es gibt neben den Blockparteien sehr wichtige Gruppen wie »Forum« und »Aufbruch«. Sehen Sie mal, hier in meinem Zimmer saß Anfang vorigen Jahres Bärbel Bohley, als sie aus der DDR rausexpediert worden war. Sie saß nicht allein da. Die haben an mich die Fragen gerichtet, ob ich nicht mithelfen könne, daß sie zurückgehen können. Mich hat damals diese Grundhaltung sehr beeindruckt: Wir wollen *dort* unsere Arbeit machen.

SPIEGEL: Wie halten Sie es mit der SPD?

BRANDT: Die haben gesagt: Wir heißen nicht SPD, sondern SDP in der DDR. Wir sind kein Anhängsel der SPD. Wir werden nicht von Bonn aus gesteuert. Wir sind auch nicht einfach eine Wiederbelebung jener SPD, die in die SED übergeführt wurde. Wir sind etwas Neues. – Sie haben sich an mich gewandt, weil ich Präsident der Sozialistischen Internationale bin, und möchten gerne Mitglied werden. Ich habe ihnen mitgeteilt, daß ich darüber Ende November mit meinen Freunden in Genf sprechen werde. Und natürlich kann ich schon jetzt sagen: Wir sind natürlich an möglichst engem Kontakt interessiert.

SPIEGEL: Es ist doch vorstellbar, daß in ganz Osteuropa das Pendel am Sozialdemokratismus vorbei in eine neoliberale oder gar konservative Richtung ausschlägt, weil die Wirtschaft liberaler organisiert werden muß, wenn sie die Bedürfnisse der Menschen erfüllen soll.

BRANDT: Wenn es den Menschen hilft, kann es mir nur recht sein. Aber ich glaube nicht, daß es sich so vollziehen wird.

SPIEGEL: Sie sind in Moskau allen Fragen zum künftigen Verhältnis der beiden deutschen Staaten ausgewichen. Einerseits wollten unsere Landsleute, so Ihre Formulierung, »nichts, was die Verwirklichung der europäischen Friedensordnung gefährden« könnte. Andererseits unterstellten Sie den Deutschen beider Staaten, sie verlangten, daß sich »das Recht auf die Selbstbestimmung mündiger Bürger und auf nationalen Zusammenhalt hiermit vereinbaren« lassen müsse. Können Sie das etwas genauer sagen?

BRANDT: Ich habe – ähnlich deutlich wie der Bundesaußenminister – sagen wollen, daß es eine gedankliche Fehlorientierung wäre, wenn wir nicht wüßten, daß das, was aus dem Verhältnis zwischen den beiden deutschen Staaten und ihren Menschen wird, in hohem Maße von dem – wie auch immer vonstatten gehenden widersprüchlichen – Zusammenwachsen der Teile Europas abhängt. Und es kommt eben auch auf die konkrete Einstellung europäischer Nachbarn an, von denen einige noch stärker interessiert sind als andere.

SPIEGEL: Und das Interesse der Sowjetunion?

BRANDT: Nach der Gorbatschow-Rede in Ost-Berlin hat der Sprecher des sowjetischen Außenministeriums Gerassimow dem Sinne nach gesagt: Vergeßt bitte nicht, daß es in bezug auf die DDR auch noch einen strategischen Faktor gibt. Damit hat er gemeint, daß es in der DDR – anders als in Polen und Ungarn – noch sowjetische Divisionen mit etwa 400 000 Mann gibt. Diese Zahl wird sich zwangsläufig – als Teil des Wiener Abrüstungsprozesses – reduzieren. Das hängt mit den Beziehungen der Sowjets zu den USA zusammen. Aber der Faktor wird auf kurze Sicht nicht verschwinden. Er ist ein Spezifikum der europäischen Lage, in die wir eingebettet sind. Viele von uns denken, das hätte nur mit EG und Comecon oder eher allgemein mit Nato und Warschauer Pakt zu tun. Anders gesagt: Beide deutschen Staaten sitzen nebeneinander in Wien. Und zur Überraschung der anderen streiten sie sich dort nicht, sondern arbeiten beide fleißig mit an diesem Abkommen, das vielleicht in einem Jahr kommen wird: »Wien 1« mit wesentlicher Reduzierung von Truppen und Rüstungen in Europa.

SPIEGEL: Könnte die deutsch-deutsche Grenze fallen, wenn Wien zum Erfolg würde?

BRANDT: So einfach ist das nicht. Denn außer der Sicherheit gibt es mindestens noch die Ökonomie. Tatsächlich ist die DDR wegen der besonderen innerdeutschen Regelungen näher an der EG als die anderen Partner des RGW – zum Leidwesen übrigens etwa der Polen, der Ungarn und der Tschechen. Die hätten auch gerne um die Ecke rum ansehnlich am europäischen Markt partizipiert.

SPIEGEL: Die deutsche Frage – ein Handelsproblem?

BRANDT: Viel komplizierter als bei der militärischen Sicherheit kommen wir hinein in einen Prozeß, der vom künftigen Verhältnis der EG zu einzelnen Staaten handelt – auf Teilgebieten, wohl aber auch in bezug auf die Gesamtheit der Staaten des RGW. Ich stimme wiederum mit dem Bundesaußenminister voll überein, wenn er sagt:

Dieses Sich-Einstellen auf den – nennen wir es mal so – großen Umbruch im anderen Teil Europas darf nichts daran ändern, daß wir als Bundesrepublik den Ausbau der EG ohne Vorbehalte weiter mitmachen.

SPIEGEL: Genscher will keine »Blaupausen«, in denen verbindlich die gesamteuropäische Zukunft der nächsten Zeit entworfen wird. Ist »Europa 92« aus Ihrer Sicht eine Gefahr für die gesamteuropäische Friedensordnung?

BRANDT: Das glaube ich nicht. Wenn man es anders machen würde, als Genscher vorschlägt, wäre dies übrigens gegen die Gründungsakte der EWG. Die zielt nicht auf ein in sich abgeschottetes Gebilde, sondern auf eines, das erweiterungsfähig ist und kooperationsfähig bleibt. Es gibt natürlich mehr als in Rußland in Amerika die Sorge vor der »Festung Europa«. Das ist dort vor allem aus ökonomischen Gründen so. Ich glaube, die Sorge ist unberechtigt.

SPIEGEL: EG-Präsident Jacques Delors hat die wirtschaftliche und politische Integration der Gemeinschaft angemahnt. Dahinter verbirgt sich die Sorge, daß die Deutschen den sicherheitspolitischen Bereich abkoppeln könnten.

BRANDT: Delors ist nicht nur ein guter Präsident, sondern außerdem ein guter Franzose. Man muß verstehen können, daß den Franzosen daran liegt, den größeren Teil Deutschlands erst noch ein bißchen stärker einzubinden, bevor die Versuchungen aus anderer Richtung größer werden könnten. Ich sage ja nicht »werden«, sondern »werden könnten«. Im übrigen wäre es wenig realistisch, aus der EG eine Ersatz-Nato machen zu wollen.

SPIEGEL: Könnten Sie Ihr Zukunftsbild der beiden deutschen Staaten in Umrissen beschreiben?

BRANDT: Vielleicht könnte ich, aber ich will nicht. Es gibt Zeiten, in denen man sich bewußt darauf beziehen darf, daß der Phantasie der Geschichte nicht über Gebühr vorzugreifen ist.

SPIEGEL: Gorbatschows Berater Valentin Falin hat in Moskau gesagt, man könne »nur bedingt« über »Neu- oder Wiedervereinigung« reden, solange kein Friedensvertrag existiere. Das Wort »Wiedervereinigung« haben auch Sie immer abgelehnt.

BRANDT: Wegen des »Wieder«.

SPIEGEL: Auf »Vereinigung« legen Sie schon Wert.

BRANDT: Ich habe an der Lomonossow-Universität vom Zusammenhalt der Deutschen gesprochen. Es ist dieselbe Sache wie die Einheit, die bei den Menschen anfängt. Das hat mal – viele

erinnern sich daran gar nicht mehr – vor 26 Jahren mit den Passierscheinen in Berlin angefangen. Dort wurden die kleinen Schritte
eingeleitet, das geschah aus der Vorstellung heraus: Hört auf, über die
Nation zu schwätzen, wenn die Familien auseinanderdriften. Von
diesem damals sehr mühsamen Anfang aus sind wir zu millionenfa-
chen Begegnungen gekommen. Die Deutschen sind heute einander
näher. Falins Äußerung betrachte ich primär als Hinweis darauf, daß
die vier Status-Mächte, wie man in Rußland sagt, noch einmal ins
Spiel kommen, wenn es um die weitere deutsche Entwicklung geht.
Unter denen sind bekanntlich einige, die gleicher sind als andere –
zwei jedenfalls. Der Hinweis auf den Friedensvertrag bedeutet also:
Denkt nicht, ihr könnt das allein regeln, auch wenn dies im übrigen
zwischen Bonn und Ost-Berlin möglich wäre. Da wollen noch andere
mitreden.

SPIEGEL: Es lag in der Logik der kleinen Schritte, daß man
zusammenwächst. Jetzt werden noch größere Schritte verlangt.

BRANDT: Das ist völlig richtig. Ich bin schon sehr zufrieden,
wenn erstens aus dem »Wien 1« irgendwann nach Ende 1990 eine
Sicherheitsbehörde für *ganz* Europa wird. Das ist ein neues Datum.
Zweitens sollte vor Mitte der neunziger Jahre eine für ganz Europa
tätige Umweltorganisation geschaffen werden. Drittens gibt es seit
Kriegsende in Genf als »fleet in being«, wie die Engländer sagen
würden, die ECE, die Economic Commission for Europe. Aus der ist
nichts geworden, weil der Kalte Krieg kam. Ich kann mich daran
besonders gut erinnern, weil der erste Chef dieser Behörde, der
schwedische Professor Gunnar Myrdal, mich 1947 gefragt hatte, ob
ich sein Pressemann für die ECE in Genf werden wolle.

SPIEGEL: Da haben Sie eine tolle Karriere verpaßt.

BRANDT: Ja, vielleicht. Jetzt höre ich: Verschiedene Kräfte
sind dabei, dieses Instrument zwischen Brüssel und den Adressaten im
Osten erneut lebendig zu machen. Wenn wir drei Elemente für Sicherheit, Umwelt und Ökonomie für die neunziger Jahre haben, ist das
eine ganze Menge.

SPIEGEL: Sie waren jetzt schon zum dritten Mal bei Gorbatschow. Wenn Sie einen Bogen über die vergangenen 20 Jahre schlagen: Wohin steuert Ihrer Meinung nach die Sowjetunion?

BRANDT: Warum soll ich wissen, was die auch nicht wissen?
Jedenfalls helfen die früheren Phasen kaum bei der Beurteilung der
jetzigen. Da bewegte sich wenig. Heute wird diese Zeit in Rußland
übrigens noch ein bißchen kritischer beurteilt, als ich es vor dem

Hintergrund unserer Vertragspolitik für angemessen halte. Wir haben Gorbatschow nicht erfunden. Wir werden nun allerdings noch einmal daran erinnert, daß der personelle Faktor in der Geschichte nicht unterschätzt werden darf. Jetzt jedenfalls gibt es dort eine solche weit aus dem Durchschnitt herausragende Person. Für wie lange und ob ohne große Rückschläge, das kann ich nicht wissen. Nur: Die wollen zur gleichen Zeit die Wirtschaft modernisieren, wollen den Staatsapparat durchlüften, wollen die Nationalitätenfrage regeln. Sie wollen aus der Union der Sozialistischen Sowjetrepubliken eine Föderation mit weitgehenden Rechten der einzelnen Republiken machen.

SPIEGEL: Und das Ganze noch in das »Europäische Haus« einziehen lassen.

BRANDT: Das ist seine Formulierung. Ich spreche lieber von der europäischen Friedensordnung. Ich sehe da allerdings eine völlig ungeklärte Frage: Wie paßt denn überhaupt die Union der Sowjetrepubliken in ein europäisches Haus? Also der russische Teil der UdSSR ist Teil der europäischen Geschichte und nicht nur der Geographie, die Charles de Gaulle insoweit als bis zum Ural zutreffend beschrieben hat. Aber dann gibt es noch riesige Gebiete, die über das europäische Rußland hinausreichen. Sibirien allein würde für ein paar Republiken reichen. Also ein europäisches Haus, das bis Wladiwostok reicht, kann ich mir schwer vorstellen.

SPIEGEL: Richard von Weizsäcker hat Ihr Leben »ein deutsches Schicksal« genannt, »ein Leben voller Risiken der Existenz, geprägt von gutem Gelingen, harten Rückschlägen und neuen Ufern«. Welche neuen Ufer möchten Sie noch ansteuern?

BRANDT: Es ist immer ein bißchen gewagt, sich überhaupt kommentierend zu etwas zu äußern, was ein Bundespräsident so anerkennend gesagt hat. Ich würde es, auf die kommenden Jahre bezogen, eher unbestimmt lassen und sagen: Es ist ganz schön, erleben zu können, daß man in der Abendsonne mehr aufgescheucht wird, als man es sich eigentlich vorgestellt hatte.

SPIEGEL: Herr Brandt, wir danken Ihnen für dieses Gespräch.

Zum SPIEGEL-Gespräch in Nr. 6/1990 (5. Februar)
mit den Redakteuren Dirk Koch und Klaus Wirtgen

Innerhalb weniger Wochen stürzte die europäische Nachkriegs-
ordnung zusammen. DDR-Flüchtlinge überschwemmten Ungarn und
die ČSSR. Hunderttausende gingen in Ostdeutschland auf die Straße.
In den Wochen vor dem 40. Jahrestag der DDR wurde die Lage für
Erich Honecker und die DDR-Führung immer prekärer. Bei seinem
Besuch in Ost-Berlin forderte Gorbatschow die SED-Spitze indirekt
zu Reformen auf: »Wer zu spät kommt, den bestraft das Leben.« Von
da an gab es kein Halten mehr. Am 18. Oktober wurde Honecker von
Egon Krenz abgelöst, am 9. November die Grenze geöffnet – auch für
eine demokratische Umgestaltung der roten Diktatur. Die Diskussion
um die Wiedervereinigung wurde konkreter. Der neue DDR-Ministerpräsident Hans Modrow plädierte für eine Vertragsgemeinschaft
beider Staaten. Kanzler Helmut Kohl legte wenig später ein »Zehn-
Punkte-Programm zur Überwindung der Teilung Deutschlands und
Europas« vor. In Westdeutschland begann in und zwischen den
Parteien der Streit um den richtigen Weg. Auf Kritik von SPD und FDP
stieß vor allem Kohls unklare Haltung zur polnischen Westgrenze.
Zunächst schien alles auf eine Konföderation hinauszulaufen. Doch
der ununterbrochene Übersiedlerstrom von Ost nach West bewies,
daß die Menschen im Osten die Vereinigung, vor allem aber die
Westmark wollten. Brandt unterstützte die Intentionen des Kanzlers
und verkündete einen neuen »Patriotismus auf sozialer Grundlage«.
Brandts politischer Enkel, Oskar Lafontaine, warnte dagegen vor der
überstürzten Währungsunion und wurde von Brandt dafür zurecht-
gewiesen. Damit war frühzeitig ein Grundstein für Lafontaines Niederlage bei den ersten gesamtdeutschen Wahlen gelegt. Denn nachdem Gorbatschow im Februar 1990 Kohl in Moskau erklärt hatte, der
Schlüssel zur Einheit liege bei den Deutschen, war der Weg klar.

»Die Einheit ist gelaufen«

Der SPD-Ehrenvorsitzende über Gorbatschow, Modrow
und Deutschlands Zukunft

SPIEGEL: Herr Brandt, der sowjetische Staats- und Parteichef
Michail Gorbatschow hat seine Einwände gegen die deutsche Einheit
fallengelassen, und DDR-Ministerpräsident Hans Modrow hat überraschend einen Stufenplan zur deutschen Einheit ausgerufen. Steht die
Einheit bevor?

BRANDT: Der Vorgang zeigt, mit welchem neuen Beschleuni-
gungseffekt sich die Dinge in Europa verändern. Aber wir werden uns
auch nach diesen Äußerungen von Gorbatschow und Modrow auf
Etappen einzustellen haben. Es wird also mit der Vertragsgemeinschaft beginnen, mit einem Regierungsausschuß, mit einer dann wohl
bald kommenden paritätischen parlamentarischen Körperschaft, mit
einer Reihe anderer Organe, die sich praktischen Dingen wie Wirtschaft, Währung, Umwelt zuwenden.

SPIEGEL: Aber es geht alles schneller als bisher angenommen.

BRANDT: Ja. Rascher, als die meisten gedacht haben, werden
wir den Übergang der Vertragsgemeinschaft zur Konföderation, also
zum Staatenbund, einem deutschen Bund in Form von Gemeinschaft
der beiden Staaten, erleben. Neu war jetzt, daß Modrow sagte, dann
könnten auch relativ bald Souveränitätsrechte der beiden Staaten auf
gemeinsame Organe übertragen werden. Das ist wichtig, weil er es
sagt, nachdem er in Moskau gewesen war. Die Bildung von etwas, was
im staats- und völkerrechtlichen Sinne zwischen Konföderation und
Föderation läge, würde, so darf man vermuten, nicht mehr auf Einspruch der Sowjetunion stoßen. Und andere werden sich dann wohl
auch keinen Widerspruch leisten können. Das ist ein neues Datum.

SPIEGEL: Ist also, wie Sie sagten, »die Sache gelaufen«?

BRANDT: Die Einheit ist im Prinzip gelaufen. Gorbatschow
hat's negativ ausgedrückt: grundsätzlich keine Einwände mehr. Ich
sage es positiv. Da die Deutschen sie ohnehin wollen, in welcher dann
auch noch auszuhandelnden Form, wenn grundsätzliche Einwände

der vier Mächte nicht mehr bestehen, dann kann man sagen: Es läuft oder ist gelaufen.

SPIEGEL: Jetzt ist wieder die Rede von einem Stufenplan. Sie haben in letzter Zeit eher den Eindruck erweckt, als stehe die Vereinigung vor der Tür.

BRANDT: Das ist ein Irrtum. Ich weiß wohl, daß ein solcher Eindruck durch manche Zitate und Überschriften entstanden ist. Ich habe in Rostock, Magdeburg, Gotha und in Eisenach wie auf dem Berliner Parteitag der Sozialdemokraten im Dezember gesagt: Die Einheit der Menschen wächst seit dem 9. November. Überall, wo Menschen einander begegnen, zeigt sich Einheit von unten. Und von oben beginnt sie eben auch konkrete Gestalt anzunehmen. Konföderation oder Föderation sind auch konkrete Ausdrucksformen von Einheit.

SPIEGEL: Mit dem Unterschied, daß in der Konföderation Zweistaatlichkeit und Staatsangehörigkeiten erhalten bleiben.

BRANDT: Nach bundesdeutschem Recht ist die deutsche Staatsangehörigkeit immer aufrechterhalten geblieben. Übrigens: Die Schweiz nennt sich immer noch eine Konföderation, ist aber in unserem Verständnis eher ein gemeinsamer Staat, trotz aller Bedeutung der Kantone.

Ich halte für entscheidend: Der Prozeß des Wiederzusammenwachsens ist im Gange. Wenn eine Volksabstimmung stattfände, dann würden die allermeisten dafür sein.

SPIEGEL: Und dann?

BRANDT: Dann wird, welche Bonner Regierung auch immer, antworten: Freunde, so rasch geht das nicht. Sondern: Jetzt müssen wir sehen, in welchem Tempo kann die wirtschaftliche Angleichung erfolgen? Wie können die Währungen zusammengeführt, kann die Sozialgesetzgebung angeglichen werden?

SPIEGEL: Es kann doch auch passieren, daß die DDR-Bevölkerung alle Stufenpläne beiseite fegt und die Leute auf der Straße »Einheit jetzt« verlangen.

BRANDT: Es ist gewiß ein historisches Unikum, daß der Führer der zweitstärksten kommunistischen Partei der Welt vor der Straße warnt. Das hab' ich bisher als konservatives Argument gehört. Ein altmodischer Sozialdemokrat wie ich würde das nie so sagen, weil ich finde, man muß es ernst nehmen, wenn die Menschen ihren Willen bekunden. Doch ich gebe Ihnen recht: Die Möglichkeit besteht, daß manches überrollt wird.

SPIEGEL: Ist es eine Gefahr?

BRANDT: Es ist zwar auch schon gelegentlich aus Chaos Gutes geworden auf dieser Welt, aber eine Garantie dafür, daß aus Chaos Gutes wird, hat man nicht. Nur: Das, was Sie als möglich andeuten, wäre in höchstem Maße unerwünscht. Das kann nur aufgefangen werden, wenn den Leuten drüben vermittelt wird: Nicht erst in einigen Jahren, sondern noch in diesem und dem nächsten Jahr ändert sich etwas, und zwar deutlich. Sonst kriegen wir den großen Run oder den Kladderadatsch. Vielleicht kriegen wir ihn, aber ich bin dafür, ihn zu verhindern.

SPIEGEL: Der große Run? Meinen Sie den Übersiedlerstrom?

BRANDT: Der kann sich gewaltig verstärken. Es kann aber auch bei solchen, die nicht weggehen wollen, eben sehr viel mehr geben als Unmutsäußerungen.

SPIEGEL: Was meinen Sie mit Kladderadatsch? Meinen Sie die Folgen weiterhin ungelöster wirtschaftlicher Probleme, die dann viel schneller zur Einheit führen können, als es Ihnen lieb ist?

BRANDT: Ich habe nichts gegen schnelle Einheit. Ich sag' nur: Sie löst keines der praktischen Probleme. Die einheitliche Währung kommt doch nicht dadurch, daß Leute sich millionenfach in Bewegung setzen statt tausendfach.

SPIEGEL: Was halten Sie von Szenarien im Kanzleramt, sich darauf einzustellen, daß es tatsächlich sehr viel schneller geht, daß schon in diesem Sommer die KSZE-Sonderkonferenz eine Lösung findet, schon in diesem Jahr eine verfassunggebende Versammlung für ganz Deutschland geboren wird?

BRANDT: Ich bin nicht zufrieden damit, was bis jetzt – Anfang Februar – in den Fachministerien vorbereitet worden ist. Die Damen und Herren lebten bislang noch unter dem Eindruck, die andere Seite müsse erst Vorleistungen erbringen, man selbst habe Zeit und käme mit Marginalbeträgen davon. Doch das hat keine Zeit und verlangt von uns die Bereitschaft zu umfänglichen, auch und gerade finanziellen Leistungen.

Ich habe ja nichts dagegen, daß man Planspiele macht, wann sich welche Gremien in Berlin oder sonstwo versammeln. Was soll ich schon gegen Berlin haben! Dieses Deutschland wird im übrigen föderalistisch und europäisch eingebunden sein, oder es wird nicht sein. Die Ministerpräsidenten-Konferenz wird vermutlich eher zusammentreten mit Einschluß der fünf Ministerpräsidenten der DDR, als es eine gemeinsame deutsche Regierung oder die Regierung einer Föderation, die man auch Konföderation nennen kann, gibt.

SPIEGEL: Soll die Bundesregierung die nötigen Vereinbarungen noch mit der Regierung Modrow treffen oder bis nach den Wahlen in der DDR warten?

BRANDT: Keiner wird was dagegen haben, wenn eine Reihe wichtiger Eckpunkte jetzt vorbereitend festgehalten werden.

SPIEGEL: Können Sie sich vorstellen, daß die Bundestagswahlen ausfallen?

BRANDT: Nein, das glaube ich nicht. Wenn wir allein nach der Modrowschen Tagesordnung vorgehen, ist das nicht in einem halben Jahr zu schaffen. Aber: Auf den Weg kann vieles gebracht werden. Doch von dem, was Modrow vorschlägt, wird noch keiner satt. Und auch er – bei allem Respekt – weiß ja, daß andere Vorschläge folgen werden.

SPIEGEL: Sie halten es mit jenen, die meinen, schon mit der Einheit brächen bessere Zeiten an?

BRANDT: Jemand hat ja sogar gesagt, jemand, den ich wichtig nehme: Viele, die »Einheit« oder »Wiedervereinigung« rufen, meinen Wohlstand. Dann sage ich: Na und! Willst du denen das übelnehmen? Wenn das aber so ist, dann ist das ein zusätzliches Argument für meine Argumentation, daß mit der Ankündigung staatlicher Organe oder verfassungsähnlicher Dokumente zunächst noch kein einziges praktisches Problem gelöst ist.

SPIEGEL: Säße Ihr Oberenkel Oskar Lafontaine an unserer Stelle, würde er sagen, der Zugang zu den Fleischtöpfen hat mit Einheit der Deutschen nichts zu tun. Stünden die Töpfe nicht hier, sondern in Polen, gingen die Leute dorthin.

BRANDT: Das ist mir zu hypothetisch und erinnert mich mehr an die Zeit nach dem Zweiten Weltkrieg. Da wäre in der Tat mancher gern über die Grenzen gegangen – wohin auch immer –, wenn er da besser versorgt worden wäre. Und wer hätte ihn deswegen verdammen dürfen?

SPIEGEL: Sie haben in Gotha für einen ehrlichen Umgang mit den europäischen Nachbarn plädiert: »Das bedeutet nicht, daß der deutsche Zug willkürlich angehalten werden darf durch diejenigen, die sich hinter Europa verstecken, um Deutschland zu verhindern.« Vermittelt das nicht den Eindruck, als rangiere bei Ihnen Deutschland vor Europa?

BRANDT: Ich hätte nichts dagegen, wenn es so verstanden würde, daß mir Deutschland besonders wichtig ist. Sonst müßte geklärt werden, was in diesem Zusammenhang mit Europa gemeint ist.

Die Ereignisse in Deutschland sind ein Unterkapitel, freilich ein sehr wichtiges, der Veränderungen in Europa: Ende kommunistischer Herrschaft, Ende staatlicher Kommandowirtschaft. Die EG hat gerade ein Handels- und Kooperationsabkommen mit der Sowjetunion unterzeichnet. Der Zusammenbruch des Post-Stalinismus berührt also auch die Europapolitik. Bei uns stimmen die beiden Hauptrichtungen der deutschen Politik, die Konservativ-Liberalen und die Sozis, überein, daß man nicht aus der EG ausschert.

Jetzt sag' ich mal als Formel: Zwei deutsche Staaten, solange es sie noch gibt, können Mitglied einer Wirtschaftsgemeinschaft sein. Ein deutscher Staat kann aber meiner Überzeugung nach nicht Mitglied zweier Militärbündnisse sein. Das sagt auch Modrow.

SPIEGEL: Modrow verlangt ein militärisch neutrales Deutschland. Halten Sie das für möglich?

BRANDT: Nein, das ist kein hilfreicher Vorschlag. Daß die Bundesrepublik Deutschland aus der Nato austritt wie aus dem Fußballverein, ist nicht zu vermuten; ich bin auch dagegen. Daß die Nato ausgedehnt werden könnte auf den Gesamtbereich eines zusammenrückenden Deutschlands, ist ebenfalls nicht zu vermuten. Die große Mehrheit der Menschen bei uns will, solange es nicht eine völlig veränderte Weltlage gibt, im westlichen Bündnis bleiben. Was dann weiter daraus wird, das mag in der weiteren Entwicklung sich aus der Veränderung des Charakters der Bündnisse ergeben, die ja jetzt schon in Teilbereichen dabei sind, zu Vergewisserungsinstrumenten zu werden statt zu militärischen Organisationen. Wir dürfen uns nicht abmelden, sondern müssen uns an die Spitze stellen, wo es darum geht, die Konfrontation zu überwinden.

SPIEGEL: Also weder Neutralität noch Mitgliedschaft in zwei Bündnissen. Was dann?

BRANDT: Es ist denkbar, daß ein Teil Deutschlands, der bisher zum Warschauer Pakt gehörte, militärisch einen anderen Status erhält als die heutige Bundesrepublik.

Es ist zweitens denkbar, daß drüben sowjetische Truppen bleiben, zumal ohnehin deren Zahl beträchtlich zurückgehen wird aufgrund der amerikanisch-sowjetischen Vereinbarungen. Und ich sag' ja bei meinen Kundgebungen den Leuten erstens: Paßt auf, macht da keinen Trouble, und ihr könnt euch darauf verlassen, das werden weniger, und schließlich werden wir eines Tages mal wieder unter uns sein. Es wäre übrigens grundsätzlich nichts Neues, daß auf dem Gebiet eines Staates fremde Truppen stehen.

SPIEGEL: Wie könnte eine solche Konstruktion aussehen?

BRANDT: Stellen Sie sich mal vom Prinzip her vor, der militärische Status Berlins würde ausgeweitet auf den Teil Deutschlands, der dazukommt. In Berlin gibt's aus Prinzip keine deutschen Truppen, auch wenn der NVA erlaubt wurde, diesen Status zu mißachten. Daß es einen Sonderstatus eines im übrigen zusammengehörenden deutschen Gebiets gibt, ist vom Prinzip her nicht neu.

SPIEGEL: Bleiben wir noch mal bei dieser jetzt angenommenen Situation. Hier stehen amerikanische Truppen – sowjetische Truppen in der DDR. Die gesamtdeutsche Regierung ist mindestens politisches Mitglied der Nato, wahrscheinlich ja mehr. Welche Funktionen sollen die Truppen der Sowjetunion dort haben? Sollen die über den Rhein zielen?

BRANDT: Sie greifen der Entwicklung weit vor. Die Antwort für die gegebene Situation hat doch eigentlich der Sprecher des sowjetischen Außenministeriums Gennadij Gerassimow am 7. Oktober 1989 in Ost-Berlin gegeben, nachdem Gorbatschow seine Rede gehalten hatte. Dieser sehr tüchtige Journalist, zeitweilig in einem Regierungsamt, hat dort gesagt, er müsse mal darauf aufmerksam machen, die militärische Präsenz der Sowjetunion in dem Teil Deutschlands habe eine strategische Bedeutung. Auf gut deutsch: Sie spielt die Rolle des Gegenübers zur amerikanischen Präsenz in der Bundesrepublik.

Nebenbei bemerkt: Gerassimow hat im Oktober in Moskau gesagt: »Why don't you call it confederation?«

SPIEGEL: Was spricht gegen deutsche Neutralität?

BRANDT: Deutschland ist wegen seiner wirtschaftlichen und geographischen Lage, aber auch wegen seiner Bevölkerungszahl zu gewichtig, als daß es die beiden Großmächte, auf die es nach dem Krieg ankam, aber auch die europäischen Partner ausklammern könnte. Sich Deutschland als Vakuum in diesem Sinne vorzustellen ist nicht realistisch. Sollten sich die Mächte dieser Welt zu der Auffassung durchringen, dies entspräche jetzt auch ihren Interessen, dann möchte ich mal sehen, wer in Deutschland nicht auch fände, daß Bündnisfreiheit ganz fein wäre. Aber das ist nicht die Lage.

SPIEGEL: Werten Sie Modrows Forderung nach militärischer Neutralität als seine Bedingung für die Einheit?

BRANDT: Er hat ja nicht gesagt, daß es keine Konföderation geben darf. Und Konföderation ist natürlich auch schon eine Form von Einheit in meinem Verständnis.

SPIEGEL: Haben Sie vor, in den kommenden Wahlkämpfen an der Seite Lafontaines mit verteilten Rollen für die SPD zu werben: Brandt stärker für das Gemüt der Deutschen, Oskar Lafontaine für die scharfen Rechner, die ihren Wohlstand verteidigen?

BRANDT: Ich lese mit Interesse, was da hineininterpretiert wird, und ich halte es nicht für lohnend, dagegen jetzt zu opponieren. Nur, ich sage Ihnen auch: Ich spiele keine von irgend jemandem mir zugedachte Rolle, sondern ich sage in dieser Phase der Entwicklung und meines eigenen Lebens das, was ich für richtig halte, egal, ob es in ein Parteikonzept hineinpaßt oder nicht.

SPIEGEL: Herr Brandt, wir danken Ihnen für dieses Gespräch.

Zum SPIEGEL-Gespräch in Nr. 7/1991 (11. Februar)
mit den Redakteuren Olaf Petersen und Klaus Wirtgen

»Ich stehe dort, wo ich stehe. Warum muß ich mich auf meine alten
Tage noch anderen zuordnen lassen?« fragte Willy Brandt am Ende
eines langen SPIEGEL-Gesprächs. Es wurde im Februar 1991 in
Rhöndorf geführt, unweit des Wohnhauses von Konrad Adenauer,
des ersten Kanzlers der Bundesrepublik. Es war Krieg am Golf, und
die Redakteure wollten wissen, wo der 77jährige Friedensnobelpreis-
träger in diesem Kampf der USA und ihrer Verbündeten gegen den
irakischen Diktator Saddam Hussein stehe. Ob bei den »Moralos« in
seiner Partei, die den amerikanischen Schlag gegen die Invasion in
Kuweit verurteilten, oder bei den »Realos«, die, wie der später zum
SPD-Fraktionsvorsitzenden gewählte Hans-Ulrich Klose, am liebsten
deutsche Soldaten an den Golf geschickt hätten.
Brandt hatte sich noch einmal »eingemischt«. Im November war er
mit einer gecharterten Lufthansa-Maschine nach Bagdad gestartet.
Einige Tage später kehrte er mit 175 deutschen Geiseln an Bord nach
Frankfurt zurück. Er hatte lange mit dem Diktator gesprochen und
meinte auch, Ansätze für ein Einlenken Saddams erkannt zu haben.
Doch den Gesprächsfaden nahm niemand auf. Brandt war enttäuscht
von seiner letzten spektakulären Mission zurückgekommen. Dem
Vater der Ostpolitik war im Nahen Osten kein politischer Erfolg
beschieden. Bis ins hohe Alter hatte er sich die Kunst des Sowohl-
Als-auch bewahrt. Im SPIEGEL-Gespräch wehrte er westliche Vorwürfe ab, die Deutschen seien Drückeberger. Dennoch könnten sie
sich nicht auf die Rolle zahlender Zuschauer beschränken. Er verlangte daher »eine andere Art der Vertretung Europas« im Uno-
Sicherheitsrat, im Klartext: eine Beteiligung Deutschlands an künftigen Uno-Einsätzen.

»Warum sollen wir nicht dabeisein?«

Der SPD-Ehrenvorsitzende über den Golfkrieg und
den Beitrag der Deutschen

SPIEGEL: Herr Brandt, befindet sich Deutschland im Krieg?
BRANDT: Ja, es ist Krieg. Und wir sind mitbetroffen, wenn
Krieg in unserer Nachbarschaft, im Nahen Osten stattfindet, zumal
uns eng verbundene Staaten beteiligt sind.
SPIEGEL: Bislang erleben wir nur Debatten um deutsche Soldaten in der Türkei und um finanzielle Beiträge zur Allianz am Golf.
BRANDT: Wir sind in der Gefahr, aus jedermanns geldspen-
dendem Liebling zu aller Leute bekritteltem Armleuchter zu werden.
Wir sind kein armes Land, aber ich vergleiche uns jetzt mal mit Japan,
wo ich kürzlich war. Das ist noch ein bißchen reicher als wir. Dort
streiten nicht nur Regierung und Opposition, sondern auch Kräfte
innerhalb des starken Regierungslagers, was mit dem japanischen
Finanzbeitrag geschieht. Die Japaner möchten ihr Geld lieber für
humanitäre und wirtschaftliche Zwecke als für die Kriegsführung
einsetzen. Sie denken vielleicht auch, wie manche bei uns, man dürfe
die Amerikaner nicht beleidigen, indem man meint, sie wären nicht
fähig, diese von ihnen befehligte militärische Auseinandersetzung zu
bestehen. Wo wird im übrigen darüber entschieden, wie die Lasten
verteilt werden und wie das, was wir aufbringen, verwendet wird?
Offenkundig nicht in der EG, auch nicht in der Uno, wie es wünschenswert wäre.
SPIEGEL: Finden Sie es richtig, daß deutsche Soldaten in die
Türkei geschickt werden?
BRANDT: Ich bedaure die Enge, in der darüber diskutiert wird.
Die Frage lautet: Gibt es ein europäisches und damit auch deutsches
Interesse, daß sich die Türkei aus diesem Konflikt heraushält?
Die Amerikaner raten aus gutem Grund den Israelis: Bitte,
zügelt euch, ihr verändert den Charakter des Krieges, wenn ihr euch
zum Eingreifen provozieren laßt. Ich sage: Das Reingehen der Türkei
würde ebenfalls den Charakter des Krieges verändern. Mindestens ein

anderer Staat, wenn nicht deren zwei, könnte aus einer solchen Ausweitung schließen, jetzt beginne das Verteilen der Beute. Ich füge noch hinzu: Man darf Verbündete nicht beleidigen. Die Türkei hat eine der stärksten Militärmächte dieser Welt. Also geht es dort wohl jetzt mehr um die Symbolik als um die militärische Substanz.

SPIEGEL: Zwischen Regierung und Opposition ist derzeit heftig umstritten, ob ein Gegenschlag des Irak gegen die Türkei, von deren Territorium aus die Amerikaner Bombenangriffe fliegen, den Nato-Bündnisfall auslösen würde.

BRANDT: Was heißt Bündnisfall? Was so alles dahergeredet wird. Es gibt keine Automatik, die sich aus dem sogenannten Bündnisfall ergibt. Der Nato-Vertrag sieht vor, daß jeder Staat selbst bestimmt, was er aus einem irakischen Angriff ableitet.

SPIEGEL: Bedarf die Feststellung des Bündnisfalls der Zweidrittelmehrheit des Bundestages?

BRANDT: Ich bin kein Verfassungsrechtler. Es wäre aber schrecklich unvernünftig, wenn die Regierung meinte, sie könne dies ohne eine breite Mehrheit im Parlament machen. Die SPD hat zu Recht angekündigt, andernfalls die Sache in Karlsruhe klären zu lassen.

SPIEGEL: Können wir uns auf die Rolle zahlender Zuschauer zurückziehen?

BRANDT: Nein, schon weil in der Nachbarregion zusätzlich zu den Amerikanern unsere französischen und englischen Nachbarn stark engagiert sind. Nur, die meisten von uns haben gehofft, der Krieg könne vermieden werden. Darum verstehe ich voll die vielen, die sich weiterhin fragen: Was können wir dazu beitragen, daß der Krieg möglichst rasch zu Ende geht und daß den Opfern des Krieges geholfen wird? Auf das Rote Kreuz warten große Aufgaben. Vielleicht hätten wir sogar den Kopf ein bißchen freier als andere, um zusammen mit Vertretern aus der Region über eine Friedensordnung nach dem militärischen Konflikt nachzudenken.

SPIEGEL: Im befreundeten westlichen Ausland scheint sich die Debatte auf die Frage zu reduzieren: Sind die Deutschen Drückeberger?

BRANDT: Wir können nicht everybody's darling sein. Noch vor weniger als einem Jahr, in Verbindung mit der sich so rasch verwirklichenden staatlichen Einheit, haben wir an vielen Stellen lesen können oder haben hinter vorgehaltener Hand zu hören bekommen, welche machtpolitischen, auch militärischen Gefahren von einem stärker werdenden Deutschland ausgehen könnten.

Jetzt, nach wenigen Monaten, schlägt es plötzlich um. Das ist eine komplizierte Lage. Aber ich bin nicht dazu da, von außen kommende, ungerechtfertigte Vorurteile verstärken zu helfen, sondern ich bin dazu da, in aller Ruhe mit ordnen und auch zurückweisen zu helfen, was dort zu Unrecht an unsere Adresse gerichtet wird. Ohne zu beschönigen, daß auch bei uns Kaufleute des Todes ihr empörendes Geschäft haben betreiben können.

SPIEGEL: Was empfinden Sie, wenn immer mehr Deutsche den Kriegsdienst verweigern?

BRANDT: Dann sage ich: Auch für diese Situation treten weder unser Grundgesetz noch die sich daraus ableitenden gesetzlichen Regelungen außer Kraft. Doch die Verwirrung mancher junger Leute beweist, daß eine Menge an politischer Orientierung versäumt worden ist über das, was jetzt vor sich geht, was wir können und wollen, nicht können und nicht wollen dürfen. Das ist nicht allein die Schuld derer, die uns regieren. Es ist auch Teil der Verworrenheit innerhalb der Europäischen Gemeinschaft. Die fehlende politische Einigung Europas hat sich als großes Manko erwiesen.

SPIEGEL: Wenn Sie Ihre Reise zu Saddam Hussein im November heute im Licht der aktuellen Ereignisse werten, was hat diese Aktion gebracht?

BRANDT: In der Tat frage ich mich rückschauend, wieso diese Reise nicht nur als eine notwendige mitmenschliche Bemühung um die Befreiung der Geiseln verstanden wurde, sondern auch als Sondierung, um herauszufinden, ob der Krieg hätte vermieden werden können.

Ich kenne nicht meinen Anteil am Freikommen der Geiseln in ihrer Gesamtheit. Vielleicht habe ich dazu beigetragen, der dortigen Nummer eins klarzumachen: Sie irren sich, wenn Sie glauben, daß Geiseln den Krieg verhindern. Doch ich habe mit Saddam auch einige Elemente erörtert, die aus der festgefahrenen Lage hätten herausführen können. Als er im Dezember anfragen ließ, ob ich nicht einen zweiten Besuch in Bagdad machen würde, habe ich nicht abgelehnt, sondern meinen Freund Hans-Jürgen Wischnewski gebeten, dort zunächst mal zu sondieren. Ich habe dann gemerkt, daß sich Saddam in bezug auf Kuwait nicht mehr bewegen wollte. Im November war er noch aufnahmebereit.

Aber was hilft das alles? Ich bin durchaus der Meinung, daß bis Mitte Januar mehr hätte versucht werden müssen. Ich bleibe dabei, wie andere bei uns, in England und auch in Amerika: Es wäre klug gewesen, die Wirtschaftssanktionen über den 15. Januar hinaus wirken zu lassen.

SPIEGEL: Herr Brandt, kann es nicht sein, daß sich Saddams Gesprächspartner in dem Mann getäuscht haben, daß er damals schon nichts anderes wollte als Krieg?

BRANDT: Wie soll man das wissen? Ich habe schon nach dem Gespräch eine der mir erkennbaren Komponenten im Denken von Saddam Hussein genannt: Er sieht sich zunehmend als Führer der arabischen Nation. Er werde die arabischen Massen in Bewegung bringen, wenn die andere Seite gegen ihn militärische Gewalt einsetzt. Ich habe schon damals nicht ausgeschlossen, daß in seinem Denken auch eine Rolle spielen könnte, als ein Märtyrer der arabischen Welt – lebend oder nicht mehr lebend – in die Geschichte einzugehen.

SPIEGEL: Gilt noch das in der Uno-Resolution gesetzte Ziel, die Befreiung Kuweits? Geht es der Allianz nicht längst um die Zerstörung der militärischen Macht des Irak?

BRANDT: So geht das bei Kriegen. Das Kriegsziel der Westmächte im Jahre 1939 gegenüber Hitler-Deutschland war zunächst wesentlich begrenzter als das, was in Casablanca einige Jahre später hinzukam. Das hilft jetzt nicht weiter. Zunächst einmal: Perez de Cuellar, der Generalsekretär der Uno, hat sinngemäß gesagt, dies ist kein Uno-Krieg. Die Resolution des Sicherheitsrats enthält keine Pflicht für Mitgliedstaaten der Vereinten Nationen, militärisch tätig zu werden. Der Beschluß legitimiert die, die das tun wollen, was sie getan haben.

Jetzt gehen die Äußerungen der beteiligten Regierungen nicht konform. Aus Paris ist anderes zu hören als aus Washington oder Damaskus. In hohem Maße erwünscht wäre: Wenn es schon zu dieser Konfrontation kam, so sollte an ihrem Ende eine Begrenzung der Massenvernichtungsmittel in der Region insgesamt stehen. Ich habe bereits im November kritisch angemerkt, daß man Saddam Hussein nicht beim Wort genommen hat, nachdem er am 12. August 1990, zehn Tage nach der Okkupation Kuweits, das Problem der Massenzerstörungswaffen in der Region angesprochen hatte. Dieser Punkt gehört auf die Agenda der Serie von Konferenzen oder des Verhandlungsprozesses, die diesem militärischen Vorgang folgen müssen.

SPIEGEL: Wie würden Sie denn ein Kriegsziel definieren?

BRANDT: Das ist eine alte Geschichte: war aims, peace aims – Kriegsziele, Friedensziele. Da zögert man zunächst ein bißchen, wenn man weiß, da sind starke Mächte im Spiel mit all ihrem Potential. Und wer bist du im Vergleich dazu? Wer sind wir übrigens, die für mächtig gehaltene, mittlerweile schon wieder für zu mächtig gehaltene Bundesrepublik Deutschland? Sicherlich im konkreten Fall kein entscheidender Akteur, sicher nicht einmal auf der diplomatischen Bühne. Mir scheint klar zu sein, daß der Staat Kuweit wieder unabhängig werden muß. Egal, was für ein politisches System man dort vorfand – in den von den Kolonialmächten bestimmten Grenzen.

Zweitens kann ich nicht wünschen, daß der Staat Irak zerstückkelt wird. Wer wollte ausschließen, daß dann der syrische Präsident Assad von der anderen Fraktion der Baath-Partei gern ein Stück haben wollte, und in der Türkei gibt es auch welche, die eine Nachbarregion wegen des Öls ganz interessant finden. Und Iran sagt: Dort sitzen unsere schiitischen Glaubensbrüder. Bei alldem würden vermutlich wieder einmal die Kurden fragen, was sie denn sollen. Es darf also kein Friedensziel sein, die Integrität des Irak zu zerstören.

SPIEGEL: Muß das Palästinenserproblem in eine Irak-Lösung einbezogen werden?

BRANDT: Sicherlich nicht formal und im engeren Sinne. Saddam hatte die Palästinenserfrage auch im Gespräch mit mir vorgebracht. Doch er hat dieses Argument erst in der zweiten Woche nach der Besetzung Kuweits nachgeschoben – zur eigenen Entlastung. Egal, was er vor oder nach dem 2. August gesagt hat: Wenn man an die Region denkt, ist dieses eines der elementaren Themen. Auch die Amerikaner haben unseren israelischen Freunden gesagt, das Problem können wir nicht mehr unbegrenzt vor uns herschieben.

SPIEGEL: Ist wegen des israelischen Widerstandes nicht jede Konferenz zum Scheitern verurteilt?

BRANDT: Ich beneide diejenigen nicht, die eine Tagesordnung zu entwickeln haben für eine Konferenzfolge über den Nahen und Mittleren Osten. Doch ich verweise auf das Beispiel der Helsinki-Konferenz für Sicherheit und Zusammenarbeit in Europa aus dem Jahre 1975. Damals hat man die Probleme auf Körbe verteilt. Wenn man auf einem Gebiet nicht weiterkam, hat man gesagt, den Korb lassen wir mal auf sich beruhen, jetzt wenden wir uns dem anderen zu.

SPIEGEL: Ist Saddam angesichts seiner Kriegsführung überhaupt noch ein Gesprächspartner?

BRANDT: Ich bin nicht dazu da, Saddam Hussein zu entschuldigen. Aber ich bin der Meinung, daß es in diesem Augenblick ganz unzweckmäßig wäre, sich Fesseln anzulegen für die weitere Entwicklung. Wie komme ich dazu, zu sagen: Wer wird für den Irak verantwortlich sein, wenn dieser Krieg zu Ende gegangen oder zwischendurch abgebrochen sein könnte?

SPIEGEL: Wie lange wird der Krieg noch dauern?

BRANDT: Ich hoffe und glaube, das Ende kommt früher, als die meisten meinen. Mitte März, so sagen mir kundige Freunde aus der Region, könne der Krieg beendet sein. Aber ich bin kein Prophet, schon gar nicht für Kriegsabläufe.

SPIEGEL: Bundestagspräsidentin Rita Süssmuth hat bei ihrem Israel-Besuch gesagt, daß die PLO wegen ihrer Parteinahme zugunsten des Irak für diesen Friedensprozeß ausfalle.

BRANDT: Ich lese, Frau Süssmuth sei mißverstanden worden, sie habe die israelische Meinung wiedergegeben. Was immer man von der PLO hält, die Palästinenser sind auch ein gequältes Volk mit einer zerrissenen Führung. Ich habe Jassir Arafat im August, in dem Monat, in dem die akute Krise begann, nach der Besetzung Kuweits in Wien gesehen. Da stand er keineswegs auf der Seite von Saddam Hussein. Später ist er näher an ihn herangeraten, hat aber trotzdem versucht, eine differenzierte Betrachtung zu behalten. Ich würde sehr dazu raten, daß diejenigen, die für die Bundesrepublik Deutschland sprechen, immer mitbedenken: Nicht wir entscheiden, wer für die Palästinenser spricht. Wir bestimmen nicht, wen die, die auf der Westbank, in Gaza und in Jordanien leben, wählen.

SPIEGEL: Welche Bedingungen müßten erfüllt sein, um zu einem Waffenstillstand zu kommen?

BRANDT: Waffenstillstand ist ein schillernder Begriff. Der klassische Fall in der deutschen Geschichte ist das Ende des Ersten Weltkrieges. Dort entschied auf deutscher Seite die Oberste Heeresführung und sagte der Reichsregierung: Wir können nicht mehr, macht jetzt Schluß, geht an den Verhandlungstisch. Auf den jetzigen Fall bezogen, bedeutet Waffenstillstand die Vorstufe zur Friedensverhandlung. Es gibt in dem neuen iranischen Vorschlag den Gedanken, bevor der Luftkrieg zum noch opferreicheren Landkrieg übergeht, vielleicht die Chance für Verhandlungen zu nutzen. Mitterrand hielt die Idee für nützlich. Es kann nicht unanständig sein, wenn ich mich ihm anschließe. Ich bleibe dabei: Bagdad muß sagen, man leite den Rückzug aus Kuweit ein.

SPIEGEL: Was sagen Sie zu Enzensbergers im SPIEGEL vertretener These, die Parallele von Saddam Hussein zu Hitler sei evident?

BRANDT: Ich habe nicht nur mit schuldigem Respekt gelesen, was Enzensberger geschrieben hat, sondern mit großem Interesse. Doch ich fühle mich überfordert. Vielleicht hat Enzensberger die intellektuelle Kraft, sich hineinzufühlen in die eine Figur und die andere. Ich kann das nicht, weil jeder zu einfache Vergleich mit Verhältnissen und Figuren aus unserem Teil der Welt mit einem anderen Kulturkreis leicht in die Irre führt.

SPIEGEL: Wie beurteilen Sie längerfristig die Auswirkung der wachsenden Solidarität fundamentalistischer Kräfte mit Saddam?

BRANDT: Dieses Thema kann man überhaupt nicht ernst genug nehmen. Es ist für uns von unglaublicher Bedeutung, weil es eine so wichtige Nachbarregion betrifft, von Marokko bis zu den Golfstaaten und weit nach Asien hinein.

SPIEGEL: Ist das nicht ein Grund mehr, Saddam auszuschalten?

BRANDT: Für die zukünftige Entwicklung ist ein von den »westlichen Imperialisten« – das ist nicht meine Terminologie – ausgeschalteter Saddam Hussein vielleicht eher ein Faktor weiterer antiwestlicher Bindung.

SPIEGEL: Wird unter diesem Gesichtspunkt Ihr Vorschlag nicht illusorisch, die Stabilität in der Region mit arabischen Streitkräften zusammen mit Blauhelmen der Uno besser zu gewährleisten?

BRANDT: Nein. Erstens, meine Freunde in den nordischen Ländern wissen, daß dies auf sie zukommen kann. Der norwegische Außenminister war kurz vor diesem Gespräch bei mir, vorher habe ich den schwedischen Ministerpräsidenten und den finnischen Parlamentspräsidenten gesehen. Über den Status solcher »peacekeeping forces« herrschen bei uns unklare Vorstellungen. Die Truppen der Allianz am Golf gehören nicht dazu. Peacekeeping forces sollen Gewalttätigkeiten verhindern und friedliche Regelungen möglich machen helfen. Es ist denkbar, daß demnächst Kräfte aus der arabischen oder islamischen Welt und aus Europa, die bisher nicht am Konflikt beteiligt sind, für Friedenssicherung und Ordnung in Kuweit tätig werden. Das kann auf mittlere Frist auch auf uns zukommen, wenn dieser Krieg zu Ende ist. Dem kann sich Deutschland auf Dauer nicht entziehen. Im Grunde haben wir es in Namibia schon gemacht, auch wenn es damals nicht Bundeswehr, sondern Bundesgrenzschutz war.

SPIEGEL: Die SPD hat in Münster auf dem Parteitag den Einsatz unter Blauhelmen abgelehnt. Hans-Jochen Vogel meint, wenn man heute fragen würde, wären die Mehrheiten dagegen noch deutlicher.

BRANDT: Der damals in Münster unterlegene Norbert Gansel ist jetzt stellvertretender Fraktionsvorsitzender. Ich halte seine Haltung zur Frage der Blauhelme für mehrheitsverdächtig, wenn die SPD darüber neu zu befinden hätte.

SPIEGEL: Ein anderer Fall: Vorausgesetzt, das Grundgesetz wäre geändert, würden Sie als Folge eines Votums des Weltsicherheitsrats den Einsatz deutscher Truppenkontingente im Rahmen der Allianz gegen Saddam Hussein für wünschenswert halten?

BRANDT: Nein.

SPIEGEL: Eine dritte Variante: Der Sicherheitsrat beschließt, eine internationale Truppe aufzustellen – mit deutscher Beteiligung? Formal wäre sie wie im Korea-Krieg einem Uno-Kommando, faktisch dem US-Kommando unterstellt.

BRANDT: Das ist genau das, was am Golf nicht passiert ist. Das Militärkomitee der Uno ist ja nicht zusammengetreten. Dafür gilt, was man in Hamburg Utsichten nennt. Ich ziehe es vor, mich mehr zu konzentrieren auf folgende Frage: Zwei Mächte der Welt werden – daran führt nichts vorbei – eine größere weltpolitische Verantwortung zu tragen haben: Deutschland und Japan wegen der wirtschaftlichen Macht. Deutschland muß darauf drängen, daß es eine andere Art Vertretung Europas im Sicherheitsrat der Vereinten Nationen gibt, bei allem Respekt vor unseren französischen und britischen Nachbarn. Man ist nicht Vetomacht für alle Generationen. Bei der anstehenden Reform der Vereinten Nationen muß das regionale Prinzip aufgenommen werden. Warum sollen die beiden ständigen Europa-Sitze nicht rotieren? Warum sollen wir dann nicht mit dabeisein? Ich halte dies für angemessen.

SPIEGEL: Herr Brandt, die Bilder und die Reden über deutsche Vereinigung, über die Visionen von Frieden in der Welt, die in der Verleihung des Friedensnobelpreises an Michail Gorbatschow gipfelten, sind noch in frischer Erinnerung. Binnen kürzester Zeit hat sich alles verändert: Krieg am Golf, Tote und Chaos in der Sowjetunion. Haben die Politiker versagt? Was taugt da noch die Politik?

BRANDT: Warum alles an der Politik festmachen? Es ist die Entwicklung der Menschheit, der Zivilisation, der Technik. Wahr ist: Fast jedes Jahr, das wir jetzt erleben, endet anders, als es begonnen hat. Was leiten wir davon ab? Ich greife nur mal diesen bedrängten Gorbatschow heraus, über den jetzt alle herfallen – ich nicht, obwohl

auch ich ihn nicht immer gut genug verstehe. Wer will bestreiten, daß
der Mann durch seine Art von Außenpolitik die europäische Lage und
das Verhältnis zu den Vereinigten Staaten grundlegend verändert hat?
Dies gibt immer noch Anlaß zu der Vermutung, daß dadurch der
Frieden ein Stück gesichert worden ist. Die Osloer haben ihm dafür,
doch nicht wegen des Baltikums oder seiner Wirtschaftspolitik, den
Preis gegeben.

SPIEGEL: Teilen Sie die Auffassung des amerikanischen Verteidigungsministers Cheney, in der langfristigen Sicherheitsplanung
der Vereinigten Staaten bleibe die Sowjetunion »die Bedrohung Nummer eins«?

BRANDT: Nein. Ich würde das freundlicher formulieren und
sagen: Es lohnt sich bei allen Problemen, die dort anstehen, sich
darüber im klaren zu sein, daß Rußland, sogar ohne Sowjetunion,
zumal als Teil einer wie auch immer sich neu zusammenfindenden
Union, eine große Macht bleibt, nicht nur territorial, auf Sicht auch
militärisch. Aber ich kann nicht erkennen, daß von dort für die Zeit,
die ich überblicken kann, erneut eine militärische Bedrohung ausgeht.

SPIEGEL: Sind Sie sicher, daß der Gorbatschow des Jahres
1991 noch der Gorbatschow ist, den Sie 1988 besucht haben?

BRANDT: Der Mann wird demnächst sechs Jahre im Amt sein,
eine lange Zeit. Ich zweifle nicht, daß er laviert und sich jetzt ein gutes
Stück in die konservative Richtung begeben hat – um den Laden in
seiner Art zusammenzuhalten, zur großen Enttäuschung auch einiger
seiner engen Mitarbeiter. Was hilft's? So ist die Welt.

SPIEGEL: Anfang der achtziger Jahre, als sich die Friedensbewegung formierte, waren Sie eindeutig auf der Seite der »Moralos« in
Ihrer Partei gegen die »Realos« um Helmut Schmidt. Wo ordnen Sie
sich heute ein?

BRANDT: Ich stehe dort, wo ich stehe. Warum muß ich mich
auf meine alten Tage noch anderen zuordnen lassen?

SPIEGEL: Herr Brandt, wir danken Ihnen für dieses Gespräch.

Zum SPIEGEL-Gespräch in Nr. 9/1992 (24. Februar)
mit den Redakteuren Paul Lersch und Klaus Wirtgen

Im Frühjahr 1992 brannte es wieder einmal lichterloh bei den Sozialdemokraten. Der neue Fraktionsvorsitzende im Bundestag, Hans-
Ulrich Klose, hatte eben seine ersten hundert Tage im Amt hinter
sich, da wäre er um ein Haar schon wieder zurückgetreten. Wochenlang hatte er seine Partei mit einer zähen Debatte genervt, ob der
SPD-Vorsitzende Björn Engholm denn auch wirklich im Jahre 1994
als SPD-Spitzenkandidat gegen Helmut Kohl antreten werde. Dann
erregte der brandenburgische Ministerpräsident Manfred Stolpe den
Zorn vieler Genossen, als er seine Partei im Bundesrat im Stich ließ
und der Regierungskoalition zu einer Mehrheit für eine Mehrwert-
steuererhöhung verhalf. Das veranlaßte Klose, öffentlich über die
Partei zu klagen, die eine solche Niederlage nicht hatte verhindern
können.
Paradoxe Lage: Anstatt eine von den Wirrungen der Einheit ange-
schlagene Regierung zu attackieren, verbiß sich die Opposition in
ihre eigenen Probleme. Die verworrene Situation verlangte geradezu
nach der Wegweisung durch einen erfahrenen Politiker wie Brandt.
Doch der Ehrenvorsitzende wollte sich nicht mehr in die Niederungen
der Tagespolitik einmischen. Er verteidigte seine Ostpolitik gegen
den Vorwurf, Leute wie er hätten einst die inzwischen gescheiterten
kommunistischen Systeme stabilisiert. Und noch einen nahm er in
Schutz: den Brandenburger Stolpe. Der frühere Kirchenmann wurde
verdächtigt, mit der Stasi kooperiert zu haben.
Es war Brandts letztes SPIEGEL-Gespräch. Der SPD-Ehrenvorsitzende
kehrte schwer krank aus seinem Osterurlaub nach Unkel zurück. Dort
starb er am 8. Oktober 1992.

»Erst das Land, dann die Partei«

Der SPD-Ehrenvorsitzende über die Aufarbeitung der
Vergangenheit und deren politische Konsequenzen

SPIEGEL: Herr Brandt, solange es den Eisernen Vorhang und die
kommunistischen Regime im Osten gab, stand die von Ihnen mitgeprägte
Ost- und Entspannungspolitik in hohem Ansehen – auch international.
Ist der Schatz von gestern zur Last von heute geworden?
BRANDT: Nein. Nur, die Welt ist komplizierter geworden.
Viele haben geglaubt – ich nicht, übrigens –, daß wir mit dem Jahr
1989 ganz einfach in eine neue Weltordnung eintreten würden: Wir
sind statt dessen in eine neue Weltunordnung eingetreten. Trotzdem
behält das, was man Ost- und Entspannungspolitik genannt hat,
eindeutig seine historische Berechtigung.
SPIEGEL: Aber sie ging von der falschen Voraussetzung aus,
die kommunistischen Regime hätten noch lange Bestand.
BRANDT: Ich kenne bis heute keinen, der mir vor dem Sommer 1989 den so raschen Zusammenbruch des sowjetischen Reiches
vorausgesagt hätte. Wir waren Teil einer westlichen Politik, die den
dritten Weltkrieg verhindern wollte. Das führte dann rascher, als es
viele erwartet hatten, zur Helsinki-Konferenz über Sicherheit und
Zusammenarbeit (KSZE). Keiner wird heute mehr bestreiten, daß von
dort aus Impulse auf Polen, die Tschechoslowakei und auch auf die
DDR ausgegangen sind, die nicht auf Abräumen, sondern auf politische Auflockerung und menschliche Erleichterungen gerichtet waren.
Diese Politik ist im übrigen ja von meinen beiden Nachfolgern im
Kanzleramt weitergeführt worden.
SPIEGEL: Wären die östlichen Diktaturen, der SED-Staat ein-
geschlossen, ohne diese Entspannungspolitik vielleicht schneller
zusammengebrochen?
BRANDT: Ich glaube, das ist ein Irrtum. Gyula Horn, der
ehemalige ungarische Außenminister, sagt: Ohne die Ostpolitik wären
die Dinge bei uns in Ungarn und anderswo nicht so gelaufen, wie sie
gelaufen sind. Jiří Dienstbier, der jetzige Außenminister der Tsche-

choslowakei, schreibt, daß die Charta 77, zu deren Trägern er gehörte, mitgeschöpft hat aus den Impulsen unserer Ostpolitik. Ich kenne jemanden in Moskau, der es wissen mußte und der sagte: Gorbatschow wäre kaum vorstellbar gewesen ohne die westliche Ostpolitik.

SPIEGEL: Der SPD wird vorgeworfen, die Ostpolitik habe das Regime der DDR stabilisiert.

BRANDT: Diese These halte ich für grundfalsch. Die Sowjetunion ist stärker, als es irgendeiner vorausgesehen hat, vielleicht auch mehr, als es irgendeiner wünschen durfte, durcheinandergeraten, nachdem sich die Führung vom Frühjahr 1985 an auf neue Fragestellungen eingelassen hat. Diskutiert wurde plötzlich nicht nur über Abrüstung, sondern auch über Strukturwandel und andere, wie Gorbatschow sagte, globale Fragen. Oder nehmen wir die SED: Es gibt Zeugen, die damals im dortigen politischen Geschäft waren, die nachweisen, daß bis in die politische Führung der DDR Selbstzweifel geweckt und differenzierende Gespräche geführt wurden, gestützt auf die Art von Politik, die unsereins im Westen zu entwickeln versucht hat.

SPIEGEL: Rührte das Umdenken in der Sowjetunion nicht in erster Linie aus der Erkenntnis, daß ohne die ökonomisch-technologische Anbindung an den Westen der Zusammenbruch drohte?

BRANDT: Da ist eine Menge dran. Gorbatschow und seine Mitstreiter haben gesehen, daß die Ressourcen durch die Rüstung nicht länger überbeansprucht werden konnten. Bei gelegentlichen Kontakten mit einem so ungewöhnlich klugen Menschen wie Andrej Sacharow erfuhr ich, daß auch bei ihm der ressourcenverschlingende Rüstungswettlauf die wichtigste Komponente seiner Kritik ausmachte.

SPIEGEL: Glaubten Sie an die Reformfähigkeit des Systems?

BRANDT: Nein, bei allem Respekt vor Gorbatschow, ich habe mich sehr kritisch geäußert, mehr nach innen als nach außen, über die Halbherzigkeit, die sich aus den starren Machtstrukturen dort ergab. Das galt auch für die mangelnde Reformfähigkeit der DDR.

SPIEGEL: Die SPD, aber auch Sie müssen heute den Vorwurf ertragen, sie hätten sich zuwenig um die Oppositionsparteien in den osteuropäischen Staaten gekümmert, weil eine Destabilisierung der dortigen Regierungen verhindert werden sollte.

BRANDT: Ich habe vorhin Herrn Dienstbier erwähnt. Ich war 1985 in Prag. Da war er noch Heizer. Peter Glotz hat damals in meinem Auftrag mit ihm und den Leuten der Charta 77 gesprochen. Drei Jahre später, bei meinem Besuch in Moskau, führte Hans Koschnick für mich Gespräche mit dortigen Sozialdemokraten und

Letztes SPIEGEL-Gespräch: Willy Brandt im Februar 1992.

Liberalen. Horst Ehmke und ich hatten in der Deutschen Botschaft Gespräche mit Tadeusz Mazowiecki, der damals, im Jahre 1985, einer der engsten Mitarbeiter von Lech Walesa war. Soll ich den Beispielen weitere hinzufügen?

SPIEGEL: Die Vorwürfe kommen auch von Bürgerrechtlern aus der ehemaligen DDR.

BRANDT: Ich habe immer Respekt gehabt vor denen, die meinten, weitergehen zu können als andere. Nur, ich bin auch im nachhinein nicht der Meinung, daß diese anderen recht haben, wenn sie glauben, man hätte ihnen die Revolution gestohlen. Sie haben eine ganz starke Rolle gespielt im Herbst 1989. Aber das Dilemma, in dem sich die befanden, die eigentlich nicht die deutsche Einheit, sondern eine reformierte DDR wollten, läßt sich im nachhinein nicht auflösen.

SPIEGEL: Das gemeinsame Papier von SPD und SED gilt vielen Kritikern als Beleg für zu große Nähe zwischen Ihrer Partei und der SED.

BRANDT: Das Papier kam sehr spät, doch es war ein wichtiges Berufungsdokument, auch für Kirchenleute in der DDR, auch für kritische Leute in der Einheitspartei. Hoffentlich wird das alles noch mal ein bißchen genauer aufgeschrieben. Aber ich fühle mich schon etwas unbehaglich, wenn ich dies hier aufzähle. Es sieht ja so aus, als müßte man sich im nachhinein rechtfertigen, daß man auch diese Dimension vor Augen hatte.

SPIEGEL: Die SPD hat bis 1989 einen guten Teil ihrer Identität und Kompetenz aus der Außen-, insbesondere aus der Ostpolitik bezogen. Wo ist heute die außenpolitisch zündende Idee der SPD?

BRANDT: Ich glaube, daß diejenigen in der SPD recht haben, die meinen, die eigentliche Auseinandersetzung, auch mit Blick auf 1994, werde auf wirtschafts- und finanzpolitischem Gebiet erfolgen.

Trotzdem gebe ich zu – und es wäre ja komisch, wenn ich das plötzlich nicht mehr im Blick hätte –, daß die außenpolitischen oder, wenn man so will, die globalen Sicherheitsfragen eine große Rolle spielen. Nur, da ist auch eine Partei wie die SPD in einem gewissen Dilemma: Es ist nämlich heute für jeden auch noch so Scheuklappen- freien ganz schwer zu begreifen, was diese neue Weltunordnung bedeutet. Wenn die SPD – wie sie es sich vorgenommen hat – schon bis zum Herbst diese verschiedenen Dimensionen nicht nur der europäi- schen Sicherheit, sondern auch der Zukunft der Vereinten Nationen, der verschiedenen Elemente eines neuen Sicherheitsbegriffs, in den Griff bekommt, dann leistet sie eine ganze Menge.

SPIEGEL: Bislang erkennen wir nicht viel, außer Widersprü- chen . . .

BRANDT: Zum Beispiel?

SPIEGEL: Unterschiedliche Beurteilungen der Lage in Jugo- slawien, Kontroversen über das internationale Engagement deutscher Truppen.

BRANDT: Ich gebe zu: Das ist alles noch nicht aus einem Guß, aber ich fände es verwunderlich, wenn das plötzlich alles bündig und weithin überzeugend formuliert werden könnte. Doch die SPD wird es schaffen. Ich nenne ein Beispiel: Wir hatten nach dem Umbruch im Osten vor zwei Jahren Grund zu glauben, es würde Ernst gemacht mit diesen Sprüchen, daß die EG nicht für sich selbst da ist, sondern daß sie sich für Polen, Ungarn und die Tschechoslowakei nicht nur die Assoziierung, sondern in überschaubarer Zeit deren Einbeziehung vornimmt. Da ist man inzwischen sehr unklar geworden. Die SPD wird daran erinnern und auf Klarheit drängen.

SPIEGEL: Wird die Außenpolitik der Zukunft stärker als bis- her ökonomisch bestimmt werden?

BRANDT: Das ist zu vermuten. Dennoch bleibt die Abrüstung sehr wichtig. Tatsache ist, wir haben drei neue Atommächte.

SPIEGEL: Ukraine, Weißrußland und Kasachstan.

BRANDT: Ich sehe: Die, die jetzt dort das Wort führen, sagen, sie möchten das Zeug gar nicht haben. Aber wenn man dann genau hinhört, wollen die erst einmal wissen, was die Russen machen. Da ist noch ein erheblicher Unsicherheitsfaktor. Wieviel der sogenannten taktischen Atomwaffen sind wirklich auf russischem Gebiet? Man hat uns zwischendurch schon einmal erzählt, Boris Jelzin habe alles unter Kontrolle. Ich habe Grund anzunehmen: Das ist nicht so. Das bleibt ein sorgenvolles und schwieriges Kapitel.

SPIEGEL: Führt der Vorschlag Oskar Lafontaines – Nato-Sicherheitsgarantien gegen westliche Wirtschaftshilfe – weiter?

BRANDT: Lafontaine hat goldrichtig gelegen mit der Koppelung von Sicherheitsfragen und der wirtschaftlichen Problematik. Es ist ja ein Jammer, wie unzulänglich der Westen bisher reagiert hat. Nun gehöre ich nicht zu denen, die glauben – Lafontaine glaubt das übrigens auch nicht –, daß die Koppelung von gemeinsamer Sicherheitsverantwortung und wirtschaftlicher Kooperation Riesenbeträge mobilisieren wird. Aber es wäre schon viel gewonnen, wenn sich die Brüder im Westen zusammensetzten und zum Beispiel mit der Ex-Sowjetunion deren Erdölindustrie umgehend modernisierten. Aber all solche Dinge liegen und gammeln.

SPIEGEL: Wie erklären Sie sich, daß im Ausland das Mißtrauen gegen angebliche deutsche Großmannssucht ausgerechnet in einer Zeit wächst, in der Deutschland seine zentrale Rolle an der Nahtstelle des überwundenen Ost-West-Konfliktes verloren hat?

BRANDT: Wissen Sie, die Geschichte wirkt häufig auf eigenartige Weise nach. Ich finde, wir sollten das, was da gelegentlich vorgebracht wird, nicht arrogant zurückweisen, sondern deutlich machen: Wir sind nicht auf eine deutsche Sonderrolle aus. Wir wollen unsere Aktivitäten eingebettet sehen in die europäischen Zusammenhänge, ob man das nun auf die Gemeinschaft im engeren Sinne begrenzt oder auf die Allianz im weiteren Sinne.

SPIEGEL: Wäre es an der Zeit, die ständige Mitgliedschaft im Sicherheitsrat der Vereinten Nationen anzustreben?

BRANDT: Es ist ganz und gar unvernünftig, dieses zu einem vorrangigen Ziel der deutschen Politik zu machen, auf kurze Sicht oder überhaupt, ständiges Mitglied im Sicherheitsrat zu werden. Das geht im übrigen nicht nach eigenem Belieben. Ich rate dazu, daß wir uns nicht zu sehr ärgern, wenn andere sagen, wir gehörten nicht dahin. Wir sagen: Kommt Zeit, kommt Rat, und inzwischen können wir eine Menge tun.

SPIEGEL: Beispielsweise?

BRANDT: Erstens müssen wir unseren verehrten Nachbarn, vielleicht auch Freunden in Frankreich und in Großbritannien sagen: Ihr seid da drin – als Siegermacht. Aber wir können keine gemeinsame Außenpolitik der Europäischen Gemeinschaft entwickeln, wenn nicht das, was Frankreich und Großbritannien dort vertreten, ein gerüttelt Maß an vorbereitender Klärung mit sich führt im Kreise der Zwölf – oder wie viele es sonst sein werden.

Wir können bei einer ganzen Reihe von Uno-Sonderorganisationen aktiver werden, ohne daß wir diesen Sitz haben. Ich denke zugleich auch an Weltbank, Währungsfonds, Gatt und andere Institutionen, die sich mit Ökonomie und Ökologie, nicht zuletzt in Krisenregionen, befassen.

SPIEGEL: Nach dem Bonner Steuerstreit steht die SPD unter dem Verdacht, sie habe den neuen Ländern die vom Bund zugedachten Steuermilliarden verwehren wollen. Hat Ihre Partei da Fehler gemacht?

BRANDT: Ich habe keine Lust, mich darauf einzulassen; wenn überhaupt, dann hinter verschlossenen Türen. Aber das Thema Finanzierung der Einheit bleibt natürlich – ob auf die SPD bezogen oder über sie hinaus – schwierig. Die wirtschaftliche Einheit dauert länger – obwohl ich denke, daß wir Ende des Jahrzehnts das meiste hinter uns haben werden. Auch unter den östlichen Bundesländern wird ein Gefälle bleiben. Trotzdem wird das zusammenwachsen.

SPIEGEL: Behält der Vollzug der Einheit auch in der jetzigen Phase der ökonomischen Anspannung für Sie Priorität?

BRANDT: Ich habe in der ersten Phase die Schwierigkeiten wohl nicht hoch genug angesetzt. Aber was hilft das jetzt? Noch einmal ganz bewußt eine Kleinigkeit über den Tellerrand des eigenen politischen Vereins, Partei genannt, hinaus gedacht – es ist hoch an der Zeit, daß wir zu einer fortlaufenden besseren Abstimmung der entscheidenden Kräfte kommen.

SPIEGEL: Innerhalb Ihrer Partei?

BRANDT: Jetzt denke ich an das ganze Land, das andere kann auch nicht schaden. Aber erst kommt das Land, dann kommt die Partei. Karl Schillers Konzertierte Aktion zur Zeit der Großen Koalition war ein Kinderspiel verglichen mit dem, was jetzt ansteht.

SPIEGEL: Kohl läßt einen Finanzstatus erarbeiten bis zum Jahre 2000 und möchte dabei die SPD einbeziehen. Im Klartext heißt das Große Koalition. Da kann doch Kohl auch über 1994 Kanzler bleiben.

BRANDT: Sie sollten meinen Großmut nicht über Gebühr in Anspruch nehmen, aber es ist natürlich in hohem Maße zu begrüßen, daß das, was Sie Finanzstatus nennen, auf den Tisch kommt. Das ist überfällig.

SPIEGEL: Wie soll sich die Opposition in diesem Bündnis profilieren?

BRANDT: Was heißt hier Bündnis? Es geht um Vorwürfe. Die Bezahlung der deutschen Einheit bleibt eine mehrschichtige Auseinandersetzung. Es ist eine zwischen West und Ost; es ist eine zwischen Gebietskörperschaften; es ist aber auch eine zwischen sozialen Schichten. Das Bestreben muß sein, soviel wie möglich gemeinsam und fair zu machen. Aber da bleibt Raum, in dem gestritten werden muß, was zwischen Starken und Schwächeren austariert werden kann.

SPIEGEL: Beschleicht Sie angesichts der permanenten Führungskrise Ihrer Partei nicht der Verdacht, die derzeitige SPD-Führung sei für ein solches Bündnis der Vernunft nicht reif genug?

BRANDT: Nein. Ich sehe die Aufgeregtheit in den Medien ja nun doch mit einer gewissen Gelassenheit. Wir werden ja bald wieder feststellen: Die Wähler in den Ländern der Bundesrepublik haben bisher nicht den Eindruck, daß sie der SPD ihr Vertrauen entziehen sollten.

SPIEGEL: Die SPD ist auch gefragt bei der Bewältigung der Vergangenheit. Der Thüringer Landtagspräsident hat nach dem Selbstmord eines PDS-Abgeordneten eine humanere Aufarbeitung gefordert.

BRANDT: Mich hat dieser Tage das Wort des polnischen Schriftstellers Szczypiorski sehr beeindruckt. Er sprach von »deutschem Masochismus«. Lassen Sie mich in aller Offenheit sagen dürfen: Ich fand es traurig, daß der SPIEGEL den Eindruck erweckt hat – wenn auch vermutlich nicht erwecken wollte –, er beteilige sich an der Jagd nach dem Skalp eines Ministerpräsidenten.

SPIEGEL: Dieser Eindruck ist tatsächlich falsch. Wir fragen nur: Wie weit kann sich ein Vertreter der Kirche mit der Stasi einlassen, um einzelnen Menschen zu helfen?

BRANDT: Wie käme ich dazu, dies nicht für legitim zu halten? Meine kritischen Bemerkungen gelten der Tatsache, daß die Vorwürfe fast allein gestützt sind auf Stasi-Quellen. Die Gesamtbeurteilung der Persönlichkeit und die Ergebnisse seines Wirkens für viele Menschen in der ehemaligen DDR sind nicht ausbalanciert.

SPIEGEL: Ist eine Vergangenheitsbewältigung ohne Stasi-Akten möglich?

BRANDT: Ich will ja nicht bestreiten, daß man auch da hinein-
schauen muß. Es wird nur der Eindruck vermittelt, als ob beschrie-
benes Papier, das als solches vor keinem deutschen Gericht standhal-
ten würde, letzte Wahrheitsquelle sei und als ob wir im Westen uns zu
Richtern aufschwingen. Mich erschreckt der ganze Vorgang. Man hält
offenbar das Wort von Leuten – ich will auch einmal Helmut Schmidt
und mich dabei nennen, die wir Manfred Stolpe seit langem kennen –
für weniger gewichtig als das, was irgendwelche Leute aus dem
früheren Stasi-Apparat anschleppen.

SPIEGEL: Wo blieben solche Mahnungen, Herr Brandt, als es
um den Fall de Maizière ging?

BRANDT: Ich muß mir das nicht anrechnen lassen. Nicht die
SPD hat Lothar de Maizière fallenlassen. Ich war immer der Meinung,
er hat sich als Anwalt im Rahmen seiner Möglichkeiten engagiert.
Aber er hat sich dafür entschieden, die Segel früh zu streichen.

SPIEGEL: Eine Bürgerrechtlerin wie Bärbel Bohley hat den
Eindruck, daß die Opposition mit Stolpes Hilfe »scheibchenweise an
den Westen verkauft worden sei«.

BRANDT: Ich glaube, sie ist ungerecht in ihrer Beurteilung. Sie
hatte eine andere Konzeption als Leute wie Stolpe und ich, indem sie
sich auf ihre Weise gegen das Regime gestellt hat. Ich respektiere diese
Haltung. Aber ich bedaure die daraus abgeleitete Art der Selbstzerflei-
schung.

SPIEGEL: Wirkte Stolpe im Sinne der offiziellen Deutschland-
Politik, die auch für die Kohl-Regierung galt?

BRANDT: Man kann es nicht einfach gleichstellen, denn die
Kirche hatte und hat ihren eigenen Auftrag. Aber wo es um menschli-
che Erleichterungen ging, da gab es einen starken gedanklichen
Gleichklang zwischen einerseits Leuten wie Stolpe und mehreren der
Bischöfe und andererseits denen, die hier Politik gemacht haben.

SPIEGEL: Sie waren 1990 der einzige, der dem damals amtierenden Ministerpräsidenten Hans Modrow einen einigermaßen
respektablen Empfang in Bonn hat zuteil werden lassen. Der CDU-
Abgeordnete Gerster aber meint, Modrow sei »eine Schande für den
deutschen Bundestag«.

BRANDT: Ich weiß noch, wie überall der Beifall aufbrauste,
wenn man den Namen Gorbatschow nannte. Wenn ich mich recht
erinnere, war der einmal Kommunist, wie Modrow. Auch der ungarische Außenminister Gyula Horn, der den Karlspreis bekommen hat,
war Kommunist. Modrow hat mitgeholfen, unblutig über die schwie-

rige Übergangszeit von 1989/90 hinwegzukommen. Bei anderen Völkern würde das gewürdigt. Warum nicht auch bei uns?

SPIEGEL: Ihr Parteifreund Egon Bahr hat einen alten Vorschlag aus der Koalition aufgegriffen, »teilungsbedingte Delikte« zu amnestieren. Was halten Sie davon?

BRANDT: Also, ich habe immer gemeint, daß Leute an den Hammelbeinen genommen werden müssen, die sich schwer vergangen oder schamlos bereichert haben. Alles andere sollte nur eine Rolle spielen bei der Frage, ob man jemandem politisches Vertrauen schenkt. Wann so etwas wie eine Amnestie drinsein wird, ich weiß das nicht.

SPIEGEL: Wäre es nicht sinnvoll, wenn sich jemand mit persönlicher Autorität für eine solche Diskussion einsetzt?

BRANDT: Regierungserklärungen sind in Deutschland schon zu weniger wichtigen Dingen abgegeben worden. Es wäre eine Verständigung unter den Parteien nötig, wie man gewisse Fehlentwicklungen aufhalten kann und wie man dazu beiträgt, daß Gerechtigkeit im Verhältnis zum Recht nicht zu kurz kommt.

SPIEGEL: Nach 1945 wurden großzügig auch alte Nazis am Aufbau des neuen Staates beteiligt. Könnte jetzt ähnlich verfahren werden?

BRANDT: Also da gibt es natürlich gewaltige Unterschiede zwischen den beiden Regimen, auch in bezug auf deren Dauer. Aber, um einmal ein praktisches Beispiel zu nennen: Kurt Schumacher, der erste Vorsitzende der Sozialdemokraten nach dem Krieg, der zehn Jahre im Lager schwer gelitten hatte, forderte noch im Winter 1945/46 eine Amnestie für junge Leute, die schon als 18jährige in schreckliche Sachen verwickelt waren. Wir wären damals nicht wieder auf die Beine gekommen, wenn wir nicht Bereitschaft zum inneren Ausgleich gezeigt hätten, wenn sich nicht auch Konrad Adenauer dafür entschieden hätte, fünf gerade sein zu lassen. Alle seine Entscheidungen will ich damit nicht billigen.

SPIEGEL: Wo wäre jetzt die Grenze zu ziehen?

BRANDT: Ich will hier nicht als Lehrmeister auftreten. Aber, daß man nicht jedermann, der mal in der SED mitgemacht hat oder in den Blockparteien, von politischen Ämtern ausschließen kann, das scheint mir einleuchtend. Ich erinnere da an ein Wort, das Abraham Lincoln, nach dem amerikanischen Bürgerkrieg, seinen Leuten gesagt hat: Ein in sich gespaltenes Haus hat keinen Bestand.

SPIEGEL: Herr Brandt, wir danken Ihnen für dieses Gespräch.

Personenregister